中国
社会治安综合治理
年鉴

2017

中国长安出版社

图书在版编目（CIP）数据

中国社会治安综合治理年鉴．2017 / 中央政法委办公厅编．-- 北京 ：中国长安出版社，2019.7（2020.8重印）

ISBN 978-7-5107-1017-9

Ⅰ．①中… Ⅱ．①中… Ⅲ．①治安管理－中国－2017－年鉴 Ⅳ．①D631.4-54

中国版本图书馆CIP数据核字(2019)第156946号

责任编辑：刘英雪

中国社会治安综合治理年鉴（2017）

中央政法委办公厅 编

出版：中国长安出版社
社址：北京市东城区北池子大街14号（100006）
网址：http://www.ccapress.com
邮箱：capress@163.com
发行：中国长安出版社
电话：(010)66529988-1319
印刷：河北新华第一印刷有限责任公司
开本：787mm×1092mm 16开
印张：25.5 插页：40页
字数：650千字
版本：2019年10月第1版 2020年8月第3次印刷

书号：ISBN 978-7-5107-1017-9
定价：350.00元

《中国社会治安综合治理年鉴》编辑委员会

李海腾	李瑛玲	杨　勇	杨志明
何　伟	何君健	何德成	邹小龙
汪　锋	汪永乐	张　强	张韶华
陆亚凡	陈小军	陈文强	陈显辉
陈海波	苗　伟	国长青	周　涛
郑　琳	郑　辉	赵兵让	胡　敏
胡增印	查庆九	段农根	禹丽芸
侯召迅	钱永培	殷明胜	郭莎莎
郭竞坤	诸建全	黄　敏	黄为华
黄荣军	彭　波	辜东方	谢小云
赖圣聪	蔡浩亮	管志琦	翟惠敏
熊晓强			

《中国社会治安综合治理年鉴》
编辑部编辑人员

《中国社会治安综合治理年鉴》编辑部特约编辑

目　　录

天津市

河北省

山西省

内蒙古自治区

江苏省

浙江省

安徽省

福建省

江西省

贵州省

云南省

西藏自治区

陕西省

甘肃省

青海省

宁夏回族自治区

新疆维吾尔自治区

新疆生产建设兵团

一、中央决策部署

《习近平在中国共产党第十九次全国代表大会上的报告》有关重要论述摘编

三、新时代中国特色社会主义思想和基本方略

（六）坚持全面依法治国。全面依法治国是中国特色社会主义的本质要求和重要保障。必须把党的领导贯彻落实到依法治国全过程和各方面，坚定不移走中国特色社会主义法治道路，完善以宪法为核心的中国特色社会主义法律体系，建设中国特色社会主义法治体系，建设社会主义法治国家，发展中国特色社会主义法治理论，坚持依法治国、依法执政、依法行政共同推进，坚持法治国家、法治政府、法治社会一体建设，坚持依法治国和以德治国相结合，依法治国和依规治党有机统一，深化司法体制改革，提高全民族法治素养和道德素质。

（八）坚持在发展中保障和改善民生。增进民生福祉是发展的根本目的。必须多谋民生之利、多解民生之忧，在发展中补齐民生短板、促进社会公平正义，在幼有所育、学有所教、劳有所得、病有所医、老有所养、住有所居、弱有所扶上不断取得新进展，深入开展脱贫攻坚，保证全体人民在共建共享发展中有更多获得感，不断促进人的全面发展、全体人民共同富裕。建设平安中国，加强和创新社会治理，维护社会和谐稳定，确保国家长治久安、人民安居乐业。

（十）坚持总体国家安全观。统筹发展和安全，增强忧患意识，做到居安思危，是我们党治国理政的一个重大原则。必须坚持国家利益至上，以人民安全为宗旨，以政治安全为根本，统筹外部安全和内部安全、国土安全和国民安全、传统安全和非传统安全、自身安全和共同安全，完善国家安全制度体系，加强国家安全能力建设，坚决维护国家主权、安全、发展利益。

六、健全人民当家作主制度体系，发展社会主义民主政治

（四）深化依法治国实践。全面依法治国是国家治理的一场深刻革命，必须坚持厉行法治，推进科学立法、严格执法、公正司法、全民守法。成立中央全面依法治国领导小组，加强对法治中国建设的统一领导。加强宪法实施和监督，推进合宪性审查工作，维护宪法权威。推进科学立法、民主立法、依法立法，以良法促进发展、保障善治。建设法治政府，推进依法行政，严格规范公正文明执法。深化司法体制综合配套改革，全面落实司法责任制，努力让人民群众在每一个司法案件中感受到公平正义。加大全民普法力度，建设社会主义法治文化，树立宪法法律至上、法律面前人人平等的法治理念。各级党组织和全体党员要带头尊法学法守法用法，任何组织和个人都不得有超越宪法法律的特权，绝不允许以言代法、以权压法、逐利违法、徇私枉法。

八、提高保障和改善民生水平，加强和创新社会治理

（六）打造共建共治共享的社会治理格局。加强社会治理制度建设，完善党委领导、政府负责、社会协同、公众参与、法治保障的社会治理体制，提高社会治理社会化、法治化、智能化、专业化水平。加强预防和化解社会矛盾机制建设，正确处理人民内部矛盾。树立安全发展理念，弘扬生命至上、安全第一的思想，健全公共安全体系，完善安全生产责任制，坚决遏制重特大安全事故，提升防灾减灾救灾能力。加快社会治安防控体系建设，依法打击和惩治黄赌毒黑拐骗等违法犯罪活动，保护人民人身权、财产权、人格权。加强社会心理服务体系建设，培育自尊自信、理性平和、积极向上的社会心态。加强社区治理体系建设，推动社会治理重心向基层下移，发挥社会组织作用，实现政府治理和社会调节、居民自治良性互动。

（七）有效维护国家安全。国家安全是安邦定国的重要基石，维护国家安全是全国各族人民根本利益所在。要完善国家安全战略和国家安全政策，坚决维护国家政治安全，统筹推进各项安全工作。健全国家安全体系，加强国家安全法治保障，提高防范和抵御安全风险能力。严密防范和坚决打击各种渗透颠覆破坏活动、暴力恐怖活动、民族分裂活动、宗教极端活动。加强国家安全教育，增强全党全国人民国家安全意识，推动全社会形成维护国家安全的强大合力。

二、中央综治委重要会议

全国社会治安综合治理表彰大会

孟建柱在全国社会治安综合治理表彰大会上强调：弘扬优良传统　坚持改革创新　努力建设更高水平的平安中国

全国社会治安综合治理表彰大会2017年9月19日至20日在北京召开。中共中央政治局委员、中央政法委书记、中央综治委主任孟建柱出席会议并讲话。他强调，要深入学习贯彻习近平总书记系列重要讲话精神和治国理政新理念新思想新战略，牢牢把握推进国家治理体系和治理能力现代化的总要求，以提高预测预警预防各类风险能力为核心，坚持一手抓保安全、护稳定，一手抓打基础、谋长远，不断提高社会治理系统化、科学化、智能化、法治化水平，努力建设更高水平的平安中国，以优异成绩迎接党的十九大胜利召开。

孟建柱说，9月19日上午，习近平总书记亲切会见出席全国社会治安综合治理表彰大会的全体代表并发表重要讲话，饱含着对广大政法综治干部的深切关怀，寄托着对政法综治战线的殷切期望，对创新社会治理、建设平安中国提出了明确要求，为我们在新形势下开创社会治安综合治理工作新局面提供了根本遵循。我们要认真学习、深刻领会习近平总书记重要讲话精神，积极投身中国特色社会主义社会治理伟大实践，为决胜全面建成小康社会、实现中国梦创造良好环境。

孟建柱指出，加强和创新社会治理，是推进国家治理体系和治理能力现代化的重要内容。党的十八大以来，以习近平同志为核心的党中央始终情系平安中国建设，习近平总书记作出一系列重要指示，是加强和创新社会治安综合治理的科学指南。各地区各有关部门认真贯彻落实习近平总书记重要指示，以破难题、补短板、防风险为重点，一手抓突出问题整治、一手抓体制机制创新，推动平安中国建设取得新成效，我国社会大局保持了持续稳定，人民群众安全感不断增强。广大政法综治干部讲政治、敢担当、善作为，为了祖国的安宁、社会的稳定，付出了常人难以想象的心血和汗水，体现了对党忠诚的政治品格、无私奉献的崇高精神，用汗水、鲜血乃至生命谱写了一曲曲英雄赞歌。这次受表彰的先进集体、先进个人，就是其中的优秀代表。实践证明，政法综治干部队伍是一支政治坚定、服务人民、恪尽职守、乐于奉献的队伍，是一支党和人民可以信赖、有坚强战斗力的队伍，不愧为平安中国建设的中流砥柱。孟建柱向受表彰的先进集体、先进个人表示热烈祝贺，向全国广大政法综治干部致以亲切问候。

孟建柱指出，社会治理是国家治理的重要领域，社会治理现代化是国家治理体系和治理能力现代化的应有之义。当前，我国全面建成小康社会进入决胜阶段，中国特色社会主义发展进入关键时期。要正确认识和把握我国社会主义初级阶段不断变化的特点，正确认识和把握我国社会发展的阶段性特征，从我国国情出发，发挥制度优势，遵循治理规律，把握时代特征，以共治善治为基本目标，以系统化、科学化、智能化、法治化为重要支撑，深入推进理念思路、体制机制、方法手段创新，推动中国特色社会主义社会治理体系更加完善，不断提高社会治理现代化水平。要善于把政治优势转化为治理优势，充分发挥党委领导、政府主导作用，建立各方参与、群众自治、开放包容的治理模式，把政府该管的事情管住、管好，把市场能办的交给市场，把社会能做的放给社会，形成政府、市场、社会互动互补局面，提高社会治理系统化水平。要充分保障人民主体地位，充分听取群众诉求，支持人民群众通过民主协商的方法，自主处理社会性、群众性强的事务，形成共商共治局面。

孟建柱说，社会治理理论性和实践性都很强，是一门精细的艺术。要自觉按社会运行规律办事，把精细化、数据化贯穿于社会治理全过程，增强社会治理专业性、精准性，提高社会治理科学化水平。要针对新类型案件增多的新形势，加快构建以业务需求为牵引的专业团队，以专业化打击应对职业化犯罪；针对医疗、交通等领域矛盾纠纷特点，建立健全专业化调解组织，发挥行业组织、专业人员的作用，提高化解矛盾的效率和公信力。要充分利用现代信息技术，使社会治理向村居、社区等最小社会单元延伸，实现精细化治理。要依据良好的法律制度实施社会治理，善于运用法治思维和法治方式化解矛盾，畅通群众反映诉求的法治渠道，引导公民增强法治观念、树立规则意识，推动形成良法善治。要推动大数据整合共享，实现集成应用，驱动社会变革，改变治理方式，防范社会风险，拓展公共服务，提高社会治理智能化水平。

孟建柱指出，在风险社会中，事后处置固然重要，事先预防才是根本。社会治安综合治理的至高境界，就是实现对各类风险预测预警预防。要强化风险意识，树立新理念、运用新技术、建立新机制，提高对各类风险发现、防范、化解、管控能力，把风险化解于无形。要牢固树立总体国家安全观，把政治安全摆在首位，旗帜鲜明、敢于担当，把坚定的政治立场和正确的政策策略结合起来，坚决维护国家政治安全和意识形态安全。要坚持目标导向和问题导向相统一，一手抓人民群众反映强烈的治安问题解决，一手抓影响社会治安防控体系建设的体制性、机制性、保障性难题破解，提升社会治安防控体系整体效能，织密织牢公共安全网。暴力恐怖活动是对公共安全的最大现实威胁。要坚持系统治理、综合施策，促进反恐形势不断向好的方向发展。要树立安全发展理念，针对道路交通、高层建筑消防等突出安全隐患，督促企业落实安全防范管理措施，积极采用现代科技设施和手段，提高安全防控科技含量。要敞开胸怀拥抱千变万化的世界，关注共享经济、寄递物流等新经济、新业态的潜在风险，高度重视经济金融风险的巨大危害性，研究把握规律，提高风险识别、预警、防控水平。对于严重损害人民群众切身利益、危害社会稳定的新型网络传销、非法集资以及金融操控、关联交易等涉众型经济犯罪，要创新防范打击机制，坚决遏制其高发势头。同时，要推动完善相关制度，健全相关法律法规和社会信用体系，提高防范化解能力。要深入研究新形势下社会矛盾产生演变规律特点，针对前端治理中带有普遍性、趋势性的问题，及时向党委和政府提出完善政策制度的建议，推动有关地方和部门落实化解、管控责任，努力从源头上预防矛盾，在初始阶段化解矛盾。

孟建柱指出，当今世界，互联网对经济社会发展渗透、融合、驱动作用日益显现，带来的风险挑战增大。要正确认识和把握社会信息化规律特点，完善网络风险综合治理体系，提高网络社会安全管理水平。现在，网络犯罪已成为第一大犯罪类型。要打破以传统办法对付网络犯罪的思维定式，深入研究网络黑灰产业链产生蔓延特点，提高线索发现、全程追溯、证据固定、依法打击能力，坚决把网络犯罪高发态势压下去。要巩固好电信网络诈骗犯罪得到有效遏制的良好势头，继续坚持侦查打击、重点整治、规范治理“三管齐下”，堵住诈骗电话入境、诈骗赃款出境通道，最大限度维护受害人合法权益。要树立主动防御的理念，建立网络安全综合防御体系，形成全社会共同防护网络安全合力。

孟建柱强调，推进社会治理现代化，是一场深刻的社会变革，也必然是一项长期的历史任务，完善体制机制具有根本性、全局性、长远性。发展是硬道理，稳定也是硬道理。要树立安全与发展并重的理念，自觉把平安建设融入经济社会发展全过程，统筹各方资源力量，进一步健全社会治安综合治理体制机制，为建设更高水平的平安中国提供有力保障。各级党委和政府要把社会治安综合治理作为一把手工程来抓，认真落实领导责任制，切实履行好促一方发展、保一方平安的重大政治责任。各级党委政法委、综治委等要加大统筹协调、宏观指导、督办落实力度，推动形成问题联治、工作联动、平安联创的局面。要牢固树立固本强基思想，把基层党组织建设成为宣传贯彻党的政策、领导基层治理、团结凝聚群众、促进改革发展稳定的坚强战斗堡垒，把县乡村三级综治中心建成基层治理平台，推动城乡社区服务管理基本单元建设，推动基层治理触角向每个角落延伸。

孟建柱指出，当前，社会治理任务十分繁重，多少挑战需要应对，多少难关需要攻克，多少事业需要开拓，迫切需要一支对党忠诚、敢于担当、敬业奉献、廉洁正派的政法综治干部队伍。广大政法综治干部要激扬以天下为任、以人民为念的情怀，养成拥抱变化的思维习惯，以更加开放、持续学习、勇于创新的姿态面向未来，自觉加强对习近平总书记系列重要讲话精神的学习，自觉加强对社会治安综合治理规律的研究，善于接受新事物、寻找新方法、破解新难题，努力做一名富有创造力的干部。

孟建柱强调，党的十九大即将召开。为十九大胜利召开营造安全稳定的政治社会环境，是当前政法综治战线的头等大事。要把增强“四个意识”体现在实际行动上，集中精力细谋划，扑下身子抓落实，从严从实从细抓好保安全、护稳定工作，圆满完成党和人民交给的重大政治任务。

会上，对2013至2016年度全国社会治安综合治理先进集体、先进工作者，全国社会治安综合治理优秀市（地、州、盟）、平安建设先进县（市、区、旗）和获得“长安杯”的地方进行了表彰。

国务委员、中央政法委副书记、公安部部长郭声琨，最高人民法院院长周强，最高人民检察院检察长曹建明，中央政法委委员汪永清、陈文清、张军、陈训秋、王宁、宋丹、黄明，以及中央综治成员单位和有关部门负责同志，各省（区、市）和新疆生产建设兵团党委政法委书记、综治委主任，党委政法委常务副书记、综治办主任、维稳办主任、公安厅局长、信访工作联席办主任，各省会城市（自治区首府）和计划单列市党委政法委书记、综治委主任，受表彰先进集体、先进个人代表，在北京主会场出席会议。全国省市县政法干警和综治干部约 110 万人在各地分会场收听收看了会议实况。

三、中央综治委文件

中央综治委关于表彰全国社会治安综合治理优秀市(地、州、盟)、全国平安建设先进县(市、区、旗)的决定

(2017 年 9 月 19 日)

各省、自治区、直辖市综治委,新疆生产建设兵团综治委,中央综治委各专项组、各成员单位:

为全面贯彻党的十八大和十八届三中、四中、五中、六中全会精神,深入学习贯彻习近平总书记系列重要讲话精神和治国理政新理念新思想新战略,进一步激励广大干部群众积极投身综治工作,努力建设更高水平的平安中国,中央综治委决定:授予河北省廊坊市等 59 个市(州)2013—2016 年度全国社会治安综合治理优秀市(地、州、盟)称号,授予北京市西城区等 156 个县(市、区)2013—2016 年度全国平安建设先进县(市、区、旗)称号。

希望受到表彰的市(地、州、盟)、县(市、区、旗)切实增强"四个意识",更加紧密地团结在以习近平同志为核心的党中央周围,高举中国特色社会主义伟大旗帜,珍惜荣誉,戒骄戒躁,发扬成绩,再接再厉,继续加强和创新社会治理,努力开创综治工作新局面,以优异成绩迎接党的十九大胜利召开,为建设更高水平的平安中国作出新的更大贡献。

附件:1. 全国社会治安综合治理优秀市(地、州、盟)名单

2. 全国平安建设先进县(市、区、旗)名单

附件 1

全国社会治安综合治理优秀市(地、州、盟)名单

(59 个)

河北省廊坊市
河北省邯郸市
山西省晋中市
内蒙古自治区包头市
内蒙古自治区鄂尔多斯市
辽宁省盘锦市
辽宁省大连市
辽宁省葫芦岛市
吉林省延边朝鲜自治州
黑龙江省哈尔滨市
黑龙江省伊春市
江苏省无锡市
江苏省常州市
江苏省盐城市
江苏省镇江市
浙江省嘉兴市
浙江省舟山市
浙江省丽水市
安徽省铜陵市
安徽省黄山市
福建省三明市
福建省泉州市
江西省赣州市
江西省吉安市
山东省烟台市
山东省日照市
山东省淄博市
山东省临沂市
河南省鹤壁市
河南省濮阳市
湖北省武汉市
湖北省宜昌市
湖北省襄阳市
湖北省荆州市
湖南省长沙市
湖南省株洲市
湖南省张家界市
湖南省岳阳市
广东省中山市
广东省东莞市
广东省惠州市
广西壮族自治区桂林市
海南省三亚市
四川省成都市
四川省遂宁市
四川省眉山市
贵州省遵义市
贵州省铜仁市
云南省楚雄彝族自治州
云南省大理白族自治州
云南省玉溪市
西藏自治区林芝市
陕西省延安市
甘肃省定西市

青海省海西蒙古族藏族自治州
宁夏回族自治区吴忠市
新疆维吾尔自治区博尔塔拉蒙古自治州
新疆维吾尔自治区伊犁哈萨克自治州
新疆生产建设兵团第一师阿拉尔市

附件 2

全国平安建设先进县（市、区、旗）名单

（156 个）

北京市

西城区、石景山区、通州区、大兴区、密云区

天津市

和平区、河西区、东丽区、西青区、宝坻区

河北省

阳原县、乐亭县、香河县、沙河市、石家庄市新华区、平泉市、保定市莲池区、武邑县

山西省

安泽县、平遥县、五台县、灵丘县、永济市、右玉县

内蒙古自治区

呼和浩特市赛罕区、扎赉特旗、林西县、苏尼特左旗、五原县、乌海市乌达区

辽宁省

沈阳市沈河区、辽阳市文圣区、喀喇沁旗左翼蒙古族自治县、铁岭县

吉林省

长春市双阳区、磐石市、临江市

黑龙江省

富裕县、桦川县、友谊县、七台河市桃山区、穆棱市、望奎县

上海市

金山区、长宁区、松江区、嘉定区、奉贤区

江苏省

南京市高淳区、徐州市铜山区、张家港市、淮安市洪泽区、扬州市江都区、泰州市高港区、连云港市赣榆区

浙江省

桐庐县、宁波市江北区、温州市洞头区、安吉县、龙游县

安徽省

宁国市、灵璧县、石台县、淮北市相山区、含山县

福建省

福州市鼓楼区、东山县、莆田市涵江区、武平县、福鼎市

江西省

德安县、浮梁县、婺源县、新干县、资溪县

山东省

济南市市中区、青岛市市南区、滕州市、东营市河口区、诸城市、泰安市泰山区、乳山市、乐陵市

河南省

修武县、遂平县、新郑市、汝阳县、舞钢市、淇

县、内乡县、民权县

湖北省

应城市、沙洋县、嘉鱼县、恩施市、罗田县

湖南省

资兴市、韶山市、常德市武陵区、中方县、泸溪县

广东省

深圳市盐田区、河源市源城区、梅州市梅县区、湛江市坡头区、揭阳市榕城区

广西壮族自治区

凭祥市、隆安县、天峨县、梧州市万秀区、北海市铁山港区

海南省

海口市龙华区、琼中黎族苗族自治县

重庆市

黔江区、江北区、潼南区、巫山县

四川省

射洪县、乐至县、武胜县、成都市成华区、米易县、青神县、什邡市、江安县、自贡市贡井区

贵州省

册亨县、雷山县、六盘水市钟山区、息烽县

云南省

水富县、蒙自市、丽江市古城区、德钦县、昆明市西山区、福贡县

西藏自治区

琼结县、洛隆县、波密县

陕西省

镇安县、岚皋县、宜君县

甘肃省

兰州市安宁区、瓜州县、临泽县、秦安县

青海省

门源回族自治县、格尔木市

宁夏回族自治区

青铜峡市、固原市原州区

新疆维吾尔自治区

布尔津县、疏勒县、奇台县、洛浦县

新疆生产建设兵团

第三师五十三团、第十二师头屯河农场

中央综治委关于对北京市西城区等112个单位进行通报表扬并授予“长安杯”的决定

（2017年9月19日）

各省、自治区、直辖市综治委，新疆生产建设兵团综治委，中央综治委各专项组、各成员单位：

党的十八大以来，党中央高度重视综治工作。各级党委认真贯彻中央关于加强社会治安综合治理、推进平安中国建设等一系列重大决策部署，广泛动员全社会力量，深入开展平安建设，不断加强综治工作，为维护社会和谐稳定、保障人民群众安居乐业、促进经济社会发展作出了重要贡献。

根据2013—2016年度评选表彰结果，中央综治委决定：对北京市西城区等112个连续三次以上（含三次）受到表彰的全国社会治安综合治理先进集体、优秀市（地、州、盟）和全国平安建设先进县（市、区、旗）予以通报表扬，并授予“长安

杯”。

希望受到表彰的单位切实增强“四个意识”，更加紧密地团结在以习近平同志为核心的党中央周围，高举中国特色社会主义伟大旗帜，珍惜荣誉，戒骄戒躁，发扬成绩，再接再厉，进一步加强和创新社会治理，努力开创综治工作新局面，以优异成绩迎接党的十九大胜利召开，为建设更高水平的平安中国作出新的更大贡献。

附件：授予全国社会治安综合治理“长安杯”名单

附件

授予全国社会治安综合治理“长安杯”名单

（112个）

北京市西城区
北京市东城区综治办
天津市宝坻区
天津市西青区
天津市河西区
天津市和平区
河北省廊坊市
河北省沙河市
河北省乐亭县
河北省阳原县
河北省香河县
山西省安泽县
内蒙古自治区包头市
内蒙古自治区扎赉特旗
辽宁省盘锦市
辽宁省大连市
辽宁省葫芦岛市
辽宁省辽阳市文圣区
辽宁省喀喇沁左翼蒙古族自治县
吉林省延边朝鲜族自治州
吉林省磐石市
黑龙江省哈尔滨市
黑龙江省伊春市
黑龙江省富裕县
黑龙江省桦川县
黑龙江省友谊县
黑龙江省七台河市桃山区
上海市松江区
上海市奉贤区
江苏省常州市
江苏省镇江市
江苏省无锡市
江苏省扬州市江都区
江苏省徐州市铜山区
浙江省舟山市
浙江省嘉兴市
浙江省诸暨市枫桥镇
安徽省黄山市

安徽省铜陵市
安徽省石台县
安徽省宁国市
安徽省灵璧县
安徽省黄山旅游集团有限公司
福建省泉州市
福建省三明市
江西省赣州市
江西省新干县
江西省资溪县
江西省浮梁县
江西省婺源县
山东省烟台市
山东省淄博市
山东省日照市
山东省青岛市市南区
河南省鹤壁市
河南省新郑市
河南省修武县
河南省遂平县
湖北省武汉市
湖北省宜昌市
湖北省荆州市
湖北省襄阳市
湖北省罗田县
湖北省沙洋县
湖北省恩施市
湖北省嘉鱼县
湖北省应城市
湖北省黄石市西塞山区综治委
湖南省长沙市
湖南省张家界市
湖南省株洲市
湖南省韶山市
湖南省中方县
湖南省资兴市
广东省东莞市
广东省惠州市
广东省中山市
广东省揭阳市榕城区
广西壮族自治区桂林市
广西壮族自治区凭祥市
海南省三亚市
海南省海口市龙华区
重庆市江北区
重庆市黔江区
四川省成都市
四川省遂宁市
四川省射洪县
四川省乐至县
贵州省遵义市
贵州省余庆县综治办
云南省楚雄彝族自治州
云南省大理白族自治州
云南省玉溪市
云南省丽江市古城区
云南省蒙自市
云南省德钦县
云南省水富县
西藏自治区林芝市
西藏自治区波密县
西藏自治区琼结县
西藏自治区洛隆县
陕西省延安市
陕西省宜君县
甘肃省定西市
甘肃省兰州市安宁区
甘肃省瓜州县
甘肃省临泽县
甘肃省秦安县
甘肃省酒泉市综治办
青海省海西蒙古族藏族自治州

青海省门源回族自治县　　　　新疆生产建设兵团第一师阿拉尔市

中央综治委　中共中央组织部
关于嘉奖全国社会治安综合治理
先进集体、优秀市（地、州、盟）和
全国平安建设先进县（市、区、旗）
有关领导干部的决定

（2017 年 9 月 19 日）

各省、自治区、直辖市综治委、党委组织部，新疆生产建设兵团综治委、党委组织部，中央综治委各专项组、各成员单位：

为全面贯彻党的十八大和十八届三中、四中、五中、六中全会精神，深入学习贯彻习近平总书记系列重要讲话精神和党中央治国理政新理念新思想新战略，健全落实社会治安综合治理领导责任制，进一步加强和创新社会治理，努力建设更高水平的平安中国，中央综治委、中共中央组织部决定：对 2013—2016 年度全国社会治安综合治理先进集体、优秀市（地、州、盟）、全国平安建设先进县（市、区、旗）的党政主要领导干部和主管领导干部李晓东等 865 名同志进行嘉奖。希望受到嘉奖的同志再接再厉、开拓进取，不断取得新的成绩。根据《中央综治委　中央组织部关于嘉奖全国社会治安综合治理先进集体、优秀单位有关领导的通知》的要求，有关组织（人事）部门要将嘉奖决定存入干部本人档案，作为干部考核的重要内容。

各级党政领导干部要以受到嘉奖的同志为榜样，切实增强“四个意识”，更加紧密地团结在以习近平同志为核心的党中央周围，高举中国特色社会主义伟大旗帜，扎实工作，开拓进取，不断创新，以优异成绩迎接党的十九大胜利召开，为建设更高水平的平安中国作出新的更大贡献。

附件：受嘉奖的全国社会治安综合治理先进集体、优秀市（地州、盟）和全国平安建设先进县（市、区、旗）有关领导干部名单

附件

受嘉奖的全国社会治安综合治理先进集体、优秀市(地、州、盟)和全国平安建设先进县(市、区、旗)有关领导干部名单

(865人)

北京市(21人)

李晓东 邹富民 王伟民 朱建林 李会增
张　丁 王　涛 王少峰 杜灵欣 王　静
牛青山 夏林茂 吴克瑞 刘道东 杨　斌
李玉君 张志军 谈绪祥 王有国 汪先永
王作兴

天津市(14人)

于浩明 刘锦彤 王　悦 贾凤山 苑广睿
李　清 闵泉利 尚斌义 郑会营 杨茂荣
王世民 李森阳 李国田 刘福强

河北省(44人)

李海健 刘占祥(满族) 马庆科(回族)
田　川 师秋建 檀润城 刘文昌 文　勇
魏春莹 范文义 冯韶慧 饶贵华 刘加臣
高宏志 崔永斌 武十中 孙海东 李　德
张多顺 王东群 董立群 刘彩恩 王凯军
李桂强 闫再兴 曲　斌 刘果芳 蒋九芳
陈占科 韩学军 刘建芳 曹夫坤 周云水
董正国(满族) 曹佐金 李　勇(蒙古族)
贾俊才(满族) 姬　琳(女)
马义民(回族) 张少轩 苏树锋
刘晓鹏(满族) 姜桂海 姜　辉

山西省(27人)

贾永录 王育梁 张晋龙 冀文明
李　蓉(女) 胡玉亭 苗　伟 郑黎明
陈　杰 廉广锋 付　刚 王　钟 张　强
罗永山 索根生 刘锦玉 任秀红(女)
毛跟云 连忠武 牛宏军 王继明 武新亮
王根伟 刘俊奇 卫明喜 王金宝 赵士亮

内蒙古自治区(28人)

沈玉君(蒙古族) 张玉华(女)
王迎春(蒙古族) 呼达古拉(女,蒙古族)
云奇峰(蒙古族) 张贵生 许北怀
格尔图(蒙古族) 吴文明 赵九龙
姜天虎 包胡格吉勒图(蒙古族)
邢文峰(蒙古族) 那仁满达(蒙古族)
王文杰 格日勒巴特尔(蒙古族) 程俊孝
张　恒 刘德军 王明琴(女) 郭占江
张广明 王介枫 韩　仿
包　野(蒙古族) 韩丽萍(女) 刘云兵
吴纯国

辽宁省(27人)

石广臣 杨乃新 刘作汉 毛正新(满族)
张运昌 张素贤(女) 王　萍 宁　民
高　科 孙国相 杨　权 李长军 刘　越

王　健　解晓非　刘启波　王忠学　曲志海
孙永东　李电涛(回族)　孔令军
谭　新(女)　刘学军(蒙古族)
吕树江(蒙古族)　付宗义(蒙古族)
赵　德(蒙古族)　田力铭(蒙古族)

吉林省(15人)

王芙芗(女)　殷　亮　姜洪波
康　芳(女)　金昌石(朝鲜族)　王明德
唐铁生　谷延年　王雪峰　张静辉　王小东
张习庆　刘宝芳(女)　周　洁(女)
胡海利(满族)

黑龙江省(27人)

王双近　董艳华　李　阳(女)　张和义
武建忠　聂　伟(女)　锡东升
高　环(女)　林宏坤　郑　春　王长泰
张东龙　单伟红(女)　杨守国　智建伟
刘元波　黄忠义　赵荣国　王志刚　田可柱
赵祥军　邹　浩(女)　韩永占　姜宇峰
杨旭文　付慧华　杨宏志

上海市(28人)

陆恒炯　邱仲辉(女)　沈铁群
陆　平(女)　胡长春　陈瑜栋　朱　勋
杨国兴　李跃旗　胡卫国　沈金龙
李秀芳(女)　王为人　谢　峰
钟晓咏(畲族)　陈卫东　盛亚飞　秦　健
张益弟　杨宗贵　马春雷　杲　云　倪耀明
沈绍裘　庄木弟　周　平　周龙华　侯国华

江苏省(41人)

王巧荣　李海波　吕绍波　牛建钧
曹淑梅(女)　周传明　盛　艳(女)
周华明　汪　泉　张　轩　费高云　戴　源
张双庆　王荣平　丁　宇　徐龙波
朱晓明(女)　李茂川　马建生　张毓华
祖大新　毕于瑞　刘广民　谢洪标　朱　刚
姚林荣　朱立凡　王亚方　周春峰　马顺圣
曾庆玲(女)　韩玉林　王　建　蒋向荣
钱润泽　殷　强　李登学　曹卫东　唐光普
毛太乐　王召涛

浙江省(40人)

毛亚伦　郑雅楠(女)　叶庆权　黄建斌
方宏辉　赵文中　郭　昌　虞振贤　张智鸣
陈艳红(女)　颜元祖　鲁　俊(女)
胡海峰　曹雪根　徐　旭　邬振悦　黄志平
朱　晨　毛溪浩　方　毅　骆安全　赵华丰
华　伟　丁晓芳(女)　郑进达　季方程
丁月珍(女)　董智武　林　琼(女)
颜厥苗　黄根忠　单锦炎　沈铭权　赵德清
胡　伟　杨忠义　方健忠　刘根宏　洪一舟
章宇夫

安徽省(30人)

姚　飞　黄林沐　叶正军　许成岭　杨建伟
孙　艳(女)　张　生　许才辉
徐　莉(女)　倪玉平　邹　河　方　敏
王福宏　任泽锋　舒志民　戴贤坤　钱沙泉
王　普　饶培康　胡良政　朱守坤　李　军
黄学真　钱界殊　王　波　赵德华　卞建秋
田　昕(女)　方　琪　贺家明

福建省(31人)

郑志勇　廖继清　郑奕玲(女)　黄跃欣
蔡建成　李祖光　苏永昌　钟振荣　邓本元
杜源生　王　刚　黄少萍(女)　郑新聪
许昆贞　徐义平　杭　东　陈　斌　李瑞琨
张明国　黄水木　陈云水　唐铭锟　沈伯麟
陈万东　李文玉　梁庆龙　廖卓文　高占春
刘振辉　包江苏　李绍美

江西省(29人)

程懋伟　刘晓东　谭崇银　罗永兴　胡彩明
卢海保　陈俭生　胡世忠　王　萍(女)
王少玄　杨　丹　胡力生　马玉福　熊晋喜
江昌英　张成源　林　群　孙艳峰　郑赞辉
占海英(女)　刘毓名　包　静(女)
杜方平　叶常青　邓志兴　吴　曙(女)

时森云　徐国义　徐太玉

山东省(55人)

刘业朝　朱传亮　苏立科　秦　震　薛洪民
陈自飞　康　健　王曙光　张海涛
张永霞(女)　周连华　周清利　徐景颜
韩国祥　许传杰　李同道　孟庆斌　高　杰
刘祥亮　王行华　刘松田　王勤光　邵登功
郅　颂(女)　姜化东　王久军　华玉松
任宝光(女)　赵　斌　都志宝　董沂峰
冯再法　邵士官　丁新亚(女)　聂建军
苟增杰　杨同贤　王永跃　宋学峰　李　峰
刘峰梅(女)　刘作勋　刘加清　赵　斌
宋洪银　张京洲　宋宪春　侯继辉　高书良
毕兴全　李国徽　刘文学　鄂宏达(满族)
曲　锋　周连悦

河南省(43人)

邵景良　王天阳　柏启传(回族)　武军亮
马少军　楚玉钦　熊红万　赵亚军　许成效
尚在军　范修芳　陈兆法　李传平　刘道光
郭　鹏　卢希望　石书明　冯军华(女)
刘建武　李占龙　陈政玮　付自成
何　冬(女)　何　方　王集学　潘　峰
马春强　樊灿涛　李国权　魏建平　马国辉
王永青　王海涛　张相超　高清梅(女)
李长江　杨曙光　谷　晔　刘　涛　姬脉常
张团结　周明河　陈连旭

湖北省(26人)

曹　博　罗黎明　张育英　林　茂　戴军威
黄继军　熊万堂　何　巍　周　滨　马旭明
王兴於　向　丽(女,土家族)　王全新
李新华　施　政　肖红梅(女)　揭建平
谢继先　龚新林　曾月纯　熊征宇　余　珂
张明松　向前进(土家族)
黄　波(土家族)　秦专念(土家族)

湖南省(40人)

吴平辉　胡长春　姚　宇(侗族)　刘　军
张小平　刘剑辉　张永祥　段联群　张迎龙
潘海山　钟　钢　谭学军　毛腾飞　阳卫国
罗高其　王志刚　刘绍建(土家族)
程建国(土家族)　卿渐伟　向伟雄
刘孝纯(女)　陈荣伟　贺遵庆　欧小红
何钦锋　向　敏(土家族)　段伟长
李文亮　罗少挟(女)　莫汉桃　李宗翰
贾劲松　张　霞(女,侗族)　姜耀文
刘正杰　宋刚岩(瑶族)　杜晓勇(苗族)
向恒林(土家族)　向宽宇(土家族)
李建阳

广东省(32人)

杨建新　闻长智　张艳红(女)　区柱明
王进平　陈俊杰　陈冬云(女)　钟小伟
欧绍腾　庄　敏　陈奕威　麦教猛　李达文
徐建华　陈　波　郭永航　杜　玲(女)
高小波　黄伟光　何伟良　张天华　张文广
钟光灵　曾繁伟　赖高峰　梁　培
崔　青(女)　陈奇石　吴志超　刘光明
吴勤武　许光汉

广西壮族自治区(30人)

雷多荣　邓瑞卿(壮族)　谭良良　廖伟福
蓝日军(瑶族)　韦明昌(壮族)
覃日红(壮族)　赵乐秦　蒋炳穗　刘祖军
邱明宏　孙睿君(女)　农国华(壮族)
罗必友　吴朝晖　甘　诚　蒙精群(瑶族)
李洪永(壮族)　韦桂元(壮族)
陆祥红(壮族)　朱维国　李久群　黄　恩
罗伟雄　张　艺　刘君山　刘志明　余兴国
陈文初　朱易清

海南省(3人)

吴　毅　吴岩峻　赵国锋

重庆市(15人)

李代贵　徐安众　陈德新　粟登琳　杨卫东
徐　彬　吴　琛　张亚洲(苗族)　刘汉华
白伟正(土家族)　叶世平　张长国

李春奎　邓昌君　刘祥应

四川省（46 人）

贺旭红　谭光华　谯　立　高汝敬　何　格
温显林　杨和平　王忠林　苑晓华　赵世勇
刘德福　刘　然　宋朝华　杨　勇　徐智勇
周　新　蒲从双　张智勇　李　林
万志琼（女）　彭　洪　李兴佐　罗文斌
毛加庆　郑鹏程　段德福　曹　赟（女）
张孝军　代成亮　王　飚　许军峰　周国顺
彭富友（彝族）　胡国民　胡　勇　涂兵奎
李　卓　季　涛　严朝国　曾明全　张明明
黄　明　钱志均　鲜光鹏
黄　劲（女，回族）　吕　兰（女）

贵州省（20 人）

李永祥　蔡辅兵（苗族）　杨　洋　夏庆丰
张　涛　郑顺恩（土家族）　王秉清
钟　阳（女，布依族）　卓　飞　朱　刚
李新平　方　俊　邓启鹏　黄清发（白族）
袁　刚　杨　雷（苗族）　张　涛（彝族）
梁　建　孟国光　吴洪云

云南省（30 人）

车同流　刘　扬（哈尼族）　文仲武
张坤贤　杨家宝　段培永　周红华（彝族）
梁志敏　杜　涛　李　勇（白族）
罗应光（拉祜族）　李矿生（壮族）　薛桂强
高绍周（白族）　吴德权　杨世军
马文亮（哈尼族）　张智俊　张俊鹏（彝族）
陆智晖（彝族）　金光闪（纳西族）
杨　圣（纳西族）　王平生（纳西族）
和春立（纳西族）　格桑朗杰（藏族）
阿　争（藏族）　李跃武　慕　昭
夏斯付（傈僳族）　史勤灵（傈僳族）

西藏自治区（14 人）

谢　军　索朗平措（藏族）　赵多希
赵世军　旺　堆（藏族）　李运峰
张一丁（藏族）　杨兴铭　索朗多吉（藏族）
郭　林　扎西罗布（藏族）　陈启蒙
达　瓦（藏族）　仁青达瓦（藏族）

陕西省（20 人）

梁继科　张文科　张文军　梁宏贤　薛占海
刘小军　王晓玲（女）　李　波　璩泽涛
马建琦　杨荣忠　袁业主　周康成　杨义龙
黄仲文　江贤斌　刘　冲　曹全虎　郭喜平
赵关武

甘肃省（22 人）

祁永峰　王克勤　李代忠　王显明　李宏伟
田国伟　唐晓明　王国先　罗尚慧　雒泽民
马世林　张立东　聂　龙　刘　岱　陈　晰
冯　军　邢学伟　马维东　程江芬（女）
王东红　杨喜春　杨全民

青海省（10 人）

张宪国　刘振安　段贤毅
诺卫星（蒙古族）　方　铁　王兴辉
李生彪（回族）　王　勇　王贵军
何均龙（满族）

宁夏回族自治区（7 人）

武耀兵　田丰美（女）　马凤花（女，回族）
张吉贺　房正纶　马天峡（回族）　蔡东学

新疆维吾尔自治区（12 人）

刘卫疆　刘新勇　程　毅　吕卫国　黎明辉
王玉军　董　建
艾萨江・艾亥提（维吾尔族）　刘　贺
刘晓刚　王晓龙　常　江

新疆生产建设兵团（16 人）

蒋　欣　周　琼（女）　胡　斌　李　博
尚建平　谭人玮　赵新成　李征杰　汪建刚
李振江　宋文广　顾　军　陈　刚　曾宁江
吴春云（回族）　唐建军

实有人口专项组（2 人）

赵杰利　王　勇

社会治安专项组（8 人）

谢志光　邓　炜　张立君　顾露华　陈二伟

于晓鹏　许建军　张鸿飞

预防青少年违法犯罪工作专项组(2人)

孙　晋　张　扬

校园及周边治安综合治理专项组(1人)

卢向红

护路护线联防专项组(2人)

张佑昌　何永武

军队、武警系统(6人)

郭长河　刘志勇　高　平　刘富华(藏族)
宫兆伟　宋智科

全国妇联(1人)

陈翠红(女)

四、2017 年全国综治工作大事记

2017 年全国综治工作大事记

▲1 月 4 日，全国吸毒人员网格化服务管理工作现场会在湖北宜昌召开，深入贯彻落实习近平总书记重要指示精神和中共中央、国务院《关于加强禁毒工作的意见》，总结交流试点地区工作经验，研究部署在全国全面开展吸毒人员网格化服务管理工作。陈训秋同志通过视频连线方式出席会议并讲话。

▲1 月 6 日，全国“扫黄打非”工作小组全体会议召开。

▲1 月 13 日，第 30 次全国“扫黄打非”工作电视电话会议在京召开，深入学习贯彻习近平总书记系列重要讲话精神，围绕党的十九大主线，研究部署坚持专项治理与综合治理、集中行动与日常监管、依法管理与教育引导、网下清查与网上净化相结合，扎实做好各项工作，营造风清气正的社会文化环境。陈训秋同志出席会议并作发言。

▲1 月 16 日、11 月 6 日，全国打击侵权假冒领导小组全体会议在京召开，汪洋同志主持会议并讲话，陈训秋同志参加。

▲2 月 7 日，“民转刑”命案防范工作视频会议召开，河北、山西等地综治办和全国妇联、公安部有关部门负责同志发言，陈训秋同志出席会议并讲话。

▲2 月 27 日，肇事肇祸等严重精神障碍患者救治管理暨精神卫生综合管理试点工作视频会议召开，分析严重精神障碍患者救治救助工作面临的新形势和存在的突出问题，推广“以奖代补”政策落实监护责任等经验，部署精神卫生综合管理试点等工作，预防和减少患者肇事肇祸重大案事件特别是命案发生，切实维护社会稳定。陈训秋同志出席会议并讲话。

▲3 月 17 日，“雪亮工程”2016 年示范城市（区）和 2017 年重点支持申报城市（区）视频座谈会召开，陈训秋同志出席会议并讲话。

▲3 月 28 日，国家防控治理跨境网络赌博活动协调机制第一次会议在京召开，研究部署防范打击整治跨境网络赌博活动工作，坚决遏制跨境网络赌博活动发展蔓延势头。郭声琨同志出席会议并讲话。

▲4 月 24 日，第十三届全国见义勇为英雄模范表彰大会在京召开，推动在更高层面弘扬见义勇为精神，为维护社会和谐稳定、实现中华民族伟大复兴的中国梦汇聚强大正能量。郭声琨同志出席会议并讲话。

▲6 月 29 日，全国“雪亮工程”建设推进会在山东临沂召开，总结交流经验，研究加快推进“雪亮工程”建设，促进社会治理水平进一步提升。

▲7 月 18 日，集中开展易致爆危险化学品和寄递物流专项整治行动动员部署电视电话会议在京召开，部署即日起至 2017 年底在全国范围内集中开展易致爆危险化学品和寄递物流专项整治行动。郭声琨同志出席会议并讲话。

▲7 月 25 日，社会心理服务疏导和危机干预工作座谈会在江西赣州召开，总结赣州等地工作经验，研究部署推进社会心理服务体系建设工作。

▲9 月 19 日至 20 日，全国社会治安综合治理表彰大会在京召开，习近平总书记出席会议并发表重要讲话，强调抓发展、抓稳定两手都要硬，要坚定不移走中国特色社会主义社会治理之路，善于把党的领导和我国社会主义制度优势转化为社会治理优势，着力推进社会治理系统化、科学化、智能化、法治化，不断完善中国特色社会主义社会治理体系，确保人民安居乐业、社会安定有序、国家长治久安。

▲10 月，中央综治办组织开展党的十九大安保“雪亮工程”视频巡查活动和寄递物流安全等专项督查，推动各地落实安保工作措施，为十九大召开创造良好社会治安环境。

▲11 月中旬，中央政法委、中央综治办组织 21 个由部级领导同志带队的调研组，分赴各省（区、市）和新疆生产建设兵团，就涉黑涉恶犯罪问题开展专题调研。

北京市

首都综治委召开2017年第一次全体（扩大）会议

召开“一带一路”国际合作高峰论坛北京市维稳安保动员誓师大会

召开首都社会治安综合治理表彰大会

2017年全国“两会”期间首都治安志愿者参与执勤

天津市

组织开展“护航全运会，喜迎十九大”志愿者誓师活动

节日期间开展武装巡逻，加强安全保卫工作

民警带领网格员开展“进门”检查

社区民警调解矛盾纠纷

组织开展综治集中宣传活动

河北省

全省坚持发展新时代“枫桥经验”进一步加强基层社会治理推进会在石家庄市召开

肇事肇祸等严重精神障碍患者救治管理暨精神卫生综合管理试点工作视频会议召开，设省、市分会场组织收看收听

全省社会治安综合治理表彰大会在石家庄市举行

全省综治办主任视频会议在省综治中心召开

全省严重精神障碍患者服务管理工作推进会暨社会心理服务疏导和危机干预培训班在三河市召开，图为与会人员实地观摩燕郊镇严重精神障碍患者服务管理工作情况，学习交流三河市“十个全覆盖”工作经验

山西省

召开“迎接十九大，保安全护稳定”专项行动誓师大会

召开全省专门教育工作现场推进会

举办全省社会治安综合治理（平安建设）业务培训班

召开风险隐患大排查大整治活动专项部署会议

运城市盐湖区东城办事处河东街社区开展视频矛盾纠纷调解

内蒙古自治区

召开全区综治信息化建设暨“雪亮工程”建设推进会

西乌珠穆沁旗人民法院在蒙古包巡回审判

综治宣传月集中宣传日活动

网格员深入社区开展工作

举办农牧民法律讲堂

社区工作人员调解矛盾纠纷

辽宁省

召开全省社会治安综合治理暨平安辽宁建设会议

举办 2017 年度全省综治干部培训班

沈阳市举行迎接十九大“平安守护活动”启动仪式

平安辽宁建设中荣立一等功的同志

盘锦市举行“长安杯”授杯仪式

吉林省

全省公安机关党的十九大安保誓师大会召开

通化县公安检查站启动运行仪式

省信访局工作人员与信访群众座谈

白山交警风雪无阻发放交通安全宣传单

黑龙江省

全省创新社会治理深化平安黑龙江建设工作会议在哈尔滨市召开

全省严重精神障碍患者救治管理暨精神卫生综合试点工作现场会议在牡丹江市召开

举办全省综治领导干部培训班

全省“雪亮工程”建设佳木斯现场会议召开

黑河市举办平安建设集中宣传活动

牡丹江市南山医院举办精神障碍患者体能康复竞赛

上海市

举行第六届上海市“十大平安英雄”颁奖典礼

奉贤区以“贤文化”为引领，深化扩大“交通示范区”创建活动

金山区吕巷镇“党建＋平安”基层社会治理创新示范点——“巷邻坊”开展村民议事民主投票

闵行区调研居民区党组织、居委会、业委会和物业公司协同配合的“平安小区协同治理”工作模式

松江区中山街道综治中心延伸管理服务，并协调推动微警务

徐汇区组建滨江路跑平安志愿者队伍，壮大群防群治力量

江苏省

创新网格化社会治理一体化信息平台

连云港市东海县组织正义联盟平安志愿者宣誓仪式

南京市江宁区汤山街道全要素网格化服务管理中心

组织开展平安寄递创建活动

张家港市创新网格化社会治理，将党支部建在网格上

盐城市大丰区铁骑队员参加党的十九大安保活动启动仪式

浙江省

全省建设平安浙江工作会议在杭州市召开

全国“雪亮工程”现场培训会在衢州市举办

台州市路桥区网格员在雨中开展平安“三率”宣传

象山县丹西街道仇家山村干部在“村民说事室”听取村民意见

舟山市普陀区社会治理综合服务中心

安徽省

深入开展矛盾纠纷调解工作

凤阳县小岗村综治中心在开展工作

组织开展一年一度的综治宣传月活动

组建夕阳红治安巡逻队

黄山市风景区多措并举加强景区治安防范

防骗工作讲座进社区

福建省

签订综治平安建设责任书

厦门平安志愿者在“金砖会议”核心区巡逻

厦门市海沧区举办法治夜市

福安市公安局交警大队女子护学岗中队举办“大手牵小手·关爱留守儿童”活动

三明市举行“护航金砖 喜迎十九大”平安志愿者启动仪式

召开第五届闽粤潮州、梅州、漳州“平安边界”建设联席会议

江西省

召开全省社会治安综合治理表彰大会

调研上饶信州区西市街道网格化管理工作情况

举行省见义勇为基金捐赠仪式

贵溪市滨江镇黄新发工作室“五站工作法”

赣州市章贡区综治中心窗口服务区接待受理群众诉求

山东省

省委政法工作会议在济南市召开

全省社会治安综合治理工作创新暨表彰大会在济南市召开

东营市“雪亮工程”助力平安校园建设

荷泽市郓城县李集镇综治（平安建设）工作中心

河南省

登封市成立调解室将矛盾化解在基层

焦作市山阳区李玉香家事工作室走进社区，零距离服务百姓

焦作市司法局开展法律服务“双百”活动，组织普法志愿者义务为群众提供法律咨询

遂平县“9+X”模块综治信息中心

汤阴县治安巡逻车发放仪式

湖北省

武汉市江汉区台北街道网格志愿者向社区群众传授“微邻里”APP使用方法

宜昌市远安县“雪亮工程”运用平台

十堰市茅箭区社区居民开展心理服务团体辅导

咸宁市通城县开展平安建设宣传活动

湖南省

长沙市深入推进“雪亮工程”联网应用

湘潭市举办“湘潭杯”多元化纠纷解决机制改革论坛

岳阳临湘市举行平安创建“红袖章”工程启动仪式

常德市举行“知路爱路护路”宣传教育月启动仪式

郴州市禁毒宣传进校园

怀化市洪江区横岩乡举办平安创建文艺汇演

广东省

中山市“公益福”关爱项目启动

“拒毒之路，由我起步”全民禁毒操比赛

“警家校”志愿服务队志愿者正在维持校园周边交通秩序

平安童行剧场——“平安福”儿童安全教育干预行动计划

社区治理菁英领袖训练营——古镇“灯都益友”基层治理人才提升计划

肇庆市网格员巡查上报安全隐患

广西壮族自治区

召开建设平安广西活动表彰大会

南宁市公安局到学校开展治安宣传

大化县开展“唱支山歌报平安”宣传活动

东兰法院巡回法庭进入村屯办案

基层工作人员到田间地头调解土地纠纷

海南省

全省综治中心“雪亮工程”网格化服务管理三位一体新机制建设第二次现场推进会议在儋州市召开

召开全省禁毒三年大会战“严管”工程（海口）现场推进会

儋州市那大镇网格化管理服务及信息中心

三亚市旅游纠纷人民调解委员会开展调解工作

举办“6·26”禁毒宣传月主题活动

重庆市

社会治理体制改革专项小组第八次会议和不断提高社会治理法治化水平专项小组第五次会议召开

病榻前的巡回法庭

綦江区专职巡防队员夜间巡逻

九龙坡区社区开展综合治理治安巡逻

沙坪坝区天星桥街道小正街社区社会治安综合治理工作站

江津区几江街道平安志愿者为人民的平安保驾护航

四川省

全省加强和创新城镇基层社会治理工作推进会议在成都市召开

绵阳市驻村法官在秀水镇六一村巡回审理一起赡养纠纷

广安市广安区人民法院巡回法庭进乡村

眉山市综治办开展“爱路护路”集中宣传日活动

川陕毗邻乡村联合化解跨省矛盾

苍溪县劳动人事争议仲裁院、总工会、交通局、运管所多方联动，成功调处一起劳动报酬争议

贵州省

召开省委政法工作会议

全省政法综治工作现场观摩会在凯里市召开

表彰见义勇为先进个人、先进集体

观摩都匀市龙潭社区综治中心

云南省

德宏州瑞丽市姐相乡涉外矛盾纠纷联合调处中心（国际小法庭）对涉外双边矛盾纠纷进行现场调处

玉溪市认真学习贯彻习近平总书记重要讲话精神，总结创建“长安杯”经验

曲靖市召开综治基层基础建设现场推进会暨“两访”治理安排部署会议

昭通市昭阳区护路办与太平办事处开展综治宣传月活动

西藏自治区

自治区护路办召开全区护路护线安全形势分析协调会

阿里地区举行喜迎党的十九大维稳巡逻授旗仪式，图为向双联户长代表授旗

基层综治工作人员入村宣讲政策

林芝市开展综治网格化培训

那曲市绒多乡综治办与派出所联合在乡小学组织学习防火防灾知识

尼木县开展综治宣传周活动

陕西省

改革开放40周年平安陕西法治陕西建设成就展开幕式

召开全省特殊人群管控会议

南郑县举行党的十九大安保维稳暨调解办案能手颁奖仪式

组织开展校园安全检查工作

甘肃省

兰州市对重点生产场所进行安全检查

兰州市进校园开展禁毒知识宣传教育

天水市甘谷县法院敲响2017年巡回审判第一槌

天水市公安局秦州分局举行党的十九大维稳安保决战誓师大会

天水市秦州区城市大巡防队伍开展“迎节会、保平安、促和谐”治安大巡防

甘南州碌曲县深入推行“网格化＋十户联防”基层治理模式，网格长、联户长发放手持终端仪式

青海省

召开全省综治（平安建设）工作会议

开展全省综治（平安建设）集中宣传活动

全省政法系统信息化建设观摩推进会与会人员观摩西宁市公安局交警支队信息化建设应用成果

调研海南州共和县恰卜恰镇工业园社区综治维稳工作站建设情况

开展平安建设宣传活动

宁夏回族自治区

全区综治信访维稳工作推进会召开

人民检察院法律服务进军营

评选表彰十大法治人物

公安民警深入社区摸排社情民意

自治区组织部、教育厅、团委、护路办联合开展爱路护路宣传月活动

自治区综治成员单位开展综治宣传月活动

新疆维吾尔自治区

百名优秀政法干警发声亮剑宣誓仪式

落实党政军警兵民“六位一体”管边控边机制

阿克苏地区柯坪县开展综治和平安建设宣传活动

巴音郭楞蒙古自治州轮台县阳霞镇博斯坦村召开家庭会议化解矛盾纠纷

塔城地区和布克赛尔县开展铁路护路进牧区宣传活动

伊犁哈萨克自治州“爱心妈妈”向困难家庭送温暖

新疆生产建设兵团

安全教育从娃娃抓起

干警大雪中保护孩子平安通行

干警在街上开展法治宣传

少数民族群众踊跃参与“访惠聚”工作队举办的答题活动

社区少数民族群众慰问公安民警

伊犁昭苏少数民族骑兵连在冰天雪地巡逻

五、地　方　篇

北　京　市

2017 年综治工作概况

2017 年以来，首都综治系统深入贯彻落实中央和市委政法综治工作会议精神，以习近平总书记视察北京重要讲话精神为指引，牢固树立“四个意识”，围绕中心、服务大局，以全面深化平安北京建设为主线，以党的十九大和“一带一路”国际合作高峰论坛两大安保任务为牵引，坚持专项治理与系统治理、综合治理、依法治理、源头治理相结合，全力做好保稳定、护安全、促和谐工作，不断提高社会治安综合治理社会化、法治化、智能化、专业化水平，确保了首都社会治安局势平稳可控、稳中向好。

一、加强立体化治安防控体系建设，确保首都社会面平稳可控

（一）全力做好党的十九大等重大活动和重点时期社会面防控工作。统筹资源力量，强化社会面防控工作机制对接，形成“1 + 17”社会面防控工作方案框架体系，系统推进各个阶段工作任务。

（二）大力加强重点行业安全风险防控工作。坚持问题导向，立足于预测预警预防，积极推动传统、非传统领域公共安全隐患突出问题的研究解决。切实加强物流寄递行业安全管理，严格落实“三个 100%”制度。研究起草《关于加强本市物流安全管理工作的实施意见》，着力提高道路货物运输物流活动安全管理工作水平。

（三）持续推进首都外围治安查控防线建设和铁路护路联防工作。充分发挥首都外围治安查控防线的拦截过滤作用，健全常态化治安查控工作机制。推进完成作为保障首都安全和党的十九大安全的基础工程首都外围治安查控防线二期建设，以现有检查站相关配套设置进行改造升级、完善科技建设和装备配备为重点，提升实战效能，完善体制机制，深化区域合作，全面提升外围查控整体水平。加强铁路护路联防工作，推进全市护路联防工作站选址工作，组织开展铁路沿线隐患专项治理，解决了一批隐患问题，有力维护了铁路运行安全。

二、深化社会治安综合整治，群众安全感明显提高

（一）继续推进城乡结合部综合整治。按照全市“疏解整治促提升”专项行动任务要求，确定了 100 个市级挂账整治重点地区，以点带面统筹推进城乡结合部地区安全隐患问题的综合整治。通过开展城乡结合部地区违法建设、治安秩序、消防安全、安全生产、违法经营、环境建设、食品药品、违法出租房等八方面专项整治，在拆违建、治乱象、除隐患、净环境等方面取得新的整治工作成效。100 个市级挂账整治重点村全部完成年度整治任务，并通过了市发改委和市绩效办的联合验收，保质保量地实现了全年任务目标。

（二）大力开展违法群租房专项整治。按照全市“疏解整治促提升”专项行动任务要求，成立了全市违法群租房专项整治工作专班，确定了104个群众反映强烈的群租房集中地区实行市级挂账整治。按照“发现一处、整治一处”的要求，对违法群租房实行滚动排查、滚动挂账、限期整改。2017年，全市共整治违法群租房1.3万户，发现并及时消除违法群租房带来的治安、消防、环境、卫生、房屋结构等公共安全隐患11130处，调处化解由违法群租房产生的矛盾纠纷1815件。全市未发生涉及违法群租房、有重大社会影响的案事件(事故)，整治工作取得了明显成效。

(三)深入开展社会治安重点地区综合整治。把保障非首都功能疏解、行政副中心建设等作为重中之重，综合确定了56个市级、98个区级和272个街乡级共426个全市三级社会治安挂账地区，进一步强化全面排查、综合挂账、动态监测、督导考评等工作措施，创新推行“后评价”长效制度，切实形成“整治一处、巩固一处、平安一处”的常态模式。截至2017年底，全市56个市级社会治安重点地区整治达标率为94.5%，区级挂账和街乡级挂账重点地区均达到整治标准；挂账地区涉及突出问题发案和警情降幅明显，其中入室盗案件同比下降41.1%，涉车盗案件同比下降22.1%，扒窃案件同比下降10.1%。

(四)集中开展社会治安突出问题专项整治。协调推进防范处置非法集资工作，继续对非法集资问题高发区实行挂牌督办，健全完善监督管理、监测预警、社会动员、防控处置、协同联动等工作机制。推进医疗卫生领域治安突出问题综合治理，深化“平安医院”创建活动，开展医院票贩子专项整治，依法严厉打击涉医违法犯罪行为。加强校园及周边社会治安突出问题综合治理，推进防治校园欺凌专项治理，继续推进“平安校园”建设，确保校园及周边治安环境秩序平稳有序。

三、强化源头治理，首都社会矛盾多元化解体系建设取得新进展

(一)不断完善社会矛盾多元化解机制。加强人民调解，推动人民调解组织和调解员队伍建设，严格落实以案定补制度，不断提升调解员能力素质。进一步提高基层人民调解员待遇，稳定工作队伍；建立人民调解志愿者队伍，鼓励和支持企业法务、社区干部等社会力量参与人民调解，共招募志愿者2.1万余名，涵盖了法律、医学、心理等专业技术领域。加强司法调解，召开全市法院进一步深化多元化纠纷解决机制改革推进会，推动建立健全当事人引导告知、法官指导调解、调解结果司法确认、调解与裁判适当分离等诉调对接制度规范，进一步健全完善诉讼与非诉讼相衔接的纠纷解决体系。加强行政调解，推动行政调解任务较重的部门成立行政调解委员会，探索通过政府购买服务等方式参与行政领域矛盾纠纷化解。加强行业性、专业性调解组织建设，发挥北京多元调解发展促进会的“枢纽型社会组织”作用，加强队伍管理、制定行业规范、推动社会化调解组织有序发展，已吸纳45个会员单位，涵盖了房地产、建筑、证券、互联网、物业、医疗、食品安全、军民融合等矛盾纠纷多发领域。

(二)不断探索流动人口服务管理新模式。统筹做好居住证制度实施工作，推进办证窗口全覆盖，优化办证流程，强化便民措施。进一步理顺全市流动人口管理体制，加强基层流管站和流管员队伍规范化建设，推动各区按照标准配齐流管员，参照社区工作者标准落实工资待遇保障。依托社区青年汇等社会组织，分类做好青年流动人口的联系引导服务工作。加强与新疆工作组的沟通联系，积极协调解决办公、食宿、交通、补贴等具体问题，为其在京顺利开展工作创造条件。

四、基层基础建设扎实推进，综治工作根基进一步夯实

(一)积极推进首都社会治理创新的顶层设计。以市委办公厅名义正式印发《关于推进社会治理创新维护首都社会安全的意见》。《意见》紧紧围绕新时期加强和创新社会治理、维护首都社会安全面临的新形势新任务，加强顶层设计，研究提出了北京市创新和加强社会治理的总体思路、工作目标和主要举措，进一步加强了对全市社会治理创新、维护社会安全工作的顶层设计和规划指导。

(二)不断深化综治领导责任制建设。贯彻落实中办、国办《健全落实社会治安综合治理领导责任制规定》，进一步健全完善综治考核和奖励机制。加强社会治安问题突出街道(乡镇)重点挂牌督办整治，组织开展2016年度挂牌街道(乡镇)实地验收，16个街道(乡镇)全部通过验收、顺利摘牌；确定了17个街道(乡镇)为2017年度全市重点挂牌督办整治对象，进行挂牌督办，有效促进治安基础薄弱地区防范水平。

（三）持续推进综治中心规范化建设。贯彻落实《关于进一步加强基层综治中心规范化建设的意见》，加快推进市、区、街道（乡镇）、社区（村）四级综治中心规范化建设。2017 年 3 月底，全市第一批 100 个试点综治中心全部通过了检查验收；年底前，完成了全市 60% 街乡镇、社区村综治中心规范化建设任务目标。各规范化基层综治中心在明显位置加挂了统一标牌，规范了工作制度，职责任务更加明确；健全完善了实体化运行机制，对外设立统一窗口、接待群众来访，对内整合公安、司法、民政、法庭、安监、残联、城管、消防等部门资源，做实联勤联动后台；加大科技支撑建设，融合综治信息化系统、公共安全视频监控系统，增强了治安防控的科技化和智能化水平。

（四）部署开展街乡镇实体化综合执法平台建设工作。认真总结什刹海行政综合执法模式和经验，对北京市各区尤其是什刹海地区综合执法情况进行了调研，研究制定了《关于进一步加强街道乡镇实体化综合执法平台建设的指导意见》，以北京市委市政府两办的名义下发各部门和各区。坚持街乡统筹、重心下移、实体运行、科技支撑、专群结合、依法治理六条原则，重点加强执法力量派驻、日常值守、定期会商、依法处置、信息共享、考核奖励等六项工作，切实把握好综合执法平台建设的实体化、精细化、综合化、法治化、智能化五个关键环节，确保综合执法平台建设取得实效，切实做到“街乡吹哨，部门报到”。

（五）创新开展新时期群防群治工作。推进首都治安志愿者协会规范化建设，组织召开协会第三届理事会第二次会议，进一步明确了协会的发展方向和工作目标。打造特色品牌，挖掘推广基层群防群治工作先进典型，树立了“朝阳群众”“西城大妈”“海淀网友”“丰台劝导队”“东城守望岗”“大兴老街坊”等一大批群众参与的特色品牌。高峰论坛期间，“朝阳群众”“西城大妈”“东城守望岗”等均登上了中央电视台新闻联播，首都群防群治队伍的影响力和号召力得到进一步增强。完善激励保障机制，推进计时评价、星级评定和公益反哺的有效对接。广泛参与社会公益服务，与“今日头条”开展合作，加入“头条寻人志愿者联盟”，将“网上找人”与“线下寻人”有机结合，积极拓展了平安志愿服务的外延。

（六）大力开展综治宣传表彰工作。加强组织领导，首都综治委成立宣传表彰工作领导小组，制定印发《2013—2016 年度首都社会治安综合治理（平安建设）先进集体先进工作者评选表彰及宣传工作方案》，圆满完成了四年一度全国综治先进评选表彰工作，评选出首都综治先进集体、先进工作者 336 个，推荐出全国综治先进集体 4 个，先进工作者 4 名，平安建设先进区 5 个。在 2013—2016 年度首都社会治安综合治理表彰中，通过自下而上、层层推荐、严格评选产生 116 个先进集体、216 名先进工作者，总结出一批先进典型和先进工作经验，有效推动了平安建设工作不断深入。集中开展了“平安北京巡礼”系列宣传报道活动。通过多节点、多层次、多形式的宣传报道，向全社会展示党的十八大以来具有时代特征、首都特色的平安建设鲜活经验和突出成绩，形成了“尊重创新、学习典型、弘扬正气”的强大宣传声势，为党的十九大胜利召开营造和谐安定的社会环境。

首都综治办关于加强基层综治信息平台建设的指导意见

（2017 年 5 月 16 日）

为进一步加强基层综治信息平台建设，更好地发挥综治信息化的支撑引领作用，在前期综治信息化建设试点工作的基础上，按照中央综治办《社会治安综合治理基础数据规范》（GB/T31000—2015）、《社会治安综合治理综治中心建设与管理规范》（GB/T33200—2016）和《首都社会治安综合治理信息化建设三年规划（2016—2018 年）》要求，提出如下意见。

一、加快推进基层综治信息平台建设

通过平台建设，全面掌握辖区内综治相关数据的总量及变化情况，研判、预警社会治安状况发展趋势，统筹指导综治各项业务工作。2017 年底前，建设完成区、街道（乡镇）、社区（村）三级综治信息平台并初步实现规范化运行；2018 年底前，全面实现平台规范化运行。建设内容主要包括：

（一）实有人口服务管理。（略）

（二）特殊人群服务管理。（略）

（三）社会组织服务管理。主要对辖区内重点社会组织及非公有制经济组织的名称、行业类别、办公地址、法人、组织机构代码、业务范围等基本情况进行信息化管理。初步实现对辖区内各类社会组织的基本情况掌握和风险防控。

（四）社会治安管理。主要对重点地区排查整治情况、城乡结合部重点地区整治情况、辖区刑事治安案件情况、物技防管理情况、寄递物流安全管理情况、群防群治力量工作开展情况、群众安全感情况等内容进行信息化管理。初步实现对社会治安重点、难点问题的综合布控和台账管理，提高治安管控能力。

（五）矛盾纠纷排查和多元调解。主要对矛盾纠纷排查、调解组织、人民调解、行政调解、司法调解等基本情况，以及矛盾纠纷排查化解工作的开展情况等进行信息化管理。采取基层动态采集或与信访部门进行共享交换的方式，初步实现对各类矛盾纠纷基础信息的台账管理、统计分析、应急处置、跟踪督办、结果反馈等环节的信息化支持。

（六）公共安全管理。主要对消防安全、生产安全、校园及周边安全、公共交通安全、铁路管线安全等重点行业领域的各类安全隐患及安全事故进行信息化管理。掌握安全隐患类型、安全事故原因、事件处置措施等基本情况，通过信息化手段不断提高预防预警和应急处置能力。

（七）其他。在上述模块的建设内容无法满足实际业务需求时，各区可根据实际工作需要，自行规划、设计用于支撑本区各级综治业务工作的内容。

二、加快完善数据资源建设

采取基层力量采集更新与部门数据共享交换相结合的方式，建立基层综治基础数据库。2018 年底前，各区基本建成与综治业务相关的人、地、物、事、组织等基层综治数据库。

（一）强化数据采集更新。进一步明确区、街道（乡镇）、社区（村）在综治基础数据资源建设中的职责任务和权利义务，规范数据采集人员、采集内容、采集方式、采集周期、采集标准、采集流程等相关内容，为数据多级获取、统一归口打下基础。充分发挥基层政法综治组织和各类群防群治力量作用，加强综治相关基础信息的采集汇总。拓展采集渠道，建立更新机制，逐步引导、规范来自社会各方面综治基础信息的收集、处理，不断拓展基础信息来源。

（二）推进数据共享交换。与区信息化主管部门紧密配合，建立与属地公安、司法、民政、工商、交通、住建、教育、团委、卫生计生、人力社保等专业部门的整合共享机制，进一步明确信息共享的内容、方式和责任，制定技术标准规范，综合运用法规制度、政策引导、行政协调、技术支持等多种手段，努力推动信息整合共享机制落到实处，统筹推进综治信息数据资源的共享交换工作。

三、加快落实市、区两级综治信息平台互联互通

通过建立机制、打通链路、规范格式、核查校验等步骤，推进市、区两级互联互通，为构建纵向贯通、横向集成、分级应用、安全可靠的综治信息系统打下基础。2017 年底前，各区综治信息平台初步实现与市级综治信息平台互联互通；2018 年底前，实现各级、各类数据定期共享交换、实时交流应用的目标。

优先使用市经信委数据共享交换平台，开展互联互通工作。按照相应技术标准和要求，围绕实有人口服务管理、特殊人群服务管理、社会组织服务管理、社会治安管理、矛盾纠纷排查和多元调解、公共安全管理等方面，开展数据共享交换，推动各级平台互联互通。进一步规范市、区两级综治信息平台对接过程中数据资源的格式标准等问题，充分应用和共享各级综治信息系统建设的成果，建立长效联动机制，逐步实现市、区两级综治业务工作流程的有效衔接，全面整合各级综治信息系统。

四、加快提升综治信息系统深度应用

围绕市、区、街道（乡镇）、社区（村）四级综治信息平台建设，推进各级综治信息系统深度应用，支撑综治业务工作。

（一）市级综治信息平台应用重点。市级平台由首都综治办统一建设，其中部分内容可供区、街道（乡镇）、社区（村）三级根据权限分级应用。主要包括：通过日常办公系统开展市、区、街道（乡镇）协同办公；通过机构队伍管理、社会治安管理等业务模块，对各级综治机构、综治人员、群防群治布控点位、社会治安重点地区整治工作、公共安全管理等信息进行录入、更新、维护。

（二）区级综治信息平台应用重点。汇总整合各类综治基础数据资源，定期与市级综治信息平台进行共享交换。逐步实现对辖区内社会治安状况的实时监控，分析研判社会治安形势，为党委政府科学决策提供信息支撑。实现对辖区内有关社会治安、矛盾纠纷、安全隐患等综治工作的指挥调度、事件处置、分流交办、督导考核。

（三）街道（乡镇）级综治信息平台应用重点。汇总采集各类综治基础数据资源，实时上报。分析研判、协同解决社会治安综合治理以及影响群众安全感的重点难点问题。受理区级平台分流交办的综治相关各项任务，跟踪指导、督导考核社区（村）综治组织工作落实情况，发现重大、突发事件及时上报。加强治安防控体系建设，全面掌握人防、物防、技防建设情况；加强矛盾纠纷排查和多元调解，强化流动人口和特殊人群管理，积极排查社会治安隐患。

（四）社区（村）级综治信息平台应用重点。采集、更新各类综治基础数据资源，实时上报。分流处置上级交办和本级发现的各类问题，发现重大、突发事件及时上报。全面掌握人防、物防、技防建设情况，加强矛盾纠纷排查和多元调解，强化流动人口和特殊人群管理，积极排查社会治安隐患，对发现的问题有效应对。

五、工作要求

（一）加强组织领导。各区要健全完善领导协调机制，成立专项小组，负责基层综治信息化建设的组织领导。要抓紧制定切实可行的工作方案，按照进度要求，制定路线图、时间表。

（二）落实资金保障。各区要将基层综治信息化建设和运维经费列入同级固定资产投资计划和财政预算，建立合理的建设资金和运维经费保障机制。要合理控制建设与运维成本，坚决防止贪大求全和重复建设。

（三）培养人才队伍。各区要加强教育培训，切实提高干部的信息素养和实践能力。建立适应信息化发展需要的人才评价制度和激励机制，落实专人负责综治信息化建设，着手培养造就一支既懂综治业务又懂专业技术的复合型人才队伍。

（四）加强督导考核。将综治信息化工作纳入年度综治领导责任制考核评价体系，按照“细化、量化、实化”要求完善具体考核指标。要加强对系统建设各环节的全程跟踪督导检查，强化考核结果运用。

（五）严格安全保护。按照《信息安全等级保护管理办法》的要求，分级、分权限规范信息安全等级保护制度。实行“谁主管谁负责、谁使用谁负责”的网络信息安全责任制，提高风险防范和应急处置能力。

首都综治委　北京市人力资源和社会保障局关于表彰2013—2016年度首都综治工作先进集体和先进工作者的决定

（2017年11月15日）

首都综治委各成员单位，各区综治委、办，各区人力社保局：

党的十八大以来，在中央和市委、市政府的坚强领导下，全市各地区、各部门全面贯彻党的十八大和十八届三中、四中、五中、六中全会精神，深入学习贯彻习近平总书记系列重要讲话精神和治国理政新理念新思想新战略，齐抓共管，密切配合，以一流标准认真落实社会治安综合治理各项工作，出色完成了APEC峰会、抗战胜利70周年等一系列重大活动维稳安保工作任务，不断创新社会治理，推动平安北京建设取得新成效，为维护首都持续安全稳定，保障和促进全市经济社会发展作出了突出贡献，涌现出一大批先进集体和先进工作者。

为表彰先进，树立典型，推动平安北京建设扎实深入开展，首都社会治安综合治理委员会、市人力资源和社会保障局决定：授予东城区综治办等116个单位“首都综治工作先进集体”荣誉；授予刘河深等216名同志“首都综治工作先进工作者”荣誉。希望受到表彰的先进集体和先进工作者珍惜荣誉，戒骄戒躁，再接再厉，再创佳绩。

各地区、各部门要以受到表彰的先进模范为榜样，深入贯彻落实党的十九大精神，以习近平新时代中国特色社会主义思想为行动指南，切实增强“四个意识”，进一步增强做好综治工作的责任感和使命感，扎实工作，开拓进取，全面推进平安北京建设，不断提高人民群众的安全感和满意度，打造共建共治共享的社会治理格局，努力开创首都综治工作新局面，为建设国际一流的和谐宜居之都作出新的更大贡献！

附件：首都社会治安综合治理先进集体和先进工作者名单

附件

首都社会治安综合治理先进集体和先进工作者名单

一、先进集体

国务院办公厅警卫处保卫办公室

国家机关事务管理局西山服务局保卫处

中国气象局办公室保卫处

北京市委宣传部应急工作处

北京航空航天大学安全保卫处

北京市种子管理站

北京市委社会工委、市社会办宣传处（社会

动员工作处）

北京市网信办网络评论处

北京市国家安全局六局政治处

北京市民政局基层政权和社区建设处

北京市司法局基层工作处

北京市建设工程和房屋管理监察执法大队

北京公共交通控股（集团）有限公司安保部（应急管理中心）

北京市政府口岸办航空港处（首都机场地区综治办）

北京市旅游委安全与应急处

北京市卫生计生委办公室

北京首汽（集团）股份有限公司

北京市园林绿化局应急工作处

北京市城管执法局督察总队

北京市高级人民法院刑一庭

北京市人民检察院检察管理监督部

武警北京总队二师第十支队

首都综治办社会矫正工作处

北京市公安局办公室新闻中心舆情引导三科

北京市公安局人口管理总队派出所基础工作大队

北京市公安局第一总队六支队

北京市公安局指挥部视频警务和安技防通信保障处

北京市公安局治安总队公秩支队

东城区家和万事兴群众调解之家

东城区综治办

东城区维稳办

东城区东直门街道综治办

北京市公安局东城分局治安支队公秩中队

东城区崇外街道综治办

西城区综治办

北京市公安局西城分局德外派出所

西城区西长安街街道

西城区司法局

西城区房屋管理局

西城区大栅栏街道综治委

西城区月坛街道南沙沟社区

朝阳区综治办

朝阳区维稳办

北京市公安局朝阳分局治安支队

朝阳区奥林匹克公园管委会综合治理处

朝阳区安全监管局

朝阳区奥运村街道综治办

朝阳区麦子店街道综治办

朝阳区三里屯街道中三里社区

朝阳区东坝地区综治办

朝阳区三间房乡金家村

朝阳区王四营乡南花园村

朝阳区政和社会发展促进中心

海淀区综治办

海淀区维稳办

海淀区妇联

共青团海淀区委

北京市公安局海淀分局内保大队

海淀区食品药品监管局中关村街道食药所

海淀区羊坊店街道综治工作部

海淀区青龙桥街道综治工作部

海淀区上地街道西里社区

海淀区曙光街道怡丽北园社区

海淀区东升镇塔院村

丰台区综治办

丰台区维稳办

丰台区丰台街道永善社区

丰台区宛平城地区综治办

北京市公安局丰台分局太平桥派出所

北京市公安局丰台分局治安支队公秩中队

丰台区长辛店镇赵辛店村

丰台区右安门街道东庄社区

石景山区综治办

石景山区维稳办

石景山区八角街道综治办

北京市公安局通州分局治安支队

北京市公安局房山分局西潞派出所

北京市公安局房山分局治安支队涉访维稳处置队

房山区人民法院诉调对接中心

房山区长阳镇综治办

通州区流管办

通州区维稳办

通州区张家湾镇综治办

通州区宋庄镇双埠头村

通州区安全监管局监督检查科

顺义区天竺镇综治办
顺义区维护稳定工作信息中心
北京市公安局顺义分局马坡派出所
顺义区人民法院立案庭
昌平区维稳办
昌平区食品药品监管局
昌平区城南街道综治办
北京市公安局昌平分局人口管理大队
昌平区东小口镇小辛庄村
昌平区城北街道灰厂路社区
大兴区综治办
大兴区维稳办
北京市公安局大兴分局治安支队
大兴区庞各庄镇综治办
大兴区高米店街道综治办
门头沟区城子街道综治工作中心
北京市公安局门头沟分局治安支队
门头沟区房屋征收事务中心
平谷区人民法院立案庭
平谷区滨河街道综治维稳工作中心
平谷区熊儿寨乡综治办
北京市公安局怀柔分局龙山派出所
怀柔区雁栖镇综治办
怀柔区怀柔镇综治维稳工作中心
北京市公安局密云分局城关派出所
密云区委社会工委
密云区司法局
密云区十里堡镇综治办
北京市公安局延庆分局治安大队
延庆区香水园街道综治科
延庆区张山营镇综治办

二、先进工作者

李东升　中国人民银行机关事务管理局行政主管

闫英杰　国家旅游局机关服务中心保卫处处长

吴　健　中国农业银行安全保卫部本级安全保卫处高级专员

王会杰　国家发展改革委办公厅保卫处副处长

史立义　北京市纪委市监委信访室副处级纪检监察员

马　俊　北京市委组织部办公室干部

赵　凯　北京市委统战部综合处干部

崔海龙　北京市编办办公室干部

赵勇明　北京市直机关工委统战部副部长

李耀鹏　北京林业大学应急指挥中心办公室副主任

张国柱　北京农学院安全稳定工作部部长

杨　帆（女）　北京市委农工委（市农委）社会管理处干部

王卫峰　北京市委社会工委、市社会办宣传处（社会动员工作处）干部

黄乐平　北京义联劳动法援助与研究中心主任

林　松　北京市委防范办秘书处干部

郭玉松（女）　北京市网络新闻监管中心副主任

柳晟林（女）　北京市发展改革委社会发展处副处长

丁希松　北京市民委（宗教局）宗教四处处长

张　顺　北京市公安局交管局朝阳交通支队呼家楼大队民警

董中华　北京市公安局人口管理总队派出所基础工作大队副大队长

樊玉磊　北京市公安局消防局防火监督部助理工程师

张保平　北京市公安局刑侦总队五支队副支队长

王伟刚　北京市国家安全局科长

许　泉　北京市民政局信访处副处长

聂继国　北京市救助管理总站筹建办公室副主任

刘　泉　北京市监狱管理局教育改造处干部

王东成　北京市教育矫治局天堂河教育矫治所执行科科长

齐有波　北京市财政局党政群团处干部

石发军　北京市人力社保局信访处干部

王　岩　北京市规划国土委信访处干部

郝　萱（女）　北京市规划监察执法大队副队长

杜凤军　北京市环保投诉举报电话咨询中心主任

黄　晨(女)　北京市住建委党办干部

陈　忱　北京市城管委办公室干部

王平海　北京市交通委交通执法总队第二执法大队大队长

于海全　北京市水务局密云水库管理处安全保卫科科长

康　凯　北京市商务委流通秩序处副处长

杨国湧　首都图书馆保卫部主任

李德令　首都医科大学附属北京朝阳医院副院长

刘惠鸣(女)　北京公共交通控股(集团)有限公司第四客运分公司安稳办主任

王　昕　北京市东城区地税局人事(保卫)科干部

朱杨青(女)　北京市工商局东城分局企监科科长

魏志钢　北京市安全监管局监管三处副调研员

冯　鑫　北京市食品药品监管局丰台大红门街道食药所常务副所长

陈军成　北京市新闻出版广电局办公室干部

孟德兴　北京市文物局安全保卫处干部

张建超　北京市统计局机关服务中心副主任

赵心欣(女)　北京市金融局应急打非处干部

田志华　北京市民防局工程管理处副处长

高景钊　北京市信访办来访接待处副处长

曹术义　北京市城管执法局执法协调处干部

王宁之　北京市文化执法总队副总队长

王继红(女)　北京市高级人民法院申诉审查庭副庭长

赵　峰　北京市人民检察院审查逮捕部检察员

路东明　北京市总工会综治办副主任

佟立成　团市委中少部部长

白　皎(女)　北京市妇联权益部干部

王雪峰　武警北京总队司令部作战勤务处处长

郭长河　北京卫戍区政治部保卫处处长

张洪波　北京铁路局综治办副主任

张　忠　北京市公园管理中心天坛公园保卫科科长

朱文君(女)　北京市通信管理局网络安全管理处调研员

吴玉琦　北京市国税局稽查局局长

崔淑筠(女)　国家统计局北京调查总队专项调查处处长

李　英　北京西站地区管委会综治处处长

曹静波　天安门地区管委会综治处处长

刘　畅　东城区东花市街道综治办主任

武长宏　东城区东华门街道韶九社区志愿者

任永杰　北京市公安局交管局东城交通支队东四大队副大队长

周　斌　东城区龙潭街道综治办主任

张　竹(女)　东城区司法局朝阳门司法所所长

王晓军(女)　东城区天坛街道综治办常务副主任

魏　友　东城区综治办联络科干部

郑红强　东城区朝阳门街道竹杆社区党委书记、居委会主任

刘河深　东城区流管办专职副主任

武晓燕(女)　东城区东华门街道综治办主任

倪晓光　东城区朝阳门街道综治办科长

王　静　西城区委政法委副书记、区综治办主任

沈　琦(女)　北京市公安局西城分局第一支队副中队长

丁宪忠　西城区广安门外街道工委副书记

马　越　西城区人民法院刑一庭副庭长

郝　杰(女)　西城区什刹海街道西什库社区党委书记、居委会主任

徐振友　西城区卫生计生委行政管理科科长

吕迎国　西城区教工委保卫保密科干部

杨　凯　西城区委宣传部办公室主任

翟晓磊　西城区人民检察院审查逮捕部检察员

毛　岳　西城区新街口街道综治办主任

王利峰　西城区城管执法局大栅栏执法队队长

张桂红(女)　西城区信访办排查调处科科长

王春发　朝阳区维稳办副主任

周　平(女)　朝阳区委防范办信息调研科科长

李立宏　北京市公安局朝阳分局人口管理大队副大队长

刘立新　朝阳区食品药品监管局局长

杨　帆　朝阳区委宣传部宣传科科长

郭红梅(女)　朝阳区卫生计生委规划综合科副科长

吴桂全　朝阳区教委保卫科科长

田　杨　朝阳区司法局矫正帮教科科长

薛永强　朝阳区城管执法局执法一队队长

张　昕　朝阳区信访办副主任

张福来　朝阳区八里庄街道工委书记

段洪涛　朝阳区亚运村街道安翔里社区党委书记

董会军　朝阳区大屯街道综治办主任

赵学军　朝阳区潘家园街道综治办主任

王依祎(女)　朝阳区安贞街道城建科副科长

刘　皓　朝阳区团结湖街道综治办主任

张春江　朝阳区小红门乡武装部部长

刘　辉　朝阳区东风乡安监科科长

刘　建　朝阳区平房地区综治办主任

冯　建　朝阳区南磨房地区综治办主任

门重山　朝阳区常营地区综治办主任

杜　堃　朝阳区建外街道综治办主任

赵小仓　朝阳区太阳宫地区维稳办主任

陈　魁　海淀区委宣传部舆情组组长

蒋人庆　海淀区纪委区监委党风政风监督室

陈小强　海淀区流管办基层指导室(协调联络室)副主任

张立华　海淀区委防范办副主任

王志勇　海淀区人民法院信访办负责人

齐沁霞(女)　海淀区人民检察院检察服务中心主任

黄文祝　北京市公安局海淀分局西山派出所龚村社区民警

李志刚　北京市公安局交管局海淀交通支队黄庄大队警长

戴　磊　北京市国家安全局海淀分局科长

赵洪树　海淀区司法局矫正帮教科干部

程　杰　北京市工商局海淀分局四季青工商所所长

时　阳(女)　海淀区地税局北下关税务所所长

于　博　海淀区住建委信访室负责人

童战武　海淀区西三旗街道党工委副书记

王京忠　海淀区北下关街道综治工作部部长

洪　熙　海淀区甘家口街道综治工作部部长

张胜利　海淀区八里庄街道定慧西里社区党委书记、居委会主任

苏玉玲(女)　海淀区香山街道四王府社区党委书记、居委会主任

单育敬(女)　海淀区北太平庄街道文慧园社区党支部副书记

丁伟民　海淀区永定路街道三街坊中社区居委会主任

刘　鑫　海淀区综治办信息综合室干部

李一丹　海淀区维稳办科长

朱　丽(女)　丰台区司法局社区矫正和帮教安置工作指导科科长

梁文博　丰台区城管执法局指挥中心主任

徐学敏(女)　丰台区新发地小学校长

王　希　北京市公安局丰台分局人口管理大队基础中队副中队长

张丙坤　丰台区信访办接访科科长

李树仁　丰台区民政局救助管理站干部

许　艳(女)　丰台区卢沟桥街道岳各庄社区党支部书记、居委会主任

赵　楠　丰台区方庄地区芳星园三区社区居委会综治委员

卢亚军　丰台区花乡综治办常务副主任

孟春雷　丰台区大红门街道综治办主任

李亚春　丰台区综治办指导科科长

褚荣祥　北京市公安局丰台分局六里桥派出所民警

叶　凯　丰台区维稳办科长

姜　红(女)　石景山区苹果园街道综治办(流管办)主任

马文婷(女)　石景山区老山街道综治办副主任

陈福起　石景山区鲁谷社区衙门口东社区党支部书记、居委会主任

洪建武　石景山区维稳办干部

任国强　房山区良乡镇人民政府党（工）委书记

王振亮　北京市公安局交管局房山交通支队万宁大队大队长

卢　华　房山区燕山地区综治维稳事务中心副主任

李秀玲（女）　房山区融和人民调解委员会主任

邵雪松（女）　房山区西潞街道苏庄三里社区党总支书记、居委会主任

刘玉清（女）　房山区城关街道东瓜地村党支部书记

陈加普　房山区信访办接访科科长

张志军　通州区委政法委常务副书记、综治办主任、流管办主任

张加齐　通州区信访办办信科科长

孙胜杰　北京市公安局通州分局人口管理大队民警

冯　源　通州区食品药品监管局党组书记、局长

刘继伟　通州区财政局行政政法科副科长

王金旺　通州区永顺镇乔庄村党总支书记

付　新　通州区于家务回族乡西垡村党支部书记、村委会主任

张　涛　通州区北苑街道综治办主任

张　颖（女）　通州区玉桥街道综治办主任、信访办负责人

朱　静（女）　通州区委政法委办公室主任

张　桓　顺义区天竺镇二十里堡村党支部书记、村委会主任

陈　峥　顺义区高丽营镇综治办常务副主任

王　猛　顺义区司法局社区矫正安置帮教科科长

李　霞（女）　顺义区旺泉街道宏城花园社区党总支书记、居委会主任

李德军　顺义区人民检察院刑事执行检察部主任

孔晶晶（女）　顺义区综治办综治督导室主任

李文斌　顺义区信访办接待科科长

吴明辉　北京市公安局顺义分局治安支队中队长

张玉龙　昌平区天通苑北街道办事处副主任

李　蕾（女）　昌平区百善镇综治办主任

刘学增　昌平区北七家镇白庙村党支部书记、村委会主任

唐东彪　昌平区南口镇新兴路社区党支部书记、居委会主任

马福云　昌平区回龙观镇北店嘉园社区党支部、居委会委员

路宝国　昌平区沙河镇路庄村党支部副书记、村委会副主任

赵文韬　昌平区城管执法局指挥中心干部

王　磊　北京市公安局昌平分局治安支队公秩中队副中队长

张四忠　北京市公安局昌平分局治安支队处置中队中队长

乔登林　大兴区委政法委常务副书记

盖　征　大兴区亦庄镇副镇长

屈树国　大兴区采育镇综治办常务副主任

卢志强　大兴区卫生计生委安保科负责人

马连义　大兴区西红门镇水务站站长

季建超　大兴区城管执法局兴丰执法队队长

周　钊　大兴区流动人口和出租房屋管理服务中心副主任

于　飞（女）　大兴区博兴街道综治办副主任

于　泽　大兴区维护稳定工作信息中心副主任

崔燕青　门头沟区雁翅镇综治办常务副主任

施鸿鹏　门头沟区公安消防支队防火监督处处长

刘庆江　门头沟区军庄镇军庄村党总支书记、村委会主任

赵　亮　门头沟区龙泉镇信访办干部

邢术云　平谷区大华山镇综治办常务副主任

王云鹏　北京市公安局平谷分局治安支队治安处置行动中队中队长

路　明　平谷区司法局峪口司法所所长

徐清山　平谷区马昌营镇综治办常务副主任

霍敬铮　怀柔区怀北镇综治办干部

张继刚　怀柔区泉河街道滨湖社区党支部书记、居委会主任

胡翔宇　怀柔区龙山街道综治办常务副主任

宋　征　怀柔区维稳办科长

王作兴　密云区委政法委副书记、区综治办主任

程　宏　密云区穆家峪镇综治办主任

关宝山　密云区鼓楼街道花园东社区市民劝导队队长

王　蕾(女)　密云区司法局法律援助中心主任

杨桂英(女)　密云区果园街道馨欣社会工作事务所所长

陈明宇　北京市公安局密云分局人口管理中队中队长

王金福　延庆区经信委副主任、区信息中心主任

龚宝娟(女)　延庆区康庄镇综治办常务副主任

宋海霞(女)　延庆区八达岭特区办事处综治办主任

李　勇　延庆区维稳办科长

北京市东城区守望岗“小守望”铸就“大平安”

近年来,北京市东城区紧紧把握专群结合共保平安的总基调,依托“守望岗”,将开展志愿服务与创新社会治理相结合,让百姓身边人参与百姓身边事,通过建体系、立规章、抓队伍、调结构,不断提高政府社会治理水平,提升辖区居民的安全感和满意度,努力实现“小守望”铸就“大平安”。

一、建体系

建立横向到边、纵向到底的治安志愿者工作体系,重点加强区、街、社区和行业系统治安志愿者协会的组织建设工作,大力发挥各级志愿者协会、工青妇等枢纽型社会组织的作用,建立完善基层志愿服务平台和体系,推进志愿服务制度化,全区形成了横向到边、纵向到底的治安志愿者工作体系。

二、立规章

强化重点环节建章立制,从加强规范化建设入手,针对组织发动、队伍管理、服务保障等重点工作,建立了志愿者实名注册登记制度、计时评价制度、星级管理制度、分类动员机制、项目制管理机制等一系列制度机制,并先后出台了《东城区治安志愿者队伍保障激励办法》《东城区治安志愿者星级管理办法》等文件,有效强化了各重点环节工作。

三、抓队伍

激发社会各界参与平安建设的积极性,坚持以社会化动员为方向,以志愿服务为引领,全面激发社会各界参与社会治理、服务平安建设、促进社会和谐的积极性和主动性。全区形成了以“职业性力量、治安志愿者、安全稳定信息员、流管协管员、人民调解员、楼门院长、行业系统志愿者、社会力量”八支力量为主体的多元化“守望岗”队伍,形成专群结合、群策群力的工作格局。

四、调结构

优化“守望岗”队伍年龄结构,针对“守望岗”队伍老龄化的情况,2016 年以青年志愿者协会为平台,组织青年志愿者参加了“守望岗”青年志愿服务活动,累计参与守望岗值守的青年志愿者 1200 余人,累计服务时长超过 4100 小时,有效优化了“守望岗”队伍的年龄结构。

(撰稿人:武晓天
审稿人:许继慧　赵清如)

天　津　市

2017 年综治工作概况

2017 年，天津市综治战线在市委、市政府坚强领导下，坚持以习近平新时代中国特色社会主义思想为指导，认真贯彻落实党的十八大、十九大精神，紧紧围绕统筹推进“五位一体”总体布局和协调推进“四个全面”战略布局，以确保党的十九大和第十三届全运会胜利召开为主线，立足天津之特，当好天津之卫，始终保持政治清醒，坚定政治立场，坚守忠诚大德，强化使命担当，突出底线思维，狠抓工作落实，从严从实从细做好各项综治工作，努力提高社会治理社会化、法治化、智能化、专业化水平，源头防范社会安全稳定风险，为全面建成小康社会、建设“五个现代化天津”创造了和谐稳定的社会环境。

一、抓重点保大局，全市社会持续安全稳定

（一）全力维护政治安全。牢固树立总体国家安全观，深入开展反颠覆、反渗透、反邪教、反恐怖、网络斗争等“五大战役”。以维护政治安全、政权安全为核心，健全工作机制，持续深化反间谍专项行动，深入开展对境外敌对势力利用宗教渗透的打击处置工作。深化“拔草行动”“挤压行动”，开展“敲门行动”，依法打击邪教违法犯罪活动，邪教类发案连续 8 个月零警情。

（二）全力维护社会稳定。面对党的十九大、全国“两会”、第十三届全运会和系列专案等重大活动，全市以“上之上”“加强加”的工作标准，严格落实“战区制、主官上”要求，提高政治站位、强化政治担当，以最高等级、最高标准、最大力度，超前安排谋划，细化实化措施，层层压实责任，建立和落实党委定期分析形势、战时维稳安保每日调度、联勤联指、部门会商、应急处置等行之有效的工作机制，形成了强大合力，确保了重要时期、敏感节点万无一失。

（三）全力深化反恐斗争。深入开展“防回流、防渗透”和涉恐隐患排查整治专项行动，案件侦办、线索查证、网络反恐工作取得新突破。建立市区两级反恐防暴责任体系，建立重点行业反恐防范标准 17 项，对全市三级 13 类 3530 个重点反恐目标分级分类管理。强化社会面整体防控，健全“四位一体”联合作战指挥体系，完善快速反应机制，实行不同防控等级和巡逻勤务模式。加强反恐处突专业力量建设，快速反应、处置成功率 100%。

二、抓源头除隐患，矛盾纠纷落实多元化解

（一）强化源头治理。健全完善固化维护社会稳定工作“八个机制”。严格落实《天津市重大决策社会稳定风险评估办法》，全市 16 个区、27 个系统（部门）、247 个乡镇（街道）全部建立重大决策社会稳定风险评估机制。突出针对涉及群众利益、极易引发社会稳定问题的重大政策、重大项目、大型群众性活动扎实推进风险评估。牢固树立“隐患就是事故，事故就要处理”理念，对安全隐患严重、整改不到位的 521 家企业依法作出处罚。坚持维稳、维权、解困同步，持续推动信访积案“清仓见底”，积极稳妥化解信访积案 2100 余件，依法打击闹访滋事 202 人。依法妥善处置各类群体性事件 493 起。

（二）深化排查化解。坚持日常排查、每月排查，强化集中排查、滚动排查，认真落实矛盾纠纷排查调处工作协调会议制度，层层建立工作台账和分类数据库，实行动态管理，全年排查矛盾纠纷 20.1 万件。进一步加大化解力度，多调联动、多措并举，全年化解矛盾纠纷 19.9 万件，化解成功率 98.8%。推进涉法涉诉信访制度改革，制定印发《涉法涉诉信访案件限时办结制度》《关于运用法治思维和法治方式处理信访活动中违法犯罪行为的指导意见》等制度规定，涉法涉诉信访量连续4年呈下降趋势。

（三）解决突出问题。加大突出不稳定问题解决力度，认真落实做好军队退役人员工作20条意见，建立军队退役人员信息库，加大帮扶力度，相关工作经验在全国推广。完善重大复杂矛盾纠纷挂牌督办制度，对长期挂账的32件突出矛盾纠纷，逐一落实责任，加强督导，4件彻底化解，未化解28件中3件进展明显，18件趋于平稳。

（四）推动机制创新。加强人民调解体系建设，建立人民调解组织5795个，区域性、行业性、专业性等其他人民调解组织336个，人民调解员27024人，其中专职人民调解员487人。深化诉调对接，17家法院建立诉调对接平台，9家法院建立专门诉调对接中心，诉前调解处理案件数量和调解成功率呈上升趋势。推进检调对接，邀请人大代表、政协委员、专家学者、律师、人民监督员等第三方参与化解工作。探索建立律师参与化解和代理涉法涉诉信访案件工作模式，组建了由155名律师组成的服务团队。精心组织实施“访调对接”创新项目，被中央综治办评为矛盾纠纷多元化解工作创新项目优秀等次。

三、抓防控严打击，社会治安保持良好秩序

（一）依法严厉打击违法犯罪活动。组织开展了打黑除恶、治爆缉枪、禁毒禁赌扫黄等专项行动，全年共破获刑事案件3万余起，查处治安案件16万余起。不断加强公安、武警、民防力量共同参与的全时空、多层次、立体化巡控体系建设，建立打击犯罪三级立案办案新机制，创建“刑侦、技侦、图侦、网侦、情报”一体化的“五侦合一”破案模式，现行命案、枪案、绑架案、爆炸案破案率100%。刑事案件发案同比下降13.1%，其中八类案件发案同比下降7.4%，侵财类案件发案同比下降15.6%。命案全破经验被中央综治办向全国推广。

（二）大力推进“雪亮工程”建设。全方位织密“平安网”，深入推动大数据等现代科技手段与社会治理的深度融合。全市投入33亿元，构建了智慧型社会治安防控“天网”，在反恐维稳、治安防控、打击犯罪、社会管理等方面发挥了重要作用，特别是在党的十九大、十三届全运会安保中发挥了重要技术支撑作用。2017年6月底，实现了天津市综治中心与市级公安机关公共视频监控资源的互联互通。

（三）加强公共安全风险防控。完善3个等级巡控模式，在全市设置632个网格化巡区、127个晚间查控点位、159个重点地区联勤武装巡组、1189个“一三五分钟”处警圈、72个“30分钟”围堵圈。集中开展交通秩序大整治，交通事故死亡人数同比下降1.27%，未发生一次死亡5人以上事故。建立“三个一体化”轨道交通站区警务模式，重点公交线路配备乘务管理员，落实了长途购票实名制。持续开展易燃易爆单位整治、消防安全大检查专项行动，加大消防安全隐患排查整治工作力度。加强危化品管理“一张网”建设，工作经验在全国推广。推进寄递安全管理，落实收寄验视、实名收寄、过机安检制度。深化物流安全管理，持续开展联动执法，强化危货运输车辆卫星定位管理。

（四）加强特殊人群服务管理。大力推进严重精神障碍患者救治救助和监护管控工作，明确部门责任，建立协调机制。认真做好刑满释放人员安置帮教工作，安置率95.6%，帮教率100%，重新违法犯罪率0.96%。严格落实社区服刑人员重点排查制度，有效防止了脱管、漏管。加快推进青少年事务社工队伍建设，首批公开招聘的153名社工全部上岗，创建“四有两无”青少年零犯罪村（社区）255个，工作经验在全国推广。

（五）大力推进重点地区排查整治。排查确定市、区、乡镇（街道）三级重点整治对象380个，逐一落实工作责任，建立工作台账，分级建档，圆满完成整治任务。深入开展清查清缴非法枪支弹药专项行动，走访居民495万户，签订无非法枪支弹药承诺书480万份，检查涉危涉爆、寄递物流企业等重点单位（部位）13万处，查处涉枪涉爆案件143起，收缴各类枪支1843支、子弹67万发。开展社会治安专项整治，查处各类治安案件16.6万件，整改治安乱点300处，全市治安警情同比下降8.1%。开展打击取缔非法传销特殊人民战争，捣毁传销窝点800多个，天津传销活动空间和滋生土壤得到彻底铲除。破获电信诈骗案件6061起，同比上升107.8%。整改交通安全隐患5.4万件，处罚各类交通违法行为同比上升18.1%。持续开展高层建筑消防安全综合治理等专项行动，督改火灾隐患28万处，火灾死亡人数同比下降

20.4%。大力推进铁路护路联防工作，加强铁路沿线视频监控系统建设，建立了专职护路联防队伍。

四、抓基层打基础，平安建设实现共建共治

（一）进一步加强综治中心规范化建设。认真贯彻落实《社会治安综合治理综治中心建设与管理规范》国家标准，加强市、区、乡镇（街道）、村（社区）综治中心规范化建设，天津市综治中心、16个区综治中心、247个乡镇（街道）综治中心、5309个村（社区）综治中心全部实现了挂牌办公，初步实现了基础信息收集、治安形势研判、矛盾化解督导、实有人口和特殊人群服务管理等实战功能。

（二）进一步完善落实网格化服务管理。认真贯彻国家质检总局、国家标准化委员会《城乡社区网格化服务管理规范》，扎实推进网格化服务管理要求落地、落实、落到基层。积极探索将综治基础网格与党建网格、民政网格等各类网格对接融合，统筹使用网格人员、资金、设施等资源，"多网合一、一网多格、一格一员、一员多能"的网格服务管理模式初步建立，网格员队伍发展到27718人。

（三）进一步深化推进基层平安创建。继续开展平安村（社区）、平安单位、平安校园、平安医院、平安市场、平安景区、平安工地、平安家庭、平安铁路、平安公路水路"十安联创"活动，进一步加强基础设施建设，完善工作措施和激励政策，打造了一批治安秩序好、群众满意度高的示范典型，实现了"大事不出、小事也不出，保证绝对安全"目标。

（四）进一步推进群防群治队伍建设。充分发挥平安志愿者作用，党的十九大和全运会期间组织开展了"平安行动"，组织发动20万名平安志愿者在5757个重要街面、路口、火车站、汽车站、地铁站、商业区等人员密集场所和要害部位巡控守护。加强群众性情报网络建设，向公安机关提供情报线索16280条，打造了"河西大姐"等天津平安志愿服务品牌。加强长效机制建设，出台了《关于深化平安志愿者工作的意见》，为平安志愿服务事业健康发展提供了保障。

五、抓保障促落实，综治任务得到有效推动

（一）完善法治保障。颁布实施了《天津市禁毒条例》《天津市志愿服务条例》《天津市人民代表大会常务委员会关于禁止燃放烟花爆竹的决定》，修订了《天津市见义勇为人员奖励和保护条例》等4项涉及综治内容的地方法规，发挥了重要保障作用。全年确定72个单位143项法治天津建设重点工作落实到位。完善四级公共法律服务实体平台和"12348"公共法律服务热线平台，为全市居民提供无假日、优质高效的法律服务。

（二）完善责任保障。认真落实中共中央办公厅、国务院办公厅《健全落实社会治安综合治理领导责任制规定》和市委办公厅、市政府办公厅《健全落实社会治安综合治理领导责任制实施办法》，党政主要领导第一责任人、分管领导直接责任人、其他领导"一岗双责"的领导体制进一步完善。进一步加大责任查究力度，对178个社会治安综合治理责任落实不到位、治安问题突出的地区（单位）给予通报，对27个地区（单位）进行约谈，对424个地区（单位）挂牌督办，对110个地区（单位）实行"一票否决"。

（三）完善措施保障。充分发挥综治考评杠杆作用，组织各区各系统签订了《2017年天津市社会治安综合治理目标责任书》。注重加强过程管理，市综治委领导带队深入16个区、10个系统对责任书落实情况进行实地考核验收。扎实推进重点工作项目化实施，明确了47个项目，逐一落实牵头单位和责任单位，定期组织开展自查检查，确保了项目落地、工作落实。

天津市综治委关于印发《关于加强天津市社会治安综合治理综治中心规范化建设的指导意见》的通知

（2017 年 8 月 23 日）

各区综治委，市综治委各成员单位，市综治委各专项组：

《关于加强天津市社会治安综合治理综治中心规范化建设的指导意见》已经市综治委领导同志同意，现印发给你们，请结合实际认真贯彻执行。

关于加强天津市社会治安综合治理综治中心规范化建设的指导意见

加强社会治安综合治理综治中心（以下简称“综治中心”）规范化建设是深入贯彻习近平总书记系列重要讲话精神和治国理政新理念新思想新战略的具体体现，是推进社会治理体系和治理能力现代化的迫切需要，是深化平安天津建设的基础工程，是社会治安综合治理重要工作平台。多年来，各级党委、政府和综治委坚持抓基层、打基础，深入推进基层综治平台建设，实现了区、乡镇（街道）、村（社区）三级综治平台 100% 全覆盖，在深化平安天津建设中发挥了积极作用。但是，主动应对综治工作面临的新形势新任务，对照国家颁布的《社会治安综合治理综治中心建设与管理规范》，天津市各级综治平台建设还存在着薄弱环节，市级综治平台仍然是空白，三级基层综治平台在名称、功能定位、人员配备、硬件建设、管理模式、信息技术应用等方面有待进一步规范。为此，就加强全市综治中心规范化建设，提出如下指导意见。

一、总体要求

（一）指导思想。全面落实党的十八大和十八届三中、四中、五中、六中全会精神，认真学习贯彻市第十一次党代会精神，牢牢把握推进国家治理体系和治理能力现代化的总要求，始终以人民为中心，以增强人民群众安全感为出发点，以理念思路、制度机制、方法手段创新为动力，以提高预测预警预防各类风险能力为着力点，以加强综治中心规范化建设为切入点，坚持系统治理、综合治理、依法治理、源头治理有机结合，进一步夯实综治工作基层基础，提升社会治理精细化现代化水平，为平安天津建设奠定坚实基础，为全面建成高质量小康社会和建设社会主义现代化大都市营造平安稳定的社会环境。

（二）基本原则。坚持以党委领导、政府主导、综治推动协调、各部门履职尽责、社会力量积极参与为原则，以国家《社会治安综合治理综治中心建设与管理规范》为标准，以“实用管用、服务群众、面向实战”为工作重点，切实将各级综治中心建设成为社会治安综合治理工作平台。

（三）工作目标。成立天津市综治中心，与市综治办合署办公，提升、改造、规范区、乡镇（街道）、村（社区）三级综治中心。将区、乡镇（街道）、村（社区）三级综治平台统一更名为区、乡镇（街道）、村（社区）综治中心。全市四级综治中心要扎实推进资源整合、要素集成、规范提升、制度机制建设，强化科技创新，到2020年达到国家《社会治安综合治理综治中心建设与管理规范》要求，切实把各级综治中心建设成为以网格化服务管理为底座（专兼职网格员队伍为基础）、以综治信息化为支撑（“雪亮工程”为重点）的社会治安综合治理工作平台。

二、组织架构和功能定位

（一）市综治中心。

主任、副主任分别由市综治办主任、副主任担任，市综治办四处负责日常工作。依托综治信息系统，纵向与区综治中心互联，横向与市综治委成员单位互通，实现信息资源共享共用，建立协同联动工作机制。定位为“综合协调平台”，采取“综治办+综治信息系统”模式建设，主要功能是：

1. 协调推动市综治委成员单位开展社会治安综合治理工作，加强对各区综治中心的指导推动、督查考评。

2. 协调推动涉及多部门的重大矛盾纠纷、重大事项解决。

3. 加强对综治中心建设等有关重大问题调查研究，及时向中央综治委（办）和市委、市政府提出工作建议。

4. 完成中央综治委（办）和市委、市政府交办的事项。

（二）区综治中心。

主任、副主任分别由区综治委主任、综治办主任担任，明确具体科室负责日常工作。依托综治信息系统，纵向与乡镇（街道）综治中心互联，横向与区综治委成员单位互通。定位为“指挥平台”，采取“综治办+综治信息系统+N”模式建设（N是指各区根据各自实际情况，所采取的工作内容和服务方式），主要功能是：

1. 负责辖区各级综治中心建设，综治视联网的运行、维护、管理，推动网格化服务管理建设，网格员队伍招录、培训、管理，加强群防群治、平安志愿者队伍建设。

2. 对下级综治中心报送的问题，实行联动受理处理，及时推送给综治委成员单位，加强反馈、督办；区综治中心解决不了的问题，上报区委、区政府或市综治中心协调解决。

3. 依托综治信息系统、公共安全视频监控系统，协调推动相关部门对社会治安状况进行监控监测、分析研判。

4. 完成市综治委（办）、市综治中心和区委、区政府交办的其他工作。

（三）乡镇（街道）综治中心。

主任、副主任分别由综治委主任、综治办主任担任，可根据实际设置多名副主任，明确具体科室负责日常工作。定位为“实战平台”，采取“综治办+综治信息系统+N”模式建设（N同以上解释），主要功能是：

1. 依托综治平台，及时受理辖区内群众有关社会治安、矛盾纠纷方面的求助、投诉，实行归口管理，建立任务分流、工作跟踪、检查指导、结果反馈等闭环工作流程；本级综治中心解决不了的问题，及时上报区综治中心。

2. 实施网格化服务管理，负责网格员日常管理和考核培训。

3. 发展壮大平安志愿者、社会工作者、群防群治队伍。

4. 完成区综治委（办）、区综治中心和乡镇（街道）党委（党工委）、乡镇政府（街道办事处）交办的其他工作。

（四）村（社区）综治中心。

主任由村（社区）综治办主任担任，副主任由村（社区）负责综治工作的社区工作者或驻村（社区）民警担任。定位为“基础平台”，主要功能是：

1. 采集录入上报实有人口、严重精神障碍患者、社区矫正人员、刑满释放人员、吸毒人员等特殊人群的基础信息。

2. 排查问题隐患，调处辖区内的矛盾纠纷；对解决不了的问题，及时上报乡镇（街道）综治中心。

3. 负责具体管理网格员队伍，发挥网格员宣传群众、发动群众、组织群众开展平安创建的作用。

4. 完成乡镇（街道）综治办、综治中心和村（社区）党组织交办的其他工作。

5. 协助居民办理公共服务事项。

三、建设要求

按照国家《社会治安综合治理综治中心建设与管理规范》，综治信息化建设、网格化建设、“雪亮工程”建设、硬件建设是加强综治中心规范化建设的重要内容。要以“四项建设”为重点，着力在夯实综治工作的基层基础上下功夫，进一步提升基层服务管理水平。

（一）深入推进信息化建设。

1. 推进综治信息系统建设。按照国家《社会治安综合治理基础数据规范》，进一步完善“9 + X”业务数据模块，整合各类平台资源，加强数据信息录入，推进信息资源共享共用，构建以市综治信息化综合平台为龙头，市、区、乡镇（街道）、村（社区）四级平台为主干的综治信息化体系，实现纵向贯通、横向集成、分级应用，提升综治工作的预见性、精准性、高效性。到 2020 年，实现市、区、乡镇（街道）、村（社区）综治信息化平台全联网、全覆盖、具备较强实战应用能力。

2. 推进综治视联网建设。按照中央综治视联网统一技术标准，以天津电子政务外网为依托，加快全市综治视联网建设，实现市、区、乡镇（街道）、村（社区）四级与中央综治视联网直连直通，达到业务应用可视化、智能化、扁平化。

（二）深入推进网格化建设。

1. 整合优化网格资源。各区综治委要进一步加强四级综治网格体系建设。以现有综治网格为基础，实现综治网格与综治委成员单位现有网格对接融合，统筹使用各类网格人员、资金、设施等资源，形成“多网合一、一网多格、一格一员、一员多能”的网格服务管理模式。

2. 加强网格员队伍建设。发展专职网格员队伍，统筹利用各区现有乡镇（街道）专职网格员力量，通过政府购买服务、资源整合等方式推进网格员队伍建设，专职网格员待遇由各区自行确定。壮大兼职网格员队伍，鼓励楼栋长、村民小组长、平安志愿者、治保人员等担任兼职网格员，对兼职网格员可给予适当补贴。各区负责组织招录（选聘）、上岗业务培训，由乡镇（街道）统一管理，村（社区）具体使用。

（三）深入推进“雪亮工程”建设。落实中央和市委、市政府的部署要求，扎实推进“雪亮工程”（公共安全视频监控建设联网应用工程）建设，建立公共安全视频信息共享平台和传输网络，最大限度实现全域覆盖、全网共享、全时可用、全程可控。在市级公安机关一类探头中的非涉密视频监控已接入市综治中心的基础上，2017 年底前，要将各区公安分局视频监控（非涉密）接入各区综治中心；2018 年底前，要将各公安派出所视频监控（非涉密）接入各乡镇（街道）综治中心，实现三级综治中心与公安机关互联互通；2020 年底前，市、区、乡镇（街道）综治中心与同级综治委成员单位实现联网，图像视频资源共享应用。

（四）深入推进硬件建设。结合实际，整合利用市民服务中心、政务中心、行政许可中心、社会事务服务中心等资源，采取调剂、新建、改（扩）建，或与综治办合署办公等方式，解决各级综治中心日常工作必需的办公场所。已经设有集中办公的市民服务中心、综合性行政服务机构的，采取一个窗口对外，多个后台支撑的工作模式，可在其内部划定特定区域，建立健全综治中心功能。已经设有矛盾纠纷排查调处中心、综治中心的，把工作职能向社会治安综合治理聚焦，改造提升为新的综治中心。综治中心统一悬挂“天津市 × × 区、× × 乡镇（街道）、× × 村（社区）综治中心”标牌，“ × × 村（社区）综治中心”标牌设置于村（社区）综治中心内部。标牌为长方形金色铜牌，尺寸为 400 毫米 ×600 毫米，具体规格见附件。

四、加强机制建设

（一）建立会商报告制度。综治中心一般每周召开一次例会，每月召开一次联席会议。加强工作会商，协调指导综治委成员单位联动配合，推动重大矛盾纠纷、治安突出问题的解决。定期向上级综治委（办）和综治中心报告社会治安综合治理情况；遇到重大矛盾纠纷和本级综治中心难以解决的问题，要及时报告。

（二）建立工作流程制度。依托综治信息系统，规范工作流程，制定“五步工作法”，即网格员采集信息建档上报→综治中心分流交办→综治委成员单位处理解决→综治委成员单位结果反馈→综治中心督查督办。

（三）建立工作台账制度。综治中心应当建立规范的工作台账，包括矛盾纠纷排查调处、平安创建、联席会商、网格员管理、综合事务、特殊人群服务管理等台账。

（四）建立网格员队伍管理制度。细化网格员工作职责，明确任务清单，建立网格员定期业务培训、持证挂牌上岗制度，根据网格员工作业绩和日常表现、辖区单位和居民满意度评价等，对网格员进行绩效考核,并将考核结果与其薪酬(补贴)挂钩,将网格员打造成公共安全巡查员、社情民意搜集员、问题隐患情报员、政策法规宣传员、工作效果监督员。

五、加强组织领导

(一)统筹规划推动。各区综治委要在党委、政府领导下,把综治中心规范化建设纳入本区经济社会发展整体规划,纳入年度财政预算,做到与经济社会发展同规划、同部署、同研究、同落实,确保综治中心规范化建设整体推进,落实到位。

(二)严格落实责任。认真落实社会治安综合治理领导责任制,充分发挥组织推动作用,协调解决工作中遇到的突出问题,推动工作责任落实。要进一步加大考核力度,将综治中心规范化建设纳入各级综治责任制考核之中,提高考核分值权重,发挥好考核的杠杆和导向作用。

(三)加强督导检查。各级综治委(办)要加强对综治中心规范化建设的组织协调、分类指导,定期组织专项检查,及时掌握情况,发现解决问题,总结推广经验,形成抓基层、打基础的良好氛围。各级综治委成员单位要充分发挥职能作用,加强对口指导,积极支持下级部门主动参与综治中心规范化建设,不断推动社会治安综合治理工作取得新实效。

附件:天津市四级综治中心标牌规格(略)

天津市综治委关于印发《关于深化平安志愿者工作的意见》的通知

(2017 年 12 月 1 日)

各区综治委,市综治委各成员单位,市综治委各专项组:

《关于深化平安志愿者工作的意见》已经市领导同志同意,现印发给你们,请结合实际认真贯彻执行。

关于深化平安志愿者工作的意见

为深入贯彻党的十九大精神和习近平新时代中国特色社会主义思想,打造共建共治共享的社会治理格局,积极探索具有中国特色天津特点的“专群结合、依靠群众”的社会治安综合治理之路,全面提高平安志愿服务工作科学化、智能化、规范化、专业化水平,深化平安志愿服务管理,充分调动广大人民群众的积极性和创造性,主动参与维护社会治安,夯实社会治安综合治理基础,现就进一步深化平安志愿者工作提出如下意见:

一、深化队建机制,为平安志愿服务事业健康有序发展提供组织保障

(一)健全落实组织建设机制。平安志愿者是指以自己的时间、知识、技能、体力等从事平安志愿服务的自然人。平安志愿者队伍是广大人民群众参与社会治安综合治理的重要基础力量,是新时代开展平安天津建设的群防群治组织。为深化平安志愿者服务管理工作,完善组织体系,市成立平安志愿者工作领导小组及其办公室,市综治办、市文明办、市公安局、市民政局、市总工会、市共青团、市妇联、市见义勇为协会为成员单位。市综治办负责平安志愿者日常工作。各区要成立相应的领导小组及其办事机构。各区、市综治委各成员单位可按照总队、支队、大队、中队的组织体系,进一步健全完善平安志愿者组织架构。各区、市综治委各成员单位要结合实际探索建立平安志愿者协会或成立专业的服务组织。

(二)健全落实队伍发展机制。坚持人民主体地位,广泛发动广大人民群众和社会各界参与平安志愿服务工作。凡年满十八周岁、身体健康、遵纪守法、热心公益事业、自愿从事平安志愿服务、具有相应的民事行为能力的在津各行各业人员均可吸收注册为平安志愿者。鼓励全市各机关、团体、企事业单位、社会组织,采取整建制加入的方式,组织本单位(社会组织)的干部职工(组织成员)加入平安志愿者队伍。每年各区要按不低于10%、各系统不低于5%的比例递增平安志愿者人数,至2020年全市平安志愿者队伍实现大幅度增长。

(三)健全落实任务清单机制。平安志愿者队伍的主要职责是配合公安机关加强社会治安防范工作。主要任务是:参加治安巡逻、隐患排查、矛盾化解、帮扶救助、平安宣传、邻里守望等活动;及时向公安机关或居(村)委会、单位反映各类违法犯罪行为和影响社会安全稳定的线索、情报、信息,以及社情民意和对社区(村)、单位治安防范工作的意见建议;按照全市统一部署,完成综治部门和公安机关赋予的重大节日、重大活动期间重点路段、重点目标、重点场所、重点部位守护等任务。

二、深化运行机制,为平安志愿服务事业健康有序发展提供制度保障

(四)健全落实服务管理机制。以国家志愿服务信息系统为依托,在各级综治中心建立全面覆盖、功能齐全、方便使用、便于管理的平安志愿者指挥服务信息平台,实现互联网条件下注册网上申请、活动网上发布、服务网上记录、情况网上报告、信息网上流转、业绩网上评定、监督网上进行的工作格局,着力提升平安志愿服务智能化水平。对不适宜继续参加平安志愿服务的平安志愿者予以注销。对迁出本辖区的平安志愿者应转至迁入地。探索推行平安志愿者网格化服务管理模式,将志愿服务工作与基层网格化建设有机结合,把广大平安志愿者充实到社区(村)网格中,实现志愿服务供给与需求的有效对接。

(五)健全落实教育培训机制。各区、市综治委各成员单位每年要通过集中培训、教材培训、网络培训、实战培训等方式,对平安志愿者进行相关知识和技能培训,提升平安志愿者服务能力和水平。在组织全市平安志愿服务行动前,由专门机关结合服务内容对平安志愿者进行针对性教育培训。公安机关要根据群防群治工作特点和工作性质,定期对社区(村)治保人员、企事业单位保卫人员、社区辅警、专兼职治安防控队伍、职业保安员、治安信息员等群防群治力量进行全面教育培训,提高履行平安志愿服务任务的综合素质。市、区综治部门要建立培训基地,分期分批分层次对综治干部和平安志愿者开展集中教育培训。

(六)健全落实等级防控机制。建立平安志愿者参与维护社会安全稳定和重大活动安保工作等级防控机制,全市社会面防控由低到高分为三级、二级、一级三个等级。三级为常规防控,是社会面防控工作的常态,无须发布启动命令,执勤力量不低于辖区平安志愿者总数的30%,主要在社区(村)开展治安巡逻等工作;二级为加强防控,在重要敏感时期、大型活动安保任务需要时启用,执勤力量不低于辖区平安志愿者总数的50%;一级为超常防控,在特殊时期安保任务需要或遇有严重治安、灾害等事件时启用,执勤力量不低于辖区平安志愿者总数的80%。

三、深化激励机制,为平安志愿服务事业健康有序发展提供服务保障

(七)健全落实表彰奖励机制。认真贯彻志愿服务条例,积极推动落实为有良好平安志愿服务记录的平安志愿者提供相关优待。各区、市综治委成员单位每年开展一次平安志愿者星级评定,给予表彰奖励。对举报违法犯罪线索和影响社会安全稳定隐患信息的群众,依据市综治办、市公安局联合印发的《天津市群防群治工作表彰奖励办法(试行)》和市公安局发布的《关于对举报暴力恐怖犯罪线索实施奖励的通知》等有关规定,及时兑现奖励。各区、市综治委各成员单位要结合实际,进一步细化奖励办法,制定奖励细则。

构成见义勇为行为的由见义勇为机构依法予以确认。要加大对平安志愿者的关心爱护，国际志愿者日和重大活动、重大安保任务期间，对做出突出贡献的平安志愿者应当给予表彰和嘉奖。

（八）健全落实经费保障机制。市、区综治部门每年用于平安志愿服务发展经费不低于综治工作经费的20%，随着经济发展逐年增加。对全市统一组织的平安志愿服务活动，各级财政应给予专项资金支持，为参加活动的平安志愿者配备全区统一标识的服装、遮阳伞、桌椅和饮用水、用餐等基本保障。各区、市综治委各成员单位应当为重大活动中担负重点安保任务、长年组织并参与平安志愿服务的平安志愿者，购买相应的人身意外伤害保险，为平安志愿者提供保障。

（九）健全落实宣传引导机制。要深入开展宣传、教育、发动工作，主动适应时代发展，在运用传统媒体开展宣传的基础上，用活用好微信、微博等新媒体，大张旗鼓地宣传平安志愿者先进事迹和先进典型，发挥“河西大姐”“北辰百姓”等典型示范引领作用，提高平安志愿服务工作的影响力和感召力，营造“平安建设人人参与、平安成果人人共享”的良好氛围。

（十）健全落实工作推动机制。各级综治部门要把推动平安志愿服务发展作为加强和创新社会治安综合治理的重要内容，排上议事日程，摆上办事日程，加强组织领导，投入更大精力推动落实平安志愿者各项工作，确保抓实抓好抓出成效；要调研分析平安志愿服务的特点规律，及时发现总结推广基层创造的好经验、好做法，挖掘培育推广典型，努力打造一区一特色平安志愿服务品牌。市综治办要加大对平安志愿者工作的推动检查力度，列为年度综治目标责任书考核重要内容，逐年加大考核比重。平安志愿者工作领导小组各成员单位要充分发挥职能作用，共同促进平安志愿服务事业健康有序发展。

天津市实行“战区制”“主官上”打造“天津卫”　筑牢护城河

天津市委坚决贯彻党的十八大以来习近平总书记关于加强和创新社会治理的一系列重要论述，坚持统筹发展和安全两件大事，始终做到“两个道理”一起讲、“两个第一”一起抓，深入推进社会治理体制机制创新，切实履行了保一方平安的政治责任。

一、新体系，强力推进“战区制”“主官上”

从2017年5月起，完善了市、区、乡镇（街道）、村（社区）各级党组织领导社会治理的组织体系，把党的执政地位“一根钢钎”从中央直钉到基层，在区级层面，明确区委书记抓社会治理第一责任人的职责，明确一名区委领导具体负责社会治理工作；乡镇（街道）层面，明确乡镇（街道）党委书记抓社会治理直接责任人职责，全面落实党委书记可担任综治委主任、一名副书记应担任综治办主任的制度；村（社区）层面，党组织书记要担任村居委会主任、综治办主任，并明确一名负责人主管社会治理工作。创新“战区制”，把天津视为全国的一个“战区”，16个区为“分战区”，247个乡镇（街道）为“二级战区”，切实做到守土有位、守土有责、守土尽责。推进“主官上”，严格落实党政主要领导负总责、分管领导直接负责、其他领导“一岗双责”的责任制，形成上下联动、齐抓共管的工作局面。

二、新格局，强力推进人人管、共同治

把党的群众路线贯穿于新时代基层社会治理实践之中，广泛发动群众、组织群众、依靠群众一起来做，平安建设人人参与、平安成果人人共享。广大群众参与社会治理的热情高涨，既是安全维护员，又是情报信息员，还是矛盾纠纷调解员。每逢重大活动、重大节点、重大任务，全市30万平安志愿者奔走在大街小巷，创造了“津门蓝盾”“河西大姐”“北辰百姓”“志愿之城”等一系列平安志愿者品牌。

三、新机制，强力推进上之上、加强加

重大活动、重大节点实行战时工作机制，启动最高防控等级，全市动员、全力以赴、全域覆盖，统一部署、统一指挥、统一行动，每天采取视频调度，市各部门协调联动，各区、乡镇(街道)主要领导分片包干，市纪检、维稳、综治、信访、公安等部门联合点对点督查暗访，做到矛盾纠纷每日排查、情报信息每日研判、化解稳控每日必办，确保不出现问题。

四、新作为，强力推进清积案、破难题

用真心动真情出真招做好每一名军队退役人员工作，出台了 20 条措施，全市建立了 5456 个四级退役军人联络服务站(点)。在全市开展信访积案大起底，从群众最急、最怨、最烦的信访问题中梳理出了 756 骨头案、钉子案，建立了问题清单、任务清单、责任清单，落实“三到位一处理”，一件一件盯住化解，全部实现了清仓见底。北辰宜兴埠 13000 余人征地拆迁，红桥西于庄 11400 余户棚户区改造，远年 12 万户房产办证等一大批民计民生问题得到了妥善化解。

五、新加强，强力推进治源头、防风险

坚持防范在先、主动应对，深入排查矛盾纠纷隐患，推进“双百”行动，范围全覆盖、底数全兜清、措施全到位、责任全压实，完善了矛盾纠纷多元化解机制，率先在全国推出了医患纠纷调解、交通事故速调等一大批经验。在全市范围开展打击取缔非法传销专项行动，累积捣毁传销窝点 800 个，解救参与人员 180 多人。以断根堵源的力度，紧盯涉众型经济犯罪，构建“情报研判 + 五侦合一 + 精准打击”办案模式，提升了涉众型经济案件的侦办能力。

六、新变化，强力推进补短板、固底板

以综治中心平台为支撑，抓实基层网格化服务管理，整合多网合一，滨海新区、和平区、武清区形成了全区“一张网”，西青区实行社区精细化管理，做实“细胞工程”。坚持以长应长、以强制强，擦亮了“雪亮工程”，以城区街头路面视频监控点位建设为重点，在全国率先对“全域覆盖”进行标准化定义，以“圈、块、格、线、点”的逻辑布局规划全市视频监控点位总数 110 万个。交管部门在全市范围建设了约 1100 套视频监控和 2000 套电子警察，实现了中心城区重点路段的视频监测全覆盖，以天津之稳保首都之稳、保全国大局之稳的职能、作用、成效更加凸显。

(撰稿人：吕　猛
审稿人：何德成　赵清如)

河　北　省

2017 年综治工作概况

2017 年是党和国家历史上具有特殊意义的一年，也是全省综治工作任务最繁重、节奏最紧张、成效最显著的一年。在中央和省委、省政府的坚强领导下，全省综治战线全面贯彻党的十八大和十八届三中、四中、五中、六中全会精神，深入学习宣传贯彻党的十九大精神，坚持以习近平新时代中国特色社会主义思想为统领，按照中央综治办和省委、省政府各项决策部署，紧紧围绕“全力打好综治工作翻身仗，跑步进入全国先进行列”的总目标，以确保党的十九大胜利召开为核心，以“两河两翼”战略为牵引，以破难题、补短板、防风险为重点，以推进“四件实事”为突破口，一手抓突出问题整治，一手抓体制机制创新，深入推进新时代平安河北建设，多项工作进入全国先进行列，为全省改革发展稳定大局做出重要贡献。一年来，制约综治和平安建设的体制机制性障碍取得历史性突破，在全国介绍经验的亮点历年最多，受全国表彰的先进集体和先进个人历次最多，人民群众安全感增幅历年最大。

一、健全落实综治领导责任制，激发了平安建设的内生动力

推动出台《河北省健全落实综治维稳领导责任制办法》，综治领导责任制上升为党内法规，平安建设责任主任扩大到所有党政机关、国有企事业单位，奖惩责任体系逐步健全，成为推动综治维稳工作和平安河北建设的纲领性文件。一是推动年度综治维稳责任书项目化。按照综治维稳领导责任制的规定，把党的十九大安保维稳工作各项任务，逐项分解压到 92 个省直单位、11 个设区市、2 个省直管县，既体现了部门职能特点，突出了综治维稳工作的具体要求，又与年度工作紧密结合起来。各市、县（市、区）认真履行“属地责任”，党政主要领导分别与各部门（单位）等签订年度责任书，有效推动了各项工作措施的落实。二是运用综治奖励凝聚平安建设正能量。协调推动出台《省直部门平安建设考评奖励办法》，先后组织被考核单位全员平安建设知识考试、部门单位平安建设民主评议调查问卷，按时完成省直部门、中直驻冀单位等 121 个单位 2016 年度平安建设考评工作，实行点对点通报，对所有干部职工进行了奖励。首次发放平安建设奖励，在广大干部职工中引起强烈反响，加快推进形成平安建设人人参与、平安成果人人共享的崭新局面。三是运用综治督导问责机制解决社会治安突出问题。全省各地充分运用通报、约谈、挂账督办、“一票否决权制”等手段，明确工作责任，传导工作压力，推动社会治安混乱地区和社会治安突出问题整改工作，取得了预期效果。

二、狠抓综治中心建设，筑牢了维护基层治安的第一道防线

围绕把综治中心打造成党委、政府组织领导社会治理实战指挥的“总平台”，政法综治维稳信息互联互通的“云中心”，中央、省与基层群众平安服务的“连心桥”，推动平安建设和社会治理创新的“智慧港”的目标，积极推进综治中心建设。一是率先建成省级综治中心。按照中央要求和省委的具体部署，利用两个月的时间，率先建成省级综治中心，为各地有计划有步骤地推进综治中心建设发挥了引领作用。二是大力实施“333”工程。按照“省培树 30 个县，每个市培树 30 个乡，每个县培树 30 个村”的工作思路，扎实推进县、乡、村综治中心建设。石家庄市采取“以奖代补”的方式，指导县、乡两级全部完成综治中心建设任务；沧州市起步晚，工作节奏快，利用两个月时间完成市、县两级综治中心建设任务。截至 12 月底，全省县、乡、村三级综治中心分别完成 149 个、

1491 个、19286 个。三是组织开展实战化应用。组织安平县、石家庄市新华区等地融合综治中心、"雪亮工程"平台、网格化服务管理等为一体,创新体制机制,开展实战化应用,综治中心维护基层社会治安和服务群众的实战功能逐步凸显。各级综治中心具备指挥调度、视频会议等功能,积极组织开展矛盾纠纷多元化解、社会治安防控、社会心理服务与疏导、法律咨询等多项工作。在全国综治中心建设报告会上,省综治中心、正定塔元庄综治中心在全国介绍经验。

三、推进"雪亮护城河工程"建设,打造了平安建设的信息化翅膀

站在发挥"政治护城河"作用、创新社会治理体制、推进国家治理体系和治理能力现代化的高度,加快推进"雪亮护城河工程"建设。一是省级"雪亮工程"建设取得突破性进展。在全国率先建起了高标准的省级"雪亮工程"平台,研发了 6 大智能应用系统,在推动实战中发挥了重要作用。积极推动与省公安厅等部门和石家庄等 6 市分平台实现对接。积极组织环京四市、秦皇岛、唐山等地申请国家"雪亮工程"建设资金支持,并顺利推进项目建设。二是综治"9 + X"信息系统应用基础持续巩固。在省政务云上搭建省综治云,部署综治"9 + X"系统,先后开展系统应用培训 300 余场次,全面展开 9 类基础数据信息采集录入工作攻坚战。研发网格员手机 APP 系统,开通"平安燕赵""燕赵平安"微信公众号;研发综治考核应用系统,季度考核实现网上运行;研发严重精神障碍患者服务管理智能系统,录入患者数据信息 28 万余条。三是综治视联网覆盖面进一步扩大。在完成省本级综治视联网平台建设的基础上,推动综治视联网纵向深入延伸,11 个设区市、168 个县(市、区)、631 个乡镇(街道)和村(社区)接通综治视联网,提前超额完成中央任务指标,位居全国先进行列。

四、深化矛盾纠纷多元化解工作,织密了防范社会矛盾激化升级的过滤网

紧紧抓住"两节""两会"等重要节点,深入推进矛盾纠纷多元化解工作,为全省经济社会发展创造了和谐稳定的社会环境。一是深化矛盾分类排查、分级管控工作机制。省综治办指导馆陶县、高邑县、石家庄市栾城区、平泉县进行"二五八十"工作机制的完善、提升,推进各地开展"二五八十"工作机制试点推广。二是深入开展矛盾纠纷排查化解集中攻坚行动。先后组织开展了"两个排查"专项活动、社会矛盾纠纷动态排查全面化解攻坚行动和影响社会稳定矛盾问题摸排化解行动,取得明显成效。三是深化"民转刑"命案防控工作。把"民转刑"命案防控效果作为平安建设考核"硬指标",进一步加大分值权重,有效提升了各地各部门防控"民转刑"命案的责任感。2017 年,全省共发生重大"民转刑"命案 6 起,同比下降 50%。

五、有效防范公共安全风险,着力提升社会治安防控体系建设水平

全省积极开展社会治安突出问题专项治理,健全各项工作机制,防范公共安全风险的能力进一步提高,社会治安防控体系建设取得新突破。一是组织开展刑事命案"三无"创建活动。全省命案发案和死亡数同比大幅度下降,基本实现了"三升两降两无"目标。二是集中组织开展社会治安重点地区和突出治安问题大排查大整治行动。两次部署开展治安重点地区和突出治安排查整治专项行动,排查整治了一大批治安重点地区和突出治安问题,有力维护了良好社会治安秩序。三是健全社会治安形势分析研判制度。定期组织有关部门进行社会治安形势专项分析研判,及时做出预测预警。四是健全京津冀综治工作常态化协同机制。召开了 2017 年度京津冀综治办主任联席会议,研究制定了《关于建立京津冀综治工作常态化协同的意见》,实现三地合作由框架协议到常态化协同、省级层面协同到市县级层面协同的转变。五是深化铁路护路联防工作。积极创新科技护路新模式,推动京秦河北段和京广邯郸、邢台段建设视频监控设施,提升科技防范能力。大力推进科技护路深化星级护路站创建工作,深化铁路沿线治安整治,剔除一批涉路安全隐患。六是大力弘扬见义勇为精神。积极宣传表彰见义勇为事迹,全省表彰 318 个见义勇为积极分子,其中 3 人被中宣部等八部委授予"全国见义勇为英雄模范"荣誉称号,1 人被中宣部等六部委授予"全国道德模范"荣誉称号,15 人被省政府授予"河北省见义勇为英雄"荣誉称号,见义勇为行为在全省蔚然成风。

六、扎实开展评选表彰,深厚了事争一流的工作氛围

一是圆满完成全国表彰推荐工作。认真组织各市和省综治委成员单位开展申报工作,廊坊、邯郸市被评为全国综治优秀市,石家庄市新华区、平泉市等8个县被评为全国平安建设先进县,5个单位和5名同志分别荣获全国综治先进集体和全国综治先进工作者荣誉称号,44名领导干部获得中央综治办、中央组织部嘉奖,廊坊市、阳原县、乐亭县、香河县、沙河市获得全国综治工作最高奖项——长安杯。二是认真总结典型工作经验。及时发现工作亮点,认真提炼典型经验,对有关突出问题进行深入调研,配合中央综治办深入基层总结经验做法、挖掘新闻素材。三是积极开展全省评选表彰工作。省综治办会同组织、人社等部门开展了全省综治先进集体和先进工作者评选,经过逐级推荐、资格初审和复审、网络投票、主流媒体公示、征求意见等环节,表彰了29个平安建设先进县、61个先进集体、91名先进工作者、178名领导干部。

河北省健全落实综治维稳领导责任制办法

(2017年2月11日)

第一章　总　则

第一条　为深入推进社会治安综合治理,健全落实领导责任制,切实维护社会大局稳定,全面推进平安河北建设,根据《中国共产党问责条例》和中共中央办公厅、国务院办公厅印发的《健全落实社会治安综合治理领导责任制规定》等有关规定制定本办法。

第二条　本办法适用于各级党的机关、人大机关、行政机关、政协机关、审判机关、检察机关及其领导班子、领导干部。

人民团体、事业单位、国有企业及其领导班子、领导干部、领导人员参照执行本办法。

第三条　健全落实综治维稳领导责任制,应当紧紧围绕“四个全面”战略布局,坚持问题导向、法治思维、改革创新,坚持源头治理、系统治理、依法治理、综合治理,抓住“关键少数”,强化担当意识,落实领导责任,科学运用评估、督导、考核、激励、惩戒等措施,形成正确导向,一级抓一级,层层抓落实,使各级领导班子、领导干部切实担负起维护一方稳定、确保一方平安的重大政治责任,保证党中央、国务院和省委、省政府关于综治维稳工作决策部署的贯彻落实。

第二章　责任内容

第四条　严格落实“属地管理”“谁主管、谁负责”和“党政同责、一岗双责、失职追责”原则,构建党委领导、政府主导、综治维稳协调、各部门齐抓共管、社会力量积极参与的综治维稳工作格局。

第五条　各级党委和政府对本地综治维稳工作负总责、负全责,党政主要负责同志是第一责任人,分管负责同志是直接责任人,领导班子其他成员承担分管工作范围内的综治维稳责任。

各级党委和政府应当切实加强对综治维稳工作的领导,认真贯彻落实上级党委、政府和综治委、维稳领导小组的有关工作部署和要求,将综治维稳工作列入重要议事日程,纳入经济社会发展总体规划,定期召开党委常委会议、政府常务会议,听取综治维稳工作情况汇报,专题研究部署工作,认真研究解决工作中的重点、难点问题,建立完善综治维稳工作机制,从人力、物力、财力上保障综治维稳工作顺利开展。

第六条　各部门各单位主要负责同志是第一责任人,分管负责同志是直接责任人,领导班子其他成员承担分管工作范围内的综治维稳责任。

各部门各单位应当各司其职、各负其责,认真贯彻落实党委、政府和综治委、维稳领导小组关于综治维稳工作的部署和要求，把综治维稳工作列入重要议事日程，充分发挥职能作用，认真履行综治维稳职责，与业务工作同规划、同部署、同检查、同落实，主动承担好维护国家安全、预防和减少违法犯罪、排查化解矛盾纠纷、维护社会治安和社会稳定的责任。

第七条　社会治安综合治理委员会及其办公室应当在党委和政府的统一领导下，认真组织、协调、推动各地各部门各单位落实中央和省委、省政府关于社会治安综合治理的决策部署，加强调查研究和督导检查，及时通报、分析社会治安形势，协调解决工作中遇到的突出问题，总结推广典型经验，动员组织党员、群众有序参与，统筹推进社会治安综合治理工作。

社会治安综合治理委员会应当健全完善委员会工作制度，定期召开主任会议、全体委员会议、专门工作小组会议和社会治安综合治理大会等，研究解决重要事项、重大问题，研究部署社会治安综合治理工作。其办公室作为本级社会治安综合治理委员会的常设办事机构，承担日常事务。

维护稳定工作领导小组及其办公室应当在党委和政府的统一领导下，分析社会稳定形势，研究维护稳定工作措施，组织、协调、指导维护稳定工作；指导有关部门依法处置影响社会稳定的各种突发事件和群体事件，组织、指导化解各种矛盾引发的不稳定因素；检查、推动维护社会稳定领导责任制的贯彻实施。

维护稳定工作领导小组应当健全完善工作制度，定期召开组长会议、全体成员会议、专项工作会议等，研究解决重要事项、重大问题，研究部署维护社会稳定工作。其办公室作为本级维护稳定工作领导小组的常设办事机构，承担日常事务。

各部门各单位均应明确相关机构负责社会治安综合治理和维护稳定工作。

第三章　责任落实

第八条　各地各部门各单位应当建立完善综治维稳目标管理责任制，把综治维稳各项任务细化分解，明确具体目标，建立严格科学的督促检查、定量考核、评价奖惩制度，自上而下层层签订综治维稳责任书。

每年初各级党委、政府主要负责同志与下一级党委、政府主要负责同志及本级综治维稳责任单位主要负责同志签订综治维稳责任书；各部门各单位应在本单位本系统自上而下层层签订综治维稳责任书，逐级落实领导责任。各级社会治安综合治理委员会办公室会同维护稳定工作领导小组办公室，坚持每年结合年度综治维稳工作要点，对各地各部门各单位的综治维稳责任书进行修改和补充，明确工作重点和具体目标要求。

第九条　各级党委常委会应当将执行综治维稳领导责任制的情况，作为向同级党的委员会全体会议报告工作的一项重要内容。

各级党政领导班子和有关领导干部应当将履行综治维稳责任情况作为年度述职重要内容。

各部门各单位每年应当对本单位本系统部署和开展社会治安综合治理、维护社会稳定、推进平安建设的有关情况进行总结，对下一年度的工作作出安排，并分别报同级社会治安综合治理委员会和维护稳定工作领导小组。

下一级社会治安综合治理委员会每年应向上一级社会治安综合治理委员会报告工作，下一级维护稳定工作领导小组每年应向上一级维护稳定工作领导小组报告工作。

第十条　各级党委和政府应当将综治维稳纳入工作督促检查范围，由党委督查室、政府督查室适时组织开展专项督促检查。

第十一条　各级党委和政府应当建立健全综治维稳工作考核评价制度机制，制定完善考核评价标准和指标体系，明确考核评价的内容、方法、程序。实施综治维稳工作（平安建设）年度综合考评，并纳入党政领导班子和领导干部综合考核评价体系。年度综合考评等次分为优秀、良好、合格、较差。对评为优秀、良好、合格等次的给予奖励，对评为较差等次的予以惩戒。

第十二条　各级党委和政府应当强化综治维稳工作（平安建设）考核评价结果运用，把综治维稳工作（平安建设）实绩作为对领导班子和领导干部综合考核评价的重要内容，与业绩评定、职务晋升、奖励惩处等挂钩。

各级社会治安综合治理委员会及其办公室、

维护稳定工作领导小组及其办公室,应当建立健全党政主要领导干部和分管领导干部综治维稳工作(平安建设)实绩档案,组织人事部门应当及时备案。

各级组织人事部门在考察党政主要领导干部和综治维稳分管领导干部实绩、进行评先评优、提拔使用和晋职晋级时,应当了解和掌握相关领导干部履行综治维稳工作职责情况。

第十三条　各级各有关部门应当加强协调配合,健全省市县三级综治办、维稳办、纪委机关、组织、监察、人力资源社会保障六部门联席会议制度,完善综治维稳重大奖惩事项联席会议审议制度。社会治安综合治理委员会及其办公室、维护稳定工作领导小组及其办公室,应当加强与同级纪检监察机关、组织人事部门、财政部门的协调配合,共同做好有关奖惩工作。

第四章　表彰奖励

第十四条　对真抓实干、综治维稳工作成绩突出的地方、部门和单位的党政主要领导干部和分管领导干部,应当按照有关规定给予表彰和嘉奖。对受到嘉奖的领导干部,组织人事部门应当将有关材料及时存入本人档案。

第十五条　省社会治安综合治理委员会、省委组织部、省人力资源社会保障厅按规定每四年开展一次全省社会治安综合治理先进集体和先进工作者评选表彰工作;省社会治安综合治理委员会每年开展一次全省基层平安建设先进单位和先进个人评选表彰工作。

省维护稳定工作领导小组每年对维护社会稳定工作成绩突出的地方、部门、单位进行一次通报表扬。

第十六条　对受到表彰的全国、全省社会治安综合治理先进集体党政主要领导干部和分管领导干部,应当按照有关规定进行嘉奖。对受到表彰的全国和全省社会治安综合治理先进工作者,应当相应落实省部级、市级先进工作者和劳动模范待遇。

第十七条　坚持精神鼓励和物质激励相结合的原则,依据综治维稳工作(平安建设)年度综合考评结果实施奖励。由社会治安综合治理委员会办公室、维护稳定工作领导小组办公室和人力资源社会保障、财政等部门,根据当年经济发展形势和财政收入情况,联合制定具体实施办法。

第十八条　各级社会治安综合治理委员会及其办公室应当组织协调组织、维稳、财政、人力资源社会保障等部门共同做好社会治安综合治理(平安建设)表彰奖励工作。

第五章　责任督导和追究

第十九条　党政领导班子、领导干部违反本办法或者未能正确履行本办法所列职责,有下列情形之一的,应当进行责任督导和追究:

(一)不重视综治维稳工作,相关工作措施落实不力,本地本部门本单位本系统基层基础工作薄弱,治安秩序严重混乱、影响社会稳定问题突出的;

(二)本地本部门本单位本系统在较短时间内连续发生重大刑事案件、群体性事件、公共安全事件的;

(三)本地本部门本单位本系统发生危害国家安全案(事)件或特别重大刑事案件、群体性事件、公共安全事件的;

(四)本地本部门本单位本系统发生大规模集体到省进京越级上访、集体进京非正常上访,引发重大群体性事件、个人极端事件、重大负面舆情事件,造成严重后果的;

(五)本地本部门本单位综治维稳工作(平安建设)考核评价不合格、不达标的;

(六)对群众反映强烈的社会治安重点地区和突出公共安全、治安问题等,没有采取有效措施或者出现反弹的;

(七)本地年度群众安全感调查结果较低的;

(八)对有具体目标任务和时间进度要求的综治维稳重点工作重视不够,保障不力,工作明显滞后的;

(九)重大决策、事项、工程建设项目应当进行风险评估而未评估,或在评估中搞形式性评估、选择性评估,导致发生集体访或大规模群体性事件,造成重大影响或严重后果的;

(十)情报信息不畅,弄虚作假、隐瞒事实真相、瞒报漏报或上报不及时,造成重大影响或严重后果的;

(十一)各级党委、政府和社会治安综合治理委员会、维护稳定工作领导小组认为需要查究的其他事项。

第二十条　对党政领导班子、领导干部进行责任督导和追究的方式分为通报、约谈、挂账督办、实施一票否决权制和引咎辞职、责令辞职、免职等。因违纪违法应当承担责任的，给予党纪政纪处分；构成犯罪的，依法追究刑事责任。

第二十一条　通报。对具有本办法第十九条所列情形的地方、部门、单位，由相应的县级以上社会治安综合治理委员会办公室或维护稳定工作领导小组办公室，必要时由社会治安综合治理委员会或维护稳定工作领导小组，以书面形式进行通报，限期进行整改。

第二十二条　约谈。对受到通报后未按期完成整改目标，或者具有本办法第十九条所列情形且危害严重或者影响重大的地方、部门、单位，实行约谈，帮助分析原因，督促限期整改。对其党政主要领导干部、分管领导干部和负有责任的其他领导班子成员，由相应的上一级社会治安综合治理委员会办公室主任或维护稳定工作领导小组办公室主任约谈，必要时由社会治安综合治理委员会主任、副主任或维护稳定工作领导小组组长、副组长约谈；对部门、单位主要领导干部、分管领导干部和负有责任的其他领导班子成员，由同级或上一级社会治安综合治理委员会办公室主任或维护稳定工作领导小组办公室主任约谈，必要时由社会治安综合治理委员会主任、副主任或维护稳定工作领导小组组长、副组长约谈。

省社会治安综合治理委员会及办公室主任、副主任，省维护稳定工作领导小组组长、副组长及办公室主任、常务副主任可约谈下级党委、政府及责任部门、单位的责任领导。

第二十三条　挂账督办。对受到约谈后仍未按期完成整改目标，或者具有本办法第十九条所列情形且危害特别严重或者影响特别重大但尚不够实施一票否决权制的地方、部门、单位，由相应的上一级社会治安综合治理委员会办公室或维护稳定工作领导小组办公室挂账督办，加强督导检查，督促限期进行整改。必要时，可派驻工作组对挂账督办地方、部门、单位进行检查督办。挂账督办期限一般为6个月。挂账督办期满或提前解除的，由相应的实施部门组织核查验收合格后解除。

省社会治安综合治理委员会办公室、省维护稳定工作领导小组办公室可挂账督办下级党委、政府及责任部门、单位。

省社会治安综合治理委员会办公室、省维护稳定工作领导小组办公室每年将公共安全问题、社会治安问题或社会稳定问题突出、综治维稳工作（平安建设）考评结果较差的部门、单位或县（市、区），列入挂账督办重点整治，实施重点管理。

第二十四条　一票否决警示。对受到挂账督办后仍未按期完成整改目标，或者有本办法第十九条所列情形且危害特别严重或者影响特别重大但尚不够实施一票否决的地方、部门、单位，或年度群众安全感调查结果低于60%的地方，由相应的上级或同级联席会议研究，报经社会治安综合治理委员会主任或维护稳定工作领导小组组长批准，实行一票否决警示。

对受到一票否决警示处理的地方、部门、单位，由组织人事部门按照有关权限和程序，在一年内，取消其评选综合性荣誉称号的资格和其主要领导干部、主管领导干部、分管领导干部评先受奖、晋职晋级的资格。

一票否决警示期满或提前解除的，经相应的实施部门组织核查验收合格，报社会治安综合治理委员会主任或维护稳定工作领导小组组长批准解除。

第二十五条　一票否决。对受到一票否决警示后仍未按期完成整改目标，或者有本办法第十九条所列情形且危害特别严重或者影响特别重大的地方、部门、单位，由相应的上一级或同级联席会议研究，报经社会治安综合治理委员会主任会议或维护稳定工作领导小组组长会议批准，实行一票否决。

对受到一票否决处理的地方、部门、单位，在一年内，取消其评选综合性荣誉称号的资格，由组织人事部门按照有关权限和程序办理；取消其主要领导干部、主管领导干部、分管领导干部评先受奖、晋职晋级的资格，由组织人事部门按照干部管理权限和程序办理，并会同社会治安综合治理委员会办公室，按照中央有关规定向上级有关部门进行报告、备案。需要追究其党政领导干部责任的，移送纪检监察机关依纪依法处理。

一票否决期满或提前解除的，经相应的实施部门组织核查验收合格，报社会治安综合治理委员会主任会议或维护稳定工作领导小组组长会议批准解除。

第二十六条 年度内，本地本部门本单位被挂账督办的，年度综治维稳工作（平安建设）考评不列入优秀等次；被一票否决警示或一票否决的，不列入良好以上等次；党政主要领导、主管领导、分管领导被追究刑事责任的，不列入优秀等次。

第二十七条 对中央驻冀单位需要实行一票否决权制的，由省社会治安综合治理委员会向其主管单位和中央社会治安综合治理委员会提出书面建议。对省属驻地单位需要实行一票否决权制的，由驻地的社会治安综合治理委员会或维护稳定工作领导小组行使一票否决权制，并报省社会治安综合治理委员会办公室或省维护稳定工作领导小组办公室，同时报其主管单位备案。

对各地各部门单位建议需要进行责任督导和追究的事项，由社会治安综合治理委员会办公室或维护稳定工作领导小组办公室组织核查后，视情启动责任督导和追究程序。

第二十八条 党政领导干部具有本办法第十九条所列情形，应当采取引咎辞职、责令辞职、免职等方式问责的，由纪检监察机关、组织人事部门按照管理权限办理。

第二十九条 党政领导班子、党政领导干部具有本办法第十九条所列情形，并具有下列情节之一的，应当从重进行责任督导和追究：

（一）干扰、阻碍调查和责任追究的；

（二）弄虚作假、隐瞒事实真相、瞒报漏报重大情况的；

（三）对检举人、控告人打击报复的；

（四）党内法规和国家法律法规规定的其他从重情节。

第三十条 党政领导干部具有本办法第十九条所列情形，但具有下列情节之一的，可以从轻进行责任督导和追究：

（一）主动采取措施，有效避免损失、挽回影响的；

（二）积极配合调查，并且主动承担责任的；

（三）党内法规和国家法规规定的其他从轻情节。

第六章 附 则

第三十一条 本办法的具体解释工作由省社会治安综合治理委员会、省维护稳定工作领导小组承担。

第三十二条 本办法自印发之日起施行。

河北省抓住关键要素 聚焦重点工作 全力推动综治领导责任制落实落地

2017年以来，在中央综治办大力指导下，河北省抓住“关键少数”，以明确各级各部门综治责任主体，健全奖惩体系，强化督导问责手段为重点，狠抓综治领导责任制落实，有效激发内生动力，推动形成平安建设人人有责、千斤重担人人扛的崭新局面。

一、抓住关键少数，夯实主体责任落实

按照中央综治领导责任制规定，河北省委、省政府制定了《河北省健全落实综治维稳领导责任制办法》，为落实平安建设主体责任提供了有力的政策支撑。一方面，抓住“关键少数”。把党政主要领导的第一责任放在首位，抓住“关键少数”不放，压实主体责任，形成压力传导，各级各部门党政主要领导的责任担当、主动作为意识明显增强。中央明确河北省石家庄、邯郸、保定、廊坊等8个“雪亮工程”建设示范市、重点支持城市之后，市委书记、市长分别签订承诺书，全力给予人力物力财力保障，各地均按照不低于1∶9的标准投入配套资金。石家庄市投入3.2亿配套资金,市、县、乡三级平台已全部建设完成;邯郸市已追加5.1亿,保定市一期投入5000万元资金,全力推进市级平台建设;秦皇岛市委书记、市长与省广电集团签订战略合作协议,仅用一个月完成市级平台建设。另一方面,抓好关键部门。运用考评奖励、督导问责等激励措施,推动各部门履职尽责、协调配合,确保各项综治工作深入开展,特别是抓住关键部门责任的落实,辐射和带动其他部门责任落实。省广电集团拿出60亿专项资金参与到全省“雪亮工程”建设中,省公安、交通、水利等部门“一把手”带头落实综治领导责任制,先后与省综治共享平台联网,实现了数据共享、深度应用,对重点公共区域和重点行业、领域实时进行数据分析、视频巡查。通过研发语音智能系统、小i机器人系统、智能网格员系统等,推进智能化应用,极大提升基层社会治理精细化水平。

二、聚焦责任书项目化管理,推动重点工作落实

为落实好综治领导责任制,省委书记、省长与11个设区市、92个省直部门“一把手”签订了《迎接党的十九大胜利召开安全稳定工作暨2017年度综治维稳责任书》,共确定了182个项目,每个部门2至4项,明确完成时限,把综治领导责任制这一政治责任具体化、项目化、刚性化,个性化、差异化、精细化特点凸显,既有共性目标又有个性目标,既有总要求又有具体项目推动,并严格与考核奖惩挂钩,推动了各项重点工作的落实。签署范围之大,签署规格之高,程序之严,为我省历年之最。

一是明确了推进综治中心规范化建设项目。全省大力实施“333”工程,各级各部门都承担着具体任务。即省级培树30个示范县,每个市培树30个示范乡镇,每个县培树30个示范村社区。目前,市、县、乡、村规范化综治中心已高标准完成建设任务,具备视频会议、组织开展矛盾纠纷多元化解、社会治安防控、视频监控巡查、社会心理服务与疏导、法律咨询等多项功能。二是明确了推进综治信息化建设项目。全面推进综治“9+X”基础数据信息录入,已录入数据1亿条,其中人口信息7081.1万条,占全省总人数的97.6%;录入房屋信息2337.3万条。同时,推动智能应用,研发了网格员手机APP系统,已经开展广泛推广;开通“平安燕赵”“燕赵平安”微信公众号,已有20万名群众关注;研发综治考核应用系统,季度考核实现网上运行;全省市、县两级184个点位,607个乡镇已经联通综治视联网。三是明确了推进“雪亮工程”平台建设项目。省级财政投入3000余万元,在全国率先建起省级“雪亮工程”综治共享平台,建设了“雪亮工程”综治大脑,完善了六大智能系统,推动综治工作数据化,人脸识别、车辆识别、语音识别、轨迹追踪、重点人员分析比对、人工智能等技术广泛应用,使重点工作智能化水平明显提高。11个设区市、45个县建成“雪亮工程”平台,17万路公安系统视频监控、134万路社会资源与省平台联网应用。联合省公安厅对环京检查站、警务站安装人像识别、车辆识别、车底检测、视联网调度指挥系统,环京4市200多个路口按照统一标准、统一规范、统一方案同步启动建设,推进全省视频联网、人脸识别等系统建设应用。四是推进严重精神障碍患者服务管理责任落实。组织卫计、公安、民政、残联等部门,大力推进“以奖代补”政策落实,为全省15308名患者监护人落实补贴资金36739200元,为23万严重精神障碍患者监护人投保责任险,投入资金2300余万元。开发严重精神障碍患者服务管理应用系统,打破数据藩篱,录入患者数据信息28万余条,全面实现信息共享,研发和推广智能软件、智能手环、智能外呼、智能短信回访等先进技术,提升智能监测患者行为轨迹、就医服药情况、监护人作用发挥等能力。

三、强化追责手段,推进重点难点问题解决

充分运用“一票否决权制”和约谈、挂账督办等综治手段,特别是保留了“一票否决警示”这一做法,突出了由结果管理向过程管理的转变,推动各类突出问题解决。一是敢于使用。对发生影响大局稳定问题,敢于“亮剑”,敢于动真格,坚决做到问责到位、追究到位、一查到底,决不姑息,真正建立起赏罚分明的激励和制约机制,树立综治权威。二是精准使用。做到让“利器”更锋利,把政策用到“刀刃”上,查清问题、查实责任,精准“亮剑”,“点穴”到位,实现了处罚一个、警示一片的目的。三是慎重使用。按照责任制办法和规定,严谨把握好政策尺度和标准,在使用政策时,通盘考虑效果，谨慎使用，做到惩前毖后、治病救人。

四、完善奖励机制，激发平安建设内生动力

按照中央综治办和“南昌会议”部署要求，省委常委会、省政府常务会分别两次进行专题研究，省综治、维稳、人社、财政等部门联合出台了《省直部门平安建设考评奖励办法》，从2016年度开始实施平安建设考评奖励措施。一是明确考评奖励对象。对92个省直部门和29个中直驻冀单位，共计121个单位实施考评。对其中省直部门（单位）在编在岗人员和离退休人员进行奖励。二是明确考评奖励标准。按照考评结果分为优秀、良好、合格、较差四个档次，对优秀、良好、合格档次给予奖金奖励。三是严格组织考评。按照考评实施细则要求，省综治办组织省纪委、省委组织部、省法院等15个部门，对各单位系统平安建设情况、综治维稳领导责任制落实情况、社会调查情况等7个方面和发生重大案件情况、重大群体性事件情况等21项进行考评。

河北省石家庄市站位全局 突出效能 积极打造基层社会治理实战化平台

2017年来，石家庄市委、市政府把综治中心建设作为创新社会治理、推进平安建设、顺应形势需要的一项民心工程，站位全局、高端谋划、科学设计，强力推进，在全省率先全面建成规范化的县、乡两级综治中心和660个示范村级综治中心，为基层社会治理和平安建设提供了实体化、实战化工作平台。

一、党政同心，集中财力办大事

一是领导站位高。将综治中心建设纳入2017年市委、市政府重点工作统筹部署。市委常委会、市政府常务会专题研究综治中心建设工作，明确提出：要把省里的部署不折不扣地落实到位、执行到位，在社会治安综合治理工作上做好文章。3月24日，市委、市政府召开各县（市、区）主要负责同志和分管领导参加的专项会议，进行动员部署，全面启动综治中心建设工作。二是推动措施硬。市委政法委主要领导同志先后4次主持召开调度会，逐一听取县（市、区）工作进展汇报，逐一点评，逐一提出改进措施，并3次带队到县、乡综治中心实地调研指导。各县（市、区）党委、政府把综治中心建设作为一把手工程，主要领导亲自部署强调，分管领导具体推动落实；市“两办”督查室将此项工作作为市委重点工作纳入督查范围，先后两次进行了督查。市综治委组成5个由县级干部带队的督导组，专项盯办，督促进展。市综治办倒排工期、挂图作战，每周通报、半月点评。明确规定，凡不能按时完成建设任务的，全市通报批评，取消评先评优资格；因未能建成综治中心或综治中心不能发挥作用导致发生重大涉稳和信访问题的，给予一票否决警示或一票否决。三是激励机制活。市综治办从市级700万综治经费中拿出500万元，对县（市、区）中心建设进行奖励，根据排名情况，按照1—3名各奖励30万元，4—6名各奖励25万元，7—10名各奖励20万元，其余奖励5万元标准全部兑现到位。四是投入资金大。按照市委政法委的要求，“要集中财力办大事，将有限的综治经费集中使用到综治中心建设上”。市、县两级努力克服资金困难，将财力向综治中心建设倾斜。市财政投资495万元在正定新区市委新址建设1180平方米的新市级综治中心，打造成全省设施一流、功能一流的区域性综治维稳指挥中心。各县（市、区）在综治中心建设上投入9000余万元。同时，市、县两级还投资5个多亿对政法三、四级网进行扩容升级，确保了综治中心视频链路所需。各县（市、区）精心选址，舍得投入，高标准完成县、乡两级中心建设，2017年6月底前全市实现了县乡综治中心全覆盖。

二、科学设计，立足实际强功能

一是科学设计。严格遵循上级标准，注重体

现特色，市综治委、市联席会议制定出台了《关于推进基层群众工作中心、综治中心建设的工作方案》，从指导思想、基本原则、主要功能、建设标准、推进步骤等方面，对推进县、乡、村三级中心建设明确了规范性要求，提出了县级“两个中心”可根据实际情况选择单建或合建，乡级“两个中心”合并建设、一体化推进的思路。二是强化功能。对各级中心的功能设定、硬件配备、人员组成等方面分别提出了明确标准。县、乡两级综治中心设置了领导接访室、群众接待厅、调解室、律师工作室、志愿者工作室、监控研判室、视频监控室、心理咨询室、事务代办室、综合协调室等功能室，群众工作中心和综治中心总面积分别不低于600平方米和100平方米，并配备大屏显示系统，县级不小于150英寸，乡级不小于55英寸。市综治办统一为30个示范乡镇（街道）配置了110英寸LED大屏，全面提升了示范单位标准。桥西、行唐、赞皇、鹿泉等对乡级综治中心显示大屏、办公设施、制度匾牌等统一招标采购，实现了统一规范。三是配齐力量。明确县、乡、村三级综治中心主任分别由县级综治办主任、乡级党委副书记和村级党组织书记担任，县、乡两级综治办人员全部入驻综治中心，公安、司法行政、民政、人社、法院、检察、国土、住建、环保、教育、卫计等15个部门派员入驻。与此同时，各县（市、区）普遍通过落实事业编制或政府购买服务等方式，为综治中心配备了专职工作人员。

三、突出实战，依托科技求实效

一是注重规范运行。把规范运行、实战应用作为综治中心建设的根本目的，不断完善运行机制，用好信息化手段，提升各级综治中心的实战应用水平。普遍建立首问负责、协作配合、工作例会、情况报告、应急联动、代理代办、考核评价、责任追究等工作运行机制，做到群众进门能接待、诉求事项能回应、矛盾纠纷能化解、难点问题能协调、应急事件能处置、工作成效能检验、责任问题能追究，确保中心切实发挥效能。在十九大安保期间，通过综治视联网系统，开展了综治中心日常巡查和对县、乡综治中心视频巡查，实现了中心实战化。1月12日，组织桥西区彭后街道、长安区建安街道、正定县塔元庄村，顺利完成中央对河北省乡、村两级综治中心建设年度考评实地抽查工作，获得中央综治办高度认可。二是注重信息支撑。严格遵循“综治办+综治信息化+组团式服务”的模式建设，市本级、22个县（市、区）、264个乡镇（街道）综治中心全部接入了综治视联网系统、“9+X”信息系统，接入天网监控视频17537路，实现了对上与中央和省级综治视联网系统直连直通，对下与县乡直连直通。目前市综治办已购置50套综治视联网设备，将实现与市综治委成员单位的直联直通。同时，全力做好综治“9+X”信息化系统录入管理工作。每周通报录入数据，明确部门责任，全市实有人口等模块录入量和占比居全省首位。三是注重网格管理。推进网格化服务管理工作，以现有行政区划为基础，统筹地理自然状态、统筹人口分布状况、统筹行业类别和区域特点、统筹隶属关系和工作难易程度、统筹网格员队伍管理实际情况，以300～500户或1000人左右为单位，因地制宜、科学合理地划分了管理网格，并为每个网格配备了管理员，正在分批次为每个网格管理员配备手机APP。目前全市共划分网格8904个，配备网格员9068人，一半以上的县（市、区）已完成综治APP开通应用。依托电子政务外网和省政务云平台，借助综治“9+X”信息系统，利用手机综治APP将网格员采集到的“人、地、物、事、组织”等各类社会治理信息上传“9+X”信息系统，实现文字、图片、音频、视频等信息实时采集，及时高效开展各类事件的排查、上报和处置工作，实现智能化管理。同时，不断加快推动“9+X”信息系统、视频图像处理系统及自动化办公系统的深度应用，全面提升各级综治中心的工作效能。

河北省保定市坚持最高标准　服务实战需要 全力打造“雪亮护城河”的样板工程

2017年以来，保定市委、市政府高度重视“雪亮工程”建设工作，已搭建市综治中心用房近800平方米，有240平方米的高标准指挥中心和视联网视频会议室各1个，业务用房9间，市“雪亮护城河”平台具备50万路视频管理能力，已接入视频图像14000余路，实现了与重点部位、重要卡口的联网对接、实时调取、即时调度。

一、党政高度重视，全力打造主要领导亲自挂帅的“一把手”工程

市委、市政府高度重视“雪亮护城河”建设，始终将其作为一项严肃的政治任务和全市的重点项目，摆上重要议事日程，紧紧抓在手上。按照中央、省综治办和国家相关部委要求，自2017年3月下旬启动申报工作以来，经过调研论证、编制修订、评比审核等工作，于5月4日获批，并于8月21日正式实施。面对工期紧、任务重、环节多、标准高、技术难等诸多困难，市委、市政府成立了由书记、市长亲自挂帅，4名分管市领导任副组长，37个综治成员单位“一把手”为成员的高规格领导小组。市委常委会3次专题听取工作进展情况汇报，主要领导同志多次做出专门批示，在财政资金保障、综治中心选址、政府采购程序审批等重要环节上，亲自过问、亲自协调，给予了重点倾斜和全力支持。市委政法委、市公安局开展5次专题调度，摸底数、找差距，定思路、把方向，提出明确具体要求。市综治办组织市直有关部门和施工单位，以高度的政治自觉，强烈的政治担当，主动作为，不舍昼夜，精心精细，全力推进，为推动工作提供了坚实基础和可靠保障。

二、科学规划方案，全力打造独占鳌头的样板工程

把建设一流平台作为总要求，把务实管用作为基本立足点，广泛调研、精心设计、反复研讨、科学论证、严格评审，坚决不搞花架子、不搞形象工程。始终注重整合现有资源。与智慧城市、公安天网以及部门平台等现有资源对接整合，避免重复建设、资源浪费。为保证方案设计的科学化，严格遵循依规建设、按需联网、整合资源、规范应用、分级保障、安全可控的原则，要求视频监控系统必须符合《社会治安综合治理基础数据规范》等国家（行业）相关标准规范，具有良好的兼容性和可扩展性。在设备选型上，坚持好中选优原则，所选设备保证是国内安防监控或通信领域第一梯队品牌，产品保证是一线主流产品，确保设备及软件是安全可控、先进可靠的国内主流技术、标准与产品。始终注重大数据深度运用。以公安实战、政府应急响应、综治实时调度和信息化为主，着力提升社会治理和便民利民的能力。同时，注重可持续发展理念，采取了云存储模式，应用最新视联网技术，配备了完善的运维管理软件和队伍，中标设备软硬件质保和运维服务由三年时间分别提高到了五年和六年时间，确保从网络结构、联网隔离、数据使用到视频存储、运维管理都具有技术领先性和应用前瞻性。始终注重平台实战实效。人脸识别、车牌比对、智能预警、一键报警等先进技术的运用，强化环京治安检查站、进京小路口卡口、高速公路进站卡口等“三道防线”和火车站、汽车站等重点部位技防建设，全力提升十九大安保维稳水平。

三、应用先进科技，全力打造务实管用的精品工程

十九大安保期间，市综治中心被市委、市政府明确为全市安保指挥部，每天一名市级领导坐镇，20多个市直部门集中办公。依托市、县两级“雪亮工程”平台，一是建立了高效的应急指挥机制。每天上午、下午进行视频调度，各县（市、区）汇报治安、信访、三道防线、“六护”等八个方面进度，市直有关部门每日通报重大问题隐患，带班市领导逐一点评，即时发布指令。二是建立了常态化的视频巡查机制。固定人员对党政机关、治安卡口、重点部位每天视频巡查，及时发现一线干警规范执勤、重点卡口车辆拥堵、重点部位聚集等问题隐患，立即组织整改，及时指挥一线处置。三是建立了风险预测预警机制。各安保卡点、站点的人员车辆比对系统，先进的人脸识别系统等的应用，大大提升了安保工作的效率和精准度。四是建立了精准化的研判机制。市直15个重点部门每天下午3时集中分析研判，现场办公，对重点信息和重大风险隐患，第一时间视频调度督办，形成了一套收集、研判、推送、督导、反馈于一体的完整情报信息工作链条。借鉴十九大安保的成功做法，在重点敏感期特别是处置涉军维稳工作中及时启动相关机制，极大地提高了工作效率和信息化水平，有力发挥了首都政治护城河作用。

四、坚持提质增效，全力打造蹄疾步稳的效率工程

工作中，始终立足保定首都“南大门”的特殊区位，定位十九大安保的特殊需要，把质量与速度摆到同等重要的位置。一是建立联席会议制度。建立了联席会商和日碰头周调度制度。市综治办、市公安局与中标单位、设备厂商、线路运营商等相关单位，每日沟通进度，每周集中调度，现场解决施工难题，期间形成会议纪要5期、进度专报6期。市公安局充分发挥主力军作用，在方案设计、评审论证、技术支持等方面明确专人全程参与，保证了项目的可操作性。二是加快工程进度。与中标单位和施工单位多次统一思想，要求他们讲政治顾大局，制定了完善的工作预案和进度方案，组织技术力量和施工人员挂图作战，昼夜实施，采取白加黑、5+2的非常规工作方法。市综治办作为项目的牵头单位，机关领导和工作人员丝毫不敢懈怠，主动协调，上下沟通，加班加点，从3月下旬启动项目申报工作以来，几乎没有休过节假日。三是透明公开程序。坚持把“雪亮工程”作为机关和政法综治系统的中心工作，无论是设备性能指标、评分标准以及投标人资质设定，还是专家研讨论证、评审打分，杜绝任何倾向，确保公平公正。期间，机关领导班子会议专题研究4次，就招投标文件制作、合同签署、资金支付等重点环节逐一研究，并报市领导小组审定；机关成立了由常务副书记牵头，一名副书记和三名综治办副主任具体负责的建设实施小组，每周碰头会商，协商解决重点难点问题；聘请第三方专业机构全权负责招标文件制作，邀请河北大学、华北电力大学专家和市直政法部门技术骨干成立了专家咨询委员会，就技术方案和招标文件组织5次专题研讨论证，市纪委驻政法委纪检组全程介入监督；聘请具有甲级资质的监理、审计、造价机构，全程参与实施监督，确保工程质量进度，确保资金使用安全。项目招标过程公开透明，结果公平公正，社会没有任何不良反映。

五、倾力服务群众，全力打造共用共享的民生工程

着眼破解重点人群、重点行业、重点领域管理服务等难题，通过整套系统平台将分散在保定市的大量视频监控进行汇聚整合，实现对接入视频资源的视频结构化分析、动态人脸识别比对分析、车辆图片结构化分析等功能，从而在市综治中心形成了海量的“视频资源池”，直接助力全市环保、旅游等方方面面的工作需求，也可在一定程度上满足群众的个性求助。同时已经着手实施在保定市区重点部位、人员密集场所、高铁沿线、重点旅游景区等补建4400余个高清摄像头，并进一步向社区、网格、家庭延伸，充分发挥综治组织在群防群治、服务空巢家庭、孤寡老人、求助对象以及重点管控等方面的重要作用，为治安防控、城乡社会治理、智能交通、服务民生等领域丰富的综合应用服务提供资源共享和支撑。进一步强化运维管理，强化深度应用，强化联网共享，不断提升社会治理和拱卫首都安全的智能化水平，建设更高水准的平安保定。

（撰稿人：李鹏宙
审稿人：郭竞坤　胡剑涛）

山　西　省

2017 年综治工作概况

2017 年，在中央综治委和省委、省政府的正确领导下，全省综治工作紧紧围绕十九大安保维稳这条主线，按照省委“维护大局稳定、创造良好环境”的重大要求，以提升人民群众安全感和满意度为目标，坚持专项治理与系统治理、依法治理、综合治理、源头治理相结合，全面深化平安山西建设，有力维护了全省社会大局的持续稳定，为确保党的十九大胜利召开和全省经济社会转型发展发挥了重要作用。

一、强化统筹协调，推动综治责任制落地见效

（一）强化组织领导。省委、省政府高度重视综治和平安建设工作，省委第十一届三次、四次、五次全会均对加强社会治安综合治理和维护社会稳定工作、履行好首都“护城河”重大政治责任作出重要部署，要求全省各级各部门认真贯彻落实习总书记关于维护国家安全和社会稳定的重要指示，坚决防止社会稳定风险隐患积累和突发，守住守牢全省安全稳定底线，明确要求将“维护大局稳定，创造良好环境”作为 2017 年工作四项重大要求之一抓实抓牢。同时，加强平安山西建设，要求各级政府切实加大综治工作人、财、物保障力度。各级党委政府把综治工作作为“一把手”工程，纳入经济社会发展总体规划，全面推进本地平安建设，切实担负起了促一方发展、保一方平安的政治责任。

（二）强化部署推动。省委办公厅、省政府办公厅印发了《关于 2017 年加强社会治安综合治理维护社会稳定工作的意见》，对全年 6 大类 37 个综治维稳工作重点作出具体安排。省综治委制定出台了《2017 年平安山西建设行动计划》，列出重点任务清单，确定了 43 个重点建设项目，明确了时间表、路径图、责任单位和工作措施；先后召开 3 次工作会议、8 次座谈会、6 次视频推进调度会、12 次专题协调会，确保逐市、逐项交账。省综治办牵头组织各类综治维稳和专项工作督查 20 余次，提出整改建议和督办意见 200 余条。

（三）强化责任落实。为进一步推动综治领导责任制落实到位，省综治委制定了综治督查、挂牌督办和重点管理、实绩档案、综治审查、一票否决等 5 个具体制度规定，形成了“1 + 5”综治责任制度体系。各级各部门层层签订责任书，将工作责任落实到基层、落实到具体单位，构筑了覆盖全面的综治责任网络。一年来，全省综治组织共对 1474 个综治工作落实不力的单位进行了通报，对各相关单位的 479 名主要负责人进行了约谈，对 148 个单位进行了挂牌督办，对 69 个单位进行了重点管理，对 59 个单位实施了一票否决。

（四）强化部门责任。为充分发挥省直单位“系统抓、抓系统”职能作用，省综治办组织协调主管部门、驻地综治部门，采取“边考评、边指导”的方法，对 143 个省直和中央驻晋单位 2016 年度综治工作进行了考评，评出太原铁路局等 50 个单位为 2016 年度先进单位。2017 年将省直单位法治稳定工作纳入省委省政府目标管理考评范畴，赋分分值在百分制中占到 7 分。通过考核进一步提高了各单位参与平安建设的积极性，强化了各单位“大综治”“大平安”的理念。

二、强化源头治理，努力把矛盾风险化解在萌芽状态

（一）健全完善矛盾纠纷多元化解体系。全面推进矛盾纠纷多元化解体系建设，努力构建矛盾纠纷排查化解新格局。积极推进三级调解中心规范化建设，省综治办制定出台了《关于全省矛盾纠纷调解中心（室）规范化建设的实施方案》，对各级调解中心建设标准和运行流程进行全面规范。在全省总结推广社会稳定风险评估“1 + 5

+1”机制，积极探索完善社会稳定风险评估工作的量化标准。截至2017年底，全省县、乡、村三级中心规范化建设全面完成，专业性、行业性调解组织303个；调解员队伍达到93377人，其中专职13754人，兼职79623人；各级调解组织共排查矛盾纠纷147365件，调处141826件，调处率达到96.2%。

（二）推动重点领域矛盾纠纷依法有序化解。持续开展以征地拆迁、村矿（村企）矛盾、劳动关系、医患关系、交通事故、环境污染、教育、旅游、婚姻家庭、保险等领域为重点的矛盾纠纷排查化解工作，妥善化解国有土地房屋征收与补偿矛盾纠纷1378件、集体土地征地拆迁矛盾纠纷2457件、村矿（村企）矛盾纠纷55件、劳动关系矛盾纠纷5819件、环境污染矛盾纠纷793件、医患关系矛盾纠纷3130件、交通事故矛盾纠纷11972件、婚姻家庭矛盾纠纷1736件，各类矛盾纠纷化解率都达90%以上，取得了良好的社会效果。

（三）有效开展重点上访问题治理。按照省委办公厅、省政府办公厅《关于开展“重点信访问题源头化解”专项行动实施方案》要求，积极参与重点信访问题源头化解专项行动，成立工作专班，开展专项督导，对集访人数较多、工作进展缓慢、预警稳控不力的祁县、汾阳市、太原市小店区、迎泽区实施挂牌督办。

（四）有力推进命案防控工作。在全省深入开展命案“零发案”县（市、区）、刑事案件“零发案”社区（村）创建活动。在深度调研的基础上完成对全省2017年以来命案情况及防范对策的情况报告，特别是针对5起一次死亡3人以上的命案，逐一分析案发原因，提出具体措施，并分别约谈了市、县领导，实施挂牌督办。省公安厅实行月通报、直接上案、专家会诊等制度，并每月向全省通报侦破命案进展情况，狠抓命案侦破防范工作。全省共立命案307起，同比下降12.8%。

三、完善防控体系，确保社会治安大局持续稳定

（一）有力维护政治安全。深化反恐怖斗争，扎实开展案件侦办和线索核查，成功侦破“6·06”涉恐专案，打掉一长期隐藏在太原、吕梁的17人暴恐团伙；组织开展反恐实战演练450余次，对全省7698个涉恐重点目标全部按照国家标准进行了检查验收。深入开展反邪教“五大行动”，依法打击各类邪教捣乱破坏活动。2017年以来，全省共立案145起，破案142起，抓获涉案人员261人（次），捣毁窝点35个，有力震慑了邪教违法犯罪，提升了反邪教工作水平，山西省反邪教工作受到了中央有关部门的充分肯定。

（二）深化严打专项斗争。针对影响社会治安的突出违法犯罪问题，采取加强明查暗访、发动群众检举揭发、进行集中分析研判等方式确定工作重点，深入查找其产生原因和规律特点，组织开展各种专项打击，始终保持对各类违法犯罪活动的严打高压态势。召开全省深化打黑除恶电视电话会议，对全面深化打黑除恶专项斗争作出安排部署，突出重点，集中力量，强化督导，强力推进，打黑除恶专项斗争取得明显成效。2017年，全省共打掉黑恶势力犯罪团伙196个，其中，黑社会性质组织2个，抓获犯罪嫌疑人1258人。

（三）扎实开展安全稳定风险隐患大排查大整治活动。省综治委制定出台了《关于在全省开展安全稳定风险隐患大排查大整治活动的实施方案》，召开了专门推进会议进行再动员再部署。各级各部门坚持围绕“实、严、细、快、狠、早”六字方针，对影响社会治安大局的各类风险隐患现状进行全面摸底，并分析原因，对症施策，进一步消除隐患、堵塞漏洞、精细管理和健全机制。2017年，全省共排查各类风险隐患365925个，整治352837个，将大量风险隐患消除在了萌芽状态。

（四）扎实推进“雪亮工程”建设。省综治委成立了全省公共安全视频监控建设联网应用协调领导组，制定了推进公共安全视频监控建设联网应用“雪亮工程”的指导意见，在太原市专门召开了全省“雪亮工程”建设现场推进会，并将其纳入全省综治（平安建设）工作考评体系，扎实推进全省“雪亮工程”建设深入开展。截至2017年底，全省累计建设公共安全视频监控摄像机224万余台。省级“雪亮工程”综治共享平台依托省综治中心已完成建设任务，接入视频监控资源约12.3万路。

（五）着力加强流动人口和特殊人群服务管理。一是加强流动人口服务管理，截至2017年底，全省累计摸排流动人口387628人，办理居住登记312397人。二是大力开展严重精神障碍患者救治救助工作,对重性精神病监护人实施不低于1200元的“以奖代补”政策。2017年,全省落实“以奖代补”奖励及救助资金3000余万元,救治救助患者2.7万余人。三是在刑满释放人员安置帮教方面,积极推进安置帮教基地建设,新建13个安置帮教基地,总数达到200个以上。四是扎实推进社区戒毒康复工作。五是积极开展艾滋病病毒检测和抗病毒治疗工作。截至2017年11月底,全省累计报告艾滋病病毒感染者和病人9287例,累计治疗艾滋病人6945例。六是深入推进重点青少年教育矫治工作,省委办公厅、省政府办公厅印发了《关于进一步深化预防青少年违法犯罪工作的实施方案》。

四、加强专项治理,不断提升维护公共安全的能力水平

(一)加强危爆物品管理。全面强化对民爆物品的安全管理,建立民爆物品安全检查整治工作联席会议制度,制定《集中开展危爆物品大排查大整治专项行动工作方案》《剧毒、易制爆危险化学品安全综合治理实施方案》。2017年,全省共处罚易制爆危险化学品从业单位23150家,查处涉爆涉危违法犯罪案件96起、违法犯罪人员117人,整改安全隐患6746处,全省爆炸事故和死亡人数实现连续10年双下降。

(二)加强寄递物流管理。为严格落实收寄验视、实名收寄、过机安检“三个100%”,省综治办会同邮政、公安等部门召开X光安检机财政补贴落地工作督促会,积极推进X光安检机配置。截至2017年底,省市两级财政补贴880万,全省X光安检机达到190台,基本实现了省、市、较大县分拨中心X光安检机的全覆盖。

(三)加强道路消防安全管理。持续开展公交客运单位、运营车辆的安全大检查,对排查发现的142处交通事故多发路段,下发隐患整改通知,将其中3处重大隐患路段纳入“13710”系统,提请省政府进行了挂牌督办。持续开展消防安全专项整顿,2017年,全省共发生道路交通事故4988起,死亡2125人,受伤4932人,造成经济损失3683.6万元,同比分别下降1.98%、0.28%、6.54%、7.34%。共发生火灾事故4731起,造成经济损失5551万元,同比分别下降23.9%、25%,连续34年没有发生重特大火灾事故。

(四)强化网络安全管理。在全省开展“网络安全执法检查”,对2734家重点单位、2817个重要信息系统和网站进行安全检查,下达整改通知书1106份,暂时关停信息系统72个,行政处罚15家,约谈40家。

五、夯实基层基础,筑牢平安建设根基

(一)着力推进综治中心标准化建设。省综治办制定出台了《关于在全省开展综治中心标准化建设年活动的方案》,以“综治办+综治信息系统+N”模式为着力点,以创建综治中心示范单位为抓手,全面推动全省各级综治中心标准化建设。组织召开了全省综治中心标准化建设视频调度推进会,通过视频连线和播放专题片的方式,集中交流演示了阳泉矿区、晋中平遥等地的9个综治中心典型做法。

(二)推动基层社会服务管理体系高效运行。省综治办组织相关人员赴晋中、临汾、长治、朔州、阳泉5个市开展深度调研督导,起草了《山西省网格化服务管理规定》。同时,严格实行日巡查、周分析、定期通报制度,对一些地方存在的信息系统利用率偏低、上报事件数量少、无效信息多等问题提出专门工作建议。2017年,全省综治信息系统累计受理各类事件3746203件,累计处置3164152件,处置率84.46%。

(三)强化各级综治队伍建设。加强乡镇(街道)综治专抓副职配备,积极开展乡村两级及基层单位综治机构规范化建设,着力解决制约基层综治工作的队伍建设问题。截至2017年底,全省范围内已配备了1728名乡镇(街道)综治专干、558名专抓副职。全省共划分网格62301个,配备网格长(员)69703名。

(四)全力推进综治信息化建设。深入推进综治视联网建设,市、县两级已经实现综治视联网全覆盖,太原市乡镇(街道)综治视联网实现全覆盖,吕梁、长治、晋城、临汾、运城等市将综治视联网延伸至部分乡镇(街道)和重点村(社区)综治中心。进一步完善全省综治信息系统,对综治基层基础、网格化服务管理、事件上报处置、矛盾纠纷排查化解、统计分析、考核评价等业务模块进行了全面升级改造。

(五)深入开展基层平安创建活动。进一步延伸平安建设触角、拓宽平安建设领域,深入开展了平安乡镇(街道)、平安社区(村)、平安家庭、平安单位创建活动。省人社厅、省综治委召开了全省社会治安综合治理表彰大会,对120个先进集体、130名先进工作者进行了表彰,省劳动竞赛委员会对30名表现突出的综治先进工作者记功表彰,并对记一等功的先进工作者每人奖励2000元,对记二等功的先进工作者每人奖励1500元。

山西省综治委关于印发《全省安全稳定风险隐患大排查大整治专项行动实施方案》的通知

(2017年3月6日)

为有效防范化解安全稳定风险隐患,维护社会大局稳定,保障党的十九大胜利召开,根据省委主要领导同志指示精神,省综治委决定在全省范围内集中开展安全稳定风险隐患大排查大整治专项行动。特制定本方案。

一、指导思想

深入贯彻习近平总书记系列重要讲话精神,认真落实省委政法工作会议部署,紧紧围绕维护国家安全和社会稳定的总任务,坚持围绕中心、服务大局,坚持突出重点、抓住关键,坚持问题导向、底线思维,强化政治担当、责任担当,落实综治领导责任制,将专项治理和系统治理、综合治理、依法治理、源头治理紧密结合,提高预测预警预防风险能力,促进从严从实从细落实保稳定、护安全、促和谐各项工作措施,为党的十九大胜利召开创造安全稳定的社会环境。

二、工作目标

通过集中时间、集中力量排查整治影响社会安全稳定的各类风险隐患,使各级领导真正重视,责任得到落实,排查全面覆盖,整治措施到位,确保实现“五个坚决防止”的目标,即坚决防止发生影响国家安全和社会稳定的重大政治事件,坚决防止发生重大暴力恐怖事件,坚决防止发生重大群体性事件,坚决防止发生重大公共安全事件(事故),坚决防止重点人员和危险物品进京滋事。

三、工作原则

(一)坚持统筹推进原则。在省综治委的统一部署下,按照“谁主管、谁负责”和“属地管理”的要求,各级党委政府和省直各有关单位围绕专项行动中心任务,细化方案,明确责任,统一行动,实行上下联动、左右配合、区域协同、整体防控,打好合成仗、整体仗、主动仗。

(二)坚持同步落实原则。牢牢把握当前影响社会稳定的风险点,坚持边排查边整治,边预警边化解,全面落实打防管控措施,提前化解不稳定苗头隐患。针对突出问题,及时组织专项整治,做到局面不改、人员不撤、工作不停。

(三)坚持严管严查原则。严格落实十九大安全保卫各项要求,严格人、地、物、事管理,严查漏洞、短板、薄弱环节,以严的标准、严的要求、严的措施,确保社会安定有序。

(四)坚持责任查究原则。实行导向鲜明的奖惩措施、工作机制和问责机制。对排查工作不深入不细致,整治措施不到位,稳控责任不落实,导致发生影响社会稳定重大案事件和赴京非正常上访的地方和单位,严格按照综治领导责任制有关规定严肃问责。

四、任务职责

(一)国家安全和政治稳定方面。排查监控境内外敌对势力的各种颠覆、渗透、破坏活动;国保重点人员在我省的动向;重点关注群体人员的动向;境外非政府组织的动向;邪教组织和邪教人员非法聚集、串联的动向;因民族、宗教问题引发的风险隐患;境内外恐怖组织实施恐怖活动的情报信息情况;其他危害国家安全和政治安定的情况。此项工作由省国家安全厅、省公安厅、省委防范办、省宗教局等牵头负责。

（二）矛盾纠纷方面。

1. 排查化解征地拆迁、村矿（村企）、劳动关系、医患关系、交通事故、环境污染等“六大领域”矛盾纠纷。此项工作分别由省住建厅、省国土厅、省人社厅、省卫计委、省公安厅、省环保厅牵头负责。

2. 排查化解家庭婚姻、邻里纠纷等可能引发“民转刑”案件的矛盾纠纷。此项工作由省妇联牵头负责。

3. 排查化解军队退役人员、税务助征员、民办教师等特定利益群体因维权引发的矛盾纠纷。此项工作由省民政厅、省国税局、省教育厅、省人社厅等牵头负责。

4. 排查化解因产能过剩、企业改制、职工拖欠工资、劳动补偿、离退休人员福利、企业拖欠社保等引发的矛盾纠纷。此项工作由省国资委、省人社厅、省煤炭厅等牵头负责。

5. 排查化解因非法集资、金融诈骗、互联网金融业、投资理财、非融资担保等引发的矛盾纠纷。此项工作由省金融办、人行太原中心支行、山西银监局、山西保监局、山西证监局等牵头负责。

6. 排查处置目前尚未息诉罢访的涉法涉诉问题；因政法单位的执法行为引起的其他矛盾纠纷和不稳定因素。此项工作由省委政法委、省信访局牵头负责。

（三）公共安全方面。

1. 排查整治人民群众反映强烈的突出治安问题。此项工作由省公安厅牵头负责。

2. 排查管控流动人口和刑满释放人员、社区服刑人员、吸毒人员、严重肇事肇祸精神障碍患者、重点青少年等特殊人群管理方面存在的影响公共安全的风险隐患。此项工作由省公安厅、省司法厅、省卫计委、团省委等牵头负责。

3. 排查整治邮件快件寄递、货运物流等寄递物流领域存在的安全隐患。此项工作由省邮政管理局、省交通运输厅、省商务厅牵头负责。

4. 排查整治道路交通安全、公路铁路沿线、城市公共交通等方面存在的风险隐患。此项工作由省公安厅、省交通运输厅、省护路办牵头负责。

5. 排查整治消防安全重点单位存在的风险隐患。此项工作由省公安厅牵头负责。

6. 排查整治食品药品安全方面存在的风险隐患。此项工作由省食药监局牵头负责。

7. 排查整治民爆物品、剧毒化学品、危险化学品等危险物品安全管理方面存在的风险隐患。此项工作由省公安厅、省安监局等牵头负责。

（四）网络安全方面。排查防范境内外敌对势力利用互联网进行意识形态领域渗透破坏的活动；特定利益群体网上维权问题；网上造谣、传谣问题；以网络金融犯罪为主的网络违法犯罪问题；党政机关、事业单位、国有企业网站等重要信息系统和重点网站存在的严重安全漏洞和隐患。此项工作由省网信办、省公安厅、省国家安全厅、省通信管理局等牵头负责。

五、工作措施

（一）扎实开展调查摸底。按照“条块结合、以块为主”的原则开展全面排查。各市排查以县（市、区）为单位组织发动，以乡镇（街道）划分排查单元，乡镇（街道）每半月、县（市、区）每月组织开展一次集中排查梳理，每日由镇村干部、社区民警、网格长开展日常排查，做到横向到边、纵向到底，确保县不漏乡、乡不漏村、村不漏户、户不漏人。每月底，县乡两级排查报告由党委书记、公安局长（派出所所长）签字逐级上报省、市综治办。省直各牵头部门组织开展行业、系统排查，对本系统下属单位、要害部位、关键环节、重点群体、重点问题等开展拉网式排查，做到底数清、情况明；各牵头单位排查报告由主要领导签字上报省综治办。

（二）深入推进整治化解。各地各部门将排查出来的风险、隐患、问题全部列入整治范围，逐一分析研究，逐一制定整治方案，逐　落实责任单位和责任人，逐一明确整治期限。市、县两级党委、政府对排查梳理和上级交办的风险隐患，按照责任分工，逐案明确县级以上包案领导，逐案明确责任单位，逐案组成工作专班；重大风险隐患由市级领导作为包点领导。省直牵头单位汇总梳理后要确定一批重点问题、重点区域或重点企业，列出任务清单，每个重点风险隐患指定一名厅级领导作为包点领导。对于一时难以解决、整改难度较大的，各市综治委和省直各牵头单位党委（党组）

要专题研究,落实具体化解措施,确保整改到位。省综治委将适时召开会议,听取各市和省直牵头单位主要负责同志的情况汇报。

(三)严格落实稳控措施。党的十九大召开前一个月左右,省委政法委组织召开十九大维稳安保誓师大会,对保卫十九大、维护政治安全和社会稳定进行再动员再部署,启动环京护城河工程。对涉军等特定利益群体,有可能铤而走险报复社会的重点人员,有危害社会倾向的精神障碍患者、吸毒人员、邪教人员等高危人群,要明确责任,定案到人,严防漏管失控。对重要部位和重要设施加强安全防范,强化火车站、长途汽车站、飞机场安全检查,对各出省进京道口严防死守,严格落实人防、物防、技防措施,优化公安、武警联合武装巡逻模式,充分发挥群防群治作用,全面加强社会面治安管控,实现对人、车、物、路等治安关键要素的动态防控,同时做好应急处突准备,决不让一粒子弹、一两炸药、一枚雷管、一个重点人从山西进入北京。

(四)强化预测预警预防。各市和省直牵头单位在认真组织开展本地本系统收集信息、分析研判工作的基础上,要切实落实《山西省矛盾纠纷和公共安全隐患信息研判工作方案》要求,每月 10 日和 25 日分两次向省综治办报送风险隐患台账,由省综治办会同省维稳办、省信访局、省公安厅定期分析研判,党的十九大召开前后按周报送,及时研判。要积极运用大数据、云计算、物联网等新技术,依托现有信息资源,完善相应功能,实现对重点物品、要害部位、治安高危人员等信息的关联比对、综合研判、等级预警、全程跟踪,严防发生重大案(事)件。

(五)建立举报奖励制度。各地各部门要结合国家安全教育日、综治宣传月等活动,加强舆论宣传,动员广大群众、相关从业人员提供各类风险隐患线索,检举揭发违法犯罪线索。省、市两级要公布举报电话,建立网上举报平台,实行举报奖励制度,通过发放奖金、“微信红包”和手机话费充值等激励机制,奖励举报有功人员。对一些典型案例,要组织媒体予以宣传曝光,强化警示教育,形成震慑效应。

六、工作要求

(一)加强组织领导。各市、县要召开党委常委会、省直各单位要召开党委(党组)会,3 月 15 日前进行专题研究部署,制定详细的工作方案,并于 3 月 31 日前将工作方案和部署情况报省综治办。各地各部门党政主要负责同志要强化政治意识、大局意识,将安全稳定风险隐患排查整治专项行动作为确保党的十九大胜利召开、维护全省治安大局稳定的一项重大举措,切实抓紧抓实。要认真贯彻省委、省政府两办《山西省健全落实社会治安综合治理领导责任制实施办法》,市级党委和省直牵头单位今年至少要召开两次会议专题研究;县级党委每季度至少召开一次会议专题研究,重大、敏感问题及时研究。要加强对本地本系统活动的组织领导和统筹协调,切实形成“条”上牵头抓、“块”上统筹抓,牵头单位直接抓、配合单位共同抓,各单位一把手总体抓、分管领导具体抓、其他领导协助抓的工作机制,确保这次活动迅速推开、扎实推进、取得实效。

(二)强化责任落实。各地各部门要建立“五账工作法”(建账、对账、查账、销账、交账),对重大治安隐患、安全隐患、重点人,实行“四定”责任制(定领导包案、定工作任务、定具体责任单位和承办人、定办结时限),推动排查整治责任落到实处。对于疑难复杂问题,县级领导包案解决不了的,要逐级向上请示汇报,由上级机关领导包案处理,直至问题解决。对于跨地区跨部门,单一地方部门难以解决的疑难复杂问题,由省综治委向所在市和省直部门交办,由主要负责同志签收,并负责组织整治,在规定时限整治完毕后向省综治办书面报告。各级党委政府要做好保障和服务民生工作,落实相关政策,开展精准帮扶,从源头上化解矛盾和消除隐患。

(三)加强督导检查。各地要将排查整治活动列为党委、政府重点督查内容。活动开展期间,省直各部门要在有监管任务的重点领域及本系统内部组织开展督导检查,指导督促相关企业、基层单位扎实推进各项工作;特别是对重点地区、重点企业、重要站点,由省综治委成员单位厅级干部包案,深入现场、进驻乱点整治。各级综治部门要加强暗访督查,以“四不两直”(不发通知、不打招呼、不听汇报、不用陪同接待、直奔基层、直插现场)方式,对各地风险隐患排查整治情况进行查访。省委政法委(省综治办)、省政法各部门领导将亲自带队，深入各地，对排查整治活动进行不间断、滚动式检查督导，直至党的十九大胜利闭幕。

（四）严格兑现奖惩。省综治委将安全稳定风险隐患排查整治工作纳入2017年度全省综治考核内容，加大赋分权重。对排查整治工作成效明显的予以表彰奖励；对工作开展不力的，取消年度综治评先和平安创建评选资格，同时取消2017年全国、全省“双先”表彰资格。省综治办对排查整治措施不力的县（市、区），首次发现的进行通报；连续2次通报批评的，由省综治办主任约谈该市党政主要领导；被省综治办约谈1个月后，排查整治工作仍无明显改进的，省综治委对其进行挂牌督办；对挂牌督办期满之后，问题仍未得到有效解决的，或因排查整治不力发生在全国、全省造成重大影响案（事）件的，由省综治委对其进行重点管理，情节特别严重的实施一票否决，并进行责任追究。

山西省综治委关于印发《山西省社会治安综合治理（平安建设）督查办法》等5个配套制度的通知

（2017年7月17日）

各市综治委、省综治委各成员单位：

为推动社会治安综合治理领导责任制和目标管理责任制落实，深化平安山西建设，维护全省社会稳定，根据中共中央办公厅、国务院办公厅《关于印发〈健全落实社会治安综合治理领导责任制规定〉的通知》、《山西省社会治安综合治理条例》、省委办公厅省政府办公厅《关于印发〈山西省健全落实社会治安综合治理领导责任制实施办法〉的通知》、省委组织部《关于选拔任用省管干部征求有关部门意见的规定》等文件精神，结合我省实际，省综治委制定了《山西省社会治安综合治理（平安建设）督查办法》《山西省社会治安综合治理挂牌督办和重点管理实施办法》《山西省社会治安综合治理一票否决权制实施办法》《山西省社会治安综合治理工作实绩档案实施办法》《山西省社会治安综合治理审查实施办法》，现印发你们，请认真贯彻执行。

山西省社会治安综合治理（平安建设）督查办法

第一条　为贯彻落实中央和省委关于社会治安综合治理（平安建设）的决策部署，根据中共中央办公厅国务院办公厅《关于印发〈健全落实社会治安综合治理领导责任制规定〉的通知》、《山西省社会治安综合治理条例》、省委办公厅省政府办公厅《关于印发〈山西省健全落实社会治安综合治理领导责任制实施办法〉的通知》规定，制定本办法。

第二条　督查工作应当按照“三督三查”的总要求，坚持既督任务、督进度、督成效，又查认识、查责任、查作风，坚持服务大局、实事求是、客观公正、聚焦问题、狠抓落实、重在整改的原则，推动社会治安综合治理(平安建设)工作措施有效落实。

第三条　督查的主要任务是,督促推动社会治安综合治理方针政策、法律法规和平安建设规划的贯彻实施;省委、省政府关于社会治安综合治理(平安建设)决策部署的贯彻落实;省委政法委、省综治委部署任务的具体落实;中央和省委领导同志重要讲话、指示批示的办理落实。

第四条　社会治安综合治理督查工作由各级社会治安综合治理委员会办公室组织实施。根据工作需要,可抽调相关部门人员参加,也可邀请党代会代表、人大代表、政协委员督导和视察,或聘请有关专家、专业技术人员参与对特定问题的调查、评估和鉴定。督查组应当由两人以上组成,执行督查任务时应当出示省综治委统一制发的督查证件和原单位有效工作证件。

第五条　督查工作采取听取汇报、查阅资料、走访群众、实地调研、明察暗访、测试考核等方法进行。根据工作需要,可以采取第三方评估的方式进行,也可以运用大数据、人工智能等现代科技手段辅助开展,提高督查工作的科学性和实效性。

第六条　督查分为综合督查、专项督查和暗访督查。

(一)综合督查。对于社会治安综合治理(平安建设)整体工作推进情况的全面督查,每半年至少组织一次。

(二)专项督查。对于中央和省委、省政府及省综治委领导批示指示,以及落实周期较长、难度较大的工作事项,组织开展专项督查。

(三)暗访督查。采取"四不两直"(不发通知、不打招呼、不听汇报、不用陪同接待,直奔基层、直插现场)方式,深入实地暗访督查。

第七条　针对督查掌握的突出问题,应当向相关地区、单位下发督办通知,限期整改,综治办加强跟踪督办。相关地区、单位的整治情况应定期向综治办报告。对未如期完成整治任务,或整治不力、问题隐患仍然存在的,对相关责任人进行约谈。对于问题严重的,采取挂牌督办、重点管理直至"一票否决"和责任追究。

第八条　督查结果应当记入领导干部综治实绩档案,纳入综治(平安建设)工作年度考核体系,并作为党委政府目标责任制考核的重要依据。

第九条　各地各单位应当支持、接受、配合社会治安综合治理(平安建设)督查工作。对于妨碍、干扰、阻挠督查工作正常开展的,根据情形给予通报批评、约谈,情节严重的挂牌督办、重点管理直至一票否决;对督查中发现的违纪违法线索,及时移送纪委监委和司法机关处理。

第十条　督查人员应当严格遵守中央"八项规定"和廉洁自律要求,督查工作不干预相关地区和单位的工作,不承办具体案件,对调查发现的问题不作个人表态。

第十一条　综治办和督查人员所属单位应当加强对督查工作的车辆、装备和经费保障,暗访检查应单列经费保障。

第十二条　本办法由山西省社会治安综合治理委员会办公室负责解释,自下发之日起实行。各市可以结合实际,制定实施办法。

山西省社会治安综合治理挂牌督办和重点管理实施办法

第一条　根据省委办公厅省政府办公厅《关于印发〈山西省健全落实社会治安综合治理领导责任制实施办法〉的通知》规定,对符合规定情形、尚不够实施一票否决权制的地区、单位,予以挂牌督办或重点管理。

第二条　挂牌督办、重点管理由县级及以上社会治安综合治理委员会行使。乡镇(街道)社会治安综合治理委员会有挂牌督办、重点管理的建议权。

第三条　县(市、区)社会治安综合治理委员会对科级及以下单位、乡镇(街道)实施挂牌督办、重点管理;市社会治安综合治理委员会对县处级及以下单位、县(市、区)实施挂牌督办、重点管理;省社会治安综合治理委员会对厅局级及以下单位、市实施挂牌督办、重点管理。

对中央驻地方单位的挂牌督办、重点管理,由驻地社会治安综合治理委员会逐级呈报省社会治安综合治理委员会,向其主管单位和中央社会治安综合治理委员会提出书面建议。

对省、市驻地方单位的挂牌督办、重点管理,分别由省、市社会治安综合治理委员会实施,其驻地社会治安综合治理委员会有建议权。

第四条 下级社会治安综合治理委员会对符合规定情形的地区、单位未实施挂牌督办、重点管理的,上级社会治安综合治理委员会可以责令其实施或直接实施。

第五条 符合下列情形之一的地区、单位,应当予以挂牌督办或重点管理:

1. 发生危害国家安全案件或暴恐事件的,或发生邪教或有害气功组织非法集会、进京滋事事件,造成不良影响的;

2. 发生影响较大的刑事案件、群体性事件、公共安全事件、失泄密案件的;

3. 发生一次死亡 3 人以上命案的;

4. 发生影响较大的火灾、交通事故或治安灾害事故的;

5. 因社会治安问题被中央有关部委挂牌整治或通报的;

6. 因发生《山西省健全落实社会治安综合治理领导责任制实施办法》第二十六条所列情形,受到约谈后仍未按期完成整改目标的;

7. 年度综治考核和公众安全感满意度调查排名靠后的;

8. 发生社会治安综合治理委员会认为需要挂牌督办或重点管理的其他事项。

第六条 挂牌督办期限一般为半年;重点管理期限一般为通知下发之日起至当年年底,但不得少于半年。挂牌督办或重点管理期限自决定生效之日起计算。

第七条 受到挂牌督办或重点管理的地区、单位,在挂牌督办或重点管理期间内,取消该地区、单位评选综合性荣誉称号的资格和该地区、单位主要领导、主管领导、分管领导评先受奖、晋职晋级的资格。

第八条 对符合条件的地区、单位,有实施权的社会治安综合治理委员会在调查核实的基础上,提请综治委主任、副主任会议研究后作出挂牌督办或重点管理的决定。

第九条 挂牌督办或重点管理决定作出之日起 15 日内,作出决定的社会治安综合治理委员会应当将正式文件抄送被实施对象及其上级主管部门、相应的组织人事部门、纪委监委机关,并报上一级社会治安综合治理委员会备案。

第十条 被实施挂牌督办或重点管理的地区、单位,在被督办或管理期限内,应当认真查找问题,分析原因,积极整改,尽快改变面貌。每个月向作出决定的社会治安综合治理委员会报告一次整改情况。

第十一条 被实施挂牌督办或重点管理期间又发生符合本办法第五条情形的地区、单位,经作出决定的社会治安综合治理委员会提请综治委主任、副主任会议研究后,直接给予一票否决。

第十二条 在挂牌督办或重点管理期限届满前 1 个月,被挂牌督办或重点管理对象认为整改效果明显的,可以书面提出解除申请并提交整改报告。收到解除申请后,作出决定的社会治安综合治理委员会应当及时组织有关部门进行验收,对整改到位、效果明显的,作出解除挂牌督办或重点管理的决定;对整改不到位、效果不明显的,可酌情延长期限或直接启动一票否决程序。

第十三条 对正在被挂牌督办或重点管理的地区、单位违规评先授奖、晋职晋级的,作出挂牌督办或重点管理决定的社会治安综合治理委员会应当向作出决定的部门提出撤销建议,不予采纳的可以向上一级社会治安综合治理委员会提出撤销建议,并建议纪委监委机关追究相关部门及责任人的责任。

第十四条 本办法由山西省社会治安综合治理委员会办公室负责解释,自下发之日起执行。2014 年印发的《山西省综治(平安建设)工作重点管理县(市、区)实施办法(试行)》自本办法生效之日起废止。

山西省社会治安综合治理一票否决权制实施办法

第一条　根据《山西省社会治安综合治理条例》、省委办公厅省政府办公厅《关于印发〈山西省健全落实社会治安综合治理领导责任制实施办法〉的通知》规定，对符合规定情形的地区、单位，实施社会治安综合治理一票否决权制。

第二条　一票否决权制内容包括：取消市、县(市、区)、乡镇(街道)、机关、团体、企业、事业单位评选综合性荣誉称号的资格，上述地区、单位主要领导、主管领导、分管领导评先受奖、晋职晋级的资格。

第三条　一票否决权由县级及以上社会治安综合治理委员会行使。乡镇(街道)社会治安综合治理委员会有一票否决的建议权。

第四条　县(市、区)社会治安综合治理委员会对科级及以下单位、乡镇(街道)行使一票否决权；市社会治安综合治理委员会对县处级及以下单位、县(市、区)行使一票否决权；省社会治安综合治理委员会对厅局级及以下单位、市行使一票否决权。对中央驻晋单位行使一票否决权，由驻地社会治安综合治理委员会逐级呈报省社会治安综合治理委员会，向其主管单位和中央社会治安综合治理委员会提出书面建议。

对省、市驻地方单位行使一票否决权，由驻地社会治安综合治理委员会向其主管单位和省、市社会治安综合治理委员会提出书面建议，由省、市社会治安综合治理委员会决定是否实施一票否决权。对其他企事业单位、团体和组织，根据其性质、规模，由相应级别的社会治安综合治理委员会行使一票否决权。

第五条　下级社会治安综合治理委员会对符合一票否决条件而未否决的，上级社会治安综合治理委员会可以责令其实施或直接实施。.

第六条　在年度社会治安综合治理目标管理责任制考评中，当年排名末位且已连续三年排名后三位，或连续两年排名末位的，应当予以一票否决。

第七条　具有下列情形之一的地区、单位，应当予以一票否决：

(一)发生严重危害国家安全案件或暴恐事件的，或发生邪教或有害气功组织非法集会、进京滋事事件，在全国、全省造成不良影响的；

(二)发生特别重大或影响恶劣的刑事案件、群体性事件、公共安全事件、失泄密案件的；

(三)一年内连续发生重大或影响较大刑事案件、群体性事件、公共安全事件、火灾、交通事故、失泄密案件的；

(四)黑恶势力犯罪猖獗，没有在当地得到及时依法打击，造成严重社会影响的；

(五)存在发生治安问题的重大隐患，经上级主管部门、有关部门提出警告、整改建议，或经综治部门采取通报、约谈、挂牌督办、重点管理等措施限期改进，而无有效改进措施和明显效果的；

(六)发生重大刑事案件或者重大治安问题隐瞒不报或者作虚假报告的；

(七)因教育管理工作不力，本单位职工中违法犯罪情况比较严重的；

(八)社会治安综合治理机构不健全，领导责任制和目标管理责任制落实不力，基层基础薄弱，造成本地区本系统本单位治安秩序严重混乱的；

(九)发生社会治安综合治理委员会认为需要一票否决的其他事项。

第八条　在发生不可抗力的突发性案件、治安灾害事故或其他治安问题后，能够积极采取措施挽回损失、改进工作的，可以视情不予一票否决。

第九条　县级及以上社会治安综合治理委员会对符合一票否决条件的地区、单位，在调查核实的基础上，提请综治委主任、副主任会议研究后作出一票否决的决定。

第十条　一票否决决定形成之日起 15 日内，作出否决决定的社会治安综合治理委员会应当将正式文件抄送被否决对象及其上级主管部门、相应的组织人事部门、纪委监委机关，并报上一级社会治安综合治理委员会备案。

第十一条　被否决对象对否决决定不服，或被否决对象的上级主管部门有不同意见的，可在接到否决决定之日起 30 日内书面向作出否决决定机构的上一级社会治安综合治理委员会申请复查。

第十二条　受理复查的社会治安综合治理委员会应当在接到复查要求之日起 30 日内复查完毕，作出是否变更的决定，并书面答复要求复查的单位或者个人，复查期内否决决定暂不执行。

第十三条　对复查决定仍然不服的，由受理复查的社会治安综合治理委员会提请同级党委、政府作出最终决定。

第十四条　对受到一票否决权制处理的地区、单位，在作出决定一年内，取消该地区、单位评选综合性荣誉称号的资格，由组织人事部门按照有关权限和程序办理；取消该地区、单位主要领导、主管领导、分管领导评先受奖、晋职晋级的资格，由组织人事部门按照干部管理权限和程序办理，并会同社会治安综合治理委员会办公室，按照有关规定向上级有关部门进行报告、备案。领导干部在否决决定有效期内调动工作的，调入单位应继续执行否决决定。

第十五条　被一票否决地区、单位的主要领导、主管领导、分管领导有失职渎职行为的，作出否决决定的社会治安综合治理委员会应当向组织人事部门、纪委监委机关提出建议，由有关部门按照规定给予党纪政纪处分或组织处理。

第十六条　一票否决期间又发生符合一票否决情形的地区、单位，经相应的社会治安综合治理委员会核准后，建议由有关部门对其主要领导、主管领导、分管领导进行组织处理。

第十七条　被一票否决对象在否决期限内，要认真查找问题，分析原因，积极整改，尽快改变面貌。每 3 个月要向作出否决决定的社会治安综合治理委员会报告一次整改情况。

第十八条　在否决期限届满前 1 个月，被否决地区、单位认为整改效果明显的，可以书面提出解除一票否决的申请并提交整改报告。收到被否决单位书面解除申请后，作出否决决定的社会治安综合治理委员会应当及时组织有关部门进行验收，对整改到位、效果明显的，作出解除一票否决决定；对整改不到位、效果不明显的，可酌情延长一票否决期限。

第十九条　对正在被一票否决的地区、单位违规评先授奖、晋职晋级的，作出一票否决决定的社会治安综合治理委员会应当向作出决定的部门提出撤销建议，不予采纳的可以向上一级社会治安综合治理委员会提出撤销建议，并建议纪委监委机关追究相关部门及责任人的责任。

第二十条　本办法由山西省社会治安综合治理委员会办公室负责解释，自下发之日起执行。1994 年印发的《山西省社会治安综合治理委员会关于实行社会治安综合治理一票否决权制的实施办法》从本办法生效之日起废止。

山西省社会治安综合治理工作实绩档案实施办法

为科学评价党政领导干部任职期间推进平安建设和维护社会稳定的工作实绩，根据省委办公厅省政府办公厅《山西省健全落实社会治安综合治理领导责任制实施办法》规定，制定本办法。

一、建档对象

市、县、乡三级党政主要领导、分管领导及综治委成员单位主要领导、分管领导。（市、县两级可结合实际扩大建档范围）

二、工作原则

（一）综合评判。综治实绩档案实行一名干部一套档案。档案内容应结合部门信息、群众安全感满意度测评、网格长、平安志愿者等基层情况反映，通过走访群众、调查函询、数据分析、综合评判等形式填报，确保全面、准确、动态掌握领导干部落实综治领导责任制、维护社会稳定的工作实绩。

（二）分级建档。省综治委负责市、县两级省管领导干部以及省综治委成员单位主要领导、分管领导综治维稳工作实绩的建档工作。各市综治委负责市、县两级市管领导干部、市级综治委成员单位主要领导、分管领导综治维稳工作实绩的建档工作。各县(市、区)综治委负责县、乡两级县管领导干部以及县级综治委成员单位主要领导、分管领导综治维稳工作实绩的建档工作。

(三)重点记录。紧紧围绕综治领导责任制和目标管理责任制的落实情况,重点记录领导干部突出业绩表现和主要问题不足。

(四)关联使用。将综治实绩档案作为干部考察、征求意见、年度考核、奖励问责的重要依据,并进行相互印证、融合互补。

三、档案内容

(一)领导干部个人基本情况。包括姓名、性别、出生年月、政治面貌、学习工作经历、职务、任现职时间、分管工作、在综治委任职等情况。

(二)履行综治职责主要情况。领导干部研究部署和推动落实综治(平安建设)工作情况;解决综治维稳工作困难及问题的情况;具体工作成效;存在的问题不足和整改情况。

(三)维护安全稳定重要指标情况。年度内本地群众安全感满意度得分排名情况;本地本部门在综治(平安建设)考核中的得分排名情况。

(四)本地本部门重特大案(事)件发生情况。本地、本部门有无发生危害国家安全和政治稳定的案(事)件、重大网络舆情事件、重大群体性事件、有重大影响的进京、赴省、到市集体上访和非正常上访事件、重大刑事治安案(事)件、重大公共安全事件,重大失泄密案件等情况。

(五)奖惩情况。年度内受到综治(平安建设)表彰奖励的情况;被上级有关部门通报批评、约谈、挂牌督办、重点管理、一票否决及相关责任人被问责的情况。

四、情况报告

相关部门按照职能分工,每半年(6 月 30 日、12 月 31 日前)以书面形式加盖公章,向同级综治部门提供以下情况,没有出现相关情况的要实行“零报告”。

(一)国家安全机关。危害国家安全和政治稳定的案(事)件情况。

(二)公安机关。半年刑事、治安案件发案数,同比、环比情况;严重危害社会的八类案件发案数,同比、环比情况;重大暴力恐怖事件、重大群体性事件、重大公共安全事件(民爆物品、火灾、交通事故等)、重大毒品犯罪案件、重大涉黑涉恶案件等重大案(事)件情况。

(三)安监部门。根据国家《生产安全事故报告和调查处理条例》确定的标准,因不全面履行法定职责,导致发生的重大安全生产事故情况。

(四)食药监部门。根据《国务院办公厅关于印发国家食品安全事故应急预案的通知》等确定的食品安全事故分级标准,因不全面履行法定职责,导致发生的重大食品安全事故情况。

(五)环保部门。重大环境污染案(事)件情况。

(六)网信部门。重大网络舆情案(事)件情况。

(七)保密部门。重大失泄密案件情况。

(八)纪委监委机关。有重大影响的政法干警违纪案(事)件情况。

五、工作流程

(一)审核填报。综治部门对相关单位上报的综治实绩,结合日常记录掌握情况进行比对审核,对与动态记录情况不符的情形,应当要求下级综治部门和直接责任单位进行说明和补充填报。对存在倾向性、苗头性问题的领导干部,应通过预警、函询、约谈等方式,及时指出问题,督促整改到位。

(二)综合评价。综治部门在社会治安综合治理工作年度检查考核中,按优秀、良好、一般、较差四个档次,对地区、成员单位党政领导干部履行综治维稳职责情况进行综合考评,如实记录在综治实绩档案中。并将总体情况及考核排名送同级组织人事部门和党委综合考核部门备案。

(三)意见反馈。根据《山西省健全落实社会治安综合治理领导责任制实施办法》第三十一条所列情形的规定,在党委、政府、组织人事、劳动竞赛委员会、精神文明建设委员会及其他主管部门征求综治部门意见时,综治部门应当依据实绩档案记录内容,及时准确地向主管部门出具书面评价材料和是否取消资格的意见。

山西省社会治安综合治理审查实施办法

第一条　根据省委办公厅省政府办公厅《关于印发〈山西省健全落实社会治安综合治理领导责任制实施办法〉的通知》规定，相关单位和个人在被授予综合性荣誉称号或评先受奖、晋职晋级前，主管部门应当书面征求综治部门意见。

第二条　综治审查的对象是拟授予综合性荣誉称号的地区、单位和拟评先受奖、晋职晋级的党政主要领导、主管领导、分管领导及其他需要审查的对象。

第三条　综治审查的内容。

（一）对于地区、单位，主要审查综治（平安建设）任务落实情况，当年是否发生影响重大的案（事）件，是否存在挂牌督办、重点管理、一票否决等情形。

（二）对于领导干部个人，主要审查任现职期间履行综治领导责任制的情况，主管或分管地区、单位一年内是否发生影响重大的案（事）件或被实施综治挂牌督办、重点管理、一票否决等情形。

第四条　综治审查实行属地管理、分级把关原则。

（一）需要省综治办审查的范围：拟提请国家、省部级、省劳动竞赛委员会、省精神文明建设委员会表彰奖励的先进集体或先进个人；拟提拔使用、晋职晋级的省管领导干部或平级重用的省管领导干部。

（二）需要市综治办审查的范围：拟提请市级及以上党委、政府、劳动竞赛委员会、精神文明建设委员会表彰奖励的先进集体或先进个人；拟提拔使用、晋职晋级的市管领导干部或平级重用的市管领导干部。

（三）需要县级综治办审查的范围：拟提请县级及以上党委、政府、劳动竞赛委员会、精神文明建设委员会表彰奖励的先进集体或先进个人；拟提拔使用、晋职晋级的县管领导干部或平级重用的县管领导干部。

第五条　综治审查通过审核领导干部综治工作实绩档案、委托下一级或驻地综治办审核或根据工作需要实地考察等方式进行。

第六条　综治部门收到征求意见的函件后，应当及时了解、审核被征求意见对象履行综治职责的相关情况，在5个工作日内向发函部门书面反馈意见。

第七条　对未提前征求或未按规定征求综治部门意见，违规向相关地区、单位授予综合性荣誉称号或给予个人评先授奖、晋职晋级的，负有综治审查义务的综治办应当向作出决定的部门提出撤销建议，不予采纳的可以向上一级社会治安综合治理委员会提出撤销建议，并建议纪委监委机关追究相关部门及责任人的责任。

第八条　承办具体审查事宜的综治部门和人员必须严格遵守保密纪律，不得泄露被征求意见对象的相关情况。违反相关纪律规定的，给予严肃处理。

第九条　本办法由山西省社会治安综合治理委员会办公室负责解释，自下发之日起实行。各市可以结合实际，制定实施办法。

山西省朔州市陵川县创新措施　狠抓落实 推动群防群治工作提档升级

开展群防群治试点工作以来，陵川县委政法委结合县情实际，加强组织领导，创新思路方法，探索形成了以防促治、以治强防、防治相长的“五强五化”模式，推动群防群治工作取得了明显成效，有力维护了全县社会大局持续和谐稳定。

一、强化顶层设计，促进群防群治工作精准化

制定一个好的方案是开展群防群治工作的重要保证。在形成群防群治试点工作实施方案的过程中，突出问题导向，细查工作短板，严把三个环节。一是领会精神抓核心。认真研读领会省综治办《关于开展群防群治试点工作的通知》精神，紧紧抓住调动广大人民群众参与平安建设这个基础，以防促治，以治强防，推动群防群治工作深入开展。二是调研摸底找短板。多次深入乡镇和相关职能单位进行调研，提出要紧扣城镇化推进带来的外出务工和留守人员问题、旅游经济升温引发平安景区建设课题及群防群治力量得不到有效整合等工作短板来推进群防群治试点工作。三是广泛调研定方案。在充分调研的基础上，制定《陵川县关于开展群防群治试点工作的实施方案》，明确了群防群治试点工作的指导思想、目标任务、具体措施，为全县群防群治试点工作的开展奠定了坚实基础。

二、强化队伍建设，促进群防群治工作网络化

坚强的组织保障是做好群防群治工作的根本。在打造扎根基层、作风过硬、业务精通的综治队伍过程中，坚持“三条原则”。一是专群结合广参与。在巩固原有平安志愿者的基础上，组建平安县城志愿者、平安乡村志愿者、平安景区志愿者和老干部平安志愿者四支队伍，使群防群治队伍得到有效整合。二是上下联动建网络。各乡镇也结合实际，丰富平安志愿者的人员构成，拓展平安志愿者的内容形式，形成了条块结合、点线面延伸的工作网络。三是延伸触角全覆盖。从出租车行业、校园政教干事及治安队伍、医院保卫人员、特种行业等招募平安县城志愿者200余名，并依托县城中小学调查摸底出租房屋管理，澄清了流动人口底数，延伸了工作触角，创新了县城群防群治工作的新模式。

三、强化职能发挥，促进群防群治工作规范化

队伍职能发挥得如何，直接关系着群防群治工作的成效。从四个方面入手，抓规范、强管理，摸索建立了各有侧重、务实管用的“四种机制”：一是平安县城创建的责任分区机制。县公安局巡警大队和崇文派出所专职巡防队负责县城主干道的治安防范；县城七社区平安志愿者负责社区的治安巡逻防范和日常矛盾化解；住宅小区和成规模住宅区规范日常治安防范和门岗值班登记，全力打造平安绿色小区。二是平安乡村创建的精准服务机制。全县1800名平安乡村志愿者配合网格长开展网格巡查，进行治安巡查巡防信息上报，并创新实施“三五”工作法，精准服务全县1万余名外出务工人员和17000名留守家中的妇女、儿童和老人，即针对外出务工人员，建立了“就业服务、分类管理、分包联系、服务协管、关心救助”五项工作机制；针对留守妇女儿童，建立了“互助帮扶、产业带动、心理疏导、权利保障、教育服务”五项工作机制；针对留守老人，拓展实施了“完善保障体系、探索养老模式、建立活动阵地、搭建有为平台、开展关爱服务”五项服务机制，确保了外出人员安心，留守人员放心。三是平安景区创建的精细管理机制。王莽岭景区、黄围山景区、凤凰欢乐谷景区全部设立平安景区创建办公室和景区综治办，按照“五有五无五到位”的平安景区建设标准进行推进，积极探索形成了“一三五”景区管理服务模式：即创新推行社区化警务工作模式，创新推行农家旅店、出入境、未开发景区三项服务，完善错峰执勤、矛盾化解、网上互动、治安整治、应急处突五项机制，实现了景区安全运行无事故。四是发挥老干部余热的品牌引领机制。县城老干部综治办自1988年成立以来，几十年如一日，坚持开展治安巡逻、矛盾化解、法制宣传等工作，并创建了“夕阳红调解室”这一品牌，两年来已化解疑难复杂纠纷50余起，在群防群治试点工作中起到了引领作用。

四、强化方法创新，促进群防群治工作多样化

行之有效的工作方法，能实现工作结果的倍增效应。工作中，不断总结推广基层群众的创新做法，推动群防群治工作呈现出四个鲜明特点。一是典型引领示范强。崇文镇以怡枫苑小区和鸿生上城群防群治示范小区为引领，推动县城七社区开展平安绿色小区创建工作，促进了平安县城建设的提质增效。二是普治互促效果好。附城镇组建了由镇政府工作人员和大学生村官参加的普法宣传志愿者队伍，推动了法治乡村建设。三是科技显威效力增。县公安局开通了“公安便民服务在线平台”、新浪、腾讯公安微博和“陵川公安微警务”公众服务平台，吸粉20000余人，创新了“互联网＋群防群治”的工作模式，并持续实施平安陵川天网工程、大力推广“雪亮工程”，织密了“科技防控网”。四是领域拓展盲点消。崇文镇结合群防群治工作深化平安校园、平安医院、平安社区、平安家庭等基层平安创建活动，消除了平安县城建设的盲点和死角，延伸了平安县城的触角。

五、强化督导检查，促进群防群治工作长效化

为推动群防群治工作扎实开展，从两个方面发力，构建起了专常结合、即知即改的长效督查机制。一方面是常态化督查“列清单”。县综治办在日常督查中，持续推进社会稳定风险隐患大排查大整治活动，做到滚动排查、滚动整治。2017年以来，现场整改治安隐患10余处，挂牌整治1处，促进了试点工作扎实有效开展。另一方面是专项性督查“聚焦点”。县综治委成立群防群治试点工作专项督查组，坚持问题导向，深入乡镇、景区和相关职能部门就建立完善长效工作机制进行专项性督查，并组织汇编基层社会治理创新典型案例，及时推广基层社会治理创新的典型做法，有力促进了平安陵川建设人人参与，共建共享。

山西省阳泉市打响四大攻坚战　力推平安阳泉建设

2017年以来，阳泉市认真贯彻落实党的十八大和十八届三中、四中、五中、六中全会以及习近平总书记系列重要讲话为精神指引，坚持一手抓从严从实从细做好保安全、护稳定工作，一手抓深入解决源头性、基础性问题，认真履职、积极作为，主动出击、攻坚克难，通过打好“四大攻坚战”，全面深化平安阳泉建设，有力地维护了全市平安稳定的良好局面，人民群众的安全感和满意度进一步提升，为全市加快转型升级、实现振兴崛起、保障党的十九大胜利召开营造了良好的社会环境。

一、以平安阳泉专项打击行动为突破，打好严打犯罪攻坚战

坚持“什么犯罪突出就重点打击什么犯罪”的原则，针对阳泉社会治安实际，因地制宜，对症下药，相继组织开展了“三打两收两控一整治”（即“平安阳泉一号”）专项行动和“飓风大扫毒”（即“平安阳泉二号”）专项行动。以对各类违法犯罪零容忍的态度，以涉毒涉赌涉黄违法犯罪为重点，特别是加大了对影响群众安全感、危害群众生命财产安全的抢劫、抢夺、盗窃等日常性、多发性犯罪的打击力度，全面辐射，多点开花，强化落实办案责任，坚决采取高压手段，加强破案攻坚，全市形成了对违法犯罪严厉打击的高压态势。一大批影响群众安全感的案件得到及时侦破，一批危害大、群众深恶痛绝的违法犯罪分子得到法律的严惩，全市社会治安形势进一步好转，人民群众拍手称快。

二、以安全稳定风险隐患大排查大整治为契机，打好重点整治攻坚战

在各县区和35个重点成员单位开展了“条”“块”互动、“统”“分”共推的排查整治活动，确保排查整治责任明晰、任务明确。按照县区和市直牵头单位“双向排查、双向整治”的方式，分别开展了地区和系统相结合、条条和块块相结合的排查整治工作，确保排查整治全面覆盖、不留死角。对排查出的风险和隐患，逐一梳理汇总、逐一分析研判，逐一建档立册，实行了“五账工作法”（即建账、对账、查账、销账、交账）和“四定”责任制（即定领导包案、定工作任务、定具体责任单位和承办人、定办结时限），明确整治责任，落实整治措施，确保整改到位、收到实效。在全市分层次、分领域组织开展了大排查大整治督导检查工作，采取了常规督查与突击检查相结合、日常巡查与专项抽查相结合、全面督导与重点暗访相结合的办法，对各级各部门工作开展情况进行了全覆盖、不间断的督导检查，发现问题，及时反馈，限期整改，有效推动了工作落实。截至目前，全市共排查各类安全稳定风险隐患1179个，有效整治684个，整治率达到58%，整治效果初步显现。

三、以矛盾纠纷源头预防和多元化解为抓手，打好排查调处攻坚战

严格落实矛盾纠纷排查调处工作领导组月例会制度和研判预警制度，定期分析研究矛盾纠纷总体形势，及时掌握纠纷发展规律，实现了问题及早发现，矛盾及时掌握。紧盯征地拆迁、村矿（村企）矛盾、劳资纠纷、医患关系、交通事故、环境污染“六类重点矛盾”，同时不放过其他社会矛盾和隐患，深入推进三级矛盾纠纷调解中心规范化、实体化建设，进一步完善“三调联动”机制，统筹法院、检察院、公安、司法、行政、信访等部门资源，积极推进“诉调、检调、公调、政调、访调”一体化运行，严格落实工作责任，细化具体工作措施，开展重点案件督办，确保问题及时解决。深入开展全市“涉军群体大走访专项活动”，全面排查重点群体底数，逐一落实包案责任，及时跟踪重点人员思想动态，严格督促帮扶管控措施落实，有效预防了群体性、规模性越级上访案件的发生。截至2017年底，全市共排查发现矛盾纠纷1095起，成功调处1022起，调处率达到93.33%。

四、以社会治安大防控工程为保障，打好源头预防攻坚战

全面实施“雪亮工程”，组织实施了“天网监控全覆盖工程”建设，在加强重要部位、复杂场所监控建设的同时，将视频监控向农村、老旧小区等薄弱地区延伸。2017年以来，新建公共点视频监控探头1906个，全市公共部位探头总数达到7万余个，初步实现了城乡视频监控一体化、全覆盖。加强专职巡防队伍建设，科学划分巡逻区域，优化防控力量布局，重点时段组织开展了公安、武警联勤武装巡逻，社会面动态控制能力进一步提升。积极发挥人民群众在综治工作中的基础性作用，在全市组织了10支群防群治工作队伍，分区域、分层次建立了群防群治工作协会，创新打造了平安驿站和平安志愿守望岗工作阵地，坚决打好打胜预防犯罪的“人民战争”。

山西省晋中市平遥县强化六控措施　建设平安景区

平遥古城成为国家5A级景区以来，平遥县始终把平安景区建设作为“大美古城、小康平遥、国际旅游城市”总体目标的基础工程、保障工程抓在手上，紧紧围绕景区社会安全、游客安全、遗产安全三大目标，创新工作理念，创新体制机制，深入推进“秩序优良的平安之城、宜居宜游的和谐之城、长存永固的长安之城”“三城建设”，初步形成了巡逻防控、网格管控、视频监控、排查掌控、严打严控、基础稳控的景区治安防控工作新格局，确保了古城景区的持续平安、和谐。

一、强化巡逻防控

县委、政府组建成立了正科建制、编制100余人古城治安管理大队。2014 年，组建了 20 人的武装巡逻分队，专门负责古城内重要景点和部位的武装巡逻防范工作。2015 年，结合城区 PTU 治安巡防模式，将古城景区单独作为一个巡逻单元，组织刑警大队、古城治安大队和巡特警大队，开展了多警种联合巡逻防控活动。同时，进一步加强景区“警务室”建设，继续坚持“一点一警”制度，每个警点内部都建立了警务室，确定了联系民警，制定了工作制度，把警力最大限度地摆在了街面上，提高了见警率，实现了对景区社会面的有效掌控。

二、强化网格管控

立足于古城农村、社区和景区并存，农民、居民与游客混居的特点，在全面实行古城景区网格化管理的基础上，先后探索实行了景区“1 + 6”组团服务模式和“警务网格联动”工作模式。所谓“1 + 6”组团服务模式，就是由社区民警这个“1”牵头，整合景区综治员、网格长等 6 类 150 余人的群防群治力量，组成 5 支服务团队，重点开展安全隐患排查、重点人员管控、社会治安维护、旅游服务等工作。工作中，涌现出了王红平等一批先进基层综治员和基础网格长，使基层综治员、基础网格长成为景区治安防控的一支重要力量。同时，进一步建立健全景点、单位内部综治组织，全面推行景点员工“一岗双责”“全员安保”制度，将景点、单位治安防范的责任落实到每名员工头上。

三、强化视频监控

作为全县“三级三线”视频监控系统的第一道防线，在古城内关键节点和部位安装高清视频监控探头 206 个，先后建成了古城治安管理大队监控二级平台，并将景区所有入口、宾馆前台接待探头全部接入平台，基本实现了对景区公共部分的视频监控全覆盖。同时，在所有景点、宾馆、停车场等重点部位安装视频监控探头 2000 余个，建成了古城管委会监控平台，实现了对所有景点内部的实时监控。

四、强化严打严控

坚持以打开道、以打促防，把打击作为防控体系建设的首要环节，针对景区治安突出问题，持续开展了严打整治行动。一是持续开展旅游秩序整治。从 2011 年起，把旅游秩序专项整治作为一项常态性工作。以规范古城旅游秩序和建设秩序为重点，深入开展了“重拳治违、铁腕治乱”专项整治活动，使全县非法营运三轮车辆基本绝迹，黑导黑社黑店等明显减少，各类违法建设得到有力遏制，有效保持了古城风貌。二是集中开展小旅馆整治。结合社会治安“六项整治”，对景区 500 余家小旅馆，特别是家庭式民俗小旅馆进行了专项整治，关停一批，审批一批，规范一批，并全部安装了治安信息系统，进一步消除了景区治安隐患。三是滚动推进消防安全整治。适时组织相关部门和人员，对古城内 8000 余户居民消防隐患开展了地毯式、拉网式排查整治，把大量安全隐患消除在了萌芽状态，确保了古城消防安全。

五、强化排查掌控

针对古城建筑和街巷特点，平遥县把消防安全作为古城景区的头等大事，着力强化消防安全日常排查工作。一是完善机制。通过落实古城消防中队和古城大队责任，完善景区消防安全网格管理模式，发展壮大“平安妈妈”等群防群治力量，初步形成了公安消防、基层组织和人民群众协力联动的消防安全监管机制。二是常态排查。建立景区消防安全“户籍化”台账，坚持定期检查、随机抽查和集中排查相结合，做到火灾隐患底清数明。2017 年以来，共发现并消除火灾隐患 100 余处。三是源头防范。先后对 2700 余处古民居进行了阻燃处理，完成了投资近 4500 万元的古城电力管网增容改造工程，更新维护了古城内 150 余处消防栓，为古城内居民免费配备 9088 具灭火器。

六、强化基础稳控

始终把基层基础工作作为防控体系建设的重要环节。一是深入开展景区“平安景点”“平安宾馆（客栈）、平安店铺”等基层平安建设活动，不断完善基层单位内部防控网络。截至 2017 年底，全县创建市级平安景点 5 个，县级平安景点 15 个。二是按照 5A 景区标准，更新和新增古城景区各类标识、标牌 1000 余处，在“又见平遥”等游客集中场所全部设置入门安检系统和应急疏散渠道。同时，建立健全景区各类重大或突发事件预防、应急处理机制，设立医疗急救站，确保游客受到意外伤害时得到及时救护。三是严格实行古城景区机动车限行制度，设定 6 条单行线和 1 条禁停路线，确保了古城旅游通道的平安、畅通。四是通过设立“岗位监督台”、游客意见征询箱、咨询投诉电话等途径，畅通游客咨询投诉服务通道，着力防止矛盾激化，使游客投诉接待率、提问解答率、投诉查处率达到100%，满意率达到90%以上。

（撰稿人：杨　威
审稿人：苗　伟　肖志威）

内蒙古自治区

2017 年综治工作概况

2017 年，内蒙古自治区各地各部门认真贯彻落实中央和自治区党委关于综治和平安建设的总体工作部署，以维护党的十九大胜利召开和自治区成立 70 周年庆祝活动安全稳定为主线，坚持系统治理、综合治理、依法治理、源头治理与专项治理相结合，扎实推进立体化社会治安防控体系，深入排查化解社会矛盾，强化社会治安重点地区整治，努力消除公共安全隐患，有力维护了全区社会大局稳定。

一、严格落实综治领导责任制

（一）强化组织推动。年初，召开自治区党委政法工作会议，对全区政法综治维稳工作作出全面部署。自治区党委与盟市党政领导、自治区综治委成员单位负责人签订《2017 年度内蒙古自治区综治、维稳工作领导责任书》，压实了各地区、各部门单位主要领导抓综治、保稳定的重大责任。各地区、各部门单位按照“属地管理”和“谁主管、谁负责”的原则，认真落实稳定第一责任，将社会治安综合治理与地区经济社会发展同部署、同落实、同考核，层层签订责任书，有力推动了综治各项措施的落实。

（二）落实部门职责。自治区综治委制定下发了《2017 年全区社会治安综合治理（平安建设）工作要点》，明确了全区综治重点工作任务和具体责任部门。自治区综治办先后 4 次召开综治成员单位联络员工作会议，2 次召开综治委专项组会议，对重点工作进行调度和安排。启动实施了为期三年的新一轮创安联系点工作。

（三）加强督导检查。自治区综治办建立周例会制度，对综治工作每周一总结，每周一会商，每周一调度，推动工作开展。自治区综治委会同相关部门先后 56 次对十九大和自治区成立 70 周年等重点时期的安保措施落实情况以及反恐、寄递物流矛盾化解等重点工作进行督查检查。2017 年，自治区综治委共沟通警示 77 个地区单位，诫勉约谈 7 个地区单位，挂牌整治 23 个地区单位。全区各级综治组织共沟通警示 270 个地区、单位，诫勉约谈 118 个地区、单位，挂牌整治 69 个地区、单位，一票否决 10 个地区、单位，责任查究 3 人。

（四）严格综治考评。自治区党委加强综治考核评价结果的运用，继续将综治工作纳入对盟市、厅局党政领导班子年度实绩考核范围，并将考核结果作为干部任免、奖惩的重要依据。在 2017 年自治区对盟市厅局领导班子政法综治工作绩效目标考核中，综治工作权重占到了 60%。2017 年，自治区综治委共表彰奖励 7 个优秀盟市、23 个先进旗县（市区）、7 个单项工作突出盟市、15 个优秀成员单位、5 个综治工作专项组办公室，发放奖金 405 万元。认真组织开展了 2013—2016 年度全国综治先进地区、集体、工作者评选推荐工作，自治区有 2 个盟市、3 个集体、6 个旗县（市区）和 3 名个人受到表彰，28 名党政领导和分管领导受到嘉奖。

二、大力实施强基固本工程

（一）推进“雪亮工程”建设。2017 年 9 月，自治区综治办组织召开了全区综治信息化建设暨“雪亮工程”推进会，对“雪亮工程”建设工作进行专项安排部署。自治区综治办、发展改革委、公安厅制定印发了《内蒙古自治区公共安全视频监控建设联网应用“十三五”期间规划方案》，对 2017—2020 年公共安全视频监控建设联网应用进行规划安排。呼和浩特市、乌海市两个国家示范城市的公共安全视频联网应用平台建设已全面启动。通辽市、赤峰市被中央综治办确定为 2017 全国“雪亮工程”公共安全视频监控建设联网应用重点支持城市，现已开工建设。呼伦贝尔市、锡林郭勒盟被中央综治办初步确定为 2018 年国家重点支持城市,项目建设方案已获相关部门审核通过。自治区本级综治信息平台已完成与乌海市、鄂尔多斯市等 4 个盟市的部分数据对接。自治区综治视联网平台实现了与各盟市综治视联网的互联互通,全区共有 94 个旗县(市、区)实现了与中央综治办、自治区视联网的视频会议功能,联网覆盖率达 91.26%。

(二)推进综治中心和网格化建设。2017 年,自治区综治办组织全区 12 个盟市综治办主任,对旗县(市区)、苏木乡镇(街道)、嘎查村(社区)三级综治中心进行抽检观摩。对各地综治中心和网格化服务管理工作进行摸底考核验收。对综治中心建设和网格化服务管理工作相对落后的旗县(市、区)进行末位管理,强化综治措施运用。截至 2017 年底,全区五级综治中心和网格化服务管理覆盖率均达到 100%,共有网格员 168109 人。

(三)开展基层平安创建活动。开展“平安医院”创建,自治区综治委、卫生计生委对全区 59 家“平安医院”创建示范单位进行命名表彰。开展“平安校园”创建,组织开展“隐患排查整治年”和“平安校园”创建年活动,推动学校“人防、物防、技防”等安全基础设施和重点领域安全管理。开展“平安铁路”创建,全区路外人身伤亡事故较控制指标下降 67.7%,未发生危行、货盗案件。各地结合本地区实际,深入开展形式多样的基层平安创建活动,自治区 6 个旗县、市区获得全国平安建设优秀县市区荣誉称号。

(四)加强群防群治队伍建设。健全完善群防群治工作模式,据统计,全区共有治安协警、联防队员、综治协管员、网格员、平安志愿者、民兵等群防群治队员 331528 人,其中专职人员 49867 人,兼职人员 289790 人,每万人拥有群防群治队员数量 1.36 人。

三、深入推进社会矛盾化解攻坚战

(一)加大矛盾纠纷排查化解工作力度。集中开展信访积案“百日攻坚”专项行动,由自治区党委常委包联盟市带案督查,其他省级领导包联旗县带案督查,加大对信访骨头案、钉子案化解力度。截至 2017 年底,梳理出的 126 件重点信访积案已化解 106 件,化解率 84.1%。

(二)积极推动“民转刑”命案防控工作。印发《关于 2016 年全区命案发案等有关情况的通报》,出台《内蒙古自治区关于进一步加强命案防范工作的实施意见》,督促指导各地各部门坚持打防并举、综合施策,最大限度地降低命案发案。实行各盟市命案“零报告”制度,逐月统计、分析、报告一次死亡 3 人以上命案,并作为综治月报考核的重要依据。自治区综治办对全区命案发案数前 16 位的旗县(市、区)及发生“3 人以上命案”的盟市进行警示,组织指导各有关地区单位深入排查化解矛盾纠纷,预防减少“民转刑”案件。2017 年,全区命案发案 328 起,同比下降 20.19%,其中发生“3 人以上命案”6 起,同比减少 1 起。

(三)大力推进矛盾纠纷多元化解机制建设。全区已建立人民调解组织 16623 个,现有人民调解员 76805 人。建立道路交通、医疗、物业、劳动争议、消费纠纷等行业性、专业性人民调解委员会 560 多个,实现在旗县政府所在地全覆盖。截至 2017 年底,全区各级人民调解组织共排查调处矛盾纠纷 105191 件,成功化解 99265 件,履行 92263 件,化解成功率 94.37%。其中,司法确认 2371 件,防止民间纠纷引起自杀 36 件 64 人,防止民间纠纷转化为刑事案件 53 件 177 人,防止群体性上访 450 件 8257 人。

四、深入推进社会治安整治攻坚战

(一)严厉打击各类违法犯罪活动。集中组织开展“缉枪治爆”、打击“黄赌毒”专项行动、“三打击一整治”等一系列专项行动。2017 年,全区共破获各类刑事案件 39754 起,其中破获命案 327 起,命案破案率 99.7%。累计破获涉枪涉爆、涉“黄赌毒”刑事治安案件 9032 起,抓获违法犯罪嫌疑人 38280 人。全区“缉枪治爆”和打击“黄赌毒”专项行动被自治区评为 2017 年度内蒙古“十大法治事件”。

(二)加大对社会治安重点地区排查整治力度。自治区综治办先后 3 次组织召开社会治安形势分析研判会。牵头组织相关部门先后 5 次对全区各地社会治安情况进行暗访抽查。根据明察暗访结果,对暗访发现的社会治安重点地区、部位(场所)挂牌整治 8 处,限期整改 61 处,按期摘牌 14 处,延期摘牌 4 处。各地区针对本地区社会治安问题对 92 个地区、部位(场所)进行挂牌整治,有力地净化了社会治安环境。

(三)进一步强化社会面管控。进一步加强对社会面动态管控,2017年,全区公安机关共立各类刑事案件76594起,同比下降8.1%,其中,立八类案件3559起,同比下降15.5%;立侵财案件58372起,同比下降11.5%;共受理治安案件155738起,查处145220起,同比分别下降10.9%和11.9%。

(四)加强对电信网络诈骗违法犯罪的防范和治理。自治区综治办制定《内蒙古自治区关于进一步防范和打击电信网络新型违法犯罪的实施意见》。2017年,全区共破获网络诈骗案件7044起,其中,破获电信网络诈骗案件3203起。积极推进省(区)际电信网络诈骗电话拦截系统建设,2017年底前,一期工程已如期完工并投入运行,累计拦截诈骗电话呼叫量182.4万次,拦截诈骗电话号总量12万余个,有效遏制了电信诈骗等新型违法犯罪上升势头。

五、深入推进公共安全风险隐患消除攻坚战

(一)强化道路交通安全管理。持续开展"平安""震慑"等系列专项整治行动,加强城市道路交通秩序综合整治、道路安全隐患排查治理和重点车辆安全隐患源头管理。2017年,全区接报一般程序道路交通事故3384起,死亡972人,受伤3480人,财产损失1600余万元。

(二)强化消防安全管理。自治区综治办对2016年挂牌整治未完成任务的7家单位进行通报,对全区11家存在严重隐患的单位进行挂牌整治。2017年,全区共发生火灾8051起,死亡29人,受伤14人,直接经济损失7100余万元。火灾起数、死亡人数、受伤人数、直接财产损失同比分别下降2.94%、14.17%、6.67%和12.75%。

(三)强化安全生产管理。进一步推动企业主体责任、行业管理责任和部门监管责任的落实。2017年,全区生产安全事故起数和死亡人数继续保持"双下降",共发生各类生产安全事故803起、死亡688人,同比分别下降28.75%和24.23%;发生较大事故16起、死亡56人,同比分别下降20%和23.29%。

(四)强化寄递物流安全管理。以落实"三个100%"制度为核心,全面加强寄递物流安全管理,加强春节、全国"两会"、"一带一路"国际合作高峰论坛等重大活动、重要节假日期间的寄递渠道检查和安保,实现了重大活动期间邮件快件寄递"零事故"的目标。

六、进一步提升特殊人群服务管理水平

(一)加强严重精神障碍患者服务管理。2017年,自治区召开3次会议对严重精神障碍患者救治救助进行安排部署。自治区综治办派出3个督查组对呼和浩特市等6个重点地区进行了督导检查。2017年,全区共对7655名符合条件的人员实施"以奖代补"政策,落实奖补资金1700余万元。

(二)加强社区服刑人员的管理。全面落实社区矫正人员分级分类管理措施,截至2017年12月底,全区累计接收社区服刑人员74648名,累计解除60076名,现有14572名,在矫正期间重新犯罪率低于全国平均水平。

(三)加强刑满释放人员安置帮教。自治区司法厅、综治办、民政厅、财政厅联合下发《关于做好政府购买人民调解和安置帮教服务工作的实施意见》。截至2017年底,全区衔接安置帮教对象10583人,开展帮教10242人,帮教率96.8%。刑满释放人员重新犯罪率低于全国平均水平。

(四)加强吸毒人员服务管理。2017年,全区共查获吸毒人员8214人次,其中,新发现吸毒人员2420人,责令社区戒毒1963人,强制隔离戒毒4412人。

(五)加强青少年违法犯罪预防和重点青少年服务管理。自治区党委办公厅、政府办公厅印发了《关于进一步深化预防青少年违法犯罪工作的实施意见》及分工方案,进一步强化部门工作职责,推动工作落实。

七、加强综治宣传培训和见义勇为工作

(一)积极开展综治宣传活动。3月份,以"落实综治领导责任制,筑牢祖国北疆安全稳定屏障"为主题,组织全区各地开展综治宣传月活动。组织开展政法综治"好新闻"评选活动,共评选出政法综治"好新闻"奖作品40件,优秀编辑、记者和通讯记者共30名,优秀新闻网站2个,优秀组织奖12个,微电影微视频30个,共发放奖金9万元。

(二)开展综治工作典型培树工作。自治区

综治办下发《关于做好2017年综治(平安建设)工作典型培树工作实施方案》,要求各地区、各部门单位立足实际,不断总结推出具有自治区特色的社会治安综合治理工作亮点,深入挖掘和培树工作典型,形成可推广、可复制的工作经验。

(三)加强综治干部能力建设。5月,自治区综治办举办"大数据知识讲座"。10月10日至14日,自治区综治办在中央党校举办全区综治干部履职能力培训班,部分盟市和旗县(市、区)综治办主任共71人参加培训。各盟市、旗县(市、区)积极组织开展形式多样的教育培训工作,共举办培训班199期。

(四)加强见义勇为工作。先后两次组织开展见义勇为先进分子表彰奖励活动,对1994年基金会成立以来未受表彰奖励的28名见义勇为先进分子和2016年度涌现出来的56名见义勇为先进分子进行表彰奖励,发放奖金106.6万元。积极开展生活困难见义勇为人员救助工作,2017年,共争取见义勇为救助补助金139万元,累计救助35人。大力弘扬见义勇为先进事迹,内蒙古人民广播电台连续对自治区见义勇为先进事迹进行展播;在"内蒙古好人榜"评选活动中,王玉鹏、晏乾深、张金彪、卞景文4名见义勇为先进分子被评选为"内蒙古好人"。

内蒙古自治区综治委关于全区综治系统协调做好重点群体心理健康服务的实施意见

(2017年4月10日)

为扎实推进全区各类重点群体心理健康服务,健全完善社会心理服务体系,根据国家卫计委等22个部门《关于加强心理健康服务的指导意见》,结合全区综治工作实际,现就全区综治系统协调做好重点群体心理健康服务工作提出如下实施意见。

一、指导思想和工作目标

(一)指导思想:全面贯彻落实党的十八大和十八届三中、四中、五中、六中全会精神,深入学习贯彻习近平总书记系列重要讲话精神和治国理政新理念新思想新战略,按照《精神卫生法》《国民经济和社会发展第十三个五年规划纲要》等法律政策规定和自治区有关部署要求,坚持预防为主,以人为本;坚持党政领导,共同参与;坚持因地制宜,分类施策,发挥综治部门职能优势,推动落实各类重点人群社会心理疏导和危机干预措施,加强心理健康服务,完善心理健康服务网络,着力提高重点人群服务管理水平,最大限度地减少不稳定因素,预防和减少个人极端案(事)件、恶性刑事案(事)件和危害公共安全案(事)件的发生,进一步提升平安内蒙古建设水平。

(二)工作目标:通过几年的不断努力,重点人群的心理健康问题得到广泛关注和及时疏导;因心理健康问题引发的个人极端案(事)件、恶性刑事案(事)件和危害公共安全的案(事)件得到有效控制;社会心理疏导和危机干预机制完善、心理健康服务网络完备的工作体系得到建立,重点群体服务管理能力得到有效提升。

二、服务对象及范围

(一)婚姻家庭关系、邻里关系紧张的家庭,以及有长期积怨的双方当事人;

(二)长期上访老户和有利益诉求的特定利益群体;

(三)流浪乞讨人员、服刑人员、刑满释放人员、强制隔离戒毒人员、社区矫正人员、社会吸毒人员、易肇事肇祸严重精神障碍患者、重点青少年等特殊人群;

(四)矛盾突出、生活失意、心态失衡、行为失常人群、性格偏执的人员,以及因突发变故、重大事件引起心理健康问题的特定群体。

三、主要任务

（一）建立健全心理健康排查预警工作机制。各地区要依托综治中心和网格管理人员加强对各类社会群体心理健康的日常排查，特别是要密切关注经济困难家庭、矛盾突出家庭、有重大变故家庭、特定利益群体以及长期上访老户、刑满释放人员、社区矫正人员、吸毒人员、易肇事肇祸严重精神障碍患者、重点青少年等特殊人群的心理健康问题。要建立健全心理健康评估机制和预警机制，定期组织开展心理健康评估，及时发现有心理健康问题的重点人员。要依托综治信息系统建立心理健康重点人员服务管理工作档案，对存在心理健康问题的各类人员，实行分级分类管理，逐一落实跟踪帮扶措施。

（二）加强社会心理疏导和危机干预。各级综治组织要以社会矛盾排查化解工作为切入点，强化社会心理疏导和危机干预。对因邻里纠纷、婚姻家庭纠纷等引发的一般性社会矛盾，要及早发现，及时介入，多元化解，推动建立融洽和谐的社会关系，培育良好的社会心态，营造健康向上的社会心理氛围。要加大对重点信访积案的化解工作力度，积极稳妥解决特定利益群体合法合理诉求，真心诚意地关心帮助其解决在生产生活中存在的实际困难，体现人文关怀，加强心理疏导，预防其产生消极对立情绪、实施过激行为。对矛盾突出、生活失意、心态失衡、行为失常人群及性格偏执人员要成立专门的帮教小组，明确具体的责任部门和责任人，落实“一帮一”或“多帮一”关爱帮扶措施，解决生活、学习、职业发展、婚恋、亲子、人际交往等方面的心理困扰，预防心理问题演变为心理疾病，防止引发各类违法犯罪特别是重特大案（事）件和个人极端案（事）件。要将心理危机干预和心理援助纳入各类突发事件应急预案，并定期开展培训和演练。

（三）加强特殊人群心理健康服务。各地综治、公安、司法行政、民政、人社、卫生计生、教育等部门要高度关注流浪乞讨人员、服刑人员、刑满释放人员、强制隔离戒毒人员、社区矫正人员、社会吸毒人员、易肇事肇祸严重精神障碍患者、重点青少年等特殊人群的心理健康。健全政府、社会、家庭“三位一体”的帮扶体系，消除对特殊人群的歧视，帮助特殊人群融入社会。加强对刑释人员的跟踪帮教，健全完善跟踪帮教制度，推进落实社会救助政策，解决刑满释放人员就业、就医、子女就学等实际困难，建立过渡性安置基地做好“三无人员”等重点帮教对象临时安置、救助工作；积极推进社区戒毒社区康复工作，开展“绿洲社区”创建工程；认真落实“以奖代补”政策，全面推动完善救治救助体系，加强严重精神障碍患者服务，及时疏导家庭成员的情绪，督促落实监护责任。要针对特殊人群存在的心理障碍，有针对性地开展心理预测、心理评估、心理咨询与治疗，加强心理疏导和危机干预，提高其承受挫折、适应环境能力，培养健全正常的人格、重塑健康心理。

（四）搭建基层心理健康服务平台。要充分发挥综治中心作用，组织协调各有关部门整合资源，促进自治区、盟市、旗县（市区）三级普遍建立精神卫生工作部门协调机制，推动将社会心理服务纳入城乡基本公共服务体系。各级基层综治中心要建立心理咨询（辅导）室或社会工作室（站），配备心理辅导员或社会工作者，协调组织专家和志愿者，对农村牧区群众和街道社区居民开展心理健康宣传教育和心理疏导。要健全完善情况通报、定期走访和会商研判等制度，及时发现解决重点人员的心理健康问题，研究制定关爱帮扶措施。要推进心理健康服务进网格，通过网格化服务管理建立经常性心理服务机制、社会心理预警和疏导机制。充分发挥网格员的作用，及时掌握社情民意和各类重点人群、特殊群体的社会心态，第一时间开展帮扶救助和心理疏导，坚决防止因个人极端情绪引发恶性案（事）件的发生，最大限度地减少影响全区社会稳定和公共安全的危险因素。

四、组织保障

（一）加强组织协调。各级综治部门要把做好重点群体心理健康服务，加强基层心理健康服务平台建设，积极参与社会心理服务疏导和危机干预作为综治和平安建设工作的一项重要内容，推动建立心理健康服务和社会心理服务体系建设工作机制和目标责任制，形成部门齐抓共管、社会力量积极参与、单位家庭个人尽力尽责的工作格局。要结合综治工作实际，研究制定推进心理健康服务、开展社会心理疏导的具体措施，并抓好贯彻落实。

（二）强化推动落实。要把推进心理健康服

务、开展社会心理疏导与综治中心工作有机结合起来，通过综治中心有效整合各方面力量，完善工作机制，推动心理健康服务各项措施落地落实；通过开展心理健康服务，加强社会心理疏导，及时化解社会矛盾，解决影响全区社会稳定的突出问题。要加强心理健康专业人才培养，强化基层综治人员心理健康知识的培训，提高其实际工作中的运用能力。

（三）注重宣传引导。各级综治组织要组织协调各相关部门充分利用广播、电视、书刊、影视、动漫等传播形式，创作、播出心理健康宣传教育精品和公益广告，传播自尊自信、乐观向上的现代文明理念和心理健康意识。采用群众喜闻乐见的形式，将心理健康知识融入群众文化生活。要广泛运用门户网站、微信、微博、手机客户端等平台，传播心理健康知识，倡导健康生活方式，提升全民心理健康素养，培育良好社会心态。要倡导“每个人是自己心理健康第一责任人”的理念，引导公民在日常生活中有意识地营造积极心态，预防不良心态，学会调适情绪困扰与心理压力，积极自助。

（四）健全考评体系。要把做好社会心理服务疏导和危机干预作为综治工作（平安建设）的源头性、基础性工作来抓，纳入综治（平安建设）考评内容，细化考核指标，合理设定考核分值。各级综治部门要加强社会心理服务疏导和危机干预工作措施落实情况的督导检查，及时研究解决在推进过程中存在的问题。各地要注重总结开展社会心理服务疏导和危机干预的成功案例，形成可复制、可推广的经验和做法，推进心理健康服务系统化、科学化、规范化、常态化。

各地各部门贯彻落实情况，要及时上报自治区综治办。

内蒙古自治区综治办　自治区公安厅关于印发《内蒙古自治区社会治安重点地区排查整治工作规范》的通知

（2017 年 9 月 25 日）

各盟市综治办、公安局，呼铁、大林、民航公安局，自治区综治委各成员单位：

2014 年 12 月 25 日，《内蒙古自治区社会治安重点地区排查整治工作规范（试行）》印发实施，对推动全区各地开展社会治安突出问题排查整治工作起到了积极推动作用。根据全区社会治安综合治理工作面临的新形势新任务，自治区综治委、自治区公安厅结合工作实际和各地意见建议，对《工作规范》重新进行修订完善。现将新修订的《内蒙古自治区社会治安重点地区排查整治工作规范》印发给你们，请遵照执行。

内蒙古自治区社会治安重点地区排查整治工作规范

第一章　总　则

第一条　为进一步加强和规范全区社会治安重点地区排查整治工作，组织推动各地有效解决突出治安问题，全面提升人民群众安全感满意度，努力建设更高水平平安内蒙古，特制定本规范。

第二条　本规范所称社会治安重点地区，是指因社会治安综合治理工作不到位、措施不落实，导致刑事案件、治安案件及交通、火灾、邮递物流、危爆物品等公共安全事故频发，矛盾纠纷激化引发的“民转刑”案件多发，黄赌毒、盗抢、涉枪等问题突出，社会治安和公共安全隐患大量存在，群众安全感满意度低，影响社会治安稳定因素集中的地区、部位（场所）。

第三条　各地要建立党委政府统一领导，综治部门组织协调，公安机关牵头实施，相关职能部门充分发挥作用的社会治安重点地区排查整治工作机制。

第四条　社会治安重点地区排查整治工作，要坚持“什么问题突出就重点解决什么问题，哪里治安混乱就重点整治哪里，采取什么方式及时有效就采取什么方式”的原则，因地制宜组织开展排查和整治工作。

第二章　排　查

第五条　各级公安机关特别是基层公安派出所要对本辖区社会治安重点问题定期组织开展排查工作。

第六条　排查工作要坚持集中排查与重点排查、定期排查与动态排查相结合，坚持明察与暗访相结合的方式进行。

第七条　定期排查须每月排查一次；每逢重大节日、重要会议、重大活动期间，要组织开展集中排查和动态排查。针对排查中发现的治安突出问题，要及时组织开展重点排查。

第八条　公安机关对排查出的问题，要建立排查工作台账，并将排查情况报上一级公安机关和同级社会治安综合治理工作中心。

第九条　苏木乡镇（街道）社会治安综合治理中心每月要召开一次协调会议，旗县（市区）每季度、盟市每半年要召开一次协调会议，分析研判本地区社会治安重点地区排查工作情况，研究提出整治措施。每次召开协调会议，应当形成会议纪要，报上一级综治部门。

第十条　各级综治部门对下一级综治部门上报的社会治安排查整治工作情况，要建立档案，密切跟踪掌握工作进展情况。

第三章　认　定

第十一条　社会治安重点地区、部位（场所）须由旗县（市区）及以上各级公安部门提出初步认定意见，报同级综治办议定。

第十二条　中小旅馆、写字楼、门店、出租房屋、企业、集贸市场、商场、歌舞厅、洗浴按摩点、网吧、游戏厅、校园及周边、车站等部位、场所，具有下列情形之一的，应列为社会治安重点地区、部位（场所）：

（一）治安防范措施不落实，服务管理不到位，各类违法犯罪频发，治安隐患问题较多；

（二）涉及经营者和消费者、流动人口、特殊人群的刑事、治安案件多发的；

（三）涉及吸贩毒、赌博、卖淫嫖娼、色情表演、黑恶势力等违法犯罪多发的；

（四）存在交通、火灾、危爆物品、邮递物流等公共安全重大隐患问题。

第十三条　嘎查村（社区），具有下列情形之一的，应列为社会治安重点地区：

（一）基层组织软弱涣散，综治机构及群防群治组织不健全，治安隐患问题突出，刑事、治安案件或矛盾纠纷激化导致“民转刑”案件多发，社会治安秩序混乱的；

（二）嘎查、村（社区）存在3个及以上社会治安重点部位（场所）的；

（三）影响群众安全感的“两抢一盗”等案件频发，且在本苏木、乡镇（街道）同比增幅最大或发案数最高的。

第十四条　苏木、乡镇（街道）具有下列情形之一的，应列为社会治安重点地区：

（一）苏木、乡镇（街道）党委（党工委）对社会治安重点地区排查整治组织推动不力，社会矛盾排查化解不及时，综治工作机构不健全、作用发挥不好，导致刑事、治安案件高发的；

（二）辖区内存在 2 个及以上社会治安重点嘎查、村（社区）的；

（三）影响群众安全感的“两抢一盗”等案件频发，且在本旗县（市区）同比增幅最大或发案数最高的；

（四）年内每 10 万人发生 2 起及以上“民转刑”命案的；发生 2 起及以上严重精神障碍患者肇事肇祸案（事）件的。

第十五条　旗县（市区）具有下列情形之一的，应列为社会治安重点地区：

（一）党委、政府对社会治安综合治理工作不重视，重点地区排查整治组织推动不力，社会矛盾排查化解不及时，社会治安问题突出，刑事、治安案件频发或矛盾纠纷激化导致“民转刑”案件多发，以及发生重大案（事）件，社会影响恶劣的；

（二）辖区内存在 2 个及以上社会治安重点乡镇（街道）的；

（三）年内每 10 万人发生 2 起及以上“民转刑”命案的；

（四）年内发生 2 起及以上一案杀死 3 人“民转刑”命案的；

（五）八类严重刑事犯罪案件多发，社会影响恶劣的；

（六）社会治安秩序混乱，影响群众安全感的“两抢一盗”等案件频发，且在本盟市同比增幅最大或发案数最高的；

（七）发生大规模群体性事件或影响恶劣的重特大案（事）件，影响本地区社会治安大局稳定的。

第十六条　其他应确定为重点地区的区域：

（一）人民群众对社会治安状况反映强烈、满意度低的地区；

（二）新闻媒体高度关注的社会治安问题突出的地区；

（三）中央、自治区暗访组调查发现存在突出治安问题或存在影响社会稳定问题的地区。

第四章　整　治

第十七条　凡被认定为社会治安重点地区的，所在地党委、政府和有关部门要采取有力措施，开展集中整治，限期改变治安面貌。

第十八条　被确定为社会治安重点地区的，经过整治，突出治安问题仍未得到解决或者整治效果不明显的地区、部位（场所），可由自治区、盟市、旗县（市区）三级公安机关实行分级挂牌督办，限期改变治安面貌，并将挂牌督办情况报同级综治委。

第十九条　对涉及多个地区的突出治安问题，公安机关应实行提级挂牌督办，并将挂牌督办情况报同级综治委。

第二十条　对群众反映强烈的突出治安问题，且需要多个部门联合整治的社会治安重点地区，由自治区、盟市、旗县（市区）三级综治委实行分级挂牌督办。

第二十一条　上级综治委根据实际情况，对社会治安重点地区、部位（场所）可直接挂牌督办，也可交由下一级综治委限期整治，整治期满无明显效果的，再进行挂牌整治。

第二十二条　被挂牌督办的社会治安重点地区、部位（场所），以所在旗县综治委主任为责任人，进行集中整治。

第二十三条　被挂牌督办的社会治安重点地区、部位（场所），整治期满后，应向挂牌部门提出书面摘牌申请，由挂牌部门组织进行实地检查验收。经检查验收，认为被挂牌督办地区、部位（场所）整改及时、措施到位、效果明显的，应予以摘牌。

第二十四条　各级综治委要不定期组织开展对摘牌地区整治“回头看”行动。凡发现摘牌地区、部位（场所）治安状况出现反弹的，要及时约谈所在地综治委主任，约谈后仍无明显改进的，按规定实行一票否决。

第五章　追　责

第二十五条　对挂牌整治工作重视不够、措

施不力、效果不佳、突出问题在规定期限内未得到有效解决的地区、部位（场所），应由挂牌地区综治部门作出延期整治决定；延期整治后仍未改变面貌的，予以重点管理；重点管理后仍无明显效果的，按规定实行一票否决。

第六章　附　则

第二十六条　各地区可参照本规范，研究制定本地区社会治安重点地区排查整治实施细则。

第二十七条　本规范自印发之日起正式实施。

内蒙古自治区赤峰市“五招”化解千万事

近年来，赤峰市委、市政府始终以平安建设为中心，对矛盾纠纷多元化解工作高度重视，采取“四层”“1＋”“多块”“五块”“无线”等五招，多元化解了全市成千上万件矛盾纠纷事件，保障了社会大局和谐稳定。

一、搭建市、县、乡、村“四层”综治中心，开展矛盾纠纷多元化解工作

赤峰市是内蒙古自治区人口大市，矛盾纠纷多发，化解压力巨大。市综治委对矛盾纠纷化解工作高度重视，实施创新驱动，搭建市、县、乡、村“四层”综治中心。

在组织体系上，实现了“个、十、百、千”全覆盖。全市2324个嘎查村（社区）、153个苏木乡镇街道、12个旗县区和市级“四层”全覆盖建立综治中心，确保了“小事不出村”“大事不出乡”“难事不出县”“要事不出市”。

在基础建设上，实现了“四级八有”实体化嘎查村社区综治中心：有制式标牌，有群众接待室，有警务室，有人民调解室，有心理咨询室，有网格员，有统一样式的综治档案，有“1＋5＋N”综治信息化平台；苏木乡镇街道综治中心：有组织机构，有工作制度，有专职工作人员，有标准工作场所，有治安信息员网络，有专门的工作经费，有工作档案，有“1＋3所2办1庭1室1中心＋N”综治信息化平台的“八有”标准；旗县区综治中心：有社会稳定风险评估制度，有大调解工作制度，有信访接待日制度，有领导包案制度，有矛盾纠纷排查调处协调例会制度，有问责制度，有规范信访秩序长效机制制度，有“1＋综治成员单位＋N”的综治信息化平台的“八有”标准；市综治中心：有人民调解指挥中心，有合成作战指挥中心，有人口信息管理中心，有公共安全应急处置指挥中心，有行政服务中心，有信访联合接待中心，有涉法涉诉接访分中心，有“3＋综治成员单位＋智慧城市＋N”综治信息化平台的“八有”标准。

在机制运行上，实现了“日、周、月、季”必调度。村综治中心坚持“日常排查，及时化解”；乡综治中心坚持“逐周逐村排查，逐案逐人化解”；县综治中心坚持“月排查月化解月调度”；市综治中心坚持“每季度调度梳理一次”。全方位定期调度，雷打不动，促进矛盾纠纷多元化解。

二、司法机关连接人民调解、立案调解、司法调解“三段”程序，开展诉调对接化解

“三段”，即立案前、立案后、审判中三段调解过程。第一段，矛盾纠纷在立案前进行人民调解，化解在诉讼前，减少诉讼对抗。第二段，达不成调解协议的，在立案后，进行诉调对接，继续化解。第三段，开庭审理的案件，由法官进行司法调解，化解矛盾纠纷。保证了司法调解贯穿始终。

各旗县区法院与司法局联合成立了涉诉纠纷调解委员会，在法院的诉讼服务大厅组建了“诉调对接人民调解室”，采用公开招聘的方式，聘请了63名素质较高的专职调解员负责涉诉纠纷的移交、登记、接待、调解、统计等项工作，让更多的纠纷能够在诉前、诉中、诉后以调解的方式解决，开辟了新的定分止争的渠道。

三、每个行政部门主动与多个调解组织衔接，开展“1＋”行调对接化解

赤峰市每个行政部门主动与多个调解组织衔接，成立与职能相关的人民调解委员会，推动了行调对接化解工作。住建、土地、林业、城管、劳动等行政部门，根据部门各自职能，成立了物业管理纠纷、土地纠纷、林业纠纷、城管纠纷、劳动工资争议等人民调解委员会。

四、人民调解委员会与多个专业性、行业性能人组成的调解组织，开展“多块”人民调解化解

赤峰市成立多个专业性、行业性的调解委员会。“敖特尔调委会”“莫日格德”“村＋民＋亲—事”“初始段”等调解模式已经深入人心。

2017 年 1 月 5 日，焦某驾车在经棚镇发生事故，造成孙某死亡，家庭顶梁柱的坍塌，让这个不富裕的家庭更加雪上加霜。而单身的焦某家境贫寒，一时之间，赔偿问题成了最大的难题。交调委了解情况后初步核算赔偿总额大约在 80 万元，而焦某在事发后主动带 5 万元去殡仪馆吊唁，还积极筹措赔款。调解员抓住时机，对双方说情、讲理、释法，双方将赔偿金额初步确定在 70 万元，随后又协调焦某单位筹款 14 万元、保险公司赔偿 12 万元，最后协调双方当事人一次性赔偿 54 万元，事件圆满化解。

五、矛盾纠纷多元化解的“四线”保障

第一条是网格员保障线。铺设了“县、乡、村、村民小组”的四级治安网格，目前，村民小组基层治安网格共有 15241 个，全市网格员达 60000 多人。平台指挥网格，网格服务平台，确保了小事不出格，大事不出网。

第二条是“千名干警送法下乡活动”保障线。警力下沉，一村一警，让 2324 名政法干警以化解纠纷的“调解员”、两学一做的“引领员”、治安防控的“督导员”、法制教育的“普法员”、脱贫攻坚的“服务员”的五员的身份深入一线，畅通社情民意，化解矛盾纠纷，打通了警务服务的最后一公里。

第三条是经费保障线。四年共拨付经费 3.5 亿元，让四级综治中心矛盾纠纷多元化解经费和工作人员的薪金待遇得到坚强保障。（市县两级财政每年分别拨付给市、县、乡、村 100 万元、50 万元、10 万元和 2 万元。）

第四条是综治责任制保障线。对触碰社会治安综合治理红线的党政领导班子采取综治措施，进行责任督导和追究。市综治委分 43 次对县、乡党政领导班子采取了综治措施，进行了责任督导和追究，推动了矛盾纠纷多元化解。

赤峰市矛盾纠纷多元化解“五招”精准发力，化解了大量矛盾纠纷，减少了诉讼对抗的发生。2017 年全市各类刑事案件同比下降 5.5%，其中八类主要刑事案件同比下降 11.6%。2017 年全市人民群众安全感和满意度为 97.4%，连续五年达 97% 以上。

内蒙古自治区包头市警地联动促和谐一站服务暖民心

包头市有 87.799 公里的国家边境线，约 1.2 万平方公里的边境管理区，占包头市总面积的 43%，社会治理难度大。包头市公安边防支队主动作为，锐意创新，于 2016 年 10 月在达茂旗满都拉边防派出所挂牌成立了自治区首家“北疆警地联动综治服务中心”，并向包头市边境管理区推广，进一步完善了党政军警民“五位一体”合力治边新格局，为服务全市经济社会发展营造了安全稳定和谐的边境环境，被评为 2017 年度自治区十大法治事件。

一、创新治理，联动融合

北疆警地联动综治服务中心由边境苏木主要领导为第一责任人，办公地点设立在各边防派出所，整合司法所、草监所、派驻监察室、国土资源管理所等16家成员单位执法力量和管理服务资源，通过建立会议研究、分析研判、互通情报等制度，充分调动了各成员单位参与边境社会治理的积极性、主动性和创造性。中心搭建了协商、服务、研判、指挥、预警、监控、联动、处置、受理和治理"十大平台"，真正将边境管理服务延伸到了各族群众的家门口，实现了边防爱民固边战略、边境治安综合治理、政府公共事务管理服务最大限度前移下沉，打通了服务群众"最后一公里"。

二、防控风险，合力护边

北疆警地联动综治服务中心各成员单位联通联动，定期对边境地区重点、热点、难点问题进行排查整治，化解社会矛盾纠纷，及时消除治安隐患，确保了边境地区治安大局稳定。中心成立以来，召开工作例会18次、联合清查行业场所289次、消除治安隐患76处、抓获网上在逃人员3人，网上临控人员2人，违法犯罪嫌疑人14人，联合化解矛盾纠纷79起，社会矛盾调处化解率提升36%。特别是妥善处置了长达4年之久的普盛物流园区环境污染矛盾、天合能源风电场工人讨薪事件，化解了长达7年涉及55户牧民的移民安置房归属纠纷，以及长达12年涉及155户牧民的巴润矿业公司征地补偿纠纷等多起社会重大矛盾纠纷，确保了边境地区和谐稳定。

三、放管结合，真心为民

北疆警地联动综治服务中心成立以来，着力联合服务驻地经济社会发展，全面提升边境地区群众的安全感和满意度，推出"一窗口受理、一条龙服务、一站式办结"服务模式，简化管理审批事项35项。中心还开展了边境政策法规宣传进厂矿、进企业、进学校、进嘎查、进牧户的"五进"活动。包头市公安边防支队将北疆警地联动综治服务中心建设与"爱民固边战略"相结合，深入推进稳边固防群众工作，联合成员单位开展"八千里边防群众工作会战""爱民实践月"等活动，打造边境地区"北疆联合党委"。北疆警地联动综治服务中心还开通了手机APP便民服务终端，设立矛盾纠纷网上调处室，开展代办证件、送证上门、入户送诊等便民服务791次，与驻地政府开展精准扶贫15次，送去慰问品价值5.4万余元。"一站式"服务让群众的满意度大幅提升，北疆警地联动综治服务中心已成为边境线上的"大管家"。

四、群防群治，科技控边

包头市综治办与公安边防支队联合印发《关于构建包头市边境地区网格化社会治安管理体系的实施意见》，将包头市1.2万平方公里的边境地区划分为106个网格，完成了237名网格员选拔培训工作，实现了边境地区精细化管理。北疆警地联动综治服务中心各成员单位共享信息化建设成果，合力推动边境社会治安信息化防控体系建设纳入"平安包头"建设总体规划，自主研发"基层基础数据库"系统，强化三级指挥体系扁平建设，边境检查点安装"人证核验"设备，在重要通道、卡口安装监控22个，社会面监控61个，全面推进自治区"平安边境"建设项目的先期落地。

内蒙古自治区乌兰察布市
大力推进综治中心规范化建设

2017年，乌兰察布市党委、政府印发《关于加强全市综治维稳中心建设的意见（试行）》（以下简称《意见》），对四级综治中心规范化建设提出了具体要求。按照《意见》要求，乌兰察布市立足实际，因地制宜，强化落实，各级综治中心规范化建设既达到了高标准高质量，又凸显了地方特色，取得了较好成效。

一、注重整合基层力量

乌兰察布市明确从2017年开始，开展综治中心示范点建设工作，实现四级综治中心全覆盖，形成基层综治中心一个体系领导、一个平台统揽、一个机制运行、一个窗口服务模式。通过资源整合、机制衔接,开展矛盾纠纷联调、社会治安联防、重点工作联动、突出问题联治、平安建设联创、服务管理联抓、涉稳信息联判、应急事件联处、重点人员联控等工作,及时化解社会矛盾纠纷,处置影响社会稳定的安全隐患,为人民群众提供全面、优质、高效的社会治安相关公共服务,保障社会安全稳定。同时,有效整合公安、司法、信访、民政、人社、法院等资源和力量,充分运用信息化技术,构建"联合运作、优势互补、方便群众、化解矛盾、运行高效、维护稳定"的工作机制,成立层级清晰、规模合理、功能定位明确的综治中心。

二、注重夯实基层基础

(一)规范综治中心建设。在市县两级综治中心建设方面。市县两级综治办主任担任中心主任,由同级政法委牵头,负责综治中心管理,中心增加专职工作人员编制,负责日常工作。旗县(市、区)综治委成员单位根据需要派员进驻中心开展工作。在苏木乡镇(街道)综治中心建设方面。在苏木乡镇(街道)党(工)委领导下,各苏木乡镇(街道)综治中心设置专职主任(副科级待遇),配备专职工作人员,增加司法助理员负责日常工作。并以中心为依托,整合基层有关力量,将公安、司法、民政、人社、信访、法院等驻乡镇人员统筹纳入综治中心,设立群众接待大厅、矛盾纠纷多元化解室、治安应急处置室"两室一厅",建立协作配合、精干高效、便民利民的实体化工作平台。在嘎查村(社区)综治中心建设方面。在村(居)委员会领导下,嘎查村(社区)书记担任综治中心主任,设专职副主任负责综治中心日常工作,组织网格长、安全员、楼道长、退休老干部、老党员及热心平安建设工作的干部群众开展工作。

(二)加强综治信息化建设。按照中央综治办"9+X"综治信息化建设要求,对照综治中心国家标准,建立市、县、乡、村四级综治视联网和综治信息化平台,推进综治大数据和"云计算"应用。

(三)强化经费保障。将综治工作经费纳入同级财政预算,确保正常运转经费、基础设施改造经费、工作人员经费足额到位:市、县、乡综治中心有专项经费保障。苏木乡镇(街道)综治中心专职工作人员享受政法委干部警衔待遇,司法助理员经费由政府购买服务方式解决;嘎查村(社区)综治中心专职副主任待遇,采取政府购买服务方式,由各苏木乡镇(街道)解决。

三、注重健全完善机制

(一)明确职责职能。一是开展矛盾化解工作。开展对社会治安和社会稳定形势的整体研判,接待群众信访、来访工作,对辖区内群众有关社会治安、矛盾纠纷方面的求助、投诉和有关矛盾纠纷进行联动受理、处理、督办、反馈。二是组织实施网格化管理。全面实施综治信息化、视联网和"雪亮工程"等,提高服务水平,及时收集、汇总社情民意及涉稳安全隐患,做好各类基础信息采集、录入、上报工作。三是不稳定问题排查化解。及时排查和化解影响社会稳定问题,重大问题纳入不稳定问题清单,切实做好重点时期信息收集、重点人员教育稳控和应急处置等工作。四是做好其他社会治安工作。协调推动实有人口服务管理、特殊人群服务管理、预防青少年违法犯罪、校园及周边治安综合治理、护路护线联防、道路交通、安全生产等涉及多个部门的社会治安综合治理事项的解决。

(二)规范运行机制。一是规范联调机制。协调公安、网信等部门加强涉稳信息收集、报送工作。并按照分级负责、归口调处稳控原则,落实责任单位、责任人,限期解决。二是规范联动机制。建立上下联动、左右协调、运转高效、综合施策的信访工作机制,充分发挥信访、司法、民政等部门作用,对当地群众来访、信访问题,按照"三到位一处置"原则,及时妥善解决。三是规范联治机制。定期组织公安、司法、安监、卫计、食药等部门(单位)摸排,对辖区内治安重点地区和突出治安问题进行整治。组织辖区内单位及人民群众积极参与基层平安创建等工作。四是规范联创机制。整合各方面力量,组织开展平安嘎查村、平安社区、平安校园、平安医院、平安企业、平安家庭等基层平安创建活动。五是规范联防机制。组织开展多种形式的治安联防活动,指导机关和企事业单位建立健全治安联防队伍,落实内部安全保卫措施,加强农村牧区看门望户、平安互助、技防监控建设等治安防控工作。六是规范研判机制。坚持"平战"结合,平时实行"一周一研判、一月一会商"工作机制;重大节日、重大活动等敏感时期,充分发挥市、旗县市区两级涉稳隐患信息研判领导小组作用，开展日研判，分析影响社会稳定的隐患问题，及时发出预警。七是规范联处机制。重点时期，加强应急值班备勤。一旦发生群体性上访事件，立即启动应急处置预案，做好先期处理、现场处置和善后工作，坚决防止事态进一步发展蔓延。八是规范联控机制。重要维稳敏感期，在各级党委政府的领导下，综合协调综治、维稳、公安、信访等各方力量，加强对重点群体和重点人员的稳控力度，依法严厉打击挑头闹事、造谣生事人员。

（三）完善管理制度。一是首问责任制。各级综治中心工作人员为首问责任人，对群众反映的诉求事项，应第一时间登记，按照程序引导解决，对发现的不稳定信息和重要情况应及时报告，对突发事件迅速上报并积极参与处置。二是协作配合机制。综治中心各派驻单位工作人员原行政隶属关系不变，派驻工作期间应自觉接受和服从中心的领导、指挥、管理、调度和年终业务考核。综治中心难以处理的问题，及时报告本级党委、政府和上一级综治中心协调解决。三是工作例会制。各级综治中心要定期召开综治工作调度会，分析辖区内社会治安形势和不稳定因素，协调解决重要事项。会议均应形成书面记录，重大事项应以会议纪要形式明确议定事项。

四、注重责任落实

一是在落实领导责任方面，乌兰察布市明确规定各级党委主要领导要切实履行平安建设第一责任人责任，队伍建设、办公场所、经费保障全部到位，保证工作正常开展。二是落实部门责任方面。加强统筹协调，特别是组织部门要将各级党政主要领导、分管领导和有关部门领导干部平安建设工作纳入年度考核内容，作为各级领导干部政绩、晋职晋级和奖励惩处的重要依据。三是落实综治责任方面，明确各级综治组织要进一步完善综治考评体系，把基层平安建设、维护稳定和信访“四个清”等内容纳入考核内容，加大考核检查力度。对成效显著的地区部门和个人进行表彰奖励；对综治工作不落实或引发严重危害社会稳定的地方，实行综治一票否决制，并严格进行问责。

（撰稿人：那　娜
审稿人：李瑛玲　刘明霄）

辽　宁　省

2017 年综治工作概况

2017 年，辽宁省综治办在省委、省政府和省委政法委的正确领导下，坚决贯彻落实中央和省委关于平安建设一系列重要指示精神和部署要求，聚焦辽宁振兴发展大局，坚持系统治理、依法治理、综合治理、源头治理的总体思路，注重以法治思维和法治方式引领工作、破解难题，全面、深入推进平安辽宁建设，不断健全社会矛盾纠纷多元化解机制，有效推动辽宁省立体化社会治安防控体系建设转型升级，大力开展基层平安创建，平安建设各项重点工作任务持续推进，“1353”计划各项目标任务得到有效落实。

一、聚焦主线主责，高起点部署谋划平安辽宁建设各项重点工作

2017 年，辽宁省综治办坚决贯彻落实中央和省委政法工作会议精神，严格遵循“1353”计划，确立了以信息化为引领，以综治中心建设和网格化服务管理为支撑，以深入开展矛盾纠纷排查化解专项行动和社会治安综合治理热点难点专项整治为重点，整合各方面资源，全面打造社会治安防控体系升级版，广泛开展基层系列平安创建，从而提升综治和平安建设工作整体效能的工作思路，确保全年实现“五个坚决防止”的工作目标。

（一）高度重视，周密部署工作。2017 年，辽宁省综治办多次组织召开全省综治办主任会议和省综治委委员（扩大）会议，围绕“十九大”安保这一主线，紧盯重要时间节点，发挥统筹共管作用，全面部署，分阶段动员全年政法综治重点工作。1 月 24 日，省综治办组织全省综治办主任视频会议，以贯彻落实省委政法工作会议精神和“1353”计划为契机，提出以党的十九大维稳安保工作为主线的全省综治工作的总要求。1 月 25 日，全省综治视联网正式开通。3 月 1 日，省综治办组织召开全省推进网格化管理工作视频会，会议就推动综治视联网、综治中心建设、立体化防控体系建设与网格化服务管理高度融合提出了明确要求。4 月 17 日，省综治办组织召开了综治委主任（扩大）会议，对省综治委各成员单位做好 2017 年度社会治安综合治理和平安建设各项工作作出工作部署。5 月 15 日，省综治办成功组织召开平安辽宁建设会议，对近五年来在平安辽宁建设中涌现出来的先进集体、先进个人和省级平安企业、平安医院、平安校园、平安家庭进行了隆重表彰，全面部署当前和今后一个时期的社会治安综合治理工作。5 月和 8 月期间，先后组织召开各市政法委书记会议、省综治委主任（扩大）会议，对全省社会矛盾纠纷排查化解专项行动进行安排部署，主要领导同志带队对专项行动和信访积案清仓起底攻坚行动进行专项督导。9 月，省综治办紧紧围绕“十九大”维稳安保工作，在党的十九大召开前夕，召开了全省各市综治办主任会议，对做好党的十九大期间有关综治工作进行了部署，特别强调了要以十九大安保为契机，不断完善城乡基层社会治理体制，加强基层综治平台（综治中心）建设，实战化推进网格化服务管理，准确掌握辖区治安状况，及时将各类治安信息推送到各级综治中心。

（二）健全制度，保障工作落实。2017 年 5 月，辽宁省综治办起草并以省委办公厅、省政府办公厅名义印发了《辽宁省综治委、辽宁省维护社会稳定工作领导小组关于 2017 年加强社会治安综合治理维护社会稳定工作的实施意见》，明确了 2017 年平安辽宁建设各项工作 5 大方面主要任务和 35 项工作措施，推动了工作具体化、系统化、指标化，确保了省委、省政府和省综治委各项要求部署落实到位。制定并以省政府文件印发

《辽宁省“十三五”平安中国建设规划实施方案》，将平安建设纳入辽宁省“十三五”建设规划。制定了《关于深入开展基层系列平安创建的实施意见》，组织开展基层系列平安创建活动；下发《全省综治中心标准化建设与管理实施方案》和《辽宁省基层综治中心标准化建设指导手册》，要求各地区以此为指导，加快推进本地区基层综合服务平台建设即推进各级综治中心规范化建设，努力打造“综治办＋综治信息化＋组团式服务”的综治中心。同时，先后印发了《关于加强“雪亮工程”建设的指导意见》《中共辽宁省委办公厅关于督导检查全省社会矛盾纠纷排查化解专项行动开展情况的通知》《关于进一步加强严重精神障碍患者救治救助，坚决防止肇事肇祸案事件发生的通知》《辽宁省医疗纠纷预防与处理办法》《关于加强诉调对接平台建设的指导意见》等工作文件。这一系列文件的制定出台，更加细化和明确了平安辽宁建设各项工作的主要任务和具体工作措施，有针对性地解决实际问题，确保了省委、省政府和省综治委各项要求部署落实到位。

二、结合省情实际，分阶段有序推进矛盾纠纷排查化解专项行动

针对辽宁省社会矛盾问题和信访积案存量较大，历史欠账较多、一些纠纷解决难度大，不稳定因素依然大量存在的客观情况，2017 年，省委政法工作会议和信访工作会议提出在全省范围内开展“社会矛盾纠纷排查化解专项行动”，努力为党的十九大胜利召开创造安全稳定的社会环境。省综治办结合贯彻中央“两办”《关于完善矛盾纠纷多元化解机制的意见》和省“两办”的责任分工方案，全力开展矛盾纠纷排查化解专项行动，把源头治理作为创造安全稳定的前提和基础，以矛盾纠纷摸排和多元化解为抓手，全力做到各类矛盾纠纷发现得早、排查在小、化解得好。

（一）高效推进“1353 计划”，深入开展全省社会矛盾纠纷排查化解专项行动。2017 年，辽宁省综治办全力组织开展全省社会矛盾纠纷排查化解专项行动，专项行动的开展得到了省委领导的充分肯定。一是积极谋划部署。年初以来，按照省委政法工作会议要求，省综治办认真研究谋划专项行动开展，向各市和省综治委各成员单位，以省委、省政府两办名义印发《辽宁省社会矛盾纠纷排查化解专项行动方案》，明确了工作内容，提出了具体措施和要求，形成了集中排查梳理、集中化解稳控、验收考评总结三步走的工作模式。二是认真组织推动。先后组织专项行动动员、推进会议七次，确保各市矛排系统和相关成员单位进一步统一思想、提高认识，增强了开展工作的思想自觉和行动自觉。按月统计汇总全省矛排台账，确定了工作底数和未来目标。强化信息报送和经验交流，充分利用“三大专项行动信息”等媒介，交流推广经验做法，为深入开展好社会矛盾纠纷排查化解专项行动营造浓厚氛围。三是高规格督导检查。采取超常规举措，积极争取省委支持，高位推动专项活动开展。三次成立专门的督导检查组到各市进行督导检查，其中第三次督查专门成立了 14 个副省级领导带队的督导组，在党的十九大召开期间到各市进行驻点督查，有力地确保了会议召开期间的社会安全稳定。其规模之高、力度之大在近年来都属罕见。

（二）常态化推进矛盾纠纷多元化解，深入排查化解各类矛盾纠纷和风险隐患。省综治办针对社会治理突出问题和矛盾纠纷多元化解工作薄弱环节，着重从整合资源、完善制度、健全机制、搭建平台等方面入手，促进各类矛盾纠纷解决方式有机衔接、协调联动，确保为人民群众提供多元化的纠纷解决方式。一是继续推进医疗卫生系统矛盾纠纷排查化解。为深化“平安医院”创建、构建和谐医患关系、依法维护医疗秩序，提供政策依据和工作保障，牵头与省卫计委、省司法厅联合起草印发了《辽宁省医疗纠纷预防与处理办法》。二是深入推进诉调对接工作规范化建设。为进一步推进人民调解与司法调解相衔接，牵头与省法院、省司法厅，对辽宁省诉调对接工作进行深入调研，联合起草印发了《关于加强诉调对接平台建设的指导意见》，为规范诉调对接平台建设，合理配置纠纷化解资源，促进诉讼与非诉讼相衔接的矛盾纠纷多元化解机制的有效运转，提升全省社会治安综合治理能力和水平。三是针对全省近三年来重特大民命案进行调研。为进一步做好重特大命案防控工作，遏制辽宁省重特大命案多发的态势，省综治办与省公安厅、省司法厅、辽宁省法制报等单位，对近三年来辽宁省发生的一次性死亡 3 人以上命案进行深入调研。调研中，通过实地走访案发乡镇，搜集掌握了第一手资料，查摆工作中存在的难点和漏洞，通过组织犯罪学专家、刑事侦破专家、心理学专家、专业法律人士等社会力量参与到调研工作中来，极大地提升了调研工作的深度和广度，为全省命案防控工作夯实了理论基础。

三、发挥职能优势，高效率统筹开展省综治委专项组重点工作

本着专项治理与系统治理、依法治理、源头治理、综合治理相结合的原则，省综治办充分发挥组织协调作用，认真落实在社会治安、校园周边、护路护线、公共安全、特殊人群管理服务等方面的既定措施，坚决克服松劲、厌战、畏难情绪和盲目乐观、侥幸心理，以高度负责的精神、决战决胜的姿态、更加有力有效的措施，实现“大事不出，小事也不出，确保万无一失”和“五个坚决防止”的工作目标。

（一）坚持深度融合，加快立体化、信息化社会治安防控体系建设。积极固化“大连现场会”成果，全力放大大连经验，推动辽宁省立体化治安防控体系向宽领域迈进、向深层次发展。4 月 24 日，省政府召开专题新闻发布会，向社会各界宣传立体化社会治安防控体系建设情况，社会反响热烈。5 月 15 日，在全省社会治安综合治理暨平安辽宁建设会议上，播放的社会治安防控体系建设专题片集中展示了辽宁省社会治安防控体系所取得的成绩。委托省公安厅制定了《辽宁省社会治安防控体系升级版建设实施方案（论证稿）》，在充分吸纳省直有关部门意见建议基础上，形成了《辽宁省社会治安防控体系升级版建设实施方案（校审稿）》。建立健全以“社会面治安防控网、重点行业和重点人员治安防控网、乡镇（街道）和村（社区）治安防控网、机关和企事业单位内部安全防控网、信息网络防控网”五张网络为核心的社会治安防控体系，努力织就横向到边、纵向到底的社会治安防控“铜墙铁壁”。推动智能实战，全省行业场所、危险物品全部纳入了已建成的治安信息系统管控，逐步实现社会治安防控全覆盖、无死角，大幅提升了预测预警预防能力。

（二）持续加大力度，积极开展社会治安重点地区和突出治安问题排查整治。2017 年上半年，省综治委结合各地上报情况，酌情确定了若干个社会治安重点整治县（市、区），认真组织协调推动重点地区排查整治工作向纵深开展，及时发现和化解了一大批安全隐患，解决了一大批突出治安问题。

（三）聚焦突出问题，全力维护公共安全持续稳定局面。先后召开了省综治委社会治安、校园及周边治安综合治理、护路护线联防、公共安全等专项组的协调会议和调度会议，对扎实做好各专项组工作，特别是围绕做好党的十九大期间安保维稳工作，开展系列专项整顿，做出细致部署，提出明确要求。党的十九大期间，本着“提前预防控制、坚持源头治理、落实领导责任、严格督查督办”的原则，专项组各成员单位各司其职、密切协作，积极开展交通、消防、安全生产等项工作，有力地实现了“五个坚决防止”的工作目标。

（四）注重严密防控，扎实开展护路护线联防工作。按照中央护路办工作部署，省护路办召开了全省护路联防工作会议，举办了全省铁路护路联防专兼职干部培训班，制作完成了专职护路联防队员工作手册和全省铁路护路联防工作路线示意图。9 月 13 日至 17 日，圆满完成了迎接中央护路办第五工作组对辽宁省护路联防督导检查工作。组织开展了以高铁、动车组为重点，以防爆炸、防破坏为中心，集中排查各类涉路矛盾纠纷为主要内容的铁路沿线安全防范专项整治。党的十九大召开期间，省护路办建立了信息日报告制度，并组成两个工作组，赴各地开展实地检查，全省专职铁路护路联防队员累计上岗 797 人次，共巡查线路 4175.3 公里，整改各类安全隐患 12 处。

（五）突出打防并举，统筹协调专项领域集中整治。以专项整治为抓手，持续深化对命案、“盗抢骗”“黄赌毒”“黑拐骗”、高层消防、电信网络诈骗等专项治理力度。

（六）强化责任落实，合力推进易肇事肇祸等严重精神障碍患者的救治及管理工作。制定下发《关于进一步做好加强严重精神障碍患者救治救助坚决防止肇事肇祸案事件发生的通知》，对肇事肇祸等严重精神障碍救治救助工作安排部署，将肇事肇祸等严重精神障碍患者服务管理工作和落实“以奖代补”政策纳入年度综治考评。依托公安、卫计、民政、司法、残联等相关部门，形成了工作会商机制。先后协调组织召开全省易肇事肇祸严重精神障碍患者救治救助管理工作会议6次，牵头省卫计委、省公安厅、省民政厅、省人社厅、省残联等部门组成督查组，围绕中央综治办提出的6方面工作内容，对全省肇事肇祸等严重精神障碍患者服务管理工作进行了专项督查。2017年，省综治办会议采取督促、检查督导等措施推动各地落实以奖代补政策。协调卫计计生、财政、残联等部门积极开展严重精神障碍患者管理治疗项目、救治救助、免费服药等救治救助工作。

（七）注重科技支撑，统筹协调实有人口和重点青少年群体等服务管理工作。一是深入推进户籍制度改革，持续协调推进“实有人口信息化社会化采集系统”的深度应用。加强对房屋中介机构、用工单位等系统安装单位的检查力度，全面提升系统覆盖范围。二是协调推动对社区矫正、刑满释放、吸毒等特殊人群的服务管理工作。辽宁省社区矫正综合信息管理平台投入使用，使辽宁省社区矫正信息化建设水平显著提升。社区矫正场所建设工作进一步规范，按照《辽宁省规范化社区矫正管理教育中心建设指导标准（试行）》要求，全省建成社区矫正管理教育中心92家。阳光工程基地进一步扩大。全省已创建实体或企业过渡性安置基地537家，有效解决了刑满释放人员在过渡期内收入无来源、生活无着落的问题。严格执行全省戒毒场所强戒人员收治动态报告制度，对社区涉毒人员和吸毒人员进行登记建档。大力加强艾滋病防治工作。进一步优化了自愿咨询监测点设置，继续扩大抗病毒治疗范围，进一步提高了艾滋病患者救治水平。三是协调推进对重点青少年群体的服务管理工作。以省委办公室、省政府办公厅名义出台《辽宁省进一步深化青少年违法犯罪工作的实施方案》；推动《辽宁省关于进一步建立和完善办理未成年人刑事案件配套体系的实施细则》在基层的落实；配合禁毒委全面实施青少年毒品预防教育，配合卫计委深化青少年防艾教育，协助司法行政机关、律师协会建设青少年维权服务中心和基层法律援助站，完善未成年人社会观护体系。加强对重点青少年群体服务管理和预防犯罪工作。到辽宁省未成年犯管教所开展结对帮教活动，提供价值10万元生活用品；完善预防青少年违法犯罪工作体系。深化“共青团与人大代表、政协委员面对面”活动，积极参与政府及有关部门的政策决策制定；推动与青少年密切相关的14家行业厅局开展全省“青少年维权岗”创建活动。

四、突出保障作用，高标准优化完善综治基层基础建设

2017年，辽宁省综治部门牢固树立固本强基思想，坚持重心下移、力量下沉、资源下投，高标准推进基层治理实战化平台建设，高质量打造网格化管理与综治中心建设高度融合、整体运行的体系架构，普及具有辽宁省特色的，符合全省实情的三级基础网格。不断健全完善社会治安综合治理保障机制，推进社会治安综合治理领导责任制以及全省综治干部队伍建设的各项措施得到高效落实。

（一）坚持推进社会治理基层综合服务平台建设。构建全省综治中心标准化建设和网格化服务管理一体运行体系架构。2017年以来，省综治办按照中央综治办的部署要求，不断加强综治中心标准化建设，积极探索综治中心标准化、规范化、实体化的建设路径。目前，市、县、乡、村四级综治中心标准化建设已全部启动。同时，选取沈阳、大连、丹东、辽阳、盘锦5个市为先期试点，选取“市—县（市、区）—乡镇（街道）—村（社区）”12条线，高标准进行组织架构、运行机制、日常管理、场所设置、网格运行和信息支撑“6个标准化”建设，并全力组织人员力量对试点地区的综治中心标准化建设进行严格验收，为全省综治中心建设提供样板。针对辽宁省网格化管理差异化较大的实际情况，2017年在网格化管理全覆盖上，强化基础型网格管理，初步在网格化管理不健全的地区，普及三级基础网格，实行网格长负责制。依托综治中心一体化运作，推动社会治安要素进网格，更好为群众提供精准有效的“组团式”服务管理，使网格更清晰，责任更明确。目前，全省共划分网格72845个，共聘用网格员325784人，实现了实实在在的全覆盖，社会治理的整体效能不断提升。

（二）持续推进以信息化为引领的综治视联网工作平台建设，不断为社会治安综合治理提供科技保障。一是加强平安辽宁信息系统应用。指导各地完成机构队伍、实有人口、特殊人群等9个模块综治信息数据录入。目前,平安辽宁信息系统录入各类数据2679万余条。围绕综治业务工作,开展业务培训。2017年,开展培训90场次,培训人数7000余人。二是继续拓展视联网建设覆盖面。在原有14个市、100个县(市、区)联通的基础上在全省12个试点地区联网贯通。2017年,全省已建设点位147个,其中,市级点位16个,县(市、区)点位400个,乡镇(街道)点位245个,村(社区)点位21个,综治委成员单位10个,实现了中央、省、市、县(市、区)、乡镇(街道)、村(社区)的互联互通,为开展跨地区、跨部门的信息资源共享应用提供了基础支撑。截止到目前,各级综治组织利用视联网发起会议50次,参会人员3万余人。三是持续推动"雪亮工程"建设。按照中央要求,持续推动"雪亮工程"建设。先后制定下发《关于加强"雪亮工程"建设的指导意见》《关于认真落实中央部署要求,加快推进"雪亮工程"建设的通知》《关于切实加大"雪亮工程"建设力度,确保完成年度工作任务的通知》,提出"雪亮工程"建设目标、任务及工作标准,明确综治年度考核评价具体内容,对辽宁省"雪亮工程"建设工作进行整体部署。一年来,协调省发改委、省公安厅、省财政厅等相关部门召开"雪亮工程"专题会议12次,研究落实中央精神,论证公共安全监控视频图像交换分平台建设方案,推进辽宁省综治分平台建设等工作。会同省发改委、省公安厅对2016年示范城市大连市、辽阳市项目建设情况进行督导检查,协调沈阳市申报2017年重点城市并获得中央批准,协调鞍山、丹东等6个城市申报2018—2020年国家重点支持城市。结合综治中心标准化建设,在沈阳、大连、丹东、辽阳、盘锦5个市确定12条试点线路,明确项目建设,提出验收标准。目前,省综治中心接入公安视频监控图像3.6万路,各级综治中心接入公安视频资源5万余路。全省累计建设监控摄像头约110万个。公安机关建设省级共享平台1个,整合视频资源7.9万路。省综治分平台建设方案已获省政府财政审批,预计12月底前完成一期项目建设。

(三)不断健全完善社会治安综合治理保障机制,着力提升全省政法综治干部整体素质。一是不断健全落实综治领导责任制。2017年,辽宁省按照"属地管理、分级负责"和"谁主管、谁负责"的原则,一项一项明确责任,一项一项落实责任,努力构建"一级抓一级、层层抓落实"的责任体系。坚持党政同责、一岗双责,进一步细化落实各级党委和政府的领导责任、相关部门的工作责任,与全省各市、省综治委各成员单位签订《2017年度平安辽宁建设暨维护社会稳定和社会治安综合治理责任书》,真正把责任分解好、落实好,确保逐层传导责任、逐级传递压力,使综治工作任务落实到单位、落实到人头、落实到岗位、落实到制度,坚决防止责任缺位、责任落空。2017年,省综治办着手研究制定了进一步落实综治领导责任制的实施办法,通过制度实施办法,不断探索建立责任督导与追究、落实考核与奖惩分明的责任体系。二是严格开展年度综治考评。2017年以来,省综治办通过组织召开平安辽宁建设考评工作会议和多次专门会议,认真研究、反复完善考评工作方案,把握考评基本原则和考核评定标准,及时组成考核评价领导小组,布置各成员单位考核评分等相关工作,落实责任,形成工作合力。在做了大量录入、统计、核分等大量细致的工作后,对全省的相关考评数据进行了汇总核定,经综治委主任会议审议,对全省考评情况进行了通报。此次考评,把日常考评、暗访考评、成员单位专项考评和年终考评四项考评方式统筹起来进行综合考评,形成"四位一体"考评工作机制,综合叠加真实反映各地区的综治工作总体情况,进一步转变工作理念,确定硬性指标,严把考评关口,全省有近三分之一县(市、区)、近一半成员单位被取消了评先选优的资格。同时,省综治办还组织以省委、省政府名义与14个市、69个综治委成员单位签订了《2017年度平安辽宁建设暨维护社会稳定和社会治安综合治理责任书》,明确责任,分解任务,完善机制,强化措施,层层落实,并全力开展跟踪督办,督促各地区各有关部门抓实综治责任制落地落实。三是全面提升全省综治干部队伍能力素质。省综治办按照政治强、懂法律、善治理的要求,不断加强综治组织自身建设,更加自觉地在思想上政治上行动上同党中央保持高度一致,更加扎实地把党中央的各项决策部署落到实处。从深入推进专业化队伍建设的角度,开展了全方面、多层次的基层市、县(市、区)综治干部年度培训。

通过培训让全省综治干部始终保持学习新知识、探索新事物的激情，自觉加强对法律、金融，科技等新知识的学习，加强对现代科技应用意识和能力的培训，切实提高运用新知识、新技术破解社会治理难题的能力，做富有创造力的好干部。

辽宁省综治委关于印发《全省综治中心标准化建设与管理指导意见》的通知

（2017年4月19日）

各市（沈阳铁路局、辽河油田公司）社会治安综合治理委员会，省综治委各成员单位：

现将《全省综治中心标准化建设与管理指导意见》印发给你们，请结合实际，认真贯彻落实。

全省综治中心标准化建设与管理指导意见

为全面落实国家质量监督检验检疫总局、国家标准化管理委员会发布的《社会治安综合治理综治中心建设与管理规范》（GB/T33200—2016），提高全省综治中心标准化、规范化、实体化建设水平，加强和创新社会治理方式，促进平安建设深入开展，结合辽宁省实际，现提出如下指导意见：

一、工作原则

严格遵循国家标准，以全面推进平安辽宁建设为统揽，坚持整合资源、创新体制、协调联动、便民利民的原则，着力构建网格化管理、社会化服务、信息化支撑、人财物保障的工作体系。在省、市、县（市、区）级财政的支持下，规范建设省、市、县（市、区）、乡镇（街道）、村（社区）五级综治中心，重点形成以县（市、区）级中心为主体，乡镇（街道）中心为纽带，村（社区）级工作站为基础的基层综合服务管理平台，使社会服务管理资源更好地落到基层。

二、工作目标

全省要在2020年实现符合国家标准的综治中心全覆盖，沈阳、大连、辽阳、盘锦等试点地区要在2018年底实现全覆盖，形成集社会治理、公共服务、矛盾化解、维护稳定于一体的综治工作平台，履行组织协调、指挥调度、督导考核、责任落实等职能，聚集社会治安综合治理和平安建设资源力量，形成综治工作整体联动的工作合力，为社会治理体系和治理能力现代化奠定坚实基础。

三、工作措施

（一）实现组织架构标准化。全省各市、县（市、区）、乡镇（街道）全部建立综治中心，村（社区）全部建立综治工作站，各地方原有社会管理服务中心、网格化管理中心等要统一翻牌或加挂。各地各层级综治中心和综治工作站，要结合当地和本级的实际情况进行综治中心的架构和模式的设计。综治中心实行党政主导、综治牵头的领导体制。在党委、政府和综治委领导下，各级综治部门要组织协调推动各相关职能部门积极参与平台建设，形成齐抓共管工作合力。规范综治中心和综治工作站组织体系，市、县（市、区）综治中心主任由同级党委常委、政法委书记兼任，副主任由同级综治办主任兼任，主持日常工作。乡镇（街道）综治中心主任由党工委副书记担任，综治中心常务副主任由综治办副主任(或综治委员、综治科长)担任,人民法庭、派出所、司法所、信访办、武装部、便民服务中心等部门负责人担任副主任,形成“1 + 7”单元工作模式,更好地实现矛盾多元化解、社会治安立体防控、民生服务联动办理。规范内部设置,乡镇(街道)综治中心设立“三组一厅”,即综合协调组、矛盾调处组、治安防控组和群众服务大厅(窗口)。村(社区)综治工作站设立“两大员”,即矛盾调处员和治安防控员。规范人员配备,配齐配强乡镇综治办专职副主任,“三组一厅”要明确相关部门工作人员,以利工作联动,形成合力。

(二)实现运行机制标准化。综治中心“三组一厅”形成中心组成单位的核心层、紧密层、联动层。各级综治办承担资源整合、信息交流等协调统筹的职责,重点规范四项工作机制,即综合协调机制,综合协调组负责,细化为组织协调、督促指导、核查考评、综合保障;矛盾纠纷多元化解机制,矛盾调处组牵头,细化为排查化解、分流交办、三调联动、诉调对接;治安防控机制,治安防控组牵头,细化为防控体系建设,突出问题整治,特殊人群管理,治安形势研判,突发事件处置;便民服务联动机制,群众服务大厅牵头,细化为来访接待,政策解答,法律咨询,服务联动。四项机制分别明确工作流程,上墙公告。各地可以根据当地实际情况,本着一专多能原则整合各项工作,提高综治工作效率。

(三)实现日常管理标准化。综治中心一般应具有协调推进社会治安防控体系建设、开展矛盾纠纷多元化解工作、综合整治突出治安问题、牵头组织系列平安创建活动、采集录入社会基础信息、提供法律咨询援助服务等功能。各级综治中心要制定首问负责、工作例会、矛盾排查、分流督办、信息报告、工作台账、带班值班、考核奖惩、网格化管理等制度,实行痕迹管理,进一步加强各类制度、文件、工作台账等基础资料的保存和整理。市、县(市、区)两级综治中心处在承上启下位置,实战化的功能逐级增强,结合本地社会治安综合治理工作实际开展工作;乡镇(街道)综治中心做实属地综治工作,群众关注的社会治安、矛盾纠纷、法律援助等问题大部分在这个层面得到解决,涉及上一个层级或需要横向配合联动的事项可通过综治信息化系统流转到上级综治中心请求帮助;村(社区)综治工作站,处在社会末端,要依托“两大员”,开展社会治安、矛盾化解、社情收集等工作,确保所有事项实行流程化控制、精细化管理、常态化考评。

(四)实现场所设置标准化。在党政主导下,各级综治组织要积极协调发改、财政等部门统筹规划,开展项目立项、资金投入等工作。充分利用好现有的软硬件基础和条件,科学合理制定方案,在不重复建设的前提下确保建好建强。做到“三个注重”:即注重方便群众、交通顺畅;注重厉行节约,充分利用现有办公资源,满足日常办公需要,一室多用多功能;注重统一标识,省综治办将统一规范全省综治中心标牌和室内标识的外观、格式、字体等,各级综治中心要按省综治办要求进行规范制作。

(五)实现网格运行标准化。要强化基础型网格管理,初步在网格化管理不健全的地区,普及三级基础网格,即以县(市、区)为一级网格,乡镇(街道)为二级网格,村(社区)为三级网格,实行网格长负责制。健全完善网格员管理制度,根据工作量大小,采取增加补贴、以奖代补等措施,调动激发各级网格长的积极性,实现网格更清晰,责任更明确。基础型网格要实现全覆盖。已经形成科学、细化的网格化管理的地区要继续保持原网格化服务管理模式运行,并鼓励创新,进一步巩固和提高综治工作和平安建设的质量和水平。

(六)实现信息支撑标准化。建设全面覆盖、动态跟踪、联通共享、功能齐全的综治信息系统,为社会治安综合治理提供科技保障。在全面构建省、市、县(市、区)综治视联网建设的基础上,详尽采集综治“9 + X”数据并导入综治信息系统,为辽宁省大数据、智能化管理提供基础数据。通过采取网格员入户采集人、地、物、事、情、单位组织等各类基础信息的调查方式,将基础信息录入上传至综治信息化系统,强化实体化运作、实战化应用。实现各层级部门间网络互联互通、信息共享共用,更加有效、快捷地化解社会矛盾,解决突出问题,切实把科技成果更好更快地转化为提升平安建设效能的现实战斗力。

四、工作要求

(一)提高认识,加强领导。各地各部门要充分认识开展综治中心标准化建设是深入贯彻落实中央深化社会治理基层基础工作部署和省委省政府推进平安辽宁建设的重要举措。要切实把综治中心建设作为党政“一把手”工程来抓，加强组织领导，各相关部门要充分发挥职能作用，认真履行职责，密切配合，齐抓共管，形成合力。

（二）分步推进，按期完成。各地各部门要按照全省统一部署，在推进过程中，突出重点、分步实施，制订具体的落实方案和推进措施，分解和细化各项工作任务，制定时间表、明确路线图，各司其职、各负其责，狠抓各项工作措施的落实。为保证活动取得实效，省综治委成立综治中心标准化建设领导小组，推动各地按期完成标准化建设各项任务。各地要按国家标准，加快本地区各级综治中心建设，可探索先行试点、示范推进，逐步规范运行机制，同时将信息化建设及时跟进。省综治办将适时召开综治中心标准化建设现场会，总结经验，推进工作。

（三）统筹兼顾，充分保障。各地各部门要采取政府保障、部门支持、社会筹措、市场运作相结合的方式，广泛筹集资金，保障中心建设和工作运行专项经费，切实解决在中心建设中遇到的各种实际困难和问题。要合理解决中心工作人员和网格员的劳动报酬和工作补贴，并随本地经济社会发展和居民收入提高相应增长，保持队伍稳定。要因地制宜，厉行节约，充分利用好现有资源，不搞花架子，不搞形式主义。要不断加强和改进群众工作方法，定期入户上门送政策、察民情、送温暖，不断延伸综治中心的功能触角。

（四）督导检查，务求实效。各地各部门要加强协调联系，及时掌握情况，搞好分类指导，完善工作体制机制，加强信息报送制度。省综治委要将综治中心标准化建设纳入年度平安建设考评体系，细化考评标准，加大指导、协调、推动工作力度，不定期对各地综治中心标准化建设情况进行督促检查，确保综治中心标准化建设与管理工作取得实效。

辽宁省完善制度体系　夯实基层基础
推动新时代平安辽宁建设再上新台阶

辽宁省委、省政府和辽宁省综治委全面贯彻落实党的十八大、十九大精神，坚定自觉地以习近平新时代中国特色社会主义思想为指导，认真贯彻中央关于加强和创新社会治理的重大决策部署，始终把夯实基层基础作为关键所在，牢固树立系统思维，坚持系统集成，狠抓体系创建，系统打造了以综治中心为中枢、以信息平台为纽带、以“雪亮工程”和网格化服务管理为支撑的综治基层基础体系，有力提升了基层社会治理水平。2017年，辽宁省一举捧得5座“长安杯”，取得历史性突破。

一、系统规划谋长远，健全完善综治基层基础制度化规范化体系

省委、省政府高度重视综治和平安辽宁建设，就事关辽宁综治工作方向性、根本性的重大问题，提出了一系列新理念、新举措、新要求，为加强和创新社会治理提供了行动指南。省委书记与各市、各成员单位主要领导签订《平安辽宁建设暨维护社会稳定和社会治安综合治理责任书》，传导压实综治领导责任。省委政法委、省综治委多次组织召开全省基层基础建设调度视频会议，对全省综治基层基础建设进行安排部署。党的十九大召开之后，省综治委迅速学习贯彻落实十九大精神，坚持把综治中心、综治信息平台、“雪亮工程”、网格化服务管理等基层基础重点工作建设纳入全省加强和创新社会治理大局，以省委省政府两办文件制定印发《关于进一步创新社会治理加强综治基层基础建设的意见》，对新时代加强综治基层基础建设提出了明确要求，这是辽宁贯彻落实十九大精神，推进全省综治工作和平安建设，保证中央和省委关于综治基层基础建设的决策部署得到真正贯彻落实的纲领性文件。以省政府文件印发省综治办制定的《辽宁省〈“十三五”平安中国建设规划〉实施方案》，提出了 4 个方面的主要任务和 3 大项重点建设工程，确保了“十三五”时期辽宁综治基层基础建设按计划、分步骤、有重点的向纵深推进。同时，省综治委印发《全省综治中心标准化建设与管理实施方案》《关于加强“雪亮工程”建设的指导意见》等配套性、基础性文件，形成了一整套完整的基层基础建设政策制度体系。可以说，辽宁的综治和平安建设工作尤其是基层基础建设工作正处于大布局、大投入、大建设、大发展的历史最好时期。

二、系统集成建平台，着力打造综治基层基础实体化实战化中心

辽宁省各级综治中心建设起步较早，2013 年前就已经形成了各级综治信访维稳中心的架构体系。随着社会的发展、时代的进步，尤其是中央综治委联合国家标准委制定的《社会治安综合治理基础数据规范》《社会治安综合治理综治中心建设与管理规范》和《城乡社区网格化服务管理规范》三项国家标准下发后，辽宁严格按照中央综治委部署和国家标准，坚持“重在应用，贵在实用”的原则，以“提档升级，打造一流”为目标，以夯实综治工作基层基础为主线，大力开展综治中心标准化建设。进一步明确组织架构、运行机制、日常管理、场所设置、网格运行、信息支撑的“六个标准化”，健全完善综合协调机制、矛盾纠纷化解机制、治安防控机制、服务大厅工作机制的“四项机制”和软硬件有线路、有场所、有数据、有标识、有人员、有设施的“六有标准”。进一步明确工作职责，细化工作流程，有效推动了全省各级综治工作中心建设。经过近几年的努力，辽宁各级综治中心建设取得显著成绩，省一级和全省 14 个市已经全部建成标准化综治中心，县（市、区）级建成 108 个，覆盖率 92%，乡镇（街道）级 1335 个，覆盖率 89%，村（社区）级 11197 个，覆盖率 71%。

建设过程中，重点把握了三个环节：一是突出问题导向，强化顶层设计。针对以往各级综治中心平台建设标准和要求不统一、名称不一致、与社会单位混合运作职责不明晰等实际问题，坚持设计先行，制发了《辽宁省基层综治中心标准化建设指导手册》，并在沈阳市沈北新区组织召开了全省综治中心标准化建设现场任务部署会，从设计层面明确了建设标准和具体要求。二是突出典型引领，强化指导推进。经多次调研，先后确定沈阳、大连、丹东、辽阳、盘锦 5 个市作为全省综治中心标准化建设试点地区，成立督导组，多次深入试点地区的乡镇（街道）、社区（村）指导建设情况，研究解决建设中遇到的难点问题，手把手地教方法解难题，逐一进行实地检查验收，并向全省推广先进典型经验。每月组织召开一次综治中心建设专题调度会，听取各地区建设推进情况汇报，交流好的经验做法。省综治办还从省级综治经费支出专款，给试点地区网格员购买手机，并举办专职网格员培训班。通过一系列举措，有效推进了各地建设进度。三是突出工作联动，强化规范运行。严格按照中央要求，省、市、县（市、区）级综治中心主任均由同级综治委主任兼任；街道（乡镇）和社区（村）综治中心（站）主任均安排同级党委、政府或党组织主要负责同志兼任。在运行模式上，省、市、县（市、区）级综治中心注重打造“区域性指挥中心”和“区域性枢纽平台”；街道（乡镇）综治中心注重强化“1 + 7”领导单元，即在同级党委领导下，综治办专职副主任担任综治中心常务副主任，人民法庭、派出所、司法所、信访办、武装部、便民服务中心等部门负责人担任副主任和“三组一厅”的工作模式，即设置综合协调组、矛盾调处组、治安防控组和群众服务大厅；社区（村）注重发挥“两大员”即矛盾调处员和治安防控员的作用。建立健全了议事、例会、报告、考核、督办等工作制度，形成了“力量整合、职能配合、信息汇合、资源融合”的工作体系，推动了综治中心的规范运转，收到了良好的社会效果。

三、系统创新求突破，有效推进综治基层基础精细化精准化进程

辽宁从 2013 年就开展了网格化服务管理试点工作，在试点工作基础上，从 2015 年开始，省综治委连续组织开展“网格化服务管理建设年”和“网格化服务管理推进年”活动，进行“三建”（即建网格、建队伍、建系统）、“五到位”（即信息掌握到位、矛盾化解到位、治安防控到位、便民服务到位、帮扶管控到位）的工作部署，提出了“基本实现全省城乡基层网格化服务管理全覆盖，全面提升辽宁综治基层基础建设的法治化、科学化、规范化水平”的总体目标和“社情全摸清，风险全掌控，矛盾全化解，服务全方位的四全”工作目标。确保网格化服务管理建设工作思路清晰、步伐稳健、依法有序、逐步完善，不断取得实质性进展。截至 2017 年底，全省共划分 88552 个网格，配备网格员 158354 名，基本实现了网格化服务管理全覆盖。

在此基础上，注重发挥好网格的三个作用：一是注重发挥网格在社会治安防范中的重要作用。依托网格员的入户走访，采集登记网格内实有人口、特殊人群、出租房屋等动态情况，收集上报社情民意、矛盾纠纷、治安隐患等各类信息，及时准确地掌握网格内社会治安隐患，平安辽宁信息系统已经录入各类数据 2679 万余条。组建了网格员群防群治队伍，全年开展规范化常态化安全防范宣传和义务治安巡逻防控，及时发现并消除治安隐患。二是注重发挥网格在矛盾纠纷排查调处中的重要作用。立足网格化解矛盾。网格员和调解员第一时间掌握不稳定苗头，第一时间开展矛盾调解，第一时间化解问题隐患，及时地将网格内的矛盾纠纷化解在萌芽状态，遇到复杂矛盾纠纷迅速上报解决。在 2017 年全省矛盾纠纷排查化解专项行动中，坚持网格与矛排调处工作有机结合，使网格内矛排化解工作成为化解各类矛盾纠纷的主渠道。三是注重发挥网格在民生服务管理中的重要作用。积极推进电子政务进社区（村）、服务需求进网格。将各种惠民项目、基本公共服务类项目纳入服务管理平台，实行网格前台受理、部门后台办理，做到“ 平台”受理、“一条龙”办理、“一站式”服务，实现群众“只找一个人，办成所有事”。还在网格服务中加入了信息化手段，通过建立网格化综合管理平台，在网格员手持终端中实现了语音通话、集群对讲、民生诉求、入户走访、代办服务、数据采集等业务，极大提升了为民服务效率。

四、系统发力见实效，不断提升基层社会治理智能化信息化水平

为完成好中央综治办的工作任务，真正做到不等不靠、不拖延、不推诿，确保中央的部署落到实处。一是加强组织领导。成立由副省长、省公安厅厅长任组长的公共安全视频监控建设联网应用领导小组，全省 32 家综治成员单位主管视频工作的副厅长、副主任为成员，统一协调推动全省公共安全视频监控系统建设联网应用的各项工作。全省 14 个市全部参照此模式，成立工作组及其办公室。二是加强顶层设计。在全面摸排的基础上，组织专业技术人员，按照“全域覆盖、全网共享、全时可用、全程可控”的目标要求，编制《辽宁省加强公共安全视频监控建设联网应用工作实施方案（2016—2020 年）》，对加强治安防控、优化交通出行、服务城市管理、创新社会治理等方面统一规划、统一部署、统一实施。结合辽宁实际，省综治委研究确定了全省“雪亮工程”平台建设模式，即各级公安机关视频专网内的视频共享平台为本级公共安全视频整合总平台，同级综治中心视频平台作为本级公共安全视频信息共享应用分平台。三是健全工作机制。连续印发《关于认真落实中央部署要求，加快推进“雪亮工程”建设的通知》和《关于切实加大“雪亮工程”建设力度，确保完成年度工作任务的通知》，明确“雪亮工程”建设目标、任务及标准。协调省发改委、省公安厅、省财政厅等相关部门召开“雪亮工程”专题会议 11 次，贯彻落实中央要求，研究具体工作措施，推进相关工作。四是盯准重点难点。为解决好“雪亮工程”的投资难题，采取政府投入和市场化运作相结合方式，最大限度减轻资金压力。省综治中心分平台投入使用，与省公安厅、省交通厅、省环保厅视频平台实现联通，并实现与中央对接。

（撰稿人：李　锐
审稿人：国长青　董建业）

吉　林　省

2017 年综治工作概况

2017 年，在省委、省政府领导下，全省各地、各有关部门坚持围绕中心、服务大局，以破难题、补短板、防风险为重点，着力预防化解社会矛盾，狠抓社会治安突出问题整治，扎实推进社会治安防控体系建设，平安吉林建设取得了新成效。一年来，全省没有发生影响政治稳定的重大事件，没有发生暴恐分子的现实破坏活动，没有发生大规模群体性事件和个人极端行为，没有发生在全国有影响的重特大案（事）件，全省社会大局保持稳定，人民群众安全感达到 94.64% 的较高水平。在全国社会治安综合治理表彰大会上，吉林省共有 7 个单位和 3 名个人受到表彰、15 名个人受到嘉奖。延边州和磐石县连续三届 12 年被评为全国社会治安综合治理优秀市州和平安县，获得全国综治最高奖“长安杯”。

一、着力预防和化解社会矛盾，全省社会和谐稳定取得了新成效

组织各地、各有关部门在省综治委的指导下，抓好《关于完善矛盾纠纷多元化解机制的实施意见》贯彻落实，围绕促进诉调对接、专业性人民调解组织建设、医疗纠纷化解、环境保护等方面建章立制，形成协调联动、高效便捷的多元矛盾化解格局。全年人民调解组织调解各类矛盾纠纷 217425 件，调解成功 215035 件，调解成功率 98.9%。省综治办督导各地进一步建立健全社会矛盾常态化排查发现和及时化解机制，认真落实矛盾纠纷排查调处工作协调会议制度，对排查出来的矛盾和问题，逐一落实责任，突出做好重点领域和特定利益群体矛盾纠纷化解工作。省综治办与省司法厅共同指导吉林市开展“律师参与矛盾纠纷化解创新项目”试点工作，试点项目被中央综治办评为全国 11 个优秀项目之一，其经验在全国推广。全省 7 个地（市）依托社会组织建立了集协调、管理、指导、调解于一身的专业人民调解中心。吉林市、辽源市将“12348”“968968”法律咨询热线拓展为专业调解中心接案平台，拓宽了纠纷受理渠道和调解途径。白山市依托县（市、区）婚姻登记处，选派人民调解员建立家庭纠纷调处工作室，与各乡镇（街道）矛盾纠纷调处中心、基层人民法院诉前调解中心建立联合调处，形成了“三方联动”的调处格局。

二、着力推进社会治安防控体系建设，人民群众安全感取得了新提升

按照中央、省里的有关部署安排，各地、各有关部门结合实际，紧紧围绕破难题、补短板，不断增强社会治安防控体系实效，进一步提升了驾驭社会治安局势、保障公共安全的能力。

（一）全面提升了对社会治安基本要素动态掌控能力。省综治办注重发挥专门机关和行业、单位作用，督导责任落实，实现对社会治安基本要素的全方位掌控。在流动人员服务管理方面，全省派出所应用“外网发现、内网推送、共享应用”的“互联网 + 出租房屋”管理新模式；在推进实名收寄工作方面，省邮政管理局与省公安厅、省国家安全厅联合制发了《全省邮件、快件实名收寄信息系统推广应用工作实施方案》，并在各地逐步试点落实；在推动长途客运实名购票上，省公安厅、省交通运输厅联合制发《关于实施省际、市际客运班车线实名购票、验票工作的紧急通知》，3 月1 日起全省省内客运班线全面落实实名制购票。

（二）全面加强了对传统犯罪的依法惩治力度。根据社会治安形势需要，精准开展专项打击，全力维护社会稳定。省综治办与省委组织部、省民政厅联合印发《关于在全省农村开展“村霸”问题排查整治的通知》，依法开展打击整治“村霸”

专项行动,并在全省确定了10个县(市、区)为社会治安问题重点关注地区,强化对社会治安突出问题的整治。

(三)重拳打击了电信网络诈骗犯罪。省综治办协调公安、工信、通信、银行等各方资源力量密切配合,继续深化打击治理电信网络新型违法犯罪专项行动。公安机关以互联网信息、手机通信信息和资金流向为突破口,建立案件串并和逃犯追捕协作机制,确保对犯罪嫌疑人的有效打击。2017年初以来,相继侦破了涉案金额500余万元的"5·27"电信诈骗案、吉林省首例新型手机木马网络诈骗案、"9·22"特大跨境电信网络诈骗案等群众关注度高、社会反响大的电信诈骗案件,受到了地方党委、政府和群众的好评。

(四)扎实推进了重点人群服务管理。省综治办、省公安厅、省民政厅、省财政厅、省卫计委、省残联等5部门联合印发《关于进一步加强严重精神障碍患者肇事肇祸案事件管控工作的通知》,两次组织开展调研活动,对各地落实奖补协议和防范发生严重精神障碍患者肇事肇祸案(事)件情况进行督导检查。省综治办、省禁毒办、省司法厅联合印发《吉林省吸毒人员网格化"包保责任制"服务管理办法》《吉林省吸毒人员网格化服务管理工作方案》《吉林省吸毒人员网格服务管理工作实施意见》,推动全省70%的城乡和社区开展吸毒人员网格化服务管理相关工作。

(五)有效管控了公共安全风险。省综治办、省交通运输厅、省公安厅、省工商局联合印发《关于进一步加强和改进全省物流业安全管理工作的通知》,定期召开全省寄递渠道安全管理工作联席会议,督促落实寄递物流企业安全主体责任,严密防范涉及寄递物流领域的违法犯罪活动。开展了全省寄递物流行业安全管理工作专项督导检查;省综治办、省公安厅、省住建厅、省消防总队等部门联合组织开展了全省高层建筑消防安全综合治理工作督导检查,有效防范了火灾事故发生。

三、着力健全社会治安综合治理体制机制,平安吉林建设取得了新成果

各地、各部门高度重视平安建设,把"平安建设"作为"一把手"工程,不断夯实基层基础建设,有力推动了平安建设扎实有序开展。

(一)全面推动基层综治中心建设。省综治办按照国家标准下发《关于抓好综治中心建设工作的通知》,指导各地从实际出发,全面推进县、乡、村三级综治中心建设,开展4次调研,实地指导基层综治中心建设。全省现建成有场所、组织机构、工作制度、运行机制、保障措施、办公人员的"六有"综治中心市级5个、县级54个、乡镇890个、村级10090个,基层综治中心覆盖率达93.9%。长春市积极整合"一个中心、两个平台、三个工作站"等综治工作资源,扎实推动综治中心实效化、实体化、实战化,全市综治中心实现了全覆盖。吉林市对全市四级综治中心建设与管理工作进行系统规划,有44个乡镇、156个社区、402村的综治中心具备达标要求,基层综治中心挂牌率100%。松原市在乡镇级综治中心注重落实"N+1"工作机制,推动综治、信访、司法、劳保、公安、民政、卫生、农业等部门的人员进入中心合署办公,形成了工作合力。

(二)网格化服务管理成效明显。省综治办积极推进基层综治中心和网格化建设实行一体化运作,全面深化农村和社区网格化服务管理工作。基层综治中心在每个网格都组建了由社区网格员、基层政法干警、综治协管员和平安志愿者等群防群治力量组成的网格服务团队,将"网格化"服务管理触角延伸到户,做到第一时间发现矛盾、发现问题、化解冲突。吉林市推广社区微治理、微服务经验,探索以社区博客、微信群、社区公众号等平台为纽带,建立以网格员为骨干,社区工作者、居民党员、志愿者相融合的社会服务力量,开辟基层社区服务新途径;"民信二维码"服务APP在船营区全面推广使用,极大提升了网格化服务水平和效率。大安市城南社区注重加强与民政部门的合作,加大对困难家庭的帮扶力度,组织网格员及时发放物资、申请廉租房补贴、办理社保补贴和医保等,社区多次被授予全国综合减灾示范社区、全国科普示范社区、全国和谐社区建设示范社区等称号。

(三)基层平安创建活动扎实有效。省综治办督促指导各地、各相关部门注重落实责任、完善标准、创新举措,通过抓示范单位引领、达标单位普及深化基层平安建设。按照省综治办"五个一”创建活动部署要求，长春市以家庭、村屯（社区）、校园、企业、商场等为基本单元，持续开展基层平安创建活动，培育了一批效果突出的基层平安示范单位，其中双阳区荣获“全国平安建设先进县（市、区）”称号。省卫计委重新修订了全省“平安医院”创建工作考核办法及考核标准，制发《吉林省卫生计生系统安全生产隐患排查治理分级评定标准》，推动行业标准化规范化建设，全年卫生计生系统未发生重大安全生产事故。省交通运输部门把开展“平安公路”“平安车站”“平安车辆”等系统创建活动与隐患排查治理和“打非治违”专项整治相结合，促进了交通运输行业的安全稳定。

（四）“雪亮工程”建设进展顺利。吉林省将“雪亮工程”列入经济社会发展规划，连续 5 年将视频监控系统建设纳入“民生实事”强力推动。成立了省综治办、省发改委、省公安厅主管领导参加省级领导小组，5 次召开联席会议研究解决重大问题，并将“雪亮工程”建设情况纳入综治考评体系加强推动落实。长春市现已完成 18 个出入城口点位、600 个反向抓拍球机、10 台高点激光瞭望摄像机的安装调试工作，全市实现联网运行的公共监控摄像头 14495 个，联网率达到 69%。吉林市在城区建成公共视频监控摄像机 4880 台，全市公共视频联网率达到 81.5%，重点部位覆盖率达到 63%。重点支持城市延边州已建立“雪亮工程建设联合开发实验室”，在珲春市开展“雪亮工程 + 边境管控”试点、在汪清县开展“雪亮工程 + 综治中心”试点。

（五）严格落实综治领导责任制。2017 年初，省综治委代表省委、省政府与各地及省综治委成员单位的主要领导签订了《2017 年综治工作（平安建设）责任状》，对各地各部门的综治工作实行目标管理，坚持工作调度和述职工作报告制度，强化了抓落实的责任意识。省直政法各部门坚持立足本职，依法履行执法司法职能，为党的十九大胜利召开营造了和谐稳定的社会环境，为全省经济社会发展发挥了服务保障作用。省金融办将综治工作列入办党组议事日程，多次专题研究推动防范打击非法集资、金融风险专项整治等工作。长春市研究制定了《长春市社会治安综合治理委员会成员单位责任清单》，细化和明确了 64 个综治成员单位的工作目标、职能、任务，促进各成员单位齐抓共管、协调推进综治工作。

2017 年，吉林省虽然在平安吉林建设上取得了新进展、新成效，但面对新形势、新挑战也有短板和不足，如社会治理方式方法创新不够，缺乏联动融合和开放共治，专业化和精细化水平亟待提高，基层基础工作不深入和不扎实，等等。在今后的工作中，还须深化对社会治理规律的认识，拓宽视野、开阔思路，在理念、制度、机制上求创新、有突破，不断提高社会治理的社会化、法治化、智能化、专业化水平，推动平安吉林建设工作再上新台阶。

吉林省公安厅　省综治办　省民政厅　省住房和城乡建设厅　省安监局　省能源局关于印发《全省高层建筑消防安全综合治理工作实施方案》的通知

（2017 年 8 月 22 日）

各市（州），长白山保护开发区，梅河口市、公主岭市公安、综治办、民政、住建、安监、能源部门：

为认真贯彻落实国务院高层建筑消防安全综合治理会议和各级领导同志重要批示指示精

神，深刻吸取英国伦敦“6·14”火灾教训，按照公安部等六部委联合印发的《高层建筑消防安全综合治理工作方案》要求，结合夏季消防检查和全国安全生产大检查等工作，省公安厅、综治办、民政厅、住建厅、安监局、能源局联合制定了《全省高层建筑消防安全综合治理工作实施方案》，现印发给你们，请结合本地实际，认真组织实施。

全省高层建筑消防安全综合治理工作实施方案

为认真吸取英国伦敦“6·14”火灾教训和贯彻落实《吉林省安委会关于印发交通运输、消防施工、特种设备、职业病防治、冶金等工贸行业领域综合治理方案的通知》要求，按照国务院关于开展高层建筑消防安全综合治理会议安排部署，结合夏季消防检查和全国安全生产大检查等工作相关要求，省公安厅、综治办、民政厅、住建厅、安监局、能源局联合决定，在全省组织开展为期半年的高层建筑消防安全综合治理工作，特制定本实施方案。

一、任务目标

认真贯彻落实中央领导同志重要批示指示精神，按照国务院、公安部和省政府的统一安排部署，摸清全省高层建筑基本情况，切实整治高层建筑火灾隐患，落实高层建筑消防安全责任，坚决预防和遏制高层建筑重特大火灾事故发生，为党的十九大胜利召开创造良好的消防安全环境。

二、治理时间

2017年8月至12月。

三、治理范围

全省范围内已建成投入使用的高层建筑。

四、治理内容

（一）建筑外墙外保温材料。

1. 高层建筑违规采用易燃可燃外保温材料。

2. 高层建筑外墙外保温防护层破损开裂、脱落，未将保温材料完全包覆。

（二）建筑消防设施。

1. 高层建筑未按消防技术标准设置消防设施或设置不符合消防技术标准。

2. 建筑消防设施故障、损坏或瘫痪，不能保持完好有效。

3. 消防控制室设备故障，控制功能及联动运行不正常。

（三）安全疏散设施。

1. 疏散楼梯、安全出口数量、疏散楼梯间设置形式不符合标准；避难层（间）堆放杂物或擅自改变用途；避难区内穿越通风风管、排烟风管、电缆桥架和采用可燃材料包覆管道。

2. 占用、堵塞、封闭疏散通道、安全出口；防火门损坏或构件缺失影响防火防烟功能；应急照明、疏散指示标志和楼层指示标识的设置位置、数量、照度等不符合标准。

3. 疏散走道、楼梯间内部装修材料不符合标准。

（四）管道井。

1. 电缆井、管道井等管井未独立设置，井壁耐火极限达不到1.00h、管井检查门未采用丙级防火门，电缆井、管道井未在每层楼板处进行严密封堵，电缆桥架等未在防火分隔处采用有效措施进行防火封堵。

2. 管道井内堆放杂物或占用，管井井壁、检查门破损，日常维护管理不到位。

（五）电气燃气管理。

1. 电气线路乱拉乱接或敷设不符合规范，电气设备容量负荷超标或安装不规范。

2. 消防用电负荷不符合消防技术标准，未落实任何情况下不得切断消防电源的安全保障措施。

3. 使用燃气的场所、部位不符合相关技术标准；燃气管线、燃气用具的敷设、安装等不符合相关安全技术标准；公共建筑使用燃气部位未设置燃气泄漏报警装置和紧急切断装置。

4. 对电气、燃气设施设备的日常维护保养、检测等管理措施不落实。

5. 用火、用电、用气不规范。动用明火作业时，未落实现场监护和安全措施。

6. 是否结合本地智慧用电安全管理系统、智能燃气管理系统建设，对高层建筑安全用电用气实施远程监控管理。

（六）日常消防安全管理。

1. 单位消防安全主体责任不落实，未设立或明确消防安全管理机构，未建立消防安全制度和消防安全操作规程，消防安全责任人、管理人、重点岗位人、特殊工种人员和员工逐级岗位责任不落实。

2. 单位消防安全检查巡查不落实，不能及时整改火灾隐患。

3. 建筑外墙门窗违规设置影响逃生和灭火救援的障碍物。

4. 单位未按标准组建微型消防站，未开展针对性消防训练，不具备“早发现、早处置”的扑救初起火灾能力。

5. 单位未定期组织消防安全培训和消防演练。

6. 高层住宅建筑未明确物业服务企业的消防安全管理责任。

7. 已建立消防安全远程监控系统的城市，是否将设有自动消防设施的高层建筑接入监控系统。

五、工作措施

（一）精细排查建立数据资料库。明确各部门职责分工，建立专项检查工作组，对全省高层建筑进行拉网式排查，建立隐患台账清单，制定隐患整改方案，明晰整改责任，落实整改措施。将高层建筑全面纳入消防安全“户籍化”管理系统，认真落实“户籍化”管理，督促高层建筑管理单位认真录入基础数据，建立全省高层建筑数据库，深入分析高层建筑火灾隐患成因，采取针对性防范措施，确保消防安全。

（二）严格管控外墙外保温材料。对违规采用易燃可燃外保温材料的高层建筑，结合改建、扩建工程，拆除易燃可燃外保温材料，更换符合相关国家现行标准的外保温材料；未拆除前，严格落实火灾防范措施，严密包覆裸露的保温材料；严禁在建筑外墙违规动火用电，禁止在建筑周围堆放可燃物、燃放烟花爆竹；汽车、电动车停放与建筑外墙保持一定的安全距离。

（三）完善高层建筑消防设施。缺失消防设施的高层建筑，结合改建、扩建工程，按照消防技术标准增补；对消防设施损坏的，责令限期整改修复，落实定期维护保养检测制度，确保完好有效；对疏散楼梯数量不足的，采取增设室外疏散楼梯等措施；对电缆井、管道井等管井以及电缆桥架封堵缺失或不严密的，使用防火封堵材料严密封堵。

（四）畅通安全疏散生命通道。全面清理疏散楼梯、疏散走道堆放的杂物以及违规停放、充电的电动车，确保疏散通道畅通；高层住宅建筑设有通向屋面出口的，出口上的门或窗应能从内向外开启；疏散楼梯间的防火门损坏或拆除的，应及时维修安装，确保达到防火防烟功能；疏散走道、楼梯间内设置应急照明和疏散指示标志，确保火灾状态下引导人员安全疏散；超高层建筑避难层（间）被占用的，应恢复原有功能。

（五）加大监管执法力度。对排查发现的消防违法行为和火灾隐患，应严格依法实施责令“三停”、吊销执照、行政拘留、临时查封、强制执行等处罚和强制措施；对建设单位、施工单位、监理单位和产品生产、销售企业，在供货、检测、施工等环节弄虚作假、降低标准，违规采用易燃可燃外保温材料或降低外保温系统安全性能的，以及违规施工作业的，一律依法严厉处罚。对整改难度大、火灾风险高、存在重大火灾隐患的高层建筑，提请政府挂牌督办，明确整改责任和整改期限，落实整改措施。

（六）提升物防技防水平。推动老旧高层住宅在建筑公共区域设置火灾应急广播，在居民家庭推广安装独立式感烟火灾探测报警器，结合老旧高层住宅改造工程推动安装简易喷淋设施和电气火灾监控装置，提高初起火灾预警和处置能力。加快推进城市消防远程监控系统建设，逐步将设有火灾自动报警系统的高层建筑联入系统，24 小时监控高层建筑消防设施运行状况，并纳入“智慧城市”管理。

（七）严格落实主体责任。对火灾荷载较大、人员密集的高层建筑，确定为火灾高危单位，实行更加严格的消防安全管理措施。在高层公共建筑推行专职消防安全经理人制度，在高层住宅建筑推行“楼长”制度，负责本单位、本建筑消防安全管理。定期开展防火检查巡查，组织实施消防宣传教育培训，制定灭火和应急疏散预案并定期组织演练。高层建筑使用单位按要求配备专业电工，严格落实用火用电用气安全管理制度，定期检测维护电气线路、燃气管线，及时消除安全隐患。

（八）提升高层火灾扑救能力。切实加强对高层建筑尤其是老旧居民住宅消防安全状况的熟悉演练，完善数字化灭火救援预案，优化作战编成和力量调派方案，开展人员搜救、高层供水等实测与演练。高层公共建筑和高层住宅小区应建立集防火、灭火、宣传于一体的微型消防站，配齐人员和必要的装备器材，与公安消防队开展联勤联训，达到“三知四会一联通”，提升扑救初起火灾能力，确保一旦发生高层建筑火灾，能够快速反应、有效应对，最快速度控制和扑灭火灾，最大限度减少人员伤亡和财产损失。

（九）强化专项整治宣传培训。充分利用报刊、广播、电视、网络等媒体，开设专项整治专题（专栏），报道整治动态，普及高层建筑消防安全知识。设立隐患曝光平台，对久拖不改、政府挂牌督办的高层建筑类重大火灾隐患，进行集中曝光；对隐患严重、逾期未改的重大火灾隐患单位，通报有关部门，列入消防安全不良行为公布范畴，并采取约谈单位法定代表人、在单位醒目位置张贴火险警示牌等方式，推动隐患整改。广泛利用单位、社区、物业的LED屏、楼宇（电梯）视频等媒介，滚动播放高层消防安全视频和提示字幕，宣传普及高层建筑防火、灭火和逃生自救知识，提高广大居民群众消防安全意识。发动高层建筑管理单位、物业公司组织开展一次员工和居民全员参与的消防安全培训和疏散演练，引导居民群众配备防烟面罩、逃生绳索等器材，提高应急疏散逃生能力。

（十）严格落实责任追究。综合治理期间，各地要认真落实高层建筑综合治理工作，对于因隐患不除、问题不改、管理不到位导致出现重大消防问题的，省政府将倒查相关行业部门责任；对达到立案标准的火灾事故，一律以失火罪和消防责任事故罪追究发生火灾单位相关责任人的刑事责任，坚决以刚性问责倒逼各项工作任务落实。

六、职责分工

各级公安、综治、民政、住房城乡建设、安全监管、电力等部门在当地政府统一领导下，按照“谁主管谁负责”原则齐抓共管。各级公安、综治办、民政、住房城乡建设、安全监管、电力等部门联合成立综合治理协调小组，指导各地高层建筑消防安全综合治理工作。公安消防机构承担协调小组日常工作。

公安机关和消防部门要充分发挥“主力军”作用，加大对各类高层建筑的排查检查力度，督促整改火灾隐患，依法查处消防违法行为；安监部门要将高层建筑消防安全综合治理工作纳入当前正在开展的全省安全生产大检查内容，会同有关部门开展消防安全联合督查检查工作；住建部门要加强对高层建筑在建、改建、扩建施工过程中的安全监管工作；电力部门要加强高层建筑电气安全检查，规范安装电气设施和线路。

七、工作步骤

此次综合治理工作分为四个阶段进行：

（一）动员部署阶段（8月10日前）。提请各市（州）政府召开会议进行专题部署，明确治理目标、任务和措施，细化相关部门、单位工作职责，掌握检查自查要求，迅速开展工作。

（二）全面排查阶段（8月11日至8月31日）。组织全省高层建筑管理单位开展消防安全自查自纠，切实整改存在的问题。各有关行业部门在政府统一领导下，按照职责分工，逐个区域、逐栋建筑开展排查。重点对建筑外墙外保温材料、建筑消防设施、日常消防安全管理等是否符合有关规定或落实到位。对排查出的安全隐患，要详细登记，建立台账，督促整改。

（三）重点整治阶段（9月1日至12月20日）。对排查发现的火灾隐患，要逐项制定整改计划，落实整改责任、措施和资金，督促尽快整改；对一时难以整改的重大火灾隐患，要报告地方政府挂牌督办，督促单位和业主在确保安全的前提下，采取先易后难、分步实施的方式，逐项消除隐患，确保消防安全。治理期间，各地要集中查处一批存在严重违法行为和拒不整改火灾隐患的单位，集中曝光一批久拖不改、严重影响公共安全的隐患单位，集中挂牌督办一批存在重大火灾隐患的单位。

（四）总结验收阶段（12 月 21 日至 31 日）。各地要成立检查组，对高层建筑综合治理工作进行检查验收，对验收不合格的一律重新进行整治，要将抽查验收情况纳入各地政府 2017 年度消防工作考核内容。治理工作结束后，各地要认真总结，固化好的经验做法，对存在的普遍性问题，要进行专题研究并及时修订完善有关法规标准，健全高层建筑火灾防控长效工作机制。对尚未完成整改的高层建筑火灾隐患要紧盯不放，跟踪督办，确保隐患消除。

八、工作要求

（一）精心组织，加强领导。各地区、各有关部门要高度重视，充分认清当前消防安全形势的严峻性，切实将高层建筑消防安全综合治理工作作为有效维护火灾形势稳定的重要举措狠抓落实，紧紧围绕工作目标，细化制定工作方案，明确重点地区、重点环节和重点部位，强化治理措施，落实工作责任，认真组织开展高层建筑消防安全综合治理，务求各项工作任务落地见效。

（二）依法履职，全力推进。各地区、各有关部门要按照“管行业必须管安全、管业务必须管安全、管生产经营必须管安全”的要求，严格落实相关法律法规规定，认真履行消防安全职责，加强协作配合，主动沟通协调，形成执法合力，各尽其职，各负其责，联合组织检查督查，建立健全信息共享、情况通报、联合查处、案件移送机制，有效推进高层建筑综合治理工作开展。

（三）严格执法，全力整治。各单位要对检查发现的火灾隐患和违法行为，用足用好法律手段，有效警示社会、震慑违法行为，在工作中要严格落实“五个一律”措施，即对正在违规安装的易燃可燃外保温材料，一律依法责令停止施工，严厉处罚有关单位和个人；对消防设施关停瘫痪的，一律依法责令停业整改；对安全疏散堵塞、违规停放电动车的，一律依法责令立即清理完毕；对电缆井、管道井以及电缆桥架防火封堵不严的，一律依法责令限期改正；对问题突出的重点地区和重大隐患，一律提请当地政府采取书面警示、重点约谈、挂牌督办、公布曝光等手段，压实整改责任，限时消除隐患。

（四）强化督导，严肃问责。各单位要提请属地政府适时开展督导检查，对综合治理措施落实不力、火灾隐患突出或者发生重特大火灾事故的地区和单位，采取通报、约谈、挂牌督办、实行“一票否决”等方式，进行综治责任督导和追究。要成立督导组，采取“四不两直”（不发通知、不用陪同、不打招呼、不听汇报、直插现场、直奔基层）的方式，明查暗访基层工作任务落实情况。在综合治理中，对于落实国务院、省政府决策部署不力的，省政府将对属地政府和行业部门进行约谈；对于因隐患不除、问题不改、管理不到位导致出现重大消防问题的，要追查涉事地的地方领导和行业部门监管责任；对达到立案标准的火灾事故，一律以失火罪和消防责任事故罪追究发生火灾单位相关责任人的刑事责任，坚决以刚性问责倒逼各项工作任务落实。

吉林省白城市洮北区坚持“四到位”
推进综治中心建设　努力构建综治工作新格局

洮北区是白城市唯一市辖区，一直严格按照省、市综治办《关于推进综治中心建设的通知》要求，坚持“开发利用、注重整合、满足需要”的原则，把综治中心建设作为洮北区综治工作的重点来抓好、抓实，从现有资源整合、建立健全工作制度、完善运行机制等几个方面大力推进综治中心建设。目前，已初步建成了一批乡镇、街道、乡村和城市社区不同类型的标准化综治中心，做到了有组织推动和人财物保障，有制度机制和信息化建设支撑，实现了社会化管理和服务功能进一步向网格延伸。

一、纳入重要日程，领导重视到位

新一届区委政法委班子切实地把综治中心建设作为政法工作的重中之重，投入大量人财物，推动综治中心建设工作，为实现综治中心建设取得实质性突破提供了有力保障。区委政法委、综治委就洮北区综治中心建设工作召开了专门会议，研究开展有关工作，主要领导同志深入基层进行现场指导督导，当场拍板解决资金、设备等现实问题。各乡镇、街道办事处主要领导高度重视，积极开展综治中心建设工作，坚持把综治中心建设纳入党委、政府议事日程，成立了领导小组负责综治中心建设工作，协调综治中心建设所需的场所、器材、人员、办公设备等各种资源。目前，经过多方筹集资金，乡镇、街道办事处综治中心平均投入达到1万余元，专门办公场所平均面积达到60平方米以上；村、社区综治中心平均投入5000余元，专门办公场所达到20平方米以上。

二、充分利用现有资源，统筹整合到位

由于洮北区资源有限且经济基础薄弱，开发、新建综治中心难以实现，为及时推进综治中心建设，让综治中心更快发挥作用，区综治办确定了整合现有资源的建设思路。一是整合办公场所资源，将现有的矛盾纠纷调处中心、百姓说事点等办公场所合并同类项，改造升级为综治中心。二是整合利用现有"功能板块"，将新增设的集中受理、转办承办和跟踪督导等功能与原有的矛盾调处、百姓说事反映诉求等功能集中整合到综治中心的专门办公场所，实现各种资源的高效利用，同时将综合服务大厅功能纳入体系，使综治中心成为具有矛盾纠纷调处、信访维稳等综治核心业务与服务民生事项兼顾的功能体系。三是整合信息化资源，充分利用辖区公安机关派出所监控网络、辖区居民自建监控设施、辖区企业自建监控网络等现有监控网络集中链接到综治中心，实现信息资源利用最大化。四是整合人力资源，对乡镇、街道办事处各科室综治相关人员进行整合，实现人员集中办公。目前，全区村（社区）综治中心共配备354人，乡镇（街道）综治中心共配备108人。

三、完备制度机制，科学规范到位

洮北区综治办全力确保综治中心建设和运作有章理事、操作规范。一是建立了科学的组织领导体制。各乡镇、街道办事处综治中心主任由综治办主任担任并主持全面工作，副主任由综治办副主任担任并负责日常工作，主要组成部门负责人为综治中心成员，各组成部门和单位明确专人入驻综治中心工作，按照分工开展工作。二是建立了科学的工作制度体系。基于乡镇（街道）、村（社区）综治中心的功能定位，针对集中受理、转办分办、跟踪督导等环节，制定了《综治中心"七位一体"工作制度》《综治中心联动协调工作制度》《综治中心人防网格管理制度》等工作制度5项，使综治中心的工作有章可循、规范运行。三是明确工作流程。按照"集中受理、统一批转、归口办理、协作配合、限时报结、跟踪问效"的总体要求，各综治中心根据自身情况建立健全运行机制，完善相应工作台账，确保办事程序科学、合理、高效，并且根据运行机制制作工作流程图，在综治中心醒目位置展示。

四、跟踪指导督办，问效落实到位

一是常抓建设指导。一方面，区综治办先行确定了1个街道办事处、1个乡镇、1个社区、1个村的综治中心试点单位，并按照省市综治中心建设标准，定期对各试点单位综治中心建设进行现场指导，研究解决共性问题，同时，将这四个试点单位的建设经验向全区推广。另一方面，区综治办建立了综治中心建设指导咨询QQ群，各单位可在QQ群里提问和交流建设经验，也可以在群里同区综治办预约进行现场指导。二是压实工作责任。层层签订责任状，逐一细化职责、任务，落实各自责任，确保综治中心建设、运行工作有人抓、有人干。各乡镇、街道办事处每月定期召开综治工作例会，推进综治中心建设，加强各部门间的协作配合，研究解决全局性工作。三是强化考核奖惩。区综治办将综治中心建设、运行情况纳入年度综治考评，并随时进行督导。各乡镇、街道办事处也建立了相应的考评制度对各入驻中心科室工作情况进行考核。

吉林省辽源市构筑“四三”创建体系 打造平安和谐辽源

近年来,辽源市综治办充分整合平安建设资源,通过打造“三项工程”、开展“三化建设”、关注“三个重点”、发挥“三个作用”,构筑了“四三”创建体系,逐步探索一条符合辽源市实际的平安建设之路。2011—2016 年,辽源市综治工作连续 6 年走在全省前列。当前,全市经济社会协调发展,已成为全省最平安和谐的地区之一。

一、打造“三项工程”,保障平安辽源整体效能

一是打造一把手工程,强力有序推进。市委、市政府高度重视平安辽源建设工作,连续多年将平安辽源建设工作写入政府工作报告和全市经济工作报告,明确要求各级各部门把综治维稳工作作为“一把手工程”,把平安辽源建设作为“民心工程”和“民生工程”,把工作切入点、着力点放在有效解决影响社会和谐稳定的源头性、根本性、基础性问题上,从源头上强力推进了平安辽源建设工作。二是打造同创工程,切实形成合力。市综治办一方面不断强化内在协调能力建设,切实帮助成员单位解决实际问题,增强了综治工作的执行力。另一方面,通过考评、述职、通报等方式,不断强化外在制度建设,加大责任落实力度,给综治工作提供“保护锁”,工作合力显著增强。同时组织动员社会各界参与共建,不断强化群防群治队伍建设,见义勇为工作取得跨越式发展,群众参与平安建设积极性显著提高,辽源市连续 5 年被评为全国见义勇为城市。三是打造基础工程,不断夯实根基。按照“以人为本、优化服务、源头治理、力量下沉”的工作要求,市综治办大力推动基层综治组织和队伍规范化建设,全力打造了覆盖城乡、上下联动的三级平安建设工作平台,其中基层综治中心平台建设实现了全覆盖。以全省基层平安创建“五个一”活动为契机,以实施社区警务战略、城市社区“八有一创”、农村社区实施“十有两创”、校园安全“八个一”创建等基层平安创建为重点,有效提高了基层社会治安管控能力,全市基层平安创建达标率达到 90% 以上,基层警力增加了 5 倍以上。

二、开展“三化建设”,引领平安辽源发展方向

一是开展信息化建设,提升技防水平。从 2016 年开始,辽源市综治办将信息化建设作为社会治安防控的重要抓手,利用三年时间全方位开展“三网四平台五防线”建设,即视频监控、WiFi 监控、情报信息三网,信息资源共享服务、警用地理信息、物流寄递业基础管理、综治信息四平台,电子围栏、智能门禁、人脸抓拍、电子卡口、互联网终端五防线建设,在全市范围初步形成了视频巡查、资源共享、精密防控的技防网络格局。二是开展网格化建设,实现精细管理。2012 年,辽源市综治办牵头推动了全市街道社区管理体制改革,在城区全面取消街道,重新组建了新的大社区工作模式,并依托网格化进行科学管理。在科学划分网格的基础上,通过网格员开展“上门服务”、“零距离服务”、延时服务,真正实现了工作重心下沉。目前,市区 30 个大社区共划分网格 244 个,设立网格员 477 名。518 个行政村共划分农村网格 2563 个,设网格员 4985 名,全市城乡网格化管理实现全覆盖。三是开展法治化建设,强化法律服务。在辽源市乡镇(社区)、部队驻军、政法机关、信访部门等部门共建立了 96 个法律专家服务站,实现了乡镇(社区)和重要部门重点领域全覆盖。建立了全省首家“968968”法律咨询服务热线,受理咨询 1 万余人次。推动政府购买了 5 个律师事务所的法律服务,法律服务能力进一步增强。通过“法治化”建设,辽源市形成了群众自觉守法、遇事找法、解决问题靠法的浓厚法治氛围。

三、关注“三个重点”,提升平安辽源创建能力

一是关注重点地区,解决热点问题。通过对

全市各类案件的比对分析,将全市所有小区作为重点关注地区,开展重点整治。利用一年时间,在全市159个老旧小区新装了3200余个视频监控,实现了老旧小区视频监控的全覆盖。制定了《辽源市住宅小区安全防范建设管理实施办法》,将新建、在建小区安全防范纳入小区建设整体规划,从源头上解决了小区安防设施弱化的问题。工作开展以来,小区居民住宅侵财案件大幅下降,群众安全感满意度逐年提高,并连续6年保持全省前三名。二是关注重点行业,全力防控风险。逐步完善了风险管控机制,抓实排查、预警、防控三个环节,进一步完善了"金融、石油化工、交通、流通、消防、食品、药品、治安、反恐斗争、互联网"等10个领域风险防控,常态化开展了道路交通、消防、寄递物流业等行业安全管理活动,各类风险登记在册率、预警率、管控率均达到100%。近年来,全市各类重点行业没有发生有影响的安全案(事)件。三是关注重点人群,提高治理能力。目前全市重性精神疾病管理治疗网络覆盖率达到100%,重性易肇事肇祸精神障碍患者全部落实"以奖代补"政策。社区矫正和刑释解教工作机制进一步完善,完成全省第一家市级社区矫正管理中心建设。刑满释放人员安置率达91%,帮教率达98%。成立了独立建制的少年法庭,积极探索建立了空竹式"微审判"模式,四年来,辽源市未成年犯罪案件当庭认罪率、服判息诉率、悔罪率均为100%,非监禁刑少年犯无一重新犯罪。

四、发挥"三方作用",推动平安建设深入开展

一是发挥打击作用,维护社会稳定。在加强社会治安防控工作的同时,强化打击工作,以打开路、以打促防,打出了声威和实效。辽源市连续5年实现"命案必破"目标,"两抢"案件破案率达到82.1%。针对电信诈骗多发的实际,2016年成立了辽源市反电信诈骗犯罪中心,共打掉福建、台湾等地区电信诈骗团伙多个,破获案件263起,挽回经济损失628.03万元。上半年,全市刑事、"两抢"案件立案同比下降17.3%、62.5%,受理治安案件同比下降18.8%,"盗抢骗"案件同比下降17.6%。二是发挥调解作用,整合多方资源。建立了市、县(区)"一办三中心"(综治办、人民调解中心、司法调解中心、行政调解中心)大调解工作体系,通过综治中心建设,整合了公安、司法行政、民政、人力资源社会保障、信访、法院等部门资源,切实形成了矛盾纠纷多元调解格局。在全省率先成立了医疗纠纷调解委员会、信访服务大厅;在全国率先成立了集人民调解、巡回法庭、法律援助、保险理赔等"十位一体"道路交通事故快速处理中心,实现了信息互通、优势互补、工作联动、矛盾联调的工作格局,有效化解了大量矛盾纠纷。三是发挥宣传作用,树立创安意识。2014年在全省率先建成集平安宣传、法治教育、平安体验于一体的青少年平安教育馆、禁毒教育馆、消防科普教育馆、交通安全体验公园4个平安教育基地,截至目前共接待群众20万余人次,有效提高了教育效果。同时充分发挥综治组织和综治队伍主力军作用,在社区、村屯、广场等群众聚集场所广泛开展"换锁芯"工程、治安防范技巧、完善物防设施等平安宣传,营造了浓厚的平安建设氛围。

吉林省长春市组织开展平安建设系列宣传活动

按照中央综治办、省综治办工作要求,年初以来,市综治办在全市组织开展了一系列平安建设宣传活动,进一步提高了长春市广大群众对平安建设的知晓率和参与率,营造了全社会了解、支持、参与平安建设的良好氛围。

一、组织开展以"平安在身边"为主题的文艺巡回演出活动

市综治办联合市委防范办、市法学会,聘请吉林省曲艺团为创作演出单位,共同精心制作了一台以"平安在身边"为主题,以"平安""和谐"为元素的文艺节目,在全市组织开展了为期一个月的巡回演出活动。巡回演出节目以群众喜闻乐见的小品、相声、歌曲、魔术、快板、二人转等为表演形式,通过幽默的语言、健康的格调、乐观向上的表演,展现了长春市社会治安综合治理的工作成效,反映了平安长春、和谐长春的社会风貌,深得观演群众喜爱,获得了广泛好评,令观演群众在感受到快乐的同时,也深刻了解到平安建设的重要意义。文艺巡演深入各县(市)区、开发区的社区、公园、广场进行表演,累计演出 15 场次,观演群众达 5 万余人次,《长春日报》、长春电视台、长春广播台等新闻媒体对巡演活动进行了全方位宣传报道,达到了良好的宣传效果,为迎接党的十九大胜利召开营造了和谐的社会氛围。

二、组织开展“平安中国建设宣传”系列征集活动

为迎接全国社会治安综合治理表彰大会召开,展现长春市广大政法综治工作人员的风采,在全市范围组织开展了以平安为主题,突出政法综治特色的“平安印象”征文、“平安瞬间”摄影作品、“平安记录”微视频、“平安歌曲”MV 等系列征集活动,经过精挑细选、优中选优,向中央、省报送 9 篇征文、15 幅摄影作品、5 部微视频、2 首歌曲 MV。由市综治办选送,市公安局交警支队和市网信办联合制作的微视频作品《给妈妈的信》,在“全国第二届平安中国微电影微视频比赛”中荣获“最佳微视频奖”。

三、运用 LED 大屏幕、宣传海报等载体开展平安建设宣传

市综治办聘请专业广告策划公司,研究设计了以“创平安、建平安、享平安,打造最具安全感城市”为主题的 LED 大屏幕电子宣传标语,在人民大街沿线租用了工人文化宫、长春电力公司、吉林省图书馆等三个点位的 LED 大屏幕,从 7 月至 9 月,每天早 7 点至晚 21 点,每天 240 次,每次 10 ~ 30 秒钟滚动巡回播放平安建设电子宣传标语,有效提升了平安建设社会面宣传效果。

四、在全市组织开展“最美网格长”“最美综治协管”评选活动

为展示长春市社会治安综合治理和网格化服务管理工作成效,展现广大基层网格长、综治协管员工作风采,市综治办积极配合市民政局、市文明办、吉报集团新媒体等部门单位,在全市组织开展了“最美网格长”“最美综治协管员”评选活动。通过报名推荐、公众投票、评选评定等评选环节,最终在全市城乡 14051 名网格长、14103 名综治协管员中评选出全市“最美网格长”“最美综治协管员”各 20 名及提名奖各 20 名。《吉林日报》、《长春日报》、长春市电视台等新闻媒体对评选活动及“最美网格长”“最美综治协管员”的先进事迹进行了宣传报道,在全市掀起了“平安建设人人参与、平安成果人人共享”的热潮,助推了社会治安综合治理工作的提档升级。

(撰稿人:韦晓宇
审稿人:王兴文　张　帆)

黑龙江省

2017 年综治工作概况

2017 年，黑龙江省综治战线坚持以党的十九大和省第十二次党代会安保维稳工作为中心，认真贯彻落实中共中央办公厅《关于 2017 年加强社会治安综合治理维护社会稳定工作的意见》，在中央综治办和省委、省政府的领导下，不断加大社会治理社会化、法治化、智能化、专业化创新力度，推动平安黑龙江建设工作取得新进展新成效。

一、立足准确把握社会治理规律，不断提高新时代综治和平安建设能力水平

（一）省委、省政府高度重视。省委书记、省长与各市、地党政一把手签订综治和平安建设责任状；省委、省政府印发了《关于加强 2017 年全省社会治安综合治理维护社会稳定工作要点》，强调把省第十二次党代会、党的十九大维稳安保工作作为重中之重，并对全年工作做出全面部署；省委、省政府对今后五年平安黑龙江建设工作做出全面安排部署，出台相关意见；省人大常委会一审审议通过了《黑龙江省多元化解纠纷条例》（草案），为深入推进社会治理法治化创新，建设更高水平的平安黑龙江做出安排。组织召开了全省创新社会治理、深化平安黑龙江建设工作会议，总结五年来工作，交流经验做法，分析形势、短板和弱项，研究部署全省创新社会治理、深化平安黑龙江建设工作。

（二）更加注重推动社会化创新。省综治办重点抓了哈尔滨、伊春社区治理的试点工作。重点培育与现代化社会治理结构相适应的社会组织，推动全省严重精神障碍患者救治管理工作的社会化进程。省综治委（办）相继印发了《关于进一步做好严重精神障碍患者服务管理工作的通知》等文件，组织动员企事业单位、社会组织、人民群众参与严重精神障碍患者救治管理。相继培育了哈尔滨、大庆、牡丹江 3 个市的试点。在哈尔滨市着重培育了“借鉴欧盟项目理念与方法，构建区域精神卫生综合服务体系”的经验。大庆市出台《大庆市严重精神障碍患者服务管理办法》，符合条件的严重精神病患者均可享受基本药物救助和住院救助。同时，与保险公司合作推出严重精神障碍患者监护人责任保险及住院补充医疗保险。把牡丹江市作为社会化创新工作试点，印发了《支持社会组织参与精神卫生综合管理试点工作实施方案》，全市各个社区都有公益慈善类社会组织开展促进居民心理健康、社区精神残疾康复服务等公益慈善项目，为社区普通人群提供心理咨询，普及精神卫生知识。

（三）打造共建共治共享新格局。充分发挥省综治委成员单位职能作用，联合 16 家成员单位召开多元化矛盾纠纷调处和“民转刑”命案防范视频工作会议，会同 6 家成员单位召开全省严重精神障碍患者救治管理及国家精神卫生综合试点工作现场会议，会同省公安厅、哈尔滨铁路局等单位召开护路信息化建设暨高铁视频监控现场会和全省铁路护路联防工作会议，会同省公安厅、省发改委召开全省加快“雪亮工程”现场推进会议。联合省公安厅、省工信委、省妇联等 10 余个部门分别印发了进一步加强命案防范、进一步防范和打击电信网络新型违法犯罪、做好婚姻家庭纠纷预防化解工作的规范性文件；联合团省委等 8 家成员单位，开展了 2017 年“三远离、一倡导”主题教育等活动；省综治委反窃电领导小组办公室 2017 年以来加大了反窃电专项整治力度，对省内 10 余万户进行普查；省检察院积极参与社会治安综合治理，形成《检察机关在社会治安综合治理中充分发挥职能作用》的研究报告，省综治办印发全省学习借鉴。

（四）推动社会治理重心下移。全省县级综

合服务管理平台建成率达到100%,乡、村级综合服务管理平台建设覆盖率分别达到94.1%和95.2%。坚持重心下移、力量下沉、资源下投,通过购买服务、设置公益岗位、落实专兼职人员等方式充实基层综治工作力量,提高基层经费保障水平,切实增强基层实力、激发基层活力、提高基层战斗力。依托社区综治中心,拓展网格化服务管理,实行网格化管理与综治中心一体化运作,把资源、服务、管理下沉到网格,让街巷、村屯、院落等小单元支撑起精细化治理大格局,实现大事全网联动、小事一格解决。针对农村地区存在黑恶势力问题,实施综合治理,既加大打击治理力度,又落实治本之策,夯实、筑牢农村平安建设基础。

(五)认真贯彻落实综治领导责任制。各级党政主要负责同志切实履行平安建设第一责任人职责,全面落实了县区级第一责任人担任综治委主任、直接责任人担任综治办主任的要求。各级综治委进一步加强研究和谋划,加大统筹协调和督办落实力度,推动形成问题联治、工作联动、平安联创的局面。各级综治成员单位把社会治安综合治理工作与业务工作同规划、同部署、同落实,切实做到各司其职、各负其责,分领域、分行业开展新一轮平安创建活动,抓好防风险、化矛盾、保安全各项部署和措施的落实,进一步加强工作整体合力。各级综治办按照强起来、硬起来要求,有效发挥协调、督促、评价等职能,严格按照综治领导责任制规定要求,严格实施"一票否决",推动各项任务落实。按照各级签订的综治和平安建设责任状要求,完善年度综治和平安建设考评标准,进一步加大考评力度,发挥好考核指挥棒作用。

二、立足防范和管控各类安全风险,着力提升新时代综治和平安建设整体效能

(一)做好安保维稳工作。针对2017年党的十九大、省第十二次党代会等大事多的实际,提早作出安排部署。召开了全省综治战线十九大安全保卫工作动员(视频)会议,下发了《关于全力做好党的十九大安全保卫工作的紧急通知》,启动了综治"零报告"制度,要求各地每日报送相关信息。全省各级铁路护路联防组织提早动手、精心组织、夯实责任,开展了铁路周边环境整治行动。坚守反恐防暴底线,不断提升应急防范处置能力,确保没有发生影响政治安全和暴恐案事件。

(二)防范群体性事件和个人极端事件。坚守矛盾防范控制底线,全力把矛盾化解在基层,把人员吸附在当地。积极推进社会矛盾纠纷多元化解,在全省范围内集中部署开展了矛盾纠纷"大排查、大调处"专项行动,取得阶段性成果。

(三)推动优化发展环境任务落实。继续组织开展了依法打击整治逃废银行债务专项行动,印发专项行动通知,协调相关部门组织施行,以综合治理思路和手段,共同解决突出问题,有效惩戒了逃废银行债务行为。

(四)坚守公共安全底线。以开展打击制贩枪支犯罪、易制爆危险化学品和寄递物流专项整治、高层建筑消防安全综合治理"三个专项整治行动"为重点,最大限度消除公共安全隐患。紧盯重点场所,突出重点领域,重点开展消防、电火综合治理等专项整治行动,全面提升防灾减灾救灾能力,全省火灾事故四项指标全部下降,未发生重特大火灾事故;深入开展缉枪治爆等专项行动,全省未发生有重大影响的涉危涉爆事件、拥挤踩踏等群死群伤事故;深入推进命案侦破、命案逃犯缉捕、"三打击一整治"、打击电信网络诈骗等专项行动;深入推进"打黑除恶、治安扶贫"专项行动,严厉打击黑恶势力,摸排出一批涉黑涉恶违法犯罪线索,立案侦查了一批涉黑涉恶案件,取得了阶段性成果。

三、立足重点环节,实施防控体系建设和多元化解矛盾纠纷"双评估"

建立全省社会治安防控体系建设和矛盾纠纷多元化解工作"双评估"机制,充分发挥综治和平安建设考核评估杠杆和导向作用,确保社会治安防控体系建设和多元化解矛盾纠纷重点工作整体推进,重点项目取得实效,难点问题取得突破。

社会治安防控体系建设方面,采取实地检查与专家组评审相结合方式,通过定期和不定期检查等方法,科学评估各地防控体系建设工作进展和社会治安动态管控能力,实现"发现得了,控制得住"工作目标。

矛盾纠纷多元化解方面,确定4个档次,定期通报评估结果并限期整改。评估包括坚持党委领导、政府主导,综治、政法、信访、政府法制机构及其他行政机关发挥作用情况;人民调解、有效化解社会矛盾、案件调解率、排查调处机制、诉调对接、委托和委派的矛盾纠纷、“民转刑”命案、群体性事件、协调会议制度、司法确认制度工作完成情况;综治中心平台建设、协作联动机制、“一站式”服务窗口、诉调对接场所及专职人员、专业性矛盾纠纷化解平台建设情况。

四、立足抓基层、打基础,夯实综治和平安建设“底座”

(一)周密部署、统筹推进。省委、省政府印发了文件,在决策层面对中心建设提出要求,为加快推动全省综治中心建设助力。省综治委对全省综治中心实体化、规范化建设具体部署,提出“123456”奋斗目标。各地对综治中心建设年活动高度重视,市地委书记都对本地开展好综治中心建设年提出了具体要求,都组织召开了综治中心建设年活动专门推进会议,就任务落实、整合力量、统筹推进、督导考评等具体内容进行专题研究。

(二)抓试点、树标杆。省综治办更加注重综治中心建设的推动落实,结合全省实际,统一规划了建设模式,要求市(地、系统)、县(市、区、局)综治中心按照“综治办+综治信息化+组团式服务”模式,做到有信息指挥平台和显示屏,有组团式服务集中办公区或相应的办公用房;要求乡镇(街道)综治中心,完善综治信息系统,可在“一站式”服务大厅加挂综治中心牌子,也可探索务实管用其他建设方式,与派出所公共安全视频监控联通,做到有信息指挥平台和显示屏;要求村(社区)综治中心,采取“三室一窗口”模式建设,即综治工作室或工作站(含网格化监督管理工作站、综治信息化平台和显示屏)、矛盾纠纷调解室(含群众来访接待室)、警务室和公共服务窗口。

(三)重联动融合、重实践应用。以严格落实社会治安综合治理领导责任制为牵动,将全省综治中心实体化、规范化建设纳入全省综治和平安建设考评,加大分值,作为对各市地年度综治考核评分重要指标,对工作推进不力的地方,通过通报、约谈、挂牌督办等方式加强责任督导和追究。建立了综治中心建设情况月通报制度。

五、立足破难题、补短板,全面加强信息化智能化建设

在视频监控建设联网应用(雪亮工程)上着力。成立了黑龙江省公共安全视频监控建设联网应用协调联络工作组;示范引领申请2016年试点城市佳木斯市为公共安全视频监控建设联网应用工程示范城市,2017年申报大兴安岭重点支持城市,6月9日获批,带动全省工作开展;利用人像比对系统开展了专项工作。

全省综治信息中心启动运行。全省视频联网,实现了中央、省、市(地)、县(区)四级联网联通,100%市(地)级单位、省管市,100%县(市、区、局、场)实现了联通应用,全省实现一张网并与中央综治办视联网平台对接。建立了全省公共安全视频监控建设联网应用厅际协调工作制度,成立了协调联络工作组和办公室。建成了省际电信诈骗电话拦截系统,已投入运行。

六、立足浓厚氛围、扩大影响,加强综治和平安黑龙江建设宣传

2017年,各地在推动社会治理创新,深化平安建设方面总结经验:哈尔滨市“源头弘法,联动共治,打造法律诊所第三方平台”,牡丹江市“立足基层抓‘五小’,化解矛盾靠‘五早’”,佳木斯市“雪亮工程”建设卓有成效,大庆市“坚持源头预防化解矛盾”,伊春市“教育关爱育新苗,健康成长兴中华”,等等。其中,哈尔滨和伊春市经验,在中央综治办上海座谈会议上进行了介绍和演示。省综治办起草的《平安黑龙江建设工作五年回顾》《2016年综治和平安黑龙江建设工作综述》等,被《黑龙江日报》、《新晚报》、《生活报》、《黑龙江晨报》、《黑龙江法制报》、东北网等省内各大媒体刊载,扩大和增强了平安黑龙江建设的知晓率和群众的满意度。起草的《用新理念新载体推进平安黑龙江建设》《履行牵头责任力促协调联动推进严重精神障碍患者救治管理工作进程》被中央政法委、中央综治委刊物《长安》刊载。

省综治办、省委宣传部印发了《关于开展平安龙江建设宣传周活动的通知》,于5月22日至28日开展了为期一周的社会治安综合治理暨“平安黑龙江”建设宣传周活动。省综治办在宣传周期间利用手机短信平台,推送综治暨平安建设宣传短信,共向省内或途经黑龙江省的手机用户发送宣传短信近百万条。省综治办、省教育厅、省公安厅、团省委与黑龙江电视台(《光荣梦想》栏目组)合作,共同拍摄制作《平安黑龙江》系列——"平安校园"宣传片。还组织开展了平安黑龙江标识评选活动。

共青团黑龙江省委　黑龙江省综治办关于印发《黑龙江省预防青少年违法犯罪工作实施方案》的通知

(2018 年 1 月 31 日)

省综治委预防青少年违法犯罪工作领导小组各成员单位,各市(地)综治委预防青少年违法犯罪工作领导小组、综治办:

为认真贯彻落实中共中央办公厅、国务院办公厅《关于进一步深化预防青少年违法犯罪工作的意见》要求,深入推进新形势下的预防青少年违法犯罪工作,省"预青"领导小组办公室与各成员单位充分沟通协商,研究起草了《黑龙江省预防青少年违法犯罪工作实施方案》,现印发给你们,请结合实际认真贯彻执行。

黑龙江省预防青少年违法犯罪工作实施方案

为认真贯彻落实中共中央办公厅、国务院办公厅《关于进一步深化预防青少年违法犯罪工作的意见》和中央综治委预防青少年违法犯罪工作专项组《贯彻落实〈关于进一步深化预防青少年违法犯罪工作的意见〉分工方案》,根据实际工作需要,结合相关部门职责,制定本方案。

一、引导青少年明理向善,知法守法

(一)加强青少年思想道德教育。

1. 加强未成年人思想道德建设和大学生思想政治工作,大力培育和践行社会主义核心价值观,开展社会主义核心价值观进学校、进企业、进机关、进家庭活动,继续深入开展爱学习、爱劳动、爱祖国"三爱"党史教育活动,开展"为大学生做一件好事、为实现中国梦做贡献"活动,培养青少年听党话、跟党走意识。

2. 广泛开展中华优秀传统文化教育,引导青少年知礼仪、明是非、守规矩,做到珍爱自己、尊重他人,倡导宽容礼让,弘扬公序良俗。继续开展"中华魂"主题教育读书活动,用中华优秀传统文化教育引导青少年健康成长。开展校训育人活动,用校训立德、用校训励志,引导学生明大德、守公德、严私德。开展形式多样的道德实践活动,引导青少年培养良好的社会公德、职业道德、家庭美德、个人品德,培育知荣辱、讲正气、做奉献、促和谐的良好社会风尚。加强青少年思想道德修养教育,继续开展"学雷锋、心向党、讲品德、见行动"活动。

牵头单位:省委宣传部、省文明办、省教育厅

责任单位:团省委、省妇联、省关工委

(二)健全法治宣传教育机制。

3. 加强对高等院校学生的法治教育和法治实践,不断增强其法治观念。将法治教育纳入国民教育体系,在中小学设立法治知识课程,加强对普通高等学校、职业院校学生的法治宣传教育。坚持课堂教学主渠道,积极开拓第二课堂,配齐配强中小学校兼职法制副校长、辅导员。加强法治

课教师、分管法治教育副校长、法治辅导员培训。

4. 落实国家机关“谁执法谁普法”的普法责任制，建立法官、检察官、行政执法人员、律师在法律实施过程中面向青少年开展法治教育的制度规范。

5. 将法治教育纳入精神文明创建和平安建设内容。

6. 健全媒体公益普法制度，注重运用网络新媒体扩大法治宣传教育覆盖面，统筹青少年法治教育实践基地建设，发展壮大青少年普法工作队伍和志愿者队伍，在城乡、社区广泛动员青少年参与群众性法治文化活动。

牵头单位：省司法厅、省教育厅

责任单位：省委宣传部、省法院、省检察院、省人社厅、省公安厅、省文明办、省综治办、省网信办、团省委、省关工委

（三）突出法治宣传教育重点。

7. 在青少年中广泛开展以宪法为核心，以《中华人民共和国未成年人保护法》《中华人民共和国预防未成年人犯罪法》和《黑龙江省未成年人保护条例》为重点的法治宣传教育，帮助青少年明确基本的法律底线和行为边界，着力培养尊法学法守法用法的现代公民。

8. 将青少年法治教育和民族团结进步教育有机结合，教育各民族青少年自觉尊法守法、抵制宗教极端思想，共同维护祖国统一和民族团结。深入开展“关爱明天、普法先行”法治教育活动。

牵头单位：省司法厅、团省委

责任单位：省委宣传部、省教育厅、省妇联、省关工委

（四）大力开展青少年毒品预防教育。

9. 建立学校、家庭和社区毒品预防教育衔接机制，以项目支持为牵动，壮大青少年毒品预防教育志愿服务队伍。对闲散青少年、经常出入娱乐服务场所的青少年等易染毒群体，有针对性地开展毒品预防教育，帮助脱离不良环境。

牵头单位：省公安厅、团省委

责任单位：省教育厅、省民政厅、省妇联、省综治办、省文化厅、省关工委

二、优化青少年成长环境

（一）创造良好和睦的家庭环境。

10. 巩固和发展各级各类家长学校、家长课堂、家庭教育指导服务中心、站点，构建基本覆盖城乡的家庭教育服务指导体系。广泛开展家庭教育宣传实践活动，弘扬倡导良好家风家教，充分发挥大众传媒特别是新媒体作用，帮助家长掌握科学的家庭教育理念知识。贯彻落实习近平总书记“三个注重”重要指示，继续开展以立家训、定家规、传家风为主要内容，“五老”为家庭教育做榜样活动。

11. 关注问题家庭、单亲家庭、留守流动人口家庭对未成年子女的教育和监护，发动社会力量开展关爱帮扶和家庭教育指导。

12. 督促家长正确履行监护职责，及时发现并解决监护缺失、监护不当等问题。预防和制止家庭暴力，依法处理侵害未成年人权益的行为。

13. 推进家庭教育工作队伍职业化建设，壮大专兼职家庭教育骨干力量，探索教育职业培训工作。

牵头单位：省人社厅、省民政厅、省教育厅

责任单位：团省委、省关工委、省综治办、省公安厅、省法院、省检察院、省妇联

（二）建设安全有序的校园环境。

14. 强化警校联动，深入推进“护校安园”行动，逐步建立校园安全网上巡查系统。切实加强校园安全管理制度和防控能力建设，建立校园异常信息收集、研判、处置机制。全面排查整治校园安全隐患，坚决堵住校园安全漏洞。

15. 坚持宽容但不纵容的原则，依法采取必要惩戒措施，有效遏制校园欺凌、校园暴力等案（事）件发生。开展文明校园创建活动，实施校园文化建设创新项目，培育文明校风。

牵头单位：省公安厅、省教育厅

责任单位：省综治办、省法院、省检察院、团省委、省文明办

（三）构建和谐健康的社会环境。

16. 深入开展创建“青少年零犯罪、零受害”社区（村）试点活动，预防和减少青少年违法犯罪。定期排查和清除影响青少年健康成长的不良环境、安全隐患，依法严厉打击教唆、胁迫、诱骗、利用青少年实施不良行为或违法犯罪的行为。

17. 重视社区环境建设和管理，支持基层社区力量组织未成年人在课余、假期开展健康向上

的文体活动和社会实践。加强青少年活动场所及设施的规划和建设,各类场馆、场所应按照国家有关规定对未成年人免费或优惠开放。

18. 加强“扫黄打非”工作,强化以未成年人为题材和主要销售对象出版物市场的日常监管,深化以打击有害或非法少儿出版物及信息为重点的“护苗”等专项整治行动,坚决查处含有淫秽色情、暴力、恐怖、迷信等内容以及非法出版、侵权盗版的少儿出版物。

19. 加强校园周边文化环境治理,严格落实禁止在中小学校园周边开办上网服务营业场所、娱乐场所、彩票专营场所等的相关规定。

20. 严格落实营业性电子游戏室除法定假日外不得向未成年人开放、任何经营场所不得向未成年人出售烟酒等规定。加强对互联网上网服务营业场所落实实名上网登记制度的监督检查,依法查处违规接纳未成年人的行为,依法查处无证无照经营。

21. 严把影视节目审查关口,有效遏制广播电视节目中的庸俗低俗媚俗之风,严格控制不适合未成年人的广播影视节目在大众传媒上播出,切实净化荧屏声频。积极为青少年健康成长提供优秀文化产品和服务,引导青少年多读书,读好书。

牵头单位:省公安厅、省文化厅、省新闻出版广电局

责任单位:省民政厅、省委宣传部、省文明办、省发改委、省财政厅、省工商局、团省委、省妇联、省关工委

(四)营造清朗文明的网络空间。

22. 大力开展“五老”义务网吧监督活动,营造良好社会文化环境。加强对涉及未成年人案件、网络欺凌等宣传报道的管理,及时纠正可能诱导青少年违法犯罪、引发社会认知偏差的言论。

23. 健全市场准入退出机制和日常监管机制,加强域名、IP 地址、网站等网络基础资源管理。

24. 完善网络文化、网络出版、网络视听节目审查制度和市场监管,坚决查处含有渲染违法犯罪等内容的相关产品及违法违规经营活动。

25. 加强网络生态日常巡查监看处置,强化新型社交网络、即时通信工具监管,始终保持对网络特别是“微领域”不良信息的高压态势。监督指导网络信息和服务提供者对违法或不良信息进行处置,对不适应未成年人接触的信息和服务进行明确提示。健全违法失信网络企业惩戒机制,引导网络企业依法诚信文明安全办网。

26. 加强网络社会组织建设,促进行业自律自洁,维护青少年网上权益。设定科学的网络游戏产品技术标准,严格规定色情非色情、暴力非暴力的界限。贯彻执行网络游戏产品前置性强制标准,探索使用网络游戏防沉迷系统,开展网络游戏防沉迷实名验证工作。引导网络文化企业开发有益于青少年身心健康和智力发育的网络音乐、网络文化、网络游戏、网络动漫等网络文化产品。

27. 推广青少年网络素养教育。加强对青少年沉迷网络成因和矫治办法的科学研究,组织专业力量帮助青少年摆脱网络沉迷。

牵头单位:省网信办、省文化厅

责任单位:省新闻出版广电局、省公安厅、省工商局、省民政厅、省教育厅、团省委、省妇联、省关工委

三、做好重点青少年群体服务管理工作

(一)教育矫治有不良或严重不良行为青少年。

28. 强化家庭监护和学校教育职责,重点关注青少年一些典型不良行为,及时采取有针对性的预防措施,防止青少年脱离与家庭、学校的联系,避免青少年受外界不良环境影响产生不正常的社会化倾向。

29. 将“哈尔滨市工读学校”作为我省教育矫治有严重不良行为未成年人的主要场所,完善专门学校管理体制和运行机制,加强教师队伍建设以及经费保障工作,不断提高教育矫治水平。探索改革入学程序,畅通有严重不良行为未成年人进入专门学校接受教育矫治的渠道,研究建立符合条件的涉案未成年人进入专门学校接受教育矫治的程序。

牵头单位:团省委、省综治办、省教育厅

责任单位:省公安厅、省财政厅、省司法厅、省法院、省检察院、省妇联、省发改委

(二)联系服务不在学、未就业的闲散青少年。

30. 加强对未继续升学初高中毕业生的跟踪

服务管理，有就学意愿的，鼓励和支持其接受职业教育或继续教育。

31. 发动社区工作者和社会工作专业人才等社会力量与闲散青少年建立稳定联系，帮助他们解决实际困难，引导他们树立健康积极的生活态度。对存在社会融入障碍的闲散青少年，做好心理辅导工作，帮助消除社会歧视，搭建逐步适应和融入社会的平台。对家庭经济困难的闲散青少年，加大社会救助和服务帮扶力度。

32. 对有就业或创业意愿的闲散青少年，提供职业技能培训、职业介绍、信息咨询、就业创业指导等服务，通过落实各项就业扶持政策，积极引导其在新领域产业拓展就业空间，实现稳定就业。加强“五老”对失足、失管、失学、失业、失亲青少年教育引导帮助关爱管理，帮助他们健康成长。

牵头单位：省人社厅、省综治办

责任单位：省教育厅、省民政厅、团省委、省关工委

（三）加大流浪未成年人救助保护力度。

33. 加强源头管理，防止未成年人因贫困、家庭暴力、教育不当和社会不良因素影响等外出流浪。落实国务院办公厅《关于加强和改进流浪未成年人救助保护工作的意见》，完善基层政府、村（居）委会儿童福利和保护工作体系建设，健全发现报告机制，强化应急救助工作，确保流浪未成年人求助有门、及时受理、应救尽救。

34. 深化“打拐”专项行动，全力解救被拐卖、拐骗未成年人，妥善安置暂时查找不到监护人的未成年人。

35. 加强地区和部门间的工作衔接，帮助流浪未成年人及时回归家庭，或通过救助保护机构照料、社会福利机构代养、家庭寄养等方式得到妥善照顾。

牵头单位：省民政厅、省公安厅

责任单位：省教育厅、省妇联、团省委

（四）切实关爱帮扶农村留守儿童。

36. 落实黑龙江省人民政府《关于加强农村留守儿童关爱保护工作的实施意见》，健全农村留守儿童关爱服务体系，依托学校、农村社区综合服务平台，推广设立留守儿童之家、托管中心等关爱服务阵地，加强心理辅导，普遍开展关爱教育和情感抚慰，弥补留守儿童家庭关爱的缺失。

37. 依法落实儿童家庭监护责任，加强对留守儿童父母、受委托监护人的家庭教育指导，教育引导他们切实承担监护主体责任。完善“控辍保学”机制，保障农村留守儿童接受义务教育，发挥学校关爱服务的重要作用，支持乡镇寄宿制学校建设。

38. 全面开展农村留守儿童摸底排查工作，发动各方面力量开展结对帮扶。加强留守儿童自护教育，提高他们的安全防范意识和自护能力。依法严惩侵害留守儿童权益、对留守儿童实施人身伤害等违法犯罪行为。加强“五老”对留守儿童、困境儿童的关爱保护，协同做好关爱救助工作。

牵头单位：省民政厅、省妇联、省公安厅、省关工委

责任单位：省法院、省检察院、省教育厅、省发改委、省财政厅、团省委

（五）关注关爱服刑人员未成年子女。

39. 加强监所部门与服刑人员户籍所在地或居住地安置帮教机构的信息衔接，及时掌握服刑人员未成年子女基本情况，监所部门和安置帮教机构要为服刑人员未成年子女探视和联系创造条件，巩固家庭亲情纽带。

40. 将服刑人员未成年子女的保障工作纳入困境儿童保障工作。推广对服刑人员未成年子女的结对帮扶，探索建立心理干预专业队伍，引导他们走出心理阴影，积极健康地成长发展。鼓励社会力量协助民政部门，共同做好无人监护的服刑人员和被羁押人员未成年子女的生活照料和帮扶工作。

41. 在全省县级地区全面推开重点青少年群体服务管理工作，明确各类群体工作重点，建立覆盖完整、切实有效、主责清晰、协调联动的工作机制。

牵头单位：省司法厅、省综治办

责任单位：省民政厅、省公安厅、团省委、省妇联、省法院、省检察院、省教育厅

四、完善未成年人司法保护制度

（一）健全未成年人司法专门与配套工作体系。

42. 深化未成年人司法改革，公安机关、人民

检察院、人民法院、司法行政机关加强专门机制建设，明确专门机构或指定专人办理未成年人违法犯罪案件。完善未成年人刑事案件特别程序相关规定，统一执法标准，探索建立未成年人司法联席会议制度，加强未成年人警务、未成年人检察、未成年人审判、未成年人矫正工作的配套和衔接。推动建立未成年人司法异地协作网络，探索异地社会调查、异地观护、异地帮教工作。依法妥善处理涉及未成年人的极端恶性案(事)件。

牵头单位:团省委、省综治办

责任单位:省公安厅、省检察院、省法院、省司法厅

(二)加强未成年人司法特殊保护制度建设。

43. 在侦查、起诉、审理涉及未成年人案件中，落实社会调查、心理疏导与测评、分押分管、严格限制适用逮捕措施、强制辩护、合适成年人到场、当事人和解、附条件不起诉、分案起诉、法庭教育、回访帮教、犯罪记录封存等特殊保护制度。

44. 推动拘留所、看守所、未成年犯管教所、社区矫正中心等特殊场所开展必要的法治教育、心理辅导和就业培训等，强化对未成年罪犯、犯罪嫌疑人、被告人的个别矫治和分类教育，探索开展循证矫正工作。办案部门应及时发现违法犯罪未成年人成长中的问题和需求，必要时协调相关部门或社会组织提供帮助和服务。

牵头单位:省法院、省检察院、省公安厅、省司法厅

责任单位:省民政厅、团省委、省关工委

(三)建立未成年人司法社会支持体系。

45. 明确未成年人社区矫正管理体制、执行程序、矫正措施、法律责任等，建立监禁刑和非监禁刑相协调的刑罚执行体制。做好未成年犯刑满释放、解除社区矫正时的衔接管理，搞好安置帮教。有条件的地区建立未成年人帮教基地，妥善安置附条件不起诉、适用非监禁刑、特赦的未成年人以及解除收容教养和其他刑满释放的青少年。

46. 探索实施亲职教育制度，对未成年人违法犯罪负有监护失职责任的父母加强亲职教育与家庭教育指导。

牵头单位:省司法厅、省法院、省检察院

责任单位:省公安厅、省民政厅、省教育厅、团省委、省妇联、省关工委

五、培育引导社会力量参与预防青少年违法犯罪

(一)积极引入青少年事务社工开展工作。

47. 建设数量充足、分布合理的高素质青少年事务社会工作专业人才队伍，开展进驻学校、社区、企业、戒毒所、拘留所、看守所、未成年犯管教所、社区矫正中心等工作项目，对重点青少年群体提供困难帮扶、矫治教育、法律援助、心理疏导、行为矫治等专业服务。依托社会工作专业人才和社会工作服务机构，完善未成年人社会观护体系，对未成年犯罪嫌疑人、被告人，协助开展取保候审观护帮助、附条件不起诉监督考察、合适成年人参与刑事诉讼、社会调查等工作，对解除拘留、羁押、社区矫正或刑满释放的未成年人，协助做好场所内外的衔接工作，帮助他们回归家庭、学校和社会。

牵头单位:团省委、省民政厅

责任单位:省综治办、省法院、省检察院、省公安厅、省司法厅

(二)培育扶持相关社会组织和公益机构。

48. 积极发展青少年事务社会工作服务机构，为社会组织参与公共事务、救助困难群体、化解矛盾纠纷构建制度化渠道，推动将对青少年疏导心理情绪、纠正行为偏差、修复与家庭和社区关系等项目交由具备条件的社会组织承担。发挥基层群众性自治组织作用，及时掌握闲散青少年、有不良或严重不良行为青少年的思想动向和行为表现，做好困难帮扶、心理辅导、社区服务等工作，促进他们融入社会、健康成长。

49. 发展公益法律服务机构，加强法律服务志愿者队伍建设，扩大法律援助工作覆盖面，指派熟悉未成年人身心特点的律师承办未成年人法律援助案件。

牵头单位:省民政厅、省司法厅

责任单位:团省委、省综治办

六、强化领导责任和工作保障

(一)加强组织领导。

50. 各级党委、政府要高度重视预防青少年违法犯罪工作，将其纳入本地区经济社会发展规划和社会治理总体方案，制订年度工作计划，及时研究并统筹解决工作中的突出问题。各级综治部门要按属地管理原则，协调指导有关部门做好

工作。

51. 各级共青团组织要切实履行职责，加强与成员单位的沟通协调，发挥统筹推动作用。各成员单位按照谁主管谁负责原则，主动承担、落实好职责分工，建立健全有效联动、齐抓共管的工作机制。

牵头单位：团省委、省综治办

责任单位："预青"领导小组各成员单位

（二）全面落实预防工作责任制。

52. 各级党委、政府要把预防青少年违法犯罪工作纳入综治工作（平安建设）考核评价指标体系，将考核评价结果作为对领导班子和领导干部综合考核评价和年度考核的重要内容。各级综治委要在党委、政府领导下，通过综治工作（平安建设）考评，对青少年违法犯罪数据居高不下、未成年人涉及命案频发的地区，以定期通报、约谈、挂牌督办等方式督促其限期整改。对因重视不够、措施不落实导致发生严重危害青少年身心健康、造成恶劣影响重特大案（事）件的地区，依法依规实行一票否决权制，并追究有关领导干部的责任。

牵头单位：省综治办

责任单位：团省委

（三）强化基础保障。

53. 各地要科学合理核定预防青少年违法犯罪工作经费，将其列入同级财政预算，并建立动态调整机制。

54. 加强各级综治委预防青少年违法犯罪工作领导小组自身建设，健全组织机构，配齐配强力量，省、市、县级预防青少年违法犯罪工作领导小组要明确专人负责，日常工作由同级共青团组织承担。依托各级综治预防青少年违法犯罪工作数据管理平台，完善基础信息采集制度，强化分析研判和综合应用。

55. 各级党组织要把预防青少年违法犯罪纳入工作范围，列入党建规划，完善党员干部接触联系制度，加强对重点青少年群体的教育管理，夯实预防青少年违法犯罪的基层基础。

56. 深化各级"青少年维权岗"创建活动，统筹各方力量，大力推进"为了明天"预防青少年违法犯罪工程。

牵头单位：团省委、省综治办

责任单位：省财政厅

黑龙江省哈尔滨市源头弘法　联动共治
打造法律诊所第三方平台

近年来，哈尔滨市以社会治理创新和建设更高水平的"平安哈尔滨"为主线，着眼联动融合、开放共治，充分整合基层和高校、律师志愿者等社会资源，创建法律诊所，搭建了第三方调处化解矛盾纠纷、联动共治新平台。

一、探索创新，打造社区法律诊所模式

在深化改革、社会矛盾凸显的关键时期，哈尔滨市将高等法学教育"法律诊所"模式嫁接于社区，发挥地校合作优势，联合驻哈10余所高校，在全国首创了"法律诊所建在社区、法学专家走近群众、打造第三方调处矛盾平台"的新模式。法律诊所以服务为本、发挥第三方参与调解社会矛盾等"七大"功能，由当地党委领导，综治部门协调、法学会指导，社区书记或主任兼任所长，由法学专家、律师和志愿者组成，以"接诊、问诊、巡诊、会诊、网诊"服务方式，开展法律咨询、普法宣传、调处各种矛盾纠纷，是法学人才依托社区为群众无偿提供所需法律服务的平台、源头维稳的端口。目前，全市共建社区法律诊所331个，服务覆盖所有社区居民。

二、回应需求，裂变法律诊所类型

为适应社会治理深入发展的工作需求，主动裂变法律诊所模式于基层法治实践，以社区法律诊所为核心，通过裂变类型、扩大领域，引领法律诊所拓展职能，法律诊所从社区延至乡村、走进企业及非公经济组织、派驻医院、融入政府行政服务中心。延伸乡村法律诊所，网上网下受理解决矛盾纠纷，为农村法治建设提供服务；兴办企业及非公经济组织法律诊所，为企业扩建上项目、签订贷款联营合同、调处矛盾纠纷充当法律顾问，为经济发展保驾护航；派驻医院法律诊所，为医院提升医疗水平、科学管理、医德医风方面提出建设性意见，维护医患双方合法权益，入驻当年医患纠纷同比下降62%，第二年持续下降到79%，至今医患关系持续向好；裂变行政服务中心法律诊所，主动担当政府服务窗口内的法律顾问，助推法治政府建设。目前，共建有6类618个法律诊所，累计化解矛盾纠纷1.5万余件，成功调处了一批群体访和积累数年的越级访难案。

三、问题导向，发挥法律诊所效能

法律诊所为法学、法律工作者开展服务搭建了平台，从法治出发无偿为服务对象释疑解惑，开展法律咨询，对特困群众提供法律援助，依法调处各类矛盾纠纷，秉持公平正义，依法解决社会热点问题；高校师生作为工作主体，离开校园到基层服务百姓，辟建实习实训基地，实现了一举双赢。法律诊所发挥第三方参与社会矛盾纠纷调处的优势，为数十万名群众提供了多种法律服务，调处矛盾纠纷，代写法律文书，代理法律援助案件，参与法治宣传，组织法律培训。通过法律服务途径，维护群众合法权益，伸张公平正义，为民排忧解难，提高了法律诊所的公信力，开辟了运用社会共治解决矛盾纠纷的新路。

法律诊所成了答疑释惑、弘扬法治的窗口、第三方化解矛盾的平台、高校师生法学研究和社会实践的基地，实现了联动融合、多方共赢，被媒体誉为“法律诊所哈尔滨模式”。

黑龙江省佳木斯市西格木乡平安村突出“六抓”实现“六无” 创建文明富裕幸福和谐平安村

佳木斯市郊区西格木乡平安村，是一个农、牧、企全面发展的近郊村，全村共有458户，1488人。现有农民专业合作社4个，村办、民营企业15家。2016年，全村总产值实现1.21亿元，村集体年收入150万元，村集体积累达到1000万元，农民人均纯收入达到2万元。平安村，村如其名，自2000年以来，围绕平安建设的总体要求，全面提高村民的安全感、幸福感和满意度，连续多年实现无个人越级访和群体访，无治安和刑事案件，无邪教人员，无黄赌毒人员，无辍学学生和青少年犯罪，无重大火灾和生产安全事故的“六无”平安村创建目标。先后荣获“全国社会治安综合治理先进集体”“全国文明村”“省级文明村标兵”，连续10年荣获全市“先进基层党组织”荣誉称号。主要做法是：

一、抓“两委”公平威信，及时处理邻里纠纷，实现无越级访和群体访

农村的事情无小事，小的矛盾不处置，就会引发大事件。平安村连续17年无越级上访和群体上访，主要依赖于有一个公开公正、想事干事的“两委”班子，一个无私奉献、有威信的带头人。村干部实行“为民服务领办、代办制”，仅2016年以来，就帮助群众代办贷款、房照、土地使用证、低保、新农合等各类事项230余次。另一方面，做到矛盾纷纷化早、化小，村里能解决的绝不上交。村民把党总支和村委会当作评事、说理的“法庭”，把村干部当作村里的“法官”，一些邻里纠纷、夫妻吵架、抚养赡养等矛盾，往往是红着脸进来，笑着脸走出去。对疑难问题，村里请来乡镇干部和法律工作者在综治中心进行调处化解。

二、抓党员带头作用，用村规民约作标尺衡量村民行为，实现无黄赌毒现象

近年来，平安村进行了美丽乡村提档升级建设，共投资560万元，修建出村路、硬化田间路、铺设村内沥青路共1.55万延长米，全村每条街巷道全部通下水，全体村民都免费使用上了安全、节能、环保的沼气新能源。集体富裕了，村容村貌美化了，开始强化村民的法治观念，提升村民的文化素养。把平安建设内容写入村规民约之中，对村民开展经常性学法、知法、守法系列教育，引导和鼓励村民同违法犯罪行为作斗争，党员干部带头，倡导村民之间团结友爱，和睦相处，不斗殴、不赌博、不吸毒、不酗酒、不滋事，对外出务工比较集中的地方，成立党员监督岗，依靠党员监督外出务工群众在异地自觉维护公共秩序和公共安全，自觉抵制黄赌毒不正之风。

三、抓安全防范检查，强化网格管理，实现无重大火灾和安全事故

将458户1488名村民划分为12个网格，将38名党员全部纳入网格里，担任网格长或网格员。实行网格长负总责的“十户义务联防”制度，网格员负有网格内安保、法治宣传、外来人员登记管理、信息情报推送等职责。协调消防、安监、卫生等部门定期对企业进行安全检查，发现问题及时纠正处理。在春秋两季和节假日期间，村委会都组织党员义务开展防火防盗轮值巡查，以“网格小平安”推动“全村大平安”，形成了农村网格化管理的“地网”系统，真正把人、地、物、事、组织等要素全部纳入网格管理，从而实现了安全监管全覆盖、联防共治无死角、服务村民零距离，保持了17年无突发事件和安全生产事故。

四、抓文化教育引导，让村民自觉抵御迷信陋习，实现无邪教人员

建成了720平方米的“六位一体”文化活动中心、农家书屋和3000平方米的文化广场，购置体育器材11套，常年开展各种文体活动，秧歌队、广场舞和健身操队多次荣获上级嘉奖。村委会每年都组织开展以平安建设为主题的大型广场宣传教育活动，充分利用宣传单、宣传栏和文艺演出等多种宣传方式，大力宣传平安建设、法律法规知识、防火防盗知识，提高了群众的参与意识和防范意识，使各类迷信活动、邪教活动和信仰陋习没有生存的土壤，村民自觉反对邪教，抵制迷信，“自我约束、自我管理、自我提高、自我完善”意识普遍增强。

五、抓富民惠民工程，关心下一代成长，实现无辍学学生和青少年犯罪

通过发展经济，村集体积累达1000余万元，利用村集体积累对村民实行了“六免五补”政策，“六免”即免合作医疗缴费、免有线电视费、免沼气使用费、免自来水费、免打机井费、免架电费，“五补”即补养老金缴费、补泥草房改造资金、补太阳能热水器安装费、补铁栏栅安装费、补室内卫生间改造费。村民有钱了，生活富裕了，就更加重视对子女的教育，家家在下一代培养教育上肯下功夫，舍得花钱。村里成立企业法人、老党员组成的关心下一代工作组，对后进生及时教育和帮扶，17年来，全村没有辍学生，没有青少年犯罪，村里对考入本科和专科院校的学生一次性奖励5000元和3000元。

六、抓“雪亮工程”建设，加强人防物防技防，实现无治安和刑事案件

按照市、区综治委关于“雪亮工程”建设的要求，在村综治中心安装了大显示屏，把村内的视频监控系统通过综治“视联网”与乡综治中心和乡派出所联网共享。一是加强人防。以综治中心和警务助理工作站为依托，每天有一名村干部坐镇值班，3名治安员昼夜在监控室值班值守。二是加强物防。在主要街道安装了照明路灯，各农户安装了防盗门、防盗窗和蓝牙自动起落栅栏。三是加强技防。村集体投资10万元，安装了2套视频监控系统，各主要街道全部安装了高清探头，实现全方位监控无死角。驻村的15家企业投资42万元安装了内部监控探头165个，实现了村内治安、消防安全各个环节全程监控，科技化、信息化功能得以提升，多年没有发生刑事案件，平安建设步入一个新的台阶。

（撰稿人：王克石
审稿人：孙仁柱　明　伟）

上 海 市

2017 年综治工作概况

2017 年,在市委、市政府坚强领导和中央综治委的指导下,上海市各级综治组织深入学习贯彻习近平总书记重要指示精神,立足特大城市社会治理的特点和规律,坚持问题导向、精准施策,破难题、补短板,打基础、谋长远,着力提升社会治安综合治理和平安建设社会化、法治化、智能化、专业化水平,切实增强人民群众安全感和获得感。

一、严守底线,确保社会稳定和城市运行安全

(一)以党的十九大期间安全稳定为主线,全力维护政治大局持续稳定。把积极营造安全稳定的政治、社会环境,确保党的十九大胜利召开作为贯穿全年的头等大事,牢牢掌握维护国家安全和社会稳定的主动权。各区、街镇发挥基层力量的重要作用,持续深入开展矛盾纠纷排查化解专项行动,分级排查化解各类矛盾纠纷 4.8 万起。组织平安志愿者开展“迎国庆、迎十九大,比志愿风采、比服务成效”志愿服务活动,30 余万名平安志愿者积极参与。各级人民防线组织切实发挥敌社情“观察哨”的前沿阵地作用,公安部门强化网络意识形态管控和专案侦查,交通、卫生计生、教育、司法、安监等职能部门发挥专业优势,做好各类安全隐患的排查化解,确保党的十九大以及“一带一路”高峰论坛、金砖国家领导人会晤等重要节点期间社会政治稳定。

(二)健全社会面动态防控机制。把专项治理和系统治理、综合治理、依法治理、源头治理有机结合起来,强化人员密集场所和重点要害部位的安全防范,通过对新情况新问题的分析研判引领实战,搭建合作平台,增强了整体防控能力。精心组织、全力以赴,顺利实现元旦春节期间烟花爆竹安全管控目标。市交通委加大非法客运整治力度、妥善处置网约车新规出台等引发的矛盾。市公安局以道路交通管理条例颁布实施为契机,深入推进交通大整治,道路交通事故数、死亡人数和受伤人数同比下降;推进以高层建筑消防安全为重点的消防综合治理行动,火灾数与直接经济损失同比下降;深入推进易制爆危险化学品和寄递物流专项整治行动,依法处罚违法违规从业单位 1194 家。市食药监局建立网上监督共治平台,有效维护了“舌尖上的安全”。市安监局切实加强危险化学品安全综合治理,初步实现精细精准管控。

(三)提高全民反恐安全意识和实战效能。坚持综合施策、标本兼治,完善反恐防范体系,提高全社会国家安全意识。在党政机关、金融机构、水电油气城市“生命线”等重点单位强化人防、物防、技防建设和日常管理。市公安局组织开展反恐处置演练;在防恐重点目标加装反恐防暴设施装置,设定反恐宣传点;在机场、火车站、长途汽车站等口岸落实“二次安检”,拒风险隐患于站场之外。静安区整合路地联合武装巡逻力量,提升铁路上海站地区应急处突能力。市旅游局强化行业单位反恐防范意识的养成,积极组织开展演练。

二、联动联治,加大社会治安突出问题打击整治力度

(一)严厉打击、积极防范各类突出违法犯罪。深入开展针对“黄赌毒”“黑拐骗”等各类违法犯罪的打击专项行动。将打击电信网络诈骗、非法集资等新型违法犯罪、居民区入室盗窃、欺行霸市等恶势力列为年度综治重点工作项目,明确目标,细化方案、落实责任。刑事案件破案数和抓获违法犯罪嫌疑人数同比分别上升 2.1% 和 0.4%。深化反电信网络诈骗中心建设,电信网络诈骗案件破案数同比上升 89.8%,接报数同比下降 20.6%。严厉打击以借贷为名非法牟利违法犯罪专项行动,累计抓获违法犯罪人员 900 余人,挽回群众经济损失7亿元。全市涉黄涉赌警情同比分别下降8.5%和40.8%。工商部门在“打击非法传销”专项工作中，成功查处一批大案要案，打击了一批骨干传销分子。上海保监局会同市金融办、市公安局全面开展涉嫌非法集资风险专项排查活动，处置非法集资风险，牵头100余家保险机构开展集中宣传，受众面194.9万人次。

（二）及时排查发现整治各类社会治安问题。着力优化社会治安环境，提高对各类影响群众安全感、阻碍经济发展、影响和谐稳定的风险和问题的发现、防范、整治能力，服务经济社会发展大局。持续排查整治社会治安重点地区，排摸确定中环以外至外环沿线的10个区37个街镇作为年度社会治安重点排查整治地区，结合“五违四必”组织开展专项整治，治安状况明显好转。奉贤区对27个治安防范薄弱小区挂牌整治，入室盗窃发案降幅明显；嘉定、闵行、松江等区高速铁路高架下31个安全隐患点的整治工作顺利完成；浦东新区按季推进，逐项验收社会治安顽症治理三年行动计划；青浦区重点整理闲置房屋，整治污染源，消除安全隐患，查处违法生产经营企业；宝山区查封取缔黑小场所7501家，整治“群租”4200户，大力清退涉赌游戏机场所并转变其业态。

（三）建立完善共商合作机制。各条线、各系统、各地区综治组织发挥条块优势，积极协调推动各方，形成解决社会治安突出问题的工作合力。市金融工作党委推动建立金融系统反恐防范工作机制；上海银监局指导银行机构建立防范非法集资、防范电信诈骗的多方协作机制，加强监测预防；市民宗委加强与公安、安全、食药监、工商等部门沟通协调，有效维护了民族团结、宗教和睦与社会稳定；市、区综治办配合警备区、武警总队等全力推进驻沪部队全面停止有偿服务工作；根据市人大代表、政协委员关于打击“套路贷”、治理广场舞噪音扰民问题等提案建议，浦东、长宁、虹口、杨浦等区积极开展调研，总结培育经验，有效解决问题。

三、开放共治，提高社会治理社会化法治化智能化水平

（一）扩大群防群治覆盖面，完善运作机制。推进群防群治体系建设，进一步搭建人民群众、社会组织参与社会治安的空间和平台。开展群防群治守护网示范点创建，树立一批运作有序、成效明显的示范典型。启动辅警辅管改革，深入调研，形成加强辅警辅管人员管理的意见。加强见义勇为人员表彰奖励，提高宣传弘扬效果，表彰奖励市级见义勇为先进个人36名、先进群体13个，落实精准帮困等补偿救济措施。评选第六届上海市“平安英雄”，并开展集中宣传活动。杨浦区立足驻区部队多的区位特点，组织预备役民兵、企事业单位、地区志愿者4万人开展“军警民大联防”；黄浦区推广贵州路居委治安联防队30年传统经验；虹口区打造“平安虹口橙”志愿服务品牌；徐汇区创设“志愿汇”公众企业号平台，有益探索了志愿服务的多样性和广泛性。

（二）倡导多元参与，推动形成良法善治。坚持党委和政府领导下的各方参与，发挥市场、社会等多方主体的协同互动。针对家庭纠纷、消费纠纷、知识产权纠纷等不同领域、不同行业矛盾纠纷特点，建立健全专业化调解组织，发挥行业组织、专业人员的作用，提高了化解矛盾的效率和公信力。全市基层调解组织受理民间纠纷353722件，调解成功率91.42%。市人大常委会法工委、市综治委法规政策专项组坚持厉行法治，立法引领推动，明确居民委员会组织居民开展自治、协助做好城市网格化综合管理工作等方面的职责，提高了居民自治能力和自治水平。长宁区建立12名心理学专家组成的指导团队和1000余名具有国家二级心理咨询师资质的心理服务团队，引进全国首个24小时情绪疏导心理减压平台，深化心理服务体系建设全国联系点工作；奉贤区以“贤文化”为引领，深化扩大“交通示范区”创建活动，有效降低了交通违法率和事故发生率。

（三）大力推进“雪亮工程”和“智能安防”建设。制定全市“雪亮工程”实施方案，建立专班抓好推进。通过资源整合、技术创新，初步建成集视频监控、综治视联网功能的市综治中心信息化平台，7.5万路监控视频图像资源接入视频监控系统，顺利实现视频巡逻及视频图像实时传送。开展“智能安防”系统调研设计。金山区初步建成教育、交通、城管、网格化和街镇（工业区）等“雪亮工程”子平台；嘉定区增设升级街面和铁路沿线重要点位监控探头9000个；宝山区推进技防升级改造“补短板工程”，在541个老旧居民小区安装“慧眼系统”和监控探头；松江区全区视频监控有效覆盖各主要道路、重要部位、复杂场所，动态掌控各类治安要素。

四、源头管控，提高风险隐患的防范能力

（一）优化实有人口和特殊人群综合服务管理。深化“两个实有”全覆盖管理社区实施工作，充分发挥实有人口基础信息采集室作用，扎实推进实有人口服务和管理长效常态化建设；推进“一标六实”基础信息采集，采集维护来沪人员信息 1538.3 万条、实有单位信息 228.5 万家和从业人员信息 921.4 万人，大力推动基层人口服务管理各项措施落地见效。通过健全政府、社会、家庭三位一体的关怀帮扶体系，落实教育、矫治、管理以及综合干预措施，加强特殊人群的服务管理。深入开展“敲门行动”，对全市所有邪教人员开展入户调查，切实掌握思想和活动动态，跟进落实教育管控措施；加强对肇事肇祸精神障碍患者管控，推动落实严重精神障碍患者“以奖代补”监护责任措施；对矛盾激化、性格偏执和扬言报复社会的高危人员，逐人评估风险、严格落实管控。闵行区成立“爱心接力棒”助学联盟，关注帮扶大墙内对象的未成年子女，推进过渡性安置就业基地建设。

（二）健全完善预防和减少犯罪体系。加强相关专业社会组织、社会工作人才队伍等建设，在市财政局支持下，市司法局、市禁毒办、团市委及相关社会组织大力推动调整社工薪酬标准，促进了预防和减少犯罪体系建设。预防青少年违法犯罪专项组牵头成立市、区两级未成年人检察社会服务中心，将检察机关开展涉案未成年人诉讼、帮教或救助工作中的社会服务需要，转由社会力量具体落实，提高了集约化和专业化水平。全市各级法院贯彻宽严相济刑事政策，严惩环境资源犯罪，对审判过程中发现的行政机关在环境保护工作中存在的短板问题，及时向有关部门提出司法建议，完善全市环境保护细节工作，营造环境安全氛围。

五、完善机制，提升社会治安综合治理优势和效能

（一）加强综治基层平台建设和基础性工作开展。按照规模合理、层级清晰、功能定位明确的规划设计，推动市、区、街道乡镇、居村四级综治中心工作平台向运转规范、衔接有序、指挥高效的目标发展，并向居民区、村民组、楼宇延伸，建设平安站点网格。成立上海市综治中心，推进区级综治中心建设，打造联动融合、开放共治的枢纽，在综合分析政法综治信息、预测预警公共安全和社会稳定风险、有效安排使用社会力量等方面发挥作用。街道乡镇、居村综治中心进一步发挥基层治理枢纽作用，推动基层治理触角向每个角落延伸。深入推进基层系列平安创建和“一街镇一品牌”工作，总结先进经验，挖掘先进典型。徐汇区加强与区网格中心融合，区级综治中心进入实战运作模式。崇明区开设“平安建设一乡镇一品牌”专栏、“平安崇明”微信公众号定期推送等形式，开展平安建设品牌宣传。

（二）加强综治体制机制和队伍建设。坚持各级综治委主任会议、综治委全会等制度，发挥综治委组织优势，遵循治理规律，推动工作机制更加完善。金山、长宁、松江、嘉定、奉贤五区荣获四年一度全国平安建设先进区；松江、奉贤区捧得全国社会治安综合治理“长安杯”。市委组织部加强社区党建、“两新”组织党建、农村党建等各领域党建工作，重点培养建设村居党组织书记、党员志愿者、大学生村官等队伍，为社会治安综合治理成员单位选优配强领导干部，进一步加强社会治安综合治理工作提供坚强组织保障。

（三）健全落实社会治安综合治理领导责任制。制定《上海市健全落实社会治安综合治理领导责任制实施办法》，落实社会治安综合治理通报、约谈、挂牌督办、一票否决权制等督导、追究措施。对照《社会治安综合治理目标管理责任书》，开展常态督导和检查考核。坚持领导干部述职、实绩档案制度和基层联系点等制度。普陀区区委领导与各街镇主要领导签订综治工作目标责任书，印发本区一票否决权制和社会治安综合治理督查督办工作实施意见。市质监局通过逐级签订年度《上海市质量技术监督局平安建设责任书》，建立社会治安综合治理工作考核、责任追究机制，实行严格的考核和奖惩制度。

当前，我国全面建成小康社会进入决胜阶段，社会主要矛盾发生变化，对社会治安综合治理工作不断提出新的要求，当前工作中还存在不足、面临困难，主要是：对于风险隐患的预见能力不够强、解决办法不够多；社会治安综合治理整体性和协同性还需进一步提升；精细化管理的意识和水平有待进一步提高。这些问题必须重视，需要不断提高社会治理水平，朝着建设更高水平的平安上海目标不断迈进。

上海市综治委关于印发《2017 年上海市社会治安综合治理重点工作安排的意见》的通知

（2017 年 1 月 9 日）

各区社会治安综合治理委员会、市社会治安综合治理委员会各成员单位：

《2017 年上海市社会治安综合治理重点工作安排的意见》已经市综治委领导同意，现印发给你们，请结合实际认真贯彻落实。

2017 年上海市社会治安综合治理重点工作安排的意见

为深入推进平安上海建设，提高人民群众安全感，坚持专项治理与系统治理、综合治理、依法治理、源头治理相结合，落实社会治安综合治理各项措施，严厉打击和有效防范“黑拐枪”“盗抢骗”“黄赌毒”违法犯罪，夯实综治基础，现就 2017 年上海市社会治安综合治理重点工作（以下简称：综治重点工作）安排提出如下意见。

一、综治重点工作安排

（一）加强防范打击，不断提高人民群众安全感。

防范和打击电信网络诈骗等新型违法犯罪及非法集资等涉众型经济犯罪。结合本市电信、网络、金融领域违法犯罪形势和特点，加强调查研究、督导检查和考评推动，协调解决突出问题；以社区防范为重点，加强对金融理财类小门店的日常排摸和监管，加强对非法小广告的清理整顿；发挥各级综治组织作用，深入开展防范宣传活动，建立健全打防工作机制，遏制电信网络诈骗等新型违法犯罪及非法集资等涉众型经济犯罪高发态势。

防范和打击各类欺行霸市恶势力。严厉打击群众反响强烈的“敲墙党”“菜霸”“市霸”等欺行霸市、寻衅滋事恶势力，以及利用恐吓威胁手段从事敲诈勒索、高利放贷、暴力讨债等违法犯罪活动；加大法制教育、案件警示教育力度，增强人民群众防范意识和能力。

防范和打击“黄赌毒”违法犯罪。深入开展防范和打击卖淫嫖娼、色情表演、游戏机赌博、聚众赌博和毒品违法犯罪等专项行动，严格落实街道（乡镇）“属地管理”和公安派出所治安管理主体责任，加强明查暗访和督导检查，不断净化社会风气；加强电信网络监管，防止“黄赌毒”问题向虚拟空间蔓延。

（二）加强重点整治，不断优化社会治安环境。

整治治安防范薄弱小区，遏制入室盗窃案件高发态势。根据上年度发案情况，以每个区 6 个（浦东新区 10 个）入室盗窃案件高发居（村）委为重点，排查确定全市 100 个入室盗窃高发案居（村）委，深入分析原因，查找薄弱环节，逐一制订整治方案，对工作不力、措施不到位、发案数居高不下的居（村）委会所属街道（乡镇）实行挂牌整治、限期整改。

整治铁路沿线社会治安突出问题，确保铁路安全运行。进一步巩固上海市高速铁路沿线社会治安突出问题整治成果，研究落实长效管理机制，防止“回潮”；对上海市境内既有铁路沿线影响铁路安全运行的社会治安突出问题，按照“属地管理”和“谁主管谁负责”原则，开展集中整治，明确铁路、地方责任，加强路地协作配合，消除铁路沿线社会治安隐患。

整治社会治安重点地区，提高人民群众安全感。重点聚焦本市中环线以外至外环线周边，排摸确定流动人员集聚、治安状况复杂、群众安全感低、治安防范薄弱的地区，按照一点一方案要求，开展打击整治，加强长效管理，加强市民巡访团工作培训和组织保障，定期开展社会治安突出问题、重点地区明察暗访，提升公共安全感。

（三）加强基层基础建设，保障综治各项措施落实。

加强基层综治委及其平台建设。贯彻《社会治安综合治理综治中心建设与管理规范》国家标准要求，进一步加强街道（乡镇）综治中心的规范化建设。规范综治中心社区工作者配备和使用管理，试点探索构建区级综治工作中心。落实中办、国办《健全落实社会治安综合治理领导责任制规定》，完善街道（乡镇）社会治安综合治理体制机制，落实综治委各项制度，加强基层综治组织建设。

开展群防群治守护网示范点创建活动。以“看得见、摸得着、用得好”为目标导向，积极发动、组织单位和群众参与群防群治守护网建设。开展群防群治守护网示范点创建活动，按照组织健全、发动有力、运作有序、成效明显要求，树立50个居（村）委会作为群防群治守护网示范典型，提高群防群治工作实效。

深化平安建设“一街镇一品牌”工作。坚持创新治理模式，大胆探索实践，总结梳理经验，培育先进典型，树立平安品牌，促进社会治安综合治理各项措施落实，提高基层平安创建水平；继续深化品牌内涵，放大品牌效应，发挥典型引领作用。

二、工作要求

（一）加强组织领导，推进工作落实。市综治委各专项组、各成员单位和各区、各街道（乡镇）综治委要紧紧围绕平安上海建设目标，切实加强对综治重点工作的组织领导，按照“条块结合、以块为主”的属地管理原则，细化工作方案，统筹抓好综治重点工作的落实。成员单位要充分发挥牵头作用、平安建设骨干作用，扎实推进纳入综治（平安建设）考核的各项工作。区、街道（乡镇）综治委要在积极推进市综治委综治重点工作的基础上，结合实际，围绕基层基础建设、群防群治工作和解决区域性社会治安突出问题等重点，提出和推进一批区域性综治重点工作作为“自选项目”。区、街道（乡镇）综治委提出和推进的综治重点工作，纳入市综治委综治重点工作督导检查和年度考核。

（二）加强工作结合，夯实基层基础。要将综治重点工作与市委、市政府重点工作，与推进社会治安综合治理创新，与基层平安创建工作，与市综治委各专项组、各成员单位正在开展的各项工作有机结合起来。要落实各级各部门主管责任，各司其职，各负其责，进一步完善制度建设，形成工作合力。要通过深入、扎实地推进综治重点工作，进一步加强制度建设，夯实综治基层基础，努力从根本上解决人民群众反响强烈的社会治安突出问题，增强人民群众安全感。

（三）加强督导检查，确保工作效果。市综治委各专项组、各成员单位和各区、街道（乡镇）综治委要加强督导检查、明查暗访，推动综治重点工作落实。要认真分析、研究推进工作各阶段的形势、任务以及出现的新情况、新问题，了解掌握进展、进度，提出有针对性的对策、措施，确保综治重点工作的效果与质量。要认真落实中办、国办《健全落实社会治安综合治理领导责任制规定》，严格执行通报、约谈、挂牌督办、实施一票否决权制等综治领导责任制措施，促进综治重点工作落实。各单位动员部署、细化方案、推进工作中的经验做法，以及工作中遇到问题及时报市综治办。

上海市司法局　市综治办　市高级人民法院　市民政局关于印发《关于推进全市专业人民调解中心建设的指导意见》的通知

（2017 年 11 月 28 日）

各区司法局、综治办、人民法院、民政局：

现将《关于推进全市专业人民调解中心建设的指导意见》印发给你们，请结合实际，认真贯彻落实。

关于推进全市专业人民调解中心建设的指导意见

为深入贯彻党的十八届三中、四中、五中全会和十九大精神，进一步落实中办、国办《关于完善矛盾纠纷多元化解机制的意见》及司法部、中央社会治安综合治理委员会办公室、最高人民法院、民政部《关于推进行业性、专业性人民调解工作的指导意见》，切实加强行业性、专业性人民调解工作，实现人民调解工作内涵式、集约式、融合式创新发展，现就上海市各区专业人民调解中心建设提出如下意见。

一、推进专业人民调解中心建设的重要性与必要性

推进各区专业人民调解中心建设是新时期加强人民调解工作的重要举措。

（一）完善调解机制联动的重要举措。在区级层面聚合各种行业性、专业性人民调解组织，有利于完善人民调解、行政调解、司法调解、仲裁调解联动机制，将更多行业、领域的矛盾纠纷引导到统一的人民调解平台，进一步彰显调解优先理念。

（二）提高人民调解工作能级的重要举措。社会矛盾的凸显叠加，各级组织、各行业、各领域都面临日益繁重的化解矛盾任务。在坚持将矛盾吸附在基层、化解在基层的同时，探索分层分类，加大区级层面力量配置和化解矛盾的能力建设，是提高人民调解工作针对性和精细化水平的重要举措。适度聚集相同类型的人民调解组织，是实现行业性、专业性人民调解资源集约化供给的必然选择，有利于形成合力，扩大调解的社会效应。

（三）促进专业性矛盾纠纷化解的重要举措。建立“一站式”的专业人民调解中心，通过统一受理窗口、共享调解场所、融合调解力量、汇集专家资源、集约管理人员，加快推进人民调解员专业化、职业化建设，必将极大地促进调解能级的提升，更好地实现专业的人做专业的调解工作。

（四）打造人民调解品牌的重要举措。建设区级专业人民调解中心，为群众提供专业、优质的“一站式”调解服务，必将有效扩大人民调解的辐射范围，加快形成专业人民调解工作品牌。

二、专业人民调解中心建设的总体要求

——党委领导，政府主导，司法行政机关指导，相关部门支持配合，社会广泛参与，共同推进区级专业人民调解中心建设。

——以服务群众为宗旨，按照公共法律服务体系建设的总要求，为广大群众提供优质、高效、便捷的纠纷解决服务。

——因地制宜，原则性与灵活性相结合，分层分类，处理好与街道乡镇、居村等各类调解组织的关系。

——坚持法治思维和法治方式，发挥人民调解的优势，提高人民调解的知晓度和公信力。

三、专业人民调解中心的功能定位

专业人民调解中心是在司法行政机关指导下设立的区级层面枢纽性工作平台，为各类行业性、专业性人民调解组织及其他调解力量开展工作提供统一保障和服务，实现各类资源和信息的有效整合和共享。

（一）受理、调度与调解矛盾纠纷。专业人民调解中心接待当事人来访，受理当事人的咨询、求助。对已受理的各类纠纷，调度、分流到相关的行业性、专业性人民调解委员会予以妥善处置。

（二）促进人民调解、行政调解、司法调解、仲裁调解衔接联动。以专业人民调解中心为对接主体，加强与相关部门、行业组织的联系、联动，完善人民调解、行政调解、司法调解、仲裁调解衔接机制，引导更多的当事人优先选择人民调解解决纷争。以专业人民调解中心为“一门式”工作窗口，受理人民法院委派、委托调解的案件。

（三）汇集调解资源、培育调解组织。根据区域实际需求，有序引导各类行业性、专业性人民调解组织进驻专业人民调解中心，推动行业性、专业性人民调解组织的适度集聚，形成规模效应。按照矛盾纠纷多元化解机制的总体要求，积极对接、扶持、优化配置其他各类调解资源，实现各类调解组织的融合式发展。

（四）归集、研判疑难复杂重大矛盾纠纷的信息。顺应“互联网＋”“大数据”发展趋势，强化网络技术支撑，以信息化提升、保障人民调解的规范化和专业化。专业人民调解中心作为全市基层司法行政信息系统的重要节点，同时与社会治安综合治理部门、人民法院、行业主管部门的信息平台互联互通，加强对疑难复杂重大矛盾纠纷的大数据分析、研判与应用，提升矛盾纠纷预警、预判、预防能力。

（五）管理、培训专业人民调解员。根据区司法局、区人民调解协会的统筹安排，组织实施对人民调解员的管理、培训，不断提高人民调解员的专业化水平与能力。

四、专业人民调解中心的规范化和标准化建设

将规范化、标准化建设作为提升行业性、专业性人民调解工作公信力的重要举措，一以贯之，常抓不懈。规范化、标准化建设主要包括以下方面：

（一）人民调解员、承担服务性工作的各类工作人员统一挂牌上岗。着装整洁、大方、得体，热情服务。

（二）统一办公场地、调解标识、调解流程，规范窗口服务。

（三）建立健全专业人民调解中心日常管理制度、首问负责制、岗位责任制、重大复杂纠纷会商制度、人民调解文书卷宗制作与管理规范、案件投诉处理制度等。

（四）建立矛盾纠纷移交、委托等衔接制度，明确移交委托范围，规范移交委托程序。

（五）人民调解员等级评定、业绩考核、晋级发展等制度规则。

（六）人民调解员教育培训与交流制度，探索编印教学培训大纲、教材。开展专业人民调解国内、国际交流。

五、专业人民调解中心的保障体系建设

（一）功能分区。专业人民调解中心一般应设立接待大厅（含等候区）、调解室、办公室、专家咨询室、会议室、档案室、监控室等。各功能区的面积、布局应符合基本需求，保障中心的正常运行，为群众提供宽松、温馨、安全的调解环境。

（二）人员配置。根据行业性、专业性人民调解的类型、案件数量、调解难度系数，合理配备相应数量的人民调解员、调解秘书、综合岗位工作人员。建立专业、年龄结构合理，来源多样化的专家咨询队伍。

（三）经费保障。加强与财政部门的沟通协调，将专业人民调解中心的运行、人员聘用、办案补贴、专家咨询、培训交流等所需费用纳入财政预算，或列入政府购买服务项目。人员费用，一般采取打包的形式，包括基本收入、办案补贴、绩效奖励三部分。

六、加强专业人民调解中心建设的组织领导

建设区级专业人民调解中心是全市今后一个时期的重点工作，是推进人民调解工作创新发展的重要举措，各区要高度重视，加强组织领导。

司法行政部门要从本地区实际出发，制定专业人民调解中心建设的工作方案，细化工作措施，明确时间表，力争各区年内全部建成专业人民调解中心。

社会治安综合治理部门要将行业性、专业性人民调解工作以及专业人民调解中心建设纳入综治中心矛盾联调机制及相关考核评价体系。督促各相关部门将适合调解的疑难复杂重大矛盾纠纷引导到专业人民调解中心解决，充分发挥“一站式”纠纷解决工作平台的优势。

民政部门要鼓励引导行业协会商会等社会团体和其他社会组织独立或依托各区专业人民调解中心设立行业性、专业性人民调解组织，支持将行业性、专业性人民调解纳入政府购买服务规划。

人民法院要建立健全与所在区专业人民调解中心的衔接机制，通过选任人民调解员担任人民陪审员、邀请人民调解员旁听民事案件审理等形式，对人民调解工作进行业务指导；根据当事人申请，及时开展人民调解协议司法确认工作，并将司法确认情况告知人民调解组织和同级司法行政部门。

上海市衔接有序　凝聚各方
完善矛盾纠纷多元化解机制

一、法治引领，机制创新，推动形成矛盾纠纷多元化解合力

（一）研究部署重点推进。上海市委高度重视贯彻落实完善矛盾纠纷多元化解机制建设的意见精神，市委办公厅、市政府办公厅 2016 年 5 月出台《关于完善矛盾纠纷多元化解机制责任分工方案》并坚持长期推动。市综治办、市司法局、市住房城乡建设委以闵行区为试点，重点推进矛盾纠纷多元化解创新项目：住宅小区物业纠纷化解机制建设。

（二）强化职能，探索创新。市高级人民法院坚持深化全市法院矛盾纠纷多元化解机制改革。市政府法制办强化领导责任制的落实，加大复议案件行政调解、和解工作力度，积极探索运用简易程序审理复议案件，严格执法、严肃纠错。市信访办依法规范信访工作，坚持依法理清信访部门和有权处理部门的工作职责，明确各自工作任务，努力使信访和矛盾纠纷事项受理顺畅，不断提高信访办理和矛盾纠纷化解工作质量。市工商局全面推进信访事项依法分流工作机制，将消费者投诉、专门法定业务程序和一般违法案件举报与信访事项分离，推动依法行政与化解矛盾的有机统一。

（三）拓宽途径，多方参与。发挥律师工作法律服务专业优势，建立市律师协会参与信访矛盾处置机制，律师事务所与街镇结对服务、律师与村居委结对服务，预防和化解矛盾纠纷的公共法律服务体系在基层实现全覆盖。发挥公证工作预防在先工作特点，依法、及时、公正地办理涉及动迁安置、劳动关系、土地承包、企业改制等公证业务，从源头上预防矛盾纠纷的发生。发挥群众团体和行业协会作用，市总工会、团市委、市妇联、市残联推进建立劳动争议、婚姻家庭纠纷、未成年人、残疾人维权等调解组织，行业协会、商会成立调解组织，调解内部民商事纠纷。

二、整合资源，强化阵地，推动各类纠纷解决方式衔接联动

（一）完善“三调联动”体系建设。市综治办、市司法局结合推进落实上海“创新社会治理加强基层建设”的配套文件《关于完善本市人民调解、行政调解、司法调解联动工作体系进一步加强人民调解工作的意见》，特别是专业人民调解工作。到 2017 年底，全市各区建立专业人民调解中心。宝山区成立道路交通事故赔偿纠纷人民调解委员会驻交警支队，切实落实与公安分局、市保险同业公会协作，形成集“人民调解、法制宣传、保险咨询、法律援助、诉讼指引”的“一站式”纠纷解决服务。市司法局等单位出台《关于加强本市住宅小区物业纠纷人民调解工作的意见》,闵行区成立物业纠纷调解工作指导小组,切实落实司法行政部门与房管部门联动协作,不断提高基层化解物业管理服务纠纷的能力;人力资源社会保障部门推动区联调委驻人力资源和社会保障局调解工作室,并着力加强街镇劳动争议纠纷人民调解组织建设。司法行政、卫生计生部门进一步加强医患纠纷人民调解委员会建设,进一步巩固人民调解在解决医患纠纷中的主渠道地位。教育部门推动涉校纠纷调解,积极引导纠纷当事人选择人民调解方式解决涉校纠纷。信访部门推动信访调解工作,促进当事人息访。

（二）进一步加强诉调对接中心规范化建设。加强人民法院诉调对接中心职能的定位,完善诉调对接流程管理,建立和完善畅通的案件分流机制,进一步加强调解与小额速裁的衔接机制,加强调解与审判的衔接机制,完善司法确认程序。加强法官便民服务点建设,将部分司法资源下沉街镇、社区,与街镇、社区相关职能部门共同构建多元预防和化解矛盾纠纷的工作平台。对诉至法院的纠纷进行过滤、分流,引导当事人自愿选择适当的非诉讼纠纷解决方式,建立法院与行政机关、人民调解组织、仲裁机构、行业调解组织等其他非诉讼纠纷解决组织的衔接机制。

（三）进一步加强人民调解组织规范化建设。结合各级综治中心建设,完善区、街镇、村居三级全覆盖的人民调解组织网络。区级层面探索实行矛盾纠纷“职能部门委托、司法行政部门组织指导、人民调解组织提供服务”运作模式,完善各区联合人民调解委员会;街镇层面继续完善人民调解委员会,借助综治中心平台发挥作用;在村居层面推进“一站式”村居人民调解工作站建设,及时确保基层矛盾有效解决。

三、依托中心,强基固本,推动基层矛盾纠纷排查化解。

（一）规范综治中心矛盾联调工作。上海市综治办连续将“推进街镇综治中心规范化建设”列为 2016、2017 年综治重点工作。要求切实发挥各级综治工作中心在矛盾纠纷多元化解工作中的协调作用,推动人民调解、行政调解、司法调解、仲裁、行政复议、行政裁决、诉讼等有机衔接。对可能引发群体性事件的苗头性问题深入调查研究,采取切实可行的措施予以化解。对矛盾纠纷多元化解机制建设情况进行督促检查,通报分析情况,协调解决问题,总结推广经验。

（二）强化基层矛盾纠纷排查化解衔接机制。注重对接上海市委“创新社会治理加强基层建设”工作的持续推进,加强基层化解矛盾的能力建设。市公安局、市司法局等出台《关于进一步深化公安派出所与司法所联动化解社区矛盾的意见》,推动基层公安机关与司法行政部门的沟通联系,促进人民调解与公安行政调解的有效衔接。市民政局在基层政权建设等工作中明确矛盾纠纷多元化解机制建设“属地管理”和“谁主管谁负责”原则。

四、培育队伍,提升能力,推动矛盾纠纷化解专业化和信息化建设

（一）加强队伍建设。一是进一步加强诉调对接中心队伍建设,构建以退休法官和其他法律工作者为主体的调解员队伍,从事立案前的调解工作;配备法院专职调解人员,专职从事立案后的调解工作;配备专职法官从事调解协议司法确认、小额速裁案件的审理及指导调解工作。二是完善律师调解员队伍,加强与司法行政部门、律师协会及律师事务所的沟通联系,探索律师在调解方面的法律服务新领域。三是建立人民调解志愿者队伍建设,选聘擅长群众工作的人员专职从事人民调解工作,充分利用社会资源,推举、吸收退休法官、检察官、警官和律师、公证员等法律工作者及不同行业的社会志愿者参与人民调解工作。四是加强对调解员的培训力度,切实提高调解人员的法律素养和调解技能,提升调解效率和调解质量。

（二）提升信息化水平。主动融入“互联网 + ”行动计划,实施“互联网 + 法律服务”工作,探索法律服务电子化、网络化。司法行政部门在公证工作中推出“微信办证系统”,为公证当事人提供在线公证咨询、公证办理、公证进度查询、公证预约,并在在线交流中提供绿色通道式、全程跟进式和法律顾问式服务。在人民调解、法律援助中开通微信公众号,切实做到社情民意在网上了解、矛盾纠纷在网上解决、正能量在网上聚合,实现信息流与业务流统一。市信访办结合国家信访信息系统上海分系统建设和运行，明确信访工作“六大环节”（登记、受理、办理、答复、送达、信息录入和督查督办）的操作规范和信息录入要求，督促有关单位及时发现问题、研究措施、落实整改，并加强督办、通报和定期检查，努力使网上数据全面、准确、客观地反映信访事项。长宁区不断升级大调解信息系统，规划街镇综治中心通过远程视频传输与区法院诉调对接中心联通。嘉定区真新街道拓宽信访渠道，确实解决民生问题，创建了“网上信访联合接待大厅”，体现了“让群众少跑腿，让数据多跑路”的工作要求。

（三）加强专业领域矛盾纠纷化解工作。针对海事海商、知识产权、期货证券、保险行业、建筑行业、国际贸易等专业领域的纠纷，探索建立特邀专家调解员制度，增强专业领域矛盾纠纷调解公信力。加强专业性矛盾纠纷化解平台规范化建设，开展道路交通事故赔偿纠纷、物业纠纷、劳动争议、医患纠纷、涉校纠纷、信访事项、消费纠纷人民调解工作，动员协调多方合作，共同参与矛盾纠纷多元化解。宝山区深入推进消费维权联络点建设，配合机构改革和市场监管隶属调整，建设658个联络点，涵盖居村、企业、市场、学校、景区等，实现对基层消费领域的全覆盖。

上海市加强社会心理服务体系建设
维护社会和谐　保障城市平安

上海市各级党委政府和有关部门，始终坚持加强心理健康服务体系建设，不断完善部门合作机制，全面落实法治化建设、规范化管理，努力提高心理健康促进和心理疾病预防的服务水平。

一、法治引领，注重机制保障

随着上海社会经济发展，公众因激烈竞争、人口老龄化、家庭结构变化以及人口迁徙等导致的心理行为问题和疾病越来越多，对心理健康服务的需求也不断增高。20世纪80年代以来，上海已逐步开展并加强了针对常见精神障碍和心理行为问题的健康教育、健康指导以及心理咨询、心理治疗等服务。为保障心理健康服务的规范实施，上海市在2001年颁布实施全国第一部精神卫生条例时即明确提出了规范开展心理健康教育和心理健康咨询的要求。2015年，在根据国家精神卫生法实施要求重新修订《上海市精神卫生条例》时，进一步明确了心理健康服务的内容与要求：明确各级政府部门、有关单位和社会组织应当按照职责为社会公众提供相应的心理健康服务与指导，明确将心理健康服务机构作为精神卫生服务体系的重要组成部分，并对心理咨询机构的设置标准、心理咨询从业人员的资质要求以及对机构和人员的规范管理进行了明确规定，为进一步健全本市心理健康服务体系建设和规范化管理提供了坚实的法制基础和保障。到2017年，本市有17所综合性医疗机构开设心理治疗或精神科门诊，社区心理健康咨询点180余个，教育部门所属心理咨询机构800余所，加入心理卫生服务行业协会的心理咨询机构120余家。

同时，为加强对心理健康服务的组织领导和综合协调力度，上海市还不断强化“政府主导、部门合作、社会参与”的工作机制。20世纪50年代成立“上海市精神卫生工作领导小组”，2010年更名为“上海市精神卫生工作联席会议”，由市政府分管副市长担任第一召集人，卫生计生、财政、公安、发展改革、教育等17个成员单位组成，全面落实包括心理健康服务在内的精神卫生工作责任制，统筹协调重大工作事项。各区、街道（镇）也建立了相应的联席会议机制，落实心理健康服务“属地化”管理职责，组织协调街道、乡镇政府和各部门共同开展心理健康服务与管理，各部门各负其责、各方积极参与的机制持续得到强化。

二、行业管理，注重规范发展

社会公众对心理咨询服务需求量大，但目前

对提供心理咨询的服务机构和人员普遍缺少统一的标准和规范。《上海市精神卫生条例》修订颁布以来，积极构建包括《上海市精神疾病防治服务规范》《上海市心理咨询服务管理办法》《上海市心理咨询师实习考核管理办法》等在内的一系列政策，细化和明确对上海市心理咨询机构及其从业人员的注册登记、日常管理以及心理咨询师实习考核等工作的规范要求，不断完善心理咨询服务的制度框架。同时，规范和促进心理咨询行业协会建设，积极探索实施行业管理。2016年，成立“上海市心理卫生服务行业协会”，组织专家研究制定心理健康服务的技术标准、执业规范以及伦理道德要求等规范行业管理的规章制度，开展系列人员培训和技术考核，促进提升行业自我管理能力，引导形成心理咨询服务机构“优胜劣汰”的运行机制，促进行业健康发展。

组织各区卫生计生、工商和民政等部门进一步加大对依法登记的心理咨询服务机构和从业人员信息的社会公示力度，支持社会公众以投诉举报等形式开展社会监督。组织开展专项监督检查，定期公布检查结果，加大对违法违规行为的依法监管和处罚，不断强化事中事后监管，保障心理健康服务有序、健康发展，为市民提供高质量的心理健康服务。

三、需求导向，注重服务效果

针对不同人群不同层次的心理健康服务需求，一方面，积极践行“健康教育先行”理念，全面开展心理和精神健康教育促进与教育。如：在“世界精神卫生日”组织开展精神卫生短语竞赛、医院开放日等主题宣传活动；组织拍摄面向市民的“21 世纪心理健康系列影片”，在 IPTV 等媒体播放心理健康知识宣传节目；建立精神卫生服务的微博和微信公众平台，传播心理健康知识。市民心理健康意识和理念不断提升。另一方面，不断拓展服务领域，努力创新服务模式，提升对学生、职场人员、老年人、严重精神障碍患者及其家属等重点人群的心理健康服务效果。如：坚持“医教结合”，在所有大、中、小学校建立心理健康咨询机构，配备 1500 余名心理咨询老师，将心理健康教育纳入德育课程，对学生进行心理健康教育、评估与干预。组织用人单位举办心理健康沙龙、心理健康工坊等活动，对职场人群开展心理健康知识宣传与教育。在社区设立心理咨询指导服务点，通过购买服务、招募志愿者等方式为老年人提供心理健康咨询指导和服务。积极探索社区社工参与心理健康服务机制，为严重精神障碍患者及其家属提供心理支持服务，助力提升患者服务与管理效果。

此外，上海市积极探索开展心理危机干预工作。自 2008 年起建立“12320—5 心理援助热线”，目前配备心理咨询员 70 余名，年均提供心理咨询服务 1 万余人次。自 2010 年起，组建心理危机干预队伍，完成预案编制以及人员装备、物资储备的规范化和标准化建设，探索建立重大突发事件组织协调机制和处置平台，协同有关部门在发生重大和突发事件时共同开展心理疏导和心理危机干预服务。上海的市、区 18 支心理危机干预队伍共计 100 余人，在“5·12 汶川地震”“上海 11·15 特大火灾”“东方之星客轮翻沉事件”等重大突发事件中及时、高效开展了心理危机干预，对事件处置发挥了积极作用。

（撰稿人：夏咸军
审稿人：李余涛　王瑞拉）

江 苏 省

2017 年综治工作概况

2017 年,江苏各地各部门紧紧围绕构建平安中国示范区目标,以继续深化“综治工作创新突破年”为载体,着力打造综治工作特色亮点,推动了综治工作和平安建设创新发展。全省群众安全感达96.52%,同比上升2.49 个百分点;群众对政法队伍满意率达 89.65%,同比提高 0.54 个百分点。

一、组织推进

(一)组织部署。2017 年,江苏省委办公厅、省政府办公厅制定出台《江苏省健全落实社会治安综合治理领导责任制实施办法》,着力完善主要领导负总责、分管领导具体负责、其他领导“一岗双责”的领导体制。省委常委会每年工作要点都明确创新社会治理、深化平安建设重点任务,省委省政府主要领导与各设区市委、市政府及省综治委成员单位主要领导签订年度“个性化”综治和平安建设责任书。全省各级综治委、专门工作领导小组、专项工作组积极发挥牵头协调作用,完善各项工作制度,健全一级抓一级、层层抓落实的责任体系。2017 年,中央综治委授予江苏 4 个设区市、7 个县(市、区)、5 个地区、5 个单位、5 名同志全国社会治安综合治理优秀市、先进县、长安杯、先进集体、先进工作者荣誉称号。

(二)项目推进机制。2017 年,江苏省各地各部门按照“目标阶段化、任务项目化、项目责任化”要求,年初制定平安建设重点项目任务责任分工方案,以项目化推进方式保证平安建设任务落地落实。各地积极推动将立体化信息化社会治安防控体系建设、综治中心规范化建设、县乡社会矛盾纠纷调处中心实体化建设等重大项目列入“十三五”发展规划。各级政府将综治和平安建设经费纳入财政预算,全省综治和平安建设专项经费投入近 18 亿元。省财政每年拨付 5000 万元社会治理创新“以奖代补”资金,带动各地设立综治项目以奖代补资金 2.7 亿元,确保综治工作和平安建设重点项目顺利推进。

(三)督查整改。2017 年,省综治委先后组织开展“四查四防”专项行动、社会矛盾纠纷和安全隐患大排查大整治专项督查活动、实有人口和实有房屋管理攻坚行动、综治工作和平安建设明查暗访等,切实整改和消除突出问题隐患。将综治和平安建设工作纳入党政综合考核,纳入各级党政领导干部政绩考核内容。建立平安建设动态考评和命名机制,充分利用好通报、约谈、挂牌督办、实施一票否决权等综治政策工具,与业绩评定、职务晋升、奖励惩处挂钩。年内,对 2 个县(市、区)实施了综治“一票否决权”;对 2016 年综治工作推进力度不大、基层基础工作薄弱的 5 个县(市、区)取消“平安县(市、区)”命名,并进行挂牌督办;对 2016 年综治绩效考评和群众安全感排名靠后的 10 个县(市、区)专门发出整改通知书,引起相关地方党委政府的高度重视。

二、社会治安

(一)打击违法犯罪。2017 年,江苏创新完善打击犯罪新机制,深入开展命案积案攻坚、打黑除恶、打击“盗抢骗”、“猎狐 2017”、保护环境“清水蓝天”等专项行动,主动打击网络贩枪、电信网络诈骗、金融诈骗等新型犯罪,始终保持严打高压态势。2017 年,全省 430 起现行命案破获 428 起,攻克命案积案 40 起;破获侵财案件 10.77 万起,破案率同比提高 2.8 个百分点;破获非法集资案件 762 起,涉案金额 150.49 亿元,追回境外经济逃犯 114 名,居全国前列;破获毒品犯罪案件 4567 起,同比上升 7.6%;侦办食药环犯罪案件 4350 起,抓获犯罪嫌疑人 7446 名,同比分别增长 24.2% 和 43.8%;打掉黑社会性质组织 13 个、恶势力犯罪集团 17 个，判决涉黑涉恶人员 12813 人，同比上升 24.8%。

（二）防控体系建设。2017 年，江苏以“升级版技防城”建设为载体，全面推进“雪亮工程”建设，累计建成 332 万个智能监控点位，一级 110 接警区“升级版技防城”建成率达 38.8%，一类视频监控点位资源联网共享率达到 100%，二类视频监控点位资源 75% 实现联网，并安全接入公安视频监控资源平台；技防乡镇（街道）、技防小区、技防村（社区）建成率分别达 97.6%、92.9% 和 95%。做精建强专业巡防力量，城市按照不低于实有人口万分之十，农村按照不低于实有人口万分之八的标准配备专职巡防辅警，全省所有设区市均建立了 100 人以上的巡特警支队，县（市、区）建立了 120 人以上的巡特警大队，乡镇（街道）建立了 30 人以上的巡逻处警中队；常态情况下全省每天投入巡防民警 1.3 万人，辅警 3.2 万人，巡逻警车 5300 余辆，全省街面“两抢”案件同比下降 39%。

（三）重点地区整治。2017 年，江苏发动干部群众、组织各类工作组开展重点地区排查 36 万余次，整治重点地区 2339 处，组织开展 45 次专项打处行动，查处涉及黄赌娼违法行为娱乐服务场所 3208 家，处罚娱乐场所 789 家，打掉犯罪团伙 182 个，查破各类案件 1651 起、3549 人，侦办开设赌场案件 236 起、组织容留卖淫案件 471 起、场所内寻衅滋事打架斗殴案件 313 起；破获黑客攻击、侵犯公民个人信息案件 563 起，同比增加 300%；组织缉枪缉爆专项行动，检查单位 9 万余家次，整改隐患 9200 余处。健全省市县三级挂牌整治机制，全省共挂牌整治治安重点地区 370 个，其中省级挂牌县（市、区）5 个、乡镇（街道）26 个，市级挂牌 80 个，县级挂牌 259 个，整治好转率达 100%。

（四）公共安全监管。2017 年，江苏各地各部门扎实推进安全生产各项重点工作，组织开展安全生产大排查大整治、深化“打非治违”专项整治行动，各类事故、死亡人数持续下降，未发生重特大事故，重点行业领域和重点时段安全生产形势平稳。严格道路交通安全监管，组织开展交通安全整治系列行动，全年道路交通事故起数和死亡人数同比分别下降 0.5% 和 0.7%；推进消防大数据平台建设，整改火灾隐患 104.57 万处，火灾事故起数和死亡人数同比分别下降 27.02% 和 45.45%；严格危险品安全监管，组织缉枪治爆专项行动，共收缴各类枪支 5935 支、子弹 106.7 万发、炸药 10.5 吨，成功侦破公安部督办的徐州“5·6”“6·17”两起重大非法制贩爆炸物品案件。

三、社会矛盾化解

2017 年，江苏大力推进社会稳定风险评估工作常态化、规范化、专业化、社会化建设，完成重大决策评估事项 8333 件，其中暂缓和不予实施 17 件，超前防范化解矛盾纠纷 1.4 万件。推动县乡调处中心全部进驻同级综治中心实现规范化建设、实体化运作，分别按照不少于 5 人、2 人标准配备专职调解员。全省县级矛盾纠纷调处中心进驻同级综治中心 95 家，占 95%；已成立事业单位 55 家，占 55%。建好行政调解平台，在住建、卫计、市场监管等部门设立行政调解室，建立“接待人员调、责任科室调、分管领导调、主要领导调”四级调解机制。建好行业调解平台，在全省统一规范交通事故、公调对接、医患纠纷、劳动争议等四类调解机制的基础上，积极推动征地拆迁、土地流转、环境保护、物业管理、消费等多发性矛盾纠纷专业性平台建设。全省有各类人民调解委员会 31833 个，各类行业性专业性调解组织达 4686 个，专兼职调解员达 9.32 万人。全年各类调解组织共排查受理矛盾纠纷 93.2 万件，调解成功率达 99.7%，95% 以上的矛盾纠纷在乡镇以下得到化解。

四、人口服务管理

（一）流动人口服务管理。2017 年，江苏在全省范围内开展出租房屋和流动人口管理集中攻坚行动，成立工作专班，研究制定管理办法，深入开展集中整治工作，新登记出租房屋 104.9 万户、流动人口 743.7 万人次，新签订治安责任书 144.2 万份，排查各类出租房屋安全隐患 91.8 万处、整改 47.1 万处。推广“三集中”服务管理模式，累计建成流动人口集中居住点 49024 处、建筑面积 2541 万平方米，集中住宿流动人口 494 万人；设立社会化采集点 1.9 万个，配备移动采集设备 2.6 万台，通过社会化渠道采集流动人口信息 1260 万条；增强流动人口服务保障能力，聘用流动人口专兼职协管员 5.3 万名，发放居住证 2597.8 万张，实现流动人口居住证制度全覆盖。

（二）特殊人群服务管理。2017 年，江苏健全完善由党委政府主导、综治部门牵头、相关部门各司其职、密切配合、齐抓共管的特殊人群服务管理工作格局。建立特殊人群社会、单位和家庭“三帮一”工作机制，健全完善“三社联动”和“社工 + 志愿者联动”机制，增强社会工作专业服务效果。强化特殊人群的日常心理疏导，建立专业心理矫治队伍，有针对性地进行心理健康教育以及心理咨询、心理危机干预和心理治疗等矫治工作。积极落实严重精神障碍患者管理服务工作，对肇事肇祸等严重精神障碍患者实行免费救治，全面落实监护人“以奖代补”政策，全年落实 26797 名监护人奖补资金 6612 万元。

五、基层基础建设

（一）综治中心建设。2017 年，江苏按照国家标准委《综治中心建设与管理规范》要求，大力推进各级综治中心规范化建设。打造标准化硬件，县级中心平均 3000 平方米，镇级平均 800 平方米，村级平均 150 平方米，分别设立便民服务大厅，设置领导接访、纠纷受理、涉法涉诉、法律服务、人口服务等窗口，为群众提供便捷服务；建强实体化机构，由综治委主任兼中心主任，日常管理由综治办牵头负责，综治办、法治办、矛盾调处中心、信访接待中心、法律援助中心等整体入驻，综治委各专门工作领导小组办公室进驻中心，实行实体化运作；提升实战化功能，健全规范运行机制，构建扁平化指挥体系，有效破解部门分割、各自为战、信息不通、协调不畅等基层治理工作难题；落实常态化保障，通过为综治中心解决事业编制和采取政府购买服务方式，为综治中心配备专职管理人员和专业社工，并将综治中心经费开支纳入年度财政预算，确保有人做事、有钱办事、有条件成事。

（二）综治信息化建设。2017 年，江苏坚持纵向贯通，建设全省统一、纵向到底的综治信息系统，将信息终端延伸至网格，确保基础信息全面、动态、准确；坚持横向打通，推动各有关部门间网络互连、信息共享；坚持外部融通，推动互联网公共服务平台和综治信息系统深度融合，开发上线“平安江苏”手机客户端，最大限度地组织群众参与治安防范和矛盾排查；坚持扩展联通，积极推动综治信息平台与“12345”政务服务、110 非警务类警情、民生服务、数字城管等有机衔接，实现内外网信息互联互通；多频互通，推广“四频合一”“四级六网”等信息系统功能整合模式，与技防建设等实现有机衔接。截至 2017 年底，全省开通 PC 和移动终端近 7 万个，录入基础数据 8729 万条；2017 年，通过省综治信息系统排查调处各种矛盾纠纷 54.8 万件，服务管理特殊人群 221.3 万人次。

（三）创新网格化社会治理。2017 年，江苏省委办公厅、省政府办公厅印发《关于创新网格化社会治理机制的意见》，围绕打造共建共治共享社会治理格局，紧扣“公共安全、公共管理、公共服务”三项主业，紧盯“服务管理网络全面覆盖、服务管理能力全面提高、基层基础工作全面夯实、群众满意度全面提升”四个目标，构建“城乡社区网格社会治理体系、网格服务管理责任体系、网格管理工作制度体系、群众诉求联动响应体系、网格社会治理组织保障体系”五大体系。全省共规范设立网格 12 万余个，配备专兼职网格员近 30 万名，基本建成社会治理大数据智能应用服务一期平台，汇聚 14 个省级部门 7260 亿条、9 个试点区县 5625 万条基础数据；网格员源头排查各类安全隐患 3.5 万起，化解矛盾纠纷 9.1 万件，服务群众事项 129 万人次；通过联勤联动及时解决群众诉求，非警务类警情下降 40% 左右。

（四）基层平安创建。2017 年，江苏深入开展基层区域平安创建，建成平安县（市、区）98 个、平安乡镇（街道）1281 个、平安村（居）21328 个、平安小区 23337 个，建成率分别为 97.03%、99.45%、99.37%、97.32%。广泛开展平安企业、平安校园、平安医院、平安家庭等 15 项基层系列平安创建活动，其中，建成平安企业 190766 家、平安学校 10503 家、平安医院 1638 家，建成率分别为 94.28%、94.6%、97.6%。

（五）平安志愿者队伍建设。2017 年，江苏分层分级组建平安志愿者联合会、协会、分会，全省有平安志愿者人数 399 万人。研发推广“平安江苏”手机客户端，全省共发展用户 236 万个，基层手机终端账户活跃率达 82.80%，事件流转 15.8 万件。当年平安志愿者共向公安机关提供各类信息近580万条,协助抓获违法犯罪嫌疑人2.2万多名,破获各类案件2.1万余起。

江苏省综治办　省公安厅　省科技厅关于印发《升级版技防城建设标准》的通知

（2017年5月22日）

各市、县(市、区)综治办、公安(分)局、科技局:

2009年9月,省公安厅、科技厅联合下发《技防城建设标准(试行)》,并在全省部署开展“技防城”建设活动。活动部署以来,全省各地各有关部门以技防城建设为载体,以技防乡镇、技防小区、技防单位、技防入户为基础,按照全时空、多层次、宽领域、高智能要求,充分应用物联网、大数据、云计算等技术,着力打造“防控区域城乡覆盖、防控时空无缝衔接、防控技术融合应用、防控目标全网追踪、防控质态全面优化”的技防江苏。目前,全省社会面视频监控摄像机总数超过300万台,72个110接警区全部达到“技防城”建设标准,技防监控系统规模位居全国前列,技防建设在维护稳定、打击犯罪、治安防控、服务群众等方面发挥了重要作用,为平安江苏建设作出了重要贡献。但必须清醒看到,对照中央和省委省政府对平安建设的新部署,对照立体化信息化社会治安防控体系建设新要求和人民群众对平安的新期盼,我省技防建设和应用工作依然存在覆盖面不够广、建设标准不够高、实战应用不够深入、工作机制不够完善等不足和短板,亟需加强和改进。

为进一步巩固和发展技防城建设成果,深入推进“雪亮工程”建设,推动立体化信息化社会治安防控体系创新升级,更好地护航“两聚一高”实践,根据中共中央办公厅、国务院办公厅印发《〈关于加强社会治安防控体系建设的意见〉的通知》,省委办公厅、省政府办公厅印发《〈关于加强社会治安防控体系建设的实施意见〉的通知》以及省综治办、省发展改革委、省公安厅《关于转发国家发展改革委、中央综治办〈公共安全视频监控建设联网应用“十三五”规划方案〉的通知》文件精神,按照全省政法、公安工作会议部署要求,省综治办、省公安厅、省科技厅在认真调研论证的基础上,研究制定了《升级版技防城建设标准》,现印发给你们,请结合实际认真贯彻落实。

一、统一思想认识,切实加强组织领导

部署推进升级版技防城建设,既是建设更高水平平安江苏的具体行动,也是积极应对社会治安新形势、创新升级立体化信息化治安防控体系、满足人民群众对平安新期盼而作出的重要部署。各地各部门要充分把握大数据时代的特点,充分认识开展这项工作的重要性和紧迫性,加强统筹规划,协调各方力量,推动工作落实。要主动争取党委政府重视支持,将升级版技防城建设纳入当地经济社会发展总体规划、政府实事工程、智慧城市建设重要内容,作为综治和平安建设的重要组成部分,从人力物力财力上给予充分保障,建立党政领导、综治协调、公安负责、部门配合、各方参与的工作格局。各地要迅速成立由综治部门牵头,公安、科技部门参与的工作班子,具体负责实施建设和工作推进。要立足本地经济发展水平和社会治安规律特点,对照升级版技防城建设标准,于2017年6月底前制定针对性、操作性和本地特色较强的升级版技防城建设规划方案,并报省综治办三处和省公安厅科信处备案。

二、明确建设任务,全面提升建设质效

各地要紧紧围绕创新升级立体化信息化社会治安防控体系总定位和全国领先的要求,主动融入智慧江苏建设,按照“全域覆盖、全网共享、全时可用、全程可控”的工作要求,抓好重点工作任务落实,努力实现“三个全面、三个提升”:一要全面升级技防网络,提升建设层次。要实现环省、环市县、环核心区等主要治安节点智能防控全覆盖,重点公共区域、重点行业、重点部位等地实现技防监控全覆盖,城乡社区、沿街商铺等实现技防监控全覆盖;要对社会治安监控系统前端设备进行智能化、高清化、数字化改造,推动技防监控网的实战功能更加智能;要进一步升级本级本系统公共安全视频监控资源联网平台、共享平台软硬件配置,抓紧建设视频监控基础资源库,全面采集各类视频图像信息,建立价值视频图像库,开展深度应用。二要全面深化实战应用,提升综合效能。要按照苏综治办相关文件要求,扎实推进公共安全视频监控系统的联网共享和高效整合,各类视频资源在接入公安视频监控资源平台的同时,必须接入同级综治中心;要加强“1 + N”视频图像控制中心和基层派出所标准化治安监控室建设,建强视频研判、视频侦查、视频巡逻等专业应用队伍,切实提升实战技能;要拓展技防应用领域,切实提升技防监控手段在打击犯罪、创新治理、服务群众中的作用。要推动县级以上地方人民政府建设公共安全视频图像信息交换共享平台。三要全面优化工作机制,提升工作质态。要加强技防管理机构建设,健全技防管理体系,确保技防工作有人抓、有人管、有人做;要进一步优化监巡对接、监防对接等实战应用工作机制,提升警务实战化应用效能。要建立健全安全应用机制,加强网络安全传输、系统安全保障、重要信息安全管理、视频设备身份认证、视频可信与加密等技术手段建设,提升公共安全视频监控系统安全防护能力。2017 年底前,全省 30% 以上技防城建设单位完成升级版建设;2018 年底前,60% 以上技防城建设单位完成升级版建设;2019 年底前,全省所有技防城建设单位完成升级版建设。

三、强化协作配合,努力形成工作合力

升级版技防城建设是一项系统工程,需要统筹整合相关部门力量资源,合力开展建设,实现共建共享共用,充分发挥其综合效益。一要明确工作职责。各地综治部门要加强牵头组织,主动协调推动公安、发展改革、财政、科技等部门落实技防城建设各项任务,并将此项工作作为年度综治工作(平安建设)重点内容,加强检查督促,完善奖惩措施,推动工作落实。各地公安机关要充分发挥主力军作用,主要领导要亲自抓,分管领导要具体抓,并成立以科信(技防)部门为主、相关警种部门参与的工作专班,具体负责方案制定、组织实施、项目建设、应用推进等工作。二要注重分类推进。坚持从实际出发,因地制宜地开展建设;省市公安机关要加强分类指导,充分发挥基层积极性、创造性,支持和鼓励基层大胆探索、先行先试;积极探索和深入挖掘不同地区、不同部门的经验做法,培育一批先进样本,实行典型引路,以点带面,推动面上工作。三要强化经费保障。要将技防监控系统运行管理工作作为一项基础性工作,按照“谁建设、谁管理、谁维护”和“责权一致、属地管理”原则,落实资金来源,明确维护管理主体,健全维护管理机制。要积极探索市场化、社会化途径,实现常态化的专业维护,提升技防监控系统运行质态。四要实行动态评估。按照“目标阶段化、任务项目化、项目责任化”的要求,建立工作任务清单和责任清单,将建设任务细化到具体部门、具体项目、具体责任人,以项目化推进的方式保证任务落实。省综治办、公安厅、科技厅将对升级版技防城建设实行动态评估机制,每年组织实施考评,对通过评估的地区予以命名;对未通过评估的地区,在年度综治和平安建设考评中扣分。

各地贯彻落实情况以及工作中遇到的问题,请及时报省公安厅科信处、省综治办三处。

附件

升级版技防城建设标准

一级指标	二级指标	三级指标
技防网络全面升级	1.1 面上有效覆盖	①升级环市县、环主城区两道电子防线。第一道防线:省、市、县际治安卡口和主要治安节点全部建成双向道路高清监控系统和车辆号牌抓拍报警系统,可供机动车通行的出省、出市、出县(区)道路口,安装高清监控系统。第二道防线:市、县城区道路主要出入口和各类警务查报站,全部建成双向道路监控系统和车辆号牌抓拍报警系统。视频监控系统同时覆盖机动车道、辅道、非机动车道和人行道。省市县际交界处 3.5 米宽以上乡村道路、桥梁、渡口部署高清视频监控系统。 ②升级道路治安监控网。沿铁路线、沿公路线、沿长江线、沿海防线等主要治安节点实现智能视频防控全覆盖。城乡主要道路和交叉路口全部安装治安监控系统和车辆号牌抓拍系统。在主城区、非主城区、城郊结合部道路,全面实现行人分别每步行 10 分钟、20 分钟和 30 分钟即被拍录一次以上的“123”监控要求。 ③升级重点单位、要害部位和反恐目标、重点保卫目标技防网。按照《反恐法》《内保条例》等法律法规和《重点单位和要害部位判别标准》等有关规定,全面部署高清视频监控系统、出入口控制系统、停车场技防报警系统、周界报警系统、门禁视频报警等技防设施,做到全天候、全区域正常运行;党委政府门前、市民广场、车站广场、公园等人群容易聚集部位按照按需建设原则,安装高空瞭望系统和智能视频监控系统。 ④升级易发案场所、部位技防网。各类市场、大型商场、网吧、文化娱乐场所等公共复杂场所,金银首饰店、大宗现金存放处、加油(气)站、停车场、ATM 机、24 小时便利店等部位,按照国家、省有关布建规范标准,100% 建成高清视频监控和联网报警设施。公交站台、地铁站台以及公交车、出租车、网约车等交通车辆,100% 建有视频监控系统。 ⑤升级城市社区和镇村技防网。城市社区、农村行政村、沿街商铺等实现技防监控全覆盖。技防镇街、技防小区、技防村覆盖率达 100%,视频监控“村村通”工程全面完成。沿街商铺技防覆盖率达 100%,城市背街小巷视频监控系统覆盖率不低于 80%。 ⑥升级移动监控网。按照省公安厅相关规范,部署移动智能卡口、无人机等移动监控系统,110 巡逻警车上全部安装无线图像传输系统。
	1.2 前端智能提升	①对公共安全视频监控系统前端设备进行智能化、高清化、数字化改造,一类视频监控点位高清摄像机提升到 100%,具有虚拟布防、抓拍识别、比对报警等智能化功能的视频点位占比提升到 40%。公共安全视频监控系统具备全时空运行能力,确保夜间图像清晰可用。 ②在反恐目标、重点单位等出入口同步部署车牌、人脸抓拍比对系统;在机场停机坪、文博等重要保卫目标部署物联网光纤感知报警系统;在机场、车站、港口等关键部位部署人脸抓拍系统;有条件的地方在居民小区出入口部署小区出入口抓拍系统。 ③围绕公路、铁路、水路、空港等防控节点,同步部署视频监控、车牌抓拍、智能终端 MAC 地址、手机信号和公共 WiFi 上网数据等前端采集传输设备,做

续表

一级指标	二级指标	三级指标
技防网络全面升级	1.2 前端智能提升	到“人员车辆留影像、智能终端留信息”，实现对人、车、电子轨迹全程掌控和立体化防控。
	1.3 资源高度共享	按照中央关于“雪亮工程”建设的部署要求，大力推进公共安全视频监控建设联网应用。 ①一类视频监控点位（重点公共区域社会治安视频监控系统）100%联网共享。公安机关自建社会治安监控系统全面联网共享，通过省市县三级视频图像联网平台，实现上下贯通和跨地区跨部门远程调用。 ②二类视频监控点位中，覆盖重点行业、重点领域、重点单位涉及公共安全的视频监控系统100%联网共享。交通、城管、教育、卫生、金融、石化等部门和行业涉及公共安全的视频监控图像，通过本系统本部门自建平台进行联网，经过安全技术手段，接入同级公安机关视频图像联网平台，实现共享应用。 ③按照确有必要接入的原则，对涉及公共安全重点区域、易发案部位、治安复杂场所主要出入口等三类视频监控点位，通过互联网等途径安全接入公安机关社会视频资源共享平台。 ④各类视频资源在接入公安视频监控资源平台的同时，必须接入同级综治中心。 ⑤推动县级以上地方人民政府建设公共安全视频图像信息交换共享平台。
	1.4 平台功能优化	①优化“三个平台”。进一步优化公安机关视频监控图像联网平台和社会视频图像资源共享平台，拓宽网络带宽，升级软硬件配置，优化逻辑架构，完善系统功能，全面支持视频图像联网“28181”新国标，提升视频监控系统接入整合、在线远程调取、图像传输、信息提取等能力。严格按照省公安厅确定的“7大模块、44项功能”要求，升级优化视频监控实战应用平台系统功能，实施省、市、县三级部署，有力支撑视频指挥、视频侦查、视频防控等实战应用。 ②建设“三个视频数据库”。建设完善视频图像基础库，主要包含视频监控点位基础信息，按标准规范采集入库，做到“一机一档”，满足公安实战应用需要。建设完善价值视频图像库，主要包含警情视频、涉案视频、异常行为视频以及其他需要关注的视频信息。建设完善重点目标图像库，主要包含在逃、涉恐、涉稳、涉毒、刑事前科、肇事精神病人等重点人员和被盗抢等重点车辆视频、照片信息。
实战应用全面深入	2.1 拓展应用领域	①深化“视频＋N”应用服务体系建设，视频指挥、视频侦查、视频巡逻、视频监管等工作全面深入，在加强事后应用的同时，更加注重事前预知预警和事中控制，对公安机关打防管控主业的支撑贡献率超过50%，直接提供线索破案占比超过30%。 ②主动运用联网报警、周界防护、出入口控制、门禁系统、防爬刺等技防设施，加强治安防范工作，切实压降案件，提高人民群众安全感。辖区可防性案件得到有效控制，可防性案件绝对数占发案总数比例同比有明显下降。 ③主动推进技防监控系统在城市管理、民生服务领域的社会化应用，有力支撑城市环境整治、优化交通管理、推动社区自治、创新社会治理等工作，最大限度发挥综合效益。
	2.2 做强应用支撑	①加强基层派出所标准化治安监控室建设。按照省公安厅制定的《江苏省公安派出所标准化治安监控室建设规范（暂行）》开展升级改造，最大限度接入

续表

一级指标	二级指标	三级指标
实战应用全面深入	2.2 做强应用支撑	社会治安视频监控和联网报警系统，建立健全工作机制，推动视频监控、联网报警与情报研判、接警指挥、路面巡防等一体运作，推动基层警务的扁平化指挥、可视化调度、视频化应用。 ②建设完善“1+N”视频图像控制应用中心。依托省、市、县三级大数据指挥服务中心建设完善综合性的视频图像控制应用中心，在巡特警、交警、网安、监管、边防、消防、警卫等部门，建立视频图像应用分中心，配备一定数量的应用队伍和运维人员，分别支撑交通管理、巡逻防控、场所管理、网吧监控、监所管理、边防管理等各项警务工作。 ③加强视频监控专业手段建设。建设视频图像解析中心，部署视频采集、视频摘要、人脸识别、视频检索、图像处理等专业应用模块，为实战应用提供技术支撑。 ④加强专业队伍建设。建强视频侦查、视频研判、视频巡逻、视频保障等专业队伍，切实承担起视频图像信息实战应用职责，推动视频监控手段在侦查破案、应急处置、治安防控中的深度应用和专业应用。
	2.3 优化实战模式	按照警务实战化要求，进一步优化升级监情对接、监巡对接、监指对接、监侦对接、监防对接等实战应用工作机制，推动技防监控手段在情报研判、指挥处置、侦查破案、巡逻防控、管理监督等公安业务工作中的专业应用。进一步完善人机互动、人技结合的技防警务实战工作模式，建立全天候、分时段等多种形式的视频巡逻勤务模式，推动公安机关警务变革和现代警务建设。
工作机制全面优化	3.1 强化统筹协调	成立党政领导牵头的升级版技防城建设领导小组，把升级版技防城建设纳入当地经济社会发展总体规划，作为综治和平安建设的重要内容，统筹规划设计，协调相关部门，统一组织实施，形成党政领导、综治协调、公安负责、科技支撑、各方参与的建设格局。
	3.2 健全管理机制	加强技防管理机构建设，建立健全技防管理制度。地市级公安机关要有专门的技防管理机构，县市级公安机关要有专门的技防管理人员，依法开展技防规划、行业管理、技防建设等工作，加强对基层技防建设应用工作的有效指导。
	3.3 落实安全责任	全网部署内外网安全隔离、防黑客入侵、防病毒等技术手段，确保技防监控系统安全运行和技防监控信息安全。建立完善技防监控系统信息采集、共享、查询、调用等工作规范，健全完善视频图像日志审计、授权应用、安全应用等管理制度。
	3.4 加强运行维护	对于公安机关自建的技防监控系统，将维护经费列入预算专项解决，通过市场化的办法实现常态化的专业维护。对于社会单位自建自用的技防系统，将检查督促责任落实到相关部门和派出所，依法加强日常检查，推动社会技防系统的正常运行。一、二类视频监控系统和重点要害部位、反恐目标技防设施正常运行率达 95% 以上，社会技防监控系统设施正常运行率达 80% 以上。

江苏省创新“网格 + 网络”治理
夯实平安稳定之基

近年来，江苏省按照中央和省委、省政府决策部署，不断加强和创新社会治理，在全省部署开展创新网格化社会治理机制工作，从“网格 + 网络”切入，以“一张网”为目标、以网格为基础、以信息为支撑、以中心为平台、以联动为纽带，推动社会治理重心向基层下移，初步解决了源头信息采集难、安全隐患发现难、部门力量资源融合难等一些困扰基层社会治理的难题，促进了基层和谐稳定。

一、系统谋划部署，坚持全省域推进

针对网格化服务管理工作大多是“小盆景”现象，坚持全省整体推进，积极培育网格化社会治理的“大森林”。一是强化谋划部署。2017 年 8 月，成立由省委常委、政法委书记为组长的创新网格化社会治理治理机制工作领导小组，抽调 26 个部门业务骨干组成工作专班，全力以赴、集中攻坚，提出构建网格化社会治理全省“一张网”。二是强化顶层设计。省委办公厅、省政府办公厅出台《关于创新网格化社会治理机制的意见》，明确全省网格化社会治理“一张网”的目标原则，紧扣公共安全、公共管理、公共服务主业，实现服务管理网络全面覆盖、服务管理能力全面提高、基层基础工作全面夯实、群众满意度全面提升的目标。三是强化规范统一。研究制定江苏省网格化社会治理标准、网格化基础规范、网格化联动中心建设规范、网格化大数据中心建设规范，以及网格事项准入清单、网格信息采集清单、网格服务管理责任清单、网格多元共治力量清单、社会治理数据共享清单、社会治理法治规范清单，努力形成具有江苏特色的“一张网”标准体系。四是强化整体推进。提出“三步走”实施路径，试点先行、典型引路，精心培育南京江宁区“全要素网格”、苏州吴中区“综合治理大联勤”等 17 个县(市、区)试点，形成一批可复制可推广的经验做法，通过现场会、推进会等方式全面推开。

二、打牢基础环节，做实全要素网格

按照“五统一”(网格统一规划、人员统一配备、信息统一采集、资源统一整合、服务统一标准)要求，规范设立网格 13 万余个，配备专兼职网格员近 30 万名，其中专职网格员 6 万余名。一是科学划分网格。在社区(村)现行行政区划框架内，城市社区大体按 300 户左右为基本单元，农村大体按 200 ~ 300 户为基本单元，统一划分设置社会治理综合网格，确保网格划分紧密衔接、全域覆盖、不留空白。二是配强网格人员。由社区(村)“两委”委员、社区工作者等担任网格长，每个网格要配备 1 名以上专兼职网格管理员，有条件的社区配备专职网格管理员。三是明确职责任务。明确网格服务重点为信息采报、便民服务、矛盾化解、隐患排查、治安防范、人口管理、法治宣传、心理疏导等 9 大类 22 小类近 90 项具体工作，将服务触角延伸到群众身边。四是强化能力提升。健全完善网格管理员录用、管理、培训、考评等一整套制度，推广南京网格学院经验，强化专兼职网格管理员职业能力培养，提升网格员队伍专业化职业化水平。

三、强化信息支撑，提升智能化水平

把大数据应用作为最大特色亮点，按照信息“向下推、向上报、部门联”的工作思路，推动实现各部门网格及数据资源互联互通、协同共享。一是建立智能化管理平台。开发建设省市级社会治理大数据中心和县级智能应用服务平台，实现政法综治专业数据、政府部门管理数据、公共服务机构业务数据、互联网数据的集成应用，基本建成社会治理大数据智能应用服务一期平台，汇聚 14 个省级部门 8406 亿条、试点县区 4358 万条基础数据。二是加强信息互联互通。加强各部门各单位信息资源整合，健全信息分析和综合研判机制，实现智能分派、精准推送，扁平指挥、高效处置，90% 以上的安全隐患和矛盾纠纷在网格内第一时间发现、上报和处置。三是推广应用手机终端。打造“全要素网格通”APP,完善民生服务、综合执法等31项模块,采集、上报各类网格信息,为及时解决群众诉求提供有力支撑,试点地区非警务类警情下降40%左右。

四、建强网格中心,打造枢纽性平台

依托县镇村各级综治中心建强实体化社会治理网格化服务中心,统筹本辖区内网格化服务管理相关工作。一是健全组织架构。网格化中心在同级党组织领导下开展工作,与同级综治中心一体运行,网格化中心主任由同级综治中心主任兼任,并可结合实际设置一名或若干名副主任。相关部门采取集中办公或派员集中办公两种模式,矛盾纠纷调处中心、涉法涉诉联合信访接待中心整体进驻,信访接待中心、法治工作服务平台等视情进驻。二是强化部门协同。政法综治部门依托中心履行牵头职能,认真抓好统筹规划、组织协调、督查考核等工作;组织部门突出政治功能,优化党建引领机制;民政部门积极推进群众自治、民生服务;公安、司法、人社等部门强化行业主管责任,主动将本条线的基层工作融入网格化社会治理。三是完善工作制度。完善工作例会制度,定期召开民情分析会或工作碰头会;完善巡查走访制度,实行“日走访、周分析、月汇总”;完善情况报告制度,实时梳理分析网格内动态信息并及时处理;完善考核奖惩制度,制定网格化社会治理工作考核细则、奖惩办法和责任追究制度。

五、推动联动共建,实现多元化共治

突出整体联动、打破部门壁垒、发动社会力量,不断增强网格化社会治理的系统性、整体性、协同性。一是重点工作联动。注重力量统筹、资源共享,按照职责权限进行分类派发,实行全过程监督和结果性考评、对标结案,确保程序对接、工作联动,构建联动处置闭环流程。二是服务管理联抓。统一协调处理本地区需要多部门联合处置的社区服务和管理事项,对群众提出的诉求,能解决的要尽快解决,确实不能解决的,也要向群众解释清楚,争取群众的理解支持。三是突出问题联治。重点难点问题由各部门联合商讨、协同处置,同时进一步发动社会力量,建立“社区智库”,把有经验、有威望、有才能、有特长、有人缘、有热情的群众动员组织起来,形成网格化社会治理的强大合力。四是治理成果共享。广泛开展宣传发动工作,组织社会各界和人民群众开展“我看身边的网格化”主题宣传活动,提升网格化社会治理的知晓度、认知度和影响力,形成网格化社会治理人人参与、治理成果人人共享的生动局面。

江苏省以升级版“技防城”建设为抓手
着力打造立体化信息化社会治安防控体系

近年来,江苏省各地各部门紧紧围绕构建平安中国示范区目标,以提高人民群众安全感、获得感为出发点和落脚点,在全国率先组织开展“技防城”建设达标升级活动,大力推进“雪亮工程”建设,全力打造“防控区域城乡覆盖、防控时空无缝衔接、防控技术融合应用、防控目标全网追踪、防控质态全面优化”的升级版技防江苏建设,取得明显成效。目前,全省累计建成332万个智能监控点位,一级110接警区升级版“技防城”建成率达38.8%,技防乡镇(街道)、技防小区、技防村(社区)建成率分别达97.6%、92.9%和95%。全省八类刑事案件从2011年的10262起下降到2017年的6794起。据国家统计局调查,江苏人民群众安全感从2011年的89.13%提高到2017年的96.52%。2015年以来,全省通过技防系统预防各类案(事)件9.8万起,协助查破刑事案件8.6万起,协助抓获违法犯罪嫌疑人10.7万名。

一、坚持强化统筹规划，明确工作目标

将升级版“技防城”建设纳入平安江苏建设大局，坚持高起点谋划、高目标引领、项目化实施，努力将其打造成实实在在的“民心工程”。一是主动争取党委政府重视支持，将升级版“技防城”建设纳入当地经济社会发展总体规划、政府实事工程、智慧城市建设重要内容，作为综治和平安建设的重要组成部分，从人力物力财力上给予充分保障，建立党政领导、综治协调、公安负责、部门配合、各方参与的工作格局。省委、省政府将升级版“技防城”建设纳入基层公共资源基本配置。二是坚持“高端统筹、统一标准、整体推进”的建设思路，在深入调研、广泛征求意见的基础上，结合全省实际和科学技术发展，省综治办会同省公安厅、科技厅等部门，研究制定了升级版“技防城”建设标准，明确了“技防网络全面升级、实战应用全面深入、工作机制全面优化”的工作要求；同时，要求各地于2017年6月底前，结合本地实际，研究制定本地区升级版“技防城”建设方案。三是明确建设目标，要求2017年底前，全省30%以上“技防城”建设单位完成升级版建设，技防乡镇（街道）、技防小区、技防村（社区）建成率分别达到95%、90%和95%；2018年底前，60%以上“技防城”建设单位完成升级版建设；2019年底前，全省所有“技防城”建设单位完成升级版建设。建立动态评估机制，对符合建设标准的及时进行命名，对工作滑坡、不符合标准的，坚决摘牌；对因重视程度不够、技防建设不到位，导致发生严重危害社会稳定和突出治安问题的地区、部门和单位，严格实行综治责任查究。

二、坚持聚焦短板弱项，提升建设层次

针对升级版技防建城设中存在的短板弱项，推进各项重点措施落实，切实提高建设层次。一是优化技防手段。积极引入互联网、大数据、云计算、物联网和人工智能等新技术、新产品，加快推动新一轮视频监控系统技术升级换代。既重视视频监控系统建设，也注重加强周边防护、入侵报警、防盗报警、出入口目标识别控制、门禁系统等技防设施建设。二是优化前端设备。对公共安全视频监控系统前端设备进行高清化、智能化、数字化改造，一类视频监控点位高清摄像机提升到100%，具有虚拟布防、抓拍识别、比对报警等智能化功能的视频点位占比提升到40%。三是优化平台功能。按照“7大模块、44项功能”要求，升级优化视频监控实战应用平台系统功能，实施省市县三级部署，有力支撑视频指挥、视频侦查、视频防控等实战应用。建设完善视频图像基础库，按标准规范采集视频监控点位基础信息，做到“一机一档”；建设完善价值视频图像库，采集重要警情视频、涉案视频、异常行为视频等需要关注的视频信息；建设完善目标图像库，采集在逃人员、涉恐、涉稳、涉毒、刑事前科、肇事肇祸精神病人等重点人员等信息，为侦查破案提供服务。

三、坚持强化资源整合，落实共享共用

按照中央关于“雪亮工程”的部署要求，建设完善公共安全视频图像共享平台，全面汇聚各类视频资源，并按需授权实现共享共用。一是对公安机关建设的社会治安视频监控系统、320道路监控系统以及用于执法监督的视频图像系统等一类视频监控点位，通过省市县三级视频图像联网平台，完成100%联网共享。二是对交通、城管、教育、卫生、石化等重点行业、重点领域、重点单位涉及公共安全区域的二类视频监控点位，通过本系统本部门自建平台进行联网，经过安全技术手段，介入各级公共安全视频资源共享平台，实现视频数据的部门交换共享。2017年底前，苏南、苏中、苏北地区二类视频监控资源联网率分别达到80%、60%和50%以上，其中南京、无锡达到90%以上，2018年底前，二类视频监控点位资源100%实现共享。三是对涉及公共安全重点区域、易发案部位、治安复杂场所主要出入口等三类视频监控点位，按照确有必要的原则，安全接入各级公共安全视频资源共享平台。各类视频资源在汇聚到公共安全视频资源共享平台的同时，全部接入同级综治中心。

四、坚持突出实战实用，发挥综合效能

更加突出技防实战应用，最大限度发挥技防监控系统综合效应。一是强化“视频+N”实战应用体系建设。进一步优化升级全省视频监控图像网络，创新完善视频图像+指挥处置、侦查破案、巡逻防控、社区警务、公共安全监管、执法监督、情报研判、服务民生等8大应用机制建设，推动全省视频图像信息应用工作从专业应用向综合应用、从基础应用向纵深应用转变。加快推进“互联

网 + ”应用，通过手机等互联网终端实现实时远程调看、远程报警与处置。二是强化视频监控专业手段建设。重点建设视频图像解析服务中心，开发应用视频摘要、智能检索、特征比对等视频图像信息处理分析比对工具，提供模糊图像还原、视频图像特征解析比对等实战应用服务；结合“警务云”建设，搭建多种视频应用功能模块，进一步拓展应用领域；建立健全全天候、分时段、分类分级等视频巡逻勤务模式，将视频监控与情报研判、接警指挥、路面巡防实行一体化运作。三是强化技防监控人才队伍建设。通过岗位培养、特殊职位招录、选调、聘用等多种方式，切实加强技防规划设计队伍、研判应用队伍、运维管理队伍等三支队伍建设，抓紧培养建设优一支具有视频图像数据专业化分析、研判、处理技能的研判应用队伍。

江苏省南通市崇川区坚持法治、德治、自治相结合构建基层社会治理新模式

近年来，南通市崇川区在坚持和发展“枫桥经验”方面积极探索创新，始终坚持“以人民为中心”，紧紧围绕“为了群众、依靠群众”创新发展的基本点，按照习近平总书记提出“人民群众什么方面感觉不幸福、不快乐、不满意，我们就在哪方面下功夫”的要求，构建完善了“法治为纲、德治为魂、服务为本、自治为基”的“四位一体”基层社会治理新体系，推进组织架构、方式方法、体制机制建设，充分运用法治的意识、德治的手段、自治的力量化解矛盾，辖区群众幸福感、获得感得到有效提升，2017 年，全区公众安全感达 100%。

一、承载于有形，汇集于基础

一方面，坚持组织创新，大力推进综治中心、邻里网格建设，确保法治、德治、自治在有形载体得以落实。重构组织体系，发展创新综治中心的职能功能，在区级层面，组建信访矛盾处置、综治平安建设、法治保障服务、社会力量参与四大工作部。融政法综治部门、政府相关职能办、局、社会组织力量为一体，改变了过去用力不均局面，形成了一个拳头合力出击的格局。在街道层面，推进社会治理服务中心向综治（法治）中心转变，承接处置区“四大工作部”分流、委派、指派等事项；在社区层面，进一步完善社区综治办“一办一委三室”模式，建立综治办（法治工作室）、人民调解委员会和警务室、律师工作室、信访接待室。同时，按照“地域相近、楼栋相连、资源相通”原则，全区 106 个社区共设置邻里（网格）929 个，按照省标准统一对邻里（网格）进行编码。全面建成了面积 400 平方米、包含“三区一中心”的社区公共服务中心，同步按照“三硬八软”标准建设邻里服务处，使邻里（网格）成为服务居民的实体化场所。另一方面，坚持问题导向，着力引导各类力量下沉一线，保障法治、德治、自治渗透于百姓日常生活。把问题解决和群众获得作为根本导向，梳理出综治力量分散、主体参与不广、队伍能力不足、聚焦化解办法不多等突出问题，推出综治载体、警力巡防、志愿服务、技防安防下沉社区邻里等安民举措 130 余项，在重点区域做到全天候、全覆盖、零间隙。按照“7(8) + N”的标准，配优配齐邻里社干，以九大员为主，成立各类志愿服务组织 796 支，服务人员 9600 人，全部活跃在社区邻里。全区 3800 多名公职人员到邻里报到，亮身份、亮承诺，认领服务岗位。自邻里建设以来，结合走帮服活动，全区 10 余万人次深入邻里（网格）开展各类活动 5000 多场，有效预防了矛盾纠纷的发生，及时将矛盾隐患处置在萌芽状态。

二、立足于标准，实践于规范

一是标准化推进。以“四位一体”建设为契机，全面建章立制，从社会治理服务中心到街道综治中心，社区“一办一委三室”，邻里服务处，从人员、制度、配置，全面推进标准化建设。依法按规明确了各个层级、各类主体、各种队伍的职责任

务，制度化落实区、街道、社区三级综治中心标准化建设。研究制定了有制度、规范化执行，有队伍、标准化服务，有平台、智能化运转，有考核、常态化考核的“四有四化”运行标准，同时，明确了邻里网格任务清单 7 类 22 项 71 个具体任务，明确了综治、组织自治等 13 大类事项 29 小类事项。二是程序化运作。牢牢把握预防在前是关键、处置妥当是重点的原则，建立健全无缝衔接、流程闭环的工作流程。建立了信息采集、联动处置、服务自治、业务考核等工作流程，确保问题隐患及时上报，矛盾纠纷及时处理，重点人员动向及时掌握，重大矛盾纠纷化解预案及时生成。三是信息化保障。强化信息在化解矛盾中的预判性、时效性，推进社会治安防控体系建设，高标准建设综治指挥中心，项目化推进“雪亮工程”。在全省网格化信息系统的基础上，开发全要素邻里（网格）通，将邻里服务功能融入信息系统，率先实现信息终端使用全覆盖。明确了采集 29 大类 929 项信息，通过信息系统确保邻里（网格）社干实时采集、上报各类人员、单位信息，基本实现对城管、消防、政府 12345 热线、民生服务及公安 110 非警务类事项的自动流转处理和反馈，其他事务逐级流转到相应部门处理。

三、聚焦于系统，发挥于协同

一是坚持以群众为中心，引导主动参与。完善重大事项社会公示与听证、评估决策机制，由群众推选义务监督员参与拆迁和安置工作全过程。在年拆迁量、安置量增长的态势下，因拆迁和安置问题引发的上访年年下降，2017 年分别下降 60% 和 30%，全年赴京越级上访下降 57%。建立了邻里自理机制，调动了广大居民群众参与管理的积极性，由党委政府“要我做”的被动应付，逐步变成各类社会主体“我要做”的主动参与。二是坚持以共同为关键，促进矛盾转化。用法治的思维提升各类主体参与的能力，用德治的维度统一各种诉求的趋同，用自治的方式约束各自行为的合理，汇集不同看法，创设表达交流的平台，寻求“最大公约数”。积极推进基层法律顾问的延伸与覆盖。成立由“两代表一委员”、邻里居民代表、业主委员会成员、社会组织和辖区单位负责人参加的群众评议监督团。近两年，围绕矛盾纠纷、治安秩序、公共安全、公共事务等议题，形成评议 2900 条，议事决议 6600 多项，公约 4100 多个，9.5 万人次参评，处理问题 1.3 万余件。同时，大力发展社区社会组织 2680 家，常年开展公益志愿服务、公共事务管理活动项目 100 多种。三是坚持以融合为根本，构建多元格局。整合资源，力量重组，完善矛盾多元纠纷调处、信访案件处理、群体性事件处置等专业化解机制；健全向下聚合、横向融合的人群管理与事件管控机制；深化依法治区的运行机制与法治惠民的促进机制；社会着力建立统筹社会资源，开展社会化服务机制，形成党委主张、政府主抓、街道主体、社区主持、邻里主力、协调一致、上下同心的生动格局。

（撰稿人：张传红
审稿人：朱光远　王瑞拉）

浙 江 省

2017 年综治工作概况

2017 年,浙江省各地各部门坚持以习近平新时代中国特色社会主义思想为指导,认真贯彻落实党的十八大、十九大和历次全会以及省第十四次党代会及省委十四届二次全会精神,强化基层治理,注重联动融合,汇聚社会力量,破解治理难题,固化应用 G20 杭州峰会维稳安保经验,积极推进社会治理创新,有效防控各类社会风险,为党的十九大胜利召开和浙江省经济社会发展营造了安全稳定、和谐有序的良好环境,人民群众获得感、幸福感和安全感不断提升。全省没有发生重大政治性事件、非法聚集事件、大规模群体性事件和暴力恐怖事件,人民群众安全感满意率达到 96.58%。

一、加强工作统筹谋划,巩固提升服务大局效能

省第十四次党代会明确将平安浙江建设作为"六个浙江"之一,提出要打造"枫桥经验"升级版,建设平安中国示范区。省委、省委政法委先后召开省委政法工作会议、建设平安浙江工作会议、全省社会治理创新工作会议、全省全科网格工作现场推进会和全省"雪亮工程"建设现场推进会,对综治基层基础工作进行部署。各地各部门把平安综治工作纳入省委、省政府工作大局中来,紧紧围绕打造平安中国示范区、"枫桥经验"升级版、政法信息化建设示范省、公正执法司法样板省、浙江政法铁军"五大品牌"和"最多跑一次"改革、治水拆违等省委、省政府中心工作,精准发力、精心保障、精细服务。主动适应经济新常态对平安综治工作提出的新要求,组织开展互联网金融领域专项整治,依法规范民间融资借贷活动,有效遏制非法集资高发蔓延势头。建立健全省、市两级反虚假信息欺诈中心,加强电信网络犯罪案件的事前预防、事中止损、事后侦办。制定出台相关政策,深化政企协作,主动为企业提供预警信息、防范对策、报案咨询、法治服务、法务培训等服务,为企业发展营造了良好环境,为全省改革发展稳定大局作出了重要贡献。

二、完善多元化解机制,维护社会总体和谐稳定

各地各部门健全社会矛盾常态化排查发现机制,落实矛盾纠纷排查调处工作协调会议制度,采取集中排查、滚动排查和日常排查相结合的方式,组织开展全覆盖、无盲区、无遗漏的拉网式、抄底式摸排,共排查矛盾纠纷 47.76 万件,调处成功率 99.19%。推进在线矛盾纠纷多元化解平台建设试点工作,得到了中央综治办、最高法院和中央司改办的充分肯定和表扬,被中央综治办评为优秀项目。完善调解、仲裁、行政裁决、行政复议、诉讼等有机衔接机制,充分发挥乡镇(街道)、村(社区)人民调解组织作用,加强行业性、专业性人民调解组织建设,健全社会参与机制、经费投入等保障机制。着力化解涉军、移民、邻避、欠薪、互联网金融等涉稳矛盾,省级挂牌督办的 118 件重大矛盾纠纷,化解 116 件,化解率达 98.31%,稳控率 100%。健全完善社会稳定风险评估工作机制,建立现代社会稳定风险评估研究中心,有效推动稳评工作提质增效。全面落实信访工作责任制,推进"网上信访、精准信访、阳光信访、法治信访"建设,推动依法及时就地解决群众合理合法诉求。

三、大力破解重点难题,有效防控各类风险隐患

各地各部门按照省委、省政府部署要求,以"平安护航十九大大会战"为抓手,固化应用 G20 杭州峰会维稳安保经验和工作机制,充分发挥主力军作用,坚持梯次趋紧、压茬推进,坚守"四个不发生"底线,深入开展以排查见底、积案清零、净网除患等为主要内容的“八大行动”。扎实开展涉恐隐患排查整治和严打暴恐专项行动，深入推进寄递物流、旅客购票、出租房屋、瓶装燃气、散装汽油、手机卡等六项实名制措施落实，全面加强人员密集场所“四联三防”和“135”快速反应圈建设。深化立体化、信息化社会治安防控体系建设，强势推进“除毒瘤、净土壤”、打黑除恶、打霸拔钉等专项行动，突出打击杀人绑架、涉黑涉恶、个人极端暴力等恶性犯罪，抓好社会治安重点地区和突出治安问题挂牌整治，有效维护了社会面安全。全省刑事案件立案同比下降 26.34%，各类生产安全事故起数、死亡人数同比分别下降 26.3%、19.2%，道路交通事故四项指标同比分别下降 11.61%、5.11%、13.78% 和 16.89%。特别是党的十九大期间，省平安办组织了由 22 名厅级领导带队、110 名省直机关干部组成的 11 个暗访督导组，深入各地开展驻扎式督导，共暗访抽查 1429 家单位(场所)，发现问题隐患 3861 个，并督促及时整改，有力推动了各项措施落实。

四、夯实综治基层基础，提升社会治理智能水平

认真贯彻落实省委、省政府关于“基层治理四平台”建设的部署，出台《浙江省全科网格暨网格员队伍建设示范县(市、区)创建工作指导细则》，按照“网格统一划分、资源统一整合、人员统一配备、信息统一采集、报酬统一筹措、业务统一培训、考评统一实施”的“七统一”标准推进全科网格建设，整合公安、消防、城建、计生、食药等条线资源，全省共建成网格 7.8 万个，配备专兼职网格员 23.4 万余人。出台《浙江省乡镇(街道)综治中心标准化建设的指导意见》，推进省、市、县、乡、村五级综治中心标准化建设。全省县级以下综治中心通过网上受理、流转处理矛盾纠纷、治安隐患、群众诉求等各类事项 803.6 万件，其中近 99% 在乡镇(街道)以下层面得到解决。深入实施政法数字化协同工程，全面推进“雪亮工程”建设，推进省视频图像共享平台、综治视频图像共享平台、公安视频图像共享平台建设，全省共建视频监控 184 万个，省市县乡四级综治中心联网共接入视频监控 116 万个，完成“两个 100%”“两个 80%”的建设联网目标。升级优化省平安建设信息系统，开发推出网格管理系统，通过网格地图、轨迹管理、统一采集等功能支撑，实现网格化管理工作更精准、更规范、更全面。

五、发挥考核导向作用，落实平安综治工作责任

省委书记、省长和各设区市党政负责同志签订平安综治目标管理责任书，各市、县(市、区)党政主要领导层层传递签订，确保工作落地，责任到人。完成《浙江省社会治安综合治理条例》修订工作，总结巩固了浙江省近年来开展社会治安综合治理的经验做法，为深入开展平安综治工作提供了法治保障。各地各部门认真贯彻落实《浙江省平安建设和社会治安综合治理领导责任制实施办法》，进一步强化了党政领导抓平安综治的工作职责，明确了督促检查、表彰奖励、责任督导和追究等方面的制度机制和政策措施。组织开展《浙江省平安市、县(市、区)考核办法》《2017 年度浙江省平安市、县(市、区)考核评审条件》及其解释修订工作，严格落实考核办法。举办三轮全省平安暗访检查人才库成员培训，通过考核办法及考核评审条件解读、暗访业务实景模拟演练、平安浙江考评管理系统和“平安检查”APP 的操作与运用等内容，提升平安检查暗访的专业化能力。2017 年，对 3 个县(市、区)实行了 2016 年度平安建设和综治工作“一票否决”。

六、加强部门协同联动，深入开展综治专项工作

特殊人群专项组总结提炼杭州市拱墅区精神卫生综合服务管理全国试点工作经验，制定出台《浙江省加强社会心理健康服务的指导意见》，落实以奖代补监护责任，建立“四位一体”监管服务小组工作机制，落实对存在现实危险的重性精神病患者的有效监护。省预防青少年违法犯罪专项组继续推动社会力量以及专职社会组织、社工机构及其人才参与重点青少年群体工作，建立“团干 + 社工 + 志工”工作模式，下发《浙江省关于推动青少年事务社工参与未成年人社会观护工作的实施方案》，通过社会组织承接服务项目、骨干志愿者项目化推动等形式重点做好合适成年人参与、社会帮教等工作，目前已有 3500 余人规模的观护团队伍参与重点青少年群体工作。铁路护路联防专项组逐级签订了铁路护路联防工作目标管理责任书，召开了全省铁路护路联防工作会议暨九景衢铁路联调联试会议,积极开展“决战百天、誓夺全胜”高铁治安整治专项行动,圆满完成党的十九大期间的护路安保工作。推进铁路沿线“雪亮工程”建设,提升铁路沿线重点部位视频监控建设联网应用,目前,全省铁路沿线重要部位、重点区段共安装视频监控6953个。

浙江省综治办 省发展改革委 省经信委 省科技厅 省公安厅 省财政厅 省人力资源和社会保障厅 省住房和城乡建设厅 省交通运输厅 省数据管理中心关于印发《浙江省公共安全视频建设联网整合共享应用工作规范》的通知

(2017 年 7 月 20 日)

各市、县(市、区)综治办、发改委、经信委、科技局、公安局(分局)、财政局、人力社保局、建设局(城管局、综合执法局)、交通局、公共数据管理和电子政务工作机构:

现将《浙江省公共安全视频建设联网整合共享应用工作规范》印发给你们,请结合实际贯彻执行。

浙江省公共安全视频建设联网整合共享应用工作规范

第一章 总 则

第一条 为规范浙江省公共安全视频建设、联网、整合与应用工作,推动公共安全视频监控向建设集约化、联网规范化、应用智能化发展,依据《浙江省公共安全视频监控建设联网应用工作实施方案》《浙江省公共安全视频监控建设联网应用协调工作制度》,制定本规范。

第二条 公共安全视频主要是指由政府相关职能部门从各自管理需求出发,在特定公共区域组织建设的各类视频监控资源;特定企事业单位为加强业务管理和安全防范工作,在所从事的业务活动或建设设施的公共区域建设的视频资源;社会单位、社区在出入口、周界面向公共区域的视频资源。

第三条 公共安全视频建设联网应用工作坚持“依规建设、按需联网、整合资源、规范应用、分级保障、安全可控”的原则。

第二章 职责分工

第四条 公共安全视频监控建设联网应用协调工作组(以下简称为“协调工作组”)负责公共安全视频监控建设、联网与应用工作,研究解决重大问题,制定配套政策,开展监督、指导和考核。日常工作由“协调工作组”办公室负责。

第五条 省综治办做好牵头协调工作。省公安厅和省数据管理中心加强“雪亮工程”建设总体规划和组织实施,提高智能化应用水平,实现共享应用效益最大化。

第六条　发改部门将“雪亮工程”纳入经济社会发展总体规划。各地财政部门应将重点公共区域的视频监控系统建设、联网和维护经费列入本级财政预算，建立与经济社会发展相适应的经费保障机制。建设部门要将“雪亮工程”建设纳入城乡建设规划。

第七条　各职能部门要根据各自职责分工，按照“谁主管、谁负责”“属地管理”原则，组织指导机关、团体、企业、事业单位搞好内部视频监控建设。

第八条　鼓励有条件的企事业单位积极履行社会责任，承担本单位周边公共区域视频监控建设任务。

第三章　视频建设

第九条　县(市、区)“协调工作组”组织相关成员单位梳理辖区范围内已建和“十三五”期间拟建、改建的点位数量，经认证评估后报市“协调工作组”，市“协调工作组”经论证、审核、汇总后报省“协调工作组”核准。核准后的建设任务由建设任务所在地“协调工作组”负责落实，并纳入年度考核指标。

第十条　根据城乡经济社会发展和治安形势变化、违法犯罪活动的规律和特点、社会治安防控工作以及社会管理服务需求，查漏补缺，科学布点。加强部门间的相互沟通协调，不断优化布局，拓展乡镇(街道)、村(居)视频监控建设，应在同一区域布点，立足共建共享，避免重复建设。

第十一条　新建、改建、更新项目应逐步增加高清智能摄像机的数量，优先选用智能、高清、低照度、宽动态摄像机，提升视频图像质量，强化前端分析处理、智能识别、自动预警等功能，为开展视频信息深度应用奠定基础。

第四章　视频联网

第十二条　以电子政务视联网为基础构建全省政府视频专网，建设公共安全视频图像共享平台，形成政府相关职能部门共享视频图像信息的核心平台。建设完善公安视频专网和视频图像信息共享平台建设，继续做好公共区域、等保级别高和确需的视频监控的建设联网整合工作，各政府单位、行业及社会视频监控通过电子政务视联网整合接入。

第十三条　公安视频图像信息共享平台与同级公共安全视频图像共享平台融合对接，实现视频信息整合汇聚和共享应用。

第十四条　政府视频专网、公共安全视频图像共享平台建设联网和运维工作由政府数据管理中心负责；综治视频图像信息共享平台建设和运维工作由综治办负责；公安视频专网和视频图像信息共享平台建设联网和运维工作由公安机关负责。

第十五条　“协调工作组”成员单位按照职责分工，组织本单位及业务条线梳理视频资源，有序开展视频资源整合与联网工作。

第五章　资源整合

第十六条　视频资源的整合按照广泛整合与按需接入相结合、资源整合与机制创新相结合、确保安全与积极整合相结合的原则开展整合。

第十七条　政府各职能部门从各自管理需求出发，开展公共区域视频资源、社会单位视频资源和沿街商铺、社区监控资源的整合工作。

第十八条　整合方法主要有：采用直接接入法整合公共区域视频资源；采用视联网接入法整合社会单位视频资源；采用视联网接入或点位信息采集法整合沿街商铺、社区及居民家庭自建的安防报警监控资源。采集信息包括摄像机的安装使用单位、安装位置、品牌型号、播放软件、承建单位、负责人联系方式等点位基础信息。

第六章　共享应用

第十九条　“协调工作组”成员单位有共享公共安全视频信息要求的，将共享需求报“协调工作组”，经审核同意后，下达共享任务清单，落实信息共享工作。

第二十条　视频信息共享应用单位应指定专人负责，规范视频图像信息调取、查看、下载、发布的权限和程序，严格落实内部管理责任和责任倒查追究机制。

第二十一条　视频信息共享应用单位应以智能化应用为引领，深化视频信息实战应用，不断提升智能化应用水平和效能。

第二十二条　本规范自公布之日起实施。

浙江省综治委关于加强乡镇（街道）综治工作中心标准化建设的指导意见

（2017 年 10 月 21 日）

各市、县（市、区）综治委，省综治委各成员单位：

根据国家标准《社会治安综合治理综治中心建设与管理规范》（GB/T33200—2016）和中共浙江省委办公厅、浙江省人民政府办公厅《关于加强乡镇（街道）"四个平台"建设完善基层治理体系的指导意见》精神，规范乡镇（街道）综治工作平台，创新基层社会治理方式，提升基层社会治安综合治理组织实战能力，现就加强乡镇（街道）社会治安综合治理工作中心（以下简称综治工作中心）标准化建设提出如下指导意见。

一、指导思想、基本原则和工作目标

（一）指导思想。坚持以习近平新时代中国特色社会主义思想为指导，认真贯彻落实党的十九大精神，按照省第十四次党代会的部署要求，全面高水平坚持和发展"枫桥经验"，着力发挥乡镇（街道）综治工作、市场监管、综合执法、便民服务等"四个平台"的功能作用，进一步理顺关系、明确定位，整合资源、完善机制，创新方式、优化流程，加强乡镇（街道）综治工作中心标准化建设，不断提高基层社会治理社会化、法治化、智能化、专业化水平。

（二）基本原则。

——坚持整合资源、优化机制。充分利用好、发挥好现有资源，科学整合和配置相关工作力量，建立完善工作机制制度，组织协调、督促指导辖区内党政机关、企业事业单位、社会组织、居民群众，全面落实社会治安综合治理、维护社会稳定和平安建设工作措施，促进辖区社会和谐稳定。

——坚持务实创新、科技支撑。根据乡镇（街道）的实有人口、刑事发案、矛盾纠纷状态以及经济社会发展水平等，实行分类指导，突出功能定位，探索推进体制机制创新。依托基层治理综合信息系统、平安建设信息系统、综治视联网、视频监控等信息科技和大数据等信息技术，加强信息互通互联，实现数据共享、业务协同，整体提高综治工作中心的实战能力。

——坚持依法办事、优质服务。强化入驻综治工作中心各相关职能部门和工作人员的法治意识和服务意识，坚持依法依规办事，着力提升工作能力和服务水平。本着为民便民利民的原则，把群众满意作为衡量工作的重要标准，大力推行窗口化、综合性"一站式"服务，切实在服务管理中加强群众工作，着力解决好群众最关心、最直接、最现实的利益问题。

（三）工作目标。到 2017 年底，全省 50% 以上的乡镇（街道）完成综治工作中心标准化建设；2018 年底前，全面完成乡镇（街道）综治工作中心标准化建设。

二、建设标准

（一）中心名称。统一为"××乡镇（街道）综治工作中心"。

（二）人员组成。

综治工作中心由综治、公安派出所、检察室、法庭、司法所、人武部、信访和防范处理邪教办等部门组成，或者由这些部门指派有关工作人员参加集中办公。各地可根据实际情况，吸收民政、人力社保、国土资源、住房和城乡建设、环境保护、工会、共青团、妇联、教育、卫生计生、海洋渔业、铁路等部门力量参与综治工作中心的工作。

中心主任原则上由乡镇（街道）党（工）委副书记（综治委或综治办负责同志）担任。综治办专职副主任担任常务副主任，负责中心日常管理协调工作；设置若干副主任并可由其他相关职能部门负责同志兼任。

（三）场所设置。

乡镇（街道）综治工作中心应建有群众接待窗口、矛盾纠纷调解室、心理咨询室、综治指挥室和其他有关工作场所。

1. 群众接待窗口。由综治办和进驻的相关单位派员设置窗口，提供信访接待、行政调解、人民调解、劳动争议调解、人口管理、社区矫正等“一站式”服务功能，接待、受理群众来信来电来访，现场解答或咨询，协调解决群众反映的困难和问题。根据需要，各地可将群众接待窗口设在便民服务中心，可适当增加其他的管理服务项目或窗口。鼓励各地根据工作实际，合理设置“综合受理”窗口，实行集成服务。

2. 矛盾纠纷调解室。主要用于综治组织协调推动矛盾纠纷多元化解，有条件的地方可设置流动劳动仲裁派出庭、巡回法庭等。

3. 心理咨询室。对有需求的居民群众开展心理辅导、心理危机干预等活动的场所。各地应建立健全经常性心理服务机制，引导社会组织和社会工作机构的心理咨询师、心理辅导人员、社会工作者等，对矛盾突出、生活失意、心态失衡、行为失常人群及性格偏执人员加强人文关怀和跟踪帮扶，并协同卫生计生、共青团等有关部门的专业力量开展心理健康宣传教育和社会心理服务、疏导、危机干预工作，培育自尊自信、理性平和、积极向上的社会心态。

4. 综治指挥室。为社会治安形势分析研判、社会治安状况实时监控和突发案事件指挥调度等提供的场所。应接入平安建设信息系统、综治视联网、公共安全视频监控图像信息，并逐步接入省政法数字化协同工程规划的相关信息系统。

5. 其他工作场所。为综治办、公安派出所、检察室、法庭、司法所、人武部、信访和防范处理邪教办等部门提供的集中办公场所，有条件的地方可为社会组织入驻从事有关工作提供专门场所。

（四）基本设施。

1. 服从规划布局。根据人口分布等因素，选择辐射能力较强、交通相对便利、群众办事方便的地方建设综治工作中心。

2. 规范标牌、标识。标牌名称统一为“××乡（镇、街道）综治工作中心”；标识统一采用“平安浙江”标识。

3. 配备必要办公设备。合理配备休息椅、饮水机等服务设施；设置方便残疾人活动的无障碍设施，室外有方便残疾人进出的通道，并设有无障碍设备标识；配备防火防盗、安全逃生等安全设施，走廊设立防滑安全提示语；服务内容、服务流程、工作职责等上墙公开，有条件的地方应配备电子显示屏或电子触摸屏；在醒目位置摆放有关政策法规等宣传资料；设置意见（举报、投诉）箱和咨询电话；设置公共卫生间。

4. 综治指挥室面积不少于 30 平方米；应当配备大屏显示系统硬件设施，尺寸不小于 150 英寸；视联网会议系统至少具备 1080P 高清传输能力。

（五）主要功能。

乡镇（街道）综治工作中心的主要功能是负责协助乡镇（街道）党（工）委、政府（办事处）组织、协调、督促、指导辖区部门、单位和广大群众开展基层社会治安综合治理、维护稳定和平安建设等工作。具体承担以下任务：

1. 贯彻执行上级有关社会治安综合治理、维护社会稳定和平安建设工作的方针、政策和总体部署，加强调查研究，认真分析形势，及时报告工作情况，提出工作建议；

2. 组织协调辖区内社会治安防控体系建设，协调、落实实有人口服务管理、特殊人群服务管理、非公有制经济组织和社会组织服务管理、预防青少年违法犯罪、校园及周边治安综合治理、护路护线联防、禁毒戒毒、“扫黄打非”、国家安全人民防线建设和反邪教等工作；

3. 积极参与配合专项斗争，组织排查、协调整治治安混乱地区和突出治安问题，组织开展对社会治安形势的整体研判、动态监测，并提出督办建议；

4. 组织协调社会不安定因素和矛盾纠纷排查化解工作，统一受理、调解、处理各类矛盾纠纷和群众来信来访，依托省平安建设信息系统、综治视联网、公共安全视频监控系统等实现对突发案事件的实时监控、分析研判、指挥处置；

5. 建立基层社会治理线上指挥协调机制，及时受理辖区内群众求助、投诉和有关矛盾纠纷等事项，做到归口管理、依法处理、限期办理；

6. 组织开展法治、综治、平安建设等宣传教育活动，开展平安村（社区）、平安家庭、平安单位、平安市场等基层平安细胞的创建活动；

7. 指导村（社区、企业）综治工作中心（站、室）开展工作，组织、协调、指导和推进全科网格建设，发展壮大平安志愿者、社区工作者等专业化、职业化、社会化群防群治队伍力量，促进相关社会组织在社会治安综合治理工作中充分发挥作用；

8. 督促检查社会治安综合治理目标管理责任制执行情况，开展平安建设和综治工作考核评价；

9. 完成党（工）委、政府（办事处）和上级有关部门交办的其他相关工作任务。

（六）运行管理。

乡镇（街道）综治工作中心应建立和落实相关工作制度和机制，确保有序开展工作、提供高效服务。

1. 内部管理制度。建立健全并落实首问责任、限时办结、督查督办、情况报告、AB岗、领导接访、教育培训、检查指导、考核评价、保障奖励、档案资料等制度，实现基层社会治安综合治理工作精细化、规范化、制度化。

2. 工作例会制度。综治工作中心应当每周至少召开一次各派驻单位参加的例会，分析研判辖区内社会治安形势，协调解决重要事项。特殊情况下，可随时召开调度会或联席会。会议均应形成书面记录，联席会议应以会议纪要形式明确议定事项。

3. 协作配合制度。综治工作中心的各派驻单位应当各司其职、密切协作，充分发挥职能作用，共同做好社会治安综合治理工作。各派驻单位工作人员原行政隶属关系不变，派驻工作期间应当自觉接受和服从综治工作中心的领导、指挥、管理、调度和协调。

4. 联动工作机制。乡镇（街道）综治工作中心应当建立健全各项联动机制，协调各方有序开展工作。

（1）矛盾纠纷联调。对矛盾纠纷实行统一受理、统一分流、统一协调、统一督办、统一归档，综合运用人民调解、司法调解、行政调解、仲裁等手段进行疏导化解。

（2）社会治安联防。加强公共安全视频监控建设联网应用，合理配置群防群治队伍，构建专群结合、人防物防技防配套、点线面联动的治安防控工作网络。

（3）突出问题联治。定期组织排摸、梳理辖区治安混乱地区和突出治安问题，确定重点整治地区、行业、部位，统一组织专项整治。按照上级部署，动员和组织各部门各单位及广大群众积极参与各项集中整治行动。

（4）重点工作联动。统一部署开展工作，统一使用工作力量，统一调配必需装备，统一安排值班备勤，并纳入突发事件预警处置工作体系。一旦发生突发性群体性事件，在党（工）委、政府（办事处）领导下，组织协调有关部门依法妥善处置。

（5）服务管理联抓。入驻部门（单位）结合自身职能，公开承诺服务项目，主动为居民群众、流动人口提供“一站式”服务，帮助解决群众需求。协同做好本地区实有人口服务管理、特殊人群服务管理、预防青少年违法犯罪、校园及周边治安综合治理、护路护线联防等工作。

（6）基层平安联创。按照深化平安浙江建设、打造平安中国示范区的总体要求，进一步扩大覆盖、丰富内涵、提升层次，广泛组织开展基层系列平安创建活动。

5. 事件流转办理机制。依托乡镇（街道）基层治理综合信息指挥体系，发挥“平安通”、平安浙江APP、综治指挥室的作用，统一做好源头发现、采集建档、分流交办、执行处置、检查督促、结果反馈等环节，及时稳妥处理涉及综治、维稳和平安建设的各项事项。

三、工作要求

（一）加强统筹协调。乡镇（街道）综治工作中心标准化建设是加强乡镇（街道）“四个平台”建设的重要举措。各级党委和政府要切实把加强乡镇（街道）综治工作中心标准化建设纳入党委、政府的中心工作来抓，优化组合，再造流程，落实责任，强化保障。健全自治、法治、德治相结合的基层治理体系，推动社会治理重心向基层下移，实现政府治理和社会调节、居民自治良性互动。把乡镇（街道）综治工作中心标准化建设情况列入平安综治考核，加强检查考核和督促指导，确保工作落实到位。

（二）深化网格管理。深化“网格化管理、组团式服务”，在构建全省“一张网”的网格管理体系基础上，全面推进全科网格建设。有效整合公安、人力社保、环境保护、市场监管、综合执法、卫生计生、安监、流动人口服务管理、消防等部门在乡镇（街道）、村（社区）的各类协辅力量，担任专职或兼职网格员，由乡镇（街道）统筹配置到网格，为“四个平台”开展工作提供支撑。

（三）推进信息共享。按照《浙江省政法数字化协同工程规划（2017—2020 年）》和《浙江省基层治理体系“四个平台”信息系统整合总体设计方案》要求，协调推进社会治理信息前端统一采集平台建设，实现一次采集录入、多方共享共用。主动对接基层治理综合信息平台，及时推送和接收重点人、事、物、组织、场所等基础信息和相关事件信息，推进基层治理信息互通共享、业务协同联动。

（四）强化工作对接。乡镇（街道）综治工作中心要加强与市场监管、综合执法、便民服务等平台和各个方面的工作对接和协调配合，做到既统筹整合现有的资源，又形成有机整体，切实提高管理服务效能。加强上下对接，发挥乡镇（街道）综治工作中心作用，向上对接县级社会治理综合指挥中心，向下延伸工作网络和机制，设立村（社区、企业）综治工作中心（站、室），承接网格及基层群众反映的各种相关事务，形成共建共治共享的基层社会治理格局。

浙江省衢州市统筹谋划　智能联动
高水平探索推进“雪亮工程”建设

衢州市充分发挥浙江省体制机制先发、信息技术先进的优势，以“一把手”工程站位，坚持与智慧城市建设统筹谋划，高水平推进“雪亮工程”全国示范城市项目建设，努力为全国提供可学可鉴的建设样板。

一、坚持高起点谋划，以大整合、大联动理念统筹项目建设

一是顶层设计科学化。按照顶层设计最优、技术路径最优、平台应用最优要求，确定“四网一大脑”项目总体框架，即整合政务外网、公安信息网、互联网和视频专网的视频，谋划综治十大应用、公安六大应用，通过“城市数据大脑”多数据融合计算，实现视频智能化和大数据应用。

二是项目实施一体化。由县（市、区）分签委托，全市统一采购、统一签订购买服务协议，统一组织实施。建立项目专班，形成任务清单、责任清单、进度清单，通过平安综治考核，签订部门联网共享承诺书，采取日、周、月报形式加强推动，边建边联边共享赢得支持，确保项目全市域一体化推进。

三是建设模式社会化。在相关法规政策框架下，与阿里巴巴建立市企战略合作关系，以单一来源采购方式向阿里在衢落地公司购买服务，探索了一条社会资本参与政府项目建设的新路子。

二、坚持高质量建设，以系统集成、精益求精做出项目亮点

一是“中心 + 大脑”。完成市综治（大联动）中心和 6 个县（市、区）、2 个开发区综合指挥中心及 103 个乡镇（街道）综合指挥室建设，搭建职能明晰、系统集成、平台联动综合指挥体系，依托“城市数据大脑”全域感知、即时告警、分析预警等功能，全面提升实战指挥协调能力，并与省级视频共享平台实现对接。

二是“整合 + 新建”。开展存量资源大排查，对原有一类点位 1.4 万路、二类点位 1.35 万路予以整合，新建一类点位 6000 路、三类点位 1 万路。配备无人机 4 架、AR 智能眼镜 6 副。同步进行人脸及车辆卡口、RFID、物联网数据整合，形成覆盖面更广泛、触角更灵敏的全域感知系统。

三是“平台 + 联网”。组建市大数据中心和云计算中心，专门部署对 54 个部门数据的归集，推动已建新建 15 个在线监测平台和系统接入综治（大联动）中心。目前，数据和视频全部进入“城市数据大脑”，数据共享交换平台 54 家市级部门 6 亿余条数据已实现共享；视频共享平台 5.2 万余路视频实现联网共享、统一调度。

四是“项目 + 产业”。“雪亮工程”示范城市项目形成“蝴蝶效应”，为来自全国各地党政、企业考察团 150 余批 2500 余人提供借鉴学习。深兰科技、中兴克拉、安恒科技等一批知名互联网企业落户衢州发展业务。衢州模式在上海、重庆、山东等地城市达成落地意向。

三、坚持高效率运行，以聚焦一线、服务实战推进项目应用

一是线上和线下相融合，提升基层社会治理能力。支撑网格化管理。实现辖区视频统一调度使用；网格员手持移动终端实现视频调阅，信息采集、事件处理等工作可视化；普通群众通过平安浙江 APP、村情通等信息采集移动终端上报信息，形成“天眼”“网眼”“众眼”三位一体的立体化防控体系；支撑在线巡查。利用视频监控对火灾、汛情、地质灾害、铁路护路等险情隐患监测，开展寄递业、加油站等重点行业、场所常态化平安检查；支撑行业监管。为环保、城管、水利等有关部门提供覆盖面更广的视频资源和技术支撑，综合行政执法部门还通过视频开展了全省“非接触性”执法试点工作，取得良好成效。

二是传统技术和智慧手段相融合，提升预测预警预防能力。防范破案更高效。“雪亮工程”成为立体化治安防控体系的重要基础，通过人体、人脸、车辆等视频结构化数据和 RFID 等物联网数据、基础数据库数据多维融合计算，快速准确确定人员、车辆轨迹，使公安机关防范打击更加精准高效。2017 年以来，“雪亮工程”帮助公安机关侦破交通事故逃逸案件 96 起，配套 PTU 快处机制抓获各类违法犯罪嫌疑人 58 人，抓获公安部网上逃犯 7 名，78% 以上案件均利用视频监控侦破。分析研判更精准。全域感知大屏实时预警推送重点人员、车辆、事件信息，指导有针对性核查管控，如重点吸毒可疑人员出现在 KTV 等娱乐场所附近活动时予以提示重点检查。截至 2017 年底，全市预警并下发管控疑似隐性吸毒人员 3.6 万人，疑似出租房 5.7 万户。实时进行平安指数分析、社会治安评估，为党委政府平安创建、治安防范科学决策提供更为精准的支撑。重大活动安保更有效。在春节、元宵灯光秀活动、衢州国际马拉松大赛等重大活动期间，“雪亮工程”570 路视频实时结构化能力集中调度布防于活动场所周边，形成多层保卫圈，进行即时分析预警和人体人脸车辆抓拍，全面保障了活动安全顺利。

三是共享共用与服务延伸融合，提升党政管理效能和服务能力。助力“最多跑一次”改革。这是全国深化“放管服”改革在浙江的生动实践，衢州市通过视频数据共享共用，大力支撑市本级 1368 项政务服务事项，许多项目通过刷脸就实现了“最多跑一次”。常山县还试水镇村钉钉视频办事、刷脸办事，实现了“一次也不跑”；助力文明城市创建。在重点路口或区域，部署了“雪亮工程”视频，进行踩踏草坪、电动车逆行、机动车违停、行人跨越栏杆等不文明行为识别，自动抓拍数万次，通过媒体定期曝光负面典型。接受群众求助，帮助群众找回走失老人、小孩以及宠物 20 余起。助力重大项目建设。在高铁小镇征地拆迁等项目启动前布建视频监控，固定土地附着物、房屋现状，记录工作开展情况，防范群体性事件，保障公开、公平、公正、顺利征迁。对于其他重大建设项目，利用视频开展工程工地日常管理，有效防止偷工减料、怠工怠岗等现象。

四、坚持高标准管理，以细之又细、严之又严管控风险

一是把好信息安全关。将系统和数据安全防范工作纳入监管、监理范围予以重点管控。通过层层签订安全管理及保密协议，落实施工建设方安全管理全员责任制。在建设、联网、应用各个环节嵌入软硬件安全措施，运用好合法性认证、身份认证等技术手段防范安全风险，落实好三级等保。

二是把好项目廉政关。严格项目立项、项目评审、招投标等项目建设流程，坚持按法规政策、按程序规范办事。落实纪检、审计、财政等监管部门参与项目廉政风险建设检查、监督，做好问题隐患的整改，确保防患于未然。坚持警钟长鸣，教育干部遵纪守法，廉洁办事。

三是把好运行维护关。建立全市统一运维管理体系，出台运维考核办法，明确运维标准和处罚标准，落实运维责任。建设运维管理平台，加强运维团队管理，构建自动监测、线上线下一体化运维机制，保障项目问题及时发现、及时处置、安全高效运转。

浙江省台州市做实基础网格　做精基层治理
以网格化管理全面助推平安台州建设

台州作为民营经济先发地区，经济社会充满活力的同时也带来了社会治理的种种难题。比如各类中小企业多达 11 万家，流动人口 200 多万，各类隐患面广量大。创建平安台州，重点在基层，难点也在基层。台州市委、市政府针对基层社会治理实际，将网格化管理工作作为平安建设的基础性工程，市委常委会多次专题研究部署。根据全省全科网格试点工作要求，全市各级各相关部门努力在整合职能、建强队伍、明晰责任、规范管理、强化保障上下功夫，全面筑牢基层的第一道防线，努力打造网格管理的“台州样本”。

一、坚持改革导向，筑牢维稳第一防线

将基层网格定位为由村居（社区）向下延伸的基层社会治理工作单元，做实全科网格，打造全市基层社会治理“一张网”。按照“任务相当、方便管理、界定清晰”的原则，精细科学划分网格，并将安监、消防、食安、流管、环保等职能融入网格，有效破解网格划分虚拟、网格工作虚化等问题。按照“自上而下、重心下移”的原则，做强专职网格员队伍，着力把资源、服务、管理按网格投放到基层，在所有网格配备全职化的专职网格员，全市共配专职网格员 7369 名，重点发挥网格员在信息采集、人口协管、隐患巡查、反映诉求等平安建设工作中的积极作用。按照“统一受理、分级处置、跟踪督查、评价奖惩”的原则，实现信息的逐级发现、逐级报告、逐级办理，确保各类问题应发现、尽发现，应处置、尽处置。2017 年，通过“平安通”上报各类信息 65.9 万条，其中问题隐患 24.3 万条，办结率 98.9%。

二、坚持问题导向，有效推进网格建设

根据全省试点工作部署，按照创全省一流的目标，将路桥区试点提升为全科网格试点，并在每个县（市、区）都确定 1 个以上乡镇（街道）开展试点工作。通过各方的共同努力，初步探索出了具有台州特色的“以全科网格管理为核心，以信息采集功能为重点，以基层矛盾化解为目标”的网格化管理新途径，出台了《关于加强网格员队伍建设深化网格化管理工作的通知》等一系列文件制度，从市级层面对全科网格建设进行了顶层设计。2017 年 4 月，全市召开了全市深化网格化管理工作现场推进会，总结推广路桥区试点工作经验，为各地提供了可看、可学、可复制的工作样板，为这项工作高质量、高效率推进创造了条件。至 6 月底，全市实现了全科网格建设工作体系的全覆盖。针对“易走样、易偏差”的问题，市级层面加强了对各地工作推进情况的动态掌握，及时发现问题，及时纠正偏差，探索网格长、专职网格员的职责和村居（社区）干部跟进责任捆绑，专职网格员统一配备“平安通”手机、统一佩戴工作证、统一规范着装、统一购买人身意外保险等“四统一”标准，推动了工作规范化运行。针对基层容易出现的“重一时组建、轻日后运行，重一时之功、轻长久之效”等问题，市级层面围绕“有章理事、有人干事、有钱办事”的“三有”标准，着力推动工作由“上级推”向“自行转”“突击抓”向“长久做”转变。有章理事方面，不断完善工作运行机制，以制度化建设推动工作的常态化运行。有人干事方面，着眼推动专职网格员想干事、能干事，进一步加强考核管理、技能培训等工作。有钱办事方面，按照“条线挤、各方筹、财政兜底”的思路，统筹安排全科网格管理工作经费，仅市县两级财政投入就达 2 亿多元。经济发达县（市、区）优秀专职网格员可以获得 6 万元左右的收入。

三、坚持效果导向，推动社会精细治理

将网格化管理与大数据应用、“四个平台”建设等工作有机融合，放大网格化管理优势，实现1＋1＞2的倍增效应。注重网格化管理与大数据相融合。以大数据理念为引领，在整合社会治安、安全生产、市场监管、城市管理、社会信用等领域数据信息的基础上，对接平安建设信息系统，努力打造以海量数据为基础、智能分析研判为核心、预测预警预防为目标的大数据应用体系。比如投资3800万元建成市级综治中心，累计接入各类视频资源7万多个，实现各类视频系统的全联网，并且以数据中心为支撑，成功研发分析研判模块，开展多维度的智能分析、比对、研判和预警。又比如将“食安通”“流管通”“房管通”等各类网格管理移动终端和APP全部整合到“平安通”，实现了信息数据的互联互通和高效运用。注重网格化管理与“四个平台”相衔接。以快速发现问题、有效解决问题为目标，采取“点信息、条主业、块用人”方式，信息采集以网格点为主，业务管理部署以线上职能部门为主，事件管理落实以属地为主，将全科网格工作与基层“四个平台”相衔接，推动建立职能清晰、权责统一、功能集成、扁平一体、便民高效、执行有力的乡镇（街道）综合服务管理体制和运行机制，提升乡镇（街道）管理服务能力。注重网格化管理与基层自治相促进。发挥台州基层民主活跃这一优势，积极将平安志愿者和村民组长、楼组长、党员志愿者等基层自治力量纳入兼职网格员队伍，发动群众参与网格化管理，不断提高基层自治管理能力。比如将网格化管理与居住出租房屋“旅馆式”管理工作相结合，有效发动房东、房客参与自治管理，形成自觉自律、协管协治的良好格局，全市流动人口信息登记率、出租房屋信息登记准确率均达到100%。

（撰稿人：周川玲
审稿人：谢小云　王瑞拉）

安　徽　省

2017 年综治工作概况

2017 年，安徽省坚持以习近平新时代中国特色社会主义思想为指导，认真贯彻中央、省委决策部署，着力健全落实社会治安综合治理领导责任制，努力构筑共建共治共享社会治理格局，全力维护社会稳定和谐有序，为建设现代化五大发展美好安徽营造了良好社会环境。平安安徽建设连续 9 年位居全国先进。

一、2017 年全省综治工作成效突出

（一）公共安全形势良好。社会治安防控体系不断完善，公共安全视频监控联网应用"雪亮工程"有序推进。各类违法犯罪得到有效遏制，寄递物流等行业安全管理进一步规范，农村地区治安整治、交通秩序整治、打击传销和非法集资等专项整治活动深入开展。各类安全事故发生率在全国保持低位，道路交通、火灾等事故持续下降，没有发生特别重大公共安全事故。

（二）矛盾纠纷化解有力。矛盾纠纷多元化解机制更加健全，诉讼与非诉讼化解方式衔接更加紧密，矛盾纠纷排查调处协调会议等制度全面落实，97% 以上的矛盾纠纷在基层得到及时有效解决，没有发生有重大影响群体性事件、非访活动和个人极端事件。

（三）基层基础全面加强。持续开展基层平安创建，省委、省政府命名了第六批平安县（市、区），全省平安县（市、区）达到 87 个。各级综治中心建设全面加强，县乡村三级综治中心全部建成。网格化服务管理进一步拓展深化。社会心理服务体系建设稳步推进。

（四）信息化建设持续推进。社会服务管理信息化建设全面支撑"互联网 + 政务服务"，政务服务事项从线下转向线上，公共服务效能进一步提升。综治信息化建设应用取得积极进展，省级综治信息系统数据汇集平台初步建成。全省综治视联网联通应用实现省市县三级全覆盖。"互联网 + 社会治理"全面展开。

（五）综治责任制健全落实。全面实施《安徽省健全落实社会治安综合治理领导责任制实施办法》，层层签订综治责任书，完善综治实绩档案，健全责任体系。修订完善社会治安综合治理考评办法，扩大对党政机关和企事业单位考评范围，落实有关奖惩措施。完善综治工作后进县（市、区）重点管理制度，对 1 个县实施了一票否决权制。

二、努力健全立体化信息化社会治安防控体系

（一）统筹实施"平安安徽建设工程"。省委、省政府切实加强对社会治安综合治理的领导，将平安建设纳入《安徽省国民经济和社会发展第十三个五年规划纲要》和省委常委会年度工作要点。围绕落实省第十次党代会精神，省委、省政府出台《安徽省五大发展行动计划》，制定《平安安徽建设工程施工方案（2017—2021 年）》，将"平安安徽建设工程"16 个项目建设责任进行分解，明确牵头单位，强化责任意识。省政府印发《关于坚持平安为基推进安全发展实施方案》，创新平安建设工作机制，形成协调配合、齐抓共管工作格局。

（二）全面部署新一轮治安防控体系建设。省委办公厅、省政府办公厅印发《安徽省立体化、信息化社会治安防控体系建设（2017—2020 年）工作方案》，按照"坚持一个深化、推进四个一体化、注重五个重点项目建设、加强四方面工作保障"总体思路，统筹推进防控体系建设。

（三）集中解决突出治安问题。扎实开展社会治安重点地区排查整治，努力做好命案打击防范工作，2017 年全省命案数同比下降 4.2%。持续开展“守护平安”系列行动，健全完善打黑除恶工作机制，集中开展易制爆危险化学品和寄递物流专项整治行动，统筹应急、公安、交通、安监等多部门工作力量和资源，做好冬季公共安全特别是交通安全工作，确保全省公共安全形势平稳可控。

（四）大力推进“雪亮工程”建设。印发《安徽省公共安全视频监控建设联网应用工作实施方案（2016—2020年）》，对全省“十三五”期间“雪亮工程”建设进行了总体规划。省级和16个设区市视频图像资源交换共享平台基本建成，省综治中心接入各类视频资源12万余路，2017年省级示范城市合肥和重点支持城市芜湖的项目建设快速推进。

三、创新完善矛盾纠纷多元化解机制

（一）积极做好预测预警预防工作。对房产物业、征地拆迁、环境保护、医患关系、劳动社保等重点领域开展重点排查，对婚姻家庭纠纷、邻里关系纠纷等多发性矛盾纠纷开展经常性排查，在重点时段对重点问题实行滚动排查，增强排查的针对性和精准性。省、市、县、乡四级认真落实矛盾纠纷排查调处工作协调会议纪要月报制度。及时掌握、有效处置相关矛盾纠纷，严格执行紧急重大信息报送、值班备勤等工作制度。

（二）推进矛盾纠纷调处平台建设。加强行业性专业性人民调解组织建设。联合制定安徽省“平安医院”创建工作考评细则，推进医疗纠纷人民调解委员会建设。共同出台《关于做好婚姻家庭纠纷预防化解工作的实施意见》，推进县（市、区）婚姻家庭纠纷人民调解委员会建设。联合印发《关于进一步加强劳动人事争议调解仲裁完善多元处理机制的实施意见》，推进劳动人事争议调解平台建设。

（三）加强诉讼与非诉讼纠纷解决方式对接工作。印发《关于进一步加强诉讼与非诉讼纠纷解决方式对接工作的意见》，推进诉讼与非诉讼纠纷解决方式高效、顺畅对接。在全省法院系统全面推进诉讼服务中心规范化建设，依托诉讼服务中心，加强与人民调解组织、行业性专业性调解组织无缝对接，努力打造高效便捷的诉调对接平台。

（四）构建共建共治共享新格局。推广规范“两代表一委员”联系群众、参与化解矛盾纠纷的做法，推动各地建立健全有关制度，组织“两代表一委员”听民声察民意，参与重大复杂疑难纠纷调解。组织平安志愿者参与矛盾纠纷排查化解，规范平安志愿服务的内容与形式、运行管理机制及保障措施等，充分发挥平安志愿者等力量的积极作用。

（五）健全社会治安综合治理法规保障机制。结合安徽实际，不断健全完善涉及矛盾纠纷化解的地方性法规。将《安徽省司法鉴定管理条例》列入年度立法计划，将《安徽省信访条例》列入修订范围。形成《安徽省多元化解纠纷促进条例（草案）》，印发征求有关方面意见。2017年7月20日，以政府规章形式颁布《安徽省医疗纠纷预防与处置办法》，同年10月1日起施行。

四、大力提升社会治安综合治理智能化水平

（一）持续推进社会服务管理信息化。全省各地持续推动社会服务管理信息化建设，结合建设综治信息化平台，全面汇集公安、卫计、人社、民政、司法、教育、残联、共青团等职能部门业务数据，在为民提供便捷高效服务的同时，及时准确地掌握了人、地、物、事和组织等社会治理基础数据。截至2017年底，全省16个设区市平均每市对接近60个单位、570余类数据。综合运用云计算、大数据等新技术、新手段，创新拓展服务管理内容和方式，为社会治理精细化、精准化打下了坚实基础。

（二）扎实推进综治信息系统建设。2017年8月，省综治委印发《全省社会治安综合治理信息系统建设规划》，明确了进一步推进全省综治信息化建设的目标要求、基本任务、实施步骤和保障措施等，有力推动了省及各市综治信息化建设。各市积极落实国家标准并探索特色应用，以《社会治安综合治理基础数据规范》（GB/T 31000—2015）为依据，推动综治信息系统全方位服务各项业务需求，探索开发打击传销、见义勇为等特色应用。省级综治信息化平台建设有序实施，2017年12月启动省级数据汇集平台项目建设，实现省与16个设区市综治业务数据动态对接，初步具备全省综治业务数据中心功能，为后续开发综治业务应用奠定了基础。

（三）促进信息化与网格化融合发展。各地按照“任务相当、方便管理、界定清晰”的原则，整合多个部门基础工作网格，统一重新划分综合治理网格，并依托地理框架信息系统，新建 2 维或 2.5 维数字化网格地图，实现了基层社会治理“一网清”。社会服务管理信息化平台为网格员日常工作提供全面支撑，由网格员通过“社管通”手机 APP 实现信息和事件的采集、核查、上报等，推动网格事件上报后动态分级预警、综合决策分析和智能任务分派，提升了网格化服务管理水平，促进了基层平安建设。

五、全面加强重点人群服务管理

（一）加强严重精神障碍患者服务管理。2017 年 7 月，省综治办协调 10 个省直单位成立 4 个专项督查组，对 12 个重点市组织开展了督察。探索创新严重精神障碍患者服务管理工作机制，在蚌埠市组织开展“一历五单”出院患者信息推送衔接机制、“树状”救治管理模式、肇事肇祸案事件综治问责机制等试点工作。落实监护措施和“以奖代补”政策，2017 年全省各级财政共支出“以奖代补”资金 7767.6 万元，惠及 3.2 万余名严重精神障碍患者。

（二）积极预防和减少青少年违法犯罪。各部门密切配合，研究解决青少年违法犯罪突出问题，督促落实各项教育管控措施，全省十万人青少年涉命案数保持全国最低水平。开展青少年零犯罪零受害社区（村）创建工作，采取试点先行、逐步推动的方式，2017 年确定合肥市方兴社区等 23 个试点单位，通过“双零”社区创建推动基层预防青少年违法犯罪工作。创新对身处困境青少年救助方式，为符合条件的未成年人申请省级司法救助资金 29 万元。

（三）切实加强社区矫正工作。认真贯彻落实省委办公厅、省政府办公厅《关于进一步加强社区矫正工作的意见》，全力做好社区矫正各项工作。切实维护社区矫正安全稳定，开展安全隐患排查整治以及社区矫正安全巡查，加大在逃人员追捕工作力度；加强科技监管应用，建立暂予监外执行人员病情定点医院复查制度，加强服刑人员收监执行警示教育，配强社区矫正机构专职力量，推进社区矫正信息化建设，落实工作经费。

（四）扎实开展刑满释放人员安置帮教。切实做好服刑人员信息核查和出监所衔接工作，持续开展服刑人员基本信息核查。加强安置基地建设，截至 2017 年底，全省共有政府投入建立的过渡性安置基地 67 个，依托企业建立的安置基地 483 个，有效发挥了过渡性安置基地的作用。

六、全面夯实综治工作基层基础

（一）推进各级综治中心建设。全面落实《社会治安综合治理综治中心建设与管理规范》（GB/T 33200—2016），着力强化综治组织核心作用，加强资源力量整合、运行机制保障和信息化手段应用，推进全省各级综治中心建设规范升级、提质增效，形成了一体化运作、实体化运行、信息化与网格化深度融合的安徽特色。截至 2017 年底，全省县、乡、村三级综治中心全部建成，实现了基层综合服务管理全覆盖。

（二）健全社会心理服务体系。省委政法委、省综治委专门出台文件，从促进矛盾纠纷排查化解、强化特殊人群服务管理等方面明确了社会心理服务体系建设要求。2017 年，全省设立心理咨询室或社会工作室的乡镇（街道）综治中心 490 余个、村（社区）综治中心 5560 余个，为开展社会心理服务、疏导和危机干预工作提供了必要的支撑和保障。

（三）深化网格化服务管理。各地积极推行“网格化管理、社会化服务”的新型社会治理机制，依托社区基础网格，建立健全专、兼职网格员服务管理队伍，统筹党建、综治、维稳、民政、计生等公共服务和社会事务等工作，形成纵向到底、横向到边的社区服务管理体系，实现网格化服务管理全覆盖。各地制定相应的网格员管理办法，逐步建设高素质社区网格员队伍，进一步提高网格化服务管理效能。建立长效治理机制，成立网格化服务管理领导机构，制定社区网格化服务管理办法，建立健全“排查报送、处置反馈、信息管理、督查考核、奖惩表彰”等配套工作机制。

七、全方位落实综治领导责任制

（一）综治责任体系实现全覆盖。严格落实属地管理和谁主管谁负责原则，紧抓“关键少数”，着力强化各级领导班子、领导干部的担当意识。省委、省政府带头履责，省委常委会、省政府常务会议经常听取综治工作汇报，分析平安建设形势，研究对策措施。各级党委、政府守土有责，认真解决社会治安综合治理重要问题。各级党委、政府层层签订综治工作（平安建设）目标管理责任书,并由分管负责同志与综治委成员单位主要负责人签订责任书,全面建立领导干部综治实绩档案,形成了综治(平安建设)工作主要领导亲自抓、全员参与,一级抓一级,层层抓落实的工作格局。

(二)综治考评推动力持续提升。探索形式多样、适用管用的考评方法,强化对地市综治工作的推动,由省综治委向16个市党委、政府主要负责同志“点对点”通报考核结果,促使各市引起重视并及时解决综治工作重点难点问题。强化成员单位综治责任意识,逐步改革完善省综治委成员单位综治考核办法,并将考核范围扩大到纳入省委综合考核的全部单位,进一步凝聚了平安建设的合力。

(三)兑现奖惩激发工作活力。积极组织参加2013—2016年度全国社会治安综合治理先进集体、先进工作者和全国社会治安综合治理优秀市、全国平安建设先进县(市、区)评选表彰活动。部署开展2013—2016年全省社会治安综合治理先进集体和先进工作者评选表彰工作,召开表彰大会,省委、省政府主要负责同志亲切会见受表彰代表,激励和鼓舞了全省综治战线的斗志和干劲。兑现考评奖惩,省委、省政府对综治考评靠前的市和综治委成员单位予以表彰,并对先进市和进步市给予物质奖。完善重点管理制度,省级每年对考核中若干综治工作后进县(市、区)“关笼子”,由省综治委直接联系、重点管理,2017年,省综治委首次对未能按期完成重点管理整改目标的太和县实行了一票否决权制。

安徽省综治办　省高级人民法院　省司法厅 省人民政府法制办印发《关于进一步加强诉讼与非诉讼纠纷解决方式对接工作的意见》的通知

(2017年8月2日)

各市(省直管县)综治办、法院、司法局、政府法制办,省综治委各成员单位:

现将《关于进一步加强诉讼与非诉讼纠纷解决方式对接工作的意见》印发给你们,请结合实际,抓好贯彻落实。

关于进一步加强诉讼与非诉讼纠纷解决方式对接工作的意见

为进一步完善矛盾纠纷多元化解机制,推进诉讼与非诉讼纠纷解决方式高效、顺畅对接,充分发挥各部门、各单位、各类组织职能作用,依法妥善化解矛盾纠纷,保障群众合法权益、促进社会公平正义、维护社会和谐稳定,根据民事诉讼、行政诉讼相关法律及中共中央办公厅、国务院办公厅《关于完善矛盾纠纷多元化解机制的意见》,最高人民法院《关于建立健全诉讼与非诉讼相衔接的矛盾纠纷解决机制的若干意见》、《关于人民法院进一步深化多元化纠纷解决机制改革的意见》和中共安徽省委办公厅、安徽省人民政府办公厅《关于完善矛盾纠纷多元化解机制的实施意见》等规定，结合我省实际，制定本意见。

一、指导思想

深入贯彻落实党的十八大、十八届三中、四中、五中、六中全会和习近平总书记系列重要讲话特别是视察安徽重要讲话精神，坚持系统治理、依法治理、综合治理、源头治理，畅通和规范矛盾纠纷多元化解渠道，建立健全诉讼与非诉讼纠纷解决方式对接机制，不断满足人民群众的多元需求，最大限度消除不和谐因素，为决战决胜全面小康、建设五大发展美好安徽创造和谐稳定的社会环境。

二、工作目标

在党委领导、政府主导下，强化综治协调、多方参与、司法推动、法治保障，搭建运行规范的诉讼与非诉讼纠纷解决方式对接平台（以下简称对接平台），合理配置资源，形成工作合力，推进和解、调解、仲裁、公证、行政裁决、行政复议与诉讼相互衔接、相互协调，建立完善诉讼与非诉讼纠纷解决方式对接机制，提高工作效能，减轻群众诉累，促进矛盾纠纷化解成功率显著提升。

三、工作范围

起诉到人民法院，属于人民法院受理案件范围和受诉人民法院管辖的各类民商事、行政纠纷。

四、工作内容

（一）建立对接平台。依托人民法院诉讼服务中心，建立各部门、各单位、各类组织共同参与的对接平台，相关部门、单位、组织指定具体人员负责诉讼与非诉讼纠纷解决方式对接工作和日常联络。加强对接平台与综治中心的协调协同协作，确保诉讼与非诉讼纠纷解决方式及时有效对接。

（二）建立对接机制。

1. 建立立案登记前的委派处理对接机制。对起诉到人民法院的矛盾纠纷，经人民法院评估适宜调解或者通过其他非诉讼方式解决的，可以征得当事人书面同意，通过对接平台委派给相关部门、单位、组织进行调解或处理，并移送相关材料。委派处理时间不计入审查立案期限。

相关部门、单位、组织应当在规定期限内，向委派人民法院反馈处理结果，并退回相关材料。通过调解达成协议的，调解员应告知当事人如下事项：可以向委派或者调解组织所在地的人民法院申请司法确认；对具有合同效力和给付内容的调解协议，可以向有管辖权的人民法院申请支付令；对具有给付内容的调解协议，可以申请公证机关依法赋予强制执行效力。当事人对调解协议申请司法确认的，人民法院应当依据《最高人民法院关于人民调解协议司法确认程序的若干规定》办理。

当事人不同意委派处理或者经过处理未解决纠纷的，人民法院应依法及时立案。

2. 建立立案登记后的委托处理对接机制。对人民法院已经登记立案的民商事、行政案件，经征得各方当事人书面同意，可以将案件委托给相关部门、单位、组织进行调解或者处理，并移送相关材料。委托处理时间不计入案件审限。

案件审理过程中，人民法院也可以根据案件具体情况邀请相关部门、单位、组织派员协助法官进行调解。

相关部门、单位、组织应当在规定期限内，向委托人民法院反馈处理结果，并退回相关材料。达成调解协议的，调解员应告知当事人可以向委托的人民法院申请撤诉或者审查出具调解书。

委托处理未解决纠纷的，人民法院应当及时恢复审理。

3. 探索建立矛盾纠纷中立评估机制。相关部门、单位、组织应发挥专业优势，积极推荐不动产、土地、商事、侵权、知识产权等领域具备相应行业资格且专业能力较强的人员进入人民法院中立评估员名册。人民法院可根据需要，建议当事人选择名册中的评估员提供咨询、辅导或者预测判决结果，帮助化解矛盾纠纷。

4. 探索建立矛盾纠纷无异议调解方案认可机制。经调解组织调解未达成调解协议，但当事人之间已就主要争议事项达成共识，分歧不大的，调解员可以告知当事人是否同意由调解员提出调解方案并书面送达当事人，当事人若在 7 日内提出书面异议的，视为调解不成立；未提出书面异议的，视为各方自愿达成调解协议。在各方当事人均同意上述处理意见的情况下，由调解员按照处理意见办理。根据无异议调解方案认可机制达成的调解协议，当事人可以依法向人民法院申请司法确认，就具有给付内容的调解协议申请支付令或者申请办理赋予强制执行效力的债权文书公证，或者由人民法院审查出具调解书。

5. 探索建立矛盾纠纷无争议事实记载机制。经调解组织调解未达成调解协议，但当事人之间就相关事项没有争议，调解员可以征得各方当事人同意，以书面形式记载无争议的事实，由当事人签字盖章予以确认。在诉讼程序中，当事人无须对调解过程中已确认的无争议事实进行举证，但当事人反悔并有相反证据足以推翻，以及涉及国家利益、社会公共利益和他人合法权益、确认身份关系的事实除外。

6. 加强矛盾纠纷化解信息化建设。大力推广现代信息技术在矛盾纠纷化解中的应用，依托社会服务管理信息化和综治信息化综合平台，建立相互贯通、共享共有、安全可靠的在线矛盾纠纷化解信息系统，做好矛盾纠纷的受理、处理、统计、督办、反馈等工作。各有关部门、单位、组织要实现与综合平台的有效贯通，完善信息沟通、数据整合和综合分析制度，形成统一的矛盾纠纷多元化解信息库。积极稳妥开展在线调解、在线协商谈判等工作，推动矛盾纠纷在网上化解，满足人民群众对便捷、高效矛盾纠纷化解方式的新需求。

五、工作要求

1. 明确职责任务。各级综治部门要加强调查研究、组织协调、督导检查、考评、推动等工作，促进诉讼与非诉讼纠纷解决方式有机衔接、有效对接，分析通报情况，协调解决问题，总结推广经验。

各级人民法院要建立对接平台，开展纠纷化解引导、委派处理、委托处理和司法确认等工作，对人民调解、行政调解以及其他非诉讼纠纷解决方式进行法律指导，为纠纷化解提供司法保障。

各级司法行政机关要指导人民调解工作，推动设立行业性、专业性人民调解组织，引导律师事务所、法律援助机构、公证机构、司法鉴定机构、基层法律服务所参与纠纷化解工作；建立完善律师参与化解和代理涉法涉诉信访案件等相关工作机制，促进人民调解与行政调解、司法调解的衔接联动。

各级政府法制机构要加强对行政调解、行政裁决的综合协调、指导，推动有关部门规范行政调解、行政裁决、行政复议等工作机制，推动行政争议和与行政管理活动相关的民事纠纷在行政系统内部化解。

综治委各成员单位及各相关部门、单位、组织要按照各自职责依法开展工作，培育和推动本系统行业性、专业性调解组织建设，参与诉讼与非诉讼纠纷解决方式对接工作，积极化解矛盾纠纷。

2. 建立对接联席会议制度。根据工作需要定期召开对接联席会议，分析研究本地区矛盾纠纷性质特点，提出防范化解意见建议；协调解决在诉讼与非诉讼纠纷解决方式对接过程中出现的问题，推动对接机制进一步完善。联席会议由各级综治部门、人民法院、司法行政机关、政府法制机构等部门、单位、组织根据矛盾纠纷具体情况轮流召集，遇有特殊或紧急情况可随时召集。

3. 建立信息统计和交流制度。参与对接的相关部门、单位、组织对进入对接范围的相关信息应当建立台账，并做好统计分析工作。保障信息渠道畅通，各地应当每季度相互通报对接工作情况，特殊情况可以随时沟通；省级部门应当每半年相互通报一次对接工作情况。

4. 加强经费保障。各地要对矛盾纠纷多元化解工作所需经费给予必要的支持和保障；推动完善政府购买服务，将矛盾纠纷多元化解工作委托给社会力量承担，并进行绩效评价，向社会公布；支持商事调解组织、律师事务所、公证机构等按照市场化方式运作，根据当事人需求提供矛盾纠纷多元化解服务并适当收取费用。

5. 加强宣传引导。各地、各有关部门、单位、组织要结合实际，充分运用现代传媒手段，宣传非诉讼纠纷解决方式成本较低、对抗性较弱、利于修复关系的优越性，发布多元化解典型案例，扩大受众面和影响力，引导当事人选择适当的纠纷解决方式，推动矛盾纠纷多元化解工作向纵深发展。

6. 加强考评问责。将诉讼与非诉讼纠纷解决方式对接机制建设运行情况作为矛盾纠纷多元化解工作的重要内容，纳入综治工作（平安建设）考评体系。对因职责不履行、工作不到位，导致案事件多发、社会秩序严重混乱或者发生重特大案事件的，依法依规实行一票否决权制，并追究有关人员的责任。

本意见自下发之日起施行。各级人民法院与综治委各成员单位及各相关部门、单位、组织已经签订的诉讼与非诉讼纠纷解决方式对接意见，继续有效。与本意见不一致的地方，以本意见为准。

安徽省黄山市弘扬优秀传统文化创新基层社会治理

安徽省黄山市以社会主义核心价值观为指导，注重从中华民族优秀传统文化中汲取营养，利用优秀传统文化的思想感染、理性说服等优势，运用徽文化中的理念方法去破解现实社会中的难题，推进社会治理创新，提升了平安建设软实力。

一、借力徽文化，营造协同互济的基层社会治理结构

（一）培育乡贤精英，壮大社会力量。黄山市黟县宏潭乡吸纳“两代表一委员”、先进模范人物、社会能人以及在村中有一定影响力的村民，特别是老干部、老教师、老劳模等“五老”人员，发挥其邻里熟知、群众认同等优势，让他们在乡村发展建设、矛盾纠纷调处、信访案件化解、留守儿童关爱、暑期防溺水等方面积极发挥作用。休宁县完善社会力量参与机制，聘用一批有社会影响力的老村干、老党员、回乡定居的离退休干部职工、家族长辈等乡贤充当综治维稳监督员，开展平安志愿活动。歙县许村镇是中国历史文化古镇，本地的乡土文人、年高德劭者、大学生成为推进徽州文化遗产保护的重要社会力量。

（二）搭建共治平台，激发生机活力。徽州区在乡村创建“正气银行”，对村民乐善好施、服务公益事业的义举进行登记积分并给予物质奖励。歙县法院结合司法体制改革，在雄村镇设立“乡贤 · 法官工作室”，在华侨聚居的郑村镇槐塘村设立“侨乡 · 法官工作室”，搭建自治法治德治的交汇平台。黄山区整合党政机关、企事业单位、民间社团和志愿者力量构建“1863”矛盾纠纷社会自愈体系。祁门县把全县 64 名心理咨询师有序整合到县、乡、村三级综治中心，打造“心灵花园”工程，培育自尊自信、理性平和、积极向上的社会心态。十九大代表金玉琴在黟县洪星乡红光村综治中心设立金玉琴工作室，全国人大代表姚顺武在歙县深渡镇创立“姚顺武综治工作室”，宣传法律法规的立法精神，解读党的方针政策，开展文明劝导、收集社情民意、化解民间纠纷。

（三）构建联系网络，共建和谐社会。黄山市地处皖南山区，乡贤能人外出务工创业比较普遍，各地利用信息化网络，建立起乡贤联系网，发挥乡贤在基层社会治理中的辅助作用。黄山区谭家桥镇外出经商的陈氏兄弟 2015 年春节起倡办“邻里和谐节”，每年出资近 4 万元宴请乡邻，慰问日常守村护村、关爱留守群体的乡邻，向 70 周岁以上老人发放慰问金。该村以“邻里和谐节”为契机，规范建立乡贤议事会，褒奖鼓励义务护村、“五老”护平安的善举，借乡贤之力助推基层社会治理。

二、借力徽文化，营造德法交融的基层社会治理文化

（一）借鉴利用本土基因优秀传统文化，普及科学治理知识。被誉为“歙南第一村”的歙县昌溪，消防历史源远流长，有“宁可三餐无食，火不可一日不防”的祖训。昌溪乡有吴氏员公支祠和周氏宗祠两处国保单位，是重点消防单位。他们将“蝶形村、生态佳、要防火、天天记”的祖训融入村规民约，不仅做好文保单位的消防安全宣传教育，提高群众消防意识，还组织社会力量高密度巡查，及时消除安全隐患。

（二）利用独特地域文化载体，弘扬现代法治文化。“粉墙、黛瓦、马头墙”是徽州民居的典型特征。休宁县充分运用徽派建筑独特风格，在全县156个村和社区大力推行“马头墙上的法治文化”，采用文字、图片、漫画等形式，将党的方针政策、国家法律法规和古今传颂的社会公德等内容融入马头墙文化，成为基层社会治理的一道靓丽风景线。以精美木雕楼著称的黟县卢村，在弄巷里建设法治文化长廊，以图文并茂的宣传展板展示与农民生活息息相关的法律知识和法治文化故事，营造社会治安综合治理良好氛围。

（三）以乡土文化为本源，构建现代德治文化。徽州乡土文化浸润于传统文化，是徽州人民故土难离的乡愁，是乡村文明代代相因的“本源”，在道德教化、文化浸润中有着细雨润物的功效。近年来，黄山市推进“百村千幢”抢救保护工程，大量徽州宗祠、古民居等古建筑被修复。2016年以来，先后投入140万元，打造7所村史馆样板示范点。各地通过乡贤馆、村史馆、文化站、乡村文化墙、“人物志”“故事新编”等多种形式展示优秀本土文化，收到了看得见、记得住、印象深、感染力强的激励和教化效果。歙县深渡镇修复明清建筑风格的深渡老街和深渡姚氏宗祠、定潭张氏宗祠、新安国医博物馆，建设古徽州文物展示厅，将中医药养生、乡贤文化与旅游开发产业、文化创意产业有机融合。

三、借力徽文化，营造共建共治共享的基层社会治理模式

（一）以传统的民事民治理念，完善乡村治理规范体系。黄山市把村规民约建设作为推进村民自治、推动农村精神文明建设、实施乡村振兴的有力抓手。他们从整理传统伦理道德文化入手，提炼在村民中具有影响力的优秀传统伦理观念，并将其转化为乡规民约，使传统道德成为村民自觉的行为规范，促进传统道德约束与村民自治有效结合。这些优秀村规民约，充分借鉴了家风家训、自然历史、风俗习惯、文化传承等因素，内容涵盖公推公选、村务议事、财务管理、福利分配、公益管理、村容村貌管理、治安联防、志愿服务等诸多方面。2017年，全市有9部村规民约入选全省优秀村规民约。与此同时，他们把具有深厚文化基因、民意基础的礼俗习惯、村规民约上升为人们一体遵循的地方规范性文件，与国家法律规范一起构建起多层次、多样化的社会治理规范体系，促进社会治理刚性与柔性、他律与自律相统一，让“礼仪徽州”和“法治黄山”相辅相成、交相辉映。

（二）以传统的民事民管的理念，壮大群防群治队伍。屯溪区老街街道创立“逢四说事制度”，坚持每月4、14、24日为群众说事日，拓展群众协商新路径。祁门县以社区、村组党员为主力军，整合出租车司机、环卫保洁员、水电抄表员和沿街店面党员等5000余名的“党员红袖标”队伍，开展保村护院、邻里守望、治守协防、防范宣传等志愿活动，化解各类矛盾纠纷450余起，排摸各类违法犯罪线索50余条，实现刑事案件发案少、矛盾纠纷少、安全事故少、违法乱纪少、越级上访少目标。

（三）以传统的民事民办的理念，创新旅游管理新模式。黟县宏村镇是“世界文化遗产地”，其核心景区内客栈迅猛增加，随之而来，客栈纠纷增多、安全隐患增多，路边拉客、古民居“被改貌”、水源污染等现象也呈现增多趋势，治安管理难度增大。针对这一难题，宏村镇引导个体经营业主组建“乡村客栈联盟”，规范景区服务业新秩序，走出诚信经营创新之路。而今“联盟”成员实行自我约束管理，不仅客流量增加，服务质量也得到顾客的好评。

安徽省马鞍山市多元联动融合　共建共治共享

安徽省马鞍山市坚持整体设计与基层探索相结合、专门力量与群众路线相结合、继承传统与创新创造相结合，扎实推进矛盾纠纷多元化解机制建设，深耕发展多元联动融合、共建共治共享的矛盾纠纷多元化解体系，矛盾纠纷化解的能力和效率不断提升，连续多年未发生因矛盾化解不到位而引发的“民转刑”案件和个人极端暴力事件，群众安全感和满意度稳中有升。

一、抓好系统化制度设计，下活多元化解整盘棋

市委、市人大常委会先后出台意见和决定，对全市推进矛盾纠纷多元化解机制建设重点任务进行了系统安排。各级各部门按照属地管理和谁主管谁负责的原则，负责做好本地区、本部门以及行业管理覆盖领域的多元化解机制构建和矛盾纠纷预防化解工作，构建起“党委领导、政府主导、综治协调、多元共治、法治保障”的工作格局。中办、国办文件下发之后，市委、市政府立即召开全市动员部署会和现场交流推进会，对当前需出台的配套文件和工作举措以任务清单形式进行了交办，全市各级各部门陆续出台30余项配套措施，既有总体设计，又有配套跟进，形成了纲目并举、统分结合的制度体系。加强人民调解组织和调解员队伍管理，对人民调解员的准入退出、管理使用、教育培训、考核激励等方面予以规范，统一由司法行政部门归口管理。出台《人民调解个案补贴和补助办法》，对各级各类人民调解组织每月给予300至500元补助，对调解成功的每起矛盾纠纷给予调解员100至500元个案补贴。加强督导考核，将矛盾纠纷多元化解机制建设工作纳入综治考核，同时规定各级政府、司法机关定期向同级人大常委会报告工作开展情况。

二、健全专业化调处组织，筑牢多元化解支撑点

确立调解的基础与核心地位，以高效、快捷、平和的方式解决纷争。针对矛盾纠纷产生变化在基层的客观实际，将工作重心放在基层，建成规范化的基层人民调委会632个，实现了镇、村两级全覆盖，全部进驻同级综治中心开展工作，选聘调解员4039人，每年化解纠纷1万余件。针对县以下行业性专业性调解资源有限的客观实际，依托县级综治中心建立实体化的矛盾纠纷调处中心，整合区域内行业性专业性调解资源进驻，集中化解疑难复杂和专业性较强的矛盾纠纷；同时，赋予县级调处中心指挥调度职能，与镇、村和部门联动，形成“县级中心调度、三级平台联动”的工作体系。针对医疗、交通、征迁、物业等重点行业领域矛盾纠纷多发的客观实际，各行业主管部门相继建立实体化的专业调解平台，聘请业内退休专家担任专职调解员，同时整合进驻司法、行政等部门资源，融“三大调解”于一体，着力化解重点领域的重点矛盾和疑难问题。2017年，全市建立各级各类专业化的调解组织40个、聘请专职调解员226人，实现了矛盾纠纷多发领域的全覆盖。

三、完善立体化对接平台，打好多元化解组合拳

坚持因地制宜、错位发展，着力打造多层次立体化对接平台。抓好警民联调，在全市公安派出所推广建立警民联调工作站53个，在矛盾纠纷较多的村（社区）延伸建立警民联调室29个，从退休政法干警中选聘专职调解员81人，常驻开展调解工作，每年调处纠纷5000余件。抓好诉调对接，探索建立“进驻式”“派驻式”“桥梁式”等多样共存、互为补充的诉调对接体系，中央综治办将“诉调对接平台规范化建设”创新项目研究和实施任务交由马鞍山市独立承担，并获评为优秀项目，研究成果编撰成册，印发全国。2017年2月，全国法院多元化纠纷解决机制改革工作经验交流会在马鞍山召开；4月，最高人民法院院长周强专程前来调研，将该市做法上升为“马鞍山经验”，写入十三届全国人大一次会议最高人民法院工作报告。抓好裁调对接，坚持把调解贯穿于仲裁的全过程，鼓励当事人选择调解方式解决仲裁纠纷。人社部门分级成立市、县（区）劳动人事争议调解中心，搭建争议处理的一站式服务平台，能调则调、当裁则裁，有效化解劳动人事争议纠纷。

四、支持多元化主体参与，激活多元化解新潜能

秉承和发扬“枫桥经验”的精髓，广泛发动和依靠人民群众与社会各界力量，走多元共治之路。充分发挥群防群治组织作用，鼓励和引导广大平安志愿者积极参与矛盾化解，让身边人调处身边事，群众更易认同和接受，更利于纠纷解决。充分发挥公共法律服务组织作用，市律师协会和市法律援助中心共同组建市律师调委会，单独设立调解工作室，从全市17家律师事务所挑选35名执业律师担任调解员，免费为群众提供法律咨询、纠纷调解等服务；推进“一村一律师”制度，郑蒲港新区采取政府购买服务方式，为每个村聘请一名律师，每月到村工作不少于 2 个工作日，为村民提供咨询、调解、法律援助等服务，对村务中遇到的涉法事项提供法律指导意见，引导干部群众进入依法办事的轨道。充分发挥社会组织作用，孵化培育“启明心人文帮扶中心”，通过在县区信访接待场所设立“阳光心理辅导工作室”、深化家事审判等方式，主动介入疑难复杂矛盾纠纷和信访问题的心理疏导和干预，缓冲和化解社会矛盾。

五、推广信息化手段运用，开辟多元化解新渠道

坚持科技支撑，在多元化解领域引入互联网思维，探索“互联网 + 调解”模式，打通纠纷解决的网络渠道。依托综治信息化平台建立矛盾纠纷在线排查化解系统，横向集成矛盾调处、法律援助、诉调对接、网格化管理等四大中心及各部门资源，纵向贯通市、县、乡、村、网格五级网络，矛盾纠纷的排查受理、分流交办、会商督办、结案反馈等各环节全程在线。依托综治“9 + X”建立诉调对接信息化平台，人民法院委托（委派）调解案件可实行在线分流，相关法律文书和证据材料网上流转，架起“诉”与“非诉”的“网上桥梁”，实现了各种纠纷解决渠道之间的信息共享和工作联动。依托新浪法院频道，市、县（区）两级法院建立在线调解平台，对诉至法院的纠纷，引导双方当事人共同选定在线调解员，以三方视频对话方式进行在线调解、线下调解、线上运行，促进了纠纷解决的跨界融合。平台运行以来，首批进驻的 106 名在线调解员，在线受理纠纷 268 件，调解成功率达 95%，满足了群众对便捷、高效解决纠纷方式的多元需求。

安徽省滁州市“四到位”抓好命案防范工作

近年来，安徽省滁州市坚持将预防、减少发生命案和侦破命案作为维护社会稳定、提升群众安全感满意度的重要工作来抓，统筹整合各方资源，坚持“打防并举，标本兼治”方针，健全命案防范机制，得到群众“点赞”。2017 年，滁州市每 10 万人中发生命案 0.48 起，远低于全国平均水平；严重暴力犯罪比 2012 年下降 54.5%，可防性案件下降 57.4%。滁州市人民群众安全感和政法队伍满意度连续 3 年实现“双提升”，指数分别为 98.33% 和 95.83%，分居全省第五位和第二位。

一、矛盾纠纷排查化解到位

健全完善矛盾纠纷多元化解机制，不断加大对婚恋、邻里纠纷、债务纠纷等易引发“民转刑”的民间纠纷排查化解力度，排查率和化解率不断提高。大力开展“零命案乡镇（街道）”“零刑事案件村（社区）”创建活动。推动医调委、物调委和交调委等行业性专业性调解组织建设，筹建全省首家商会人民调解委员会，推进心理咨询师参与矛盾纠纷调处和信访工作。在公安派出所建立“警民联调室”。乡镇（街道）综治中心普遍建立“两代表一委员”工作室、“心理咨询室”。在全市推广全椒县“一站式”矛盾调解中心、琅琊区“调解超市”、南谯区“五老”参与矛盾化解、定远县二龙乡村民听证等做法。深化“3 + 2”“一村一警”包村联系制度。2017 年，全市各级人民调解组织共调解矛盾纠纷 32254 件，司法确认 343 件，调解成功率达 99%。

二、违法犯罪打击整治到位

坚持以打开路、以打促防、以打促稳，以“守护平安”系列行动为载体，开展“盗抢骗”、“黄赌毒”、反电诈、整治枪爆违法犯罪等专项整治行动，严打各类违法犯罪行为。建成了 400 余平方米合成作战大厅，实现“合成作战中心”“反电诈处置中心”“三打击一整治专项办”合署办公。围绕“三降两升”（侵财案件、“黄赌”警情、网络电信诈骗案件下降，破案率、挽损率上升），以万人发案率为标准，建立各县（市、区）可防性案件每月通报制度。严格落实命案侦破机制，紧紧围绕命案“快三慢五不过十”的破案黄金期，坚持“快出警、快抢救、快调查、快布控、快抓捕”的“五快”原则，突出“快侦快破”。2017 年，全市立各类刑事案件 14190 起，同比下降 17.9%；破案 6871 起，破案数同比上升 24.6%；影响群众安全的八类主要刑事案件同比下降 12.4%；侵财犯罪破案数同比上升 34.2%；现行命案全部侦破。滁州市政府投入 4.59 亿元建设“雪亮工程”，织密织牢治安防控网。各地乡镇（街道）、村（社区）坚持党政干部带队、群众参加的夜间群防群治工作。全椒县人民政府投入 100 余万元，统一为每个村（社区）配备 3 台电动巡逻车，共配备 342 台。

三、特殊人群服务管理到位

加强对突出矛盾、生活失意、性格偏执、悲观厌世等重点人员的排查，并进行心理疏导和人文关怀，降低社会风险。建立严重精神障碍患者服务管理工作联席会议、医疗应急处置、信息共享交换等制度；落实“四位一体”管控责任；实行兜底医疗救助；按每年每人 2400 元标准，落实 3 级及以上患者监护人“以奖代补”政策；市、县两级财政为 3 级及以上患者监护人购买责任险，扩大贫困精神残疾人药费补助覆盖范围。开展社区服刑人员婚姻家庭和情感纠纷排查调解专项活动，有针对性地加强社区服刑人员法制教育和心理疏导，开展婚姻家庭矛盾和感情纠纷调处，引导社区服刑人员正确对待婚姻家庭矛盾，通过法律途径或其他正常方式解决婚姻家庭纠纷，维护社会和谐稳定。全市社区矫正对象重新犯罪率始终低于 1‰。

四、综治工作责任压实到位

健全完善党委领导、政府主导、综治协调、各部门齐抓共管、社会力量积极参与的社会治安防控体系建设工作格局。加大命案防范工作在综治工作（平安建设）考核中的分值权重，采用评估、督导、考核、激励、惩戒等措施，树立鲜明导向。滁州市综治办、滁州市公安局每半年通报一次命案发案情况。健全落实问责机制，对每起命案均进行研判分析，是否属于“民转刑”命案，犯罪嫌疑人是否为严重精神障碍患者、刑满释放人员、社区服刑人员、涉邪教和戒毒人员。对查实的案件，严格进行责任督导，严肃追究相关单位和人员的责任。

（撰稿人：张　媛
审稿人：许　刚　王瑞拉）

福 建 省

2017 年综治工作概况

2017 年,福建省坚持以党的十九大和厦门金砖会晤安保维稳为主线,以深化平安建设为载体,以创新社会治理为重点,以巩固基层基础为根本,社会治安大局进一步巩固,全年没有发生影响全局、惊动中央的重大案事件,群众安全感率保持较高水平,达 94.56%;综治考评连续 15 年位居全国先进行列,平安县(市、区)达标率超过 85%,行业系统平安创建覆盖面超过 90%。在全国综治表彰大会上,泉州、三明荣获综治最高荣誉“长安杯”,福鼎等 4 个县(市、区)被评为全国平安建设先进县(市、区)。

一、持续服务发展大局,有效保障新福建建设

(一)推动综治平安责任落地。省委、省政府主要领导连续 19 年与设区市党政主要领导签订综治平安建设责任书,对涉稳突出问题和重大案事件面对面点评通报,制定个性化综治责任书,推动突出问题解决。省委常委会研究设立省直单位综治平安奖,各地对平安单位给予 1 ~2 个月不等全额工资奖励。健全民意导向工作评价机制,每半年对设区市和 83 个县(市、区)开展“群众安全感、平安建设知晓率、执法工作满意率”随机电话测评,对连续两次排名后 10 位县(市、区)党委政府黄牌警告、限期整改。

(二)推动风险防控制度落细。坚持把主动服务保障 21 世纪海上丝绸之路核心区、国家生态文明示范区、中国(福建)自由贸易试验区、平潭综合实验区、福州新区和福厦泉国家自主创新示范区建设作为综治平安建设主线,对 2000 余项重大决策事项进行风险评估,有效保障重要部署、重点项目、重大工程顺利推进。建立经济违法犯罪行为监测预警和涉稳经济犯罪报告制度,强化涉众型、风险型经济犯罪案件防范打击,依法处理破坏金融秩序和金融诈骗类案件 1335 件,守住不发生系统性金融风险的底线。

(三)推动反恐维稳措施落实。深入开展严打暴恐专项行动,在全省县级公安机关组建反恐巡特警队伍,确保暴恐案件零发案。建立涉疆工作联系对接长效机制和新疆籍在闽务工经商人员联络站、新疆籍党员党支部,实现重大敏感时段关注人员“零发案”。

二、持续强化安保维稳,有效护航十九大和金砖会晤

(一)系统谋划科学部署。坚持把党的十九大和厦门会晤安保维稳工作作为首要政治任务,省委、省政府主要领导亲自谋划部署、督导推动安保维稳各项工作,成立省安保维稳部,设立 5 个专项工作组,制定下发一系列工作方案,建立情报信息搜集会商研判、清单式管理等 8 项机制。在党的十九大、金砖国家领导人会晤重大活动和福州“三合一论坛”、泉州治国理政论坛等配套活动期间,启动安保指挥体系,确保调度有方、运转高效。

(二)全面排查问题隐患。持续推进风险隐患排查、矛盾纠纷化解、治安问题整治、社会力量群防等“四项行动”,下发风险隐患排查任务分解责任清单,建立省市县三级问题库,排查整改安全生产隐患近 37 万项,排查化解各类问题隐患 90 万余个,稳控率达 100%。加强分级分类稳控,逐一梳理利益诉求群体,以清单方式列明人员总数、各地分布、主要诉求、集访情况、行动轨迹,落实属地主体责任和主管责任,确保重点群体有效稳控。

(三)严实督导严厉问责。出台环榕、环泉、环厦“护城河”督导方案,建立责任清单、问题清单、请示清单、任务清单、销号清单、追责清单等“六张清单”制度,下发问题清单和任务清单,协调办理请示事项 388 项。坚持全面督导与专项督导、明察暗访与压力测试、联合督导与挂钩督导相结合,对督导发现的问题,逐一建立台账、规定时限、明确责任、挂牌督办;对组织不力、排查不细、化解整改稳控不及时不到位,造成不良影响的,严肃追责问责一批单位和干部,形成督查合力。

(四)便民利民万无一失。组织开展风险隐患"大扫除",有效解决群众反映强烈的治安突出问题;反复研究论证安保方案,最大限度缩小封控范围、缩短封控时间,确保民生车辆快速通行;对涉及民生的交通管制、区域封控等事项,提前公告并做好宣传解释工作;严格落实"三同步"机制,讲好"福建故事""厦门故事"。会晤期间,全省刑事警情下降64.9%,其中厦门下降83.6%,连续17天"零火情";圆满完成厦门会晤12场集体活动、24场双边活动、28场会外活动安保任务,取得"三个满意""三个效果"的高度统一,受到了中央领导的充分肯定。

三、持续创新社会治理,有效解决涉稳突出问题

(一)完善"大安全"格局。全面开展"治理餐桌污染、建设食品放心工程",建立健全食品药品生产经营企业信用监管机制、全程可追溯机制和社会共治机制,得到中央领导批示肯定。推进安全生产领域综合改革试点工作,细化党委政府部门安全生产职责,扎实推进安全生产标准化建设提升三年行动,完善安全生产隐患排查治理和安全防控体系。发挥全省危险物品"一体化"安全监管信息平台作用,推动寄递行业3个100%、物流行业2个100%管理制度落实,强化道路隐患排查整治,持续打好"清剿火患"战役。全省未发生重大及以上安全生产事故,公共安全形势持续向好,安全生产事故起数和死亡人数比降22.4%和5.6%,交通事故、火灾事故比降11.8%和15.3%,安全生产工作得到国务院督查组充分肯定。

(二)完善"大调解"机制。出台《福建省多元化解纠纷条例》,综合运用和解、调解、仲裁、行政裁决、行政复议、诉讼等多种手段化解矛盾纠纷,严格执行乡镇(街道)每周、县(市、区)每半月、设区市每月矛盾纠纷排查化解例会制度,巩固提升"四下基层""海上枫桥"等矛盾纠纷化解品牌。全省排查各类矛盾纠纷18万多件,调处成功率超过98%。推进县级大调解平台建设,县(市、区)普遍建成县乡村三级联动的多元调解工作平台,形成道路交通、医患纠纷、涉台矛盾、涉军维权、商圈调解、名人调解等一批多元调解特色品牌。严格执行《福建省医疗纠纷预防与处理办法》,建立具有福建特色"五位一体"处理机制,率先出台落实媒体对医患纠纷失实报道必须承担责任的规定。推进品牌调解室建设,按照3~5星级对省市县品牌调解室进行滚动管理,龙岩等地对县级品牌调解室给予每年10万元的财政保障。开展无集体访、无到省访、无进京访的"三无"县乡村创建,落实涉法涉诉信访重大风险人员疏导稳控措施,群体性事件起数和参与人数同比大幅下降。

(三)完善"大服务"体系。总结推广莆田市严重精神障碍患者"一历五单"管理机制["一历"指患者病历,"五单"分别是指患者家属通知单、乡镇(街道)卫生院(社区卫生服务中心)对接单、公安(边防)派出所告知单、乡镇(街道)综治中心提示单、村(社区)跟踪单]、精神障碍患者监护责任险、救治管理考核奖惩等做法,落实清单式排查、精细化管理、个性化服务措施,着力构建政府、社会、家庭三位一体的特殊人群服务管理体系,相关经验做法得到中央综治办肯定并向全国推广。部署开展社区服刑人员和刑满释放人员大排查大走访活动,累计接收社区服刑人员14万多人,重新犯罪率为0.19%;接收刑满释放人员10017人,重新违法犯罪率为0.04%,均低于全国平均水平。出台《进一步深化福建省预防青少年违法犯罪工作实施意见》,重点解决校园欺凌深层次问题,有效构建家庭、学校、社会三位一体的重点青少年关爱帮扶体系。

(四)完善"大防控"平台。深入开展"两抢一盗"、缉枪治爆、打假打传、扫毒害等专项行动,全省"八类"严重暴力犯罪案件和"两抢"案件分别下降7.30%和18.14%。召开"雪亮工程"建设推进视频会议,推广福州"齐看家、保平安"模式、莆田"雪亮工程+明厨亮灶"等经验做法,全省已建公共安全视频监控48万路,通过省级共享平台实现共享20万路,"雪亮工程"建设做法在"临沂会议"上做经验交流。督促"雪亮工程"示范城市泉州和重点支持城市福州、厦门等地抓好工作落实,省综治分平台实现对26万路视频图像资源调看,综治视联网累计接入视频图像资源近4万路,重点公共区域、行业领域的重要部位视频监控覆盖率和总联网率分别达100%和80%。

四、持续夯实基层基础，有效筑牢平安建设根基

（一）健全基础性制度。省人大授权省市政府出台临时性行政措施决定，通过行政规章或决定形式，各地各有关部门在公共安全、社会治安、交通运输、安全生产、环境保护等领域出台政府规章，为社会治理提供法律依据。深化司法体制改革，健全领导干部干预司法活动记录、通报和责任追究制度，落实错案防止、纠正和责任追究制度。加强失信被执行人信息采集管理并与征信系统对接，加大对拒不履行生效裁判的违法犯罪行为惩戒打击力度，有效解决执行难问题。全面开展“七五”普法行动，贯彻落实《党政主要负责人履行推进法治建设第一责任人职责规定》，推动落实国家机关“谁执法谁普法、谁服务谁普法”的普法责任制，持续推进“双百”活动进各级党委理论学习中心组常态化，组织实施“七五”普法督导检查，全面推广南平市“一村一法律顾问”“村规民约”等经验，建设福建特色法治文化，营造良好法治环境。

（二）完善基础性平台。系统选取26类具有代表性的关键指标、46项重点统计数据，编制社情、警情、案情、舆情“四情”社会稳定指数评价体系，在全国首创社会稳定指数，研发数据量化分析模型，科学评价社会稳定状况，为全省综治系统信息化应用提供支撑，相关经验在中央政法工作会议上向全国推广。纵向推动各级综治中心规范运转、有序衔接，横向推动综治中心与各相关部门的资源整合、信息共享，大力提升综治中心一体化运行、实体化运作、实战化应用能力。市县两级综治中心全部挂牌成立，漳州、三明、莆田、龙岩、宁德等有效解决机构人员编制，分别核定5~12名不等的行政、事业编制工作人员；所辖县（市、区）也分别成立有独立编制的县级综治中心。严格执行《城乡社区网格化服务管理规范》国家标准，在设区市建设统一的网格化服务管理平台，开展“网格化+公安、综治、工商、食药监、卫计、环保、消防”等模块深度运用，有效挖掘网格化服务管理潜能，其中吸毒人员网格化、食品安全网格化监管等工作得到中央有关部委充分肯定。

（三）壮大基础性队伍。推广平安建设三级联创和龙岩“3个10%”（医保个人缴费部分少交10%、参加新农保60周岁以上老人基础养老金提高10%、守法家庭成员大病医保报销提高10%）经验做法，对获得平安村（社区）、平安家庭群众给予正面激励。推进维稳应急处置队、网络舆情引导员等综治维稳“三支队伍”建设，建立“多位一体”专职巡防队，配合公安武警等专门力量开展路面巡逻和重点部位、目标巡防，全省组建平安志愿者队伍187.1万人、治安巡防队12.3万人。省军区充分发挥民兵数量多、分布广、情况熟的优势，创新动员组织民兵参加“低慢小”管控，编组3类力量12600人。福州市吸纳企事业单位职工、基层网格员、小区楼栋长、物业保安和居民群众等，健全常态化管理和巡防分级响应等工作机制，发动平安志愿者30余万，形成规模庞大、专群结合的参战队伍。泉州市建立专职武装巡逻队伍88支4446人、专职巡防队伍1406支10936人、维稳信息员373支14906人、平安志愿者队伍2686支30万人。厦门市以“互联网+群防群治”暨“厦门百姓”APP为依托，推行群防群治力量实名化管理，注册网上群防群治力量60.4万人；在网下，通过“以奖代补”、购买人身意外伤害保险、举报重奖，发动市民23.3万人，共建共享氛围显著增强。

中共福建省委　省人民政府印发《关于加强和完善城乡社区治理的实施意见》的通知

（2017 年 12 月 5 日）

各市、县（区）党委和人民政府，平潭综合实验区党工委和管委会，省直各单位：

《关于加强和完善城乡社区治理的实施意见》已经省委、省政府研究同意，现印发给你们，请结合实际认真贯彻执行。

关于加强和完善城乡社区治理的实施意见

为贯彻落实党的十九大精神和《中共中央、国务院关于加强和完善城乡社区治理的意见》精神，进一步提高福建省城乡社区治理水平，提出如下实施意见。

一、工作目标

加强社区治理体系建设，推动社会治理重心向基层下移，到 2020 年，基本形成基层党组织领导、基层政府主导的多方参与、共同治理的城乡社区治理体系，社区党组织领导核心作用得到巩固提高，基层群众性自治组织基础作用得到明显增强，社会力量协同作用得到有效发挥，社区服务功能更加强化、职责权利更加清晰、自治作用更加明显、法治氛围更加浓厚、居民群众更加满意，基本实现政府治理与社会自我调节、居民自治有效衔接和良性互动。

二、重点任务

（一）健全完善治理体系。

1. 充分发挥基层党组织领导核心作用。把加强基层党的建设、巩固党的执政基础作为贯穿社会治理和基层建设的主线，以改革创新精神，探索加强基层党的建设引领社会治理的路径。加强和改进街道（乡镇）、城乡社区党组织对社区各类组织和各项工作的领导，确保党的路线方针政策在城乡社区全面贯彻落实，构建条块结合、以块为主、优势互补、资源整合的基层区域化党建新格局。推动管理和服务力量下沉，引导基层党组织强化政治功能，聚焦主业主责，推动街道（乡镇）党（工）委把工作重心转移到基层党组织建设上来，转移到做好公共服务、公共管理、公共安全工作上来，转移到为经济社会发展提供良好公共环境上来。加强社区服务型党组织建设，完善街道（乡镇）、社区与驻社区单位共驻共建机制，建立街道（乡镇）、社区党建联席会议制度，深化在职党员到社区报到为群众服务工作，完善社区党建带群建、协商议事、契约共建、双向考核机制。扩大城市新兴领域党建工作覆盖，推进商务楼宇、各类园区、商圈市场、网络媒体等的党建覆盖。推进社区党员“两学一做”学习教育常态化制度化。加强城乡社区党风廉政建设，推动全面从严治党向城乡社区延伸，切实解决居民群众身边的腐败问题。〔责任单位：各市、县（区）党委和人民政府，平潭综合实验区党工委和管委会，省委组织部、省纪委〕

2. 有效发挥基层政府主导作用。制定县（市、区）职能部门、街道办事处（乡镇政府）在社区治理方面的权责清单，依法厘清街道办事处（乡镇政府）和基层群众性自治组织权责边界。完善市、县（区）社区工作准入目录，明确基层群众性自治组织协助政府的工作事项、台账报表、检查评比达标、盖章证明等事项清单，清单之外的其他事项，街道办事处（乡镇政府）可通过购买服务方式提供。建立街道办事处（乡镇政府）和基层群众性自治组织履职履约双向评价机制。〔责任单位：各市、县（区）党委和人民政府，平潭综合实验区党工委和管委会，省委编办〕

3. 注重发挥基层群众性自治组织基础作用。进一步加强基层群众性自治组织规范化建设，城市社区管理范围一般不超过常住人口 3000 户，企业职工生活区、成片开发的住宅区可根据管理和服务需要适当扩大规模。新建住宅区居民入住率达到 50% 的，要及时成立社区居民委员会。加强造福工程安置区服务管理工作，现有和新建 500 户（含）以上的集中安置区（点），由所在地县（市、区）政府依法决定设立社区居民委员会。进一步规范民主选举程序，稳步扩大社区居民委员会直接选举覆盖面。保障外出务工农民的民主选举权利。完善民主决策制度，健全社区协商、居民议事会议制度。完善民主管理制度，全面建立健全居务监督委员会，推进居务公开和民主管理。〔责任单位：各市、县（区）党委和人民政府，平潭综合实验区党工委和管委会，省民政厅、省委组织部〕

4. 统筹发挥社会力量协同作用。推进社区、社会组织、社会工作“三社联动”，到 2020 年，每个城市社区平均有 10 个以上社会组织、每个农村社区平均有 5 个以上社会组织，城市社区社会工作专业人才达 5000 人以上，每个城市社区配置 1～2 人。发挥社会组织作用，采取降低准入门槛、政府购买服务、设立项目资金、补贴活动经费等措施加大扶持力度，发展在城乡社区开展为民服务、养老照护、公益慈善、促进和谐、文体娱乐和农村生产技术服务等活动的社区社会组织，重点培育为老年人、妇女、儿童、残疾人、失业人员、农民工、服刑人员未成年子女、困难家庭、严重精神障碍患者、有不良行为青少年、社区矫正人员等特定群体服务的社区社会组织。因地制宜，积极发展农村集体经济，增强农村集体经济组织支持农村社区建设能力。加强城乡社区老年协会建设，95% 的农村社区、98% 的城市社区成立老年协会，规范化基层老年协会达到 40%。积极引导驻社区机关企事业单位、其他社会力量和市场主体参与社区治理。〔责任单位：各市、县（区）党委和人民政府，平潭综合实验区党工委和管委会，省民政厅、农业厅、省委组织部、省财政厅、老龄办〕

（二）不断提升治理水平。

5. 增强社区居民参与能力。根据居民需求，开展形式多样的自治和服务活动，引导和培养居民群众主动关心社区公共事务、投身社区公益事业、参与社区治理活动。发挥社区党员、居民代表、楼院门栋长等社区骨干在调动资源、组织活动、凝聚力量等方面的带动作用，体现社区志愿者价值引领、道德示范、关爱帮助的示范作用。凡涉及城乡社区公共利益的重大决策事项、关乎居民群众切身利益的实际困难问题和矛盾纠纷，原则上由社区党组织、基层群众性自治组织牵头，组织居民群众协商解决。支持和帮助居民群众养成协商意识、掌握协商方法、提高协商能力，推动形成既有民主又有集中、既尊重多数人意愿又保护少数人合法权益的城乡社区协商机制。探索将居民群众参与社区治理、维护公共利益、守信失信情况纳入个人信用档案。推动学校普及社区知识，参与社区治理。拓展流动人口有序参与居住地社区治理渠道，丰富流动人口社区生活，促进流动人口社区融入。〔责任单位：各市、县（区）党委和人民政府，平潭综合实验区党工委和管委会，省民政厅、发改委、教育厅、妇联、省委组织部、文明办〕

6. 提高社区服务供给能力。推动城乡社区服务精细化、专业化、标准化，构建机构健全、设施完备、主体多元、供给充分、群众满意的城乡社区服务体系。提升居家社区养老生活品质，力争到 2020 年城市社区每万人拥有养老服务设施达到 500 平方米以上，居家社区养老服务照料中心功能齐全，并覆盖全省所有街道和中心城区乡镇。健全城乡社区卫生服务网络，基本实现每个街道（乡镇）拥有 1 所社区卫生服务中心（卫生院），在城市社区，每万人居民应建设 1 个社区卫生服务站；在乡镇，每千人居民至少配备 1 名取得乡村医生执业证书人员。推进社区卫生与居家社区养老服务相结合，将家庭医生签约服务扩大到所有人群，基本实现家庭医生签约服务制度的全覆盖，加强乡村卫生服务一体化管理。将城乡社区服务纳入政府购买服务指导性目录，完善政府购买服务政策措施。降低社区服务业创业门槛,凡在住宅小区内有固定场所,为小区居(村)民提供自行车维修、小家电维修、缝纫修补、疏通管道和卫生保洁等服务的,可不办理营业执照,只需向所属居(村)民委员会备案。着力增加农村社区公共服务供给,积极开展以生产互助、养老互助、救济互助等为主要形式的农村社区互助活动。鼓励邮政、金融、电信、燃气、自来水、电力、产品质量监督等公用事业服务进入城乡社区,支持各类市场主体开办家政、快递配送等社区便民利民服务。〔责任单位:各市、县(区)党委和人民政府,平潭综合实验区党工委和管委会,省民政厅、卫计委、财政厅、工商局、农业厅〕

7. 强化社区文化引领能力。重视发挥道德教化作用,建立健全社区道德评议机制,推动道德讲堂、书院等向城乡社区延伸,引导社区居民崇德向善。组织居民群众开展文明家庭创建活动,倡导移风易俗。创建民族团结进步示范社区,建立各民族相互嵌入式的社会结构和社区环境,形成共居、共学、共事、共乐的良好格局。以培育文化骨干为抓手,用好社区名人、能人、非遗项目代表性传承人等人才,组建活动队伍和兴趣小组,带动居民参与社区文化活动。推进基层综合性文化服务中心建设,到2020年,全省城乡社区普遍建成集文化宣传、党员教育、科学普及、普法教育、体育健身等功能于一体的基层综合性公共文化设施和场所。制定推进社区教育发展意见,实施社区教育示范基地、特色品牌、“省市县乡村”五级老年教育网络建设,深化学习型社区建设,加快形成具有福建特色的社区教育发展模式。大力实施“中国梦·劳动美”、“八闽巾帼心向党、扬帆福建新征程”、青年志愿者助残阳光行动等主题活动,健全社区工会、共青团、妇女服务机制。推广建设科普中国社区e站和社区青少年科学工作室,面向社区居民开展各类科普活动,提升居民科学素质。〔责任单位:各市、县(区)党委和人民政府,平潭综合实验区党工委和管委会,省文化厅、省委宣传部、文明办、省教育厅、民族宗教厅、总工会、团省委、省妇联、科协〕

8. 增强社区依法办事能力。根据修订的《中华人民共和国城市居民委员会组织法》,研究制定我省实施办法及城市居民委员会的选举办法。有立法权的地方应结合本地实际,出台城乡社区治理地方性法规和地方政府规章。加快推进我省法治宣传教育方面的立法,发挥警官、法官、检察官、律师、公证员、基层法律服务工作者作用,深入开展法治宣传教育和法律进社区活动,在全社会培育法治文化。发挥城乡社区立法联系点的作用,深入推进科学立法、民主立法。发挥市民公约、乡规民约、行业规范、团体章程等社会规范在社区治理中的积极作用,利用信息化技术促进城乡社区党务、村(居)务公开。持续深化民主法治村(社区)创建活动,引导和支持城乡社区基层组织通过规约章程规范成员行为、维护成员权益。建成完善全省“12348”公共法律服务热线,实现“一村(社区)一法律顾问”全覆盖。〔责任单位:各市、县(区)党委和人民政府,平潭综合实验区党工委和管委会,省司法厅、省人大常委会内司工委、省法制办、民政厅〕

9. 提升社区矛盾预防化解能力。完善利益表达机制,建立党代会代表、人大代表、政协委员联系社区制度,完善党员干部直接联系群众制度,引导群众理性合法表达利益诉求。完善心理疏导机制,探索通过政府购买服务在社区建立心理咨询室,广泛宣传普及心理健康知识,健全心理危机干预预警机制,加强对城乡社区社会救助对象、建档立卡贫困人口、困境儿童、精神障碍患者、社区服刑人员、刑满释放人员和留守儿童、妇女、老人、失业人员、农民工等群体的人文关怀、精神慰藉和心理健康服务。完善矛盾纠纷调处机制,扩大和增加专职人民调解员队伍,注重运用法治思维和法治方式调处化解社区矛盾纠纷。推进平安社区建设,组织实施标准地址二维码管理,拓展网格化服务管理,深化城乡社区警务战略,实现社区民警100%配备移动警务通,防范打击黑恶势力扰乱基层治理。〔责任单位:各市、县(区)党委和人民政府,平潭综合实验区党工委和管委会,省委政法委、省综治办、司法厅、公安厅、省委组织部、省人大常委会办公厅、省政协办公厅、省卫计委、民政厅〕

10. 增强社区信息化应用能力。提高城乡社区信息基础设施和技术装备水平,以设区市(含平潭综合实验区,下同)为单元,整合开发部署社区综合受理平台,作为各级各部门窗口便民服务的统一受理和反馈入口,在线共享数据,实现一号申请、一窗受理、一网通办。2017 年,全省所有街道(乡镇)、社区(村)完成综合服务窗口设立。实施“雪亮工程”,加快推进城乡社区公共安全视频监控建设联网应用。发展社区电子商务。加快农村社区信息化建设,加强涉及农村服务管理的业务系统与综合信息平台对接集成和信息交换,结合信息进村入户和电子商务进农村综合示范,积极发展农产品销售等农民致富服务项目,积极实施“网络扶贫行动计划”,推动扶贫开发兜底政策落地。〔责任单位:各市、县(区)党委和人民政府,平潭综合实验区党工委和管委会,省综治办、民政厅、发改委、公安厅、商务厅、农业厅、扶贫办、省委网信办〕

(三)着力补齐治理短板。

11. 改善社区人居环境。完善城乡社区基础设施,建立健全农村社区基础设施和公用设施的投资、建设、运行、管护和综合利用机制。加快城镇棚户区、城中村、老旧小区和危房改造。加强城乡社区环境综合治理,做好城市社区绿化美化净化、垃圾分类处理、噪声污染治理、水资源再生利用等工作。加快“千村整治、百村示范”美丽乡村建设,重点推进污水治理、垃圾处理、裸房整治,抓好环境整理、文化遗产保护、村庄绿化、村道硬化等工作,完善村庄公共配套服务设施。推进健康城市和健康村镇建设。强化社区风险防范预案管理,加强社区应急避难场所建设,开展社区防灾减灾科普宣传教育,有序组织开展社区应对突发事件应急演练,提高对自然灾害、事故灾难、公共卫生事件、社会安全事件的预防和处置能力。全面建立社区微型消防站,加强消防宣传和消防治理,市辖区城市社区每年按照社区总数 20%,其他县(市)按照社区总数 10% 启动消防安全示范社区创建工作。〔责任单位:各市、县(区)党委和人民政府,平潭综合实验区党工委和管委会,省委文明办、省住建厅、卫计委(爱卫办)、公安厅、综治办、安监局、民政厅〕

12. 加强社区综合服务设施建设。做好城乡社区综合服务设施建设与当地国民经济和社会发展规划、城乡规划、土地利用总体规划的衔接。加快农村社区综合服务设施建设,按照每百户居民拥有综合服务设施面积不低于 30 平方米的标准,以新建、改造,购买、项目配套和整合共享等形式,逐步实现城乡社区综合服务设施全覆盖。新建住宅区配建的社区综合服务设施,应与住宅同步规划、同步建设、同步验收、同步交付,由当地政府统筹使用。未配建社区综合服务设施的零星开发的居住用地项目,开发商可按建筑面积 2‰~5‰的标准折算缴纳社区配套用房经费,专项用于建设和购买社区配套用房。以社区居民为对象的公共服务、志愿服务、专业社会工作服务,原则上在城乡社区综合服务设施中提供。落实不动产统一登记制度,做好政府投资建设的城乡社区综合服务设施不动产登记服务工作,市、县(区)政府要出台规定,明确产权归属和使用管理方式。社区综合服务设施水、电、燃气、电信等费用按照当地居民使用价格标准收取或予以部分减免。〔责任单位:各市、县(区)党委和人民政府,平潭综合实验区党工委和管委会,省往建厅、国土厅、民政厅、财政厅、物价局〕

13. 优化社区资源配置。有条件的地方组织开展城乡社区规划编制试点。探索建立基层政府面向城乡社区的治理资源统筹机制,实现公共资源向社区聚集、公共财政向社区倾斜、公共服务向社区延伸。推进农垦国有农场办社会职能改革,根据公共服务资源配置、人口规模、管理幅度等因素,合理划分农场区域内各个社区,健全国有农场社区服务设施和服务体系。健全社区民主听证、民主评议机制。建立机关企事业单位履行社区治理责任评价体系,推动机关企事业单位积极参与城乡社区服务、环境治理、社区治安综合治理等活动,面向城乡社区开放文化、教育、体育等活动设施。注重运用市场机制优化社区资源配置。〔责任单位:各市、县(区)党委和人民政府,平潭综合实验区党工委和管委会,省发改委、住建厅、国土厅、民政厅、农业厅〕

14. 推进社区减负增效。落实社区办公场所牌匾清理规范工作,不得以是否挂牌作为考核评价社区组织工作成效的依据,严禁考核社区组织无管理权的事项。精简社区台账档案,推行以工作记载簿替代社区台账,街道(乡镇)原则上每周只召开一次由社区主要负责人参加的工作例会。除中央和省委、省政府要求开展的检查考评外,其他对社区要求的检查考评活动,由县(市、区)纳入综合性考评，每年一次性实施。应当由基层政府履行的法定职责，不得要求基层群众性自治组织承担，不得将基层群众性自治组织作为行政执法、拆迁拆违、环境整治、城市管理、招商引资等事项的责任主体。没有明确的法律法规依据，工商、税务、银行等部门单位不得在各类审批表格上设"村(居)委会意见(盖章证明)"栏。取消对社区工作的"一票否决"事项。〔责任单位：各市、县(区)党委和人民政府，平潭综合实验区党工委和管委会，省委组织部、省民政厅、工商局、地税局、国税局、人民银行福州中心支行〕

15. 改进社区物业服务管理。结合 2018 年村级组织换届选举，探索在社区居民委员会下设环境和物业管理委员会，支持帮助业主委员会的组建、换届、改选和培训等工作，督促业主委员会和物业服务企业履行职责。完善业主委员会职能，依法保护业主合法权益。探索符合条件的社区居民委员会成员通过法定程序兼任业主委员会成员，鼓励业主委员会成员、物业服务企业人员通过法定程序参选社区居民委员会成员。有关部门对物业服务企业进行评优评先时，要听取所在社区居民委员会的意见。有条件的地方应规范农村社区物业管理，研究制定物业管理费管理办法；探索在农村社区选聘物业服务企业，提供社区物业服务。〔责任单位：各市、县(区)党委和人民政府，平潭综合实验区党工委和管委会，省住建厅、法制办、民政厅、公安厅〕

三、保障措施

16. 完善领导体制。各级党委和政府要把城乡社区治理纳入重要议事日程，发挥社区建设联席会议制度作用，抓好统筹指导、组织协调、资源整合和督促检查。市、县(区)党委和政府要定期研究城乡社区治理工作，设区市和所辖区每年不少于 2 次，县(市)每年不少于 1 次。市、县(区)党委书记要认真履行第一责任人职责，街道党工委书记、乡镇党委书记要履行好直接责任人职责。将城乡社区治理工作纳入市县乡党政领导班子和领导干部政绩考核指标体系，纳入市县乡党委书记抓基层党建工作述职评议考核。〔责任单位：各市、县(区)党委和人民政府，平潭综合实验区党工委和管委会〕

17. 加大资金投入。各级政府要安排必要的经费，支持社区日常工作、业务培训、人员报酬、服务设施和信息化建设等方面的正常需要。省级财政加大对财政困难地区一般性转移支付力度，统筹使用各级各部门投入城乡社区的符合条件的相关资金，提高资金使用效率。不断拓宽城乡社区治理资金筹集渠道，鼓励通过慈善捐赠、设立社区基金会等方式，引导社会资金投向城乡社区治理领域。加大政府购买服务力度，凡属事务性管理服务，原则上都要引入竞争机制，通过合同、委托等方式向社会购买。完善社区组织运转经费保障机制，逐步提高社区居民委员会运转经费补助标准。〔责任单位：各市、县(区)党委和人民政府，平潭综合实验区党工委和管委会，省财政厅〕

18. 加强队伍建设。将社区工作者队伍建设纳入人才发展规划，制定出台社区工作者队伍发展专项规划和管理办法，建设一支素质优良的专业化社区工作者队伍。继续做好从优秀村(社区)主干中考录乡镇(街道)公务员工作，完善考录制度，每 3 年考录一次；各地可结合实际，采取专项公开招聘的方式，每 3 年一次从优秀社区党组织书记、居民委员会主任中招聘乡镇(街道)事业单位管理岗位人员，注重把优秀社区党组织书记选拔到街道(乡镇)领导岗位。招考公务员和事业单位工作人员时，在同等条件下优先录用优秀的社区工作者。全面推进社区工作站建设，2018 年前完成，规范管理、经费筹措、人员招聘等具体工作方案由各设区市确定。加强对社区工作者的教育培训。继续组织实施高校毕业生服务社区计划。支持社区工作者参加社会工作职业资格评价和学历教育等，对获得社会工作职业资格的给予职业津贴。探索建立社区工作容错纠错和奖惩机制。〔责任单位：各市、县(区)党委和人民政府，平潭综合实验区党工委和管委会，省发改委、省委组织部、省人社厅、民政厅、财政厅〕

19. 健全激励机制。加强城乡社区治理工作理论政策研究，充分发挥专家学者在社区治理方面的积极作用。加快建立城乡社区治理标准体系。全面推广"168"农村党建、"135"社区党建工作机制，深入总结厦门市、厦门市海沧区、福州市军门社区的社区治理和服务创新典型经验。深化省级城乡社区治理和服务创新实验区创建活动。积极开展城市和谐社区建设、农村幸福社区建设示范创建活动和城乡社区结对共建活动，按规定大力表彰先进城乡社区组织和优秀城乡社区工作者。充分发挥报刊、广播、电视等新闻媒体和网络新媒体作用，广泛宣传城乡社区治理创新做法和突出成效，营造全社会关心、支持、参与城乡社区治理的良好氛围。〔责任单位：各市、县（区）党委和人民政府，平潭综合实验区党工委和管委会，省社区办、民政厅、省委组织部、宣传部、省人社厅〕

福建省厦门市全力做好“金砖会晤”期间安保维稳工作

2017 年 9 月 3 日至 5 日，金砖国家领导人第 9 次会晤在厦门成功举行，是福建省有史以来举办的最高规格国际性会议。会晤安保维稳工作从 2016 年 11 月启动到结束，历经 10 个多月，通过全体参战人员共同努力，会晤安保维稳工作实现了“七个坚决防止”（坚决防止发生影响国家安全和社会稳定的严重政治事件、暴力恐怖事件、个人极端暴力案件、大规模群体性事件、重大生产安全和公共安全事故、重大网络安全事件、失泄密事件）、“三个满意”（即让党中央、习总书记满意，让各国领导人和与会嘉宾满意，让全国、全省、全市人民满意）、“四个效果”（即安全效果、政治效果、社会效果、舆论效果）。会晤期间，厦门市刑事警情下降 83.6%，降至历年同期最低；交通事故下降 85.7%，连续 17 天“零火警”，“两抢”案件连续 250 天零警情，“车扒”案件累计 143 天零警情，群众安全感创 5 年来历史新高，安保维稳工作得到各级领导高度肯定。

一、强化统筹协调，确保组织保障到位

厦门市根据省里的统一部署安排，结合辖区面积小、人口密度大、海岸线长等特点，将会晤安保工作分为备战、临战、实战和决战四个阶段，以最严要求、最高标准、最实举措落实各项安保维稳措施。健全“海陆空”防控体系。严密圈层防线，核心场所现场、人员、外围全程同步监管，层层筑牢安保屏障；严控制高点，重要制高点由民警定点守控，整栋大楼落实阳台、窗户、窗帘关闭措施，安装启用开窗报警设备；重要海域、水域全面探摸、声呐监测，成立管控专班，重要海岸线划设封控区，布设防线；实行“以地制空”，设置禁飞电子围栏，会晤期间实现低慢小“零升空”，“伪基站”“黑广播”及恶意插播“零干扰”。完善警卫路线精准指挥体系。针对会晤中外领导人抵离厦路线、集体活动路线和领导人配偶团活动路线特点，精准控制封路时间，沿线投入警力警戒，在确保安全的基础上，尽量少扰民、不扰民，交通指挥做到分秒不差。创新会务保障体系。按照外紧内松、节俭办会的原则，充分利用现有展馆酒店，个别加以必要合理提升，场馆装修充分利用环保再循环材料；针对一次性短期使用的设备（如隔离栅栏），通过租赁、借用解决，做到少花钱、办实事。开通 24 小时服务热线，对社区孤寡老人等生活不便人员，落实“一对一”帮扶措施；对就医、探视、丧事办理等突发紧急问题，建立快速便民保障机制。为保障控制区的居民、单位基本民生需求，对交通管制、区域封控、宾旅馆管控等涉及民生事项，提前公告，做好宣传，核发区际检查站“快检证”，控制区“通行证”，尽量缩短盘查时间，较好争取群众的理解和支持。

二、强化基础排查，确保要素管控到位

从 2016 年 11 月起，组织 1.6 万余人在全市开展以“一标”（标准地址）、“四实”（实有人口、实有房屋、实有单位、实有物品）、“三清”（情况清底、问题清理、治安清平）为重点的基础大排查、大管控工作。组织开展对全市地址门牌、实有人口、房屋、单位以及车辆、电子及 LED 显示屏、煤气罐、烈性犬、“低慢小”飞行器等要素信息的“地毯式”采集，采集率、登记率均达 100%，做到“不漏一项、应采尽采、动态更新”。期间，全市共访查标准地址 371 万条，是之前的 3.2 倍；登记实有房屋 354.7 万间，是之前的 4.6 倍；摸排实有人口 525.3 万人，比之前的数据增加了 55 万人。采集登记实有单位28.1万家、从业人员249.4万、重点物品信息213.2万条。通过基础排查,发现隐患1.86万个,发放整改通知书1.56万份,清理整治隐患1.59万个。通过大排查、大管控,厦门市各类要素底数更加清楚,管理更加精细,管控更加到位,真正做到"人干净、物干净、车干净,地上、地下、水面干净",为会晤安保维稳工作的顺利实施打下坚实基础。

三、强化以面保点,确保专项攻坚到位

坚持问题导向,扎实打好反恐防暴、治安防控、公共安全、网络安全攻坚战,部署24个专项打击行动,确保问题清零、隐患清除,为核心区安保筑牢社会面防线。打好反恐防暴决胜战,确定一批反恐防范重点目标,对反恐关注人员按照"一人一方案"落实管控措施,在机场码头等入厦主要出入口安装人像采集设备,从中发现涉恐危险人员踪迹,守住"绝不发生暴恐事件"底线。打好治安防控阵地战,全面开展社会面大清查、大检查、大盘查,组织开展"围村围楼围点"整治行动和"盗抢骗""打黑恶·缉枪爆"等一系列专项行动,破获一批案件,抓获一批犯罪嫌疑人,命案等"八类"严重暴力案件基本做到发一破一。打好公共安全保卫战,对民爆用品、管制刀具、煤气瓶等重点物品全面实施实名管理和战时管制措施,全面落实寄递"3个100%"、物流"2个100%"等重点领域二次、三次安检措施,排查各类火灾隐患近8万处,并全部落实整改措施。打好网络安全主动战,加强网络信息安全防范和舆情检测,将网站数据接入公安监控平台,提高响应处置速度,开展20余次应急演练,将重点单位网站系统全部列为重点保卫目标,采取封闭、断网措施,"秒杀"有害信息,严防发生重大网络安全事件。

福建省龙岩市强化更高水平平安建设"四个支撑"

近年来,龙岩市坚持以提升群众安全感满意率为导向,以责任、机制、平台、法治为"四个支撑",全面推进更高水平平安龙岩建设,倾力打造全省最具安全感的地区之一。平安建设"三率"连续8年位居全省前列,综治领导责任制考评连续2年跻身全省优秀行列。医保个人缴费部分少交10%、参加新农保60周岁以上老人基础养老金提高10%、守法家庭成员大病医保报销提高10%的"3个10%"平安惠民政策经验在2017年全国社会治安综合治理表彰大会上展播,量身定责、刚性问责、精准亮剑、共享激励"四维工作法"被《长安》杂志刊载推广。

一、以"四维工作法"强化责任支撑

恪守"促一方发展、保一方平安"责任理念,创新培育"四维工作法",构建明责、督责、问责、奖责的闭环责任体系。一是量身定责。先后出台综治一票否决权制暂行办法、健全落实综治领导责任制实施细则等一系列文件,厘清责任清单,锁紧责任链条,层层压实综治平安建设领导责任。二是刚性问责。坚持问题导向,紧盯区域性突出治安问题,开展"一案双查",刚性问责问效,倒逼攻坚治理,重点难点问题得到有效化解,实现综治工作与服务大局"双赢"。三是精准亮剑。运用现代信息技术在全国率先建立综治负面清单信息管理系统,实现综治一票否决精准"亮剑"。2015年7月,系统软件获得国家计算机软件著作版权,2016年10月,被全省推广建立"福建省综治诚信信息系统"。四是共享激励。建立年度综治目标管理"考评奖"、平安三级联创"3个10%""共建奖"、市直"平安单位"创建"平安奖"等激励机制,实现平安建设与广大干群思想同心、目标同向、工作同步、结果同效的良好效果。

二、以联动共治强化机制支撑

坚持专门机关与群众路线相结合,整合各种资源力量联勤联治、共建共享,打造社会融合共治新动能,切实增强平安建设内生动力。一是联手保平安。围绕"更快地破大案、更多地破小案、更准地办好案、更好地控发案"目标,持续开展全时空多领域严打专项斗争,全市违法犯罪警情数明显下降,2017 年,刑事案件立案数比降 22.12%,破案率比升 7.82%,其中“八类”严重暴力案件、侵财案件、诈骗案件分别比降 18.14%、26.16% 和 26.99%,有效增强群众安全感满意率。二是联勤建平安。精心开展涉麻制毒、涉爆涉矿、电信诈骗等区域性突出问题专项治理,促进社会治安面貌进一步好转。2017 年 4 月,国家禁毒委将长汀县从全国“通报警示地区”降为“重点关注地区”,连城县取消全国“重点关注地区”。2016—2017 年,全市涉爆涉矿专项治理实现“零流失、零炸响、零事故”目标。2017 年 11 月,国务院部际联席办摘除新罗区全国打击治理电信网络新型违法犯罪重点整治地区“帽子”。三是联动创平安。2012 年起,在全市开展“平安县乡村三级联创”活动,实行“医保个人缴费部分少交 10%、参加新农保 60 周岁以上老人基础养老金提高 10%、守法家庭成员大病医保报销提高 10%”的“3 个 10%”平安惠民政策,6 年来累计投入资金 2 亿元、400 余万人次乐享平安带来的实惠,大大调动了群众参与平安建设的主动性和积极性。

三、以大数据应用强化平台支撑

坚持以基础建设为重点,全力推进大数据应用与社会治理创新深度融合,着力提高平安龙岩建设水平。一是建好信息化平台。按照“省市两级平台架构、省市县乡村五级穿透使用”的要求,依托市综治中心建成市级网格化基础平台,规范设置综治诚信信息、社会稳定指数、综治视联网、应急指挥等子项应用系统;按照“无死角、无盲区、无遗漏”的要求,全面推进“雪亮工程”建设,努力构建全域覆盖、全网共享、全时可用、全程可控的公共安全视频监控系统,进一步增强动态化、信息化条件下预测预警预防风险隐患能力。二是融合智能化应用。坚持以实战化为目的,依托互联网、大数据、信息化技术力量,市综治中心加强对社情、警情、案情、舆情等“四情”数据的分析研判、评估预警,推动市县乡公共安全视频监控建设联网应用,将信息化成果转化为平安建设的核心战斗力。公安机关加大大数据挖掘、人像比对、车牌识别、智能预警等现代技术在公共安全视频监控系统中的深度应用,把事前防范、事中监控、事后追查结合起来,提升社会治安防控水平。三是创新网格化管理。探索创新社区网格化服务管理“三三工作法”(突出服务、管理、共建三项职能,建立信息采集、服务网络、绩效评价三项机制,提供场所、经费、政策三项保障),社区网格员按照“三活”(活户籍、活档案、活地图)、“四清”(家庭情况清、人员信息清、区域设施清、隐患困难清)、“五到家”(经常走访进到家、各类意见听到家、建立感情心到家、细致工作做到家、好事实事办到家)工作要求,实时采集一线维稳信息,热心服务社区居民群众,打通社会治理“最后一公里”,有效夯实平安创建基层基础。

四、以提质提效强化法治支撑

发挥法治对平安建设的引领和保障作用,自觉运用法治思维破解难题、运用法治方式补齐短板,促进平安龙岩建设提质提效。一是坚持服务群众用法。深入实施“七五”普法规划,探索创新“一村一法律顾问”“双争双创”金牌调解工程,广泛开展“法律六进”活动,积极开展法治城市、法治县(市、区)、法治行业、民主法治示范村等创建活动,引导广大干群办事依法、遇事找法、解决问题用法。二是坚持化解矛盾靠法。强化法律在化解矛盾中的权威地位,转变打压管控、硬性维稳方式,精心推进“法治信访”工程,依法维护群众合法权益,依法处置违法上访行为,构建靠法疏解信访矛盾问题的良好工作格局。三是坚持护航发展依法。出台《关于依法处理因欠薪、房地产开发、交通事故、医疗纠纷等引发重大群体性事件违法犯罪的指导意见》,加强涉众型经济风险隐患排查治理,依法打击涉及群体性事件违法犯罪,服务经济健康发展。坚持“保护生态,司法护航”理念,创新生态司法公益诉讼机制,培育生态审判的“龙岩样本”、生态检察“福建模式”亮点品牌,有效服务生态环保攻坚战役。

(撰稿人:林　光
审稿人:郑　辉　王瑞拉)

江　西　省

2017 年综治工作概况

2017 年，江西省综治战线紧紧围绕保障党的十九大胜利召开这一主线，深入学习贯彻习总书记系列重要讲话精神和治国理政新理念新思想新战略，认真落实中央政法委和省委、省政府关于加强和创新社会治理的决策部署，查问题、化隐患、强机制、补短板、控风险、出重拳、克难关，圆满完成十九大的维稳安保任务，锻炼了队伍，提升了水平，平安江西建设取得了新成效，实现了新跨越。

一、突出稳妥高效，紧扣矛盾纠纷排查化解攻坚克难

（一）强调重点化解。组织开展了贯穿全年的影响社会矛盾问题集中摸排调研与滚动排查化解专项行动，将重点矛盾纠纷分类。省委办公厅、省政府办公厅发文，抄告督办相关单位，督促落实分类归口处理机制。积极稳妥解决合法合理诉求。对鄱阳湖非法采砂和捕捞、环境污染、征地拆迁等突出问题，找到公共利益与个人利益的平衡点，建立利益补偿机制；对重大社会矛盾限期化解，确保全省重大矛盾纠纷底数准、动态清，消存量、控增量。

（二）完善多元化解。在“三调联动”体系的基础上，推动仲裁、行政裁决、行政复议等方式在社会矛盾化解中发挥更大作用。拓宽人大代表、政协委员、律师、法律工作者等第三方参与社会矛盾化解的制度化渠道，吸收专家参与技术性、专业性领域纠纷解决工作，提高纠纷化解的公信力。重点排查化解劳资关系、水利资源权属、房产物业、环境污染、交通事故、医患纠纷、征地拆迁等一批突出矛盾纠纷。

（三）推进专业化解。促进省直负有矛盾化解职能的 57 个部门、市县 48 个部门，全面推开行政调解工作。会同省法制办下发《关于做好行政争议调解工作的试行办法》，推动行政调解在矛盾纠纷化解中发挥更大作用。

二、突出风险防控，紧扣安全隐患专项整治攻坚克难

围绕保障十九大的顺利召开，针对风险管控难度较大的五个方面进行集中整治。

（一）开展环鄱阳湖地区治安问题专项整治。明确环湖 3 市 12 县（区）的领导责任，协调启动鄱阳湖区联合巡逻执法勤务指挥系统（联勤指挥部用房、ARN 无线宽带执法专网系统、雷达监测系统、联勤指挥中心）项目建设，组织省市县三级水上联合执法。统一组织领导、统一开采经营、统一规费征收、统一综合执法、统一利益分配治理非法采砂，促使法治湖区、平安湖区长效化。

（二）开展铁路沿线社会治安环境专项整治。以“组织一次会商研判、开展一次现场调研、列出一批问题清单、做好一次专题汇报、召开一次部署会议”为抓手，搬迁、关停涉危涉燃涉爆等经营场所 35 家，整顿废旧金属收购站点 71 家，制止铁路安全保护区内开挖、违建、排污 86 处，疏通涵洞、水渠 132 个，清理各类违规路灯广告牌 4432 处，拆除违法建筑物 607 处，铁路沿线治安环境得到了明显改善。

（三）开展对校园特别是中小学及幼儿园周边突出治安问题专项整治。建立县区级党委、人大、政府、政协副县级以上领导校园风险防控挂点指导制度，每名领导挂点指导一所学校的安全防控工作，加强对挂点学校风险隐患和薄弱环节排查整治，确保校园安全稳定。

（四）开展对肇事肇祸等严重精神障碍患者排查收治专项整治。细化考核标准，集中排查收治，落实“以奖代补”，实施责任查究，对全省肇事肇祸等严重精神障碍患者逐一查明下落，查清管控情况，确保此类人员未发生影响社会安全稳定的问题。

（五）开展危爆物品和寄递物流规范管理专项整治。强化暗访执法力度，组织开展对全省县（市、区）、易制爆危险化学品单位、寄递企业（营业网点）、物流公司（经营部）等，发现隐患、问题151 处，对存在问题的企业在全省通报并依法处罚，进一步推动寄递物品实名收寄、开箱验视、过机安检制度的落实。全省 X 光机已配备 59 台，主要出省分拨中心配备 1 ~ 2 台，确保重点时段发往重点地区的邮件快件应检必检。

三、突出信息支撑，紧扣治安防控体系提档升级攻坚克难

（一）发挥“雪亮工程”效能。作为全国第一批 5 个省级共享平台建设重点省之一，2017 年接入省公安厅平台的视频监控探头有 10 万多个，实现与 11 个地市共享平台的联网管理，县（市）联网总数达 86 个，实现卡口车辆通行数据的接入与应用。党的十九大召开期间，通过公共安全视频监控人脸比对，在抓获全国网逃、打击现行犯罪、抓获犯罪嫌疑人等方面战果显著，全省刑事警情、治安警情同比分别下降 17.8%、8.4%。《江西省省级公共安全视频监控共享平台项目方案》已通过专家评审，年底前已建成并完成与中央平台的对接。

（二）拓展综治信息平台运用。优化省矛盾纠纷排查化解云平台，初步完成多元化解案例库、金牌调解专家库、鄱阳湖区信息地图等功能，累计收集 152787 件矛盾纠纷，完成 142 件典型指导性案例的整理工作和 369 名金牌调解员的甄选工作。推进吸毒人员、法院失信被执行人网格化管理工作在全省开展。将综治信息系统网络延伸至社会末梢，发挥网格巡查作用，汇聚相关服务信息，对实有人口、实有房屋等基础信息数据进行动态管理，提高了对“藏污纳垢”、滋生违法犯罪活动“黑窝点”的发现和防范能力，实现对各种治安要素的自动关联分析，生成有价值的情报线索，提高了预测预警预防和发现能力。

四、突出奖惩并举，紧扣完善领导责任制攻坚克难

把领导责任制作为社会治安综合治理的龙头工程，健全党委领导、政府负责、社会协同、公众参与、法治保障的社会治理体制。深入贯彻落实中共中央办公厅、国务院办公厅《健全落实社会治安综合治理领导责任制规定》，结合实际进一步细化，研究提出具体措施，推动省委办公厅、省政府办公厅出台《江西省健全落实社会治安综合治理领导责任制实施办法》。突出领导高位推动、分解量化责任、规范实绩考核、健全运行机制、严格兑现奖惩 5 个关键环节，形成权责明晰、奖惩分明、分工负责、齐抓共管的社会治理责任体系。继续强化考核评价结果运用，坚持差异化考评标准，优化考评运作，健全考评机制，完善考评体系，提高考评成效。更加科学地运用评估、督导、考核、激励、惩戒等措施，增加干部群众参与综治工作的内在动力，推动各级领导班子、领导干部切实担负起维护一方稳定、确保一方平安的责任。

五、突出固本强基，紧扣创新基层社会治理攻坚克难

加强基层综治中心和网格化服务管理建设，完善以基层党组织为核心、全社会共同参与的基层社会治理新格局。全省共 2.2 万个综治中心已全面挂牌运行，各级综治中心整合资源，组织相关部门进驻综治中心集中办公。九江市综治中心整合 27 家单位进驻，整合联动单位力量集中办事，解决了综治中心的人员编制问题。赣州市出台了《综治中心运行管理暂行办法》，市县两级整合 8 个专项组牵头单位进驻办公，派驻人员由综治中心统一领导、管理、调度和考核，享受基层综治干部岗位津贴，两年一轮换，有效解决了综治中心人少事多和各专项组力量分散的问题。全省 10 万余个网格都配备了网格管理员，建立网格员巡查制度。上饶鼓励广大群众使用网格化管理的“公众版 APP”，注册群众有 27217 户，他们可以用手机拍摄等方式一键上报情况，成为“不占编的网格员”。网格化服务管理吸收了社会组织、群团组织等各类社会力量广泛参与，城乡社区的服务功能和管理功能进一步健全，逐步实现政府治理和社会调节、居民自治良性互动。

中共江西省委办公厅　省人民政府办公厅关于印发《江西省健全落实社会治安综合治理领导责任制实施办法》的通知

（2017年9月30日）

各市、县（市、区）党委和人民政府，省委各部门，省直各单位，各人民团体：

《江西省健全落实社会治安综合治理领导责任制实施办法》已经省委、省政府领导同志同意，现印发给你们，请结合实际贯彻落实。

江西省健全落实社会治安综合治理领导责任制实施办法

第一章　总　则

第一条　为深入推进社会治安综合治理，健全落实领导责任制，全面推进平安江西建设，切实维护全省社会大局和谐稳定，根据《中共中央办公厅、国务院办公厅关于印发〈健全落实社会治安综合治理领导责任制规定〉的通知》，结合我省实际，制定本办法。

第二条　本办法适用于全省各级党的机关、人大机关、行政机关、政协机关、审判机关、检察机关及其领导班子、领导干部。

人民团体、事业单位、国有企业及其领导班子、领导干部、领导人员参照执行本办法。

第三条　健全落实社会治安综合治理领导责任制，应当坚持以邓小平理论、“三个代表”重要思想、科学发展观为指导，深入贯彻落实习近平总书记系列重要讲话精神和治国理政新理念新思想新战略，紧紧围绕全面建成小康社会、全面深化改革、全面依法治国、全面从严治党的战略布局，紧扣省委“创新引领、绿色崛起、担当实干、兴赣富民”工作方针，坚持问题导向、法治思维、改革创新，抓住“关键少数”，强化担当意识，落实领导责任，科学运用评估、督导、考核、激励、惩戒等措施，形成正确导向，一级抓一级，层层抓落实，使各级领导班子、领导干部切实担负起维护一方稳定、确保一方平安的重大政治责任，确保党中央、国务院和省委、省政府关于社会治安综合治理决策部署的贯彻落实，为建设富裕美丽幸福江西创造安全稳定的社会环境。

第二章　责任内容

第四条　严格落实属地管理和谁主管谁负责原则，构建党委领导、政府主导、综治协调、各部门齐抓共管、社会力量积极参与的社会治安综合治理工作格局。

第五条　各地各部门各单位党政领导班子担负组织领导本地本部门本单位社会治安综合治理工作的政治责任，对这项工作负全面领导责任。

1. 坚持从政治和战略高度重视社会治安综合治理工作，摆上重要位置，列入重要议事日程，作为党政领导班子考核的重要内容，切实加强组织领导；

2. 将社会治安综合治理工作纳入经济社会发展总体规划，把抓发展与保平安统一起来，切实做到同规划、同部署、同检查、同落实；

3. 认真执行社会治安综合治理方针、政策和有关法律、法规，按照上级社会治安综合治理委员会的工作部署，结合实际抓好贯彻落实；

4. 从人力物力财力上保证社会治安综合治理工作的顺利开展；

5. 严格实行领导责任制和责任查究制，一级抓一级，一级对一级负责，督促党政领导干部担负起保一方平安的政治责任；

6. 全面推行社会治安综合治理目标管理，及时研究解决工作中的重要问题。

第六条 各地各部门各单位党政主要负责同志是社会治安综合治理工作的第一责任人，对这项工作负主要领导责任。

1. 定期主持召开党政领导班子会议，听取社会治安综合治理工作情况汇报，对社会治安综合治理工作进行决策部署；

2. 对涉及社会治安综合治理的重大问题，亲自研究解决并督促落实；

3. 对发生影响社会稳定的重大案（事）件，及时组织调度指挥，果断妥善处置；

4. 支持社会治安综合治理机构和相关部门对发生严重影响社会稳定重大问题的地方、部门、单位实行责任督导和查究。

第七条 各地各部门各单位党政分管负责同志是社会治安综合治理工作的直接责任人，对这项工作同样负主要领导责任。

1. 当好党政领导班子开展社会治安综合治理工作的参谋，协助党政主要负责同志进行决策部署；

2. 组织实施社会治安综合治理工作，加强检查督促和具体指导，推动各项措施落实；

3. 协调各方面的力量参与社会治安综合治理，形成保平安、护稳定的工作合力；

4. 一旦发生影响社会稳定的重大案（事）件，积极主动协助党政主要负责同志处置；

5. 深入实际调查研究，采取有效措施，推进社会治安综合治理工作创新与发展。

第八条 各地各部门各单位党政领导班子其他成员对分管工作范围内社会治安综合治理工作负直接领导责任。

1. 根据党政领导班子和社会治安综合治理委员会的总体部署，对分管范围内保平安、护稳定工作作出具体部署，并抓好落实；

2. 及时组织所分管部门、领域排查影响安全稳定的问题，并负责牵头处置解决；

3. 所分管部门、领域一旦发生影响社会稳定的重大案（事）件，及时报告党政主要负责同志，并在第一时间赶赴现场先行处置。

第九条 各级社会治安综合治理委员会及其办公室应当在党委和政府的统一领导下，认真组织、协调、推动本地本部门本单位落实中央和省委、省政府关于社会治安综合治理的决策部署，抓好社会治安综合治理责任落实，加强调查研究和督导检查，及时通报、分析社会治安形势，协调解决工作中遇到的突出问题，总结推广典型经验，动员组织党员、群众有序参与，统筹推进社会治安综合治理工作。

社会治安综合治理委员会应当健全完善工作制度，定期召开主任会议、全体委员会议、专门工作小组会议和社会治安综合治理会议等，研究解决重要事项、突出问题，部署落实社会治安综合治理工作。社会治安综合治理委员会办公室作为本级社会治安综合治理委员会的常设办事机构，承担日常事务工作。

第三章 督促检查和考核

第十条 各地各部门各单位应当建立完善社会治安综合治理目标管理责任制。每年初，各级党委、政府主要负责同志与下一级党委、政府主要负责同志及本级综治责任单位主要负责同志签订综治目标管理责任书；各部门各单位应在本部门本单位本系统自上而下层层签订综治目标管理责任书，把社会治安综合治理各项任务细化分解为若干具体目标，制定易于执行检查的措施，建立严格科学的督促检查、定量考核、评价奖惩等制度，推动综治各项决策部署落到实处。

第十一条 各级党委常委会应当将执行社会治安综合治理领导责任制的情况，作为向同级党的委员会全体会议报告工作的一项重要内容。

各级党政领导班子和有关领导干部应当将

履行社会治安综合治理责任情况作为年度述职报告的重要内容。

各部门各单位每年应当对本部门本单位本系统部署和开展社会治安综合治理、推进平安建设的有关情况进行总结，对下一年度的工作作出安排，并报同级社会治安综合治理委员会。

下一级社会治安综合治理委员会每年应当向上一级社会治安综合治理委员会报告工作。

第十二条 各级党委、政府应当将社会治安综合治理工作纳入督促检查范围，定期组织开展专项督查。督查工作可由各级社会治安综合治理委员会及其办公室组织实施。

各级社会治安综合治理委员会办公室建立抄告、督办制度，对治安问题重点地区和突出治安问题的主管部门(单位)进行督办。

第十三条 各级党委、政府和社会治安综合治理委员会应当建立健全社会治安综合治理考核评价制度机制，开展社会治安综合治理工作年度考评。年度考评要制定完善考评标准和指标体系，明确考评的内容、方法和程序。考评结果分为优秀、达标、不达标三个档次。

第十四条 各级党委、政府应当强化社会治安综合治理考核评价结果运用，把各级党政领导班子和领导干部抓社会治安综合治理工作的实绩纳入领导班子和领导干部年度考核、绩效管理考核、国家公务员考核、社会治安综合治理目标管理考核等，与业绩评定、职务晋升、奖励惩处等挂钩。依据考评结果，按照干部管理权限，由各级社会治安综合治理委员会及办公室建立健全社会治安综合治理工作实绩档案，如实全面记载各级党政领导班子和领导干部履行社会治安综合治理工作职责及有关奖惩情况。

各级组织人事部门在考察党政主要领导干部、分管领导干部和有关领导干部工作实绩，进行提拔使用、晋职晋级和评先授奖时，应当了解和掌握相关领导干部抓社会治安综合治理工作的情况，并书面征求同级社会治安综合治理委员会的意见。

第十五条 健全县级以上综治、纪检、组织、监察、人社五部门联席会议制度，完善社会治安综合治理五部门联席会议议事规则，协同做好有关奖惩工作。

第四章 表彰奖励

第十六条 对真抓实干、社会治安综合治理工作成绩突出的地方、部门和单位党政主要领导和分管领导干部，应当按照有关规定给予表彰和嘉奖。对受到嘉奖的领导干部，应当将有关材料存入本人档案。

第十七条 省社会治安综合治理委员会、省委组织部、省人社厅每4年开展1次全省社会治安综合治理先进集体、先进工作者评选表彰工作，并择优推荐参选全国社会治安综合治理先进集体、先进工作者。

第十八条 对受到表彰的全国、全省社会治安综合治理先进集体党政主要领导和分管领导干部按照有关规定予以嘉奖。对受到表彰的全国、全省社会治安综合治理先进工作者，应当相应落实省部级、市厅级先进工作者和劳动模范待遇。

第十九条 坚持精神鼓励和物质激励相结合的原则，依据社会治安综合治理工作年度考评，对考评为社会治安综合治理工作先进的地方、部门、单位及相关人员给予一定奖励。对连续3次以上受到表彰的全省社会治安综合治理先进集体，由省社会治安综合治理委员会以适当方式予以表扬。

第二十条 各级社会治安综合治理委员会及其办公室、组织、人社、财政等部门要配合做好社会治安综合治理评优评先、表彰奖励等工作。

第五章 责任督导和追究

第二十一条 党政领导班子、领导干部违反本办法或者未能正确履行本办法所列职责，有下列情形之一的，应当进行责任督导和追究：

(一)不重视社会治安综合治理和平安建设，相关工作措施落实不力，本地本系统本单位基层基础工作薄弱，治安秩序严重混乱的；

(二)本地本系统本单位在较短时间内连续发生重大刑事案件、群体性事件、公共安全事件的；

(三)本地本系统本单位发生特别重大刑事案件、群体性事件、公共安全事件的；

(四)对矛盾纠纷或不稳定因素排查化解不及时，处置不到位，导致反复发生进京非正常上访

或严重影响社会稳定的案(事)件,造成恶劣影响的;

(五)存在重大治安隐患,在上级主管部门、有关部门或社会治安综合治理委员会及办公室提出警告、司法建议、检察建议、整改建议后,仍拒不整改或整改不力的;

(六)本地本系统本单位干部职工违法犯罪情况严重,在社会上造成恶劣影响的;

(七)本地本单位社会治安综合治理工作(平安建设)考核评价不合格、不达标的;

(八)对群众反映强烈的社会治安重点地区和突出公共安全、治安问题等,没有采取有效措施或者出现反弹,或公众安全感及对政法部门工作满意度低,且全省排位靠后的;

(九)各级党委、政府和社会治安综合治理委员会认为需要查究的其他事项。

第二十二条　对党政领导班子、领导干部进行责任督导和追究的方式包括:通报、约谈、挂牌督办、黄牌警告、实行一票否决权制、引咎辞职、责令辞职、免职等。因违纪违法应当承担责任的,给予党纪政纪处分;构成犯罪的,依法追究刑事责任。

第二十三条　对具有本办法第二十一条所列情形的地方、部门和单位,由相应县级以上社会治安综合治理委员会办公室以书面形式进行通报,必要时由社会治安综合治理委员会进行通报,限期进行整改。

第二十四条　对受到通报后仍未按期完成整改目标,或者具有本办法第二十一条所列情形且危害严重或者影响重大的地方、部门和单位,由相应的上一级社会治安综合治理委员会办公室主任对其党政主要领导干部、社会治安综合治理工作分管领导干部和负有责任的其他领导干部进行约谈,必要时由社会治安综合治理委员会主任、副主任约谈,帮助分析原因,督促限期整改。

第二十五条　对受到约谈后仍未按期完成整改目标,或者具有本办法第二十一条所列情形且危害严重或者影响重大但尚不够黄牌警告或实行一票否决权制的地方、部门和单位,由相应的上一级社会治安综合治理委员会办公室挂牌督办,限期进行整改。必要时,可派驻工作组对挂牌地方、部门和单位进行检查督办。

省社会治安综合治理委员会办公室每年结合社会治安综合治理工作考评、公众安全感和满意度调查、重特大案(事)件发生等实际情况,从公共安全、治安问题相对突出的县(市、区)或部门、单位中,确定若干作为挂牌督办的重点整治单位,加强监督管理。

对受到挂牌督办的地方、部门和单位,半年内取消其评选综合性荣誉称号的资格及其主要领导干部、分管领导干部和负有责任的其他领导班子成员评先受奖、晋职晋级的资格。

第二十六条　对挂牌督办后仍未按期完成整改目标,或者有本办法第二十一条所列情形且危害特别严重或者影响特别重大但尚不够实行一票否决权制的地方、部门和单位,由相应的上一级社会治安综合治理委员会实行黄牌警告,整改期限为1年。

对受到黄牌警告的地方、部门和单位,1年内取消其评选综合性荣誉称号的资格及其主要领导干部、分管领导干部和负有责任的其他领导班子成员评先受奖、晋职晋级的资格,且当年年度考核和公务员考核不得评定为优秀。

第二十七条　对受到挂牌督办或黄牌警告后仍未按期完成整改目标,或者有本办法第二十一条所列情形且危害特别严重或者影响特别重大的地方、部门和单位,由相应的上一级社会治安综合治理委员会按照有关规定,商有关部门共同研究决定实行一票否决权制。

对一票否决后仍未按期完成整改目标的地方、部门和单位,可继续实行一票否决权制,并按照相关规定启动引咎辞职、责令辞职、免职等问责程序。

对一票否决的地方、部门和单位,1年内取消其评选综合性荣誉称号的资格及其主要领导干部、分管领导干部和负有责任的其他领导班子成员评先受奖、晋职晋级的资格,且当年年度考核和公务员考核不得评定为称职(合格)、当年不得晋升工资级别。具体由组织人事部门按照干部管理权限和程序办理,并会同社会治安综合治理委员会办公室,按照有关规定向上级有关部门进行报告、备案。需要追究该地该单位党政领导干部责任的,移送纪检监察机关依纪依法处理。

第二十八条　对中央驻赣单位实行一票否

决权制的，由省社会治安综合治理委员会向其主管单位和中央社会治安综合治理委员会提出书面建议。对省属驻设区市单位需要实行一票否决权制的，由所在设区市社会治安综合治理委员会行使一票否决权制，并报省社会治安综合治理委员会办公室和其主管单位备案。

对地方、部门和单位拟进行责任督导和追究的事项，由社会治安综合治理委员会办公室组织核查后，视情启动责任督导和追究程序。

第二十九条　对拟实行黄牌警告和一票否决权制的相关事项，由相应的上一级社会治安综合治理委员会办公室按照有关规定提出建议，经综治、纪检、组织、监察、人社五部门联席会议审议后，提交社会治安综合治理委员会研究决定。

挂牌督办、黄牌警告和一票否决决定形成后，在送达实行对象的同时，应当报告同级党委、政府和上一级社会治安综合治理委员会，并通报同级纪检、组织、监察、人社部门及实行对象的上级主管部门（单位）。

黄牌警告和实行一票否决权制期满或提前解除的，由本级社会治安综合治理委员会办公室报告整改情况并提出书面申请，经相应的上一级的社会治安综合治理委员会办公室组织核查验收合格，并提交五部门联席会议审议后，报社会治安综合治理委员会批准解除。

第三十条　对社会治安严重混乱或发生影响社会稳定的重大问题的地方、部门和单位，或者党政领导干部具有本办法第二十一条所列情形的，按照《中国共产党问责条例》及《江西省贯彻〈中国共产党问责条例〉实施办法》、《关于实行党政领导干部问责的暂行规定》等有关规定，由相应的县级以上社会治安综合治理委员会组织调查，提出处理意见。需要追究党纪政纪责任的，由纪检监察机关按照有关规定的权限和程序办理；需要给予组织调整或者组织处理的，由组织（人事）部门按照有关规定的权限和程序办理。

第三十一条　党政领导班子、领导干部具有本办法第二十一条所列情形，并具有下列情节之一的，应当从重进行责任督导和追究：

（一）干扰、阻碍调查和责任追究的；

（二）弄虚作假、隐瞒事实真相、瞒报漏报重大情况的

（三）对检举人、控告人等打击报复的；

（四）党内法规和国家法律法规规定的其他从重情节。

第三十二条　党政领导班子、领导干部具有本办法第二十一条所列情形，并具有下列情节之一的，可以从轻进行责任督导和追究：

（一）主动采取措施，有效避免损失、挽回影响的；

（二）积极配合调查，并且主动承担责任的；

（三）党内法规和国家法律法规规定的其他从轻情节。

第六章　附　则

第三十三条　各设区市、省委各部门、省直各单位及驻赣中央单位可根据本办法制定具体实施细则。

第三十四条　本办法的具体解释工作由省委办公厅商省社会治安综合治理委员会办公室承担。

第三十五条　本办法自印发之日起施行。此前发布有关综治领导责任制的规定，凡与本办法不一致的，按照本办法执行。

江西省多措并举营造平安湖区

长期以来，鄱阳湖区因争夺渔场、砂场、湿地、草洲等权属利益引发的纷争不断，有时甚至引发群体性械斗。据不完全统计，20 世纪 90 年代，湖区发生群体性械斗事件 30 余起，造成 18 人死亡、数十人受伤，严重影响湖区安全稳定。近年来，省委、省政府高度重视鄱阳湖区安全稳定工作，特别

是2017年，采取了一系列有效措施，对湖区实行源头治理、依法治理、系统治理、综合治理，从根本上扭转了湖区社会治安不好的状况，既保护了一湖清水，又维护了一湖平安。

一、持续强化鄱阳湖联谊联防五联机制

省综治委召集鄱阳湖周边3市、12个县（区），协调省直8个部门，每年定期召开年会，制定了《边界联谊联防公约》，促进交流，凝聚共识，推动发展。在实践中，将“联谊联防”机制逐步发展成“联谊、联防、联调、联治、联建”五联机制，建立了一个纵横交错的综治大平台，形成宣传教育、打击防范、集中整治为一体的综合治理体系，推动了湖区平安建设。

“联谊”，省、市、县、乡、村（纵向），市、县、乡、村（横向）针对问题走访，在友好气氛中解决问题；“联防”，一般纠纷不出村，复杂问题不出乡，重大问题不出县，矛盾不激化；“联调”，对边际矛盾纠纷，双方及时沟通，本着“异地优先，友邻为重”的原则，实行联合调处；“联治”，针对边际地区存在的突出治安问题，采取统一行动，集中进行治理，共同净化边际治安环境；“联建”，即以创建平安鄱阳湖区活动为载体，联合开展平安创建活动，打造平安湖区。

与此同时，在湖区构建“横向到边、纵向到底”综治信息网络，湖区12个县（区）涉水乡镇、村组、船（渔）民间及重点水域、重点部位，布建了近千名信息员；建立了湖区渔民、村民、船工等“百姓档案”；开展了“十船联防”和“十户联防”“结对联防”“村组联防”等多种形式的联防活动，湖区各县均将数百名县直单位领导，以“综治特派员”身份，派回原籍所在村，协助做好综治工作；在各村设立一个集综治、调解、信访、民政、民族管理为一体的“村民说事室”，形成“群众说事、干部理事、集中议事、及时办事、定期评事、监督查事”的“六事”运作模式，将80%的矛盾纠纷解决在基层。

二、构建完善水面巡逻执法联合模式

省综治办牵头，组织省公安厅水警总队、省渔政局、省水政监察总队、省地方海事局、省林业厅及南昌、九江、上饶3个设区市相应执法部门人员，在新建、都昌、鄱阳、余干四县区交界、矛盾纠纷多发的蛇山岛设立省、市联合巡逻执法点，湖区重点水域新建、都昌、永修、鄱阳、余干5个县（区）设立县（区）联合巡逻执法点，开展驻岛（点）巡逻，现场发现问题、查处案件、调处纠纷，最大限度地推动湖区执法力量向水面一线前移。强化对湖区重点水域的巡逻查控和现场执法力度，第一时间将问题化解在初始状态和水面一线，防止发生重大案事件。形成以省级蛇山执法点为中心，新建、永修、都昌、鄱阳、余干5个重点县（市、区）联合巡逻执法点为支撑，地区互动、部门联动、遥相呼应、互为支援的“1+5”湖区动态巡逻防范网络。探索出了整体防控、联合执法的“依法治理”新模式，有效提升了湖区群众的安全感和满意度，湖区社会治安呈现出历年来最为平稳的局面。

三、逐步提升立体化治安防控水平

为有效改变湖区基础设施落后、执法装备落后、后勤保障不足、信息化程度低、联合执法职责不清的短板问题，提升湖区信息化、规范化治理水平，湖区启动了基层基础和信息化、规范化建设，立项投入2000多万元用于建设蛇山岛省级联合巡逻执法办公用房，以及联勤指挥中心、无线应急通讯专网、雷达监控等系统建设。项目建成后，将极大地改善省级联合执法条件，提升信息化水平。为形成整体防控网络，省综治委下达基层基础建设责任书，将湖区重点县区执法点建设和港口码头视频监控建设责任压实到地方党委政府。2017年，沿湖12县（市、区）全部完成湖区渔港码头、重要河道、桥梁视频监控建设3年规划，累计建成监控距离5公里以上高空瞭望摄像机11个，1080P高清摄像机73个。3年来，省级涉水执法部门先后派出1000余人次机关干部驻扎在蛇山岛，累计巡航4万多公里，检查各类船只7000余条次，先后查处各类案事件400余起，查处非法采砂、非法捕捞船只350艘，化解矛盾纠纷200余起，形成了强大的法律震慑力，提高了治安掌控力。

四、不断巩固平安湖区工作基础

全面加强基层基础建设，强化执法保障，为巩固驻点联合巡逻长效机制，省财政每年下拨100万专项经费保障湖区联合巡逻。此外，还为省级联合巡逻人员统一购买岗位执法责任险，有效解决湖区涉水执法安全风险高的问题，全力保障执法人员依法履职、担当作为。坚持法治与德治相结合，广泛开展湖区重点乡村支部共建活动。结合“不忘初心、牢记使命”主题教育部署要求，推动各涉水行政执法部门在鄱阳湖区矛盾纠纷多发的重点乡村开展支部共建活动，签订《党支部结对共建协议》，开展法治、德治宣传教育，建立“平安湖区”微信群，搭建互动交流平台，通过基层干部群众第一时间了解治安情况，传递维稳信息，组织开展联谊座谈活动，达到了以党建联群众、以党建促交流、以党建促稳定的目的，推动形成共建共治共享的湖区治理新格局。

江西省上饶市“小网格”管出社会大和谐

2017 年，上饶市积极应对新形势下社会服务管理新需求，精耕细作城市管理和社会治理，创新推动以“管理扁平化、服务精准化、参与社会化、运行信息化”为实现路径，以“一键操作、双向流转、三维开放、四项捆绑”为特色的社区网格化服务管理信息系统工作，让“小网格”管出了上饶大和谐，实现了公众安全感和群众满意度“两个稳步提升”，保障人民安居乐业。

一、网格全覆盖，管理扁平化

针对“上面千条线、下面一根针”的基层管理困境，上饶市创新开发出信息系统“四项绑定手机终端 APP”功能，推动资源下沉、人力下移、资金下投、权力下放，划好了基层“千万格”，实现了网格“全覆盖”，压缩了管理“层级”，延伸了管理“触角”，有效打通了基层社会管理服务的“神经末梢”。

一是全域覆盖。在不破坏行政区划、组织框架、队伍结构的前提下，将全市 2.28 万平方公里国土面积和 700 余万人口划分为近 3 万个网格，不留盲区、不余死角，既保障了市、县、乡、村四级传统管理机制的稳定，集约了人力资源，又定格了薄弱区域，为落实落细管理服务职能找准了方向。

二是“四项”绑定。推行“人事入网、网格优先”，每个网格内的人、地、事、物“四项”与手机终端 APP 准确绑定于格中，一个手机终端 APP 只能反映一格的“四项”情况，出“格”无效，“格”“格”不入，有效化解了过去由于信息量的庞杂无序难以鉴定识别而导致社区网格化服务管理信息系统崩溃的危机，确保了信息精准可靠、系统运行稳定。

三是科学设置。以千人居或自然村为基准，充分考虑地理现状、地域相邻、邻里相熟、村民认同度等主客观因素，科学划格、严密定格，确保网格设置界址适宜、规模适度、布局合理、便于把控。以铅山县为例，全县 18 个乡镇（街道）共划分 1163 个网格，其中最多的永平镇有 89 个网格，最少的太源畲族乡只有 10 个网格。

四是扁平管理。网格设定后，改变了过去“倒金字塔形”的层级管理模式，横向扩张了基层管理幅度，增强了基层管理力量。手机终端 APP 的使用，改变了过去由于信息不对称、信息孤岛导致碎片化、滞后式管理，畅通了管理者与基层群众之间良好的信息沟通渠道，除去了信息传递冗层，纵向压缩了管理层级，重构了以问题为导向、以信息为纽带的全方位、扁平化管理格局。

二、人在“格”中走，服务精准化

突出“双向流转”功能，推动“管理到门口、服务到家庭”，变“坐等办事”为“上门服务”，变“静态治理”为“动态治理”，变“粗放服务”为“精准服务”，着力破解“看得见管不了、管得了看不见、该管的不想见”的治理难题。

一是精密设岗。以“一事一毕”为目标，建立了（市、县、乡）网格员、业务专干、管理员“三圈三角色”的岗位设置模式。以乡镇为“初始圈”，管理员由乡镇领导班子成员兼任，业务专干由科室站所的负责人兼任，网格员按照“一格一员”配置，形成了事件处理的“第一个工作闭环”；乡镇受职能限制处理不了的事件上报至“县级圈”，与县级管理员形成“第二个工作闭环”；县级仍处理不了则上报至“第三个工作闭环——市级圈”,做到圈圈有回声、角角有回应,杜绝推诿扯皮,杜绝不作为懒作为,让事件处理的每一个环节都经得起群众的检验。

二是精细定责。“网格员”要求做到“底数清、动态明、反应快、服务好”;“管理员”负责“网格员”的日常管理、信息推送、调度、督办;“专干”由各部门的业务骨干担任,负责网格员上报的具体事件处理。在工作流程上实行自下而上、自上而下的“双向双流转”:一方面,无须通过“指挥中心”的转达,“网格员”可以将格内事件通过手机终端 APP 一对一、一对多直报“管理员”“业务专干”,交办事件也可逐级下达或直达,快速畅通无阻碍,直至事件圆满解决;另一方面,推行“由上对下”和“从下到上”的“双向同步在线考核”,推动服务态度、效率和质量的根本性转变。

三是精准服务。实施网格员“每日两小时巡格制度”,主动上门服务、走访群众,发现问题、解决问题。并将问题及时上报入网,定人定责限时处理,成效反馈由群众通过手机终端予以“星级评价”。以最早试点“网格化管理”的信州区西市街道为例,该街道聘请了 81 名女大中专毕业生担任“网格员”,在短短 5 个月时间内,帮助群众办理实事 3628 件,被群众亲切地称呼为“西市格格”。自配备网格员以来,“有事就找网格员”已成为该街道全体居民的普遍共识。

三、共建促共享,参与社会化

创新开发出“一键上报”功能,大力推行“1 + N”(1 指的是专业力量,“N”代表的是社会力量)的模式,积极构建专群结合(专业力量和居民群众)、条块结合(职能部门和属地)、社群结合(社会力量和居民群众)的社会服务管理共建新格局。

一是共同参与。开通“一键上报”功能,鼓励广大群众使用“公众版 APP”,运用手机拍摄等方式一键上报问题,形成“人人参与共管、我为人人服务”的良好氛围;结合开展“我是党员我带头”“争当方志敏式好干部等主题教育活动,全面落实“党员到社区报到”制度,鼓励全市广大党员干部争当“网格辅导员”,引导群众开展自我管理、自我服务。德兴市“党员义工志愿者服务队”向“网格”延伸、万年县寓教于乐的“民心讲堂”向基层辐射等,均取得了网格化管理的良好成效。

二是共同监督。系统“双向流转”功能也推动形成了“双向监督”体系,网格员在“格”中接受辅导员、群众监督,在“网”上接受管理员、专干监督;同时,网格员即是具体“网格事务”的办事员,也是事情办理、信息处置过程中的监督员。不管是专业版 APP,还是公众版 APP,都能直观反映“业绩分数”和“考核排名”,动态全程接受党员干部和广大群众的共同监督。

三是共同享有。村(社区)“小网格”担负了“加强党建、强化管理、拓展服务、搞好治安、繁荣文化、改善环境”6 个方面的任务,让广大群众在“网”上办事和“格”内服务中享有了更多“获得感”。据统计,铅山县开展网格化服务管理提升工作不到半年,就已有 1.3 万多人注册上饶公众版 APP,共受理各类问题和诉求 4 万余件,办结率达 97.1%,好评率达 94.5%。

四、事在网上办,运行信息化

创新开发出“三维开放”功能,依托大数据将“千万格”汇聚成“一张网”,打破“条块分割、数据壁垒”,做到了便民服务“一网打尽”、百姓办事“一网搞定”,进而赢得百姓“一网情深”。

一是数据集成,网络整合。推动各级各部门党建、综治、计生等 20 多个网络系统并轨,融入一张“网”,即“上饶市网格化服务管理信息系统”。系统通过“指挥中心 + 专业版 APP + 公众版 APP”,在线调度辖区内各类资源并干预行动状态,将网格内收集到的信息、群众反映的问题,及时推送、传达、反馈,实时定位、即时催办、跟踪问效,将现实中的行政层级压缩化、扁平化,政府与群众之间的服务时空距离缩短至“指尖零距离”。

二是过程闭合,系统开放。“向内”,系统处理一件事情,需要经过“上报、受理、分流、协办、反馈、验收、考核、归档”8 个工作流程,全部流程以数据形式在手机 APP、指挥中心当中闭合实现,保障了信息安全;“向外”,系统具备“三维开放”的特点,即不局限于单一部门内应用,而能适应不同职能部门工作内容;不局限于小区域内应用,而能大规模复制推广;不局限于短期内运用,而能满足于长期规划,以更加开放的兼容特点逐步达到“全功能”,让“只入一张网,管用实用又好用”成为社会治理服务常态。比如,铅山县有 22 个涉民职能部门整合入网，基本实现群众办事办证“只跑一次”。

三是事情网办，透明高效。群众反映的问题和诉求，被编制成信息入网，信息在系统内的流转过程也是事情在“网”上的办理过程，办理全过程被系统自动记录，怎么上报、怎么受理、怎么督导、怎么考核、怎么奖励、怎么问责、怎么约束等各个方面，都能在“指挥中心”直观反映；办与未办、办到哪里、卡在哪里，全都晒在“手机 APP”上，全程透明、全程留痕、一目了然，不断倒逼干部主动作为、快速回应、高效办结。事在网上办，使得群众诉求能够快速直达执行部门，既避免了层层传导失真的可能和耗时的弊端，更实现了“群众少跑腿、信息多跑路，信息化运行、跑出加速度”的初衷。

（撰稿人：李　艳
审稿人：刘　烁　文　悦）

山 东 省

2017 年综治工作概况

2017 年，山东省综治系统在中央综治办的指导下，以习近平新时代中国特色社会主义思想为指导，深入学习贯彻党的十九大精神，按照中央政法工作会议、省委政法工作会议部署要求，紧紧围绕服务保障经济文化强省建设，牢牢把握走在前列目标定位，以党的十九大安保维稳为主线，以社会治安综合治理工作创新为动力，以严格落实社会治安综合治理领导责任制为抓手，着力打造共建共治共享社会治理格局，不断提高预测预警预防各类风险能力，全省社会治安大局保持了持续和谐稳定，人民群众安全感和满意度不断提升，平安山东建设基础更加稳固。

一、提高政治站位，全力做好党的十九大安保维稳工作

按照省委提出的"一切围绕十九大、一切服从十九大、一切捍卫十九大"的总要求，全面负责省委、省政府开展的"排查安全隐患防范四类风险专项行动"组织实施和督导检查。强力组织推动。以省委办公厅、省政府办公厅名义起草印发《关于开展排查安全隐患防范四类风险专项行动的通知》，筹备召开了全省视频会议进行专题动员部署，建立情况控制、督导考核、应急处置、舆论宣传、信息报送等工作制度，提出具体工作目标、工作标准和工作要求。强化工作调度。对专项行动实行一月一调度，要求各市和省直有关部门每月 10 日前报送上月 37 个小项的隐患排查和整治情况、综合分析报告、治安安全预警等。省综治办每月对专项行动组织开展情况和隐患排查情况进行研判分析，形成专题报告报省领导，为领导决策提供依据。加强定期通报。建立情况通报制度，每月一通报。通报对重大安全隐患进行预警分析，对问题隐患整改进行督导，对下步工作开展提出要求。狠抓明查暗访。成立 17 个组，从 8 月份开始组织了 4 轮明查暗访，对发现的问题及时进行通报，得到省委、省政府主要领导同志的肯定。通过开展系列明查暗访、通报等活动，对基层单位工作形成了强有力的督导，一大批隐患性、苗头性问题得到及时发现和整改，确保了山东省"五个不发生"目标的实现。在全省十九大安保维稳表彰大会上，省综治办的经验作了大会书面交流。省综治办将明查暗访情况纳入年度综治工作（平安建设）考核。

二、强化措施落实，全力维护国家政治安全和社会稳定

（一）圆满完成省委专题调研任务。按照省委开展"关于高度重视政治安全问题""关于高度重视社会和谐稳定问题"调研要求，深入开展专题调研活动。紧紧围绕调研主题开展调研，每季度形成一份专题调研报告报省委办公厅，为领导决策提供参考。

（二）圆满完成重大活动安保任务。围绕 2017 年元旦、春节、全国全省"两会"、"一带一路"高峰论坛、省第十一次党代会、党的十九大等重大节日、重要活动，以最高标准、最严要求、最硬措施，圆满完成安保维稳任务，确保了全省大局稳定。

（三）不断加大打击整治力度。深入开展打黑除恶打霸治痞、涉枪涉爆、涉食品药品、涉环境污染等违法犯罪专项行动，严厉打击电信网络诈骗犯罪，人民群众安全感不断提升。2017 年破获刑事案件 26 万起，八类暴力案件、"两抢"案件同比分别下降 15.05%、38.51%。加强对社会治安重点地区排查整治，对城乡结合部、城中村、中小旅馆、出租房屋、公共娱乐场所以及案件高发地方进行经常性摸排和集中整治，全年共排查重点地区 637 个、重点部位 15438 处，解决重点问题

11000起。深入开展三年禁毒人民战争，重点打击制毒、贩毒、吸毒等违法犯罪行为，2017年全省共破获毒品犯罪案件5308起，抓获毒品犯罪嫌疑人6100余人，缴获各类毒品折合冰毒4000余公斤。

（四）深化反颠覆反恐怖斗争。坚持下先手棋、打主动仗，强化反颠覆反渗透斗争，加强情报信息搜集研判，深化专案侦查打击，有力粉碎了敌对势力渗透破坏活动。始终把反恐维稳作为重中之重，完善反恐重点防范机制，做到了全覆盖、零漏洞、无死角。

三、更加注重实效，全力做好矛盾纠纷多元化解工作

深入贯彻落实《关于完善矛盾纠纷多元化解机制的实施意见》《山东省多元化解纠纷促进条例》，不断深化对各类矛盾纠纷预防、发现、化解、管控能力，努力提高矛盾纠纷多元化解实效。2017年全省共排查矛盾纠纷258435件，调处率达98.12%。

（一）开展集中化解矛盾纠纷“百日行动”。3月份，组织开展了矛盾纠纷大排查大调处百日专项行动。各级组织网格员、社区工作者、平安志愿者、群防群治队伍等多方力量，集中开展矛盾纠纷拉网式滚动排查。特别是对婚恋家庭、邻里关系、经济纠纷、劳动争议、土地征用、房屋拆迁、环境保护、企业改制等矛盾纠纷，多次到省进京上访、退役军人等涉众型利益群体访，以及诉求长期得不到解决、多次反映问题的重点人员、可能引发“民转刑”命案的矛盾纠纷，全面掌握案件底数，建立台账，分类化解管控。

（二）推动矛盾纠纷多元化解提档升级。各地以综治中心为依托，建立矛盾纠纷多元化解平台，整合各方力量，合力化解矛盾纠纷。进一步加强品牌调解室建设，如青岛市的“桑梓团”“和事佬”及以社区（村）为单元的“我想说事”“请帮帮忙”“大家观点”等微信、QQ、微博新媒体平台，威海市的“农村离职干部协会”“和事佬协会”“莫愁联盟”等特色品牌调解室，济宁市的“和为贵”调解室等，形成调处矛盾纠纷的“调节器”“减压阀”。健全部门、行业协会、事业单位、企业等行业性专业性调解组织，构筑大调解网络。截至2017年底，全省有人民调解委员会8.5万余个，专业性、行业性调委会2217个，专兼职调解员34.2万名。全面开展诉调对接工作，各基层人民法院诉调对接中心和人民法庭诉讼服务站全部设置人民调解室，在全省法院系统推广“诉讼风险五笔账”做法，近20%的民商事案件在诉前化解。

（三）加强“民转刑”命案预防工作。把“人命关天、平安是福”作为做好命案预防工作的出发点和落脚点，与省公安厅联合印发《关于进一步加强命案防范工作的实施意见》，对做好命案预防工作提出要求。针对近几年因婚恋家庭纠纷引发命案大幅上升的实际，牵头组织省妇联、省司法厅等六部门联合印发《关于深入推进婚恋家庭纠纷预防化解工作的指导意见》，指导各地全面加强矛盾纠纷排查化解，预防“民转刑”命案发生。

四、强化联网共享，全力推动“雪亮工程”建设

继续抓好一、二、三类监控目标全覆盖和前端摄像头增点加密、提质增效。截至2017年底，全省视频监控探头达320余万路。着力推进“雪亮工程”深度应用和拓展应用，不断健全完善“全域覆盖、全网共享、全时可用、全程可控”的公共安全视频监控联网应用体系。继中央综治办在临沂召开全国“雪亮工程”建设推进会，向全国推广临沂、烟台、威海等地经验之后，“雪亮工程”在全省得到全面推广。

（一）建设省级公共安全视频图像信息交换共享平台。研究制定了《省级公共安全视频图像信息交换共享平台建设实施方案》，依托省委政法委应急指挥中心，挂牌成立山东省综治中心（公共安全视频监控中心），开发了自动化办公系统、视联通讯系统、信息采集系统、涉法涉诉信访平台、实有人口及流动人口动态管理信息库等综治基础信息应用系统，采集有效信息600多万条。配备了显示大屏、视频摄像头、数据中心机房、视音频信号控制台等硬件设施，实现横向与政法各部门信息共享，纵向与各市综治信息系统对接互通。2017年底，已将“雪亮工程”试点城市临沂的5万多路、公安系统16万多路视频图像接入省级平台及省委政法委分管领导、业务处室办公电脑，近期还将实现与东营、济宁、青岛、济南、菏泽等市视频资源的互通共享。

（二）部署开展“技防示范村”和“平安智慧社区”建设。2017 年，2731 个农村（社区）被列为省级“技防示范村”，2000 多个社区开展了“平安智慧社区”建设，参与群众达到 150 多万户、600 多万人。

（三）着力抓好重点城市的指导培植工作。指导 2016 年全国“雪亮工程”建设示范城市临沂市积极探索“雪亮工程”建、联、用新模式，并成功向全国推广。截至 2017 年底，临沂市已接待来自全国各省、市（自治区）综治系统“雪亮工程”学习考察团 130 余批次、1600 余人次。指导 2017 年全国重点支持城市菏泽市成立市公共安全视频监控建设联网应用重点支持城市项目建设领导小组，制定了《菏泽市“雪亮工程”建设指导意见》，召开全市“雪亮工程”建设现场推进会，选定 4 个县区作为试点，以县、乡、村三级综治中心建设为基础，以公共安全视频监控系统建设联网应用为核心，大力推进视频监控、视联网系统、综治信息等信息化系统的高效融合。截至 2017 年底，该市已有 4 个县区“雪亮工程”指挥平台投入使用，其余县区均在积极建设中。指导 2018 年度重点支持城市德州市编制完成项目可行性研究报告，并通过中央综治办、公安部审定。指导 2019 年度、2020 年度重点支持城市枣庄市、聊城市在调研论证的基础上，着手编制项目可行性研究报告，建用互促，整体工作稳步推进。

（四）加强联网应用。各地结合开展综治中心标准化建设管理，在市、县、乡三级综治中心建立了公共安全视频信息共享平台，在实现纵向互联共享的基础上，分级明确具体联网部门，实现了视频资源的大整合。在市、县两级将公安、城管、环保、旅游、经信、安监、海洋渔业、林业、邮政、法院等部门的视频监控资源统一接入综治中心视频监控网络，在乡镇（街道）将公安监控资源、村居监控资源和驻地重点厂矿企业监控资源统一接入同级综治中心。在此基础上，引进云计算、视频抓取、人脸识别和空间地理分析等新技术，实现了视频资源的高效运用。通过信息融合导入、网络边界数据安全交换等技术，以视频监控平台为基础对接平安校园、平安医院、平安海域、数字化城管、公交安防设施等，并与基层党建工作相结合，初步形成全社会公共安全视频图像信息“一张网”，在加强和创新社会治理、维护社会和谐稳定等方面发挥了强大支撑作用。

五、强化综合施策，全力做好特殊人群重点行业重点领域安全管控

（一）加强特殊人群服务管理。认真落实刑满释放、社区矫正、涉邪教和戒毒康复等人员帮教衔接机制，健全政府、社会、家庭“三位一体”关怀帮扶体系。省综治办多次召开专门会议安排部署，与省公安厅、省民政厅、省财政厅、省卫计委、省残联等部门联合下发《关于做好强制医疗执行工作的通知》《关于做好严重精神障碍患者登记报告和治疗管理有关事项的通知》，对建设强制医疗执行场所、收治对象、经费保障、有关事项登记报告等工作提出明确要求。针对严重精神障碍患者服务管理工作存在的问题，省综治办组织省有关部门组成 4 个督查组，分赴 9 个市进行专项督导检查。为推动“以奖代补”政策真正落地，省综治办专门召开省、市、县三级综治、卫计、公安、民政、残联等部门会议，要求各地坚决把“以奖代补”政策和监护责任落实到位。截至 2017 年底，全省 17 市全部出台了“以奖代补”实施意见，奖补标准全部达到每人每年不低于 2400 元的国家标准，全省 3 级及以上的 9034 例患者已在 204 所医疗机构全部集中收治；全省法院决定强制医疗的 223 名肇事肇祸严重精神障碍患者，全部关押收治。

（二）强力推动寄递企业“3 个 100%”制度落实。进一步压实地方政府属地管理责任、行业监管责任以及企业主体责任，完善寄递渠道安全联合监管工作机制，将“三项制度”落实情况纳入年度综治工作（平安建设）考评体系。强化协议客户安全管控，采取先签协议再经营的办法，严守寄递渠道安全第一关。将寄递企业新购置 X 光安检机纳入各级安全生产专项资金奖补范围，目前全省已有 964 处邮（快）件处理场所配备了 1198 台 X 光安检机，其中 2017 年新配置安检机 666 台，安检机配置数量稳居全国前列，基本实现全省寄递企业市际出口处理场所安检设备应配尽配。深入开展寄递安全综合整治行动，组织企业深入排查整改安全风险隐患，严厉打击违法违规行为。

（三）严格其他重点行业重点领域安全管控。严厉打击网络诈骗犯罪，破获电信诈骗案件 6044

起，同比上升67.9%。深入开展打击网络政治谣言和有害信息专项行动，保持了网络安全形势的平稳可控。牢固树立“安全发展”理念，持续开展公共安全隐患大排查大整治，在道路交通安全监管领域，深化道路交通“平安行·你我他”行动，深入开展道路交通“隐患歼灭、路面防控、宣传攻势、共治合成”四场攻坚战。2017年，道路交通事故起数、死亡人数同比分别下降1.35%、4.81%。加强消防基层基础建设，全省80.6%的乡镇、街道将消防网格化管理纳入综治平台，83.8%的重点单位建成微型消防站，2017年全省没有发生较大以上和有影响的火灾事故。深入开展易制爆危险化学品和寄递物流专项整治，推动落实散装汽油销售实名登记制度，2017年收缴易制爆危险化学品7900公斤，处罚寄递物流从业单位2.3万家，适用《中华人民共和国反恐怖主义法》对2家物流企业分别处以50万、19万大额处罚，破获非法制贩爆炸物品案件261起。

六、注重强基固本，全力筑牢综治基层基础根基

（一）推进综治中心标准化建设。贯彻落实《社会治安综合治理综治中心建设与管理规范》国家标准，出台《关于推进全省各级综治中心标准化建设与管理指导意见》，在推动综治中心联动融合、开放共治、提升工作效能等方面下功夫，全省县（市、区）、乡镇（街道）、村（社区）综治中心覆盖率分别达到80.6%、99.1%和83.7%，人员总数达到22.1万。县（市、区）、乡镇（街道）综治中心按照机构设置实体化、人员配备实体化、运行保障实体化原则，搭建综治信息与视频监控系统，设立综合协调、矛盾调处、治安防控三个工作室和群众诉求受理服务大厅。城区及城乡结合部等规模大、人口多、有条件的社区（村）依托综治办成立综治中心，配备专职人员。截至2017年底，省、市、县、乡综治干部6655人，村（社区）综治机构专职负责人78894人，全省每万人拥有群防群治人员160人。

（二）城乡社区网格化服务管理成效显著。各级各部门按照《城乡社区网格化服务管理规范》国家标准，积极推进网格化管理、社会化服务。按照“任务相当、规模适度、方便管理、界定清晰”的原则，合理规划社区布局，因地制宜划分基础网格，将人、地、物、事、组织等要素全部纳入管理网络，初步形成横向互联、纵向贯通的基层网格化服务管理体系，实现了小事不出村居社区、大事不出乡镇街道，矛盾就地化解、问题即时解决。探索了专兼职网格员相结合、单一网格与多重网格相结合、主要职能+N项职能等多种模式，为群众提供党建、环保、戒毒、计生等一站式高效便利服务。截至2017年底，全省城乡网格化服务管理覆盖率达到100%，专兼职网格管理员达29万多人，已有127个县（市、区）、1729个乡镇（街道）和53373个村（社区）建立了网格化服务管理中心，分别占93%、95%和69.2%。

（三）切实加强社会心理服务体系建设。将健康心理作为健康山东建设的重要内容，出台《山东省健康心理行动实施方案（2017—2020）》，推动在二级以上综合医院普遍设立心理科，重点临床科室配备专兼职心理咨询师，乡镇卫生院和社区卫生服务中心设置心理咨询室。大力开展宣传教育，结合世界卫生日，部署开展心理健康宣传月活动，宣传精神卫生政策，对重点人群进行心理抚慰。将加强社会心理服务疏导和危机干预工作纳入基层综治中心标准化建设范畴，作为强化基层综治中心实战功能、预测预警预防公共安全风险的重要内容，要求县、乡镇（街道）综治中心提供专门场所开展社会心理服务工作，村（社区）综治中心普遍建立心理咨询室，并配备专门社会工作者或心理辅导人员、志愿者，对社区居民开展心理健康宣传教育和心理疏导。建立健全社会心理服务疏导、危机干预、矛盾纠纷多元化解工作机制和目标责任制，推动形成部门齐抓共管、社会力量积极参与、单位家庭个人尽力尽责的工作格局。切实做好各类特别是特殊人群的社会心理服务疏导和危机干预工作，建立健全政府、社会、家庭“三位一体”帮扶体系，加强人文关怀、心理疏导和危机干预，提高其适应环境、承受挫折能力。

七、加强奖惩激励，全力推动综治领导责任制落实

2017年4月，以省“两办”名义印发了《山东省健全落实社会治安综合治理领导责任制的实施办法》，17市也全部出台了《实施细则》，各级各部门以此为抓手，全力推动综治暨平安山东建设各项措施落实。

（一）开展综治表彰奖励。在 2017 年全国社会治安综合治理表彰大会上，山东省有 22 个先进集体和个人受到表彰，是受表彰数量最多的省份之一。其中淄博、烟台、日照、临沂 4 个市被评为全国社会治安综合治理优秀市（地），济南市市中区等 8 个县（市、区）被评为全国平安建设先进县（市、区），5 个单位、5 名个人分别被评为先进集体和先进个人；淄博、烟台、日照 3 市和青岛市南区因连续 3 届以上受到表彰，被中央综治委授予“长安杯”。4 个优秀市、8 个平安建设先进县（市、区）、5 个先进集体中任职满两年的党政主要领导和主管领导受到嘉奖。山东省对 2012—2016 年期间的社会治安综合治理暨平安建设先进集体、先进个人进行表彰奖励，共向立功人员及先进个人颁发奖金 57.6 万元。11 月底，召开全省社会治安综合治理工作创新暨表彰大会。各市也相继开展了表彰奖励活动。

（二）狠抓责任落实。年初省委、省政府主要领导同志与各市党政主要领导同志，省综治委领导同志与省综治委各成员单位分别签订综治目标责任书，压实综治责任，并作为年度综治工作（平安建设）考评依据。各级党委、政府将综治暨平安建设工作列入重要议事日程，纳入经济社会发展总体规划，纳入各级各部门科学发展综合考核。各有关单位自觉强化责任担当，制定切实可行的措施，把综治领导责任制落实落细。

（三）严格责任追究。对因不重视综治暨平安建设工作而在较短时间内连续发生重大刑事案件、群体性事件、公共安全事件的，对在综治暨平安建设年度考评中不合格、不达标的地方或单位，坚决实施责任追究。2017 年省综治办首次对 1 个地级市进行了通报，对 1 个区实施一票否决权制，对 8 个县（市、区）实施挂牌督办。

中共山东省委办公厅　省人民政府办公厅关于印发《山东省健全落实社会治安综合治理领导责任制实施办法》的通知

（2017 年 4 月 11 日）

各市党委和人民政府，省委和省政府各部门（单位），各人民团体，各高等院校：

《山东省健全落实社会治安综合治理领导责任制实施办法》已经省委、省政府领导同意，现印发给你们，请遵照执行。

山东省健全落实社会治安综合治理领导责任制实施办法

第一章　总　则

第一条　为强化社会治安综合治理的领导责任,推动社会治安综合治理措施落实,维护社会和谐稳定,根据中央办公厅、国务院办公厅印发的《健全落实社会治安综合治理领导责任制规定》等文件精神,制定本办法。

第二条　本办法适用于全省各级党的机关、人大机关、行政机关、政协机关、审判机关、检察机关及其领导班子、领导干部。

人民团体、事业单位、国有企业及其领导班子、领导干部、领导人员,中央驻鲁单位及其领导班子、领导干部、领导人员,参照执行本办法。

第三条　健全落实社会治安综合治理领导责任制,应当坚持以邓小平理论、"三个代表"重要思想、科学发展观为指导,深入贯彻落实习近平总书记系列重要讲话和视察山东重要讲话、重要批示精神,紧紧围绕深化平安山东建设、服务和保障经济社会发展,坚持问题导向、法治思维、改革创新,抓住"关键少数",强化担当意识,落实领导责任,健全职责法定、权责明确、督导有力、考评科学、奖惩分明、衔接配套、务实管用的领导责任体系,科学运用评估、督导、考核、激励、惩戒等措施,形成正确导向,一级抓一级,层层抓落实,推动各级领导班子、领导干部切实担负起维护一方稳定、确保一方平安的重大政治责任,保证党中央、国务院和省委、省政府关于社会治安综合治理决策部署的贯彻落实。

第二章　责任内容

第四条　严格落实属地管理和谁主管谁负责原则,构建党委领导、政府主导、综治协调、各部门齐抓共管、社会力量积极参与的社会治安综合治理工作(以下简称综治工作)格局。

第五条　各级党委和政府应当切实加强对社会治安综合治理的领导,列入重要议事日程,纳入经济社会发展总体规划,认真研究解决工作中的重要问题,从人力物力财力上保证综治工作的顺利开展。

各地党政主要负责同志是社会治安综合治理的第一责任人,社会治安综合治理的分管负责同志是直接责任人,领导班子其他成员承担分管工作范围内社会治安综合治理的责任。

第六条　各部门各单位应当充分发挥职能作用,积极参与社会治安综合治理,主动承担好预防和减少违法犯罪、维护社会治安和社会稳定的责任,既要各负其责,认真抓好本部门本单位内部及其分管领域的综治工作,又要加强同其他相关部门的协作配合,为形成齐抓共管合力发挥积极作用。

第七条　各级社会治安综合治理委员会(以下简称综治委)及办公室(以下简称综治办)应当在党委和政府的统一领导下,认真组织协调各有关部门、单位参与综治工作,加强调查研究和督导检查,加大工作考评和责任追究力度,及时通报、分析社会治安形势,协调解决工作中遇到的突出问题,总结推广典型经验,统筹推进综治工作。

第三章　督查考核

第八条　各级各部门各单位应当建立完善社会治安综合治理目标管理责任制,把社会治安综合治理各项任务分解为若干具体目标,制定易于执行检查考评的措施,建立严格的督导检查、考核评价、奖励惩处制度和办法,自上而下层层签订年度社会治安综合治理责任书。

第九条　各级党委常委会应当每年至少听取一次综治工作情况汇报,并将执行社会治安综合治理领导责任制的情况,作为向同级党的委员会全体会议报告工作的一项重要内容。

各级政府应当每年将开展综治工作的情况

作为政府工作报告的一项重要内容。

各级党政领导班子和有关领导干部应当将履行社会治安综合治理责任情况作为年度述职报告的重要内容。

第十条　各级综治委成员单位每年应当对本系统本部门本单位部署和开展社会治安综合治理、推进平安建设的有关情况进行总结，对下一年度的工作作出安排，并报同级综治委。

下一级综治委应当每年向上一级综治委报告工作。

第十一条　各级党委和政府应当将社会治安综合治理纳入工作督促检查范围，适时组织开展专项督促检查。

各级综治委及综治办应当采取各种形式加强对综治工作的经常督导和定期检查，动员组织党员、群众有序参与，推动社会治安综合治理各项决策部署落到实处。

第十二条　各级党委和政府应当建立健全社会治安综合治理考核评价制度机制，制定完善考核评价标准和指标体系，明确考核评价的内容、方法、程序。

年度综治考评工作由各级综治委及综治办具体组织实施。

第十三条　各级党委和政府应当强化社会治安综合治理考核评价结果运用，把综治工作实绩作为对领导班子和领导干部综合考核评价的重要内容，与业绩评定、职务晋升、奖励惩处等挂钩。各级综治委及综治办应当推动建立健全综治工作实绩档案。

各级组织人事部门在考察党政主要领导干部和社会治安综合治理分管领导干部实绩、进行提拔使用和晋职晋级时，应当了解和掌握相关领导干部抓综治工作的情况。

第十四条　县级以上综治委及综治办应当按照中央、省有关规定，加强与同级纪检监察机关、组织人事部门的协调配合，协同做好有关奖惩工作。

第四章　表彰奖励

第十五条　对综治工作成绩突出的地方、部门和单位的党政主要领导干部和分管领导干部，应当按照有关规定给予表彰和嘉奖。对受到表彰和嘉奖的先进个人，应当将有关材料存入本人档案。

第十六条　全省社会治安综合治理先进集体、先进个人评选表彰工作由省委、省政府定期组织开展。

第十七条　对受到省委、省政府表彰的全省社会治安综合治理先进集体党政主要领导干部和分管领导干部应当进行嘉奖。

第十八条　对受到表彰和嘉奖的全省社会治安综合治理先进集体、先进个人，应当按照有关规定给予一次性物质奖励，并颁发奖励证书。

第十九条　市级以下综治委及综治办和组织人事部门应当配合做好全省社会治安综合治理先进集体、先进个人的评选推荐工作。

第二十条　省综治办同省人力资源社会保障厅按要求认真配合做好全国社会治安综合治理先进集体、先进工作者的表彰推荐工作。对受到表彰的全国社会治安综合治理先进工作者，按照规定落实省部级先进工作者和劳动模范待遇。

第五章　责任督导和追究

第二十一条　各级综治办和综治委各成员单位应当健全完善情况调度、定期报告、责任督导和追究制度。各级综治办和综治委各成员单位每季度应当分别向上一级综治办和本级综治委报告一次本地本部门分管领域的治安、公共安全情况和发生的案件、事件、事故情况，重大及以上案件、事件、事故和敏感案件、事件、事故随时报告。

第二十二条　地方、部门、单位及其领导班子、领导干部违反本办法或者未能正确履行本办法所列职责，有下列情形之一的，应当进行责任督导和追究：

（一）不重视社会治安综合治理和平安建设，相关工作措施落实不力，本地本系统本部门本单位基层基础工作薄弱，治安秩序严重混乱的；

（二）本地本系统本部门本单位在较短时间内连续发生重大刑事案件、群体性事件、邪教事件、道路交通事故、安全责任事故及其他公共安全案（事）件或者发生重大、敏感案（事）件造成恶劣社会影响的；

（三）本地本系统本部门本单位发生特别重大刑事案件、群体性事件、邪教事件、道路交通事故、安全责任事故及其他公共安全和敏感案（事）件的；

（四）本地本部门本单位综治工作（平安建设）考核评价不合格、不达标或者在综治考评、群众安全感与满意度调查中排名末位的；

（五）对群众反映强烈的社会治安重点地区和突出公共安全、治安问题等，没有采取有效措施进行整治或者整治后又出现反弹的；

（六）对有具体任务目标和时间进度要求的社会治安综合治理重点工作重视不够，保障不力，工作明显滞后的；

（七）发生重大及以上刑事案件、群体性事件、邪教事件、道路交通事故、安全责任事故及其他公共安全案（事）件和敏感案（事）件后不及时报告的；

（八）各级党委和政府及综治委认为需要查究的其他事项。

第二十三条　对地方、部门、单位及其领导班子、领导干部进行责任督导和追究的方式包括：通报、约谈、挂牌督办、实施一票否决权制、组织调整或者组织处理等。因违纪违法应当承担责任的，给予党纪政纪处分；构成犯罪的，依法追究刑事责任。

第二十四条　对具有本办法第二十二条所列情形的地方、部门、单位，由相应县级以上综治办以书面形式进行通报，必要时由综治委进行通报，限期进行整改。受到书面通报的地方、部门、单位，应当在2个月内书面报告整改情况。

第二十五条　对受到通报后仍未按期完成整改目标，或者具有本办法第二十二条所列情形且危害严重或者影响重大但尚不够挂牌督办的地方、部门、单位，由相应的上一级综治办主任对其党政主要领导干部、综治工作分管领导干部和负有责任的其他领导班子成员进行约谈，必要时由综治委主任、副主任约谈。受到约谈的地方、部门、单位，应当限期进行整改，并在3个月内书面报告整改情况。

第二十六条　对受到约谈后仍未按期完成整改目标，或者具有本办法第二十二条所列情形且危害特别严重或者影响特别重大但尚不够实施一票否决权制的地方、部门、单位，由相应的上一级综治办挂牌督办，限期进行整改。受到挂牌督办的地方、部门、单位，应当在3个月内书面报告整改情况。相应的上一级综治办视整改情况，适时解除挂牌督办。必要时，可派驻工作组对挂牌督办地方、部门、单位进行检查督办。

对受到挂牌督办的地方、部门、单位，在半年内，取消该地方、部门、单位评选综合性荣誉称号的资格和该地方、部门、单位党政主要领导干部、主管领导干部、分管领导干部评先受奖、晋职晋级的资格，由组织人事部门按照有关权限和程序办理。

第二十七条　对受到挂牌督办后仍未按期完成整改目标，或者有本办法第二十二条所列情形且危害特别严重或者影响特别重大的地方、部门、单位，由相应的上一级综治委按照中央有关规定，商有关部门共同研究决定实行一票否决权制。受到一票否决权制处理的地方、部门、单位应当对照一票否决所列问题进行限期整改，并于3个月内书面报告整改情况。必要时，相应的上一级综治委可派驻工作组对受到一票否决权制处理的地方、部门、单位进行检查督办。

对受到一票否决权制处理的地方、部门、单位，在一年内，取消该地方、部门、单位评选综合性荣誉称号的资格和该地方、部门、单位党政主要领导干部、主管领导干部、分管领导干部评先受奖、晋职晋级的资格，由组织人事部门按照有关权限和程序办理，并会同综治办，按照中央、省有关规定向上级有关部门进行报告、备案。需要追究该地方、部门、单位领导干部责任的，移送纪检监察机关依纪依法处理。

第二十八条　对中央驻鲁单位需要实行一票否决权制的，由省综治委向其主管单位和中央综治委提出书面建议。

第二十九条　原则上每季度实施一次责任督导和追究，特殊情况随时实施。

第三十条　通报、约谈、挂牌督办、实施一票否决权制的情况，纳入年度综治工作考评范围。省综治办根据年度考评等情况，确定全省社会治安综合治理重点管理单位，实行重点督办。

第三十一条　具有本办法第二十二条所列情形，按照《中国共产党问责条例》和《关于实行党政领导干部问责的暂行规定》，应当对该地方、部门、单位相关领导干部采取组织调整或者组织处理的,由纪检监察机关、组织人事部门按照管理权限办理。

第三十二条　按照本办法第二十二条被责任督导和追究的党政领导班子、领导干部具有下列情节之一的,应当从重进行责任督导和追究:

(一)干扰、阻碍调查和责任追究的;

(二)弄虚作假、隐瞒事实真相、瞒报漏报重大情况的;

(三)对检举人、控告人等打击报复的;

(四)党内法规和国家法律法规规定的其他从重情节。

第三十三条　按照本办法第二十二条应当被责任督导和追究的党政领导班子、领导干部具有下列情节之一的,可以从轻进行责任督导和追究:

(一)主动采取措施,有效避免损失、挽回影响的;

(二)积极配合调查,并且主动承担责任的;

(三)党内法规和国家法律法规规定的其他从轻情节。

第六章　附　则

第三十四条　各市、各部门、各单位可以根据本办法制定实施细则。

第三十五条　本办法具体解释工作由省委办公厅、省政府办公厅商省综治办承担。

第三十六条　本办法自 2017 年 4 月 11 日起施行。

山东省枣庄市创新推行“全科网格”推动基层社会治理精细化

山东省枣庄市不断提升网格化服务管理水平,创新社会治理模式,整合社会管理资源,大力推行“全科网格”,建起一支高效率网格员队伍,第一时间搜集诉求、第一时间掌控社会动态、第一时间就地解决群众难题,充实了基层治理的社会力量,实现了基层治理精细化,服务群众的“零距离”,有效发挥网格在创新社会治理、化解社会矛盾、维护社会稳定、促进社会和谐等方面的基础作用。

一、科学合理设置网格,建立健全党委领导、政府负责的组织领导体系

在全市组织开展网格重新梳理划分集中攻坚行动,按照《城乡社区网格化服务管理规范》要求,对原有网格进行科学划分。原则上按照常住 300~500 户或 1000 人左右为单位划分网格;行政村可以村民小组(自然村)为单位划分网格;对城乡社区内较大商务楼宇、各类园区、商圈市场、学校、医院及有关企事业单位,划分为专属网格。全市共划分 4511 个网格,基础网格 3918 个,专属网格 593 个,聘用专兼职网格员 5484 名。同时,按照省委政法委确定的 19 位制的标准为每个网格编制唯一代码,统一编定成册,实现网格地理信息数字化有效整合网格资源,切实形成协调联动、密切配合的整体合力。建立各级网格化服务管理中心,与同级综治中心一体运行,具体负责组织、协调、指导本辖区内网格化服务管理相关工作。健全完善双重管理的领导体制,各级网格化服务管理中心接受同级党委、政府和上级网格化服务管理中心的双重领导。

二、加强网格队伍建设,努力打造一支扎根基层、尽责履职的网格队伍

为每个网格配备 1 名或多名网格员,并适当配备网格长。按照本土化、年轻化、专业化的原则,尽量从网格内符合条件的人员中选聘网格员。在城区,提倡通过购买服务等办法聘用专职网格员,也可以由居(社区)两委干部或全日制社区工作人员担任兼职网格员;在农村,由村两委干部或警务助理担任兼职网格员。合理确定网格员劳动报酬和工作补贴,并根据经济发展和财力情况建立待遇正常增长机制,保持队伍稳定。例如,滕州市东沙河镇推行“八员合一”经验做法，将治保主任、调解主任、警务助理、网格员、安全员、环保员、消防员、民兵连长“八员”职能集于一体，设立“社会治理专员”，落实专项补贴，切实解决农村网格员纯粹义务奉献、不愿意干、责任心不强、不好管理等问题，真正发挥好这支队伍在基层社会治理、平安建设等方面的基础性作用。同时，定期对网格长和网格员进行绩效考核和业务培训，不断提高网格队伍的履职能力和水平。

三、明确网格职责任务，进一步完善运转规范、高效快捷的工作流程

网格员通过走访巡查等办法，及时排查化解各类矛盾纠纷和安全隐患，化解不了的，通过手持信息采集终端及时上报村（社区）或镇街网格化服务管理中心。镇街网格化服务管理中心组织网格员做好基础信息采集工作，及时录入综治信息系统。各级网格化服务管理中心重点做好任务分流交办工作，并将相关部门办理的交办事项情况，逐级反馈给相关单位或者网格员、居民群众，形成闭环工作流程。对下级网格化服务管理中心工作开展情况以及党委、政府工作部门办理交办事项情况定期通报，并将通报结果纳入年度经济社会发展和社会治安综合治理考核内容。市中区寓管理于服务，突出重点监管防控，建立关爱人群（空城人员、留守儿童、伤残军人、退役士兵、低保人员等）和关注人群（刑事解教人员、社区矫正人员、信访重点人员、邪教人员、重度精神病人、吸毒人员等）网格化服务管理档案，有效地将重点人群纳入网格内实施精准管控并作为网格管理员日常巡查走访的重点关注人群，通过这种网格到底、责任到人的监管模式，实现了对于重点人群全方位、全时段的动态掌控，有力维护了社会面的稳定，促进了市中区平安建设工作的整体推进。

四、强化科技信息支撑，不断提高服务管理的智能化、专业化水平

按照“一格一机”的原则，通过统一招标采购方式给网格配备手持信息采集终端，实现对基础信息的实时采集、实时上报，并与综治中心、网格化服务管理中心互联互通。将综治信息系统作为日常业务开展的信息化工作平台，加快推进各级公共安全视频图像信息共享平台建设，根据工作需求，向网格管理员提供必要的可视化支撑服务；同时利用共享平台对网格管理员进行实时监督管理和指挥调度，对有关图像、视频信息进行实时处理、实时流转。市中区以无缝对接为基础，利用智能手机信息技术打造“市中数字通”信息采集终端，满足社区社会事务信息的动态更新，通过照片、文字、音频、视频等形式，实现对有关信息的实时采集、实时上报，最终实现准确、敏捷、高效、全时段、全方位覆盖的社会治理模式。

五、有效整合网格资源，切实形成协调联动、密切配合的整体合力

对现有各类网格进行整合划一，打造“全科网格”，切实做到一个标准设置网格、一个平台交办任务。建立部门业务工作准入制度，严格审核把关。明确职责划分机制，对排查发现和接报的问题，根据部门职责指定属事和属地责任单位。对涉及多个部门或对职责划分有异议的问题隐患，提交同级党委、政府督查部门，指定主办单位和协办单位。各级党委、政府工作部门按照“一人一格”或“一人多格”的方式，把本部门的相关业务骨干下沉到城乡社区网格中，切实形成部门和网格之间的有效衔接、协调联动。理顺“费随事转、权随责走”的工作体制，由相关工作部门向网格内拨付必要的工作经费，同时赋予网格工作人员相应职权，确保基层有条件有能力做好各项服务管理工作。市中区对现有各类网格进行整合划一，将现有的党建、综治、信访、民政、卫计、安监、公安、司法、人社、食药、环保、城管、消防等网格“多网融合”，全部合并纳入城乡社区网格。市中区共划分526个网格，基础网格428个，专属网格98个，聘用专兼职网格员665名。

六、强化工作保障，建立健全网格化服务管理工作长效机制

在组织保障方面，组织、人事、编制部门对市、区（市）综治办和镇街网格化服务管理中心的人员力量配备给予合理保障，确保有人办事。同时，加大网格化服务管理中心与相关职能部门干部的交流使用力度，有效提升网格干部的业务能力和服务管理水平，为推动网格化服务管理工作的深入开展提供坚强组织保障。在经费投入方面，各级人民政府将网格运行经费纳入财政预算，从村级运转经费和社区为民服务专项经费中予以合理保障。将网格化服务管理纳入社区服务工作或群防群治管理，对城市流动人口、农村留守人员、困难群体、特殊人群社会服务等工作，按照有关政策纳入政府购买服务项目库，加大经费投入，提高保障水平。在考核奖惩方面，探索建立“双向”考核评价机制，在现有绩效考核的基础上，依托网格化服务管理体系，细化明确考核评价指标，强化镇街和村（社区）对市、区（市）职能部门及其派驻机构履职情况的评价。对工作开展成效显著的地方和单位，适时进行表彰奖励；对因工作开展不力、办理交办事项不及时导致发生影响稳定问题的地方和单位，严肃进行责任追究。

枣庄市推行“全科网格”，实现职能部门“重心下移、职能下沉”，将人员、职能下沉到村（社区）网格，综治基层基础工作得到完善和强化，矛盾纠纷多元化解、特殊人群服务管理等工作得到深化，一些社会纠纷和矛盾在萌芽状态得到化解，老百姓身边一些最直接、最关心的问题也得到了有效解决，有力促进了平安建设和社会治理水平的提高，人民群众安全感和满意度不断提高。

山东省东营市打造“雪亮工程”升级版
着力提升社会治理“新动能”

山东省东营市坚持以各级综治中心为平台，以科技信息为支撑，以群众广泛参与为重点，以深度应用为目的，着力打造“雪亮工程”建设升级版，积极培育社会治理“新动能”，有效提高了社会治理社会化、法治化、智能化、专业化水平。2017 年，全市八类主要案件发案率同比下降 21. 62% ，可防性案件下降 76% ，人民群众安全感大幅提升。

一、坚持高点定位、统筹推进，提升“雪亮工程”系统化

市委、市政府从构建共建共治共享的社会治理格局出发，把“雪亮工程”作为民生工程、民安工程、民心工程，瞄准全省领先、全国一流的奋斗目标，坚持统筹考虑、总体布局，实施聚力攻坚、创新突破。

（一）加强统筹谋划。市委、市政府将“雪亮工程”建设作为系统工程，列入重要议事日程，统筹资源、整合力量，形成党委领导、政府主导、综治牵头、部门配合、社会参与的工作格局。制定出台《东营市“雪亮工程”建设方案》，统一标准规范、统一考核验收、统一管理应用，为工程建设提供了科学依据。市政府将“雪亮工程”建设项目列入全市十大民生实事之一，市县乡财政投资 3 亿多元，强化资金保障，为推进“雪亮工程”建设奠定了坚实基础。

（二）创新工作模式。借鉴外地成功经验，搞好内外结合，创新提出打造视频监控、巡防队伍、手机 APP、一键求助、电子巡更、应急广播“六位一体”的“雪亮工程”新模式。视频监控，即采取政府购买服务方式，推进全市村（社区）视频监控全覆盖；巡防队伍，即乡镇、城区街道分别按照不低于 10 人、30 人的标准，由政府出资组建专职巡防队伍；手机 APP，即研发推广具有图文发布、视频巡查等功能的“东营雪亮”手机 APP；一键求助，即在电视机顶盒和手机 APP 软件中安装“一键求助”系统；电子巡更，即在重点部位布设电子巡更点，加强对巡防队员的管理、监督；应急广播，即安装联网的广播系统，加强对各类突发事件的处置和调度能力。目前，全市重点公共区域的视频监控覆盖率、联网率达到 100% ，“雪亮工程”入户率达到 30% 以上，“东营雪亮”APP 注册用户已达 4. 5 万人。

（三）健全推进机制。建立督导调度机制，市委、市政府将“雪亮工程”建设纳入全市重点工程项目进行立项督查，定期督导调度，掌握进展情况，推动工作落实；建立考核奖惩机制，将“雪亮工程”建设情况纳入对各县区(开发区)、市直各部门单位综治工作(平安建设)年度考核内容,加大权重分值,督促推进实施;建立宣传发动机制,借助电视、报纸、网络、广播等新闻媒体,广泛宣传发动群众积极参与“雪亮工程”建设,形成“人人参与、人人共享”的良好局面。

二、坚持互联互通、共建共享,提升“雪亮工程”智能化

各级综治部门发挥牵头抓总、统筹协调作用,会同公安、发改等部门,聚焦建设、联网、应用等关键环节,主动拥抱现代科技,加快“雪亮工程”建设,促进综治工作与现代科技的深度融合,有力提高了综治工作的前瞻性、预见性。

(一)建好各级综治中心。将市、县(区)、乡镇(街道)、村(社区)四级综治中心作为“雪亮工程”建设应用的总指挥调度中心,按照市级不低于50万元、县(区)不低于30万元、乡镇(街道)不低于10万元标准,纳入同级财政预算,全额予以保障。大力推进视频监控系统、综治信息系统、网格化服务管理系统的有效对接,实现视频会议、数据共享、分析研判、实战指挥等功能应用,促进了各级综治中心实体化运行、实战化运作。截至目前,已建成高标准的市综治中心(网格化服务管理中心),批复机构为副县级事业单位,编制9名,政府购买服务人员6人;7个县区(开发区)综治中心全部提档升级,39个乡镇(街道)、1820个村(社区)综治中心标准化建设实现全覆盖。

(二)推进视频监控立体化建设。针对东营辖区油井星罗棋布、输油管线纵横交错、油地军农校交织交融、区域综治和平安建设工作形势特殊的工作实际,在高空突出发挥无人机优势,组建无人机空中巡逻队伍;在中空发挥鹰眼瞭望追踪特点,在重点部位、港口、边界、工业园区等建设鹰眼瞭望监控探头;在低空按照增点扩面、提档升级,覆盖城乡、延伸入户的要求,建设并发挥“雪亮工程”效能,构筑起了全时空、多视角、立体化的社会治安防控体系。全市共配备无人机87架,建设鹰眼瞭望探头312个,新安装高清视频监控探头3.5万个,平均每个村20个视频监控探头。

(三)搭建交换共享平台。投资500余万元建设视频云,搭建全市公共安全视频图像信息交换共享平台,接入7个县区(开发区)及公安、交通、城管、教育、邮政管理等87个部门单位视频资源,通过公共安全视频监控的联网共享、分级授权、随时调用,初步实现“全域覆盖、全网共享、全时可用、全程可控”。全市已接入视频监控3.8万路。应用视频资源智能运维系统,对视频监控综合接入、视频质量、运行情况等进行监管考核,确保了视频在线率始终保持在95%以上。按照统筹需求、分级管理原则,建立视频图像信息共享应用机制,初步实现了视频资源的共享共用。注重加强安全防范,强化网络安全传输、系统安全保障、重要信息安全管理等技术手段建设,确保了前端、联网、数据、应用安全。

三、坚持以用促建、以建促管,提升“雪亮工程”实效化

“雪亮工程”的最终效果体现在应用上,生命力也体现在应用上。通过应用“雪亮工程”,探索破解社会治理难题,取得良好的政治效果、经济效果和社会效果,得到各级党委政府的支持、各部门单位的赞同和广大群众的欢迎。

(一)开辟服务党委政府决策的新渠道。各级领导干部通过办公电脑和“东营雪亮”手机APP,可以随时查看所分管领域工作的视频图像信息,为综合研判、指挥调度、督导落实等提供了第一手资料。在承担重大安保任务和处置突发事件时,各级领导干部在综治中心就能通过“雪亮工程”查看现场实时图像,实现可视化指挥、点对点调度、综合性研判,确保了快速反应、妥善处置。与党建可视化管理服务系统对接融合,可查看村干部坐班值班、“主题党日”活动开展情况,并与各党员活动室进行视频互动交流,进一步严肃和规范了党的组织生活。

(二)实现视频监控的新应用。深化“雪亮工程”视频监控资源与数据挖掘、人像对比、以图搜图、虚拟卡口、车牌识别等技术的融合对接、集成应用,运用大数据、云计算分析,实时关联信息、把握规律趋势,推动由事后追溯向事前预测预警预防转变。以GIS地理信息系统为基础,对视频资源进行实时调用,建立视频监控与巡逻防控、情报研判、应急处突等相结合的实战应用机制,强化了协调联动和提级指挥功能。2017年,公安机关利用“雪亮工程”破获案件2315起,抓获犯罪嫌疑人 649 人。

（三）打造社会治理的新模式。通过视频监控、人脸识别系统，对严重精神障碍患者等特殊人员、敏感群体进行智能识别、实时监控，确保重点人群不离管控，有效降低成本、提升效率，在重大活动安保、信访维稳等工作中发挥重要作用。党的十九大、全国“两会”等重大活动安保维稳期间，东营市实现了在京“零非访、零收容、零集访、零滋事、零涉军、零通报”。通过无人机全角度航拍，实现空闲院落管理、罂粟排查等功能，东营市位列全省三年禁毒人民战争绩效评估考核第一名；通过鹰眼瞭望系统，实现对秸秆禁烧、春播秋种等工作的动态掌握；通过接入寄递企业视频，实现对寄递企业过机安检、开箱验视等的实时监控，确保了“3 个 100%”制度的有效落实。

（四）提升公共安全的新水平。着眼于有效防范、化解、管控各类风险，与油区治安相结合，积极整合油地视频监控，形成了油地治安联防、平安共建的良好局面，确保了中石化长输管道东营段连续 634 天“零打孔”，保护了国家能源大动脉的安全；与安全生产相结合，通过鹰眼瞭望等监控与日常执法检查相结合，实现了企业生产全过程监管；与生态建设和环境保护相结合，在边界、重点区域安装摄像头，有效避免垃圾倾倒、偷排污染物等事件发生；与河长制相结合，在重点河流安装视频监控，有效保障了河道安全；与校园、医院平安相结合，建设、整合各类视频，有效避免校园欺凌、医患纠纷事件的发生。

（五）激发群防群治的新动力。将村“雪亮工程”视频监控显示屏安装在村“两委”办公室，村干部在坐班的同时也能监看村内情况，网格员通过手机 APP 可以实时查看、上传网格内视频，实现“村村都有指挥所、格格都有巡查员”；居民通过家中的有线电视机顶盒可以查看所在村（社区）视频监控，广大群众通过手机随时随地查看所在村（社区）视频监控，提高知晓率、入户率和参与率，实现“户户都是监控员、人人都是平安员”，打通了平安建设联系服务群众的“最后一公里”。2017 年，全市刑事零发案城市小区、农村分别占总数的 77. 16%、88. 49%。

（六）联系服务群众的新纽带。通过丰富有线电视“雪亮工程”界面，群众也能查看党务村务公开、法治宣传、民生服务等内容，进一步提升了群众安装机顶盒、查看视频监控的积极性和主动性。通过视频监控全覆盖，有效约束和规范村民的日常行为，有力助推了美丽乡村建设等工作。通过在老年人家中安装视频监控系统，实现居家养老服务的智能化。通过乡镇（街道）综治中心安装应急广播总平台、各村安装分平台，实现对辖区所有村统一进行党的政策、农业知识、安全防范等宣传，同时村书记通过手机语音或短信，随时随地可以实现广播播报。在村“两委”换届工作中，乡镇（街道）通过平安大喇叭每天播放换届“十严禁”，有力增强了广大党员干部群众的法纪观念和规矩意识，确保了换届工作的顺利开展。

（撰稿人：王　彪
审稿人：李　娥　肖振国）

河　南　省

2017 年综治工作概况

2017 年,全省综治战线认真贯彻落实中央和省委的决策部署,以人民群众满意为根本标准,以解决影响社会和谐稳定的突出问题为重点,全面加强社会治安综合治理,不断深化平安河南建设,全省社会治安大局持续平稳,公众安全感和执法满意度进一步提升,2017 年下半年分别达 93.51% 和 90.56%,较 2016 年分别上升 2.09 和 1.6 个百分点。

一、坚持把综治和平安建设工作放在重要位置来抓

各级党委、政府把深入推进平安建设纳入经济社会发展总体规划,纳入"重点民生工程"和重点督查事项,在组织领导、政策支持、人财物投入等方面给予有力保障。在全国社会治安综合治理表彰大会上,洛阳、南阳综治领导责任制,郑州网格化防范非法集资,许昌综治中心等 6 个经验做法得到展示播放。7 月 6 日,省委、省政府召开全省平安建设表彰大会,要求以更高标准、更大力度、更实举措,努力建设更高水平的平安河南。同时,紧紧抓住党的十九大安保维稳这条主线,以落实综治领导责任制为龙头,以理念制度机制方法创新为引领,以信息化为支撑,一手抓从严从实从细做好维护安全稳定工作,一手抓源头性、基础性问题的解决,狠抓矛盾纠纷预防和多元化解机制建设、立体化治安防控体系建设、综治基层基础建设三项重点任务,努力提高预测预警预防风险的能力水平。会议表彰了 2016 年度全省平安建设先进单位和个人,各省辖市、省直管县(市)向省委、省政府递交了年度综治和平安建设工作目标责任书。省财政持续拨出年度平安建设专项经费 5000 万元,对先进单位和平安建设重点项目实行"以奖代补"。

二、积极预防化解矛盾纠纷

一是不断完善矛盾纠纷多元化解机制。认真落实省委、省政府"两办"《关于完善矛盾纠纷多元化解机制的实施意见》,针对 53 项具体举措,逐一明确责任单位,加大工作推进力度,促进调解、仲裁、行政裁决、行政复议、诉讼等有机衔接,构建政法机关、行政部门、工青妇等群团组织及人大代表、政协委员、律师等多方参与的工作格局。探索推进家事纠纷多元化解工作,总结提升新乡市"家事纠纷调解室 + 专业家事审判庭 + 多元社会力量参与"的柔性家事审判模式。中央综治办确定河南承担"矛盾纠纷多元化解工作规范化建设"试点项目建设,省综治办以许昌市为试点,积极推动项目落实落地,基本实现矛盾调处中心组织机构建设规范化、调解队伍专业化、基础设施标准化、调处工作程序化。二是强化基层矛盾纠纷排查化解工作。县乡村三级矛盾纠纷排查化解网络、平台、组织实现全覆盖,对矛盾纠纷实行统一受理、集中梳理、归口办理。坚持县(市、区)每月、乡镇(街道)每半月、村(社区)每周召开一次例会,排查矛盾,分析形势,制定措施,增强化解实效。全省共建成县级平台 218 个、乡级平台 2493 个、村级平台 49631 个,行业性、专业性人民调解组织 873 个,以调解员名字命名的人民调解室 857 个,人民调解组织 5.5 万个,人民调解员 21.5 万人。三是开展矛盾纠纷大排查大化解切实预防"民转刑"命案专项行动。年初,省综治办制定工作方案,先后召开专题会议、视频会议进行安排部署和工作推动,建立定期报告、集中调研、重大案件联合调查、定期通报、责任查究等机制。各级加大矛盾纠纷多发易发领域特别是婚姻家庭、邻里关系、宅基地等方面矛盾纠纷的排查化解力度,市县乡三级分别建立 2 年、1 年、半年以上未化解纠纷台账，每月对账督办，直至化解销号。对可能采取极端行为的人员逐一落实见面、化解、稳控、消除危险的责任，积极预防“民转刑”案件的发生。对一次死亡 3 人以上“民转刑”命案，省综治办、公安厅、司法厅等部门及时派出联合调查组进行实地调查，剖析案件原因、查找问题根源。2 月 13 日，省委政法委召开综治、纪委、组织、监察、人事 5 部门联席会议，专题研究预防“民转刑”命案工作。省综治办按照综治领导责任制规定，对 1 个县实行挂牌督办，对 4 个县的党政主要领导、分管领导进行约谈，对 5 个县进行通报批评。全省共排查各类较大矛盾纠纷 180079 起，化解 172438 起，化解率 95.7%。

三、着力提升社会治安防控效能

一是大力推进公共安全视频监控联网应用。认真落实《河南省公共安全视频监控建设联网应用“十三五”规划》，以推进“雪亮工程”建设为抓手，持续开展“视频监控建设联网应用年”活动，加快重要部位、复杂场所和农村薄弱地区视频监控建设和联网，不断扩大视频监控覆盖面。2017 年，全省共投入视频监控建设经费 32 亿元，以公安机关为主建设的重点公共区域视频监控数量达到 205529 个，联网 193572 路。全省智能车辆卡口建设数量达到 11911 个，联网 10754 路；智能人像卡口建设数量 3341 个，联网 918 路。公共安全视频监控队伍持续扩大，省市县乡四级监控中心数量达到 2355 个，配备专职监看人员 6318 人。所有省辖市和 134 个县（市、区）的综治视联网平台已与同级公安机关视频监控平台互联互通。公共安全视频监控在侦查破案、维护社会治安等方面发挥了不可替代的作用，全年支撑各类案事件总数 185982 起，其中支撑刑事案件数 56135 起，支撑治安案事件数 59361 起，支撑交通案件数 47563 起，支撑抓获违法犯罪嫌疑人 34733 人，服务民生 92157 人次，服务其他职能部门 18151 次。积极推动信阳、南阳“雪亮工程”示范城市建设工作，持续加大工作指导和资金投入力度。二是扎实开展群防群治。广泛动员人民群众从参与传统治安防范向参与社会治理全面拓展，大力发展、吸纳出租车和公交车司机、快递员、环卫工人、交通协管员等为平安建设志愿者，及时发现举报违法犯罪线索和公共安全隐患。市县乡三级建立专职治安巡防队伍，乡镇（街道）专职巡防队员均达到 15 人以上，全省巡防队员总人数达 9.4 万，保安人数达 16 万。三是大力推广治安财产保险。省综治办、河南保监局推动保险业积极参与平安建设、化解社会风险，着力推进治安财产保险，加强对多发性盗窃犯罪的打击和防范工作，有效化解了社会矛盾，促进了社会和谐。2017 年，全省已有 118 个县（市、区）共出资 4423.9 万元为群众购买了治安财产保险。

四、深入开展突出问题专项治理

一是扎实抓好预防未成年人溺亡专项治理工作。省综治办、省教育厅等 8 部门印发了《关于开展预防未成年人溺亡专项治理工作的通知》，4 至 10 月在全省开展专项治理，确保年度溺亡人数下降一半。综治办具体牵头，教育、公安、水利、住建、民政、团委、妇联等部门密切配合、各司其职，严格落实教育宣传、隐患排查、问题整改、督导问责等工作措施。专项治理开展以来，省综治办发督办函 60 次、通报 25 期，对 10 个县区、2 个单位进行约谈，对 1 个县、1 个乡镇、2 个单位进行挂牌督办，对 2 个县直单位、1 个乡镇实行一票否决。5 至 8 月，全省未成年人溺亡人数比 2016 年同比下降 55.25%。二是扎实推动解决“非正常停尸”问题。9 月下旬，省综治办会同公安、民政、卫计等部门，排查梳理全省“非正常停尸”问题 105 起。省综治办专门下发督办通知，督促各地尽快查清原因，分类解决。三是扎实开展易制爆危险化学品和寄递物流专项整治。组织开展“平安寄递”创建活动，协调推进实名寄递信息系统研发，推动实名寄递、收寄验视、过 X 光机安检“3 个 100%”制度有效落实。省综治办组织省公安厅、省邮政管理局加强对寄递物流行业常态化的暗访督查，及时通报情况，停业整顿存在安全隐患的寄递企业 18 家。10 月，省综治办、省公安厅对工作存在突出问题、发生重大涉危涉爆案件 3 个县的县委书记进行了约谈。

五、认真抓好严重精神障碍患者救治管理工作

省综治办、省卫计委等 6 部门召开了全省精神卫生综合管理视频会议，下发了《关于进一步加强严重精神障碍患者救治救助服务管理工作的通知》，两次抽调省直有关部门人员组成督查组，对严重精神障碍患者救治管理及落实"以奖代补"工作进行安排部署、工作推动、开展督查。2017年，全省共落实严重精神障碍患者监护"以奖代补"资金6953万元，有效促进监护人更好地履行看护责任。

六、部署开展健全社会心理服务体系和疏导机制、危机干预机制工作

3月，省综治办下发《关于充分发挥综治中心作用切实加强社会心理服务疏导和危机干预工作的实施意见》，每个省辖市确定50%县（市、区），省直管县（市）确定50%乡镇（街道）进行试点推动。9月1日，省综治委在全国试点单位西平县召开了全省社会心理服务体系建设工作推进会，着力构建预测预警预防违法犯罪的"社会心理防线"。全省共有1369个乡镇（街道）、11562个村（社区）依托综治中心建成了心理咨询室或社会工作室，配备专业人员10082名。此外，教育、公安、司法行政、妇联等行业、系统也设立了心理服务机构。全省从事社会心理服务、疏导和危机干预工作的社会组织有246个。

七、夯实综治基层基础

一是加强基层综治中心规范化建设。持续落实《河南省乡镇（街道）、村（社区）综治中心规范化建设指导意见》，进一步规范综治中心的组织体系、内部设置、运行机制，切实强化综治工作的枢纽和平台作用。针对一些地方工作落实不到位、外观标识不统一、台账资料不规范、工作人员不到岗、职责任务不清楚、机制作用发挥不充分等突出问题，加大督查通报力度，促进各地坚持问题导向，加强机制制度建设、抓好作用发挥、严格督导考核。全省99.8%的乡镇（街道）、98.1%的村（社区）综治中心完成规范化建设任务。省综治办、省普法办、省法学会联合印发《关于在全省乡镇（街道）综治中心设立法学会法律服务站的通知》，法律服务站建设实现全覆盖，建成乡镇（街道）法律服务站2456个，村（社区）法律服务联络点48488个。二是深入开展行业系统平安创建。省综治办、省公安厅联合省教育厅、省交通运输厅、省商务厅、省文化厅、省卫生计生委、省工商局、省旅游局、省通信管理局、郑州铁路局、河南银监局等部门，开展了"平安校园""平安汽车客运站""平安商场""平安文化市场""平安医院""平安市场""平安景区""平安火车站（广场）""平安通信""平安银行"10个行业平安创建活动以及"和睦家庭"创建，以小平安促进大平安，以行业系统平安促进全社会平安。对基层平安创建工作实行动态管理，全省平安乡镇（街道）、平安村（社区）动态保持在80%以上。三是广泛开展平安建设宣传工作。每年3月，在全省组织开展"平安建设集中宣传月"活动。省综治办联合省普法办、省法学会连续2年开展"法律服务进基层"活动，组织政法干警、法律工作者、法学工作者，深入基层、深入群众，集中开展法治宣传、法律咨询、法律援助等活动，实现了条块齐动员、乡村全覆盖、服务到基层的目标。活动期间，全省共举办法治讲座7250余场，开展集中宣传活动6678多次，发放各类宣传品近1632万份（册），组织文艺演出1550多场，建立法律服务窗口8500个，打造橱窗和固定宣传栏近6万个，提供法律咨询近150万人次。针对春节期间外出务工人员集中返乡、人员流动增大、群众外出活动增多的实际，省综治办开展为期2个月的平安建设专题宣传活动，广泛开展防盗抢、防诈骗、防火灾、防赌博、防事故、防非法集资等宣传活动。2017年，群众对平安建设的知晓率为68.59%，达到历史新高。四是加强综治干部培训。12月10日至13日，举办全省市、县两级综治办主任学习贯彻党的十九大精神创新社会治安综合治理专题培训班，对175名综治办主任进行了集中培训，突出学习贯彻党的十九大精神，突出学习综治业务，突出培训效果。

八、创新完善综治和平安建设工作责任体系

认真落实《河南省社会治安综合治理领导责任制实施办法》，着力构建权责明确、奖惩分明的责任体系。组织实施2016年度综治和平安建设工作考评，在继续考评市、县两级的同时，加大省直及中央驻豫单位考评力度，将考评对象由以往的省综治和平安建设工作领导小组成员单位，扩大为按照《公务员法》管理和参照《公务员法》管理的146个副厅级以上省直及中央驻豫有关单位。年度考核结果为优秀的省直及中央驻豫单位，其全体干部职工按工资供给渠道增发1个月的全额工资。通过考评，形成了有奖有罚、奖罚分明，一切用实绩说话的正确激励导向，真正让做好综治工作成为全省每个单位的领导班子、领导干部和全体干部职工的自觉意识，形成了条块结合、齐抓共管的工作局面。

九、积极推进综治视联网建设

年初，省综治办正式启动全省综治视联网建设，先后进行立项、可行性研究、工程设计、公开招标等程序，省级财政共投资 3783 万元，比项目总预算节约了 3073 万元，建成了省市县乡四级共 2640 个点位的综治视联网平台，全部实现与中央综治办的互联互通，有效提高了全省综治工作信息化水平。

河南省驻马店市大力推进社会心理服务体系建设

驻马店市被确定为全省社会心理服务体系建设试点市和西平县被确定为全国社会心理服务体系建设试点县以来，注重科学规划，坚持试点先行，积极构筑平台，大力夯实基础，着力构建社会心理服务体系。

一、提升认识，周密部署，高位谋划社会心理服务体系建设

驻马店市始终把社会心理服务体系建设作为一件大事来抓。一是统一思想，理清思路。充分认识到建设社会心理服务体系，是适应经济社会快速发展和当前人们思想观念、价值取向多元化，建设平安驻马店、维护广大人民群众根本利益的现实需要，更是强化市综治中心实战功能及其预测预警、预防违法犯罪的“社会心理防线”。在此基础上明确了“党委领导、政府主导、综治牵头、社会协同、公众参与”的指导思想，提出了“充分发挥综治中心的‘平台作用’、网格化管理的‘底座作用’、现代信息技术的‘支撑作用’、人才队伍的‘骨干作用’和创新载体的‘依托’作用”的工作思路，从源头上预防以报复社会、制造影响等为目的的重特大案事件发生。二是健全组织，精心部署。市里成立了由市委常委、政法委书记任组长的社会心理服务体系建设领导小组，制定出台了《关于充分发挥综治中心作用切实加强社会心理服务疏导和危机干预工作的实施意见》《关于强力推进社会心理服务体系建设工作的实施意见》《驻马店市社会心理服务人才培训计划》等一系列配套文件，多次召开会议进行专题研究和安排部署，先行先试，探索路径。三是大力支持，加强指导。西平县财政预算专项资金 1000 万元，省市也给予了相关配套资金，提供了充足的经费保障。在此基础上，驻马店市结合实际，创新思路、丰富载体、多措并举，制定完善具有可操作性的社会心理服务体系建设方案、相关制度、操作流程和工作标准，探索出一条社会心理服务体系建设的新路子。

二、突出重点、强化措施，全面推进社会心理服务体系建设

驻马店市着力抓好三级防护、建好四支队伍、健全五项机制、把握六个环节，构建了比较全面系统的社会心理服务体系。

(一)抓好三级防护。即对重点人员建立三级管理防护制度，对于一级管理防护对象，由社会心理服务平台专职人员处理；对于二级管理防护对象，由社会心理服务专业团队处理，进行专业的心理干预及个案服务；对于三级管理防护对象，由心理咨询督导师与精神科医生及行政管理部门联合处理。

(二)建好四支队伍。即领导队伍、管理队伍、专业团队、志愿者队伍。领导队伍由市、县、乡主要领导与各综治单位主要负责人组成，主要统筹负责社会心理服务体系建设，指方向、出思路、解难题。管理队伍由各级社会心理服务平台的主要负责人组成，管理平台专、兼职人员，制定和执行任务目标及评估社会购买服务项目。专业队伍由社会心理专家、研究人员和技术人员组成，根据题目分类分别建立专家人才库，参与和指导社会心理服务工作。志愿者队伍由各地各单位的社会心理学爱好者组成，以志愿者协会为平台，招募人员参与宣传科普和服务活动。全市心理服务工作专业人员有853名。

(三)健全五项机制。即预测预警机制、心理服务机制、心理疏导机制、紧急干预机制和源头预防机制。预测预警机制是利用信息化系统对辖区内居民的社会情绪、社会心态等情况作为社会治安形势进行整体研判、动态监测,针对排查出的预警较高的疑似重点人员归类建档,分级管理。心理干预机制是对排查出来的预警较高、行为极端、性格偏执或可能造成极端事件的人员,进行心理干预,促进其社会化,提高适应社会的能力。心理疏导机制主要是对辖区内矛盾突出、生活失意、心态失衡、行为失常等重点人群进行一对一心理疏导或心理咨询,通过专业谈话打开心结,提供心理服务。紧急干预机制是对社会事件参与者出现应激障碍症状进行的心理援助,突发事件发生后,第一时间启动心理应急干预方案,心理工作者或社会工作者参与救急工作,有效预防重大案事件的发生。源头预防机制坚持城乡社区网格长每周定期采集信息、筛查重点人员,及时归类建档,乡镇(街道)、单位每半月组织召开一次研判会议,将心理筛查与矛盾排查有机结合,重抓源头信息。

(四)把握六个环节。一是广泛宣传普及。通过新闻媒体、公众平台、开通热线、培训讲座、表演群众自编自演心理健康节目等形式,开通了平安驻马店的心理聚集栏目和驻马店社会心理服务网校,了解社会关注、回应社会关切,宣传普及社会心理学知识,引导人们以理性合法方式表达利益诉求、解决利益纠纷、维护合法权益。二是全面采集信息。基层网格心理信息员、单位和村(居)委会心理联络员、乡镇和单位分别一周、半月、一月向上级部门汇总上报一次生活失意、心态失衡、行为失常疑似重点人员基础信息,重大信息第一时间上报,县社会心理服务中心整理、归档、交办。三是着力排查筛查。对采集的基础信息,开展辖区内心理筛查、排查工作,对于高度预警人员,心理专业人员、综治人员和精神科医生第一时间"会商""会诊"并建立重点人员的心理档案。四是强化疏导服务。针对排查出来的重点人员,因人施策、辨证施治,根据不同需求分类服务,关怀疏导,消除负面心理问题。五是突出危机干预。对于受重大生活事件影响的群体,启动心理危机干预方案,通过不同的干预技术,消除应激障碍。六是强化救治救助。对严重心理疾病、精神病患者、易肇事肇祸精神病人,及时送往精神病院(专科门诊),全力救治。对经济困难的,落实政府财政保障救助措施,确保重点人员不失控、不漏管、不发生重大极端案事件。

三、创新载体,发挥作用,抓实社会心理服务体系建设

一是丰富内容,发挥载体的"依托"作用。开展社会心理服务"六进六服务六严控"活动,通过"六进",将社会心理服务的阳光送到社会各个阶层,普及心理健康知识,拓展工作"覆盖面";通过"六服务",建立完善的服务体系,健全差异化的服务形式,扩大服务"切入点"。通过"六严控",筑建重点人群的心理防护工程,把牢工作"生命线"。二是构筑阵地,发挥综治中心的"平台"作用。各县(区)综治中心成立社会心理服务工作站,下设办公室,负责领导、组织、协调和督查等项工作。各乡镇(街道)综治中心建立社会心理服务室,引导社会组织和社会工作者、心理咨询师等参与社会心理服务、疏导和危机干预工作。村(社区)综治中心建立心理咨询室,配备心理辅导人员或者专业社会工作者,协调、组织志愿者对社会居民开展心理健康宣传教育和心理疏导。同时,依托行业、系统矛盾纠纷调处化解工作平台建立心理咨询室,针对征地拆迁、医患纠纷等易引发不稳定的重点领域,开展专门的心理疏导;在法院、计生、学校、医院、监所、企业等特定群体比较集中的地方建立心理咨询室,开展社会心理服务工作。截至2017年底,全市各级各行业已建成心理咨询室2705个。三是夯实基础,发挥网格化管理的"底座"作用。组织网格管理员进村入户,做好社会心理信息采集、重点人员摸排等工作,特别是加强与特殊人群的沟通了解,及时掌握并上报其心理状况。通过网格化管理,开展"三防六助"心理服务工作。同时结合网格化管理的摸排走访工作,运用"熟人"关系促化解,心理技术"清心火",人格分析助沟通,切实履行了网格管理员的七大员职责,发挥网格化管理的"底座"作用。四是科技引领,发挥现代信息技术的"支撑"作用。按照大数据思维,依托云服务器,开发出集人员信息管理、心理测评、心理档案管理、问卷调查、数据统计分析等功能为一体,以他评自评为核心的社会心理服务综合系统。该系统包括电脑版、手机版、网络版三种应用形式,4 月 28 日在西平县正式启动。五是整合力量,发挥人才队伍的“主力”作用。把专业人才队伍的培养作为开展社会心理服务工作的“前沿”“关口”来抓,采取政府购买服务的方式,分批对县乡两级综治干部和村党支部书记、治安主任、基础网格长、县综治成员单位干部等6500 多人进行轮训,目前已获得心理咨询师资格证人员 853 人,配备到县乡村心理服务平台上。同时依托社会心理协会、学会等社会组织,整合各方力量,成立了社会心理服务志愿团 6 个、公益讲师团 2 个,切实发挥社会组织的“协同”作用,形成了政府主导、社会参与的生动局面。

河南省登封市“封调禹顺”助推平安登封升级

登封市依据大禹“以疏治水”的原则和方法,创新建立“封调禹顺”多元纠纷解决机制,变“九龙治水”为“一龙治水”,形成了条块协同、整体推进平安登封建设的强大合力。

一、建好人民调解队伍,夯实民调根基

登封市把人民调解作为基础性、根本性工作,抓牢民调队伍,为矛盾纠纷多元化解奠定坚实基础。将民调经费纳入全市财政预算予以足额保障,在全市 17 个乡镇(街道)和 323 个村(社区)全部建立人民调解委员会,选聘专职人民调解员 1033 名,形成了横向到边、纵向到底的民调组织网络。依托村级组织换届,实行“一推二选三考察”,以老教师、老干部、老党员等“五老”人员为主体,对全市 323 个村级调委会进行换届,在每村公开选聘 3 名民调员,不断优化民调队伍。建立动态化民调员绩效考评机制,推行“一访双转”案件倒查机制,将民调员工作绩效与生活补贴挂钩,依托自主研发的 OA 办公系统自动生成差别化补贴,对作用发挥不足的民调员及时予以调整、更换。优选、推出“全国模范人民调解员”张现卿和河南省“最美民调员”申占均、何进舟等先进典型;创建、培育老申工作室、康金良调解室、老干部志愿者调解室、陈光涛律师工作室等一批品牌工作室,让金牌调解常在群众身边。

登封市借鉴“互联网 +”模式,将全市民调员、律师等为群众服务人员信息等进行公示,建立全民参与、多方互动的“智慧普法”微信平台,搭建“互联网 + 调解”微信平台,群众可采取点将、预约等方式找调解、找援助、找律师、办公证,打通了服务群众“最后 1 公里”。

登封市法院的民调主要依托全市网格化管理机制,主动与登封市“周五书记接访日”工作制度对接,在乡镇(街道)、村(社区)成立“封调禹顺”法官、社会法官、人民调解三者融合的纠纷化解工作室,人民调解员和社会法官在法官指导下开展工作,弥补了法官调解刚性有余、柔性不足的缺陷,有效整合了社会资源。

二、搭建三级平台,做实多元化解

登封市建立诉调、公调等对接平台,在法院建立“三长”联合接访机制,推行五段连环多元化解模式,充分发挥司法引领作用;在全市 18 个公安派出所、7 个中心法庭等基层政法单位派驻调解室,100 余名民调员专职进驻,与专业力量紧密对接、无缝衔接,将大量矛盾纠纷化解在立案前、诉讼外。

登封市“封调禹顺”矛盾纠纷多元化解中心依托联席会议制度,突出联动、联调、联处、联化,推行核心层、主体层、联动层、化解层分类分层化解机制,重点化解“三跨三分离”、各类积案和复杂疑难问题,推动各类问题有序导入、导出、终结。

17 个乡级“封调禹顺”矛盾纠纷多元化解中心,着眼于集中化解本区域内相对复杂问题,强化三层研判调处,即每月由乡镇党委书记召开综治委例会、每半月由乡镇党委副书记召开“五长会”、每周由综治办专职副主任召开研判会;落实一个责任,对矛盾纠纷调处化解不力、造成突出问题的,落实责任查究。

323 个村级“封调禹顺”矛盾纠纷多元化解工

作站，实行村干部轮值服务制度，每天由 1 名村（社区）干部在工作站值班，并将服务事项、联系方式等内容向群众公示；建立周二集中服务日，乡镇包村干部和村组干部集中办公、集中服务群众，让群众话有地方说、事有地方办、困难有人帮。

三、突出村民自治，激活基层细胞

登封市借助“孝、和、信”文化，引导社会风气，疏导重点人，推动基层社会治理。他们将自治、法治、德治与国学教育相结合，在全市范围内推行国学文化讲堂，让群众在潜移默化中受触动、受感染、受教育。将平安创建作为基础性工作，以无访、无诉、无毒、无邪、无刑案、无安全事故为标准，分批评定命名 159 个平安村（社区），并将平安村（社区）创建与社区警务机制相结合，积极发展楼栋长、楼院长、中心户长，建立与民调员、社区民警常态联系机制，构建 1 个社区民警牵头 3 名民调员、发展 N 方群防群治力量的工作模式，统筹做好社情民情警情的收集、研判、处置，让基层专业力量、半专业力量与群众力量融合衔接，实现以小安积大安，让矛盾纠纷消除在萌芽状态。

登封市倡导“融合、合心、和谐”理念，通过民事民议、民主协商等形式，引导群众自治，提升群众获得感、社会和谐度。特别是大冶镇周山村，过去干群关系不和、邻里关系不和、经济发展落后，群众很不满意。该村通过全体村民参与制定村规民约、成立红白理事会、乡村艺术协会等方式引导群众自治，实现了由后进村到标杆村的转变。

河南省焦作市解放区推行“334”楼院协商治理模式建设美丽楼院

焦作市解放区依靠党政主导、居民主体和社会协同三种力量，实施“三上三下”三步工作法，构建共商共推、共筑共融、共创共管、共建共享四种机制，建设“四好”楼院。

一、依靠三种力量，推进协商主体多元化

一是党委政府主导推动。将基层党组织的触角向楼院、楼栋延伸，设立楼院党支部 235 个、楼栋党小组 702 个、党员中心户 1359 户，形成了“组织带动、党群共建”的良好局面。制定了县级干部、区直部门“四必帮、四必到”的楼院创建分包联创工作制度，实行“百分制考核、五星级评定”的楼院创建成果考核评价体系。采取以奖代补的形式投入创建经费，计划每年投入 300 万元的专项资金，支持基础设施相对落后的楼院进行改造、完善，并以项目化运行的方式确保资金规范使用。二是居民群众主动参与。制定了《楼院居民议事会工作规范》，明确居民议事会推选办法、工作职责、议事制度、议事流程等运行机制，保障群众的知情权、参与权、表达权和监督权。引导居民自发组织、自行推选楼院“当家人”，在 438 个楼院选出居民议事会成员 2000 余名，居民参与投票率超过 80%。居民先后自发筹资 200 余万元，与区里专项资金配套，共同解决了楼院基础设施老化、安全隐患多等民生问题 1 万多个。三是社会力量协同推进。搭建共治平台，引导社会力量主动参与楼院协商治理。110 名驻区单位人员先后加入居民议事会，共商楼院事务，为楼院发展献计献策；30 余家驻区单位投资 1000 余万元改造楼院基础设施；“追梦公益”等 200 余家社会组织积极开展各类公益活动；“两代表一委员”、老党员等热心人士也在楼院设立“爱心服务站”，自主筹资 500 余万元，帮助居民解决民生难题。

二、实施三步工作法，推动协商程序规范化

一是收集对楼院管理的意见，公布初步方案。由居民议事会组织，按照议事工作规范，采取居民议事会“集中议”、邀请户代表“座谈议”、入户调查“当面议”、微信和 QQ 群平台“网上议”等形式，围绕本楼院重大事项和普遍关心的问题，提出设想，研究讨论，形成初步方案予以公示。二是收集对初步方案的意见，公布最终方案。居民议事会通过上门走访、组织户代表集中讨论、向专业人员咨询等形式，开展民主协商，广泛征求对初步方案的意见和建议，对居民同意率低于80%的建设项目不予实施，并将修订后的创建方案再次向居民公布。三是收集反馈意见，公布整改情况。建立协商成果采纳、落实和反馈机制，从前期招标、施工到后期结算验收，让居民代表全程参与和监督，并按照居民反馈的意见，对方案落实情况进行整改，让群众事、群众议、群众干、政府帮成为楼院治理的新常态。

三、构建四种机制，推动协商成果实效化

一是构建共商共推机制，实现自治管理好。针对“院小户少”的楼院，把楼院环境卫生和安全防范责任分解到每家每户，轮流值守，形成了“我为大家守一天，大家为我守一月”的合作共赢模式；针对老旧小区、楼院，采取“自愿无偿服务 + 成本式有偿收费”的半物业化管理方式，每户每年仅收取100～300元不等的费用，集中管理，统一支付，定期公示，有效降低了支出成本。二是构建共筑共融机制，实现平安法治好。各楼院自发组建义务巡逻队384支，开展法治宣传教育、邻里守望保平安等活动，培育居民的法治观念和法律素质；1500余人组成的矛盾排查和调解队伍长期工作在社区楼院，排查化解矛盾纠纷，筑牢了基层稳定的第一道防线。通过区街两级投资、居民筹资、单位赞助等方式，建成视频监控平台300余个，实现辖区楼院和背街小巷技防全覆盖、平安灯无盲区。三是构建共创共管机制，实现环境卫生好。从居民最关切的下水道改建、路面整修，修建门岗、车棚等楼院基础设施建设和环境美化入手，动员居民全程参与，共同管理。建立环境卫生“区—街道—社区—楼院”四级联动机制，把卫生保洁任务层层分解落实，实现了楼院垃圾的日产日清和常态化保洁，营造了“美丽楼院大家建、建好楼院为大家”的浓厚氛围。四是构建共建共享机制，实现文明和谐好。培育社区服务、文化体育、矛盾调解等志愿组织200余个，连续举办了10届“社区文化体育艺术节”、13届“社区邻里节”；与市电视台联合举办的“‘美丽楼院、幸福家园’社区欢乐总动员”主题活动，吸引了辖区400多个楼院、3000多位群众参与，海选出90个优秀节目；开展的好邻居、五好文明家庭、优秀楼栋长等“身边的榜样”评选活动，凝聚了民心民意，培育了文明向上的新风尚。近年来，解放区有8名居民入选“中国好人榜”，6名居民荣获“河南省道德模范”和“感动焦作”人物称号，14名居民被评选为焦作市“身边的榜样”。“334”楼院协商治理模式被民政部授予“2015年度中国社区治理十大创新成果”奖。

（撰稿人：姚　远
审稿人：马修道　文　悦）

湖　北　省

2017年综治工作概况

2017年，在中央政法委和省委、省政府的坚强领导下，湖北省各级综治部门以习近平新时代中国特色社会主义思想和党的十九大精神为指导，全面贯彻落实中央和省委关于加强和创新社会治理，深化平安建设的一系列决策部署，坚持围绕中心、服务大局，一手抓保安全、护稳定，一手抓打基础、谋长远，不断创新社会治理理念思路、体制机制和方法手段，平安湖北建设取得新成效，群众安全感和治安满意度分别上升至新高位，分别达到96.14%和95.19%，4个地市和6个县(市、区)荣获全国综治最高奖"长安杯"。

一、坚持"龙头牵引"，进一步强化综治领导责任制

(一)以目标管理压实第一责任。深入贯彻《湖北省健全落实社会治安综合治理领导责任制实施办法》，将综治工作纳入党委重要议事日程、列入"十三五"规划进行部署。省委每半年召开一次市州党委书记综治维稳工作专题会，省委常委会每季度听取一次社会治理形势汇报，形成长效机制。建立"大平安"责任体系，制定《湖北省平安法治建设暨综治维稳工作目标管理责任书》，省委书记、省长与各地各部门"一把手"签订"平安法治建设"责任书，将综治工作和维护稳定、法治建设统一部署、统一考核，形成综治维稳法治一体化的责任体系。

(二)以项目管理压实部门责任。坚持抓好省直单位综治工作项目化管理，精选122家省直单位294个综治职能目标，明确责任领导、责任部门、责任项目和完成时限，实行过程跟踪管理、年终考核验收。指导推进省直单位县(市、区)综治联系点工作，省直79家成员单位和责任单位在综治联系点广泛开展示范建设、项目帮扶、检查调研及规划实施等工作，帮助建设示范项目82个，有效解决了一批基层平安建设的难点问题。

(三)以重点管理压实属地责任。坚持按照"下管一级"原则，对社会治安问题相对突出的县(市、区)、乡镇(街道)、村(社区)实行重点管理。2017年，省市县三级共对社会治安问题相对突出的20个县(市、区)、496个乡镇(街道)、271个村(社区)实行了重点管理，约谈252人，提出党纪政纪处分建议11人，实施"一票否决"14人，追责问责11人。

二、坚持源头治理，不断构建社会矛盾多元化解体系

(一)深入推进依法化解。持续广泛开展"律师进村、律师便民"以及"千案化解"专项行动，依托基层综治中心在各乡镇(街道)建立法律援助工作站，在村(社区)设立法律援助联系点，组织律师、法学专家、心理咨询专家、基层调解力量、行业专家等第三方力量参与矛盾纠纷调处工作，通过法律咨询、法律援助、法治宣传、涉法信访接待等渠道将各类社会矛盾导入法治轨道解决，全省涉法涉诉信访案件依法成功化解率达60%以上，全省进京重点地区涉访总量退至全国第13位，圆满完成省委、省政府"量减位退"的工作任务。

(二)大力加强心理干预。按照"两个中心"(综治中心和社会心理服务中心)同步建设思路，探索在村(社区)综治中心建立心理咨询或社会工作室，以专家协会为支撑，以社区工作者、网格员和志愿者队伍为依托，对矛盾突出、生活失意、心态失衡、行为失常人群及性格偏执人员开展心理干预和人文关怀，提高其承受挫折、适应环境能力。2017年，全省共建立心理咨询室和社会工作室981个，开展咨询服务229800多起，有效预防和减少了由此引发的违法犯罪问题和极端案事件。

（三）完善多元化解体系。健全完善省市县乡四级联排研判工作机制，加强矛盾纠纷重点领域第三方调解工作，强化矛盾纠纷多元化解平台和运行机制建设，广泛动员社会力量参与社会矛盾化解工作，综合运用教育、行政、法律、经济等手段化解矛盾问题，切实保障和维护群众合法权益，筑牢社会和谐稳定的民心基础。2017 年，全省各类矛盾纠纷调处率达 97.37%。

三、坚持问题导向，深入推进治安防控体系建设

（一）全面治理公共安全隐患。在道路交通领域，出台《关于加强道路交通长途客运班线实名制管理的实施意见》，全面启动全省道路长途客运班线实名制，基本实现省际、市际客运班线实名售票、实名查验"全覆盖"。在寄递物流领域，先后 5 次组织开展寄递渠道安全管理专项行动，出动检查人员 12758 人次，检查企业网点 4402 次，下达责令整改通知书 573 份，行政约谈企业 112 家，立案查处 87 家，停业整顿 5 家。在铁路护路领域，部署开展为期 3 个月的全省铁路沿线安全环境专项整治活动，共排查 116 处安全隐患并逐一落实整改责任，确保全年"零碰撞、零死亡、零案件"目标。在危爆物品领域，逐一摸清全省危货运输企业底数，推动危险货物车辆安装 4G 动态视频监控设备，建成全国首个重点车辆 4G 监控网，实现危货运输全过程、全流程、全覆盖动态监控。在打击传销领域，以"破大案、挖源头、捣窝点、摧网络"为重点，在全省范围组织开展打击传销违法犯罪集中整治行动，捣毁传销窝点 1382 个，教育遣返 8928 人次。

（二）重拳整治社会治安顽疾。在打击涉黑涉恶方面，坚决贯彻"打早打小、露头就打、除恶务尽"方针，周密部署、主动进攻，摧毁了一批影响恶劣、危害严重的黑社会性质组织，武汉市"扫黑除恶"综合成绩在全国 15 个副省级城市中 3 次排名第三，4 次排名第一。在"扫黄禁赌"方面，组织开展"百日行动""断链""荆楚平安使命 2017"等专项整治活动，形成"扫黄禁赌"高压态势，加强对全省 5000 余家娱乐服务场所、2 万余家宾馆酒店的日常治安管理，有效挤压涉黄涉赌违法犯罪空间。在禁毒方面，组织开展"2017 飓风扫毒""5·14 堵源截流""打击网络涉毒犯罪"等专项行动，有力震慑了毒品犯罪。在打击电信诈骗方面，开展"清网行动"，实现了依法打击电信诈骗"两升两降"目标，全省共侦破电信网络新型违法犯罪案件同比上升 128%。

（三）建立健全重点群体和重点物品、部位管控机制。在吸毒人员服务管控方面，以全国吸毒人员网格化管理现场会在宜昌召开为契机，指导各地复制推行宜昌、咸宁等地成功经验，全省登记在册吸毒人员的管控率达 99%，社区戒毒社区康复人员执行率 91%，吸毒人员复吸率同比下降 41%，涉毒刑案和治安案件同比下降 35%。在严重精神障碍患者服务管理方面，严格落实"以奖代补"政策，将全省三级以上风险患者监护人被列为奖补对象，落实奖补资金 7190.4 万元，位居全国前列。在重点部位管控方面，全面开展"一场三站"防控建设，并逐步向大型商圈、人流密集场所延伸，通过采取人脸识别和大数据碰撞比对等手段消除安全隐患。

四、坚持标准引领，大力实施综治基层基础规范化建设

（一）推进综治中心规范建设。构建综治中心与网格化一体化运行体系，全省共建立县（市、区）综治工作中心 116 个、乡镇综治工作中心（网格化服务管理平台）1366 个、村（社区）综治工作站（网格管理站）24215 个，统一配备了电脑、电子触屏、E 通和视频监控系统，升级改造为数据共享、综合查询、信息采集等 9 大应用系统，全省 3 万多个城乡村居基本实现了基础数据全录入、动态信息全更新、重点管控全覆盖和社情民意全掌握。

（二）规范运行网格化服务管理体系。在系统设计方面，依托全省政法机关信息化建设"1234"工程，对接做好省级网格化系统平台的顶层设计，按照"9+6"标准设计省级综治网格化服务管理平台，并初步实现与武汉、宜昌、襄阳等地网格化服务管理平台的信息对接。在系统应用方面，指导各地深入开展"网格+安全生产""网格+信访""网格+禁毒"等"网格+"活动。

（三）推动基层综治组织规范化保障。认真贯彻落实中央和省委《关于加强新形势下政法队伍建设的意见》，借助基层"换届选举"等契机，进一步明确"乡镇（街道）综治委主任由乡镇（街道）

党（工）委书记担任，综治办主任应由党（工）委副书记担任”“村（社区）综治机构主要负责人由党组织书记担任”等要求。加强综治干部培训工作，通过综治视联网举办全省综治办干部培训班，提升了全省综治干部履职尽责能力。

五、坚持示范先行，全面加快“雪亮工程”建设步伐

（一）注重示范建设。将“雪亮工程”省级平台建设纳入全省政法机关信息化“1234”工程统筹推进，初步建成省综治、公安和发改三个共享平台，并在全国率先实现横向省级三个平台互联互通、纵向与国家信息中心总平台对接。指导武汉市、宜昌市开展全国“雪亮工程”示范城市建设，咸宁成功申报为2017年全国重点支持城市，黄冈以全国最好成绩成为2018年全国重点支持城市。

（二）注重攻坚克难。加强组织领导，调整充实湖北省“雪亮工程”建设领导小组及其办公室成员，并充分吸纳专业技术人员组成专家组。攻克与综治视联网对接问题，报请中央综治办协调视联动力，为省综治办共享平台专门配备了视频图像转换解码设备，实现中央直接调度湖北视频图像资源功能。

（三）注重深度应用。坚持以用促建、边用边建，持续拓展“雪亮工程”建设在社会治理领域应用功能。在侦查破案方面，全省运用视频监控技术破获刑事案件同比依次上升15%、21%。在治安管理应用方面，全省街头抢劫、抢夺、接触性诈骗类案件和摩托车、电动车盗窃案件与2016年同比分别下降68.2%、65.4%。在基层平安创建方面，全省运用“雪亮工程”化解矛盾纠纷占化解总量的25%以上；城乡网格员承接政府职能部门代办事项、服务社区居民，与上年同比分别上升23%、11.2%。

六、坚持创新驱动，推动形成共建共治共享新格局

（一）创新综治激励机制。以学习贯彻习近平总书记“9·19”重要讲话精神和全国综治表彰大会精神为动力，推动综治表彰工作制度化、常态化。提请省委、省政府启动全省综治评比表彰工作，周密部署开展2013—2017年度全省综治维稳先进集体和先进个人评选表彰活动，全省共有70个综治维稳先进集体和100名先进个人受到省委政法委、省人社厅联合通报表彰，极大增强了全省广大政法综治维稳干部的荣誉感、归属感和自豪感。

（二）创新平安创建措施。深化平安校园创建活动，在全省中小学和大专院校，层层推荐评选省级平安校园130所，针对学生安全法制及心理健康教育薄弱、校园及周边治安隐患、涉校防溺水、校车、消防、食品、危化品安全、校园贷、校园欺凌暴力等突出问题集中开展专项整治，挂牌督办重大问题1000余起。深化平安医院创建工作，推动完善医疗纠纷人民调解运行机制和警医联动机制，严厉打击涉医违法犯罪，有效遏制报复伤医事件上升趋势。深化平安机关创建工作，制定《湖北省机关单位内部治安保卫工作规范》，加大检查督导力度，整改安全隐患263处。深化平安企业、平安工地创建工作，完善企业及工地人防物防技防措施，落实安全管理制度，规范安全工作台账，实现全省80%的出资企业达到平安企业建设标准的工作目标。深化“无命案乡镇（街道）”“无刑案村（社区）”创建活动，有效预防和减少了“民转刑命案”发生。

（三）创新基层治理模式。积极发挥基层党委政府的社会治理职能作用，红安县“四大家”领导全员上阵，组建6000余人群防群治队伍，每天对全县进行全覆盖的“铜锣联防”，形成了平安创建人人有责的浓郁氛围。注重发挥群众社会治理的主体作用，秭归县以村落理事会为组织载体，由群众民主推选村落“一长八员”，负责管理村落事务，使权、责、利更加简单明晰，提高了村民自我服务、自我管理的主人翁意识，成为广大村民贴心满意的“幸福村落理事会”。

湖北省教育厅　省综治办　省高级人民法院　省人民检察院　省公安厅　省民政厅　省司法厅　共青团湖北省委　省妇联关于防治中小学生欺凌和暴力的实施意见

（2017 年 3 月 29 日）

各市、州、县教育局、综治办、人民法院、人民检察院、公安局、民政局、司法局、团委、妇联：

为贯彻落实教育部等九部门《关于防治中小学生欺凌和暴力的指导意见》，有效防治中小学生之间的欺凌和暴力问题，促进学生的身心健康发展，落实立德树人根本任务，共建文明、和谐社会，现结合我省实际，制定如下实施意见。

一、高度重视，切实落实防治学生欺凌和暴力工作责任

1. 建立健全责任体系。教育、综治、法院、检察院、公安、民政、司法、团委、妇联等部门根据工作职能，加强对防治学生欺凌和暴力工作的组织领导，建立健全预防、处置和综合治理的工作制度机制，落实工作责任，保持常抓不懈的工作态势，努力为青少年健康成长创造良好的社会生态环境。要将防治学生欺凌和暴力工作纳入本部门和系统的重要议事日程，纳入社会治安综合治理目标管理考核体系，积极主动作为，细化任务措施，组织检查考核，切实发挥职能作用，不断强化治理工作成效。中小学校校长要认真履行第一责任，分管法制教育副校长和班主任要切实履行直接责任，把防治工作做深、做细、做实。对防治工作不力、造成学生欺凌和暴力事件并产生严重社会不良影响的部门、组织、单位和个人要依规依纪进行追责问责。

二、积极预防，加强对学生欺凌和暴力事件的源头治理

2. 深入开展思想道德、法治和心理健康教育。要结合学生思想实际，积极培育和践行社会主义核心价值观；落实《中小学生守则（2015 年修订）》，加强学生习惯养成教育，引导全体中小学生树立正确是非观，团结友爱，尊重他人，不恃强凌弱，传承中华美德；落实《中小学法制教育指导纲要》《青少年法治教育大纲》，开展“法治进校园”活动，让学生知晓基本的法律边界和行为底线，消除未成年人违法犯罪不需要承担任何责任的错误认识，养成遵规守法的行为习惯。开展《生命安全教育》《心理健康教育》课程教育，培养学生尊重生命的意识、健全的人格和积极的心理品质，教育学生正确化解日常矛盾和纠纷；按规定落实课时、教材和师资，纳入学生评价和教师绩效、学校管理考核。加强学校心理辅导教室建设，开展学生心理干预。将防治学生欺凌和暴力教育纳入各级教师培训规划。办好家长学校，加强家庭教育，推动家风建设，加强家庭对孩子的管教，注重孩子思想品德教育和良好行为习惯培养。

3. 大力开展预防欺凌和暴力专题教育。要结合典型案例和学生实际，开展预防欺凌和暴力专题教育，实现区域全覆盖、学校全覆盖、师生和学生家长全参与，形成防治工作浓厚氛围。通过课堂教学、专题讲座、班团队会、主题活动、参观实践等多种形式，提高学生对欺凌和暴力行为的本质及严重危害性的认识，增强自我保护意识和能力，自觉不实施欺凌和暴力行为。研制学校防治学生欺凌和暴力的指导手册，全面加强教职工特别是班主任专题培训，提高教职工有效防治学生欺凌和暴力的责任意识和能力水平。通过家访、家长会、家长学校等途径，帮助家长了解防治学生欺凌和暴力知识，增强监护责任意识，提高防治能力。公安、司法等部门要加强中小学生违法犯罪预防综合基地和人才建设，为开展防治学生欺凌和暴力专题教育提供支持和帮助。

4. 强化学校日常防治工作。学校要明确防治学生欺凌和暴力工作机构，负责日常工作，制定工作制度，将其纳入学校日常工作统筹考虑，健全应急处置预案，建立早期预警、事中处理及事后干预等机制。建立健全经常性防治工作制度，加强师生联系，密切家校沟通，及时掌握学生思想情绪和同学关系状况，特别要关注学生有无学习成绩突然下滑、精神恍惚、情绪反常、无故旷课等异常表现及产生的原因，对可能的欺凌和暴力行为做到早发现、早预防、早控制。强化安全保卫制度，严格落实值班、巡查制度，严禁学生携带管制刀具等危险物品进入学校，针对重点学生、重点区域、重点时段开展防治工作。建立形势分析和情况报告制度，及时发现欺凌和暴力事件的线索、苗头，认真核实、准确研判，对早期发现的轻微欺凌事件，实施必要的教育、惩戒；对严重的欺凌和暴力事件，要向上级教育主管部门报告，并迅速联络公安机关介入处置。

5. 加强校园及周边治安综合治理。把校园及周边作为社会治安重点地区和排查整治工作的重点，健全隐患排查机制，定期进行排查整改。对学生欺凌和暴力问题突出的地区和单位，根据《省委办公厅省政府办公厅关于印发〈湖北省健全落实社会治安综合治理领导责任制规定〉的通知》要求，通过通报、约谈、挂牌督办、实施一票否决权制等方式进行综治领导责任督导和追究。进一步加强校园及周边地区社会治安防控体系建设，作为公共安全视频监控建设联网应用示范工作的重要内容，推进校园及周边地区公共安全视频监控系统全覆盖，加大视频图像集成应用力度，实现对青少年违法犯罪活动的预测预警、实时监控、轨迹追踪及动态管控。各级综治组织要加大新形势下群防群治工作力度，实现人防物防技防在基层综治中心的深度融合，动员社会各方面力量做好校园周边地区安全防范工作。要依托全国社会治安综合治理信息系统，整合各有关部门信息资源，发挥青少年犯罪信息数据库作用，加强对重点青少年群体的动态研判。公安机关要在治安情况复杂、问题较多的学校周边设置警务室或治安岗亭，密切与学校的沟通协作，积极配合学校排查发现学生欺凌和暴力隐患苗头，并及时预防处置。要加强学生上下学重要时段、学生途经重点路段的巡逻防控和治安盘查，对发现的苗头性、倾向性欺凌和暴力问题，要采取相应防范措施并通知学校和家长，及时干预，震慑犯罪。

6. 加强困难学生群体保护关爱。民政、教育、团委、妇联等部门，要完善儿童关爱服务体系建设，加强对农村留守儿童、城市随迁子女、困境儿童（孤儿）、单亲家庭儿童等学生群体的关爱，完善建档立卡制度，开展结对帮扶，加强安全意识与自护能力教育，特别是女童安全，加强沟通交流，增强应对欺凌和暴力事件的能力。要建立健全学校、教师、学生与学生监护人的联系沟通机制，对发现的苗头性问题及时向监护人通报，强化家庭教育管理。

三、依法处置，妥善处理学生欺凌和暴力事件

7. 保护遭受欺凌和暴力学生的身心安全。一旦发现学生遭受欺凌和暴力，学校和家长要及时相互通知，对严重的欺凌和暴力事件，上级教育主管部门要迅速联络公安机关介入处置。相关人员有义务保护未成年人合法权益，学校、家长、公安机关及媒体应保护遭受欺凌和暴力学生以及知情学生的身心安全。严格保护学生隐私，防止泄露有关学生个人及其家庭的信息。特别要防止网络传播等因素导致事态蔓延，造成恶劣社会影响，使受害学生再次受到伤害。学校和公安部门要建立受侵害学生事后保护机制，告知再次遭受欺凌和暴力的自护知识和求助途径，并将其列入重点关注对象。

8. 强化教育惩戒威慑作用。对实施欺凌和暴力的学生必须依法依规采取适当的矫治措施予以教育惩戒，既做到真情关爱、真诚帮助，力促学生内心感化、行为转化，又充分发挥教育惩戒措施的威慑作用。对实施欺凌和暴力的学生，学校和家长要进行严肃的批评教育和警示谈话，情节较重的，公安机关应参与警示教育。对屡教不改、多次实施欺凌和暴力的学生，应登记在案并将其表现记入学生综合素质评价，必要时转入专门学校就读。对构成违法犯罪的学生，根据《刑法》《治安管理处罚法》《预防未成年人犯罪法》等法律法规予以处置，区别不同情况，责令家长或者监护人严加管教,必要时可由政府收容教养,或者给予相应的行政、刑事处罚,特别是对犯罪性质和情节恶劣、手段残忍、后果严重的,必须坚决依法惩处。对校外成年人教唆、胁迫、诱骗、利用在校中小学生违法犯罪行为,必须依法从重惩处,有效遏制学生欺凌和暴力等案事件发生。各级公安、检察、审判机关要依法办理学生欺凌和暴力犯罪案件,做好相关侦查、审查逮捕、审查起诉、诉讼监督、审判和犯罪预防工作。

9. 实施科学有效的追踪辅导。欺凌和暴力事件妥善处置后,学校要持续对当事学生追踪观察和辅导教育。对实施欺凌和暴力的学生,要充分了解其行为动机和深层原因,有针对性地进行教育引导和帮扶,给予其改过机会,避免歧视性对待。对遭受欺凌和暴力的学生及其家人提供帮助,及时开展相应的心理辅导和家庭支持,帮助他们尽快走出心理阴影,树立自信,恢复正常学习生活。对确实难以回归本校本班学习的当事学生,教育部门和学校要妥善做好班级调整和转学工作。要认真做好学生欺凌和暴力典型事件通报工作,既要充分发挥警示教育作用,又要注意不过分渲染事件细节。要建立一对一帮扶制度,安排专门老师对当事人进行联系、跟踪和辅导。

10. 注重科学的方式方法。学校和各部门按照教育与惩戒结合、以保护和挽救为主的原则,依法依规处置学生欺凌和暴力事件,探索建立处置基本流程,制定具体应对措施,要注意与公安、团委等部门协作联动。要充分考虑未成年人的年龄阶段、认知能力、心理特点、环境实际和身心发展需要,加强心理引导和处置教育。要加大宣传舆论工作管控力度,对相关工作和事件案例宣传报道加强引导,防止事态的蔓延、扩大,脱离事件的本来面貌,造成负面影响。

四、加强统筹,形成防治学生欺凌和暴力工作合力

11. 建立部门统筹协调机制。省级成立由教育部门主要领导为组长,教育、综治、法院、检察院、公安、民政、司法、团委、妇联等部门分管领导为成员的防治学生欺凌和暴力工作领导小组,办公室设在省教育厅基础教育处,办公室主任由省教育厅分管领导兼任,各成员单位相关处室负责人担任办公室成员。各地要成立相应组织机构,健全工作机制,明确职责任务,完善防治办法,统筹协调各成员单位工作,集中组织专项整治,检查通报专项整治情况,形成政府统一领导、相关部门齐抓共管、学校家庭社会三位一体的工作合力。要定期向当地党委政府报告防治学生欺凌和暴力工作,对学校、社区、家庭及相关基层职能部门进行督促和指导。要建立健全应急处置工作机制,学校要对严重的欺凌和暴力事件,及时上报教育主管部门,并启动应急预案。要设置举报和咨询热线,在辖区内所有中小学校的公示栏、学生通道、学生寝室等位置公开,提供便捷有效的服务。公安、派出所、社区和中心学校要通过组建巡逻小组等方式,密切监控和及时干预、处置本区域相关事件。

12. 依法落实家长监护责任。教育、妇联、民政等相关部门要加强对家长履行法定监护职责的指导和监督,强化家长的尽责意识。将家庭教育服务纳入社区教育体系,推进学生家长或其他监护人亲职教育、家庭教育培训和咨询等服务工作。引导家长增强法治意识,掌握科学的家庭教育理念和方式方法,加强与孩子相处交流、与学校沟通,自觉发挥榜样作用,特别要做好孩子离校后的监管看护教育工作,避免放任不管、缺教少护、教而不当。开展优良家风创建培育活动,大力弘扬中华优秀传统美德,形成良好的家庭文化环境。要落实监护人责任追究制度,根据《民法》《湖北省预防未成年人犯罪条例》等相关法律法规,对未成年学生监护人不履行法定职责的,或未成年学生对他人的人身和财产造成损害的,依法追究其监护人的法律责任。

13. 加强平安文明校园建设。中小学校要把防治学生欺凌和暴力作为加强平安文明校园建设的重要内容。学校党组织要充分发挥政治核心作用,加强组织协调和教育引导。要加强全体教职工和学生积极参与校园文化建设,将防治学生欺凌和暴力知识教育融入其中,努力创造温馨和谐、积极向上的校园环境,重视校园绿化、美化和人文环境建设。发挥学生社团的交流引导机制,建立积极向上、健康友爱的人际关系。加强优良校风、教风、学风建设,开展内容健康、格调高雅、丰富多彩的校园活动,形成团结向上、互助友爱、文明和谐的校园氛围，激励学生爱学校、爱老师、爱同学，提高校园整体文明程度。要健全各项管理制度、校规校纪，落实《义务教育学校管理标准》，提高学校治理水平，推进依法依规治校，建设无欺凌和暴力的平安文明校园。

14. 加强网络建设与舆论引导。要建立学校、家庭、社区(村)、公安、司法、媒体等各方面沟通协作机制，畅通信息共享渠道，进一步加强对学生保护工作的正面宣传引导，防止媒体过度渲染报道事件细节，避免学生欺凌和暴力通过网络新媒体扩散演变为网络欺凌，消除暴力文化通过不良出版物、影视节目、网络游戏等侵蚀、影响学生的心理和行为，引发连锁性事件。学校要加强校园网的设计与建设，按规定开设信息技术与网络课程教育，提升学生的网络综合素养。团委、妇联等部门要积极加强服务未成年学生的相关网站建设，科学设置防治欺凌和暴力的教育专栏。要积极引导家长或其他监护人陪伴未成年学生上网，并做好正面引导。

15. 全社会共同保护未成年学生健康成长。积极依托宣传部门和新闻媒体，营造全社会共同参与、保护未成年学生合法权益、促进健康成长的社会氛围。引导全社会共同关爱留守儿童等有特殊困难的学生群体。要依托12355青少年服务台，开设自护教育热线，组织专业社会工作者、法律工作者、心理工作者、志愿者开展有针对性的自护教育、心理辅导和法律咨询。坚持标本兼治、常态长效，净化社会环境，强化学校周边综合治理，切实为保护未成年人平安健康成长提供良好社会环境。

湖北省司法厅　省综治办　省教育厅　省民政厅　省财政厅　省人力资源和社会保障厅　省国税局　省工商局　省总工会　共青团湖北省委　省妇联　省关工委关于印发《湖北省关于进一步加强社会力量参与社区矫正工作的实施意见》的通知

(2017年9月12日)

各市、州、直管市、神农架林区司法局、综治办、教育局、民政局、财政局、人力资源和社会保障局、国税局、工商局、总工会、团委、妇联、关工委：

现将《湖北省关于进一步加强社会力量参与社区矫正工作的实施意见》印发给你们，请根据工作职责，结合相关政策和工作实际，认真贯彻落实。

湖北省关于进一步加强社会力量参与社区矫正工作的实施意见

为全面贯彻党的十八届三中、四中、五中全会关于健全和完善社区矫正制度的要求，贯彻落实中央领导关于“社区服刑人员监管主要靠政府，矫正主要靠社会”的指示精神和司法部等6部门《关于组织社会力量参与社区矫正工作的意见》精神，充分发挥各职能部门的资源优势，鼓励引导社会力量广泛参与社区矫正工作，推进我省社区矫正工作全面深入开展，现就进一步加强社会力量参与社区矫正工作提出如下实施意见：

一、适应形势需要，充分认识社会力量参与社区矫正工作的重要性和必要性

（一）社会力量参与社区矫正，是提高刑罚执行效能，健全社区矫正制度的必要条件。社区矫正是将符合法定条件的罪犯置于社区内，由专门的国家机关在相关人民团体、社会组织和社会志愿者的协助下，在判决、裁定或决定确定的期限内，矫正其犯罪心理和行为恶习，促进其顺利回归社会的非监禁刑罚执行活动。十八届三中、四中全会提出要进一步健全社区矫正制度，加快社区矫正立法的要求。社区服刑人员在社区内服刑，必然要接触社会上的其他人群，受到社区的影响和感化，社会力量的广泛参与不可或缺：在工作力量上，既要有专职执法队伍，也要广泛动员社会工作者、社会志愿者以及社会组织、社区服刑人员所在单位、学校、家庭成员等各种社会力量，共同做好社区矫正工作；在工作方法上，需要充分发挥专业组织、专业人员的作用，综合运用社会学、法学、心理学、教育学等专业知识，才能实现科学矫正；在工作体系和工作机制上，需要依托基层组织，发挥综治、司法行政、财政、民政、人力资源和社会保障、教育、工商、税务等有关部门的职能作用，落实相关政策和措施，为社区服刑人员顺利回归社会创造条件；在工作方式上，工青妇等社会力量和社会组织更倾向于以平等主体的身份，对社区服刑人员进行互动式、说服性、接纳式、建议性的交流，这与执法机关的强制严格执法相辅相成、相得益彰。因此，社会力量广泛参与社区矫正，有利于刑罚执行效能的实现，有利于促进社区矫正制度的不断发展和完善。

（二）社会力量参与社区矫正，是做好特殊人群管理，落实法治湖北建设任务的现实需要。包括社区服刑人员在内的特殊人群管理，是社会管理的重点，也是难点。做好社区服刑人员这一特殊人群的管理服务工作，加强对社区服刑人员的监督管理、教育矫正和困难帮扶工作，帮助他们顺利融入社会，减少重新违法犯罪，维护社会和谐稳定，是社会管理创新的重要任务，是创建法治湖北的重要内容，需要各级政府部门、政法机关、社会力量共同承担。各部门和群团组织要顺应形势发展需要，进一步统一思想认识，增强责任感和紧迫感，采取有力措施，健全完善社会力量参与机制，充分发挥社会力量的积极作用，促进我省社区服刑人员教育矫正、社会适应性帮扶工作社会化、专业化、规范化深入发展，为创建法治湖北，维护社会和谐稳定打下坚实的基础。

二、多措并举，积极鼓励引导社会力量参与社区矫正工作

各级社区矫正机构要在党委政府的主导下，在各职能部门通力协作下，按照“社会力量多元、参与内容明晰、参与机制健全”的目标，建立健全我省社会力量参与社区矫正的体制机制，搭建以村（居）社区为平台、以社会组织为载体、社会工作者为支撑、志愿者为补充的社会力量参与社区矫正的工作格局，促进我省社区矫正工作全面深入发展。具体要做好以下几个方面：

（一）进一步推进政府购买社区矫正社会工作服务。综治、财政、司法行政、民政部门要根据我省《全面推进社区矫正工作的意见》的要求，按照职责分工，公开择优向社会组织购买服务，进一步探索完善政府购买方式，规范有序地探索适度开放、良性竞争的格局。各地司法行政部门社区矫正机构要按照省财政厅《湖北省2017年政府购买服务指导性目录》的要求，细化政府购买社区矫正服务项目清单内容，将专职社会工作者队伍和社会志愿者开展的从事社区矫正工作服务的相关活动经费列入目录，需要购买的社会服务项目进行成本核算，所需经费计入社区矫正工作成本，从各级社区矫正工作经费中统筹解决。要积极推动县级社区矫正机构与社会组织签订购买服务合同，明确服务项目、要求、保障、经费和支付方式，加强绩效考核、资金管理和科学评估，建立"政府出资、项目管理、绩效评估"的合作关系，指导督促社会组织履行合同义务，提升社区矫正社会工作服务效能。

（二）积极培育、引导社会组织参与社区矫正工作。司法行政部门要主动联合民政部门，依托和利用社会组织培育基地，培育、孵化、发展"管理规范、服务专业、作用明显、公信力强"，能够承接社区矫正服务的社会组织（社会工作服务机构），参与社区矫正服务事项购买。司法行政部门要围绕社区矫正任务，明确购买服务的种类、性质和具体内容；探索开发专业岗位，逐步将协助调查评估、收集矫正信息、纠正行为偏差、疏导心理情绪、评估矫正需求、开展教育学习、组织社区服务、引导就业就学等工作，列入政府购买服务事项，实现矫正机构刑罚执行管理与社会力量参与服务的适度分离。建立完善社会组织（社会工作服务机构）参与社区矫正的机制渠道，及时提供需求信息，为其参与社区矫正创造条件、提供便利。提供社区矫正服务的社会组织符合规定条件的可以享受相应的税收优惠政策。

（三）积极引导社会工作者开展社区矫正服务。民政、司法行政部门要结合本地工作实际，探索运用岗位管理和项目管理相结合的方式，组织引导社区矫正社会工作机构承接社区矫正项目，开展专业化的社区矫正服务。要逐步将社区矫正社会工作者纳入社会工作者评价体系，建立完善招聘录用、职业评价、绩效考核、薪酬保障、表彰激励等制度，进一步拓展其职业发展空间，增强工作动力。建立社区矫正社会工作者教育培训长效机制，通过岗位培训、专业教育结合的培养体系，促进社区矫正社会工作者向专业化方向发展。鼓励其参加全国社会工作者职业水平考试，取得证书的，在其参与社区矫正服务相关工作的劳务报酬上给予适当提高。健全工作制度，明确工作范畴，支持社会工作者依法履行职责，规范开展服务，有效减少和降低职业风险。

（四）积极鼓励志愿者参与社区矫正工作。司法行政部门、社区矫正机构要积极探索"社会工作专业人才引领志愿者开展服务、志愿者协助社会工作专业人才改善服务"的联动工作机制。鼓励高校、研究机构法律服务人员等社会力量，共同参与社区矫正小组、志愿服务组织的活动。志愿服务组织的必要活动费用，司法行政部门、社区矫正机构应列入社区矫正经费支出范围。鼓励企事业单位、公益慈善组织和公民个人对社区矫正志愿服务活动进行资助，形成多渠道、多元化的筹资机制。总结推广我省"五老"志愿者参与社区矫正工作的经验做法，进一步塑造志愿服务精神，完善志愿者激励机制，宣传、表彰志愿者的先进事迹和工作成效，营造良好的志愿者参与氛围。

（五）鼓励引导村（居）民委员会、企事业单位参与社区矫正工作。村（居）民委员会、企事业单位具有各自的特点和优势，是协助开展社区矫正工作的重要力量。村（居）民委员会要发挥其贴近社区服刑人员日常工作、生活的优势，及时掌握社区服刑人员的思想动向和行为表现，一旦发现社区服刑人员有违法犯罪或者违反监督管理规定行为的，应及时向有关部门报告。要积极参与社区矫正适用前社会调查、风险评估等工作，帮助司法行政机关及时掌握情况，提高监督管理的针对性、实效性。协助做好社区服刑人员的困难帮扶、社区服务等工作，发动社区居民群策群力、广泛参与，扩大与社区服刑人员的交往融合，促进其融入社区、回归社会。企事业单位具有资金、技术、岗位的优势，要鼓励引导企事业单位参与社区矫正，通过提供工作岗位、技能培训、专业服务等方式，形成多渠道、多形式、多内容的社会帮扶体系，建立社会参与的有效载体和长效机制。录用符合条件社区服刑人员的企业按规定享受国家税惠政策。

（六）搭建社会力量参与社区矫正的工作平台。各地司法行政部门、社区矫正机构要建立完善以社区为平台，以社会组织为载体、社会工作者为支撑的社会力量参与社区矫正工作架构，统筹社会组织、社会工作者、志愿者、村（居）民委员会、社区矫正工作站等多元力量参与社区矫正工作。发挥县（市、区）社区矫正中心、教育矫正（社区服务）基地的作用，为社会力量参与社区矫正工作提供场所设施等条件。要健全社区矫正小组制度，组织社会工作者、志愿者、村（居）民代表、社区服刑人员所在单位（就读学校）代表、家庭成员或者监护人（保证人）等共同参与，发挥矫正小组对社区服刑人员的帮教、提醒和信息反馈作用，夯实矫正执行的社区基础。

（七）解决社区服刑人员的就业就学和救助保险等问题。人力资源和社会保障部门对有需求的社区服刑人员进行职业技能培训。符合条件的社区服刑人员可以申请享受相关就业扶持政策，接受公共就业服务机构提供的职业指导和职业介绍等服务。教育部门对于未完成义务教育的未成年社区服刑人员，应当帮助其接受义务教育；对于非义务教育阶段有就学意愿的，应当给予鼓励和支持。民政部门按照有关规定，将符合条件的社区服刑人员家庭按规定纳入相应救助范围，对基本生活暂时出现严重困难、确实需要救助的给予临时救助。人力资源和社会保障部门要落实社会保险政策，已参加基本养老保险的，按规定继续参保缴费，达到待遇领取条件后，可按规定领取相应的养老保险待遇。领取养老保险待遇人员被实行社区矫正的，养老金发放调整按相关制度规定执行。社区服刑人员可按规定执行基本医疗保险等有关医疗保障政策，享受相应待遇。符合申领失业保险金条件的社区服刑人员，可按规定享受失业保险待遇。

三、发挥职能作用，进一步健全各部门协作参与机制

（一）综治部门要将社区矫正工作作为社会管理综合治理的重要内容，纳入对各地区、各有关部门落实社会管理综合治理领导责任制的一项内容进行考核。要健全基层综合服务管理平台，进一步组织社会力量，整合各方资源，鼓励引导他们参与社区矫正工作。

（二）司法行政部门要负责筹划、组织、指导辖区内社会力量参与社区矫正工作，对社会力量进行登记管理、培训指导、考核表彰。协调各职能部门完善政策、健全制度，建立社会力量参与的常态机制，提高社会力量参与的深度和广度。主动配合相关部门开展活动，相互共享信息，为参与社区矫正工作创造条件、提供便利。

（三）教育部门应协助做好在校社区服刑人员的日常监督和教育矫正工作，要发动学校、学生团体等组织参与社区矫正志愿服务活动，对在校社区服刑人员进行帮扶帮教。

（四）民政部门要将社区矫正工作纳入社区服务体系建设规划，统筹考虑。加强城乡社区组织、队伍和综合服务设施建设，培育发展社区社会组织，为开展社区矫正工作搭建平台、提供支持。配合人社部门做好全国社会工作者职业水平考试相关考务工作，逐步将社区矫正社会工作者队伍纳入社会工作者协会规范管理。全面落实最低生活保障、临时性救助政策，将生活困难、符合最低生活保障条件的社区服刑人员家庭纳入最低生活保障范围，做到应保尽保，对家庭出现重大变故、基本生活暂时出现严重困难需要救助的，依法给予临时性救助。

（五）各级财政部门要将社区矫正工作经费纳入同级财政预算，为社会力量参与社区矫正工作提供有力保障。对录用符合条件社区服刑人员就业的企事业单位，可按规定享受国家扶持政策。

（六）人力资源和社会保障部门要根据有关规定，为符合条件的社区服刑人员提供就业培训和创业指导，积极促进其就业。发动技术院校、培训中心等社会力量，为社区服刑人员提供技能培训，使其掌握一技之长。鼓励公共就业服务机构提供职业指导和职业介绍，帮助符合条件的社区服刑人员申请享受相关就业扶持政策。妥善解决社区服刑人员失业保险、养老保险、医疗保险的接续及相关待遇问题。

（七）各地工、青、妇、残、关工委等社会群团组织应结合各自职责，与社区矫正机构联合，针对社区服刑人员中的特定对象开展主题鲜明、针对性强的专项活动和公益活动，帮助未成年社区服刑人员、女性社区服刑人员、重大疾病和残疾社区服刑人员解决生活困难，疏导心理，促进成长，使他们感受到社会的关爱和支持，增强自觉矫正的自信心。

四、加强组织领导，建立健全社会力量参与社区矫正工作机制

（一）高度重视，加强领导。各地要从维护社会和谐稳定、加强社会治理创新、深化司法体制改革的大局出发，进一步加强对社会力量参与社区矫正工作的组织和领导。要根据本实施意见，出台具体的工作方案和实施细则，明确目标和任务，确保工作落到实处，收到实效。各部门要相互密切配合，充分运用政策，建立会商、联席等工作机制，对新问题、新情况及时沟通，加强研究，探寻应对之策，健全长效机制。对因工作不到位导致发生重大刑事案件和群体性事件的，实行一票否决，严肃查究有关领导和责任人的责任。

（二）完善政策，强化保障。各部门要从各自职能角度，研究制定配套措施和相关政策，帮助解决社会力量参与社区矫正工作中的困难问题。进一步加大社区矫正工作投入，强化人力、物力、财力保障，确保各项工作落实到位。

（三）广泛发动，营造氛围。要充分利用电视、广播、报纸、网络等媒体，全方位、多角度、深层次宣传报道社区矫正工作的意义、理念、现状以及社会力量参与的重要性，扩大影响面，普及社区矫正志愿者服务知识，提升参与水平。加强对社会力量参与社区矫正工作成就的宣传，总结推广社会力量参与的经验做法，切实提高群众对这项工作的知晓率、认同度，让社会更加关心、支持、参与社区矫正工作，营造有利于促进社区矫正工作持续健康发展的良好氛围。

湖北省武汉市构建“微邻里”信息工作平台探索社区治理新模式

武汉市坚持以习近平新时代中国特色社会主义思想为指导，深入学习贯彻党的十九大精神，紧紧围绕打造共建共治共享社会治理格局这个课题，充分运用信息化、智能化手段，集成整合基层社会治理资源，探索构建了以党建为引领，以网格为依托，以微信 APP 为支撑，集汇聚社情民意、提供社会服务、引导社区治理、提升预测预警预防能力于一体的“武汉 · 微邻里”社区治理新模式。

一、深化社区“微党建”，构筑群众参与的智慧平台

（一）驱动“红色引擎”。深化街道、社区、网格、楼栋、党员五级“微党建”组织体系，全面推进“支部建在网格上”，实现全市 1.6 万个网格党支部全覆盖。以基层党组织为核心，凝聚网格内在职党员、退休党员、流动党员开展听民声、知民意、解民忧活动。大力推进党员干部手机移动端进“武汉微邻里”开展网上群众工作，推行网上报到、网上集结、网上服务、网上处置“四网工作法”，第一时间收集社情民意和群众诉求，第一时间分类处置化解矛盾纠纷。

（二）做强“红色头雁”。将群众信得过、服务有本事、治理有办法的优秀人才，推荐到社区书记岗位，社区书记兼任社区综治中心主任。把社区党组织书记作为基层社会治理和综治工作的“责任人”，将基层社会治理和综治中心建设任务纳入社区书记责任清单，纳入“一定双评”，推动履职尽责。

（三）激发“红色细胞”。将社区内在职党员和执法人员的姓名、照片、年龄、联系方式、执法范围、志愿内容、服务业绩等信息公示在“武汉微邻里”便民服务终端上，让居民群众通过手机“扫一扫”“拍一拍”，即可实现菜单式选择、点名式服务。居民通过扫码实现“微心愿”需求受理，全市社区共认领居民群众“微心愿”达 6.6 万个。

二、创新网格“微邻里”，提供共治共享的智慧服务

（一）优化政务服务。围绕群众“少跑腿、办成事”，集成就业社保、社会救助、人口计生、住房保障、老龄优抚等服务事项，施行“网上办、马上办、一次办”，推行“诉求代理、意愿代言、事务代办”的“三代”工作机制，线上与线下、预约与代办相结合，实现预约在网上、代办在网格、服务在社区、办事在街道。

（二）助力生活服务。围绕群众“日常事、操心事”，整合引入医疗、教育、交通、旅游、保险、家政等服务资源，统筹打包解决群众各类生活需求，建立“居民智慧生活圈”，让居民群众足不出户就能享受“周边生活一网尽收”的一刻钟便民服务。

（三）拓展法律服务。围绕群众“学懂法、会用法”，整合“万名警察进社区”、“网上群工部”、社区律师、人民调解员、12315 维权、家事调解等法治资源，开展普法宣传、法律援助、诉讼代理等服务，24 小时受理群众的报警、求助、投诉和咨询，以法律服务促发展，以法治教育润民心。

（四）丰富文体服务。围绕群众“乐参与、益身心”，用通告的形式推介社区文化长廊、青少年空间、夏令营、巾帼园、艺术空间、民俗乐园、体育活动等惠民文体活动，增进邻里感情，提升精神文化生活品质，促进社区群众精神家园的和谐发展。

（五）做实关爱服务。围绕群众“有诉求、能解决”，组织发动党员和志愿者，开展邻里互助、扶弱帮困、心理慰藉、爱心捐赠、帮教助学等关爱活动，开展“志愿者时间银行”服务，爱心认领居民“微心愿”，及时解决居民群众的困难和问题。

（六）提升党员服务。围绕党员“守初心、葆本色”，在社区开设党员组织关系排查转接，党内探访开放式党组织生活专栏，落实“五必访”“五必谈”，增强在职党员、退休党员、流动党员的归属感和责任感，发挥党员先锋模范作用，教育引导党员不忘初心、永葆本色。

三、探索基层“微治理”，拓展网上群工的智慧方法

（一）执法力量全进入。网格党支部整合进网格的公安、城管、工商、司法等执法力量，统筹组建全科网格服务团队。网格员肩负起红色群主信息员、监督员、宣传员、服务员的重要角色，高效解决居民合理诉求，就地化解群众矛盾纠纷。

（二）群众需求全收集。通过“网格群聊”和“我要说事”，居民诉民情聊民意，及时排解个人怨气；各级部门可动态掌握群众所想所盼所愿，设置中心议题调研，入群“接访”；针对“热点”主动发声，回应反馈事项办理情况，让老百姓足不出户，就可以表达诉求，“网来网去”解决民生问题。

（三）问题分类全解决。与社管网数据互通，对群众民意诉求、语音报事实行分级分类分流处理，由网格员即时流转给网格服务团队或下沉社区的各部门执法力量，快速受理、主动解决、跟踪反馈，全程无需人力值守，智能、精准、便捷。

（四）服务过程全评价。在全市 13 个区级网格化服务管理中心建立“两级指挥、三级考评、四级联动”工作机制，有力支撑社区网格工作站的调度研判、分办协调、应急处置、监督评价的主体功能，对处理过程和结果进行满意度评价和评分考核。

湖北省宜昌市建设高质量“雪亮工程”打造新时代平安宜昌

湖北省宜昌市自 2016 年 9 月被确定为全国首批“雪亮工程”建设示范城市以来，坚持创新引领，突出服务导向，统筹各方资源，按照“全域覆盖、全网共享、全时可用、全程可控”的目标，以“小天眼”创造“大平安”，全力打造新时代平安宜昌，成为首个市级视频监控云平台同国家视频监控总平台成功对接的城市，是全国 45 个“雪亮工程”示范城市中期检查验收 3 个免检城市之一。在全省群众安全感测评中，宜昌多年来保持前列，连续两届蝉联全国综治“长安杯”。

一、以服务经济发展作为“雪亮工程”建设的重要任务，着力打造领域更广的平安宜昌

市委、市政府将“雪亮工程”建设融入全市经济发展大局，纳入申报全省特色工作之一，聚焦服务打好“三大攻坚战”，主动适应经济发展新常态，实现“雪亮工程”与平安建设齐头并进。

（一）高端规划。将“雪亮工程”列入全市“十三五”建设规划，与智慧城市、平安城市建设同步实施。市政府出台《宜昌市公共安全视频监控建设联网应用工作实施方案（2016—2019）》，按照国家标准，突出防范化解重大风险、精准脱贫、污染防治等重点领域，对“雪亮工程”建设明确责任单位，细化分解任务，采取“四网三边界两平台”的模式，科学搭建整体架构。

（二）高位推进。成立由省委常委、市委书记任组长，市长任第一副组长、3 名市委常委和 1 名副市长任副组长的高规格领导小组强力推进，组建综合组、技术工程组、保障组 3 个工作组实体运行，全市形成“党委领导、政府主导、政法牵头、公安负责、部门配合、社会参与”的工作格局。将“雪亮工程”建设纳入全市综治考核重要内容，实行周通报工作制度，实行提前一年“倒排工期、挂图作战”的工作方法，确保全面完成建设任务。

（三）高标保障。通过财政拨款、单位出资、对口帮扶、社会投资等多种方式，分类落实建设资金。市政府将“雪亮工程”建设经费纳入财政预算，近两年共投入经费 6.09 亿元，2017 年市县两级财政将投入 1.93 亿元。全市共有 521 个单位落实对口帮扶贫困村资金 2163.5 万元，推进农村“雪亮工程”建设。规范用好中央补助宜昌的“雪亮工程”项目经费 2500 万元，强化各项资金监管，确保专款专用。

二、以服务社会治理作为“雪亮工程”建设的主题内容，着力打造实效性更强的平安宜昌

充分发挥“雪亮工程”在创新社会治理中的突出作用，推进“雪亮工程”一体化建设、规范化联网、长效化监管，打造更高水平的平安城市。

（一）以“统”为导向进行建设。统一技术标准，统一平台建设，确保“雪亮工程”规范化、标准化建设。全市“一张网”统一建立视频监控云平台，各县市建立 9 个分平台。市公安机关充分发挥主力军作用，强力推进“雪亮工程”建设。截至 2017 年底，全市公安机关自建 A 类高清视频监控 1.4 万个，接入城市视频监控云平台 3.5 万个，实现了重点部位、重点单位、重要卡口及公共复杂场所等领域视频监控全覆盖。

（二）以“融”为路径推进联网。突出联动融合，将各类统建和自建视频监控与各级综治中心互联互通，按职能需求分别集成。针对涉及门类多、监控标准不统一等联网难题，用“工匠精神”逐点突破。通过网上培训、上门指导解决“不能联”的问题；通过推送部门集成应用，部门由“被动联”转为“主动联”，解决“不愿联”的问题；对少数视频专线无法覆盖的农村偏远山区，采用电子政务外网的方式进行接入，全市视频监控覆盖率达到 100%。

（三）以“管”为保障加强运维。实行边建边联边管的模式，组建宜昌市“雪亮工程”安全运维管理中心，由市公安局牵头，从相关部门和企业抽调 12 名专业人员，负责安全运维和系统建联管用的监督指导，严格管控全市视频图像的在线率、完好率，将安全管理贯穿于“雪亮工程”建设联网应用全过程，确保安全可控。

三、以服务人民群众作为“雪亮工程”建设的根本目的，着力打造群众更满意的平安宜昌

树立以人民为中心的“雪亮工程”建设理念，始终牢记“为民的事没有小事”，坚持“用伟大心态做小事”，做到以用促建、以用促联、以用促管、以用促安。

（一）集成应用惠民生。紧紧围绕群众生产生活最现实的利益问题，市级视频监控云平台集成全市视频资源，根据部门职责和需求，及时推送到环保、教育、食药、城管、交通等相关部门应用，加强对污水排放、校园安全、食品安全等行业监管，做到及时发现和处置。通过市级云平台，食药监部门集成了“阳光厨房系统”，实现对全市 892 家大型餐饮行业和城区 85 所学校厨房操作间实时视频巡查，提升了为民服务水平。

（二）精准打击佑民安。紧紧围绕群众最关心的社会治安问题，充分发挥“雪亮工程”作用，实现精准布控、提前预警、有效处置，达到“更快破大案、更多破小案”目标。2017 年 7 月 27 日凌晨，夷陵区发生一起命案，公安部门利用“雪亮工程”，运用视频追踪、轨迹核查、信息比对等多种手段,快速破案,省公安厅专电祝贺。"小案连着民心",公安机关依托"雪亮工程"的海量视频资源,加大对"两抢"、扒窃、盗窃等严重影响群众安全感的小案打击力度,市特警支队仅 2017 年就破案 217 起,抓获违法犯罪嫌疑人 316 人。据统计,2017 年以来,全市公安机关依托"雪亮工程",运用大数据、云计算等技术手段和"人脸识别""车踪系统"等智能分析平台,侦破各类违法犯罪案件占全部案件的 80% 以上。

(三)智能服务增民利。紧紧围绕打通服务群众"最后 1 厘米"的问题,推进"雪亮工程"与网格化管理深度融合,社区视频监控综合集成,实现城区 100 多万居民、1. 25 万家单位数据信息的综合应用,打造移动"雪亮网格",网格员通过网上巡查与实地检查,为居民提供更加便捷的服务。利用"雪亮工程",在社区探索建立"智能小区",通过人脸识别等智能监控系统,对采集到的人、车鲜活数据与公安部门自动对接,与在逃人员、独居老人等特殊群体自动对接,发现外来可疑人员和车辆,系统会自动报警到民警、物业保安和网格员,做到第一时间处置,用智能化技术提升了为民服务效率。

湖北省黄冈市探索"三会合一"模式 打造"枫桥经验"升级版

近年来,为全面促进"平安法治英山"建设,湖北省黄冈市英山县通过创新实践"三会合一"的综治调解新模式,有效化解各类矛盾纠纷,积极打造"枫桥经验"升级版,实现了"小事不出村、大事不出镇、矛盾不上交"。

一、因地制宜,探索"三会合一"调解新模式

黄冈市英山县位于大别山南麓鄂皖两省交界处,全县 11 个乡镇 313 个村,40. 5 万人,交通条件及经济社会发展相对落后,是一个集老区、山区、库区为一体的贫困县。进入新时期,随着经济社会快速发展,广大农村社会中的邻里关系、婚姻家庭、林地承包、交通事故、劳动争议、征地拆迁、治安案件等各类矛盾纠纷不可避免地呈现上升趋势,特别是一些久调不决的重大疑难复杂或本地具有代表性、多发性的矛盾纠纷,始终是基层综治维稳工作的重点和难点。为此,英山县为进一步加强综合治理,充分发挥人民调解在"三调联动"中的积极推动作用,自 2015 年开始,改变传统矛盾纠纷调解模式,创新实践了纠纷调解现场会、以案说法宣讲会、调解业务培训会的"三会合一"调解新模式,有效化解各类矛盾纠纷,用"英山解法"解出平安和谐新天地。一是纠纷调解现场会。由综治部门牵头,各级调解委员会组织,采取多场次、经常性、分片区组织,在纠纷发生地的村、组、田头、场院现场进行,通过查明纠纷事实,归纳争议焦点,依据法律法规,结合乡风民俗,现场进行调解。二是以案说法宣讲会。组织群众现场旁听调解,以案释法,现场宣讲法律法规。三是调解业务培训会。调解结束后,组织调解员总结成功经验与技巧,在实践中不断提升综治干部和调解员的综合能力。

二、宣讲结合,建立"三会合一"调解新机制

一是组织现场调解。召集当事人双方到场,组织当地人民调解员现场参与、观摩调解,相关行政职能部门派员现场支持、协助调解,组织群众现场旁听调解,司法行政机关具体现场指导,人民法院也根据需要及时派员指导。二是现场依法调解。通过充分听取当事人陈述,准确归纳争议焦点后,根据纠纷事实和法律政策规定,有针对性地现场讲解宣传法律政策知识,结合公序良俗和道德情理,提出解决纠纷的分析意见和建议。三是签订调解协议。适时组织现场参与者见仁见智地开展讨论、互动式调解发言,帮助和启发当事人互谅互让,平等自愿地协商化解纠纷、解决争议,调解成功后现场制作人民调解协议书,最后可根据当事人申请由人民法院审查,及时依法作出确认或不予确认人民调解协议效力的裁定,确保人民调解协议的合法性、公信力和执行力。

三、法理相融,展现“三会合一”调解新成效

一是坚持以法治人。将法治思维作为化解矛盾纠纷的“指挥棒”,坚持依法维权、理性维权,调解过程由司法所全程提供法律服务,使法治思维和法治方式成为化解社会矛盾的最佳路径。二是坚持以理服人。始终做到理为民所申、法为民所执、利为民所谋,客观公正地摆事实、讲道理,言之有物、言之有理,发挥旁听民众的舆论、评判和教化作用,有理无理大家评。三是坚持以情感人。在依法依规的前提下,给予当事人最大的人文关怀,把情理法有机结合起来,扎扎实实为群众解决实际问题。例如:2017 年 1 月 3 日,黄冈市英山县石头咀镇新店村村民贺某应邻居梅某邀请,到 4 公里外的安徽省霍山县上土市镇上店村村民吴某家帮工建造猪圈。施工过程中,贺某从 2 米多高的简易脚手架上不慎掉下,不治身亡。事件发生后,当事人双方家族群情激动,多次单独调解无法达成一致,处理不当极易引起群体性事件。石头咀镇综治办迅速采取“三会合一”现场模式化解跨省纠纷,与霍山县上土市镇政府和上店村村干部、村民代表取得联系,邀请他们参加现场调解。双方当事人、相关部门负责人及周边各村调解员、群众等共计 80 余人参加了现场调解。首席调解员根据各方当事人陈述及案情,有的放矢地全面宣讲了相关法律知识,其他调解员从不同角度发言调解,中途还采取背靠背方式分别对各方说服疏导,最后双方达成调解协议,及时消除了一起跨省边界地区的矛盾纠纷。

“三会合一”的调解模式集矛盾纠纷调解、法律知识宣讲、调解业务培训三位一体,集聚社会力量化解了矛盾纠纷,通过宣讲法律知识教育了其他群众,广大调解员在现场调解的亲身感受中取长补短、交流学习,提高了调解业务技巧和做好调解工作的信心,综合效果和社会效应十分明显。自 2015 年以来,黄冈市英山县开展“三会合一”现场调解 310 余场次,化解矛盾上访 126 起,防止民转刑事件 68 件,充分发挥了安全维稳“第一道防线”作用,遏止了一大批治安和刑事案件的发生,扭转了“信访不信法”的被动局面,有力地维护了社会大局的平安稳定。

（撰稿人:胡志杰
审稿人:王兴於　肖振国）

湖 南 省

2017 年综治工作概况

2017 年,湖南省认真贯彻党的十八大和十八届三中、四中、五中、六中、七中全会特别是党的十九大和全国社会治安综合治理表彰大会精神,始终把综治工作和平安建设放到经济社会发展全局中谋划、部署和推进。坚持以习近平新时代中国特色社会主义思想为指导,以打造共建共治共享的社会治理格局为目标,以提高预测预警预防各类风险能力为核心,全面加强和创新社会治理,坚持一手抓突出问题解决,一手抓制度机制建设,有效提高了社会治理社会化、法治化、智能化、专业化水平,平安湖南建设取得了显著成效,人民群众获得感、幸福感、安全感进一步提升,为全面建成小康社会营造了安全稳定的社会环境。全省刑事案件、治安案件、命案同比分别下降 17.53%、14.57%、13.21%,人民群众安全感满意度稳步上升,全省综治民调得分 87.14 分,同比提高 1.3 个百分点。

一、强化组织领导,全面推进综治领导责任落实

召开省委常委会议进行专题研究,强调要树牢"发展是硬道理,稳定也是硬道理"的理念,切实扛起促一方发展、保一方平安的政治责任。省委召开全省社会治安综合治理工作会议,对综治工作进行部署,明确任务,提出要求。各地各部门着力加强政策保障、强化考核推动、严格责任追究,健全落实综治领导责任制。

(一)出台综治领导责任制实施办法。着力构建党委领导、政府主导、综治协调、各部门齐抓共管、社会力量积极参与的社会治安综合治理工作格局。2017 年 12 月,省委、省政府印发了《湖南省健全落实社会治安综合治理领导责任制实施办法》,明确了综治责任、督促检查、考核评价、表彰奖励、责任追究等有关事项,要求各级党政机关及领导班子认真履行职责,严格落实属地管理和谁主管谁负责原则,一级抓一级,层层抓落实,切实担负起维护一方稳定、确保一方平安的重大政治责任。坚持依法依规对社会治安综合治理领导责任制实施情况进行考评奖惩和责任追究,深入推进全省各地各部门严格执行综治领导责任制。

(二)加强考核推动。各地各部门用好用足综治政策,不断完善目标管理责任制,按照"任务项目化、项目责任化、责任精细化"的要求,主动发挥职能作用,严格落实工作措施,推行年初部署、年中督查、年末考评工作制度,形成覆盖各个部门和日常检查考核的目标管理体系。充分运用综治考评推动综治领导责任制的落实,通过优化考评项目,将各项综治工作任务分解到考评项目中,并适当加大重点难点工作的考核权重,使综治考评更好地起到"指挥棒"作用。各级党委和政府强化对综治考评结果运用,把综治工作实绩作为对领导班子和领导干部综合考核评价和年度考核的重要内容,与业绩评定、奖励惩处、职务晋升等挂钩。充分运用综治政策,不断压实责任、传导压力,强力推进综治领导责任制有效落实。

(三)强化责任追究。科学运用惩戒措施,形成正确导向,通过通报、约谈、挂牌督办等方式,提出解决措施,限期整改到位,确保综治工作各项措施落实到位。对各地党政领导班子、领导干部及有关部门履行社会治安综合治理工作职责不力、机关工作措施落实不到位而导致本地区本系统本单位基层基础工作薄弱、治安秩序严重混乱或者发生重大刑事案件、群体性事件、公共安全事件的,严格按照综治领导责任制有关规定,进行责任督导和追究,推动各地党政机关及领导班子严格落实综治领导责任制,认真履行综治工作职责。

2017年,对发生重大安全事故的涟源市、苏仙区、攸县进行了挂牌督办(黄牌警告)。同时,对怀化市溆浦县发生的严重精神障碍患者伤人案件,按照综治领导责任制有关规定,集体约谈了怀化市和溆浦县有关领导。

二、坚持打防并举,大力营造安全稳定社会环境

牢固树立总体国家安全观,坚持专项治理与系统治理、综合治理、依法治理、源头治理相结合,不断强化打击和防控措施,确保了社会安全稳定。

(一)加大重点整治力度。坚持以问题为导向,紧紧围绕影响群众安全感的突出问题,深入开展社会治安专项整治行动。持续开展打击“两抢一盗”等多发性侵财犯罪和缉枪治爆等专项行动,依法严厉打击黑恶势力、涉枪涉爆、暴力恐怖、邪教和黄赌毒等违法犯罪活动,深入开展打黑除恶专项斗争,加大对“村霸”和宗族恶势力的整治力度。依法强化危害食品药品安全、影响安全生产、损害生态环境、破坏网络安全等重点问题的治理。加强对电信诈骗、盗取泄露买卖公民个人信息、校园不良网络借贷、互联网和微信传销等重点行业的排查整治,及时发现和解决了一些影响群众安全感的突出治安问题和重大隐患,有效遏制了重大案事件的发生。

(二)推进实施实名登记制度。省综治办、省公安厅先后两次召开省直和中央驻湘单位推进重点领域实名制部署会议,全面落实重点领域实名登记管理。交通领域实名制在长沙市试点经验的基础上向全省推广,省交通运输厅印发了《关于统一省际市际长途客运班线实名制工作设备配备标准的通知》,制定全省统一标准,明确实名制售检票相关硬件配备标准,10月1日前,全省所有长途客运站均实行实名购票制。充分发挥行业主管单位优势,采取有力措施,推进在金融业、旅馆业、娱乐服务业、机修业、危爆品生产经营行业、寄递物流业、医疗卫生业等重点行业落实对人以身份证为基础、对物以二维码为基础的实名登记制度,从而实现了重点领域违法犯罪线索可追溯、可倒查,有效维护了公共安全和社会稳定。

(三)深化平安创建活动。在全省深入开展平安县(市、区)、平安乡镇(街道)、平安村(社区)和平安学校、平安医院、平安企业、平安单位、平安景区(点)、平安交通、军地平安创建等“十大平安”系列创建活动,引导政府部门、社会组织、人民群众积极参与,推动平安建设实现共建共治共享。综治、公安、经信、教育、交通、卫计、旅发委等部门牵头组织实施,坚持“预防为主、突出重点、保障安全”的工作方针,精心安排部署,细化目标任务,压实工作责任,认真落实打击、防范、教育、管理等各项措施,打造社会治安综合治理“湘字品牌”。评选表彰了首届100个“十大平安”系列创建示范单位,提升了平安建设的参与度和影响力,有效增强了基层社会治理能力。

三、突出源头治理,有效防范重点领域安全风险

紧紧围绕风险防范、坚持问题导向、注重源头管控,严格落实责任、不断强化措施、织牢防控网络,有效管控安全风险。

(一)加强特殊人群服务管理。严格落实肇事肇祸等严重精神障碍患者监护人“以奖代补”政策,全省现有24218名监护人被纳入奖励范围。长沙市长沙县、怀化市鹤城区等12个县(市、区)由政府出资为严重精神障碍患者的监护人购买监护责任险,用保险的手段化解精神障碍患者肇事肇祸带来的不稳定性因素。部分市州开展了精神康复社区试点工作,依托现有民政精神卫生机构,充分利用现有资源,设立以县(市、区)、乡镇(街道)为服务范围的精神障碍社区康复机构,使严重精神障碍患者肇事肇祸行为得到有效控制。加强对刑满释放、社区矫正、吸毒人员等特殊群体的服务管理,建立健全政府、社会、家庭“三位一体”关怀帮扶体系,在全国率先开展政府购买社区矫正服务,特殊人群管控措施得到有效落实,危害公共安全风险明显降低。

(二)严控寄递渠道安全风险。省综治办牵头两次组织召开省寄递渠道安全管理工作办公室成员单位联席会议,研究部署重点工作,解决寄递渠道存在的突出问题和重大隐患。加强调查研究、督导检查、考核推动,强力推进“3个100%”制度的严格落实,取得了明显成效。各地政府监管部门坚持改革创新,探索建立寄递渠道治安管理信息系统、安检侦控中心、视频监控平台等监管新模式,有力地促进寄递渠道安全管理各项措施提质升级,推动形成党委领导、政府主导、综治协调、邮政主管、公安协同、社会各界积极参与的寄递渠道安全综合治理工作新模式,通过寄递渠道非法寄运枪支弹药、毒品、危险化学品、政治性非法出版物等禁寄物品的现象得到明显遏制。

(三)深入开展矛盾纠纷化解。完善矛盾纠纷多元化解机制,促进各类非诉讼方式健康发展,推动人民调解、行政调解、司法调解协调联动,推动调解、仲裁、行政复议、行政裁决、诉讼等有机衔接。婚姻家庭、道路交通、劳动争议、非法集资、证券等矛盾纠纷多发领域,先后出台规范性文件,加强多元化解机制建设。推进信访制度改革,推动利益诉求解决纳入法治化轨道。2017 年,全省矛盾纠纷总量下降、调处成功率上升,"民转刑"案件得到有效遏制,群体性事件和个人极端事件的安全风险防范成效明显。婚姻家庭纠纷多元化解机制建设创新分别被中央综治办、全国妇联评为"优秀创新项目""全国妇女工作十大优秀创新案例"。

四、注重基层创新,不断健全完善社会治理体系

坚持创新推动、资源整合、固本强基,按照国标全面推进综治中心、网格化、"雪亮工程"建设,基层基础不断夯实。

(一)推进"雪亮工程"建设。把"雪亮工程"建设纳入 2017 年重点民生实事项目,投入专项资金,在全省公共部位新增社会治安视频监控摄像头 3 万个。全力推动省级平台建设,完成了省级平台建设方案和可行性研究报告的编制,项目获得省政府党政信息化建设领导小组批准,通过省发改委可行性研究报告论证评审。大力推进长沙市示范城市、益阳市重点支持城市的建设任务,株洲、湘潭、永州、张家界等市积极申报 2018—2020 年全国重点支持城市项目。2017 年 7 月31 日,在益阳市召开全省"雪亮工程"建设推进会,总结各地经验做法,研究部署加快推进项目建设。建立"雪亮工程"建设情况信息月报制度,及时调度和掌握相关建设进度情况。截至 2017 年底,湖南省政府投资建设的公共部位视频监控点累计达 20 万个,社会单位监控点超过 108 万个,基本实现对重点公共区域、重点行业、重要部位的覆盖。

(二)加快综治中心建设。认真贯彻习近平总书记关于推进基层综治中心建设的重要指示精神和相关文件要求及《社会治安综合治理综治中心建设与管理规范》国家标准,明确目标任务,强化工作举措,加强督促检查,大力推进各级综治中心建设,省、市、县三级综治中心基本建成,乡、村两级综治中心建成率分别为 70. 2% 、54. 9% 。各地还探索成立综治中心专门机构,9 个市级、91 个县级综治中心设立专门机构编制,分别配备专门编制人员 55 人、482 人。积极探索在重点部位建立综治实战平台,长沙市在长沙火车南站地区成立市属区管机构,配备 30 名事业编制人员,建立联勤联动指挥中心,站区 30 多家部门单位和 200 余名公安、武警、城管、运政等专业力量实现信息共享、一体协同、整体作战,得到中央领导同志的肯定。

(三)强化基层网格化治理。全省中心城区、县城和有条件的乡镇社区普遍实行网格化服务管理,推行网格化服务管理中心与同级综治中心一体化运作,把资源、服务、管理下沉,人、地、物、事、组织等基本治安要素纳入网格化服务管理,为人民群众提供全面、优质、高效的社会治安相关公共管理服务。2017 年,全省社区(村)网格化服务管理总体覆盖率为 78. 12% ,其中中心城区和县城覆盖率达 97. 84% ,乡镇覆盖率为 75. 03% 。全省共配备网格管理员 12. 1 万余人,采集人、地、物、事等基本治安要素信息 4000 多万条,通过网格化平台办结各类事项 100 多万件,基层社会治理精细化水平不断提升。永州市、县级网格化服务管理中心(综治中心)分别明确为处、科级事业单位,1500 多名网格员纳入"社区岗位编制",工资待遇由县级财政解决,对优秀网格员定向招考为事业单位工作人员或纳入村(社区)后备干部,提升了基层服务管理能力和水平。

中共湖南省委办公厅　省人民政府办公厅关于印发《湖南省健全落实社会治安综合治理领导责任制实施办法》的通知

（2017年12月6日）

各市州、县市区委，各市州、县市区人民政府，省直机关各单位：

《湖南省健全落实社会治安综合治理领导责任制实施办法》已经省委、省人民政府同意，现印发给你们，请遵照执行。

湖南省健全落实社会治安综合治理领导责任制实施办法

第一章　总　则

第一条　为贯彻落实《中共中央办公厅国务院办公厅关于印发〈健全落实社会治安综合治理领导责任制规定〉的通知》精神，深入推进社会治安综合治理，健全落实领导责任制，全面推进平安湖南建设，确保人民安居乐业、社会安定有序，制定本办法。

第二条　本办法适用于全省各级党的机关、人大机关、行政机关、政协机关、审判机关、检察机关及其领导班子、领导干部。

人民团体、事业单位、国有企业、中央驻湘单位及其领导班子、领导干部、领导人员参照本办法执行。

第三条　健全落实社会治安综合治理领导责任制，要认真贯彻落实党的十九大精神，坚持以邓小平理论、“三个代表”重要思想、科学发展观、习近平新时代中国特色社会主义思想为指导，紧紧围绕“四个全面”战略布局，坚持问题导向、法治思维和改革创新，抓住“关键少数”，强化担当意识，科学运用评估、督导、考核、激励、惩戒等措施，形成正确导向，一级抓一级，层层抓落实，使各级领导班子、领导干部切实担负起维护一方稳定、确保一方平安的重大政治责任，保证党中央、国务院和省委、省政府关于社会治安综合治理决策部署的贯彻落实。

第四条　严格落实属地管理和谁主管谁负责原则，构建党委领导、政府主导、综治协调、各部门齐抓共管、社会力量积极参与的社会治安综合治理工作格局。坚持依法依规对社会治安综合治理领导责任制实施情况进行考评奖惩和责任追究。

第二章　责任内容

第五条　各级党委和政府对本地区社会治安综合治理工作负总责，其主要责任是：

（一）把社会治安综合治理列入重要议事日程，纳入经济社会发展总体规划，从人力物力财力上保证社会治安综合治理工作的顺利开展；

（二）及时召开党委常委会会议、政府常务会议，听取社会治安综合治理工作情况汇报，认真研究解决工作中的重要问题；

（三）适时分析研判社会治安形势，对本地区存在的突出社会治安问题、重大突出矛盾纠纷、重大公共安全隐患、重大社会稳定风险，及时研究采取有效措施加以解决；

（四）加强社会治安综合治理组织机构建设，配齐配强领导干部和工作人员，充分发挥其职能作用；

（五）其他应当履行的社会治安综合治理方面的责任。

第六条　党政主要负责同志是社会治安综合治理的第一责任人，其主要责任是：

（一）把社会治安综合治理作为“一把手工程”来抓，切实加强调查研究、组织协调，指导和督促班子成员承担好分管工作范围内社会治安综合治理的责任；

（二）及时主持召开党政领导班子会议，传达贯彻上级社会治安综合治理工作决策部署，研究制定工作举措，重要工作牵头组织落实；

（三）每半年至少听取一次社会治安综合治理工作汇报，分析研判形势，及时研究解决重大工作事项；

（四）其他应当履行的社会治安综合治理方面的责任。

第七条　分管负责同志是社会治安综合治理的直接责任人，其主要责任是：

（一）协助主要负责同志围绕党委、政府总体部署，加强调查研究、形势研判和统筹谋划，积极主动提出工作意见；

（二）组织实施社会治安综合治理工作，推动平安建设深入开展；

（三）加强工作指导和督促检查，及时发现和解决工作中的突出问题，推动各项措施全面落实；

（四）其他应当履行的社会治安综合治理方面的责任。

第八条　领导班子其他成员按照“一岗双责”的要求，承担分管工作范围内社会治安综合治理的责任，其主要责任是：

（一）按照党委、政府和社会治安综合治理委员会（以下简称“综治委”）的总体部署，统筹谋划、指导推动分管部门、行业的社会治安综合治理工作；

（二）加强调查研究，及时发现分管部门、行业中影响社会治安和社会稳定的重大隐患和突出问题，组织研究制定解决措施并抓好落实；

（三）指导、推动分管部门、行业落实责任、创新举措、破解难题、争先创优；

（四）其他应当履行的社会治安综合治理方面的责任。

第九条　各部门各单位根据社会治安综合治理总体部署，结合职能及分工落实职责任务，其主要责任是：

（一）充分发挥职能作用，积极参与社会治安综合治理，主动承担好预防和减少违法犯罪、维护社会治安和社会稳定的责任；

（二）领导、组织、推动本部门本单位贯彻落实中央和省委、省政府关于社会治安综合治理工作的决策部署和要求，认真抓好本部门本单位的社会治安综合治理工作，与业务工作同规划、同部署、同检查、同落实；

（三）主动预防化解社会矛盾、防控公共安全风险，及时排查和研究解决本部门本单位影响社会治安和社会稳定的各类隐患和问题；

（四）加大指导推动力度，注重运用现代信息技术，加强本系统的基层基础建设和基层平安创建；

（五）及时向同级党委、政府及综治委和上级部门报告重特大案事件情况，并牵头或者会同有关地方、部门依法处理；

（六）其他应当履行的社会治安综合治理方面的责任。

第十条　各级综治委及其办公室在党委和政府的统一领导下开展工作，其主要责任是：

（一）开展调查研究，结合实际对本地区年度社会治安综合治理工作作出具体部署，加强督导和检查，统筹推进各项工作措施落实；

（二）及时分析、通报社会治安形势，就本地区存在的突出社会治安问题向党委、政府提出解决意见建议；

（三）组织各有关单位参与社会治安综合治理工作，协调解决工作中遇到的突出问题；

（四）组织实施社会治安综合治理工作考核评价，推动建立健全和应用社会治安综合治理工作实绩档案；

（五）推动实施社会治安综合治理责任督导

和追究制度；

（六）培育、总结、推广本地区社会治安综合治理典型经验，按规定组织评先表彰；

（七）办理党委、政府交办的有关事项。

第十一条　综治委各专项组要积极协调解决有关重点难点问题，促进相关专项工作开展。

第十二条　坚持通过健全落实社会治安综合治理领导责任制，从治安联防、矛盾联调、工作联动、问题联治、平安联创等方面，对每个地方、部门、单位、岗位、环节明确责任，建立全覆盖、可倒查的社会治安综合治理责任体系。

第三章　督促检查

第十三条　各地区各部门各单位应当建立完善社会治安综合治理目标管理责任制，把社会治安综合治理各项任务分解为若干具体目标，制定易于执行检查的措施，建立严格的督促检查制度，自上而下层层签订社会治安综合治理责任书。

第十四条　各级党委常委会应当将执行社会治安综合治理领导责任制的情况，作为向同级党的委员会全体会议报告工作的一项重要内容。

各级党政领导班子和有关领导干部应当将履行社会治安综合治理责任情况作为年度述职报告的重要内容。

第十五条　各级党委和政府应当将社会治安综合治理纳入工作督促检查范围，对社会治安综合治理重点工作、重要部署、重大专项行动等推进落实情况，适时组织开展专项督促检查。

第十六条　各级综治委及其成员单位应当建立健全情况调度、定期报告制度。市州综治委和省综治委成员单位每半年向省综治委报告一次部署和开展社会治安综合治理、推进平安建设的有关工作情况；市州综治委和省直相关单位每季度向省综治委报告本地区本系统本单位的治安、公共安全情况和发生的案事件、事故情况，重大及以上案事件、事故随时报告。

第十七条　各级综治委及其办公室应当会同有关部门建立专门督查督办制度，对社会治安综合治理重大决策、重要工作部署贯彻落实情况，领导批示交办重要事项办理情况等进行督查督办，对治安秩序长期混乱、工作措施不落实、群众反映强烈的地方、单位，采取跟踪督查、联合督查、明察暗访等形式进行督查督办，推动工作落实。

第四章　考核评价

第十八条　各级党委和政府应当建立健全社会治安综合治理考核评价制度机制，制定完善考核评价标准和指标体系，明确考核评价的内容、方法、程序，由综治委及其办公室具体组织实施，提出考评奖惩建议，报请党委、政府决定。

第十九条　各级党委和政府应当强化社会治安综合治理考核评价结果运用，把社会治安综合治理工作实绩作为对领导班子和领导干部综合考核评价的重要内容，与业绩评定、职务晋升、奖励惩处等挂钩。各级综治委负责建立下一级党政主要领导、社会治安综合治理分管领导及同级综治委成员单位主要领导、社会治安综合治理分管领导的社会治安综合治理工作实绩档案。实绩档案的主要内容包括年度抓社会治安综合治理工作的主要情况及取得成效、协调解决社会治安综合治理工作困难和问题情况、述职报告、社会治安综合治理年度考评及奖惩情况等。

各级组织人事部门在考察党政主要领导干部和社会治安综合治理分管领导干部实绩、进行提拔使用和晋职晋级时，或者各级党委和政府在组织评选综合性荣誉称号时，应当了解和掌握相关领导干部抓社会治安综合治理工作的情况。

第二十条　县级以上综治委及其办公室应当按照中央和省委有关规定，加强与同级纪检监察机关、组织人事部门的协调配合，协同做好有关奖惩工作。

第五章　表彰奖励

第二十一条　对真抓实干、社会治安综合治理工作成绩突出的地方、部门和单位的党政主要领导干部和分管领导干部，应当按照有关规定给予表彰和嘉奖。对受到嘉奖的领导干部，应当将有关材料存入本人档案。

第二十二条　省委、省政府根据有关规定组织开展全省社会治安综合治理考核评比。

第二十三条　对受到表彰的全国社会治安综合治理先进集体党政主要领导干部和分管领导干部应当进行嘉奖。对受到表彰的全国社会治安综合治理先进工作者,应当落实省部级先进工作者和劳动模范待遇。

第二十四条　各级综治委和组织人事部门要配合做好全国社会治安综合治理先进集体、先进工作者等的评选表彰工作。

第二十五条　在社会治安综合治理年度考核评价中未被评为不合格类的地区和单位,按照公务员法等法律规定和综治考评奖励政策予以通报,并按规定给予奖励。

地区和单位根据社会治安综合治理年度考核评价结果确定相应的评先奖励比例。

第六章　责任督导和追究

第二十六条　党政领导班子、领导干部不履行或者不正确履行社会治安综合治理工作职责,有下列情形之一的,应当进行责任督导和追究:

(一)不重视社会治安综合治理和平安建设,相关工作措施落实不力,本地区本系统本单位基层基础工作薄弱,治安秩序严重混乱的;

(二)本地区本系统本单位在较短时间内连续发生重大刑事案件、群体性事件、公共安全事件的;

(三)本地区本系统本单位发生特别重大刑事案件、群体性事件、公共安全事件的;

(四)本地区本单位社会治安综合治理工作考核评价不合格、不达标的;

(五)对群众反映强烈,以及媒体、综治民调等披露反映突出的社会治安重点地区和公共安全、治安问题等,没有采取有效措施或者出现反弹的;

(六)各级党委和政府及综治委认为需要进行查究的其他事项。

第二十七条　对党政领导班子、领导干部进行责任督导和追究的方式包括:通报、约谈、挂牌督办(黄牌警告)、实施一票否决权制、引咎辞职、责令辞职、免职等。因违纪违法应当承担责任的,给予党纪政纪处分;构成犯罪的,依法追究刑事责任。

第二十八条　对具有本办法第二十六条所列情形的地区、单位,由相应县级以上综治委办公室(以下简称"综治办")以书面形式进行通报,必要时由综治委进行通报,限期进行整改。对受到通报后仍未按期完成整改目标,或者具有本办法第二十六条所列情形且危害严重或者影响重大的地区、单位,由相应的上一级综治办主任对其党政主要领导干部、社会治安综合治理工作分管领导干部和负有责任的其他领导班子成员进行约谈,必要时由综治委主任、副主任约谈,帮助分析原因,督促限期整改。对受到约谈后仍未按期完成整改目标,或者具有本办法第二十六条所列情形且危害特别严重或者影响特别重大但尚不够实施一票否决权制的地区、单位,由相应的上一级综治办挂牌督办(黄牌警告),限期进行整改。必要时,可派驻工作组对挂牌督办(黄牌警告)地区、单位进行检查督办。

第二十九条　对受到挂牌督办(黄牌警告)的地区、单位,在半年内取消该地区、单位评选综合性荣誉称号的资格和该地区、单位主要领导干部、主管领导干部、分管领导干部评先受奖、晋职晋级的资格。

省综治委根据上年度综治考评结果和公共安全、治安问题及重特大案事件等情况,确定一个市州作为全国挂牌督办的重点整治候选单位上报中央综治办,并确定若干县市区作为省级挂牌督办的重点整治单位。

第三十条　对受到挂牌督办(黄牌警告)后仍未按期完成整改目标,或者具有本办法第二十六条所列情形且危害特别严重或者影响特别重大的地区、单位,由相应的上一级综治委按照中央和省有关规定,商有关部门共同研究决定实行一票否决权制。

第三十一条　对受到一票否决权制处理的地区、单位,在一年内,取消该地区、单位评选综合性荣誉称号的资格;取消该地区、单位主要领导干部、主管领导干部、分管领导干部评先受奖、晋职晋级的资格,由组织人事部门按照干部管理权限和程序办理,并会同综治办,按照有关规定向上级有关部门进行报告、备案。需要追究该地区、单位党政领导干部责任的,移送纪检监察机关依纪依法处理。

第三十二条　对中央驻湘单位需要实行一票否决权制的,由省综治委向其主管单位和中央综治委提出书面建议。

对省属驻地单位需要实行一票否决权制的,

由所在市州综治委向其主管单位和省综治委提出书面建议。

第三十三条　党政领导干部具有本办法第二十六条所列情形，按照规定应当采取引咎辞职、责令辞职、免职等方式问责的，由纪检监察机关、组织人事部门按照干部管理权限办理。

第三十四条　党政领导班子、领导干部具有本办法第二十六条所列情形，并具有下列情节之一的，应当从重进行责任督导和追究：

（一）干扰、阻碍调查和责任追究的；

（二）弄虚作假、隐瞒事实真相、瞒报漏报重大情况的；

（三）对检举人、控告人等打击报复的；

（四）党内法规和国家法律法规规定的其他从重情节。

第三十五条　党政领导班子、领导干部具有本办法第二十六条所列情形，并具有下列情节之一的，可从轻进行责任督导和追究：

（一）主动采取措施，有效避免损失、挽回影响的；

（二）积极配合调查，并且主动承担责任的；

（三）党内法规和国家法律法规规定的其他从轻情节。

第七章　附　则

第三十六条　各市州、县市区和省直机关各单位可以根据本办法制定实施细则。

第三十七条　本办法自发布之日起施行。

湖南省长沙市深化“雪亮工程”建设应用助推平安长沙升级发展

长沙是全国首批“公共安全视频监控建设联网应用工程示范城市”，市委、市政府高度重视，致力于将长沙市“雪亮工程”打造成全国典范，助推平安长沙升级发展。近年来，长沙市按照“党政领导、综治牵头、公安为主、部门配合、社会参与”的原则，统筹建、全面联、深化用，强力推进“雪亮工程”建设，城市管理水平和社会治理能力明显提升。长沙市火车南站地区应用视频监控开展联勤联动工作得到了上级领导的高度肯定，并在全国“雪亮工程”建设推进会上连线演示。

一、统筹建，突出三个坚持

一是坚持科学谋划。按照“增点扩面、改造提质、整合共享”的总原则，规划再投入5.2亿元实施“雪亮工程”项目，新增公共部位高清监控摄像机2万个，建成后全市由政府投资建设的监控摄像机将达到7万个，全面构建“高空＋低空”“有线＋无线”“图像＋声音”“固定＋机动”的立体化视频监控体系。二是坚持高位协调。成立由省委常委、市委书记任顾问，市委副书记、市长任组长的高规格领导小组，市委主要领导亲自决策项目建设重大事项，调度项目建设进展情况。综治部门充分发挥牵头作用，出台建设方案，明确职责任务，健全工作机制，督导各职能部门认真履职，形成了上下贯通、协同推进、密切配合的工作格局。三是坚持整体推进。按照统一规划、统一标准、统一采购、统一建设、统一支付的要求一体化推进“雪亮工程”项目建设。坚持“守住点、封住边、控住面、联成网”的原则，将全市10个区县（市）建设任务整体捆绑，按照5年建设和运维购买服务的方式公开招标采购，采取财政统一支付方式结算，以区县（市）财政支付为主，市政府对各区县（市）根据建设摄像头数量给予补贴，确保了全市“雪亮工程”建设整体有序推进。

二、全面联，实现互通共享

一是构建视频专网。将公安视频专网、公安信息网、电子政务外网和互联网纳入全市基础网络规划进行整体建设，租用点对点裸光纤，建成覆盖全市10个区县（市）、168个乡镇（街道）的视频专网，确保了市、区县（市）、乡镇（街道）、社区

(村)和网格五级联通。二是强力整合接入。在全面摸清各行业、系统监控底数和联网需求的基础上,市直38家主要单位签订了“雪亮工程”视频联网共享协议,打破联网壁垒,强力推进联网接入。构建接入容量达30万路的社会资源接入与监管服务平台,整体规划接入社会面公共视频图像资源,满足“雪亮工程”联网需求。截至2017年底,已整合接入重点部位公共视频1.6万路,建成火车南站地区联勤联动综合治理指挥中心和省委周边涉访事件处置指挥平台,通过集成天网视频、人脸识别、警用数字集群等系统平台,实现事前预警研判,事中高效处置,事后跟踪分析。三是实现安全共享。推动“雪亮工程”共享平台,实现了与市应急联动指挥平台、省公安厅、公安部视频联网共享平台的互联互通,与110报警服务平台、12345社会求助平台等业务对接,与50多个市直部门和市、区县(市)综治中心、部分乡镇(街道)、社区(村)数据共享。同时,建设视频专网与公安网、电子政务外网间安全边界,建成视频监控系统安全保障体系,开发视频图像加密水印技术,签署共享保密协议书,实行访问授权,定期数据备份,确保了重要视频图像信息不失控、敏感视频图像信息不泄露。

三、深化用,彰显示范效果

一是有效控压了刑事发案。依托“雪亮工程”全方位、立体化的监控,实现24小时不间断视频巡逻,全面提升防控精准度。运用大数据和互联网思维引领视频侦查,成立“三个中心”(解析研判中心、图像处理中心、检索比对中心),逐步实现视频侦查标准化、智能化、规模化,视频侦查已成为侦破打击的支柱手段,极大地震慑了违法犯罪,全市呈现“发案下降、破案上升”的良好局面。二是切实强化了治理手段。运用视频监控及时捕捉动态性、苗头性信息,全面服务维稳处突、应急救援、防汛救灾、城市管理等,为提高城市治理水平奠定了坚实的基础。截至2017年12月31日,全市城管部门利用视频监控系统抓拍城市管理问题4.5万个;水利防汛部门通过视频监控系统巡查发现易积水路段,及时向市民群众发布积水消息,并调度相关部门第一时间处置;交警部门利用视频监控系统在交通高峰时段实时监控车辆通行情况,发现交通拥堵,第一时间派出警力进行现场疏导等。特别是2017年3月23日,2018世界杯预选赛中韩足球赛在长沙举行,长沙市超前谋划、精心组织,运用大数据专题研判,通过公共安全视频监控图像信息共享等手段,实现指挥联动,加强赛场内外治安防控,牢牢把握安保主动权,确保了比赛安全顺利进行,得到公安部通令嘉奖。三是全面提升了服务水平。建设互联网惠民服务平台,开发手机APP应用,向市民分类提供交通、旅游、医疗、教育、食品安全等视频公共服务,及时有效地解决群众遇到的矛盾纠纷、求助、事故等困难和问题。截至2017年12月31日,全市受理群众申请调阅视频图像1.1万起,帮助群众找回丢失行李物品、调解处理矛盾纠纷9200余起,找回迷路和离家出走的儿童、老人、智障人员420余人。“雪亮工程”越来越被群众熟知和信赖,切实增强了群众的安全感和满意度。

湖南省怀化市构建“三大机制”破解“民转刑”命案防范难题

近年来,怀化市委、市政府始终坚持把“民转刑”命案防范工作摆在平安怀化建设的突出位置,注重抓源头、抓创新、抓重点,取得明显成效。全市年均化解矛盾纠纷量达3万件以上,其中防止“民转刑”700余件,命案发生数年均下降12%,全市社会治安综合治理工作考评连续3年被评为全省先进。

一、构建三维调解机制，破解调解主体缺位难题

一是纵向建立市县乡村四级调解组织。在市县乡设立矛盾纠纷调处中心和联合人民调解委员会，抽调相关单位人员联合办公，对矛盾纠纷实行"统一受理、集中梳理、归口管理、限期办理"，一条龙、一站式、一揽子予以解决。特别针对村级调解组织薄弱问题，研究出台村级人民调解室规范化建设意见；明确村治保主任担任调委会主任，享受村支书同等经济待遇；建立人民调解案件"以奖代补"政策，近两年发放奖励经费247万元。二是横向建立行业多元化解组织。大力推进医疗纠纷、婚姻家庭、交通事故等矛盾纠纷易发、多发领域专业性、行业性调解组织建设。全市建立专业性、行业性调解组织79个，聘请专职人民调解员88名。2017年，市第三方医疗纠纷人民调解委员会成功调解医疗纠纷153起，其中重大纠纷65起；市道路交通事故快处快赔中心成功调解交通事故纠纷3766起；各级婚姻家庭纠纷专业性人民调解委员会预防化解因婚姻家庭纠纷引发的"民转刑"案件300起。三是环向构建省际边界地区联调组织。全市13个县（市、区）有6个县57个乡镇245个行政村分别与贵州、广西等地接壤，省际边界线840多公里。针对边界线长点多、社情复杂，各类涉边矛盾纠纷、群体性冲突一度多发等情况，积极推动省际边界地区联调组织建设，以市为主体，与周边地区签署"矛盾联防、纠纷联调、组织联建、普法联宣、法律联援"五联框架协议。近年来，共同化解重大边界矛盾纠纷325起。2017年清明前夕，排查发现贵州铜仁、黔东南等地李氏族人拟规模赴怀化市芷江祭祖情况后，立即启动双边联调机制，防止发生群体性事件。

二、构建多元调解机制，破解调解手段滞后难题

一是推行专家调解室和纠纷听证评议制度。在辰溪县、中方县先行试点的基础上，出台《关于在全市建立专家型调解室和推行纠纷听证评议制度的意见》，明确各县市区主城区至少设立一个以法律专家和行业专家等调解能手为主的专家调解室，负责重大疑难矛盾纠纷调处。同时，对情况复杂、当事方分歧意见较大的重大疑难纠纷实行公开调解，邀请村干部、人大代表、老党员等共同参与评议。两年来，全市共建设专家调解室13个，化解各类重大、疑难复杂矛盾纠纷658起。二是推进"互联网+三调联动"机制。2015年来，在溆浦县思蒙镇推行基层三调联动调解机制改革试点，探索建立"互联网+三调联动"机制。推动互联网技术在基层矛盾纠纷排查、预警、处置、反馈等环节的运用。试点取得良好效果，全面向全市推广。三是建立经济领域风险防控机制。由市综治委牵头，成立全市打击和处置非法集资工作领导小组，建立健全经济领域风险排查、处置机制。近三年，对全市2000多家融资担保公司、房地产企业、商贸领域公司进行深层次摸排，梳理确定重点风险对象79家，区分帮扶、处置、打击三类实行管控，破获非法集资类案件55起，涉案金额35.29亿元，有效防范"民转刑"案件发生，维护了社会大局稳定。

三、构建调解攻坚机制，破解调解成效偏低难题

一是抓好摸底排查。坚持集中排查和日常排查相结合，围绕重点人员、重点领域、重点案件等方面进行深入排查。对刑满释放、社区服刑、吸毒、戒毒等重点人员，定期上门走访，了解和掌握思想动态，做好源头防范；对易激化为刑事案件的婚姻家庭、邻里关系、经济往来、土地资源权属等民间纠纷进行重点排查梳理，及时发现苗头隐患，加大调处力度，严防"民转刑"命案发生；对人民群众关注、易引发群体性事件的征地拆迁、民间借贷、涉军涉教、涉法涉诉等纠纷案件，个人和群体性非正常上访的突出问题，以及久拖不决的纠纷积案，建立工作台账，重点稳控化解。二是加强研判分析。建立综合研判与重点研判相结合的矛盾纠纷调解机制。严格落实县（市、区）每月一次、乡镇（街道）每半月一次、村（社区）每周一次的矛盾纠纷调处分析制度，全面收集、梳理、汇总辖区内各类矛盾纠纷信息，准确掌握情况，分析研判形势，提出预见性、指导性的意见和建议，着力强化"民转刑"命案防范措施。三是实行分类化解。坚持边排查边化解，对每起矛盾纠纷落实责任人和化解措施，因地制宜，分类施策。对一般性矛盾纠纷，做到当场化解，定期跟踪回访，防止反弹。对生活确有困难的，通过多方救助、提供法律援助等措施进行帮扶。对重大矛盾纠纷和一时解决不了的疑难复杂矛盾纠纷,推行领导包案化解,按照“五个一”(一起纠纷、一名领导、一套人马、一个方案、一抓到底)工作要求,集中攻坚化解。对“民转刑”命案隐患苗头,根据纠纷的性质、危害程度、涉及范围等因素进行风险评估,实行分类调处和有效管控。对可能引发治安、刑事案件的纠纷,由公安机关会同有关部门采取必要的管控措施妥善处置。

(撰稿人:高启建
审稿人:熊晓强　文　悦)

广　东　省

2017 年综治工作概况

2017 年，广东省各级综治部门以习近平新时代中国特色社会主义思想为指导，全面贯彻党的十九大精神，在中央政法委、省委和省政府正确领导下，深入推进平安广东、法治广东和政法队伍建设，圆满完成各项综治工作任务，努力把广东建设成为全国最安全稳定、最公平公正、法治环境最好的地区之一。

一、以习近平新时代中国特色社会主义思想为统领，全省综治工作开启新征程

按照中央政法委和省委部署要求，全省政法机关把学习宣传贯彻习近平新时代中国特色社会主义思想和党的十九大精神作为首要政治任务，坚决维护习近平总书记党中央的核心、全党的核心地位，坚决维护以习近平同志为核心的党中央权威和集中统一领导，始终在政治立场、政治方向、政治原则、政治道路上同以习近平同志为核心的党中央保持高度一致。一是抓学习。省市县三级综治部门把学习宣传贯彻工作与“两学一做”学习教育常态化制度化结合起来，将其作为政治轮训的重要内容，以领导干部为重点组织学习。通过深入学习，全省综治干部牢固树立“四个意识”，坚定“四个自信”，打牢对党绝对忠诚的思想根基。二是抓调研。深入组织开展“大学习、深调研、真落实”活动，推动学习宣传贯彻活动往深里走、往实里抓。紧扣省委提出的“把广东建设成为全国最安全稳定、最公平公正、法治环境最好的地区之一”目标要求，围绕法治广东、平安广东建设开展专题调研，深入研究我国社会主要矛盾新变化对综治工作提出的新要求，谋划新时代广东综治工作发展，为广东经济社会发展提供坚实法治保障。三是抓落实。坚持以习近平新时代中国特色社会主义思想统领全省综治工作。制定贯彻落实十九大精神的任务清单，从维护国家政治安全、加强和创新社会治理、深化依法治国实践等方面推动落实。在深入调研基础上，着手制定《深化法治广东和平安广东建设行动计划》，提出今后一个时期广东省平安建设和法治建设的重大工作措施。

二、党的十九大维稳安保任务圆满完成，实现了“四个不发生”工作目标

把党的十九大维稳安保作为全年工作的核心任务，以最高规格、最强部署、最严措施抓落实，圆满实现了省委提出的“四个不发生”（不发生影响国家政治安全和社会稳定的重大政治事件、不发生暴恐和个人极端行为重大案事件、不发生重大群体性事件、不发生重大公共安全事件）的工作目标。一是及早部署，抓细抓实。2 月，对十九大维稳安保工作作出总动员。一季度，省委政法委牵头制定党的十九大维稳安保工作方案，组建维稳工作专班，周密部署各专项行动。先后召开 4 次全省电视电话会议进行总动员、再部署、严落实，确保各项工作有序、有效推进。二是强化督导，狠抓落实。省委政法委会同省委督查室先后组织开展 2 轮综合督导，抽调 18 个省直单位 35 名同志组成 7 个督导组，分别由厅级领导带队，实现了对所有地市和重点县区督导工作的全覆盖。三是扎实做好其他重要节点安保工作。全面排查、及时化解风险隐患，圆满完成全国“两会”“一带一路”高峰论坛、金砖国家领导人会晤、广州《财富》全球论坛等重大活动安保工作。四是落实表彰，激发士气。组织开展 2016—2017 年度全省社会治安综合治理先进集体和先进工作者表彰活动，对参与党的十九大安保工作的先进集体和先进工作者进行表彰，进一步激发了各级党政机关和全省综治干部参与综治工作的积极性和主动性。

三、预防化解社会矛盾更加积极有效，有力维护了全省社会大局稳定

坚持源头治理、依法治理，深入推进重点领域社会矛盾预防化解工作。一是开展矛盾纠纷专项治理。部署开展专项治理行动，省市县三级矛盾纠纷化解率达 95%。二是加强源头预防工作。认真落实重大决策社会稳定风险评估制度。继续开展基层“三项治理”，全省立案查处一批农村基层违纪违法案件，破获多起农村涉黑涉恶刑事案件。三是推动信访维稳工作体制机制改革。部署律师参与化解和代理涉法涉诉信访案件试点，加大涉法涉诉信访终结工作力度，推广涉法涉诉信访信息共享平台建设。加强司法救助等重点工作。四是妥善处置群体性事件。妥善处置了多个突出不稳定因素。组织召开全省预防和处置群体性事件工作培训班，有效提高了各级领导干部应急处突能力。

四、对各类突出刑事犯罪保持严打高压态势，进一步净化社会治安环境

始终保持社会面严打高压态势，全力净化社会治安环境，稳控全省治安大局。一是加强命案防控工作。根据中央部署，组织对“民转刑”命案防范工作深入开展调研。在调研基础上，出台《关于加强“民转刑”命案防范工作的意见》。召开全省命案防控工作现场会介绍先进经验做法，部署全省工作。二是开展专项打击行动。深入开展“飓风 2017”等专项打击整治行动，全省刑事立案数同比下降 13.6%，破案数同比上升 3.3%。着力深化反恐斗争，侦办重大涉恐专案，打掉涉恐团伙。三是加强治安重点整治。对中央综治办和公安部挂牌整治的重点地区加大整治力度，部分地区成功“摘帽”，部分地区由“通报警示地区”降级为重点关注地区。省综治委对存在突出治安问题的县（市、区）开展重点治理和挂牌整治，实现了广东省治安面貌持续好转。

五、社会治安防控体系更加严密健全，平安建设持续深化

一是继续加强社会治安防控体系建设工作。根据全国综治“大连会议”“南昌会议”的部署，广东省相继召开了社会治安防控体系建设茂南现场会、全省社会治安防控体系建设工作会议和社会治安综合治理创新工作会议，对社会治安防控体系建设工作作了全面部署。建立社会治安防控体系建设评估问效制度，出台防控体系建设评估方案和评估指标，年底对各地社会治安防控体系建设情况进行了总体评估。依据中央部署强化“雪亮工程”建设工作，指导广州、茂名市开展“雪亮工程”全国示范城市和全国重点支持城市建设。二是扎实推进“平安细胞”建设。要求各地认真落实“条块结合、协调联动、谁主管谁负责，分类指导，分级督办”工作原则，深入推进“平安细胞”创建活动，重点深入推进平安校园、平安医院、平安企业、平安交通和平安家庭 5 个平安细胞创建活动。联合省妇联在茂名市召开全省“化解矛盾纠纷、创建平安家庭”法治宣传活动启动仪式。协助做好推荐全国“平安医院”创建先进集体和先进工作者的组织遴选工作，激发基层干部干事工作的热情。三是继续深化基层三项治理工作。继续发挥牵头抓总、统筹协调的作用，深入开展打击农村黑恶势力、农村基层党员干部违纪违法线索集中排查、查办涉农领域职务犯罪，及时收集工作情况，明确年度工作重点，认真研判情势发展，形成分析报告，每半年进行通报。全省纪检监察机关查处一批违纪违法的农村党员、干部，检察机关立案查处一批涉农、扶贫领域职务犯罪案件，有力打击了黑恶势力的嚣张气焰，为维护基层社会稳定创造了平安有序的社会环境。

六、全面推进“综治中心 + 网格化 + 信息化”工作，夯实基层基础

围绕“2017 年底实现全省全覆盖”的目标要求，全面推进“综治中心 + 网格化 + 信息化”建设。一是系统部署建设工作全面铺开。印发《关于全面推进“中心 + 网格化 + 信息化”建设的通知》，要求各地在 2016 年开展省、市两级试点的基础上，继续围绕“排查防控违法犯罪、排查化解矛盾纠纷、排除消除公共安全隐患”三大任务，上半年每个县（市、区）再打造 2 ~ 3 个镇（街）试点，下半年所有镇（街）全面铺开，有条件的地方也可一次性全面铺开。印发了《关于贯彻实施〈城乡社区网格化服务管理规范〉的通知》，结合广东省实际就网格划分和编码、网格员配备、基础信息采集、网格员上报案事件处理的程序等问题作了进一步明确。二是召开会议大力推进建设。8 月 10 日，召开全省“中心 + 网格化 + 信息化”建设工作视频会议，总结前一阶段工作情况，研究分析存在问题，部署下阶段工作任务。11 月至 12 月，分片召开“中心 + 网格化 + 信息化”建设工作推进会，各市交流工作进展情况，分析存在问题，研究补短板、强弱项的具体举措，有力推动了“中心 + 网格化 + 信息化”建设工作往纵深推进。三是开展督导检查。组建 6 个督导组深入基层督导，摸底数、查实情，帮助分析存在问题和困难，督促落实省委的部署和任务要求，确保年底前实现全覆盖。四是给予欠发达地区经费支持。经省财政同意，将欠发达地区政法专项资金专门用于“中心 + 网格化 + 信息化”建设，帮助欠发达地区解决因资金短缺导致的建设局限。

七、落实各项公共安全管理工作，强化社会面风险防控能力

从严从实从细做好公共安全管理各项工作，将风险隐患防范处置在源头，有效防止发生影响公共安全的重特大案事件。一是加强公共交通安全管理工作。高铁沿线市县镇三级按照统一部署，优化护路联防工作职能，完善相关机制制度，加强基层实体工作站建设。6 至 7 月开展“喜迎党的十九大　共创平安铁路线”主题宣传教育活动，迅速在铁路沿线营造了爱路护路的浓厚氛围。着力维护好地铁等公共交通安全，组织有关部门开展地铁公共安全调研，形成关于应对风险维护地铁公共安全的调研报告，得到中央和国务院领导同志的肯定批示。十九大安全防护期间成立多个督导组，对省内 16 个涉及高铁运营的地市和 4 个有地铁建设或运营的地市的安全管理工作进行检查督导。二是深入推进危爆物品安全管理工作。组织有关部门对加强剧毒类物质安全管理工作、严防剧毒类物质流入非法渠道进行专题调研，并形成报告指导各地开展工作。开展易制爆危险化学品、大型活动安全事故预防和寄递物流专项整治行动，确保了广交会、中博会等 41 场大型活动安全顺利举办。三是加强对精神障碍患者的救治救助工作。先后下发省精神卫生工作规划重点任务分工方案和加强心理健康服务的指导意见，扎实推进精神卫生规划各项重点任务的实施。制定《广东省严重精神障碍患者监护责任补偿保险实施办法（试行）》，建立起由政府引导、市场化运作，对严重精神障碍患者肇事肇祸受害人进行合理补偿的“保险补偿”模式，进一步完善严重精神障碍患者救治救助政策保障体系。积极强化精神卫生服务能力建设，实现全省精神疾病防治网络全覆盖。

八、着力提升各重点专项工作水平，推动社会治理能力上新台阶

一是继续严厉打击电信网络诈骗。对各类电信网络诈骗坚持严打高压态势不放松，实行规模性、系列性、全链条打击。大力推进省诈骗电话防范拦截系统建设工作，组织相关部门赴上海调研，结合广东实际提出了一系列工作意见建议。多次召开会议协调相关部门加快推进广东反诈平台建设。截至 2017 年底，省际诈骗电话防范拦截系统已投入运行，在拦截骚扰诈骗电话、防止电信网络诈骗上成效显著。二是特殊人群管控力度和规范化水平进一步提升。大力推进社区矫正、刑释人员安置帮教、吸毒人员戒治康复工作，将“支持欠发达地区提高社区服刑人员的社区矫正质量”和“推进全省基层社区戒毒社区康复工作”列入 2017 年全省十件民生实事。全面提速社区矫正指挥中心和社区矫正中心建设，社区矫正指挥系统从部到镇五级实现互联互通。三是青少年预防犯罪和权益维护工作深入开展。深入开展青少年毒品预防宣传教育和法制宣传教育活动，“伙伴同行”“益苗计划”“甘露行动——各地大学生爱心帮教志愿服务活动”和“青少年零犯罪零受害社区（村）”试点创建取得良好成效。通过培育基层社会服务的专业青年社工人才、扶持青年社工组织，大力推动青少年社工参与基层社会治理，有力提升服务基层社会治理的能力水平。

广东省中山市创新新时代“枫桥经验”营造共建共治共享社会治理格局

为创新新时代“枫桥经验”，弘扬孙中山先生“博爱”精神，营造共建共治共享社会治理格局，中山市从 2013 年以来，坚持每年开展“博爱 100”公益创投活动（以下简称“博爱 100”），推动全民公益行动，紧紧围绕以人民为中心，满足人民群众日益增长的美好生活需要，不断强化“在中山就是中山人”理念，突出问题导向，聚焦社会热点、难点问题，以项目化公益积极推动全民参与社会治理，以公益破解社会治理难题，满足群众新时代社会治理新需要，增强群众幸福感、获得感和安全感，推动完善党委领导、政府负责、社会协同、公众参与、法治保障的社会治理体制。

“博爱 100”创新提出“全民公益 1 + 1 + 1”模式，第一个“1”是由政府搭建公益创投平台和社会组织成长平台，提供项目种子资金；第二个“1”是由社会组织立足问题治理和群众需求，策划实施公益项目；第三个“1”是由热心市民和企业出钱出力出心出席，参与、资助及监督项目运作。通过强化党政主导和全民参与，鼓励社会群众和社会组织自我发现需求，自我提出解决方案，带动广泛的社会资源点对点解决社会治理难题，满足群众美好生活需求，实现“群众点菜、政府支持、社会配餐”公共服务社会化供给新机制。从 2013 年起，“博爱 100”每年举办一届。前五届共吸引 2083 个社会组织和草根志愿团队参加申报，征集了 6734 个公益项目和公益创意，评选实施了市级、镇区和社区优胜项目 2666 个，组委会投入 2133 万种子资金，撬动部门配套和社会捐助的总资金达到 6129.6 万元，凝聚了全市 2 万多名社会组织和志愿者参与社会共治，直接服务市民群众超过 200 万人次。“博爱 100 · 全民公益 1 + 1 + 1”模式荣获广东“政府治理能力现代化”2013—2014 年度优秀案例。

一、坚持强化党政主导和社会协同，不断打造全民参与社会治理的基础性平台

市党政各部门积极践行为人民对美好生活向往而奋斗的初心，不断将“博爱 100”作为联系和发动群众“最后 1 公里”的重要创新载体。从最早市社工委、市文明办、市民政局、团市委 4 个主办单位和单个主题板块，发展到市委组织部、市“两新”组织党工委、市网信办、市委统战部、市文广新局、总工会等 12 个党政部门协同举办，横向板块逐年壮大，包含主板块公益创投、镇区板块公益创投、红色创投、社区公益创投大赛、“逸仙杯”中山市学生志愿服务项目大赛、“工益春笋”职工服务公益创投大赛、同心 · 公益周末和“专业社工全民义工”创投大赛等 8 大主题板块，纵向设立了 14 个镇区板块自主开展公益创投，通过每年实施 500 ~ 600 个公益项目，形成市、镇、社区三级社会公益服务项目体系。如小榄镇“创益菊城”板块，逐年增加了项目征集内容，成功孵化实施了妇幼家庭、生态环境等 11 大类 294 个优秀公益项目。又如第五届“博爱 100”坦洲镇板块下分“平安坦洲”“和美校园”和“有爱 · 友邻”商住社区板块等子板块，共征集了 165 个项目，最后评审入围项目 120 个，配套资金投入高达 230 万，成为全市支持项目数量和配套资金投入最多的镇区。

二、坚持以“党建引领”与“全民公益”相结合，打造服务群众、化解矛盾的战斗堡垒

“博爱 100”重点培育“党建 + 公益”联动项目，大力推动党建创新引领社会服务创新。“红色创投”以“党员在您身边，传递公益力量”为主题，在以党代表为核心，党代表所在党组织、村（社区）党组织、两新组织党组织和群众组织紧密联动的“一核四联”工作机制下，引导基层党组织、各级党代表把党的政治、组织优势转化为社会治理优势，通过众筹资源开展党建公益活动，服务群众，凝聚人心，化解矛盾和促进和谐，充分发挥基层党组织的战斗堡垒作用和党员的先锋模范作用。石岐区完成了18个邻里互助会及其党组织的组建工作,实现邻里党建全覆盖。沙溪在条件成熟的社会组织建立联动党组织,开展"党代表+社工+关工+志愿者"结对帮扶困难家庭计划,组织500人的帮扶团,5人一组帮扶100户困难家庭。"蝶变·重生计划"项目发现社区矫正人员阿强有水电安装一技之长,用助人自助理念鼓励其做志愿者,帮助辖区低保单亲家庭维修水电故障。在首届红色创投优胜项目电视路演中,筹得项目资金113万元,链接了200多名专业志愿者及大量的物质、设备、场地等公益资源。通过红色创投,全市新成立社会组织党组织51个,新增覆盖单位187个。仅2016年在红色创投网上平台就发布"党建+公益"活动1130次,直接服务群众超过20万人次。

三、坚持"在中山就是中山人"理念,源头预防社会风险矛盾,聚力破解社会治理难题

"博爱100"以竞争性方式提供资金和资源链接平台,推动广大社会组织服务进入更多的社会治理领域,尤其是聚焦全民禁毒、青少年帮扶、社区矫正、拥军优抚、家庭教育、助老扶困等社会难点和民生热点问题,为中山市四夺"长安杯"打下了坚实的群众基础。仅第五届"博爱100"的112个市级优胜项目和品牌项目中,围绕"禁毒""防骗""社矫""重点青少年帮扶""军退优抚"等社会治理热点难点问题和其他民生实事的项目数量就高达85个。如东区热心人士组成禁毒协会,吸收戒毒康复学员,利用旧集装箱改造成可移动VR禁毒主题体验的"无毒空间",既增进禁毒效果,又为戒毒康复学员提供创业机会。西区"义勇军—退伍军人互助计划"项目以战友互助、社区参与为主线,引导退伍军人发挥特长,提升自我价值。坦洲镇针对外来人口众多,商住小区业主矛盾多发,充分调动外来候鸟老人的积极性,孵化成立健身操协会,先后组织了"全民防骗保钱袋"、商住小区"平安驿站"、"关爱小区保安"等项目,积极带动居民邻里互动守望,关爱互助,共建平安幸福社区。"扶志助飞"小海鸥育苗培育计划项目让许多外来务工子弟圆了艺术特长梦,登上央视星光大道,有力促进了社会融合。

四、坚持推动社会治理重心向基层下移,构建充满活力和谐有序的社区治理体系

"博爱100"充分利用中国社会治理创新(中山)基地、镇区全民公益园和社区公益服务中心的阵地作用,调动中山市社工协会、家里公益服务中心等枢纽型社会组织作用,利用项目化公益动员基层群众参与社会治理,引导社会服务资源下沉到基层社区。结合一年一度的社会善治"金点子"大赛,由百姓点心愿"菜单",政府支持种子资金,社会组织动员"配餐",推动公共服务社会化供给。连续三届社区公益创投大赛针对社区民生个性化需求,先后实施了962个项目,为特定人群开展个性化、多元化服务,花小钱,办实事,暖民心。如"Happy在星星小镇"自闭症儿童及家长支援计划广泛开展社会融合与家长增能活动,搭建了自闭症患儿、自闭症家庭、志愿者、邻里互助支持的资源中心平台。达达熊荒岛图书馆开展"72小时书店"公益项目,举办"在行动中阅读、深夜书店、青年Talk"等喜闻乐见的活动,为群众在社区搭建了一个阅读、交流和自我成长的空间。

广东省东莞市率先开展异地商会积分制管理试点

改革开放以来,东莞经济发展迅速,异地商会蓬勃发展。至2017年10月底,全市已登记注册的异地商会达144家,拥有中小微会员企业数万家,覆盖电子、五金、服装、家具、制鞋等各行各业,辐射异地务工人员数百万人。异地商会在发展过程中,普遍存在法规制度建设滞后、管理体制不健全、支持引导力度不够、自身建设不足等问题,从总体上看,发挥作用还不够充分。为进一步加强异地商会培育发展和规范管理工作，充分发挥其在助推经济转型、完善社会服务、创新基层治理中的重要作用，2015 年，东莞市出台《东莞市异地商会积分制管理试点工作方案》，从 2016 年起，连续两年，市财政每年安排预算奖励资金 450 万元，用于支持开展异地商会积分制管理试点工作。

一、评审指标

东莞市按照中央、省对社会组织建设的指导精神和具体部署，结合东莞实际，依托多年社会组织管理经验，按照可量化、可操作、简便易行的总体思路，设置异地商会积分制管理指标，将正向激励指标与逆向约束指标有机结合，对鼓励性事项进行加分，对限制或禁止性事项进行扣分。2017 年，修改后的积分制管理的正向评审指标，由基础条件、服务会员、参与治理、服务社会、社会评价五大项构成，另设置了加分项目。特别是对异地商会从事公益活动和开展异地务工人员服务等方面加重了比值，鼓励其向在莞务工人员提供临时救助、扶危济贫、法律服务、技能培训、就业辅导、调解矛盾等服务，并鼓励商会成立异地务工人员服务组织。同时对异地商会及其会员企业的违法违规行为分别按不同标准进行扣分。在严格考评基础上，对达到 80 分以上的异地商会按照规模大小进行分类奖励。

二、试点成效

（一）明确了党和政府对异地商会的指导方向。

一是增强了党组织在异地商会中的影响力和凝聚力。在异地商会积分制管理试点工作开展之前，异地商会的党建工作较长一段时间处于分散、薄弱的状况。积分制指标在党群组织建设方面，除了建立党组织和工青妇群团组织之外，还要求当年度开展活动不少于 3 次。不少异地商会将党组织活动融入商会志愿活动、日常管理和文化建设之中，使党建工作与商会发展紧密结合、互促共进。不少商会贴近党员需求开展党组织活动，通过开展群众欢迎的活动、提供群众期盼的服务来团结群众、引导群众，切实增强党组织的吸引力和影响力。

二是加强了政府对异地商会的政策指导。以往东莞大多数异地商会只知道要登记，对商会应该怎么运作没有概念，甚至一些异地商会只停留在聚餐联谊水平。积分制管理通过明确的指标，引导商会完善内部治理机构，建立健全各项规章制度。在实行积分制管理后，不少异地商会负责人表示，政府终于有人来给我们讲课，指导我们怎么搞好商会。

（二）推动异地商会在创新社会治理中发挥更大作用。

一是探索社会矛盾化解新机制。东莞异地商会的背后是数以百万计的庞大外来务工群体。他们时常在欠薪、工伤、交通事故等方面遇到难题，加上法律知识匮乏、人生地不熟等原因，维权时困难重重。有少数人甚至采取极端手段维权，给社会稳定带来种种隐患。相比于政府部门，异地商会作为第三方力量，以乡情为纽带，在协调时往往能起到事半功倍的效果。东莞近年来出现了许多异地商会组织协助党委政府化解矛盾纠纷的案例。更重要的是，异地商会还在企业、员工和政府之间搭起了信任的桥梁，在源头上预防和化解了社会矛盾，对于构建和谐劳资关系、社会和谐稳定具有非常重要的作用。

二是开展异地务工人员服务，增强其归属感。自 2012 年起，东莞市率先在全省依托异地商会开展异地务工人员服务组织建设试点。截至 2017 年底，全市已有 40 多家异地商会成立异地务工人员服务组织，为 80 多万人次提供生活救助、就业援助、心理辅导、矛盾调处、创业辅导、技能培训等服务。为丰富务工人员业余生活，东莞不少异地商会牵头举办了以务工人员为主体的文化类交流活动、综合性才艺比赛等。为尽可能地增加异地务工人员家庭关爱，一些异地商会还举行系列关爱活动，提升了务工人员的幸福感。

三是发挥利益表达作用，拓展民意表达新空间。异地商会成立的初衷，多数是身在异乡的商人希望能以团体名义，合法表达诉求。近年来，东莞的异地商会逐渐形成了组织化的利益表达机制，通过体制内的合法渠道来表达和维护利益，同时促进了当地社会经济的发展。相当部分有影响力的商会，其会长成为东莞的政协委员，及时收集会员的意见建议，通过提案、报告、建议书和参会等方式参政议政。不少异地商会负责人还成为原籍地的政协委员，为东莞和原籍地的经济社会交流做出贡献。

四是发挥扶贫济困作用，开拓基层社会帮扶新渠道。东莞很多异地商会热衷于慈善事业，在社会上逐步树立了扶贫济困的良好形象。特别是积分制管理推行后，将面向东莞地区和东莞对口扶贫地区开展公益项目或活动作为指标，激发了商会的积极性。对原籍地务工人员提供临时性、特殊性困难的救助成为众多商会日常工作的常态。这些异地商会通过主动履行社会责任，组织会员广泛参与社会公益事业，树立了热心公益、回馈社会的良好形象，也在一定程度上帮助东莞化解了社会的不稳定因素。

三、经验启示

积分制管理是根据社会管理的需求，把积分中的奖分和扣分与各种事件挂钩，做到点对点关联。用扣分约束社会管理中需要限制或禁止的行为，用奖分来激励社会管理需要倡导的行为，以此达到社会管理的目的和要求。异地商会内部以非法人身份成立务工人员服务组织管理类型可以被称之为“内生型监管”。其包含两层含义，一是新的社会组织是基于服务管理的需求而形成于原有社会组织的内部；二是新的社会组织的运营监管是靠原有社会组织在内部完成的。异地商会通过充分利用地缘优势，在协助党委政府构建和谐劳资关系、化解矛盾纠纷，促进异地务工人员与本地居民互信互融等方面发挥了独特作用。通过积分制管理的试行、完善和发展，积分制管理体系将慢慢形成。同样的做法将可以复制到多个方面，如用于公安系统，会有效提高破案率；用于公共服务领域，会改变窗口部门的服务面貌，甚至在其他财政项目评估、政府采购服务项目等领域建立积分制管理体系，将让项目评估更加科学合理，提高财政资金的利用率。

广东省佛山市禅城区打造“警家校”安全管理队伍构建学生安全立体防护体系

佛山市禅城区“警家校”护畅模式启动以来，用小办法解决了校园周边交通拥堵社会大难题，这一创新举措获得了社会各界的支持和肯定。2017 年 11 月 8 日，中央电视台“央视新闻 +”节目组在禅城区同济小学直播了“警家校”护畅做法和成效。这是佛山市充分发动社会各界力量共同守护校园安全的范例。2017 年以来，佛山市以“五校长”“家长监督队伍”“学校安全管理人员”为校园安全管理主体力量，构建了“警”“家”“校”相互协作、共同防范的立体防护体系，全力打造更高水平的“平安校园”。

2016 年，省教育厅在《广东省校园及周边治安综合治理工作简报 2016 年第 2 期》上刊载《佛山积极构建“五校长”工作机制筑牢校园平安防线》一文，介绍了佛山市教育系统的法制禁毒交通消防安监“五校长”工作机制。为进一步发挥“五校长”专长，完善校园安全管理队伍结构，提高校园安全管理能力，确保校园安全管理工作落到实处，2017 年佛山市教育局联合公安、安监等部门在“五校长”工作机制基础上印发了《佛山市中小学“五校长”结对子活动工作方案》，通过“手把手”教育培训结对子交流提高，在校园内构建一支专业的安全管理队伍；印发《佛山市中小学幼儿园组建专家型家长监管队伍工作方案》，遴选一批有专业特长的家长参与学校安全管理，结合专长给学生进行安全教育；《佛山市“警家校”护畅工作办法》进一步明确各自工作职责，进一步完善校园安全防护体系，形成了以“五校长”“家长监督队伍”“学校安全管理人员”为主体的校园安全管理队伍，构建了“警”“家”“校”相互协作、共同防范的立体防护体系。

一、充分发挥部门专长，进一步巩固完善“五校长”工作机制，不断提升“五校长”工作效能

“五校长”制度是从公安队伍安监系统中，选取干部分别担任学校的法制、禁毒、交通、消防和安监校长,对学校安全工作进行检查、指导、监督,对学生进行安全教育,不断提高学校防范事故的能力。目前,佛山市所有中小学校 100% 聘任"五校长",五校长结合各自工作专长,在校园扎实开展校园治安安全评估、学生溺水防治、校车及交通安全管理、消防安全学校创建、安全法制禁毒教育培训等工作,积极参与校园安全管理,全面排查清除校园安全隐患,弥补了教育系统安全管理队伍人手不足、专业知识和技能欠缺等问题。据统计,在"五校长"推动下,全市为学校及周边安装一键式报警装置 508 套,建立治安岗亭 593 个、护校岗 503 个、设立校园警务室 167 个,建立微型消防站 300 余个,每日参与巡逻 4000 余人,发布安全警示信息 180 余万条,在保障教育系统安全稳定、创建"平安佛山"和"平安校园"过程中起到了非常重要的作用。为总结经验,进一步完善工作机制,优化教育资源,提升工作效能,市教育局与市公安局、安监局联合印发了《佛山市中小学"五校长"结对子活动工作方案》,由法制禁毒校长对学校开展校园欺凌及暴力防治、校园及周边治安安全、禁毒教育的培训;交通校长对学校开展校车维护与监管、校园周边交通安全、交通事故应急处置、校车应急疏散演练等的培训;消防校长对学校开展校园消防设施管理与维护、校园消防巡查要点、校园消防标准化管理、初始火灾应对处置及校园消防应急演练的培训;安监校长对学校开展实验室(危化品)管理与职业病防治、学校安全教育与制度建设的培训,通过"五校长"与学校安全管理人员的一对一交流、学习、培训,有效提升了学校安全管理队伍的专业水平。

二、充分运用"家长学校"和家委员会工作体系,率先引入家长参与安全管理,不断完善校园安全管理队伍结构

自佛山市教育局印发《佛山市教育局中小学幼儿园家长学校办学规范(试行)》和《佛山市中小学幼儿园家长学校管理实施细则(试行)》以来,佛山市中小学幼儿园已 100% 建设家长学校,100% 成立学校家委会和班级家长委员会小组,100% 对家长开展培训,在 2015 年成为全国首个"全国规范化家长学校实验区"。为推动"家长学校"的优秀成果向校园安全管理领域延伸,佛山市印发了《佛山市中小学幼儿园组建专家型家长监管队伍工作方案》,各学校从家长队伍中遴选一批消防、法制、交通、食品、卫生防疫、医疗救护等专业知识扎实的专家型家长补充到学校家委会,建立校园安全家长监管队伍,让家长充分参与到学校安全管理,通过"家长学校"和家委会平台,与学校对话,指导、督促学校各项安全工作落实。到 2017 年底,佛山市家长监管队伍 3100 人,家长通过各种形式,积极参与学校安全管理和教育,例如:顺德潭村小学组织家长志愿者参与校园周边秩序维护、食品安全检查、防震防火用电教育;顺德东平小学家委会设家长膳食委员会,参与学校食品安全管理;高明德信实验学校由家委会参与校车公司的选择与监督管理;禅桂中心城区学校成立家长志愿者"护畅队",帮助家长接送学生上学,简化家长"停车—下车—送学—开车离开"的一整套动作,减少校园周边交通拥堵并保障学生上学最后 100 米的安全;南庄中心小学成立"家谊会",参与学校各项活动,部分专家型家长还经常性对学生开展专题安全讲座,对学生直接进行"亲子园"式安全教育,类似的活动一年达 1500 场次,受教育学生超过 30 万。校园安全的"专家型"家长监管教育队伍在佛山市已经全面铺开,家长在校园安全管理中的作用得到充分发挥,校园安全管理队伍不断充实。

三、严格落实"党政同责""一岗双责"工作要求,不断强化校园安全主体责任,狠抓管理能力提升

为严格落实"党政同责""一岗双责"工作要求,市教育局在一岗双责职责分工基础上,印发《佛山市教育局维护教育系统安全稳定工作实施方案》("大安全"工作方案)》,进一步细化工作职责,形成了以市教育局局领导为统领,安全保卫科为领导小组办公室,其他业务科室分别牵头参与的安全工作机制。市、区、镇街、学校层层签订安全责任书,明确安全管理责任人并压实校园安全管理责任。各学校严格依照教育部办公厅《中小学校岗位安全工作指南》要求,结合学校特点,由校长与其他领导及教职工人员签订安全责任书,进一步明确校园各岗位的安全职责。近年来,在市教育部门统领下,建立了校园安全防范评估考核机制、安全形势分析制度、安全检查与整改制度、安全培训制度、安全责任制度等制度；先后修订了校园消防、食品、宿舍管理等方面的12项学校安全管理规定，18项学校安全管理制度，13项学校安全应急预案，印制14种学校突发事件应急处置流程图；组织各区、镇街校园安全专干、民办学校校长、法人360人的《安全生产法》及校园安全问题处置培训，8000多人学校集体食堂管理人员、从业人员、供货商负责人、配餐公司负责人等参加的食品安全及应急防范培训，1500多名消防管理人员培训，1600人校车司机、2000人学校保安业务培训和150名各区、镇教育部门骨干培训；并组织“五校长”对学校安全管理人员开展“一对一结对子”交流、学习活动，不断提升学校安全管理人员的管理能力和专业水平，打造了一支有战斗力的校园安全管理队伍，为保障佛山市教育系统安全稳定，创建“平安校园”提供了坚实的人力保障。

四、充分整合“警”“家”“校”各方资源，形成工作合力，构建学生安全立体防护体系

“背着书包、系着红领巾的同济小学5年级学生小颖一打开车门，披着一件醒目荧光色马甲的岑碧莲就扶她下车，并和车内家长点头微笑后关上车门，然后把小颖带到‘护畅区’……”2017年5月8日晚上，央视《新闻联播》以“滋养精气神　增强城市活力”为题，对佛山市“警家校”护畅模式点赞。11月8日上午，央视“央视新闻+”节目组对佛山市同济小学“警家校”护畅情况进行全程直播，“警家校”护畅模式正从佛山走向全国。据统计，实施“警家校”护畅模式以来，校园周边交通、治安环境明显改善，涉校涉学生警情稳步下降，车辆平均通行率提升33%～65%，车辆逆行、违停、随意掉头等交通违法现象大幅减少；家长接送孩子所花时间平均减少15分钟，满意率超过90%；孩子安全系数大幅提升，实现从交通护畅向治安护学延伸，真正为孩子上学最后100米构筑安全保障通道。“警家校”护畅只是政府、学校、家长合作成功的一个范例，类似的案例还包括：十九大期间，在公安特警的带领和指导下，学校、家长义工、特警共同参与校园门口的安防执勤，保障了佛山市十九大期间校园安全稳定。接下来，佛山市将以“警家校”护畅的成功经验为蓝本，进一步深化“五校长”“学生家长”和“学校管理人员”三支队伍的融合协作，通过“五校长”对学校的检查巡查和对安全管理人员及家长的专业培训，提升学校和家长的安全管理水平；通过家长监管队伍对学校的监督，督促学校各项校园安全工作落实；通过学校、家长和“五校长”相互反馈情况，提升三支队伍工作的实效性和针对性。佛山市将进一步联合食药局、交通运输局、气象局等相关职能部门，不断丰富“五校长”内涵，进一步整合政府、学校、家长各方资源，建设沟通和信息反馈机制，形成工作合力，构建学生安全立体防护体系，保障学生平安健康成长。

广东省肇庆四会市“以奖代补”激发网格员积极性

为进一步解决综治网格员补助资金投入不足问题，充分调动网格员上报和处置事件的积极性，2017年以来，肇庆四会市积极探索创新管理办法，把“以奖代补”政策引入“综治中心+网格化+信息化”建设工作中，并与综治工作考核的应用有机地结合起来，强化网格管理工作保障能力，形成了以“以奖代补”政策推动工作落实的良好运行模式，大大提升了网格员上报和处置事件的效率，促进了网格化管理工作的稳步推进。2017年，全市共排查调解各类矛盾纠纷592件，调解成功580件，调解成功率达97.97%；全市刑事立案1884宗，同比下降30.3%，其中立“两抢一盗”案件1398宗，同比下降34%；共破获各类刑事案件1588宗，同比上升3.7%。省第三方测评显示，四会群众安全感持续提升，由2015年的70.45分、2016年的72.23分上升到2017年的81.40分。

一、建立政策体系，充分调动网格员积极性

坚持从体系建立健全入手，构筑政策体系，充分调动网格员上报和处置事件的积极性。四会市综治办专门印发了《四会市关于实行网格管理工作“以奖代补”政策的实施意见（暂行）》，将网格员通过每日巡查、走家串巷、入户调查，积极上报各类违法犯罪线索、提供有关涉及社会稳定信息、排查各类安全隐患、化解矛盾纠纷、协助公安机关破案或者直接将违法犯罪嫌疑人员抓获扭送至公安机关的行为，以及为保护国家利益、社会公共利益或者他人的人身财产安全积极实施救人、抢险、救灾、救困等行为，和对其他市民群众参与见义勇为行为的报料行为，按不同情形分别给予50～5000元以上奖励。其中，协助破获杀人、抢劫、强奸等重特大刑事案件的，或直接抓获扭送违法犯罪嫌疑人员的，视情给予5000元以上的奖励；排查化解重大矛盾纠纷、排查上报公共交通运输安全隐患、消防隐患、安全生产隐患等，视情给予1000元以上的奖励；对网格员一般的报料行为，给予50元以上的奖励。如2017年4月4日，网格员赖炽光（地豆镇大布洞村委会地塘村）在日常巡查过程中，发现地塘村的皇哨坳（土名）发生山火后，及时通知村委会和报警，并带领村民到火灾现场救火。由于火灾扑救及时，未造成人员伤亡，避免了更大的财产损失。市综治办获悉事件后，给予奖励2000元。又如2017年6月28日，网格员潘细荀（石狗镇石狗居委会）在辖区内开展日常巡查过程中，途经旧圩路段发现一居民因突发高血压需马上送院救治后，及时将患者送往镇卫生院治疗。市综治办获悉事件后，给予奖励500元。2017年，全市共奖励网格员见义勇为及报料先进个人5批377人次，奖励157750元。

二、畅通工作渠道，简化奖励审核发放流程

各镇（街）综治中心按有关审批表格要求填写好网格员姓名、所在网格、事件经过、处理结果等信息，经镇（街）综治委审核后每月综合上报一次到市综治办复核发放奖励金。对影响较大的事件，实行一案一奖，由申报镇（街）和市综治办及时在事发地共同组织举行现场表彰大会；对其他事件，由市综治办组织人员上门表彰和发放奖励金，实行季度奖励。2017年，共到事发地现场表彰4次、上门表彰144人次，既起到了很好的宣传效果，又极大地增强了受表彰网格员的荣誉感和自豪感。

三、运用保障机制，确保奖励政策落到实处

为确保“以奖代补”政策落到实处，达到真正推动网格员上报和处置事件的目的，四会市从完善政策保障机制着眼，以“四个保障”为抓手，确保奖励政策顺利实施，使综治网格化建设工作更切合实际，更具有公信力和科学性。一是强化制度保障。专门制定了《四会市社会治安综合治理“中心＋网格化＋信息化”工作制度汇编》小册子2000本，将《四会市社会治安综合治理网格化管理考核奖励制度》和《四会市关于实行网格管理工作“以奖代补”政策的实施意见（暂行）》纳入其中，各网格员人手一份，使网格员工作有章可循、有规可依。二是强化资金保障。通过借助市见义勇为基金会资金、申请“630广东扶贫济困日”资金以及向社会各界热心人士募捐的方式筹措资金，共募集资金20多万元。三是强化督导保障。市综治办加强督导，适时通报各镇街开展此项工作的情况，对积极响应、效果突出的予以表扬，对行动迟缓、宣传发动不力、效果不佳的予以通报批评。四是强化考核保障。实行层级管理模式，由市综治委负责督查考核各镇（街）网格化管理运转情况，由镇（街）负责督查考核村（居）网格化管理运转情况及网格员履职情况。同时，将各镇（街）网格员每年上报处置事件的件次纳入当年综治工作（平安建设）考核内容。

广东省珠海市香洲区积极开展社区精患康复工作

珠海市香洲区拱北街道岭南社区卫生服务站心宁日间照护中心，依托社区卫生服务站，为辖区内精神障碍患者开展生活技能训练、服药依从性训练、职业技能培训、作业治疗、精神运动康复、表达性艺术治疗、原生艺术治疗等康复服务项目，让原本对平安社区建设可能会带来隐患的一个特殊群体得到及时收治和有效治疗，不仅给社区其他居民的平安带来了保障，而且也让这个特殊群体得到了关注与关爱，让他们回归家庭、服务社会，重获生活的幸福。这是共建共治共享社会治理格局理念的典型体现，也为创新社区治理提供了一个可资借鉴的新思路和新方向。

一、主要做法

（一）健全机构组织体系。珠海市香洲区拱北街道岭南社区卫生服务站心宁日间照护中心，成立于2016年9月。目前中心拥有专职核心管理人员3人，专家团队16人，聘请省精神卫生中心教授林勇强为指导专家，下设医务、社工、财务、志愿者团队等，建立完善了财务制度、人力资源管理制度、项目管理制度等系列制度。2016年以来，岭南、桂花社区保持精神障碍患者肇事肇祸事件“零”发生。

（二）确立标准化康复流程。中心借鉴美国、法国等西方精神康复理念，吸收北京、无锡、长沙、广州等地实践经验，探索形成心宁康复模式。康复流程包括：服药训练，培训患者认识和识别所服药物名称、用量和用法，督促坚持每天按时服药；生活技能训练，按照康复手册对照表，培养患者自我照料基本生活的能力；人际交往训练，根据患者的智力水平和社会能力，运用文娱体育、团体活动、表达性艺术治疗等方式，为患者提供系列成长课程；特长及重获价值感训练，包括自我效能感的培养、抗逆能力训练、自决能力训练、建立目标和抉择能力、参与公益活动；生计发展能力训练，中心与相关企业联系，创造有偿的简单代加工就业机会，培养其工作和回归社会能力；定期给患者的监护人提供相关课程，引导监护人更好与患者共处，给患者康复提供良好家庭环境。

（三）加强培训和宣传，构建多方参与机制。开展针对服务对象的家访。了解服务对象的家庭情况，挖掘服务对象需求，帮助服务对象处理好家庭关系，同时通过家访也会找到更多的服务对象。开展精神疾病宣传和讲座活动。联合街道、社区广泛开展社会宣传活动，以书法、手工、摄影、运动等主题设计为载体，在学校和社区开展精神疾病宣传，使社区居民和在校学生了解精神疾病知识及应对技巧。开展团体活动或团体心理沙龙活动，以此来帮助服务对象处理好在工作和生活中的人际交往问题，使患者回归和融入社会。

二、实践经验

（一）政府支持是社区精患康复的核心。打造政府、社会、家庭、志愿者“四位一体”关怀帮扶康复体系，是社区精患康复工作的有效载体。其中政府支持及领导的关怀是关键因素，更是推进社区精患康复的重要力量。心宁照护中心在社区康复实践中得到了各级政府及领导的大力支持，特别广东省委政法委、珠海市委政法委、香洲区委区政府、拱北街道办等领导多次现场检查指导，从政策、资金、建议等多方面给予大力支持。2017年，香洲区拱北街道岭南社区心宁日间照护康复中心被市确定为全市精神康复试点社区，试点运行以来，省市有关领导先后多次亲临现场指导，各级党委政府支持建设资金61万元。特别是工作专班人员组成上，公安派出所、卫计、综治、居委会等政府同志是重要力量。

（二）技术力量是社区精患康复的重要保障。专业技术人才是社区精患康复的中坚力量，心宁照护中心得以有效运行至今，依托岭南社区卫生服务站现有的医生资源优势，以及借助外聘的专家团队，同时不断加强医疗技术人才的培训和培养。中心试点以来先后组织业务培训10场，专门聘请专家指导10多次。组织业务骨干前往美国行为健康医院考察学习表达性艺术治疗。中心积极派工作人员参加国内高端的经验交流大会，先后共6次派人参加"广州国际精神心理疾病防治和康复论坛""厦门精神健康应用领域多专业的对话与启示研讨会""中法精神运动康复培训"，以及北医六院精神障碍患者个案管理技能培训班、湖南湘雅医院精障管理技术培训、无锡精防中心培训班等。

（三）方法创新是社区精患康复的特色。在社区精患康复实践中，中心总结创新了一套治疗方法。一是精神运动康复法。其核心理论是坚持身体和精神心智的整体观，即身心一体论，通过有趣味的运动、舞蹈、雕塑、哑剧、音乐等多种形式，时刻关注患者的情绪情感反应和肌张力改变，从而达到精神康复的目的。此方法在我国刚刚起步，具有领先性和创新性。二是原生艺术治疗法。精神病人身上有很多潜质没有被发现和引导，特别是他们对绘画、音乐、舞蹈的感悟力和表现力，是常人无法比拟的。通过挖掘及引导患者身上的艺术潜质，实现其对自我价值的认知，提高康复治疗效果。三是实施优势个案管理。在精障病人的管理和康复实践中，采用个案管理、优势评估和对家属的同伴帮扶，是我国目前社区管理最先进、最能促进个人和家庭支持系统发生转变的行之有效的方法。个案管理计划分医疗计划、生活职业能力康复计划两个部分。医疗计划主要包括病史采集，患者精神、躯体状况、危险性、服药依从性和药物不良反应检查评估，制定包括药物治疗、药物管理和行为问题处理在内的医疗方案。生活职业能力康复计划主要包括患者个人日常生活、家务劳动、家庭关系、社会人际交往、社区适应、职业与学习状况、康复依从性与主动性检查评估，从中发现优势，提出具体指导和康复措施等。中心工作人员采用此方法对患者康复指导60余次，实施此类优势个案管理患者共8名。

三、工作成效

（一）患者得到及时有效治疗。香洲区拱北街道岭南社区心宁日间照护康复中心作为全市精神康复试点社区，自运行以来，精神障碍患者能以最小的付出，最方便快捷的方式，在家门口得到精神疾病的专业治疗与康复服务。

（二）患者得到及时随访和管理。通过约束监护人至少每半个月将患者带来中心进行生活技能培训和精神康复治疗，同时加强定期随访，对三级以上患者和病情不稳定者每2周随访一次，对0—2级病情稳定者每3个月随访一次，对基本稳定者每月随访一次。

（三）患者回归融洽的家庭关系。在着手患者的治疗与康复的同时，中心工作人员还注重通过与患者的监护人及其家属的沟通和培训，教给家庭成员基本知识和技巧，让患者在良好的家庭氛围中加快康复。中心启动了"风雨同舟"精神障碍患者陪伴双轨计划，开展患者家属心理沙龙、家属互助小组等项目，取得较好效果。

（撰稿人：余　惠
审稿人：辜东方　张　婷）

广西壮族自治区

2017 年综治工作概况

2017 年，广西综治战线深入学习贯彻习近平新时代中国特色社会主义思想特别是政法思想，认真贯彻落实全国政法工作会议和自治区第十一次党代会精神，始终坚持“发展是硬道理，稳定也是硬道理，抓发展、抓稳定两手都要硬”的方针，紧紧围绕政法工作维护社会大局稳定、促进社会公平正义、保障人民安居乐业的“三大使命”，牢固树立“重心治政保忠诚、重力治害守底线、重点治警树新风”的“三治理念”，努力打赢“社会治安、信访治理、从严治警”三场硬仗，全力推进社会治理系统化、科学化、智能化、法治化，全面提高预测预警预防各类风险能力，奋力推进平安广西建设，促使人民群众安全感、息诉罢访率、政法队伍执法满意度“三个提升”，为实现民族团结和睦、边疆安宁巩固、社会安定有序、人民安居乐业提供了坚实保障。全年广西人民群众安全感达 93. 11%，比去年全年上升 3. 47 个百分点，创历史最高。

一、领导高度重视，高位推进平安广西建设

自治区党委、政府坚持把社会治理和平安建设工作放在经济社会发展全局中去谋划、去推进。2017 年 9 月，全国社会治安综合治理表彰大会在北京召开后，自治区党委对学习贯彻全国社会治安综合治理表彰大会精神高度重视，召开自治区党委常委会专题传达学习，研究贯彻落实意见。11 月 30 日，自治区党委、政府召开建设平安广西表彰大会。自治区党委政法委着力加强和创新社会治理工作，主要领导同志经常听取综治工作的专题汇报，率队到各个基层综治部门进行调研，在各种政法综治会议上对综治和平安建设工作作出部署。

自治区党委办公厅、自治区人民政府办公厅出台了《全自治区社会治安综合治理考评办法》对综治考评工作进行了明确规定，从自治区党委、政府层面进一步规范了综治考评工作的顶层设计，有力促进了建设平安广西活动的长足发展。

二、提高政治站位，出色完成十九大期间综治维稳工作

（一）集中做好矛盾纠纷摸排化解。先后两轮组织开展影响社会稳定矛盾问题摸排调研工作，切实做到摸排化解“全方位、全覆盖、贯穿党的十九大安保维稳工作全过程”。自 3 月以来，全自治区共摸排出影响社会稳定的重点领域、重点群体、重点问题 2449 件，并逐一落实化解稳控防范措施，落实责任单位、责任人，落实率达到 100%，为净化党的十九大期间社会环境奠定坚实基础。

（二）重点做好涉稳重点人群源头稳控。据不完全统计，9 月以来，全自治区累计落实源头稳控措施的人员为 27700 余人，其中军队退役人员 7300 余人，涉众型经济犯罪案件利益受损者 7520 人。在十九大召开前夕和期间，各地各部门对 512 名重点人开展核实查找、教育稳控及劝返接回工作，及时消除隐患，避免其滋事闹事。

（三）全面做好社会面管控。全自治区各地各有关部门在党的十九大期间全面加强社会面稳控，为大会胜利举办创造安定有序和谐的社会环境。一是净化网络环境。公安机关对公安部通报的 380 余名网络水军开展工作，刑事拘留 1 人，教育训诫 181 人，转外省查处 6 人，有效净化了党的十九大期间网络环境。二是提高见警率，加强震慑力。10 月 9 日至 24 日，每天出动公安民警、武警官兵和辅警 2. 2 万人次，加强重点部位管控，提高见警率，增强威慑力。三是强化边检工作。启动边境地区公安检查站和边防检查站查缉工作机制，严格落实人员、车辆、物品安全检查，坚决不让枪弹和危爆物品流向北京。四是消除大量危安隐患。全自治区公安机关共检查危险物品单位 396 家，整改 132 家，清查旅馆出租屋 12327 间，稳控有暴力倾向精神病人 13 人，抓获网上在逃人员 2 人，收缴违禁品 10 件；铁路公安查获管制刀具 1682 把、子弹 14 发，其中二次安检查获禁限物品 615 件，在进京列车上查获带锯 61 把；加强消防管理，检查单位 1. 39 万家，督促整改隐患 2. 71 万处，行政处罚 3625 家，全自治区火灾事故明显减少，实现“零伤亡”。

三、科学运用政策，大力压实综治领导责任

（一）以“分别通报”引起领导重视。自治区综治办将每季度群众安全感调查结果向各市、县（市、区）进行分别通报，抄送各级党政主要领导，并提出有针对性的具体指导意见。同时，我们将上述工作纳入各市的绩效考评、各市县党政领导班子及党政正职领导政绩考评，调动了市县党政主要领导亲自抓综治工作的积极性，各市党政主要领导定期不定期对当地的综治和平安建设工作做出批示，提供支持，有力促进了各地社会治理、平安建设工作。

（二）以责任查究倒逼责任落实。一是严肃“民转刑”案件责任追究。加强对“民转刑”命案防范工作的督查指导，全自治区共发生一次死亡 3 人以上（含 3 人）命案 11 起、死亡 34 人，先后对 30 多名责任人采取约谈、诫勉谈话等措施，对个别责任人甚至采取免职处理，相关责任单位作出深刻检讨，甚至通报全自治区。比如，以自治区综治办名义下发了《关于柳州市柳江区百朋镇“5 · 30”案件追责情况的通报》，约谈百朋镇党委书记、镇长，对分龙村村委相关责任人作出免职处理决定。二是严肃社会治安重点地区及突出治安问题责任查究。一方面，从 3 月开始，组织对 2016 年度因各种治安问题被挂牌、约谈、通报整治的 12 个县（市、区）的整治情况进行考核验收。经考核，均达到考核要求，并据此作出了对 12 个县（市、区）的挂牌、通报、约谈警示给予撤销的决定。同时，结合第二季度群众安全感调查结果，对存在较严重消防隐患问题的 20 个单位（场所）和 2017 年第二季度群众安全感低于 90% 且降幅较大的县进行全自治区范围通报；对存在群众安全感测评度低，或存在治安突出问题的 9 个县（市、区）进行约谈，并责成整治。

（三）以联席机制促使部门履职。为了充分调动自治区综治委各成员单位的积极性，促使各部门在平安建设中认真履职，自治区综治委建立健全了各种专项联席会议制度。为推进“神剑”系列专项整治活动，解决专项活动中的困难和问题，4 月 8 日，自治区综治办主持召开法、检、公、司等成员单位协调会议，要求各单位在专项行动中统一思想、统一行动、统一步骤、统一尺度，促进形成在维护社会和谐稳定工作齐抓共管的工作格局。自治区综治委每个季度召开一次有政法各部门、信访局、统计局参加的综治形势分析联席会议，对上季度的群众安全感进行分析研判，对下一步的工作进行部署。还建立健全了铁路护路联防、寄递物流监管、打击电信诈骗、调解家庭婚姻纠纷、严重精神障碍患者服务管控、学校及周边治安综合治理等工作联席会议制度，将各项工作任务分解至相关部门，切实形成各部门齐抓共管的强大合力。

（四）以评比表彰增强社会认同。9 月 19 日，全国社会治安综合治理表彰大会在北京举行，广西有 3 个单位荣获全国社会治安综合治理先进集体，3 名同志荣获先进工作者，1 个市被评为 2013—2016 年度全国优秀市，5 个县（市、区）被评为先进县（市、区），桂林市和凭祥市荣获“长安杯”。11 月 30 日，自治区党委、政府召开建设平安广西活动表彰大会，表彰了 50 个先进单位、50 名先进个人。这两次评选表彰活动坚持面向基层，关注基层单位和基层干部，推广基层一线的先进事迹，表彰的单位和个人覆盖了区直单位、市、县、乡、基层政法委（综治办、维稳办）机关、政法各部门，得到了各级各部门高度重视、积极参与和热烈响应，增强了全自治区广大干部对平安建设的认知与认同，激发了大家崇尚先进、奉献社会、建设平安的热情和干劲。

四、创新科技应用，推进综治工作提质升级

（一）以信息化建设推动为民服务质量。全自治区共开通综治信息系统化账号 4 万多个，其中电脑账号约 1. 6 万个，手机账号约 2. 5 万个，对全自治区 1247 个乡镇（街道）和 16136 个村（社区）实现了全覆盖，综治信息处理系统累计录入各类数据约 6344 万条，通过“网格报送、网上流转、网下办结”的模式，利用系统处理各类事件约75万件。全自治区综治信息系统累计录入实有房屋信息877万余条，消防安全重点部位12348个，危险化学品单位1597个，重点关注对象3597人，对重点场所开展服务次数累计近20万次，对特殊人群开展服务累计达40.8万人次，排查出各类矛盾纠纷、治安隐患和提供民生服务累计78万余件，办结72.6万余件，办结率为96.54%，较好地解决了“看得见的管不着，管得着的看不见”的问题。

（二）以“雪亮工程”推动完善治安防控体系。继南宁和柳州市成为2016年公共安全视频监控建设联网应用示范城市后，百色、防城港和崇左市被列为2017年公共安全视频监控建设联网应用重点支持城市，来宾和玉林市被列为2018年重点支持城市。以南宁市和柳州市为试点，大力实施全自治区“雪亮工程”建设规划，要求未获得示范城市和重点支持城市的其余7个市，不管有没有获得中央补助，都要提前开展项目建设工作。各市严格按照技术方案标准，指导推动辖区内各行业、领域涉及公共区域的视频监控系统的升级改造，逐步开展视频图像信息在城乡社会治理、智能交通、服务民生、生态建设与保护环境等领域的应用，为全自治区“雪亮工程”项目建设打下坚实基础。截至2017年底，全自治区已建成并使用视频监控60万路，已联网使用18万路。社会治安一、二、三类目标视频覆盖率达100%，小、远、散地区和“三无”小区视频覆盖率达90%。南宁、玉林、崇左三个市的市级平台已经建成，部分实现了视频监控与地面合成化巡防有机结合。

（三）以“三网融合”实现信息资源整合。将综治信息处理系统、综治视联网系统、公共安全视频监控系统三大工作平台融合，并将无人机与“三网”联合应用，发挥其在处置突发事件、排查灾害隐患、治安巡防等人力不可及方面的作用，使综治工作实现了从粗放式管理到精准化防控、从被动应付到主动预见、从行政指令到数据指令、从部门单打独斗到全面联动共治的转变，实现了可视化、智能化和扁平化，达到了“一网共享、社会共治”的效果。崇左市把市、县、乡三级“三网”互联互通，并延伸至重点村屯（社区）。特别是凭祥市的“三网合一”取得了明显成效。自2015年5月建成投入使用以来，凭祥市未发生一起涉恐人员偷渡案件，毒品入境流量同比下降了50%。

五、强化矛盾纠纷排查化解，确保维稳与维权相统一

广西综治战线认真贯彻落实《中共中央办公厅、国务院办公厅印发〈关于完善矛盾纠纷多元化解机制的意见〉的通知》精神，健全完善矛盾纠纷化解机制，2017年先后印发了《广西壮族自治区关于持续开展矛盾纠纷精准排查和精细化解常态化工作的制度》《广西“民转刑”命案防范工作的指导意见》《广西关于建立拘留所联动工作平台开展矛盾纠纷排查化解工作的指导意见》，常态化开展矛盾纠纷精准排查和精细化解工作，集中精力攻坚化解，维护了广大人民群众合法权益。2017年，全自治区共调解民间纠纷286788件，调解成功278184件，成功率为97%；防止民间纠纷转化为刑事案件955件，涉及13232人；防止群体性上访1618件，涉及49010人；防止群体性械斗1399件，涉及62170人。

（一）矛盾纠纷排查调处研判分析实现常态化。全自治区各级综治组织每月定期召开矛盾纠纷排查调处工作协调会议，落实矛盾纠纷排查调处月报、周报制度，重大复杂矛盾纠纷直报和矛盾纠纷排查调处工作半年、全年报送制度，及时梳理、研究各地周报信息。对有可能激化的矛盾纠纷，自治区综治委先后下发3期督办通知，督办16起有可能激化的矛盾纠纷事（案）件。同时，在每月20日前，通过现行涉密渠道向中央综治办报送《广西矛盾纠纷排查调处暨维稳研判分析会会议纪要》及矛盾纠纷排查调处工作台账。

（二）重大复杂矛盾纠纷事（案）件顺利通过督办验收。年初，自治区综治办印发了《关于开展全自治区千人和五百人以上重大复杂矛盾纠纷事（案）件督办工作的通知》，对中央通报广西的13起千人以上矛盾纠纷事（案）件和自治区通报各地的33起500人以上矛盾纠纷事（案）件进行督办，先后顺利验收千人以上重大复杂矛盾纠纷2起，500人以上矛盾纠纷事（案）件5起。印发《关于全自治区千人和五百人以上重大复杂矛盾纠纷事（案）件化解情况的通报》两期，对化解工作成效突出的有关单位予以表扬。中央综治办对广西化解南宁市江南区江西镇灌溉用水纠纷和苏圩镇征地补偿款分配纠纷，以及广西及时问责一次死亡3人以上命案相关责任人的做法，在《社会治安综合治理动态》第41期进行通报表扬。

（三）行业性、专业性矛盾纠纷调解组织建设进一步加强。截至2017年底，全自治区共成立交通事故调解委员会116个、调解室102个，医疗纠纷调解委员会169个、调解室280个，劳动争议调解委员会234个、调解室182个，物业纠纷调解委员会29个、调解室17个。

六、深化严打整治，解决群众关切治安问题

一方面，加大违法犯罪防范打击力度。持续深入开展"神剑"系列专项行动，在严厉打击黑恶势力、涉枪涉爆、盗抢骗、制贩毒、拐卖妇女儿童等违法犯罪上出实招、出重拳，坚决打击违法犯罪分子嚣张气焰。特别是深入研究电信诈骗、非法集资、金融诈骗、网络传销等新式犯罪，探索建立科学指挥、合成作战、专业研判、分类打击、技术支撑的新机制，提高防范打击新犯罪的能力水平。3月底，完成了电信网络省际出入口诈骗电话防范拦截系统建设，广西范围内95%的语音诈骗电话已被拦截系统过滤。破获各类电信网络违法犯罪案件900多起，打掉电信网络违法犯罪团伙159个，捣毁电信网络违法犯罪窝点196个，抓获电信网络犯罪嫌疑人1178名。先后组织开展了5次"神剑·打黑除恶"集中统一行动，严厉打击"村霸"和宗族黑恶势力等黑恶犯罪，持续保持打黑除恶的严打高压态势，打黑除恶战果明显提升。共打掉黑恶犯罪团伙1724个，同比上升162.8%，抓获团伙成员61374名，缴获枪支103支。

另一方面，大力开展重点行业、重点地区整治行动。一是落实寄递物流"3个100%"制度。推进寄递物流实名登记信息采集工作，全自治区14市均100%完成寄递物流行业实名登记信息系统建设任务。全自治区共有5730家寄递物流企业安装了实名信息系统，9953名快递员安装采集系统APP，采集信息总数467164条，安装X光安检设备355台。二是强化重点地区治安整治。以有效整治人民群众反映强烈的治安突出问题为主线，通过专项打击和源头治理，逐步消除各类治安和安全隐患。年内，全自治区各级组织社会治安重点地区排查活动7160次，排查确定治安混乱的重点地区（场所）350个，已整治281个，正在整治69个。

七、全力夯实基础，筑牢社会治理基层屏障

（一）狠抓综治中心实体建设。自治区把综治中心建设年活动成效作为2017年综治工作（平安建设）考评的重中之重，加大分值权重；自治区综治委每季度对各市"综治中心建设"工作进展情况进行通报；对工作不得力、成效不明显的地方实行限期整改。全自治区各级共投入1.5275亿元进行综治中心建设。全自治区共有6个市、104个县（市、区）、全部乡镇（街道）、4607个村（社区）已建成综治中心并投入使用。逐步按照国家质量监督检验检疫总局、国家标准化管理委员会批准的《社会治安综合治理综治中心建设与管理规范》国家标准进行升级完善。2017年4月25日，全国综治视频座谈会召开，南宁市西乡塘区北湖街道办在会上与主会场进行连线，介绍了综治中心建设经验。

（二）全面实施网格化管理。全自治区进一步扩大网格化管理范围和网格员队伍，聘请专、兼职网格员，强化上岗培训，完善有关奖励、激励政策制度，将网格管理人员纳入社区服务工作管理，赋予网格员收集信息、排查隐患、化解矛盾、公共服务代办、宣传政策等任务，实现"一平台"受理、"一站式"服务、"一条龙"办理，使基层社会治理更为精细、服务群众更为直接。已有13719个村（社区）开展网格化管理，覆盖率达85.02%；共划分网格9.9万个，聘请专兼职网格员7.36万人。

（三）大力推进群防群治队伍建设。依照党委领导、政府主导、综治协调、各部门齐抓共管、社会各方面力量积极参与的社会治安防控工作格局，通过完善工作机制，优化警力配置、开展群防群治，建设起一支警民结合，动静结合，点线面结合的群防群治队伍。截至2017年底，全自治区已建立起警务工作站3511个；应急处突队伍总警力达到2.56万余人；社区民警专职化和"一村一警一律师"制度全面铺开；全自治区城乡群防群治组织保持稳定，拥有联防人员14.5万多人；内部单位、小区、学校等保安人员和安全协管员发展至7.4万余人。

八、狠抓专项工作，形成齐抓共管强大合力

（一）创新流动人口和特殊人群服务管理。

积极推行为持有居住证的流动人口提供异地办理港澳通行证、购车入户上牌、考驾照、免费为电动车上牌等服务，进一步增强了流动人口的认同感和归宿感，营造了全社会尊重和善待流动人口的良好氛围。目前，全自治区已设立居住证受理点1197个，购买签注一体机380台，受理上传合格制证信息284万多份，制发居住证282万张。全自治区通过推行流动人口居住证“一卡通”制度，保障了城市新居民的合法权益，促进了农业转移人口市民化和基本公共服务均等化。

2017年，召开了全自治区吸毒人员网格化服务管理暨社区戒毒社区康复工作推进会，把社区戒毒、社区康复、社区关爱相结合，探索构建帮扶工作新模式。全自治区吸毒人员纳入网格化管理人数为90526人，开展的服务总次数为29.66万次。开展了对全自治区严重精神障碍患者危险性评估复核工作，全自治区累计筛查诊断报告严重精神障碍患者191710人，全自治区检出率4‰（全国3.92‰），其中危险性评估在3级及以上患者18732人。全自治区共录入综治信息处理系统肇事肇祸严重精神障碍患者37785人，实行网格化管理14140人，开展网格化服务累计达5.94万人次，有效防范了严重精神障碍患者肇事肇祸案事件的发生。全自治区综治信息处理系统共录入社区矫正人员15597人，进一步加强对管制、缓刑、假释、暂予监外执行等四类在社区服刑罪犯的监管教育帮扶工作。

（二）深化预防青少年违法犯罪工作。2017年，按照法治化、组织化、社会化的工作方向，拓展预防青少年违法犯罪工作空间，努力开创自治区预防青少年违法犯罪工作新局面。一是法治化工作取得新发展。《广西壮族自治区实施〈中华人民共和国未成年人保护法〉办法》于12月1日正式颁布实施，广西未成年人利益诉求、权益保障法律体系得到进一步健全。继续在全自治区14个地市持续开展了“最美（优秀）青年卫士”巡讲活动，“法律同行，助力梦想”“送法进校园”等主题宣传教育活动，不断增强青少年遵法学法守法用法意识；举办了广西大学生禁毒辩论赛，进一步提高了在校大学生识毒、防毒与禁毒的能力水平；利用暑假时间在全自治区组织开展为期30天的“青年志愿者彩虹桥行动”，累计招募大学生志愿者15977人，开展志愿服务达255505次，受益群众达962363人。二是组织化工作取得新突破。组织开展“共青团与人大代表、政协委员面对面”活动，形成主题报告并精选出自治区级、市级、县级优秀报告共13篇上报团中央。经团中央评审，广西共5篇报告获奖，数量名列全国第一；大力开展“青少年零犯罪零受害社区（村）”创建活动，确定南宁市横县综治委“预青”专项组、柳州市鹿寨县综治委“预青”专项组等8个县级综治委“预青”专项组作为广西第一期创建“青少年零犯罪零受害社区（村）”试点单位。三是社会化工作取得新成效。将12355青少年服务台转型升级为青少年综合服务平台。2017年，广西14个地市12355青少年服务平台受理心理、法律、困难救助等方面的来电、来访8500余次；实施2017年广西青少年禁毒防艾宣传教育项目小额资助计划，在全自治区资助青少年禁毒防艾宣传教育项目20个，不断巩固广西青少年禁毒防艾宣传教育成果。

（三）加强“两新组织”服务管理。据不完全统计，全自治区非公企业达51835个，从业人员100人以上的非公企业为2549个；全自治区社会组织10087个，从业人员30人以上的社会组织达726个。继续深入开展“两新组织”党建攻坚工作，“两新”党组织组建工作保持上升态势。进一步加强非公有制经济组织信用监管体系建设，企业年报、企业信用信息归集、双随机抽查、联合惩戒等工作顺利开展。大力开展服务非公有制经济发展宣传月活动，积极推进商事制度改革，进一步简政放权，促进非公经济发展。继续推进和谐劳动关系创建活动，成功打造一批创建活动示范点。深入开展“平安企业”“平安市场”“平安工业园区”等基层平安创建活动和“千企扶千村”活动，推动非公有制经济组织参与平安建设、扶贫开发建设。大力开展“农民工入会集中行动”，探索建立联合基层工会，通过联合建立工会形式，实现了对中小微企业和各类社会组织的有效覆盖。积极落实社会组织年度检查、综合监管、信息公开等管理制度，加强对社会组织违法违规行为查处，南宁市青秀区、桂林市秀峰区开展“全国社会组织建设创新示范区”工作取得良好成效，南宁、柳州、百色、河池社会组织孵化基地建设进一步完善，加大公益慈善类、城乡社区服务类等社会组织培育扶持力度，支持行业协会商会类社会组织发展。认真抓好境外非政府组织服务管理，建立完善广西壮族自治区境外非政府组织管理工作协作机制，加强区内境外非政府组织活动的相关信息收集，做好基础数据的积累和管理，切实将境外非政府组织在辖区和管理范围内的重要活动纳入有效的动态管理。

（四）强化校园及周边治安综合治理。推进中小学校安全风险防控体系建设、加强安全应急管理能力建设和开展安全隐患排查整治。针对一些学校存在的校园欺凌现象，与教育部门共同研究出台整治措施。在梧州市召开校园及周边安全工作现场推进会，统一推进校园安全管理网格化、日常教育管理工作制度化和校园安全“三防”建设规范化三项工作，并开展专项整治工作。截至 2017 年底，广西已有 7000 多所学校纳入网格化管理，学校日常安全管理教育工作逐步推行数据化检查考核，“三防”建设水平得到有效提升。

（五）提升铁路护路联防工作水平。一是严厉打击涉路违法活动。联合路地公安机关开展打击危及动车运行安全的违法活动，成功破获了 2 起高铁放置障碍案件、2 起石击动车案件、90 起非法入网案件。将高铁沿线视频监控纳入各地区公共安全视频监控建设联网应用，逐步形成以科技护路为基础的高铁安全立体化防控网络。二是重点整治路外安全突出问题。在全自治区高铁沿线开展“防入网、防破坏、防摆障”等专项整治活动，整治了南昆铁路沿线非法越界种植等一批突出问题。突出抓好精神障碍人员管控，通过协调综治、卫计、公安、民政等部门，落实服务救助、医疗救治、安全管理等措施，严防精神障碍患者上路肇事肇祸。深入开展涉路矛盾纠纷排查化解工作，积极调处欠薪阻工、污染农田、围堵货场、路外伤亡等各类涉路涉稳纠纷 105 起，大力减少对铁路运输秩序的干扰。持续加强高铁沿线环境整治，在沿线拆除了大量违章建筑和清理垃圾，高铁沿线环境得到净化。三是典型引领护路工作全面推进。7 月 13 日，自治区在玉林市召开了“全自治区铁路护路联防‘网格化、视频化、规范化’建设现场会”，在全自治区推广玉林打造“护路之家”经验，以及防城港市铁路沿线视频监控建设、百色市开展涉路矛盾调处“四个三”工作法、梧州市护路办纳入市机构编制等先进经验和典型做法，切实发挥示范引路作用，推动全自治区护路基层基础提档升级。四是营造浓厚爱路护路氛围。集中开展了铁路安全进校园、“五进一开放”等铁路交通安全专题宣传教育活动；积极策划具有壮乡特色的广西“三月三”爱路护路宣传活动，充分运用传统歌圩节、民俗舞台剧、文艺晚会等多种形式开展护路宣传成为常态；着力建设青少年宣传教育基地，将宣传教育工作向沿线周边扩展延伸，形成强大辐射效应。在发挥主流媒体、报刊杂志主阵地作用的同时，充分运用广西铁路护路网站、广西铁路护路微信公众号开展宣传，构筑多层次、立体化的宣传平台。

九、坚持素养培训，努力建设过硬综治队伍

一是狠抓政治素养建设。认真组织全自治区各级综治干部学习宣传党的十八届六中全会、党的十九大和习近平总书记视察广西时的重要讲话精神，以及自治区第十一次党代会精神，引导全自治区综治干部增强“四个意识”，坚守政治信仰、站稳政治立场，把准政治方向，坚决维护习近平总书记在党中央和全党的核心地位。二是狠抓业务能力建设。8 月，组织举办了为期 3 天的全自治区综治领导干部培训班，自治区综治办全体人员，各市综治办主任、副主任和业务科长，各县（市、区）综治办主任，自治区铁路护路联防办副主任、业务科长共 170 余人参加了培训。先后 2 次组织全自治区各市信息化主管领导、专职人员进行铁路护路信息化培训，协调指导全自治区各级护路办陆续举办系统操作培训班 45 场次 850 人。各市、县（市、区）综治办也分期分批对综治干部进行了培训，进一步梳理了综治系统的工作职责和工作任务，切实提升了综治干部改革创新能力和社会治理能力。三是狠抓纪律作风建设。组织全自治区综治干部积极参与“五查五整顿”专项行动，着力查找在思想、纪律、作风、担当、管理等方面存在的“理想信念滑坡、有令不行有禁不止、不严不实、不作为乱作为、领导责任落实不力”等问题。通过参与专项行动，全自治区综治队伍理想信念更加坚定、纪律规矩更加严明、为民服务更加到位,形象更加良好,为各项工作取得显著成绩提供了强有力组织保障。

十、加强舆论引导,弘扬平安建设正能量

(一)开展“平安榜样　广西故事”宣传活动。为积极配合中央社会治安综合治理表彰大会宣传,在全自治区政法系统开展了“平安·印象”征文、“平安·表情”摄影作品征集、“平安·纪录”微视频征集、“平安·歌曲”征集等系列活动,选送15件优秀作品报中央政法委,其中,6件作品获奖。在《广西日报》、广西电视台、《广西法治日报》开设“平安榜样·广西故事”专栏,大力宣传平安建设新经验、新做法、新成效和新典型,使政法综治工作更加深入人心。

(二)加强了新媒体主题宣传的策划。善用新媒体,并用通俗化方式和群众听得懂的语言,把中央和自治区决策部署诠释好、传达好、宣传好,让广大干警在众声喧哗中听到党的声音、在众说纷纭中听懂党的声音。自治区党委政法委官方微信公众号“南天一剑”推出的“群众身边的平安榜样”系列专题推出一天,浏览量就达13.6万次。政法委门户网站“平安广西网”、官方微信公众号“南天一剑”已经成为全国政法系统的品牌。据中央政法委信息中心通报,2017年,广西信息报送采用量保持在全国前十,微信公众号“南天一剑”活跃度和影响力,保持在全国同行业前例。

中共广西壮族自治区党委办公厅　自治区人民政府办公厅关于印发《广西壮族自治区社会治安综合治理考核评比办法》的通知

(2017年9月10日)

各市、县党委和人民政府,自治区党委和自治区级国家机关各部委办厅局,各人民团体,各高等学校:

《广西壮族自治区社会治安综合治理考核评比办法》已经自治区党委、自治区人民政府同意,现印发给你们,请结合实际认真贯彻执行。

广西壮族自治区社会治安综合治理考核评比办法

第一章　总　则

第一条　为健全社会治安综合治理考核评价机制,推进平安广西建设,确保边疆安宁巩固、社会安定有序、人民安居乐业,根据《中共中央办公厅、国务院办公厅关于印发〈健全落实社会治安综合治理领导责任制规定〉的通知》和《自治区党委办公厅、自治区人民政府办公厅关于印发〈广西壮族自治区健全落实社会治安综合治理领导责任制实施办法〉的通知》精神,制定本办法。

第二条　本办法适用于对全区市县两级党委、政府以及自治区社会治安综合治理委员会(以下简称自治区综治委)成员单位社会治安综合治理的年度考核评比,以及对建设“平安广西”

活动先进单位、先进个人的评比表彰。

第三条 自治区党委、政府每年与各设区市党委、政府签订年度社会治安综合治理(平安建设)目标管理责任书。自治区综治委每年与其成员单位签订年度社会治安综合治理(平安建设)目标管理责任书。

第四条 考评工作以自治区党委、政府名义开展,由自治区综治委负责组织实施。

第五条 考评工作遵循实事求是、客观公正、科学合理、公开透明、注重实效、易于操作的原则,鼓励创先争优,强化责任落实。

第二章 考评指标

第六条 对设区市、县(市、区)的年度考评标准由自治区综治委每年根据中央社会治安综合治理委员会(以下简称中央综治委)印发的年度考评细则以及我区社会治安综合治理工作实际情况予以制定印发。考评基本内容有:

(一)成效指标。主要对发生严重影响社会和谐稳定的重特大案(事)件、群众安全感和满意度、解决进京非正常上访突出问题等情况进行考核。

(二)过程指标。主要对国家安全和社会稳定工作、公共安全管理工作、矛盾纠纷排查化解工作、对影响社会和谐稳定问题的源头预防工作、基层平安创建工作、平安建设宣传工作、运用科技信息化手段推进平安建设、落实领导责任制发挥综合治理优势推进平安建设等情况进行考核。

(三)加分指标。主要对上级到当地召开现场会、工作经验获上级通报推广、经验做法被上级社会治安综合治理相关单位主办的简报(专刊)刊发、获上级表彰等情况进行考核。

(四)限制性指标。重点在年度群众安全感调查结果、重特大案(事)件发生情况、进京非正常上访情况等方面作出限制性规定,未达到要求即取消相应评先资格,直至实行社会治安综合治理一票否决权制。

第七条 对自治区综治委成员单位的年度考评标准由自治区综治委每年根据我区社会治安综合治理工作实际情况以及各成员单位在社会治安综合治理工作中所担负的职责予以制定印发。考评基本内容有:

(一)组织指导指标。主要对落实领导责任制、执行平安建设联系点制度、执行综治工作述职制度等情况进行考核。

(二)专项工作指标。主要对整合系统基层力量纳入网格化管理、推进信息系统整合对接等自治区综治委下达的各项工作任务完成情况进行考核。

(三)系统平安创建指标。主要对各系统开展的平安创建活动,如全民禁毒斗争、打击传销活动、“平安学校”创建活动、“平安医院”创建活动等进行考核。

(四)考核把关指标。主要对参与自治区综治委组织的全区年度考评工作和日常督查工作情况进行考核。

第三章 申报、评定、评选条件

第八条 每年度平安市由各设区市申报。申报平安市应当具备以下条件:

(一)本辖区内平安县(市、区)达75%以上;

(二)年度群众安全感达90%以上;

(三)年内没有发生严重影响社会和谐稳定并造成特别恶劣影响的案(事)件;

(四)年内党政主要领导或分管领导没有因在平安建设中失职渎职导致发生重大影响的案(事)件而受到党内严重警告、行政记大过以上处分或被追究刑事责任。

第九条 每年度平安县(市、区)由各县(市、区)逐级申报。申报平安县(市、区)应当具备以下条件:

(一)本辖区内平安乡镇(街道)达80%以上;

(二)年度群众安全感达90%以上;

(三)年内没有发生严重影响社会和谐稳定并造成特别恶劣影响的案(事)件;

(四)年内党政主要领导或分管领导没有因在平安建设中失职渎职导致发生重大影响的案(事)件而受到党内严重警告、行政记大过以上处分或被追究刑事责任。

第十条 每年度对考评达标的设区市评定社会治安综合治理(平安建设)目标管理责任奖(以下简称责任奖)等次,评定条件如下:

一等奖：年度考评得分从高到低排序（下同），位于全区设区市（下同）前5名，且年度群众安全感排名位于全区前7名的。

二等奖：年度考评得分位于全区第6至10名的，或年度考评得分位于全区前5名但因群众安全感未达到要求而未能被评定为一等奖的。

三等奖：年度考评得分位于全区第11至14名的。

第十一条　每年度自治区综治委成员单位考评档次评定标准如下：优秀为考评得分95分以上，合格为考评得分85至94分，不合格为考评得分84分以下。

第十二条　建设“平安广西”活动先进市评选条件如下：

（一）评选周期内，连续被命名为平安市；

（二）评选周期内，两年考评得分总和位于全区前7名；

（三）评选周期内，第二年度群众安全感位于全区前7名，或社会治安综合治理工作有突出的先进经验获中央或自治区肯定的；

（四）评选周期内，没有被中央有关部门挂牌整治。

第十三条　建设“平安广西”活动先进县（市、区）评选条件如下：

（一）评选周期内，连续被命名为平安县（市、区）；

（二）评选周期内，第二年度群众安全感位于全区县（市、区）前75名，或社会治安综合治理工作有突出的先进经验获中央或自治区肯定的；

（三）评选周期内，没有被中央有关部门挂牌整治。

第十四条　突出的先进经验获中央或自治区肯定的情形如下：

（一）中央综治委（办）或自治区党委、政府到当地召开会议推广当地经验的；

（二）在中央综治委（办）或自治区党委、政府召开的会议上作经验介绍的（包括视频连线、会议发言）；

（三）自治区综治委（办）到当地召开会议推广当地经验的。

第十五条　除先进市、县（市、区）以外的建设“平安广西”活动先进单位、先进个人评选条件由自治区综治委根据实际情况制定。

第四章　考评程序

第十六条　每年度平安市、县（市、区）申报命名应当按照以下程序进行：

（一）申报平安市的，由各设区市综治委组织自评后，向自治区综治委申报考评；申报平安县（市、区）的，由各县（市、区）综治委组织自评，报各设区市综治委审核后，向自治区综治委申报考评；

（二）自治区综治委组织区直有关部门和单位对申报的设区市、县（市、区）进行审核，对符合申报条件的，授权自治区社会治安综合治理委员会办公室（以下简称自治区综治办）组织实地检查验收并提出平安市、县（市、区）考评意见；

（三）考评意见为达标的，提交自治区综治五部委厅（即自治区综治委、自治区纪委机关、自治区党委组织部、自治区监察厅、自治区人力资源社会保障厅，下同）联席会议审议；

（四）自治区综治委全体会议审定，并在自治区级新闻媒体公示后，由自治区综治委分别命名为平安市、平安县（市、区）。

第十七条　每年度设区市责任奖等次评定应当按照以下程序进行：

（一）各设区市开展自评；

（二）自治区综治委组织承担年度考评职责的有关部门和单位对设区市进行单项考评；

（三）自治区综治委组成考评组，对设区市进行实地考评；

（四）自治区综治办将各设区市自评分、有关部门和单位给出的单项考评分、考评组考评分进行会审综合，得出各设区市年度考评得分；

（五）自治区综治办根据年度考评得分提出责任奖等次评定意见，并提交自治区综治五部委厅联席会议审议；

（六）自治区综治委全体会议审定；

（七）自治区综治委发文通报。

第十八条　每年度自治区综治委成员单位考评档次评定应当按照以下程序进行：

（一）各单位开展自评；

（二）自治区综治办组织实地考评；

（三）自治区综治办根据考评得分提出档次

评定意见，并提交自治区综治五部委厅联席会议审议；

（四）自治区综治委全体会议审定；

（五）自治区综治委发文通报。

第十九条　建设“平安广西”活动先进单位、先进个人评选应当按照以下程序进行：

（一）自治区综治委下发通知启动评选申报工作；

（二）各设区市综治委、自治区综治委成员单位分别负责本辖区、本单位评选申报工作，并将申报材料汇总初选后报送自治区综治委；

（三）自治区综治委成立评选领导小组负责评选工作；

（四）评选领导小组对报送参评名单进行评选，并将评选结果上报自治区综治委；

（五）自治区综治委将评选领导小组评选出的拟评为先进单位、先进个人名单向社会公示，对公示期间群众反映的问题进行核查；

（六）自治区综治委对经公示无异议的名单进行审定后，报请自治区党委、政府审批；

（七）自治区党委、政府审批获奖名单并下发表彰决定。

第五章　考评结果运用

第二十条　根据年度考评情况，评定年度平安市、县（市、区）。符合年度平安市、县（市、区）条件即为考评达标。

第二十一条　对考评达标的设区市评定年度责任奖，分一等奖、二等奖、三等奖三个等次。

第二十二条　自治区综治委成员单位考评分数达一定分值即为考评达标。对考评达标的成员单位评定优秀、合格两个档次。

第二十三条　根据年度考评情况，每两年评选建设“平安广西”活动先进单位、先进个人，按照相关规定给予表彰奖励。

第二十四条　对年度考评不达标的单位，按照自治区关于社会治安综合治理有关规定给予挂牌督办；连续两年考评不达标的，实行社会治安综合治理一票否决权制。

第二十五条　对在考评工作中弄虚作假、瞒报谎报的市县、部门和单位党政领导班子、领导干部，按照相关规定进行责任督导和追究。

第六章　附　则

第二十六条　平安乡镇（街道）、平安村（社区）的具体考评办法由各设区市制定。

第二十七条　本办法具体解释工作由自治区党委政法委承担。

第二十八条　本办法自印发之日起施行。

广西壮族自治区来宾市强化综治领导责任制的落实有效推进综治基层基础建设

近年来，来宾市紧紧围绕平安建设这条主线，以督促落实综治领导责任制为抓手，以综治中心建设和公共安全视频监控联网应用为重点，以提升群众安全感和满意度为目标，不断夯实综治基层基础，有效推动社会治安状况持续好转，群众安全感和满意度稳步提升。2016 年以来，来宾市群众安全感在全区持续名列前茅，荣获“2015—2016 年度建设平安广西活动先进市”。

一、量身定责，厘清责任清单

（一）健全责任体系。制定印发了《来宾市平安建设和社会治安综合治理领导责任制实施细则》，进一步明确综治平安建设的责任主体、责任内容、考评方式和责任追究的办法，厘清了主要领导、分管领导和责任人的责任清单。健全了市级综治成员单位专项考评、县乡村综治平安建设绩效考评、群众安全感专项测评和县级综治办业务考评，以及对乡镇（街道）党委、政府和公安派出所、司法所等综治机构落实责任的专项考评等考评机制，把综治平安建设工作纳入全市为民办实事重点内容、纳入全市绩效考评内容，形成可量化、可考评的指标体系。

（二）锁紧责任链条。市委、市政府把综治平安建设纳入全市绩效考评、纳入领导干部任期目标管理考评，构建起对责任单位和责任人双重考核的责任框架。每年，市党政主要领导与各县（市、区）党政主要领导签订综治平安建设责任书。根据形势任务，把综治基层基础建设内容放入其中，形成党政主要领导的责任清单。如2017年，市委、市政府把县乡村三级综治中心建设和每个乡镇每年建设不少于50路的视频监控纳入全市为民办实事重点内容，作为各县（市、区）党政主要领导的任期目标和责任清单，签订了责任书。2017年以来，全市新增公共安全监控探头1.1万多路，基本实现了重点乡村视频监控全覆盖。县乡村三级综治中心全部建成并投入使用。同时，市综治委与综治成员单位签订责任书，把升级单位内部防控体系建设作为责任清单。仅2017年，全市76个市直部门全部升级了防控体系，单位内部公共区域视频监控实现了全覆盖。各县（市、区）、各部门进一步细化责任清单，形成一级抓一级、层层抓落实的责任链条。

（三）压实主体责任。在履行综治责任时，各级党政主要领导率先垂范，主动担当。2017年以来，市委常委会8次、市政府常务会11次研究综治平安建设工作，先后审定了《来宾市扫黑除恶专项斗争工作方案》《来宾市公共安全视频监控建设联网应用工作实施方案》等多个政策性、指导性文件。市党政主要领导多次听取综治平安建设工作情况汇报，协调解决“雪亮工程”建设、综治中心建设等综治平安建设重点难点工作。在推进“雪亮工程”建设等重大项目时，各级党政主要领导亲自挂帅，为项目建设扫除障碍，有效促进了项目的实施。2017年以来，14个综治平安建设项目全部顺利竣工，总投资达到3.5亿元。

二、精准亮剑，突破重点难点

（一）坚持主动研判，找准突出问题。我们通过五种措施，找准突出问题。一是定期召开综治平安建设工作联席会议，研判平安建设工作形势，列出问题清单。二是组织相关综治部门采取暗访督导的方式，深入乡镇（街道）、村屯等基层一线走访群众、调查暗访，分析研判工作形势，列出问题清单。三是通过网格员、信息员上报信息反映的情况，列出问题清单。四是根据群众的举报和群众安全感测评反映出的治安突出问题，列出问题清单。五是综治委成员单位主动研判，找出各自分管领域存在的突出治安问题，列出问题清单。市综治委根据问题清单派员进行实地调查核实，建立了社会治安突出问题清单库。2017年以来，市级共组织开展联合暗访督导活动19次，召开跨区域矛盾纠纷、影响社会稳定和群众安全感等联席会议11次，建立辖区内重点治安突出问题清单46份。

（二）坚持问题导向，限时督促整改。把解决社会治安突出问题作为工作的重点，对照问题清单，建立责任清单和负面清单，通过发放整改通知书、通报等方式，明确责任单位的责任清单，明确单位“一把手”的负面清单。同时，把责任清单和负面清单抄送给其上级主管部门和同级的绩效管理部门、组织人事部门，从而推动被整改单位“一把手”亲自抓问题整改，形成上下联动，推动突出问题的解决。兴宾区良江镇因铁路道路堵车问题，群众意见很多，在群众安全感测评时，群众反映强烈。市综治办向良江镇政府发出了整改通知书，限期3个月内解决，并将整改通知书抄送给兴宾区委、区政府和兴宾区委组织部、绩效办。在上级党委、政府的督促下，良江镇协调有关部门，在规定的时限内完成了整改任务，该镇群众安全感也由原来的全市倒数跃升全市先进行列。2017年以来，市综治办共发出整改通知书18份，通报各类问题31项，协调解决突出问题41个。

（三）坚持升级整治，从严从重问责。对问题整改不明显的单位，坚持升级整治，采取约谈、黄牌警告，甚至“一票否决”等措施，推动整改落实。同时把约谈、黄牌警告的通报抄送到被约谈单位的上级党政主要领导或上级主管部门。2017年以来，共召开约谈会3次，对15个群众安全感偏低的乡镇70多名干部进行了约谈。市综治委领导亲自参加约谈会，以此传导压力。对约谈后仍然没有得到有效整改的3个乡镇、3个基层派出所进行了黄牌警告，并举行挂（摘）牌仪式。2015年以前，患有特殊疾病的吸毒人员服务管理问题一直是兴宾区社会治安的难点问题。这些吸毒人员以患有特殊疾病作为“免死金牌”，在城区长期作案，严重影响人民群众人身和财产安全。2015 年 8 月，市综治委约谈了兴宾区党委、政府主要领导、分管领导，要求切实采取措施加以整改。兴宾区党委、政府高度重视，认真研究，于 2015 年底在兴宾区人民医院建立了特殊医区，彻底解决患特殊疾病人员关押问题。这些人员被收治后，市城区盗抢案件一年内下降了 64.16%。

三、共享激励，实现共建共治

（一）表彰激励，激发工作热情。对工作开展好的单位和乡镇（街道），以通报表扬、现场推进会和经验介绍等形式，肯定其工作，并将通报表扬抄送到上级主管部门，增强他们的荣誉感。如象州县拘留所和武宣县拘留所组织开展综治部门进监所化解矛盾纠纷，成功化解疑难矛盾纠纷 140 多起，有关部门组织召开现场推进会，学习他们的经验做法，调动更多综治部门的参与。同时，还加大了奖励力度，投入 50 多万元，开展 2016—2017 年度平安来宾建设表彰活动，表彰为平安建设作出贡献先进集体和先进个人，以此激发各级各部门抓好综治工作的热情。

（二）文明创建，激发自治活力。不断探索共建共治的方法，组织开展了文明守法示范村屯户创建活动。市委、市政府每年拿出 400 多万元，奖励 10 个先进村、100 个先进屯和 1000 个先进户。合山市加大了文明守法示范创建和表彰奖励力度，每年投入资金 260 多万元，用于表彰 5 个文明守法示范村（每个村奖励 32 万元）、16 个文明守法示范屯（每个屯奖励 6 万元）和一批文明示范户（每户奖励 1000～3000 元）。文明守法创建活动，大大激发了基层自治的活力。2013 年以前，合山市岭南镇溯河村是合山市社会治安问题村、重点整治村。文明创建活动的开展，高额的奖励，极大地调动了群众参与的积极性。溯河村通过成立群众调解委员会，吸收在村里有威望的党员干部、各家族德高望重人员入会，形成了村级自治的良性互动。2013 年以来，该村实现“零发案”，先后荣获自治区卫生村、生态村、文明村镇、和谐村屯和全国民主法制先进村等荣誉称号。人民网报道组走进了溯河村，现场直播文明守法主题创建文艺晚会，点击量达到 270 万人次，在全国引起了很大反响。

（撰稿人：罗翼飞
审稿人：陈海波　张　婷）

海　南　省

2017年综治工作概况

2017年,海南省各级各有关部门认真贯彻中央和省委深化平安建设的决策部署,坚持围绕中心、服务大局,以破难题、补短板、防风险为重点,一手抓突出问题整治,一手抓体制机制创新。着力解决影响海南社会治安源头性、根本性、基础性问题,着力构建海岛型立体化信息化治安防控体系,依法严厉打击各类违法犯罪,努力实现对各类风险的预测预警预防,防范处置了一大批影响社会稳定的突出问题,确保实现了年度"六个不发生"工作目标,为建设美好新海南创造了安全稳定的社会环境。

一、领导高度重视,不断深化平安海南建设

省委七届三次全会把"构建共建共治共享社会治理格局"列入省委贯彻落实十九大精神的重点内容。省委、省政府把平安海南建设列入海南"十三五"经济社会发展总体规划,列入《海南省重点改革项目》予以重点保障,并纳入2017年全省年终绩效考核指标体系,提高分值权重。省两办印发了《海南省健全落实社会治安综合治理领导责任制实施办法》。省综治办领导狠抓各项具体工作的落实,经常深入基层调研指导工作。

各市县将综治平安建设纳入当地改革发展的整体布局,科学统筹,同步推进,综治基层基础不断夯实;着力加强社会治理和服务管理手段创新,着力开展矛盾纠纷调处化解、治安突出问题排查整治等工作,有效治理了社会治安综合治理工作存在的突出问题,有力维护了社会治安稳定。省综治委成员单位立足本职,在社会治理各领域实践创新了一批典型经验做法。各级领导的高度重视,各级综治及有关职能部门的聚力实干,社会各界积极参与,为2017年综治工作开创了新局面,群众安全感进一步提升。2017年,海南省群众安全感指数为91.06%,较2016年的88.96%提高2.1个百分点。

二、推进矛盾纠纷多元化解机制建设,促进社会和谐

坚持落实四级矛盾纠纷多元化解机制和矛盾纠纷排查调处工作协调会议制度,定期召开协调会议,分析排查重大矛盾纠纷,建立重点矛盾纠纷数据库,落实矛盾纠纷督查督办制度。对重点领域的矛盾纠纷进行定期排查、分级化解。开展了今冬明春保安全护稳定工作,部署了矛盾纠纷和安全隐患排查化解工作。扎实开展民族宗教等重点领域的矛盾纠纷和不稳定因素排查调处工作。着力化解民事纠纷,预防和减少"民转刑"命案的发生。不断创新矛盾纠纷多元化解机制,加强行业性、专业性人民调解组织建设。深化司法体制和信访工作改革。设立了物业、医疗、旅游、交通等法庭,开通"海南信访"微信公众号,落实省、市县领导带头包案,现场接访群众,化解疑难问题。开展了排查化解信访积案工作。

三、严密防范,严厉打击各类违法犯罪行为

深入开展全省禁毒三年大会战。实施"八严工程",取得了明显工作成效。严厉打击各类违法犯罪行为,部署开展各类打击整治专项行动,强力整治治安突出问题。打掉一批涉毒团伙和犯罪嫌疑人,新建改建扩建戒毒场所13个。侦破一批涉枪刑事案件,处罚整改一批制爆违规单位、寄递物流企业网点,摧毁了涉危涉爆犯罪团伙,捣毁了一批非法制贩爆炸物品的窝点,侦办了一批涉黄涉赌案件。加强口岸、金融、环境等重点领域监管,依法打击一批侵犯知识产权、制售假劣商品、假币假票和走私案件,侦办了一批破坏生态环境犯罪刑事案件。

四、加强社会治安防控体系建设,加强重点行业重点领域重点地区的排查管控

加快推进海岛型立体化信息化社会治安防控体系升级改造。全力推进“一地两岛”警务战略落地实施。大力实施“警务信息智能岛”建设。加强进出岛人员信息的采集应用,全面升级改造、新建人证合一系统、人脸识别抓拍系统、车辆动态管控系统、视频监控系统。加强海上巡逻防控,建立健全海南省周边沿海和海域各类防控协作机制。强化公共安全风险防控。加强交通安全管理。加强对各类货运、载客车的检查,实施交通综合整治,严查“三超一疲劳”以及酒驾、毒驾等重点交通违法行为。进一步压实消防安全责任,集中打好高层建筑整治等四场攻坚战,以国家消防安全检查考核工作为契机,及时整改一批消防安全隐患。开展联合执法,督促寄递物流企业严格落实“3 个 100%”制度。加强寄递物流、公交安保、易燃易爆、安全生产、火灾安全、医疗卫生安全、食品药品安全等方面工作,积极防控化解处置各种风险隐患。加强对金融领域风险的识别和防控。着力抓好公共安全监管,结合国家安全生产督导检查,开展安全生产专项整治。集中开展旅游景区(点)、城中村和城乡结合部、大中型企业和重点工程建设工地及周边、军营周边和军人社区、商业广场、车站、机场、港口、码头、医院等治安复杂地区、部位、场所治安问题大排查、大走访活动,整改了一批治安隐患和突出问题。推动实名制等制度建设,加强社会诚信体系建设。

五、以综治中心规范化建设为总抓手,构建平安海南建设新模式

部署开展综治中心建设年活动,大力推进省、市县(区)、乡镇(街道)、村(社区)5 级综治中心规范化建设,着力推进全省综治中心、“雪亮工程”和网格化服务管理“三位一体”新机制建设。

以示范城市及重点支持城市项目建设为引领,统筹推进“雪亮工程”建设,提升智能化水平。着力推动全国公共安全视频监控建设联网应用示范城市琼海市和重点支持城市三亚市的项目建设工作,以点带面,推进“雪亮工程”建设在各市县全面铺开。加强对“雪亮工程”建设的组织领导,协调指导,建立部门协调机制,完成了省级“雪亮工程”综治视联网平台的搭建和安装调试任务,实现了省级公安机关非涉密视频监控图像资源接入同级综治平台,并与中央综治办全国“雪亮工程”综治视联网平台联通,并在党的十九大安保工作中发挥了积极作用,得到中央综治办领导和省委领导的充分肯定。

统筹推进全省综治信息系统平台建设和“9 大功能模块”应用工作,提升社会治理信息化水平。完成省、市、县综治视联网建设,实现了市县、省与中央三级综治视联网的互联互通,省政府统筹规划建设的视频网已实现乡镇社区全覆盖。

积极推进城乡社区网格化服务管理工作。组织召开专项工作研讨座谈会,有效推进社区建设,网格化管理与政法专业队伍建设相结合。充分发挥基层党组织的领导作用,推动各类群防群治力量共同参与社区网格治理。按照国家标准规范,进一步完善网格中心运行机制、明确功能定位、落实保障措施。

坚持改革创新,探索社会治理新模式。先后组织召开了全省综治中心、“雪亮工程”暨网格化服务管理“三位一体”新机制建设陵水现场会和儋州现场推进会,总结推广了儋州、陵水等市县“三位一体”建设经验,探索建立部门联动和社会协同等运行机制和人财务保障机制;总结推广社区网格微治理、微服务和心理服务等经验,提升矛盾纠纷排查化解和防控风险的能力和水平。通过采取政府购买服务、落实综治中心(网格中心)机构人员事业编制,建立信息收集报送、网格员职责、考核奖惩等常态化工作机制有效推动工作落实。推行社会治安保险试点工作。通过建立社会风险转移机制,为人民群众治安灾害事故及时提供经济补偿,发挥社会化保险服务在维护社会和谐稳定、保障群众安居乐业的社会协同作用,取得了良好的社会效果。公安、司法行政、检察、法院、国安等系统坚持改革创新,围绕服务海南发展大局,出台了多项便民措施,改革了多项检察审判方式,创新了形式多样的普法教育,推进了南海维权维稳和保护开发。

六、加强专项组工作,健全完善各类人群服务管理体系

省实有人口专项组启动了以放宽户口迁移制度为重点的户籍制度改革,出台《海南省居住证实施办法》,实现了居住证制度全覆盖,创新流动人口服务管理，为流动人口提供均等化公共服务，深入走访调查，积极解决无户口人员的登记入户问题，改革居民身份证办理机制，全面实施居民身份证异地受理、挂失申报、丢失招领“三项制度”。省发改委、省国土厅、省住建厅、省卫计委、省教育厅等部门在推进人口发展规划编制，完善住房、医疗、卫生、教育保障等基本公共服务均等化方面制定出台了一系列保障措施。

省特殊人群专项组积极推进特殊人群服务管理工作。召开全省社区矫正中心建设现场会，总结推广儋州社区矫正中心经验做法，部署全省社区服刑人员监管安全工作。扎实推进刑释人员安置帮教工作。开展严重精神障碍患者专项工作调研，探索以保险手段对冲严重精神障碍患者肇事肇祸产生的风险。加强对艾滋病高危险行为人群的综合干预工作。强化社会闲散人员帮扶管理。加强邪教痴迷者的帮教、打击工作，分类分级落实人员管理措施，指导海口市教育转化基地建设。实施全省禁毒三年大会战“严管”工程，夯实社戒社康基层基础工作。加强社戒社康制度建设，制定了实施方案，明确了目标任务。召开全省社区戒毒康复（海口）现场推进会，推广了海口等市县经验。大力推进吸毒人员网格化服务管理工作，超指标完成了国家禁毒办年度确定的吸毒人员网格化管理目标任务。

省预防青少年违法犯罪专项组开展了“问题少年”专题调研，引导做好“问题少年”的法制教育及传统文化、心理健康、文明礼仪、思想道德教育等全方位的综合教育矫治工作。推进微信、微博平台建设，深入开展网络宣传工作。推进“青少年维权岗”创建工作，开展“共青团与人大代表、政协委员面对面”活动、“珍爱生命、拒绝毒品”为主题的“国旗下的宣誓”等活动。各市县组织禁毒志愿者开展形式多样、特色新颖的禁毒宣传活动，进村入户开展禁毒宣教帮扶志愿服务工作。在社会组织建立“青春助力禁毒大会战”讲师团。开展了“12355 阳光行动”、“爱心护童校园行”、预防艾滋病宣传等一系列活动。

省校园及周边治安综合治理专项组不断推动全省校园人防、物防、技防建设。加强全省校园安保工作的组织领导，建立各警种、部门联动机制。抓好安全宣传教育，增强了青少年学生应对台风、溺水、交通、火灾、地震等安全问题的避险逃生能力。强化校园安全隐患和矛盾纠纷排查化解，加强对校园网贷、欺凌问题的专项治理。建立了重点问题台账，对重大隐患实行领导包案，逐一督促解决。严格监管校园政治稳定动态，加强校园意识形态阵地和平台的建设管理，加强对学生社团的监管，维护校园政治稳定。

省“两新组织”专项组发挥党组织和群团组织在治理领域的先进引领作用。完善“两新组织”服务管理体制机制，引导两新组织在志愿服务、社会公益等方面发挥积极作用，推动非公有制经济组织和社会组织参与社会治理。加强民族宗教领域的两新组织专项工作，维护民族团结。推进劳动关系的形势分析研判和动态监测，做好劳动关系矛盾排查化解工作，做好化解过剩产能职工安置中的劳动关系处理工作。推进集体协商等制度建设，发挥妇联、工会组织在和谐劳动关系方面的纽带作用，开展维权和送温暖活动，为广大职工群众提供心理咨询疏导。

省法规政策专项组发挥立法的引领和推动作用，加强社会治理领域的立法工作。省人大常委会全年共审议、通过和批准地方性法规或法规性决定 31 件。省法制办准确把握立法重点，加强了生态、旅游、民生等重点领域的立法工作，共安排正式立法项目 23 件，预研项目 40 件。2017 年，已完成了 19 件立法项目的审查工作。

省护路护线联防专项组深入推进护路护线联防专项工作。建立专项组会议制度，明确责任分工。加大重点场所、要害部位和重点时段、路线巡防排查力度，严厉打击盗窃破坏“三电”设施违法犯罪行为，有效遏制“三电”案件高发势头。以宣传活动月为契机，深入开展行业设施保护宣传教育，营造了良好的社会舆论氛围。在环岛高铁博鳌站建设了反恐处突应急中心（基地），在线路巡逻防控、矛盾排查、隐患整治、应急处置、安保维稳等工作中发挥了重大作用。推进铁路沿线视频监控和信息化建设应用，相关市县已完成信息管理系统接入国家电子政务外网等工作。

七、夯实基层基础，加强综治组织队伍建设

深化基层平安创建。在巩固基层各类平安创建和开展“无命案”乡镇（街道）、“无刑事案件”社区（村）创建活动的同时，认真组织开展“全国法治县(市、区)、“全国民主法治示范村”创建活动。结合海南特点，开展了平安旅游、平安边界、平安景区、平安林区、平安渔船、平安海域等系列特色平安创建，形成了一批特色做法和典型。组织开展了综治成员单位联系点活动，把治安问题突出、矛盾纠纷多发、群众反映问题强烈的地区作为联系点，采取多种形式为基层群众解决了一批实际困难，创建了一批基层平安示范点。

强化综治组织、队伍建设。进一步巩固基层综治办、派出所、人民法庭、司法所、驻乡镇检察室、乡镇(街道)群防群治队伍、综治工作中心和基层综合服务管理平台建设，提升了乡镇(街道)在群防群治、社区矫正、人口管理等方面维护平安、创建平安的能力。推行村委会、居委会等群众自治组织规范化建设，充分发挥其在平安建设中的自我教育、自我管理、自我服务功能，引导各类社会组织、平安志愿者有序参与平安建设。在基层各领域、各行业组建信息员、志愿者队伍，统筹做好治安情报信息采集、安全隐患排查、社会治安协防、法治宣传教育等工作。扎实开展法律援助工作，全年共援助 19662 人次。省综治办以深入开展“两学一做”和“党的十九大”精神学习教育为契机，多次组织人员到基层明察暗访，推动基层综治组织作风建设。组织部分市县综治办干部参加中国法学会举办的社会治理创新培训班，组织 4 批 13 人次护路护线干部参加中央护路办举办的各类培训班，举办 1 期全省护路干部培训班，不断提升基层综治干部能力和水平。加强检查、考核、督导、表彰奖励和教育培训，强化责任落实。全年共下发通报 38 期，对部分市县重点突出问题实施督查督办。

八、加强调研和宣传工作，推动综治工作良性开展

围绕海南大改革大开放大发展，构建与平安海南相适应的社会治理新模式，省委政法委、省综治委部署了关于“信息化、智能化与政法工作深度融合”“社区建设、网格化管理与政法专业队伍结合”“构建与法治海南相适应的司法体制机制”“构建与国际旅游岛相适应的公安、司法行政和政法工作新机制”“打造适应海南大改革大开放大发展的政法铁军”等 6 项专题调研工作。深入市县和基层单位，组织召开研讨会、座谈会，形成了 6 篇专题调研报告，并将调研成果运用到具体工作中，得到了省委、省政府领导高度重视和认可。

认真贯彻落实“谁执法谁普法”普法责任制，开展了形式多样的普法宣传。充分发挥主流媒体作用，大力开展平安建设宣传工作，组织开展综治宣传月、“6·26”禁毒宣传日、“12·4”国家宪法日宣传教育等活动，协调配合《法制时报》、海南电视台、《海南日报》等媒体对综治平安建设先进经验、先进事迹进行系列报道，充分发挥中国长安网等宣传平台作用，发挥微博、微信、智慧城市等新媒体平台作用，大力宣传平安海南、法治海南建设，积极营造人人参与平安建设的良好氛围。弘扬宣传见义勇为精神，认真做好见义勇为英雄模范评选表彰工作，对生活困难的见义勇为人员及其家属进行慰问帮扶。

中共海南省委办公厅　省人民政府办公厅关于印发《海南省健全落实社会治安综合治理领导责任制实施办法》的通知

(2017 年 5 月 16 日)

各市、县、自治县党委和人民政府，省委各部门，省级国家机关各部门，各人民团体：

《海南省健全落实社会治安综合治理领导责任制实施办法》已经省委、省政府同意，现印发给你们，请认真遵照执行。

海南省健全落实社会治安综合治理领导责任制实施办法

第一章　总　则

第一条　为全面落实社会治安综合治理各项措施，健全完善社会治安综合治理领导责任制，推进平安海南建设，确保人民安居乐业、社会安定有序，根据中共中央办公厅、国务院办公厅印发的《健全落实社会治安综合治理领导责任制规定》，结合我省实际，制定本实施办法。

第二条　本实施办法适用于全省各级党的机关、人大机关、行政机关、政协机关、审判机关、检察机关及其领导班子、领导干部。

各人民团体、事业单位、国有企业、中央驻琼单位及其领导班子、领导干部、领导人员，参照本实施办法执行。

第三条　健全落实社会治安综合治理领导责任制，应当坚持以邓小平理论、“三个代表”重要思想、科学发展观为指导，深入贯彻习近平总书记系列重要讲话精神和治国理政新理念新思想新战略，统筹推进“五位一体”总体布局、协调推进“四个全面”战略布局，着眼于海南国际旅游岛建设大局，坚持问题导向、法治思维、改革创新，抓住“关键少数”，强化担当意识，落实领导责任，科学运用评估、督导、考核、激励、惩戒等措施，形成正确导向，一级抓一级，层层抓落实，使全省各级领导班子、领导干部切实担负起维护一方稳定、确保一方平安的重大政治责任，保证党中央、国务院以及省委、省政府关于社会治安综合治理决策部署的贯彻落实。

第四条　健全落实社会治安综合治理领导责任制应当坚持实事求是、权责统一、公开透明、奖励与惩戒相结合的原则。

第二章　责任内容

第五条　实行社会治安综合治理领导责任制，应当严格落实属地管理和谁主管、谁负责的原则，构建党委领导、政府主导、综治协调、各部门齐抓共管、社会力量积极参与的社会治安综合治理工作格局。

第六条　各级党委和政府应当切实加强对社会治安综合治理的领导，列入重要议事日程，纳入经济社会发展总体规划，认真研究解决工作中的重要问题，从人力物力财力上保证社会治安综合治理工作的顺利开展。

各级党委和政府主要负责同志是社会治安综合治理的第一责任人，社会治安综合治理的分管负责同志是直接责任人，领导班子其他成员承担分管工作范围内社会治安综合治理的责任。

第七条　各部门各单位应当各负其责，充分发挥职能作用，积极参与社会治安综合治理，主动承担好预防和减少违法犯罪以及维护国家安全、维护社会治安和社会稳定的责任，认真抓好本部门本单位的综合治理工作，与业务工作同规划、同部署、同检查、同落实。

第八条　各级社会治安综合治理委员会及其办公室应当在党委和政府的统一领导下，认真组织各有关单位参与社会治安综合治理工作，加强调查研究和督导检查，及时通报、分析社会治安形势，协调解决工作中遇到的突出问题，总结推广典型经验，统筹推进社会治安综合治理工作。

第三章　督促检查

第九条　各市县各部门各单位应当建立完善社会治安综合治理目标管理责任制，把社会治安综合治理各项任务分解为若干具体目标,制定易于执行检查的措施,建立严格的督促检查制度、定量考核制度、评价奖惩制度,自上而下层层签订社会治安综合治理目标管理责任书。

第十条　各级党委常委会应当将执行社会治安综合治理领导责任制的情况,作为向同级党的委员会全体会议报告工作的一项重要内容。

各级党政领导班子和有关领导干部应当将履行社会治安综合治理责任情况作为年度述职报告的重要内容。

第十一条　各级社会治安综合治理委员会成员单位每年应当对本单位本系统部署和开展社会治安综合治理、推进平安海南建设的有关情况进行总结,对下一年度的工作作出安排,并报同级社会治安综合治理委员会。

下一级社会治安综合治理委员会每年应当向上一级社会治安综合治理委员会报告工作。

第十二条　各级党委和政府应当将社会治安综合治理纳入工作督促检查范围,适时组织开展专项督促检查。

各级社会治安综合治理委员会及其办公室应当动员组织党员、群众有序参与,推动社会治安综合治理各项决策部署落到实处。

第十三条　各级党委和政府应当建立健全社会治安综合治理考核评价制度机制,制定完善考核评价标准和指标体系,明确考核评价的内容、方法、程序。

第十四条　各级党委和政府应当强化社会治安综合治理考核评价结果运用,把社会治安综合治理工作实绩作为对领导班子和领导干部综合考核评价的重要内容,与业绩评定、职务晋升、奖励惩处等挂钩。各级社会治安综合治理委员会及其办公室应当推动建立健全社会治安综合治理工作实绩档案。

各级组织人事部门在考察党政主要领导干部和社会治安综合治理分管领导干部实绩、进行提拔使用和晋职晋级时,应当了解和掌握相关领导干部抓社会治安综合治理工作的情况。

第十五条　各市县(区)社会治安综合治理委员会及其办公室应当按照中央以及我省有关规定,加强与同级纪检监察机关、组织人事部门的协调配合,协同做好有关奖惩工作。

第四章　表彰奖励

第十六条　对社会治安综合治理工作成绩突出的地区、部门和单位的党政主要领导干部和分管领导干部,应当按照有关规定给予表彰和嘉奖。对受到嘉奖的领导干部,应当将有关材料存入本人档案。

第十七条　每两年开展一次全省社会治安综合治理评比达标表彰工作。每四年开展一次推荐评选全国社会治安综合治理先进集体、先进工作者工作。

第十八条　对受到表彰的社会治安综合治理先进集体党政主要领导和分管领导应当进行嘉奖。对受到表彰的全国社会治安综合治理先进工作者,应当落实省部级先进工作者和劳动模范待遇。

第十九条　对连续三次以上受到表彰的全省社会治安综合治理先进集体,由省社会治安综合治理委员会以适当形式予以表扬。

第二十条　各级社会治安综合治理委员会和组织人事部门要配合做好全国、全省社会治安综合治理的评比达标表彰工作。

第五章　责任督导和追究

第二十一条　党政领导班子、领导干部违反本实施办法或者未能正确履行本实施办法所列职责,具有下列情形之一的,应当进行责任督导和追究:

(一)不重视社会治安综合治理和平安建设,相关工作措施落实不力,本地区本系统本单位基层基础工作薄弱,治安秩序严重混乱的;

(二)本地区本系统本单位在较短时间内连续发生重大刑事案件、暴力恐怖案件、群体性事件、公共安全事件、进京非正常上访事件的;

(三)本地区本系统本单位发生特别重大刑事案件、暴力恐怖案件、群体性事件、公共安全事件、进京非正常上访事件的;

(四)本地区本系统本单位发生危害国家安全案(事)件,造成严重后果的;

(五)本地区本系统本单位社会治安综合治理(平安建设)工作考核评价不合格、不达标的;

(六)对群众反映强烈的社会治安重点地区

和突出公共安全、治安问题等，没有采取有效措施或者出现反弹的；

（七）瞒报、谎报、迟报、漏报重大不稳定因素、群体性事件、责任事故及其隐患，造成严重后果的；

（八）因社会治安问题被中央综治委或中央综治办督查督办的；

（九）各级党委、政府及社会治安综合治理委员会认为需要查究的其他事项。

第二十二条　社会治安综合治理领导责任督导和追究的方式包括：通报、约谈、挂牌督办、实施一票否决权制、引咎辞职、责令辞职、免职等。因违纪违法应当承担责任的，给予党纪政纪处分；构成犯罪的，依法追究刑事责任。

第二十三条　对具有本实施办法第二十一条所列情形的地区、单位，由相应县级以上社会治安综合治理委员会办公室以书面形式予以通报，必要时由社会治安综合治理委员会进行通报，限期进行整改。

第二十四条　对受到通报后仍未按期完成整改目标，或者具有本实施办法第二十一条所列情形且危害严重或者影响重大的地区、单位，由相应的上一级社会治安综合治理委员会办公室主任对其党政主要领导干部、社会治安综合治理工作分管领导干部和负有责任的其他领导班子成员进行约谈，必要时由社会治安综合治理委员会主任、副主任约谈，帮助分析原因，督促限期整改。

第二十五条　对受到约谈后仍未按期完成整改目标，或者具有本实施办法第二十一条所列情形且危害特别严重或者影响特别重大但尚不够实施一票否决的地区、单位，由相应的上一级社会治安综合治理委员办公室挂牌督办，限期进行整改。必要时，可从上一级社会治安综合治理委员会五部委联席会议成员单位中抽调人员组成工作组，进驻该地区、单位，根据实际需要开展督办检查工作。

第二十六条　挂牌督办后，治安状况持续恶化，或者具有本实施办法第二十一条所列情形且危害特别严重或者影响特别重大，或者在上一级社会治安综合治理委员会开展的年度考评中不达标的地区、单位，由相应的上一级社会治安综合治理委员会按照有关规定，商同级纪检监察机关、组织人事等部门共同研究决定实行一票否决权制。

社会治安综合治理一票否决应当对发生问题的原因、责任人的责任、造成的损失等进行调查，并按照有关规定提出处理建议。被一票否决的地区、单位应当积极整改，从一票否决决定生效之日起，每三个月向作出决定的社会治安综合治理委员会书面报告一次整改情况，整改完成后书面报告总体情况。

第二十七条　下级社会治安综合治理部门对管辖权限内的责任人的责任应当查究而未查究的，上级社会治安综合治理部门可以直接予以查究。

第二十八条　对中央驻琼单位需要实行一票否决权制的，由省社会治安综合治理委员会向其主管单位和中央社会治安综合治理委员会提出书面建议。

对省垂直管理各单位需要实行一票否决权制的，由所在市县社会治安综合治理委员会向省社会治安综合治理委员会提出书面建议。

第二十九条　党政领导干部具有本实施办法第二十一条所列情形，按照《中国共产党问责条例》《海南省贯彻〈中国共产党问责条例〉实施办法》等有关规定应当问责的，由纪检监察机关、组织人事部门按照管理权限办理。

第三十条　党政领导班子、领导干部具有本实施办法第二十一条所列情形，并具有下列情节之一的，应当从重进行责任督导和追究：

（一）干扰、阻碍调查和责任追究的；

（二）弄虚作假、隐瞒事实真相、瞒报漏报重大情况的；

（二）对检举人、控告人等打击报复的；

（四）党内法规和国家法律法规规定的其他从重情节。

第三十一条　党政领导班子、领导干部具有本实施办法第二十一条所列情形，并具有下列情节之一的，可以从轻进行责任督导和追究：

（一）主动采取措施，有效避免损失、挽回影响的；

（二）积极配合调查，并且主动承担责任的；

（三）党内法规和国家法律法规规定的其他

从轻情节。

第六章　责任督导和追究结果运用

第三十二条　受到通报或者约谈后，被通报或者约谈的责任人应当向同级社会治安综合治理委员会作出书面检查。有关情况应当如实记录在领导干部抓社会治安综合治理工作实绩档案中。

第三十三条　对受到中央社会治安综合治理委员会办公室、省社会治安综合治理委员会办公室挂牌督办的地区、单位，在半年内取消该地区、单位评选综合性荣誉称号的资格和该地区、单位主要领导干部、主管领导干部、分管领导干部评先受奖、晋职晋级的资格。

对受到地市级以下社会治安综合治理委员会办公室挂牌督办的地区、单位责任人，由同级社会治安综合治理委员会对其进行通报批评，并责令作出书面检查。有关情况应当如实记录在领导干部抓社会治安综合治理工作实绩档案中。

第三十四条　对受到一票否决权制处理的地区、单位，在一年内，取消该地区、单位评选综合性荣誉称号的资格，由组织人事部门按照有关权限和程序办理；取消该地区、单位主要领导干部、主管领导干部、分管领导干部评先受奖、晋职晋级的资格，由组织人事部门按照干部管理权限和程序办理，并会同社会治安综合治理委员会办公室，按照中央有关规定向上级有关部门进行报告、备案。需要追究该地区、单位党政领导干部责任的，由相关部门按照规定和程序处理。

第三十五条　各级党委、人大、政府在研究决定党政领导干部的任免、奖惩等事项时，应当认真考察领导干部抓社会治安综合治理暨平安建设工作的能力和实绩，作为任用和评先受奖的重要依据之一。

第七章　附　则

第三十六条　各市县、各部门可以根据本实施办法制定具体实施细则。

第三十七条　本实施办法自印发之日起施行。2009 年 5 月 21 日省委办公厅、省政府办公厅印发的《海南省社会治安综合治理领导责任查究暂行规定》同时废止。

海南省儋州市探索新举措　建立新机制
努力打造共建共治共享社会治理格局

海南省儋州市认真贯彻习近平总书记关于“加强和创新社会治理，着力推进社会治理系统化、科学化、智能化、法治化”的重要指示，按照省委关于深化平安海南建设的部署要求，在省委政法委、省综治办的有力领导和指导下，结合自身实际，以体制机制创新为动力，以信息化智能化为引领，努力推进综治中心、“雪亮工程”和网格化服务管理“三位一体”建设工作，进一步提升了社会治理能力和水平。

一、党委统筹，综治协调，探索创新“三位一体”建设保障机制

儋州市社情民意较复杂，历史遗留问题较多，而随着儋州设立地级市、经济社会较快发展，不稳定复杂性因素增多，依靠传统手段已经难以实现对社会的有效治理。市委、市政府坚持抓发展抓稳定两手都要硬的原则，切实把平安儋州建设融入经济社会发展全过程，以推进综治中心、“雪亮工程”建设和网格化服务管理工作为抓手，努力构建党委领导、政府主导、综治协调、各部门齐抓共管、社会力量积极参与的工作格局。

（一）加强组织领导。成立了由市委书记担任组长的“平安儋州建设工作领导小组”，市长担任主任的“社会治安综合治理委员会”，以及由市委副书记担任组长的“政法跨部门大数据办案平台建设工作领导小组”“‘雪亮工程’建设工作领导小组”，将综治中心、“雪亮工程”建设纳入市

“十三五”规划,2017 年,先后 13 次召开市委常委会专题研究政法综治维稳工作和项目建设事宜,切实扛起担当,负起促一方发展、保一方平安的政治责任。将综治中心、“雪亮工程”建设与“南海云都”新型智慧城市建设项目同步设计、同步推进,整合市网格化服务管理中心、“南海云都”云计算中心、市政府应急联动指挥中心、公安 110 指挥中心等“四个中心”的信息系统平台,为推动实现统一平台、统一联网,集中处理、按需分发提供了有力支撑。

(二)理顺机构编制。设立市、镇、村(社区、居)三级综治中心、网格化服务管理中心。其中,市综治中心为隶属市委政法委的副处级公益一类事业单位,挂“市综治(网格)中心”牌子,新增事业编制 6 名,设主任 1 名(由市综治办主任兼任),专职副主任 2 名(1 名分管综治中心工作,1 名分管网格化服务管理中心工作),工作人员 4 名;在全市 16 个乡镇的社会事务服务中心加挂“综治中心”“网格化服务管理中心”牌子,增设专职副主任 1 名,全市共增加事业编制 16 名,统一明确各镇综治办、综治中心、网格化服务管理中心主任由镇分管政法、综治工作的班子成员兼任,专职副主任在镇综治办指导下开展工作;在全市 292 个村(社区、居)设立综治中心、网格化服务管理中心,其主任由村(社区、居)党支部书记兼任,网格员由“两委”干部、小组长、志愿者、条线协管员兼任,同时,采取政府购买服务方式公开招聘一定数量的专职网格员。通过理顺机构编制、人员组成,为确保综治工作有人抓、有人管奠定了基础。

(三)多方筹措资金。儋州市委、市政府对开展综治和平安建设工作所需经费给予大力支持和倾斜,其中,投入 2200 万元建设市镇村三级网格化服务管理中心、2700 万元建设综治视联网、1.07 亿元建设“雪亮工程”一期项目,并计划投入 1.4 亿元用于二期建设。此外,积极拓展资金来源渠道,采取政府引导、企业参与、市场运作方式,吸纳社会资金参与社会治安防控体系新兴业务开发和建设。2016 年,儋州市成功引入“中国大数据企业 50 强”之一的东华软件股份公司,在儋州市打造“南海云都”大数据平台。

二、试点先行,分期实施,探索创新“三位一体”建设互联互通机制

(一)试点先行积累经验。选择人流、物流、资金流富集的那大镇作为试点单位,自 2012 年 7 月始,在信息系统指挥平台建设、网格划分、基础数据录入、网格员配备、事件办理流程、人员考核管理等方面,进行了不断的修正完善;在“综治信息系统 + 基层警务”、“综治信息系统 + 基层防范”、拓展实战功能等方面,进行了探索尝试;在综治办、综治中心、网格化服务管理中心和政务中心一体化运行,明确功能定位、运行方式等方面,进行了协调理顺,搭建起以 266 个网格为基础、806 名网格员为基干的架构,初步形成“工作部署到网格、检查工作看网格、了解情况问网格、化解矛盾靠网格”的工作局面。在那大镇试点成功、有示范效应的基础上,2016 年,儋州市又在白马井、兰洋、东城三个镇作适当铺开,2017 年以来,在全市全面推进“三位一体”建设工作。

(二)科学划分基础网格。科学合理地划分网格,是有效实施“三位一体”建设的基础性工作。按照国家标准规范,结合儋州区域面积大、人口多的实际,提出了“属地性、整体性、适度性”划分原则,根据每个区域社情复杂状况和管理难度,合理划分网格单元。在那大、白马井等镇,以 300 户左右为单位划分网格,按道路、按小区、按单位划分;在中北部乡镇,考虑到外出打工者多、空心村多的情况,以自然村为单元,进行有效整合,以块状区域划分为主,以 400 ~ 500 户为单位。截至 2017 年底,全市 16 个镇的 276 个村(社区)、16 个居共划分为 715 个网格,配备网格员 818 名(专职 68 名,兼职 750 名),为形成任务适中、便利高效的镇、村(社区、居)、网格三级服务管理体系奠定了基础。坚持全市一张基础网格,以此为依据,将人财物、业务、组织、服务等资源,向网格延伸;特别是在综治网格化建设、“雪亮工程”建设中,事先注意做到统筹规划设计,互相补充、互不交叉,避免重复建设、资源浪费。

(三)破解联网共享难题。联网共享是“雪亮工程”建设的重点和难点。针对“不好联”“不愿联”等问题,由市综治办牵头,首先推进市级综治中心、市公安局、四个镇级综治中心各自所属公共安全视频监控图像资源的初步联通共享,共联通

1597 处。以此为突破口，进一步尝试接入市文体局、各商业银行网点视频监控，不断丰富接入的数据类型。针对“联网难”的问题，通过“南海云都”项目建设，建立统一的运维管理平台，并要求东华软件公司收集已经在儋州市建成的各类视频监控设备技术标准，解决兼容问题，为逐步整合、共享各行业已有视频资源提供了可能。

三、共建共治，联动发力，探索创新“三位一体”建设服务实战机制

综治中心、“雪亮工程”建设和网格化服务管理工作，其质效高低，全在于应用、实体化运作。为了有效解决网格虚划、任务虚设和综治中心管理弱化、作用虚化等问题，儋州市坚持实战实用原则，努力探索以用促建、以用促管的有效途径。

（一）服务党委政府的决策指挥。正在实施的综治视联网、“雪亮工程”建设项目，其视频图像信息均接入市、镇两级党委、政府主要负责人办公室，确保通过综治信息平台开展综合研判、指挥调度、督导落实等工作；同时，其视频图像信息接入市应急联动指挥中心，为市委、市政府在面临突发性事件、重特大公共安全事件、自然灾害事故时，组织各部门快速联动处置提供决策指挥服务。在此基础上，逐步带动全市各职能部门、各行各业的深度运用。

（二）服务矛盾纠纷排查化解。依托综治中心、网格员，推进“大调解”运行机制改革创新，进一步完善了全市行业性、专业性矛盾纠纷调处机制。采取“人民调解员 + 基层法庭 + 部门联动”的模式，为当事人提供便捷、快速、和谐的纠纷解决渠道；采取“第三方调解机构 + 调节专家 + 部门联合处置”方式，铺就医患双方的“缓冲地带”，有效解决医患纠纷或医闹事件。2017 年以来，各级综治中心共排查矛盾纠纷 1422 起，成功调处 1316 起，调处成功率 95.2%，参与和处置各类群体性事件 11 起，取得了较好成效。

（三）服务治安维稳动态管控。在实现公共安全视频 1597 处联通共享的基础上，市综治中心、市公安局还共享治安管理、消防安全、失信者黑名单、社区矫正、社区戒毒（康复）和电信诈骗人员管控等基础数据，在预防打击违法犯罪、管控重点人群等方面发挥了积极作用。2017 年，全市刑事案件同比下降 29%，其中“两抢”案件同比下降 14%，盗窃案件同比下降 39%。

（四）服务打通联系群众的“最后 1 公里”。坚持“小网格、大党建”，村（社区、居）的党支部书记同时兼任综治中心、网格化服务管理中心主任，其他“两委”班子中的党员成员兼任网格长，发挥党员模范带头作用，带动村居民小组长、联防队员、治安积极分子和专职网格员开展巡查、走访、服务、治理等工作。

海南省琼中县创新诉调对接新模式
打造化解矛盾新格局

2012 年，海南省琼中县人民法院被最高法院确定为扩大诉讼与非诉讼相衔接的矛盾纠纷解决机制改革试点单位以来，县人民法院紧紧围绕“让人民群众在每一个司法案件中都感受到公平正义”的目标，积极探索少数民族地区社会治理体制和工作机制，深入扎实开展诉调对接试点工作，摸索形成了诉调“六个对接”工作机制和“四个平台”矛盾联调机制，为“法治琼中、平安琼中建设”提供了强有力的司法保障和优质的法律服务，在有效化解社会各类矛盾纠纷、促进社会和谐稳定、提升群众安全感指数和对政法机关（政法队伍）执法工作满意度等工作方面取得了实效。

一、构建诉调对接关系，搭建诉调对接平台

琼中黎族苗族自治县地处海南生态保护核心区，全县辖 10 个乡镇、1 个县属农场和 3 个县属林场，人口 23 万，土地总面积 2704.66 平方公里，森林覆盖率达 83.74%，素有“海南绿肺”“三江之源”“黎苗家园”“绿橙之乡”等美誉。2012

年以来，琼中县社会治安大局持续平稳，但人身损害赔偿案件、劳务纠纷、婚姻案件相对高发，为了满足人民群众对多层次、多途径及低成本、高效率解决纠纷的需求，琼中法院在强化诉讼调解的同时，大胆实践，通过推进诉调“六个对接”以及“四个平台”建设，建立健全诉讼与非诉讼相衔接的矛盾纠纷解决机制，突出诉前化解成效，解决群众切身难题。

（一）探索创新诉调“六个对接”工作机制。一是与人民调解对接。加强与司法行政机关、人民调解组织的沟通协调，坚持和完善诉讼调解与人民调解良性互动、有机结合的诉调对接机制。主动联系司法部门，加强对人民调解员法律知识培训和业务指导。2012年以来，琼中法院法官深入辖区乡镇、司法所、村委会进行法律指导20次，培训人员2000余人次，指导人民调解180余次，指导调解成功率100%。二是与行政调解对接。琼中法院以交通事故纠纷和医患纠纷为突破口，联合公安交警部门和卫生部门，构建一站式处理交通事故纠纷和医患纠纷的工作机制。与公安交警建立了行政调解对接，率先在公安交警大队设立了交通事故处理专业调解室，以促成可能形成诉讼的案件化解在行政调解阶段。自2012年5月至2018年8月，琼中法院依托诉调对接中心使2200宗交通事故纠纷通过调解协议的司法确认都在行政调解阶段就得到妥善处理。三是与群团维权对接。加强与妇联衔接，在诉讼对接中心设立妇联调解专席和“巾帼文明岗”，一方面选派经验丰富的女法官进行诉前调解；另一方面，积极邀请妇联派一名副主席作为特邀调解员驻法院帮助调解并作为人民陪审员参与案件的审理和调解过程。同时，加强与县关工委、团委衔接，积极开展青少年犯罪预防与教育工作。四是与各级组织对接。建立了特邀调解组织和特邀调解员两个花名册，聘请县12个单位为特邀调解组织，选取辖区188名人大代表、政协委员、各派出所所长、司法所所长、各乡镇综治人员、各村委主任、网格员、乡贤五老聘为特邀调解员，精心编制了覆盖全县的县、镇（场）、村三级调解网络。聘请县级机关相关人员为诉调对接联系人（其中少数民族诉调对接联系人占64.55%），充实到便民诉讼和调解网络之中，如县检察院、公安局、司法局、工商局、卫计委、关工委等单位均派出一名部门副职领导作为诉调对接的特邀调解员。法院、公安、检察、司法部门联合印发了《关于加强刑事和解工作的规定（试行）》，定期召开案件调处联席会议合力化解矛盾。五是与诉前调解对接。加强诉前引导，在立案接待时告知诉讼风险，释明非诉讼方式的功能、特点和优势，引导当事人根据纠纷的性质自愿选择以非诉讼方式解决纠纷，通过人民调解委员会、居民委员会、村民委员会等把矛盾纠纷化解在诉讼外。规范诉前调解，对当事人坚持选择由法院处理的，先进行诉前调解。对诉前调解案件编立专门案号，及时送交诉前调解人。诉前调解结束后，将结果反馈给诉调对接中心，达成调解协议后，立即出具调解书，简化程序、提高效率、节省资源。六是与民风民俗对接。在办案力量上，注重发挥少数民族法官和少数民族特邀调解员的优势。一方面，将熟悉少数民族语言和拥有丰富调解经验的双语法官安排在法庭工作，并尽量安排少数民族法官审理少数民族当事人的案件；另一方面，积极聘请少数民族群众作为特邀调解员，让少数民族群众运用当地黎语苗话和群众语言进行调解。2012年以来，琼中法院共邀请少数民族特邀调解员参与调解调处的重大涉土地、重大疑难等复杂纠纷的案件达83次，调解成功率达100%。2013年至2017年，少数民族调解员参与调解达925次，成功率达100%。特邀调解员的调解效果得到了社会的广泛好评，在社会上具有一定的知名度和美誉度。

（二）建设完善“四个平台”矛盾联调机制。因地制宜，建立了法院与县人社局、县公安交警大队、县卫计委、县妇联等四个部门的诉调对接关系，建设“四个平台”。为加强诉调对接平台间的联系，健全完善了法官轮值制度，在县仲裁院、县医调委、县妇联等诉调对接平台安排法官定点负责值班和联系工作，每周到各平台值班至少一次。交通法庭由立案庭、刑庭法官轮值，每月轮换一次。同时大力开展以“司法确认”为切入点的诉调对接工作，加大对劳动争议、交通事故、医疗事故和婚姻家庭等纠纷的调处，将矛盾纠纷化解导入司法轨道，赋予调解结果法律效力。“四个平台”设立以来，共调处劳资、交通、医疗、婚姻家庭等类型矛盾纠纷××××件，大大节约了司法资源。

二、诉调对接显成效

（一）非诉调解成效显著。自诉调对接工作开展以来，琼中法院司法确认、委派调解案件共计××××宗，成功调解××××宗，调解成功率99.93%。自2015年5月立案登记制实施以来，琼中法院共立案受理各类民事案件××××件，有××××件纠纷通过诉前调解的方式分流，占同期全院民事案件受理总数的36.71%，有效破解了“案多人少”困局。通过非诉调解成功化解的××××件纠纷全部进行了司法确认，充分体现了多元化纠纷解决机制在基层司法实践和社会矛盾解决过程中的强大生命力。

（二）诉讼案件态势平衡。立案登记制实施以后，全国大部分法院的案件数快速上升，但琼中法院2015年新收民事案件××××件，刑事案件×××件，各类案件合计××××件；2016年新收民事案件××××件，刑事案件×××件，各类案件××××件；2017年共受理民事案件××××件，刑事案件×××件，各类案件××××件。案件数一直保持平稳发展，并无火喷势增长，这些都得益于诉调对接工作的有效开展，将矛盾窗口前移，在案件进入法院之前即得到有效解决。

（三）解决矛盾方式多元化，司法能动进一步提升。诉调对接工作使琼中法院在更深层次和更广领域实现了从“独立”办案、“关门”办案到走出去办案，与有关部门形成合力共同解决矛盾纠纷的转变，让纠纷解决资源得到整合，矛盾纠纷得到了梯次“滤化”和合理分流，诉调对接工作解决了社会矛盾，维护了社会稳定。

（四）司法能力得到增强，案件质量取得明显提升。2012—2017年，琼中法院共受理各类案件××××宗，审结××××宗，结案率多年来均位列省一中院辖区前列，大多数民商事案件以调解方式结案。

（撰稿人：郑德旋
审稿人：刘　诚　张　婷）

重　庆　市

2017 年综治工作概况

2017 年，特别是 8 月 3 日全市迎接十九大安全稳定工作会议以来，重庆政法系统认真学习贯彻党的十九大和习近平总书记系列重要讲话、视察重庆重要讲话精神，以习近平新时代中国特色社会主义思想为指导，深入贯彻落实中央政法工作会议、全国司法体制改革推进会议、全国社会治安综合治理表彰大会等会议精神，认真落实市委有关要求，以党的十九大安保维稳工作为主线，切实做好政法各项工作，为全面建成小康社会创造了安全的政治环境、稳定的社会环境、公正的法治环境、优质的服务环境。据第三方调查结果显示，2017 年全市群众安全感、政法队伍满意度和司法公信力分别达到 96.92%、94.74 分、95 分，同比分别增长 1.56 个百分点、1.10 分、1.03 分。

一、全力以赴，解决突出问题，防控各类风险

（一）有效化解社会矛盾纠纷。切实加强社会矛盾多元化解机制建设，着力解决信访问题，全市信访事项及时受理率、按期办结率、群众满意率达到 99% 以上。深入推进干部接访下访群众工作，累计接待群众 1.87 万人次，接待处理矛盾问题 2.18 万件，化解 2.13 万件。扎实开展“3 + N”信访突出问题专项治理，化解房地产开发问题项目 218 个，化解非法集资积案 130 件，化解环保突出问题 43 个。深入开展以“进家入户、排忧解难、化解矛盾”为主题的“民转刑”命案防范专项行动，同时，推进“一全面、两提高”，即全面管控危化品，提高矛盾纠纷的发现率，提高矛盾纠纷的化解率，全年“民转刑”命案比 2016 年下降 7.85 个百分点，近三年首次实现一案致死 3 人以上命案“零发生”。切实加强司法救助工作，全年对 844 件案件 1028 名当事人予以救助，共计发放司法救助金 2794.23 万元。

（二）依法打击整治突出治安问题。坚持打防结合、预防为主，着力解决影响群众安全感的突出治安问题，创造了良好的治安环境。全市政法机关深入开展“渝安 2 号”、“三打击一整治”、缉枪治爆等专项行动，有效解决了一大批群众反映强烈的治安问题。通过全面排查，对全市 200 个侵财案件高发、交通秩序混乱、黄赌毒问题突出、打架斗殴频发等治安问题突出的重点地区，实施了分级分类挂牌整治；对 19 个发生恶性案件、交通秩序混乱、群众反映强烈的地区实施了动态挂牌整治，取得了明显效果。全年共破获刑事案件 7.67 万起，现行命案破案率达 99.5%，全市刑事立案、八类案件同比分别下降 22.4%、14.2%，重点挂牌整治地区发案率同比下降 56.16%。其中，共立侵财案件 10.9 万起，同比下降 23.3%，破侵财案件 7.02 万起，同比上升 26.8%；现行命案破案率达 99.57%，同比上升 1.35%，全年未发生爆炸等重大恶性案件。

（三）加快推进社会治安防控体系建设。坚持立体化、信息化目标，推动全市社会治安防控体系建设实现了新突破。社会面防控方面，构建了“特警屯点、交巡警巡线、派出所控面、专业公安守站、武警联勤联动”机制，深入开展巡逻巡查巡防，提升了街面防控和应急处置能力。村社区防控方面，全市基层综治组织和综治专干配置实现全覆盖，公安警力进一步下沉，组建村社专兼职巡逻队 10 万余人，专兼职网格员 12.5 万余人，筑牢了基层防线。单位内部防控方面，加强单位内部保卫机构和力量建设，兼顾内部防控和区域联防，全市党政机关、医院、校园刑事发案率同比分别下降 19.3%、15%、10%。重大活动安保方面，圆满完成了世界女足邀请赛、重庆糖酒会等大型活动安保工作。同时，切实加强居民社区、背街小巷等治安薄弱区域视频镜头建设，不断提升了治安防控信息化水平。

（四）全面加强重点行业领域风险防控。围绕与群众生产生活息息相关的重点行业领域，深入开展大排查、大整治、大执法，全年生产安全事故起数和死亡人数同比分别下降12.5%、15.8%，较大生产安全事故同比下降28%。推进国家食品安全示范城市创建，严厉打击食品药品安全违法犯罪，全年查办食品药品一般程序案件同比增长23%；深入开展交通违法整治专项行动，严管严控重点车辆和“三超一疲劳”，全市道路运输事故起数、死亡人数同比分别下降8.6%、9.8%；扎实开展冬春火灾防控等专项行动，全市发生火灾起数、死亡人数、受伤人数和直接财产损失同比分别下降16.7%、56%、35.3%和18.6%；加强寄递渠道安全管理，督促寄递物流企业落实“3个100%”制度，大力推进实名收寄，集中开展易制爆危险化学品和寄递物流专项整治，行业风险防控能力切实提升；抓好轨道交通安全防控，制定落实18个安全隐患问题责任清单，建立完善公安武警与站内治安巡逻“双延伸双交叉”联勤联动机制，最大限度防范了各类案事件发生。加强铁路护路联防工作。组织开展春运安保工作，切实推进高铁沿线治安防控体系建设，开展铁路沿线易刮落设施等专项整治，提前介入渝贵铁路等新建线路安全隐患排查整治，确保了全年涉路治安形势总体稳定、人民群众安全出行。

（五）切实加强特殊人群服务管理。着力构建政府、家庭、社会多位一体的教育管理帮扶体系，提升了动态服务管理水平，促进了社会和谐稳定。加强吸毒人员管理，推行网格化管理、分类分级管控，全市社区戒毒社区康复执行率达96.5%。加强严重精神障碍患者管理，全力推动“以奖代补”政策落实和贫困患者住院治疗经费财政兜底，全市兑现“以奖代补”资金4715万元，投入经费600万元用于贫困患者免费服用第二代抗精神病药物试点。加强扬言报复社会人员教育管控，出台加强社会心理服务疏导和危机干预工作的实施意见，强化教育疏导实效，切实防止了个人极端案事件发生。加强预防青少年违法犯罪工作，开展新一轮“为了明天彩虹帮教”项目，强化重点青少年服务管理，全市所有区县在中央“预青”专项组三年三轮次推开督导评估中全部合格。

二、内强素质、外树形象，加强过硬队伍建设，提升服务民生水平

（一）思想政治工作不断深化。始终坚持党对政法工作的绝对领导，全市政法机关通过政治轮训、专题培训、主题宣讲等方式，深入学习宣传贯彻党的十九大精神，深学笃用习近平新时代中国特色社会主义思想，教育引导政法干警牢固树立“四个意识”，坚定“四个自信”，毫不动摇把以人民为中心作为新时代政法工作的根本立场，自觉把以人民为中心作为看问题、想对策、抓落实的出发点和落脚点。坚持破立并举，教育政法干警深刻反思、吸取教训，确保政法队伍绝对忠诚、绝对纯洁、绝对可靠。

（二）履职素质能力不断提升。全市政法机关始终坚持正规化专业化职业化方向，聚焦战斗力标准，构建教、学、练、战一体化教育培训机制，广泛开展技能比武、轮值轮训、实岗练兵等活动。全年共举办各类培训班1400多期，培训10余万人次，进一步提高了广大政法干警改革创新、科学发展、依法执政、群众工作、狠抓落实、驾驭风险等方面的本领，为执法司法工作奠定了坚实的能力基础。建立适应政法工作专业化要求的人事制度，打通引进人才的“绿色通道”，大力引进网络安全、技术侦查、信息通信、知识产权、金融证券、涉外法律、双语司法等各类专业人才，推动法治专门队伍系统性结构优化调整。

（三）纪律作风建设持续加强。全市政法机关切实把纪律和规矩挺在前面，定期开展班子回访和司法巡查，认真整改队伍中存在的思想不纯、组织不纯、作风不纯等突出问题，对直接面向群众、直接服务群众、影响队伍形象的重点工作开展持续不断的监督检查，做到查纠问题不手软，跟踪整改不放松。全年以执法规范和服务窗口为重点，市委政法委组织对全市1046个服务窗口和执法办案场所，采取视频巡查、旁听审理、办事咨询、电话抽查、现场检查、询问群众等方式进行全面督查，查纠涉201起问题全面通报，限期整改。大力开展规范执法司法行为专项治理，严格落实领导干部干预司法活动、插手具体案件处理的记录、通报和责任追究制度，坚决纠正群众反映强烈执法司法不严格、不文明、不公正等问题，提高了群众满意度。严格执行“一案双查”和各项铁规禁令，以“零容忍”态度坚决惩处执法司法腐败，着力构建正风肃纪长效机制，进一步营造了风清气正、干事创业的良好生态。

（四）服务保障水平切实提升。全市政法机关切实找准服务经济发展的着力点，围绕民营经济发展、自贸试验区建设等工作，出台了系列服务保障措施，如市高级法院出台依法平等全面保护民营经济健康发展16条意见，市检察院出台服务保障民营经济健康发展18条意见，市公安局出台服务民营经济发展30条意见，市司法局主动为重大项目建设、企业生产经营提供法律服务，取得了良好社会效果。同时，全市政法机关从群众日常小事、身边小案抓起，出实招、办实事，提供了便捷高效的法律服务。如法院系统深化“线上+线下”诉讼服务中心建设，检察系统推行惠农扶贫领域精准预防“阳光卡”制度，公安机关推进户籍管理、出入境管理、驾考制度改革等工作，司法行政部门加强公共法律服务体系建设，开展“为农民工追讨欠薪”法律援助专项行动，共办理法律援助案件3.4万多件，挽回群众经济损失5.3亿余元。

三、对标对表中央精神，改革与法治工作扎实推进

（一）改革和法治任务推进有力。全年共推进了95项重点改革任务，出台了281份规范性文件，为提升执法司法能力水平，更加高效地服务群众、切实维护群众合法权益提供了有力保障。如司法体制改革和切实保证公正司法方面，推进以审判为中心的刑事诉讼制度改革，推进司法责任制改革，严格落实谁办案谁负责，促进了办案质效稳步提升；深化公安改革，全面实施居住证制度，推行居民身份证异地受理，推行驾考改革，下放部分出国境证件审批权，进一步方便了群众办事。在社会治理改革和不断提高社会治理法治化水平方面，完善初信初访办理、联合接访等制度，拓宽和规范了民意诉求渠道；构建食品药品安全“三级机构、四级网络”监管体系，建立安全生产不良信用记录、诚信评价、黑名单等制度，出台应急物储备管理和应急避难场所管理办法，切实促进了群众生产生活安全。

（二）执法司法规范化建设成效明显。坚决纠正群众反映强烈的执法司法不严格、不文明、不公正和不作为、慢作为、乱作为等问题。深入开展规范执法司法行为专项治理工作，常态化开展案件评查工作，共组织评查政法系统自查案件2900多件。严格落实领导干部干预司法活动、插手具体案件处理的记录、通报和责任追究制度，促进了司法机关依法独立公正行使职权。

（三）法治宣传教育工作切实加强。“七五”普法开局良好，“谁执法谁普法”责任制深入实施。把法治教育作为干部培训的重要内容，组织开展新提任领导干部法治理论知识考试、市级部门领导干部旁听庭审活动等，有效提升了各级领导干部依法执政能力。开展《民法总则》学习培训3000余场次，推进“百名法学家百场报告会”“法治文化基层行”等普法活动，增强了广大群众的法律素养，进一步形成了信仰法治、崇尚法治的社会氛围。

重庆市综治办　共青团重庆市委　市高级人民法院　市人民检察院　市公安局　市综治委预青专项组　市未成年人保护委员会办公室关于印发《合适成年人选任与管理办法》的通知

（2017 年 7 月 14 日）

各区县（自治县）综治办、法院、检察院、公安（分）局、团委，“预青”专项组、未保办，铁路运输法院、铁路运输检察院，各专业公安机关、市公安局直属各单位，万盛经开区综治办、“预青”专项组，两江新区法制局（司法局）、团工委：

为落实修订后的《刑事诉讼法》关于合适成年人参与未成年人案件侦查、起诉、诉讼等少年司法的特殊保护规定，贯彻对涉罪未成年人“教育、感化、挽救”的方针，保障涉案未成年人的基本权利，市社会治安综合治理委员会办公室、市高级人民法院、市人民检察院、市公安局、团市委、市综治委预防青少年违法犯罪专项组办公室、市未成年人保护委员会办公室联合修订了《合适成年人选任与管理办法》，现印发你们，请认真贯彻执行。

各区县未保办、预青专项组及时清理当前合适成年人库，重新建立、报送新的合适成年人库，并将新的合适成年人名单于 8 月 31 日前送达各级办案部门。

合适成年人选任与管理办法

第一条　为保障未成年人的合法权益，落实合适成年人参与刑事诉讼的法律规定，根据《中华人民共和国刑事诉讼法》《中华人民共和国未成年人保护法》等有关规定，结合本市办理未成年人刑事案件的实际情况，制定本办法。

第二条　本办法所称“合适成年人”，是指公安机关、人民检察院、人民法院讯问、询问、审判未成年人时，在其法定代理人和其他成年亲属无法或者不宜到场的情况下，由未成年人保护组织选任和管理的，依法参与刑事诉讼，行使未成年人法定代理人的部分诉讼权利，维护未成年人合法权益的成年人。同时，“合适成年人”还是网格化管理中的组成部分。

第三条　合适成年人由区县（自治县）综治办牵头，团委、未成年人保护委员会办公室（以下简称“未保办”）、预防青少年违法犯罪专项组办公室（以下简称“预青”专项组）选任和管理。市综治办、团市委、市未保办、市“预青”专项组对区县（自治县）选任和管理合适成年人的工作进行指导。

第四条　合适成年人应当符合下列条件：

（一）身心健康，具有良好的道德品质，热心于未成年人保护工作；

（二）在本地有固定居所；

（三）具有较好的沟通协调和语言表达能力；

（四）具有一定的法律知识；

（五）具有一定的工作经历和社会阅历。

具有心理学、教育学、犯罪学、社会学等方面专业知识的人员在选任时可以优先考虑。

第五条　合适成年人可以由下列人员担任：

（一）共青团干部；

（二）学校教师；

（三）“关心下一代工作委员会”工作人员；

（四）妇联干部；

（五）基层组织工作人员；

（六）离退休干部；

（七）志愿者；

（八）社会工作者；

（九）其他符合本办法第四条规定条件的人员。

第六条　区县（自治县）人民法院、人民检察院、公安（分）局会商后，根据当地未成年人刑事司法工作的需要确定合适成年人数量，并通报所在区县（自治县）团委、未保办、“预青”专项组。

第七条　符合本办法规定条件的成年人自愿报名或者经所在单位推荐后，经区县（自治县）团委、未保办、“预青”专项组审查确定为合适成年人。在选任合适成年人时，应当合理配置合适成年人的学历结构及性别比例。

在选任合适成年人过程中，区县（自治县）团委、未保办、“预青”专项组可以要求当地办案机关提供协助，办案机关应当协助。

第八条　区县（自治县）团委、未保办、“预青”专项组应当建立合适成年人库，录入合适成年人的姓名、性别、年龄、工作单位、联系方式、专业能力等相关信息。

合适成年人的变化情况应当及时更新。

第九条　区县（自治县）团委、未保办、“预青”专项组建立合适成年人库后，将合适成年人库的情况通报所在地的综治、法院、检察院和公安机关，并报团市委、市未保办、“预青”专项组备案。市未保办、“预青”专项组将全市合适成年人库的情况通报市综治办、市高级人民法院、市人民检察院、市公安局。

第十条　办案机关根据办案需要从合适成年人库中指定合适成年人参与诉讼。办案机关确定合适成年人人选，应当综合考虑案件具体情况、涉案未成年人个人情况、帮教矫治需要和诉讼便利等因素。

市高级人民法院及其中院、市人民检察院及其分院、市公安局及区县（自治县）公安（分）局可以指定办案地的合适成年人参与诉讼，合适成年人所在地的办案机关应当予以协作。

根据办案需要，区县（自治县）的合适成年人可以调剂使用。

第十一条　同一案件的各个诉讼阶段，原则上指定同一名合适成年人参与诉讼。两名以上的未成年人共同犯罪的，不得由同一名合适成年人参与诉讼。

办案机关在讯（询）问未成年人的笔录中应当体现合适成年人参与诉讼的基本情况。

第十二条　办案机关确定合适成年人人选后，应当通过电话等方式与合适成年人联系，并向被确定的合适成年人发出《合适成年人到场通知书》和《合适成年人权利义务告知书》，通知合适成年人到场参与诉讼。《合适成年人到场通知书》应当载明参与诉讼的时间和地点。

《合适成年人到场通知书》和《合适成年人权利义务告知书》的送达情况应当在案卷中予以反映。

办案机关应当为合适成年人参与诉讼提供便利条件。

第十三条　合适成年人应当按照办案机关的要求准时到场参与诉讼。因故不能准时到场的，应当提前告知办案机关。办案机关根据合适成年人不能到场的具体原因，决定是否推迟相关诉讼活动或者变更合适成年人。

第十四条　办案机关应当及时向所在区县（自治县）团委、未保办、“预青”专项组反馈合适成年人的履职情况。

办案机关发现合适成年人有滥用权利、怠于履行职责等不宜于担任合适成年人情形的，应当及时更换合适成年人，必要时通报区县（自治县）团委、未保办、“预青”专项组，建议予以解任。

第十五条　办案机关应当审查涉案未成年人的法定代理人及其他成年亲属无法或不宜到场参与诉讼的情形是否发生变化。法定代理人及其他成年亲属已经具备到场条件的，应当书面通知法定代理人或者其他成年亲属到场，不再通知合适成年人参与诉讼。

第十六条　区县（自治县）团委、未保办、“预青”专项组应当定期组织对本辖区内的合适成年人开展培训，办案机关应当协助、配合。培训经费由同级政府财政予以保障。

第十七条　区县（自治县）团委、未保办、“预青”专项组根据办案机关反馈的合适成年人的履职情况，对合适成年人进行年度考评。对考评为优秀的合适成年人，给予一定奖励。对于考评不合格或者不愿意继续担任合适成年人的，应当及时予以解任，并通报办案机关。

第十八条　合适成年人因参与诉讼而支出的交通、住宿、就餐等费用，应当给予补助。合适成年人参与诉讼的补助列入办案机关业务经费，由同级政府财政予以保障。

合适成年人参与诉讼，所在单位不得克扣或者变相克扣其工资、奖金及其他福利待遇。

第十九条　本办法由市综治办、市高级人民法院、市人民检察院、市公安局、团市委、市未保办、“预青”专项组负责解释。

第二十条　本办法自下发之日起执行。2013年7月26日印发的《合适成年人选任与管理办法（试行）》同时废止。

附件：1. 公安机关《合适成年人到场通知书》参考格式（略）

2. 检察机关《合适成年人到场通知书》参考格式（略）

3. 审判机关《合适成年人到场通知书》参考格式（略）

4.《合适成年人权利义务告知书》（通知书的文号，应当与各办案单位具体案件号一致）（略）

重庆市江北区探索网格管理队伍整合模式 彰显基层社会治理聚合效应

随着社会治理工作不断强化，人财物投入必然加大，缺乏统筹的重复建设、多头管理将可能成为制约基层社会治理的新问题。重庆市江北区对此进行了深入研究，区委区政府决定以江北嘴中央商务区为改革试点，以综治牵头整合网格所有协勤协管辅助力量为抓手，探索建立了“多队整合、多网融合、多方聚合”的集约高效网格管理新模式，辖区社会治安、城市形象、交通管理和社会治理水平等实现了整体提升。

一、多队整合，工作力量更加精干

重庆市江北区江北嘴中央商务区是近年来国内快速发展的重要功能性金融中心极核区，经济的高速发展也给社会管理带来新的挑战。江北区面对压力大胆突破，从网格化队伍整合入手，试点“三个统一、多队合一”路子，开启了基层社会治理新模式。一是队伍统一。通过政府购买服务的方式，委托江北保安公司整合辖区所有协勤协管队伍，组建一支高素质的“网格化管理综合服务队”。这支队伍面向社会公开招聘，严格甄选，队员年龄结构、身体素质和知识层次较原有协勤协管人员有了较大提升。二是职能统一。组建后的综合服务队承担中央商务区治安、市政、交通等8大综合协管职能，将社会面所有秩序维护整合其中，施行昼夜24小时巡查，做到了“问题处置在执法之前，寓管理于服务之中”。三是管理统一。针对原协管队伍多头管理、交叉管理的弊端，建立起“区级综治牵头—部门业务指导—街道指挥调度—公司执行勤务”的联动管理体系，有力促进了队伍整体建设。

二、多网融合，网格管理更显顺畅

中央商务区以综合服务队为骨干力量，按照全区“多网合一，一网运行”的网格化管理思路开展社会治理，从“三个融合”中实现了“条块联动、资源整合、一体运行”的工作效果。一是网格融合。综合服务队参照市政网格管理划分原则，将江北城辖区划分为9个基础网格，整合了综治、民政、市政、公安等部门推行的管理网格，构建了“城市网格化管理综合服务体系”，基层工作均在一套网格体系中运行，实现“一网落地”，有效破解了以往“七八顶大盖帽管不了一个破草帽”的难题。二是工作融合。街道网格化管理综合群工、数字城管、“12319”城建服务热线等系统，建立发现、受理、指挥、处置、监督、评价“六位一体”的网格化综合管理机制。在已处置的市政、治安案件中，服务队第一时间发现和处理的案（事）件占85%以上，同比提升了25%。三是保障融合。以执法执勤辅助力量整合模式为载体，各级各部门对基层的经费投入、队伍建设、物资保障等高度融合，实现统一的后台保障，避免了行政财政资源浪费。

三、多方聚合，社会协同更有活力

网格管理队伍整合，极大地优化了基层社会治理力量。江北城街道应势而为，迅速将这一有效做法延伸到对社会力量的统筹协调上，开创了社会协同治理工作新局面。一是建立社会评价机制。街道定期组织召开辖区企事业单位、物业管理公司、人大代表政协委员、综治特邀委员和居民代表联席会议，通报综合服务管理工作开展情况，赋予辖区单位和各类民意代表对综合服务队建议权、监督权和考评权，收集意见建议40余条，督促综合服务管理提升。二是建立单位联动机制。江北嘴中央商务区聚集了大中型物业管理公司23家。街道在发挥综合服务队主力军作用同时，将物管公司保安队伍纳入联勤力量，明确了内保力量参勤时间、职责和方法，实现物业公司巡逻防控向社会面的延伸，实现了单位内保与社会面防控的无缝衔接。三是建立群众参与机制。综合服务队开辟体验岗，组织企业单位员工体验一线执勤工作，寻求社会单位的认同和支持；为了满足中央商务区企业员工出行需求，专门设立员工护卫岗，保护企业员工夜行安全。综合服务队还设立民情信箱、开通民情热线、发放民情联系卡等，架起居民和综合服务队沟通的桥梁，发动居民群众组建了“关爱互助帮教队”“平安和谐巡逻队”“文明和谐劝导队”等志愿者队伍，使之成了中央商务区又一道靓丽风景。

重庆市渝北区积极打造“律师驻所”新模式

2015年以来，渝北区以全面深化公安改革为契机，从应对解决辖区治安复杂、矛盾纠纷多元、警力不足明显等问题入手，探索推进政府购买法律服务，引入律师进驻派出所服务，建立接处分离、协同配合的矛盾纠纷警情调解处置的“律师驻所”新模式。截至2017年底，驻所律师共提供法律咨询及服务10723件；调处疑难矛盾纠纷1236件，其中民事案件976件，治安案件260件，其结案率均高达98%，进一步融洽了干群关系，有效提升了社会治理水平，更好地从源头上预防化解了社会矛盾。

一、构建基本框架，争取配合支持

一是健全工作体系。明确“律师驻所”建设总体思路，在区委政法委、区司法局协调配合下，区公安分局制定印发了《关于设立矛盾纠纷人民调解委员会的方案》，规范设立分局调委会，在城区10个派出所分设调解室，开展律师进驻工作。二是规范服务团队。通过推荐比选、社会公开遴选，先后聘任6家社会责任感强、专业水平高的律师事务所作为合作单位，由其委派注册律师团队进驻派出所，参与派出所接处社会矛盾纠纷类警情的调处、咨询等工作。三是落实机制保障。积极争取区财政支持，将律师驻所相关费用纳入区级财政预算保障。

二、强化依法依规，明确职责任务

一是明确律师服务范围。独立或协助民警参与派出所接处的矛盾纠纷调解工作，发现可能激化的矛盾纠纷，及时向派出所发出预警；协助做好法律援助相关工作，提供法律咨询服务，各类法律咨询服务“有询必复”，并免费为确有困难的群众代写法律文书；对包括矛盾纠纷当事人在内的不特定群众开展法律法规、合法维权途径等法治专业宣传；协助试点派出所处置特殊重大警情等其他涉警法律服务事项。二是明确调处基本原则。

驻所律师具体参与调解的事项及工作流程，严格依照《人民调解工作若干规定》《公安机关治安调解工作规范》《公安机关执行〈中华人民共和国治安管理处罚法〉有关问题的解释》等规定执行，要求其遵守职业道德和执业纪律，不得代理所接待群众咨询、调解的相关诉讼案件。三是突出分类调处职责。建立落实接处矛盾纠纷专项审查及筛选推送机制，严格划分调解事项主体责任，对民事纠纷类事项的调解，由律师作为主持人组织调解、民警协助；对应由公安机关主持的治安调解，明确由民警组织调解，可请驻所律师作为见证人参与及协助进行法律问题咨询解释。

三、完善配套机制，高效规范运转

一是强化律师团队全时服务。律师事务所向每个服务派出所派驻不少于 3 名注册律师，每天（包括节假日）9 时至 18 时到派出所调解室开展坐班服务，随时保持电话畅通。驻所律师原则上不得更换，如确需更换，须提前向试点派出所书面申请取得同意，且一个服务周期内更换人员不能超过 2 次。二是实行主办律师负责制度。每个派出所明确 1 名主办律师，由其组织驻所律师开展调处、咨询、代书工作情况，每日填写工作日志，要求相关工作台账记录完整；每月填报月报表，做到调解数据统计完整、准确；每季度制作季度总结、汇总每月典型案例，经主办律师审核后及时送调委会及所在派出所。三是凸显高效调处纠纷重点。驻所律师通过发挥自身优势，用专业法律知识为群众答疑解惑，有效加快纠纷化解进程，尤其针对劳资、债务、赔偿等纠纷，化解率高达 98%，及时将矛盾纠纷化解在基层、解决在萌芽，避免了大量案件“民转刑”，有效减轻民警工作负荷，使更多警力投入治安防控、打击犯罪之中。

四、细化流程保障，加强工作管理

一是落实工作管理。制定《律师驻派出所工作规则（试行）》和《律师驻派出所调解工作流程》，由派出所对派驻本所的律师工作情况进行监督管理，进行基本警务知识培训，定期召集派驻律师了解工作情况、交流工作经验，推进工作有效开展。二是加强沟通联络。建立律师调解点评制度，定期组织民警对驻所律师调处纠纷特别是经典案例进行评析学习，提升依法规范调处水平；安排驻所律师走访居委会、警务室及跟随出警，监督民警执勤执法活动，促使其循序渐进参与到矛盾纠纷调处工作，实现日常警务工作与调解室无缝衔接，有效促进执法规范。三是完善安全保障。制定《律师驻派出所调解室现场应急处置预案》，对需驻所律师调解事项涉及人员开展风险评估，参照信访窗口场所建设标准，在调解室配备防爆桶、防火毯、防刺服、防割手套、应急报警系统等安全防护设备，并配备 1～2 名常驻协勤队员，维持调解现场秩序，切实维护律师人身财产安全。

（撰稿人：赵　佩
审稿人：张　强　钱永培　肖志威）

四　川　省

2017 年综治工作概况

2017 年，四川各级综治组织扎实推动全省综治工作创新发展，持续提升平安四川建设水平，切实维护全省社会平安稳定。全省群众安全感测评达 92.69%。

一、重点问题专项整治

（一）推进寄递物流监管常态化，省危爆物品寄递物流清理整顿工作领导小组召开全省总结推进会，部署建立健全依法监管长效机制，促进寄递物流安全监管常态化。各地加强监管力量建设，强化安全责任落实和督促检查问责，组织对快递企业开展禁毒、反恐、安检机操作等专题培训，推进末端网点标准化建设，加大信息化监管，推动严格落实寄递物流"3 个 100%"安全管理制度，维护了寄递物流领域安全。

（二）组织开展危爆物品专项整治，各地组织危爆物品专项整治行动，督促部门落实监管责任，促进企业落实安全管理措施，探索构建从生产、存储、运输、销售到作业的危爆物品源头控制、过程跟踪、全程管控的治理体系。

（三）深入推进毒品问题专项整治，进一步加大动态管控力度，有效遏制全省毒品问题蔓延势头。各地综治组织与公安机关协作配合，探索推进社区戒毒、社区康复、社区关爱相结合新模式，全省吸毒人员社区戒毒、社区康复执行率达 94%，同比增加 27%。2017 年，被外省抓获四川籍外流贩毒人员同比下降 15.15%。2 个县被国家禁毒委取消重点关注，1 个县被降低关注等级。

（四）严厉打击突出违法犯罪，始终保持对严重影响人民群众安全感的涉枪涉爆、严重暴力等突出违法犯罪的高压态势。加大对盗抢骗等多发性侵财类民生案件的侦破力度，着力整治黄赌毒等社会顽疾，加强对金融诈骗、电信网络新型违法犯罪的防范打击，切实维护了人民群众切身利益。各地织密社会治安防控网，完善群防群治机制，组织专业力量和群防群治队伍加强对重点单位、要害部位、人员密集场所的安全防控，严防发生公共安全重大案事件，切实维护了全省面上治安大局稳定。

二、治安防控体系建设

（一）强力推进综治中心规范化建设，省综治委印发指导意见，省综治办召开全省试点推进会议，组织以 34 个试点县（市、区）为重点开展综治中心规范化建设。截至 2017 年底，省综治中心已建成并运行，成都、自贡、绵阳、内江、乐山、泸州、宜宾、巴中基本建成市级综治中心，100 个县（市、区）、1583 个乡镇（街道）、10313 个村（社区）已建成规范化的综治中心，初步实现五级综治中心互联互通，为进一步整合资源、运用信息化手段加强社会治理奠定了基础。

（二）持续加强"雪亮工程"建设联网应用，一手抓农村视频监控加快覆盖，一手抓城市公共安全视频监控提档升级，注重联网运用发挥实际效能。截至 2017 年底，全省 9356 个村完成年度建设任务，2016、2017 年累计 14087 个村完成建设任务，在案件侦破、治安防范、隐患发现、服务民生等方面发挥了积极作用，群众安全感、满意度显著提升。继 2016 年眉山成为全国试点示范城市后，2017 年自贡、攀枝花、泸州、巴中成功申报成为全国重点支持城市，累计争取到中央财政资金 1.31 亿元，为加快建设应用提供了坚实保障。

（三）巩固深化网格化服务管理，省综治委印发《进一步加强和完善网格化服务管理的指导意见》，按照国家标准升级网格化服务管理信息系统，为开展服务管理工作提供全面准确、及时动态的基础信息支撑。省综治委、省禁毒委、公安厅将吸毒人员、消防安全监管纳入网格化管理，进一步增强了服务管理实效。2017 年,全省网格化服务管理信息平台累计办理各类事件 946.3 万余件,网格管理员推送流动人口服务管理信息 1000 万余条、特殊人群服务管理信息 988 万余条、治安隐患信息 44 万余条,进一步夯实了平安四川建设基层基础。

三、矛盾纠纷多元化解

(一)健全矛盾纠纷多元化解机制,省人大内司委加快《四川省多元化解纠纷促进条例》立法进程,各地深入推进"诉非衔接",探索开展"公调对接",加强专业调解、行业调解工作。四川省人民调解等级化管理机制创新项目被中央综治办评为 11 个全国优秀项目之一。中央政法委和中央电视台联合制作的专题片《平安中国 2017"有话好好说"》在中央电视台《社会与法》频道播出,专题反映了成都、宜宾矛盾纠纷多元化解工作。

(二)跟踪督导重大矛盾纠纷化解,全面深入开展矛盾纠纷排查化解,为党的十九大和省第十一次党代会顺利召开创造了良好的社会环境。省综治办、省多元化解办、省藏区办对藏区 49 个重点区域涉群体性边际纠纷隐患实施挂牌督导,阿坝、九寨沟集中开展涉灾矛盾纠纷排查化解,确保了地震灾区社会和谐稳定。

(三)排查化解重大矛盾领域纠纷,省妇联等 6 部门联合制定《婚姻家庭纠纷预防化解工作实施意见》,明确各部门预防化解婚姻家庭纠纷的职责任务。各地、各部门紧紧围绕征地拆迁、移民安置、环境保护、民间借贷、房产物业等重点领域的涉众型矛盾纠纷,逐一落实排查化解措施,将大量矛盾纠纷化解在当地和源头。加强专业调解,大力化解与民生息息相关的婚姻家庭、邻里关系、交通事故、劳动人事、医疗卫生等领域的矛盾纠纷。2017 年,全省排查化解各类矛盾纠纷 84.7 万件。

四、综治基层基础建设

(一)加强特殊人群服务管理,各地全面落实精神障碍患者筛查、治疗、管理、救助措施。各级综治系统牵头组织对全省易肇事肇祸严重精神障碍患者开展拉网式排查,厘清了底数。各地强化对刑满释放人员、社区服刑人员、吸毒人员等服务管理,落实各项帮教衔接机制和措施,利用综治中心资源开展心理服务疏导和危机干预,有效防范和减少违法犯罪。

(二)全面开展基层平安创建,各地、各部门持续深入推进平安家庭、平安医院、平安景区、平安营区、平安"三电"等行业、基层平安细胞创建活动,成功创建了一批平安建设示范县、示范乡镇(街道)、示范村(社区)等,以行业系统平安、基层平安推进全省整体平安。扎实做好见义勇为表彰工作,17 个有突出表现的见义勇为个人和 2 个有突出表现的见义勇为集体受到省政府奖励,弘扬了社会正气。

五、综治领导责任制

(一)层层压实工作责任,各市(州)党委政府、省直部门主要及分管负责同志向省委、省政府签订综治目标责任书;各地逐级签订责任书,将综治(平安建设)纳入党委、政府年度工作目标,层层压实工作责任。各市(州)健全运用综治、纪委、组织、监察、人社五部门联席会议制度,推动综治各成员单位充分履职、齐抓共管,切实维护了各系统、各领域的平安稳定。

(二)加大问责力度,省综治委按程序对 3 个县进行挂牌督办;省综治办对 2016 年度平安建设群众满意度测评较低、毒品问题突出的 11 个县(区)予以通报,约谈平安满意度测评靠后、毒品问题突出、特殊人群管控不到位的 2 市 7 县(市、区)党政主要领导、分管领导。各市(州)、县(市、区)综治委(办)通报 860 个,约谈 476 个,挂牌督办 157 个,一票否决 14 个县(市、区)、乡镇、部门(单位),有力地以责任落实推动工作落实。

(三)用好激励机制,四川省 5 个单位被授予"全国社会治安综合治理先进集体"荣誉,5 名同志被授予"全国社会治安综合治理先进工作者"荣誉,成都、遂宁、眉山 3 个市被授予"全国社会治安综合治理优秀市"称号,射洪县、乐至县、武胜县、成都市成华区、米易县、青神县、什邡市、江安县、自贡市贡井区 9 个县(市、区)被授予"全国平安建设先进县(市、区)"称号,各项受表彰情况均居于全国前列;成都、遂宁、射洪、乐至获全国综治最高奖"长安杯"。组织开展四川省综治先进集体和先进个人评选,100 个先进集体和 200 个先进个人在 2018 年省委政法工作会议上被表彰,有效激发了全省综治战线干事创业的热情。

四川省综治委关于加强综治中心规范化建设的指导意见

（2017 年 1 月 18 日）

为认真贯彻落实中共中央、国务院《关于落实发展新理念加快农业现代化实现全面小康目标的若干意见》、中共中央办公厅、国务院办公厅《关于加强社会治安防控体系建设的意见》、《关于完善矛盾纠纷多元化解机制的意见》、中央政法工作会议、全国社会治安综合治理创新工作会议和中央综治办的安排部署，进一步加强综治基层基础建设，更加注重联动融合和科技信息支撑，形成社会治理工作合力。现就全省综治中心规范化建设提出如下指导意见。

一、提高思想认识，增强综治中心规范化建设的紧迫感和责任感

加强综治中心规范化建设，是贯彻落实习近平总书记关于政法综治工作“更加注重联动融合、开放共治，更加注重民主法治、科技创新，提高社会治理社会化、法治化、智能化、专业化水平”重要批示及在安徽召开的农村改革座谈会上要求“推进县乡村三级综治中心建设，构建农村立体化社会治安防控体系”的重要讲话精神的重要举措，是新形势下不断推进国家治理体系和治理能力现代化的必然要求，是实现社会治理由被动应对处置向主动预测预警预防转变的有效路径，是进一步夯实社会治安综合治理基层基础的重要载体。当前，四川省综治基层基础还比较薄弱，县（市、区）、乡镇（街道）、社区（村）综治中心建设还不规范，利用信息化手段开展工作，提高社会治理智能化水平尚有较大差距，地方和部门单向、分割的思维方式和行为仍较突出，资源力量融合联动不够，严重制约了开放共治的社会治理新格局的形成。各地要紧紧围绕平安建设和加强社会治安防控体系建设的总体要求，抢抓机遇，攻坚克难，以网格化服务管理为底座、以信息化手段为支撑、以联动融合为关键，推动各级综治中心规范化建设，有效形成“矛盾纠纷联调、社会治安联防、重点问题联治、重点人员联管、服务管理联抓、基层平安联创”工作格局。

二、建设原则

（一）党政主导、综治主抓。综治中心规范化建设必须在党政的统一领导下进行，纳入当地经济社会发展总体规划，落实好建设中的项目、资金等保障。各级综治委（办）要主动作为，担负主抓责任，积极协调相关部门，推动综治中心规范化建设落地落实。

（二）部门参与、联动融合。综治中心规范化建设要动员与社会治理密切相关的部门参与，共享信息资源，实现平安建设的融合联动。

（三）聚焦平安、信息支撑。综治中心规范化建设必须聚焦平安四川建设主题，以现有的网格化服务管理平台为底座，以网格化服务管理、矛盾纠纷多元化解、公共安全“雪亮工程”三大信息系统为支撑，融合平安建设相关职能部门信息资源，实现纵向省、市（州）、县（市、区）、乡镇（街道）、村（社区）五级和横向有关部门信息的互联互通，实现信息共建共享。

（四）统筹规划、分级负责。省综治委（办）负责根据中央综治委的要求和《社会治安综合治理 综治中心建设与管理规范》（GB/T 33200—2016）国家标准，制定全省综治中心规范化建设的指导性意见，抓好本级综治中心规范化建设和对基层综治中心规范化建设的督导。市（州）综治委（办）负责当地综治中心建设统筹规划，抓好本级综治中心规范化建设，加强对基层综治中心规范化建设的督导。县（市、区）综治委（办）负责县（市、区）、乡镇（街道）、村（社区）综治中心规范化建设，科学制订方案，分步完成县（市、区）、乡镇（街道）、村（社区）综治中心建设任务。

（五）分类要求、分步实施。综治中心规范化建设，按照先试点后推动的步骤进行。经济发达地区先行先试，率先完成；藏区结合依法常态化治理大联动中心一体建设；其他民族地区、乌蒙山区、秦巴山区等经济欠发达地区，因地制宜，加快建设。

（六）因地制宜、务实管用。在建设过程中，充分利用现有的网格化服务管理监管平台，实现网格化服务管理中心与同级综治中心一体化运行；也可以与“雪亮工程”监管平台一体化运行；乡镇（街道）、村（社区）可以政务服务中心、便民服务中心等场所建设综治中心平台。要在务实管用上下功夫，省、市综治中心主要突出分析研判、指挥调度、指导考核功能；县（市、区）、乡镇（街道）、村（社区）综治中心要实现实体化运行，突出实战功能。

三、建设目标

2017 年，省综治中心、21 个市（州）综治中心规范化建设全面完成；每个市（州）确定 1 ~ 2 个县（市、区）试点，试点地区的县（市、区）、乡镇（街道）、社区综治中心规范化建设要 100% 完成，村综治中心规范化建设完成 50%；2018 年县（市、区）、乡镇（街道）综治中心规范化建设要 100% 完成，完成 70% 的社区、30% 的村综治中心规范化建设；2019 年完成 100% 的社区、60% 的村综治中心规范化建设，2020 年基本实现全省全覆盖。民族地区村综治中心建设任务每年由三州结合本地实际自行确定，报省综治办备案。

四、建设内容

（一）省、市（州）综治中心。按照“综治办 + 信息化 + N”模式建设，综治中心建在省、市（州）综治办。省、市（州）综治中心主任由综治办主任兼任，副主任由综治办副主任兼任。依托省、市（州）网格化服务管理信息系统平台，建立大数据资源中心，逐步实现与成员单位的信息资源互联互通、共享共用、可视化办公。省、市（州）综治中心要完善各部门协作联动工作机制，定期研判社会治安及矛盾纠纷形势，健全督查督办制度，建立综治工作（平安建设）考核评价体系。

（二）县（市、区）综治中心。按照“综治办 + 信息化 + 组团式服务”模式建设，整合网格化服务管理中心、矛盾纠纷多元化解协调中心、“雪亮工程”视频监控室（藏区县依托依法常态化治理大联动中心）建综治中心，挂县（市、区）综治中心牌子。综治中心主任由同级党委常委、政法委书记兼任，副主任由同级综治办主任兼任。相关综治成员单位派员入驻综治中心开展服务，在综治中心设立矛盾纠纷调处室、监控研判室和社会心理疏导室。与 110 指挥中心信息互通，协调相关部门建立完善联勤联动机制，对 110 分流的非警务事件联勤联动。

（三）乡镇（街道）综治中心。按照“综治办 + 信息化 + 组团式服务”模式建设，将综治维稳中心、网格化服务管理分中心、矛盾纠纷多元化解协调中心和“雪亮工程”视频监控室进行整合，建立乡镇（街道）综治中心，挂乡镇（街道）综治中心牌子。综治中心主任由乡镇（街道）党委书记兼任，副主任由分管综治工作的副书记兼任。整合乡镇（街道）有关社会治理的部门力量，充分运用信息化手段，建立协作配合、精干高效、便民利民的实体化工作平台，发挥实战功能，实现信息互通、优势互补、工作联动。

（四）村（社区）综治中心。整合村（社区）警务室、调解室及“雪亮工程”视频监控室等资源建设村（社区）综治中心，综治中心主任由村（社区）党组织书记兼任，副主任由村（社区）主任兼任并负责日常工作。利用网格化服务管理平台，充分发挥村（社区）党支部委员会和村（居）民委员会干部、驻村（社区）民警、网格员、社会工作者、治安积极分子等群防群治队伍作用，整合社会治理资源进一步向网格、家庭延伸，及时反映和协调群众利益诉求，提升基层社会治理能力。社区和有条件的村要依托综治中心或便民服务站，设置工作窗口，提供人民调解、人口管理等“一站式”服务。

五、职责任务

（一）督促推动本地区矛盾纠纷排查和多元化解机制的形成，运用信息化手段，加大网上排查、受理、研判、协调、化解矛盾纠纷力度，定期分析研判矛盾纠纷形势，充分发挥基层和行业的作用，最大限度地把矛盾化解在基层，解决在萌芽，做到矛盾纠纷联调。

（二）协调推进本地区社会治安防控体系建设，加强“雪亮工程”建设和公共安全视频监控建设联网应用，进一步提升网格化服务管理实效，推动综治重点工作落地落实。组织平安志愿者、社区工作者、群防群治队伍及相关社会组织参与治安防范工作，做到社会治安联防。

（三）组织开展本地区社会治安重点地区和公共安全隐患排查整治，定期分析研判治安形势，对群众反映的治安热点问题，协调有关部门进行综合整治，做到治安突出问题联治。

（四）协同做好本地区实有人口服务管理、特殊人群服务管理、预防青少年违法犯罪、校园及周边治安综合治理，护路护线联防等工作，专群结合，做到重点人员联管，服务联抓。

（五）建立健全本地区社会治安综合治理工作机制，对辖区内各地各部门社会治安综合治理工作进行督导、检查、考核。组织开展系列平安创建活动，做到基层平安联创。

六、工作要求

（一）加强组织领导。各地党委、政府要高度重视综治中心建设，将其作为夯实综治基层基础，深化平安建设的重要举措，进行专门研究部署，有条件的市（州）、县（市、区）可以按程序设立事业单位（综治中心办公室），可以通过招用事业编制人员，政府购买社会服务等方式聘用相关社会工作者从事相关工作，承担综治中心的日常运行、维护。各级综治委（办）要按照省上的部署要求，制定下发具体指导意见，将综治中心建设纳入综治年度目标考核；要加强组织协调，推动有关部门参与，形成齐抓共管的合力。省综治办将采取适时通报、视频会议、随机抽查、综合考核等方式进行督导。各市（州）也要采取有力措施，指导推动本地综治中心建设。各县（市、区）要抓细抓实各项工作，确保综治中心建设在乡镇（街道）、村（社区）落地、落实、见成效。

（二）强化部门联动。综治中心一般由同级实有人口、特殊人群、重点青少年、非公有制经济组织和社会组织、社会治安、矛盾纠纷排查化解、校园及周边安全、护路护线的有关部门组成。要充分发挥部门职能作用，聚焦平安建设和综治工作，强化资源整合、信息交流、联动联防等，形成工作合力。

（三）健全工作制度。各级综治中心要结合层级工作实际，健全完善首问负责、工作例会、情况报告、信息研判、督查督办、考核评价等制度，形成规范有序的工作机制。要加强内部管理，建立健全岗位责任、考勤、值班、档案及综治信息化网络平台管理等制度，切实把综治中心的各项工作纳入规范化、制度化轨道。

附：综治中心建设规范

综治中心建设规范

一、业务描述

综治中心是以网格化服务管理为底座、信息化建设为支撑、以综治“六联”（矛盾纠纷联调、社会治安联防、治安突出问题联治、重点人员联管、服务管理联抓、基层平安联创）为核心内容的社会治安综合治理工作平台。

二、建设规范

（一）省综治中心。

1. 标识标牌：四川省综治中心。

2. 硬件要求：（1）社会治安形势研判室及相关办公设备；（2）配备尺寸不小于500英寸的大屏显示系统。

3. 信息化建设要求：（1）依托四川省网格化服务管理信息系统，整合大调解及“雪亮工程”信息系统，建设四川省综治中心信息平台；（2）综治中心信息平台与中央综治办信息平台实现有效对接，采用1000M网络与中央平台对接；（3）综治成员单位逐步对接四川省综治中心信息平台，实现信息资源互联互通、共享共用、可视化办公；（4）综治视联网实现与中央综治办对接，视频会议系统至少具备1080P高清传输能力；（5）依托网格化服务管理信息系统建设省级“综治云”，建设大数据资源中心。

4. 功能定位:(1)省综治中心每季度对全省社会治安形势进行分析研判,重点或突出问题,及时进行分析研判,每月对全省矛盾纠纷多元化解进行研判;(2)指导全省开展平安创建;(3)对全省网格化服务管理、“雪亮工程”、矛盾纠纷多元化解等综治工作考核评价;(4)通过视频指挥调度市(州)及基层综治工作。

(二)市(州)综治中心。

1. 标识标牌:××市(州)综治中心。

2. 硬件要求:(1)社会治安形势研判室及相关办公设备;(2)配备尺寸不小于300英寸的大屏显示系统。

3. 信息化建设要求:(1)依托四川省网格化服务管理信息系统,整合大调解及“雪亮工程”信息系统,建设综治中心信息平台并与省综治中心信息平台互联互通,采用1000M网络与省平台对接;(2)网络平台下联县(市、区)综治中心,至少100M网络;(3)综治成员单位逐步开通网格化服务管理信息系统,通过信息系统实现信息资源互联互通、共享共用,逐步实现可视化办公;(4)通过政法委视频会议系统或视联网实现与省综治办视联网系统对接,视频会议系统至少具备1080P高清传输能力。

4. 功能定位:(1)市(州)综治中心每季度年对本地社会治安形势进行分析研判,重点或突出问题,及时进行分析研判,每月对当地矛盾纠纷多元化解进行研判;(2)指导当地开展平安创建;(3)督导网格化服务管理、“雪亮工程”、矛盾纠纷多元化解等综治工作在基层落地;(4)对全市(州)网格化服务管理、“雪亮工程”、矛盾纠纷多元化解等综治工作考核评价;(5)通过视频指挥调度县(市、区)及基层综治工作。

(三)县(市、区)综治中心。

1. 标识标牌:××县(市、区)综治中心。

2. 硬件要求:(1)依托网格化服务管理中心或矛盾纠纷多元化解中心、县(市、区)政法委视频会议室、“雪亮工程”视频监控室(藏区县依托大联动中心)建设综治中心办公室,同时配备相关办公设备;(2)有矛盾纠纷调处室,配备相关办公设备;(3)有心理疏导室,配备相关办公设备;(4)配备尺寸不小于150英寸的大屏显示系统。

3. 信息化建设要求:(1)依托四川省网格化服务管理信息系统,整合大调解及“雪亮工程”信息系统,建设综治中心信息平台并与市(州)综治中心信息平台互联互通,藏区县在此基础上,实现网格化服务管理信息系统与维稳工作信息化平台实时对接;(2)网络平台下联乡镇(街道)综治中心,至少100M网络;(3)综治成员单位开通网格化服务管理信息系统,治安重点地区、流动人口、吸毒人员、社区服刑人员、刑释人员、肇事肇祸严重精神障碍患者、邪教人员、重点青少年等社会治理相关信息进入综治中心,实现信息资源互联互通、共享共用;(4)“雪亮工程”视频监控平台与公安监控平台互联互通;(5)在确保信息安全,不改变现有接处警机制的条件下,实现与110指挥中心信息对接;(6)通过政法委视频会议系统或视联网实现与省综治办视联网系统对接;视频会议系统至少具备1080P高清传输能力。

4. 功能定位:(1)组团式服务。相关单位派人进驻综治中心,共同做好社会治安综合治理工作;(2)统筹负责网格化服务管理、矛盾纠纷多元化解、“雪亮工程”等综治重点工作;(3)依托综治中心信息平台对辖区内社会治安状况进行实时监控、每月进行分析研判,对重大或突出问题及时分析研判,每半月对矛盾纠纷多元化解情况进行分析研判;(4)依托网格化服务管理信息系统,对群众反映的问题及时进行受理、分流、督办、反馈;(5)建立完善部门联勤联动机制,协调相关部门对110指挥中心分流的非警务类事件实现联勤联动。

(四)乡镇(街道)综治中心。

1. 标识标牌:××乡镇(街道)综治中心。

2. 硬件标准:(1)依托网格化服务管理分中心或矛盾纠纷多元化解中心、“雪亮工程”视频监控室建设综治中心,同时配备相关办公设备;(2)“雪亮工程”视频监控室;(3)矛盾纠纷调处室,配备相关办公设备;(4)心理疏导干预室,配备相关办公设备;(5)条件有限的乡镇(街道)可以一室多用;(6)配备尺寸不小于55英寸的大屏显示系统。

3. 信息化建设标准:(1)依托四川省网格化服务管理信息系统,整合大调解及“雪亮工程”信息系统,建设综治中心信息平台并与县(市、区)

综治中心信息平台互联互通;(2)网络平台下联社区(村)综治中心,至少10M网络;(3)将治安重点地区、流动人口、吸毒人员、社区服刑人员、刑释人员、肇事肇祸精神病人、邪教人员、重点青少年等社会治理相关信息落实到网格,并实时更新;(5)逐步将学校、医院、商铺、旅店、小区等单位和组织已建的社会视频监控资源接入乡镇(街道)“雪亮工程”监控平台,乡镇(街道)视频监控平台与派出所监控平台联网;(6)乡镇(街道)视频监控平台与县(市、区)视频监控平台实现有效对接。

4. 功能定位:(1)整合乡镇(街道)有关社会治理的部门人员,进驻综治中心,聚焦平安建设,进行组团式服务,共同做好社会治安综合治理工作;(2)负责网格化服务管理、矛盾纠纷多元化解、“雪亮工程”等综治重点工作;(3)依托综治中心信息平台对辖区内社会治安状况进行实时监控、每周进行分析研判,重大或突出问题及时分析研判,每周对矛盾纠纷多元化解情况进行分析研判;(4)依托网格化服务管理信息系统,对群众反映的问题及时进行受理、分流、督办、反馈,对不能处理的事件及时上报县(市区)综治中心;(5)组织开展辖区平安建设;(6)加强群防群治队伍建设,促进社会组织在社会治安防控体系建设等工作中充分发挥作用。

(五)村(社区)综治中心。

1. 标识标牌:××村(社区)综治中心。

2. 硬件标准:(1)依托网格化服务管理工作站、“雪亮工程”、便民服务中心建设综治中心,综治中心有固定的办公场所,同时配备相关办公设备;(2)有“雪亮工程”视频监控室;(3)有矛盾纠纷调处室,配备相关办公设备;(4)有条件的村(社区)建好警务室;(5)有条件的社区有心理疏导室;(6)综治中心、视频监控室、矛盾纠纷调处室、警务室、心理疏导室可以一室多用;(7)至少配备一台电脑终端,有通讯工具(民族地区根据当地实际情况配置)。

3. 信息化建设标准:(1)社区和有条件的村依托四川省网格化服务管理信息系统及“雪亮工程”,搭建综治中心平台;(2)按“雪亮工程”建设标准建设视频监控平台,并与乡镇(街道)视频监控平台有效对接;(3)社区和有条件的村通过网格化服务管理信息系统实现与乡镇(街道)综治中心信息平台对接,至少配备10M网络。

4. 功能定位:(1)在村(社区)党支部、村(居)民委员会的领导下,组织驻村(社区)民警、网格员、社会工作者及志愿者等群防群治队伍参与综治工作;(2)网格化服务管理、矛盾纠纷多元化解、“雪亮工程”在村(社区)落地;(3)发挥群防群治队伍作用,积极开展平安创建工作;(4)依托网格化服务管理信息系统,对群众反映的问题及时进行处理,对不能处理的事件及时上报乡镇(街道)综治中心。

5. 其他要求:(1)网格员配备手持信息采集终端,及时更新信息系统相关信息;(2)鼓励群防群治队伍通过微信、“平安四川”APP,实现对社会治安相关信息的采集报送,并与村(社区)综治工作站互联互通。

四川省“雪亮工程”建设应用考核试行办法

(2017年2月27日)

为有效推进全省“雪亮工程”建设应用,压实各级责任,确保到2020年实现全省“雪亮工程”建设目标,根据国家9部委《关于加强公共安全视频监控建设联网应用工作的若干意见》,四川省社会治安综合治理委员会、四川省幸福美丽新村建设推进工作领导小组《关于在幸福美丽新村建设中实施“雪亮工程”的指导意见》,制定本办法。

一、基本原则

（一）突出重点。重点考核年度建设任务完成、系统功能实现、群众参与及制度机制建立运转情况。

（二）台账考核。各市（州）根据省上下达的年度建设目标数及年终实际建设完成数，细化到村，建立台账，进入“雪亮工程”信息系统，以备查验。

（三）分级负责。省上考核市（州），市（州）负责考核所属县（市、区）。

二、组织实施

全省考核工作在省“雪亮工程”建设联系协调工作组的领导下，由省综治办组织协调，省综治办、省委农工委、公安厅等单位共同实施。2016年至2020年，全省每年进行一次综合考核，并加强日常督导。各市（州）于每年12月底前完成对所属县（市、区）的考核，并将考核情况报省综治办。

三、考核内容及分值

分三类指标，采取百分制量化考核。

（一）核心指标(50分)。考核市（州）年度建设任务完成情况。按时完成省上下达建设任务的得50分。未完成省上下达任务的，按比例相应扣分；完成比例不到60%的，该项指标不得分。

（二）配套指标(50分)。

1. 系统功能实现(15分)。是否实现“雪亮工程”基础功能；是否实现县、乡、村三级平台互联互通及各承建运营商视频监控资源的整合；是否实现与公安“天网”、网格化服务管理信息系统的对接；是否实现与“6995”“村村响”广播等群防群治手段的融合；是否有信息安全防护措施；建设完成地区的监控探头是否达到规定完好率和在线率。

2. 组织群众参与(15分)。考核按照“1+1”模式组织群众参与情况。村（社区）干部、社区物管、网格员是否全部接入；其他群众接入是否达到要求比例（平原地区不低于30%、丘陵地区不低于25%、民族地区不低于20%）；群众是否能够操作使用。接入方式包括用户电视和手机APP。

3. 制度机制建设(10分)。是否建立群众一键报警事件分类处置机制；是否建立事件处理动态监管机制；是否建立群众举报奖励制度；是否建立“雪亮工程”管理、应用、考核等相关制度。

4. 组织领导保障(10分)。是否有“雪亮工程”建设领导小组；是否将“雪亮工程”纳入幸福美丽新村建设规划和脱贫攻坚、异地搬迁、集中安置规划；是否制定本地区“雪亮工程”建设方案计划并及时督导推动落实；是否落实“雪亮工程”建设经费保障。

（三）加分指标。超额完成建设任务、工作经验和工作成效在全省交流或得到省级以上领导肯定性批示等的，可酌情加分。

四、考核方法

考核采取日常考核、系统查验、年终考核的方式进行。定量考核与定性考核结合，能够通过平台或后台数据精确统计的，如探头数量及在线率、监控平台数量、视频监控入户数量、手机APP开通应用数量、接入公安派出所数量等，采取定量考核；其他如制度机制、组织领导等，采取定性考核。

（一）日常考核。以市（州）为主，各市（州）按季度考核所属县（市、区）“雪亮工程”进展情况，并将相关情况报省综治办。

（二）系统查验。各市（州）每年按规定时限完成所属县（市、区）的考核，并将考核情况及建成“雪亮工程”的村（社区）台账报省综治办。省上根据各市（州）上报情况及台账组织系统查验。

（三）年终考核。结合日常考核、系统查验及相关部门、单位提供情况进行全面考核。

五、结果运用

“雪亮工程”作为每年综治重点工作，纳入幸福美丽新村建设重要内容，纳入年度综治目标考核。没有完成“雪亮工程”年度建设任务的县（市、区），不得申报省级平安建设先进县（市、区）。对“雪亮工程”建设不重视，工作滞后的，采取通报、约谈、挂牌督办等，推动落实整改措施；对因“雪亮工程”建设不力，导致发生重大治安、刑事案（事）件、重大群体性事件的地区，将严格按照综治领导责任制的相关规定，实行一票否决，对相关领导进行问责。

本办法由省综治办负责解释。各市（州）可根据本办法制定本市（州）考核办法。

四川省综治委关于进一步加强和完善网格化服务管理的指导意见

（2017 年 10 月 30 日）

为认真学习贯彻党的十九大精神和中共中央、国务院《关于加强和完善城乡社区治理的意见》，中共中央办公厅、国务院办公厅《关于加强社会治安防控体系建设的意见》，中共四川省委办公厅、四川省人民政府办公厅《关于印发〈关于创新社会治理方式推进网格化服务管理工作的意见〉的通知》，《关于加强社会治安防控体系建设的意见》《关于完善以城镇社区党组织为核心的新型社区治理和服务体系的意见》，进一步深化网格化服务管理工作，提升社会治理水平，更好地为群众提供精准高效的服务，筑牢平安四川建设的基层基础。现根据《城乡社区网格化服务管理规范》（GB/T34300—2017）国家标准并紧密结合四川实际，就进一步加强和完善全省网格化服务管理提出如下指导意见。

一、充分认识加强和完善网格化服务管理的重要性和必要性

网格化服务管理是推进社会治理体系和治理能力现代化的基础性工程，是服务群众的民生工程，是深化平安四川建设的重要举措，是各级综治组织开展工作、抓基层治理的重要抓手。当前，我省网格化服务管理基本实现全覆盖，四级服务管理体系基本建立健全，基层社会治理水平有了明显提升，为平安四川建设奠定了坚实基础。但一些地区对网格化服务管理工作认识还不到位，网格化服务管理工作尚未完全做实，网格管理员队伍作用发挥还不够充分，县级网格化服务管理中心建设还不够完善。各地要紧紧围绕平安建设和加强社会治安防控体系建设的总体要求，以加强网格管理员队伍建设为基础，以信息化手段为支撑，以强化县级网格化服务管理中心建设为重点，以部门联动联勤机制建设为关键，进一步加强和完善网格化服务管理，做到“信息掌握到位、矛盾化解到位、治安防控到位、特殊人群管理到位、便民服务到位”，使基层社会治理更加精细和精准。

二、进一步规范网格划分

各地根据当地实际科学划分网格，城镇社区原则上按照常住 300～500 户或 1000 人左右为单位划分网格；农村网格以现有的村组为单位进行划分；国防军工单位及周边家属区、城乡社区内较大商务楼宇、各类园区、商圈市场、学校、医院及有关企业事业单位，可以结合实际划为专属网格。每个网格应有唯一的编码，以实现网格地理信息数字化。

三、切实加强网格管理员队伍建设

（一）规范网格管理员配备。网格管理员原则上按“一格一员”或“一格多员”配备。城市社区、人口密集的乡镇政府所在地原则上应配备专职网格管理员，专职网格管理员应配备相应的工作装备。农村及其他地区可以由包（驻）社区（村）的乡镇（街道）干部、村组干部、大学生村官、寺管会干部、平安志愿者、社会工作者、人民调解员等人员兼任。网格管理员应具备良好的政治素质、业务能力和正常履行职责的身体条件，遵纪守法、品行端正，经培训后实行持工作证上岗。

（二）规范网格管理员职责。

网格化服务管理工作要聚焦平安建设。网格管理员要切实履行“五大员”即信息员、调解员、协管员、服务员、宣传员的职能职责，承担社情民意收集、矛盾纠纷排查化解、安全隐患排查整治、政策法律法规宣传、公共服务代办等任务。

1. 社情民意收集报告。通过定期或不定期到网格走访巡查等办法，及时从居民当中了解收集社情民意，排查、梳理、处理不安定因素，及时将相关情况录入网格化服务管理信息系统。

2. 矛盾纠纷排查化解。通过定期排查、街面巡查、入户走访等,全面排查网格内各类矛盾纠纷,一般矛盾纠纷及时协调组织化解和处置,较为复杂或涉及政策类的矛盾纠纷积极向有关调解组织和职能部门报告,参与调解,并将相关信息录入信息系统。

3. 安全隐患排查整治。协助公安机关开展流动人口服务管理;协助公安、卫计、司法行政等相关职能部门开展特殊人群(肇事肇祸等严重精神障碍患者、吸毒人员、社区矫正人员、刑满释放人员、严重不良行为青少年等)服务管理;及时采集更新网格内出租房屋、流动人口、特殊人群等基本治安要素信息,对异常动向第一时间向有关部门报告;协助相关部门开展消防安全、生产安全、食品药品安全、交通安全等隐患排查整改;加强巡逻走访,及时发现并报告危害国家安全、涉暴恐、涉枪涉爆、涉毒涉赌、邪教活动、涉火灾等危险源和治安隐患;组织发动网格内楼栋长、治安积极分子、门卫等群防群治队伍参与网格化服务管理工作。

4. 政策法律法规宣传。宣传国家有关政策法律法规及村规民约,宣传普及安全防范知识,组织发动群众积极参与基层平安创建,引导群众遵纪守法,倡导文明社会风尚。

5. 公共服务代办。可以结合实际,协同基层便民服务中心,为网格内居民群众提供高效便捷的综合服务;参与做好社会心理服务、疏导和危机干预。

各地实行网格管理员新增职能准入制,由县级综治委负责审批把关,有效防止网格管理员职能职责过多过滥。

(三)规范网格管理员管理。各地落实专兼职网格管理员实名登记,将网格管理员信息录入网格化服务管理信息系统。专职网格管理员实行县(市、区)、乡镇(街道)双重管理,兼职网格管理员由乡镇(街道)、社区(村)管理。县(市、区)负责制定网格管理员条件、制定网格管理员选用、解聘及管理考核办法、组织网格管理员培训,根据不同时期下达工作指令。乡镇(街道)负责结合实际制定网格管理员手持终端机使用管理办法、入户走访、信息报送、保密、工作例会、考勤等工作制度;根据网格管理员本人的工作业绩和日常表现、辖区派出所等单位意见和居民满意度评价等,对网格管理员进行绩效考核。村(社区)负责日常管理。要进一步明确网格管理员工作地点在网格,在网格工作期间要开通运行“网格 E 通”,并将使用“网格 E 通”情况纳入考核内容。进一步健全激励奖惩机制,将网格管理员考核结果与其聘用报酬、奖惩、培养、使用挂钩。对考核不称职或违法违纪的网格管理员依法依规解聘。

(四)规范网格管理员培训。加强网格管理员培训,不断提升网格管理员能力水平。网格管理员实行分级分类培训,县级网格化服务管理中心每半年对网格管理员进行一次专题培训,日常业务、技能培训由乡镇(街道)、社区(村)负责,纳入网格化服务管理的相关职能部门要积极主动参与对网格管理员进行业务培训。拓宽网格管理员培训方式,可采取集中授课、以会代训、经验交流、技能比赛等方式进行。

四、切实加强县级网格化服务管理中心建设

(一)统一名称。县(市、区)、乡镇(街道)、社区(村)各层级统称为“××网格化服务管理中心”,与同级综治中心一体化运行。网格化服务管理中心主任可由同级综治中心主任兼任,网格化服务管理中心的工作人员与同级综治中心的工作人员统筹管理和使用。

(二)职能定位。县级网格化服务管理中心在县级党委、政府领导下,由同级政法综治牵头,负责统筹协调全县(市、区)网格化服务管理工作;由县级党委、政府授权对网格事件分流、督办、考核相关乡镇、职能部门或公共服务单位;对乡镇(街道)开展网格化服务管理工作情况进行督导考核;监督实施专职网格管理员的选用、管理、考核、培训等工作;负责网格化服务管理信息平台的运行维护及其他日常工作。

(三)信息化建设。结合综治中心建设,县级网格化服务管理中心平台与综治中心、“雪亮工程”平台整合使用。网格化服务管理信息系统进入综治中心平台,并按照中央综治办统一要求升级完善“综治组织及综合业务、流动人口、特殊人群、非公有制经济组织和社会组织、社会治安、重点青少年、校园及周边安全、护路护线”9 大基础信息,新增研判分析模块。各地要将 9 大基础信息及时录入网格化服务管理信息系统,将出租房屋、流动人口及特殊人群相关信息落实到网格，为网格化服务管理工作、社会治安形势研判、领导决策提供全面准确、及时动态的基础信息支撑。网格管理员应充分运用“网格E通”开展工作，通过“网格E通”采集、上报、处理各类信息，记录工作情况；需联接网格内公共安全视频监控，并与“雪亮工程”系统对接。各地根据实际情况开发平安APP、微信，鼓励红袖套等群防群治队伍及群众提供社会治理相关信息，与网格化服务管理信息系统互通，不断拓展网格信息来源。各级网格化服务管理中心应建立健全相关的信息安全保障体系，建立严格的信息安全等级保护和信息保密制度，实现对基础设施、信息和应用等资源的立体化、自动化安全监测，对终端用户和应用系统的全方位、智能化安全防护。信息使用管理实行分级授权准入制度，并实行“一级一权限、一机一账号、一人一密码”，确保信息数据及服务管理对象个人信息安全保密。

（四）健全完善部门联动机制。各地要结合当地实际，进一步健全完善部门联动机制，出台限时办结、督办等制度。与社会治理密切相关的职能部门要接通网格化服务管理信息系统，实现信息共享、互联互通，最大限度发挥网格化服务管理信息系统的整体效能。要结合综治中心建设，建立“警务与非警务分流”对接机制，对110分流的非警务事件实行分类管理，部门等级响应、联勤联动。公安机关可以通过网格化服务管理信息系统将非警务事件分流到县级网格化服务管理中心，由县级网格化服务管理中心及时分流指派到相关职能部门，并跟踪督导。

五、工作要求

（一）加强组织领导。各县（市、区）党委、政府是网格化服务管理工作的责任主体，要切实加强组织领导，把加强和完善网格化服务管理工作摆上突出位置，及时研究、协调、解决工作中存在的困难和问题。各级政法综治组织要按照中共中央、国务院《关于加强和完善城乡社区治理的意见》精神、省委全面深化改革领导小组明确党委政法委牵头网格化服务管理工作的要求，主动作为，加大统筹协调和工作指导的力度，充分发挥各相关职能部门作用，确保网格化服务管理工作取得实效。

（二）健全工作保障。县（市、区）政府要根据相关文件要求把网格化服务管理工作经费纳入同级政府预算，建立健全合理的待遇保障机制和网格管理员激励机制，专职网格管理员报酬不得低于当年当地最低工资水平，按规定给予兼职网格管理员适当补助，且待遇报酬要体现绩效考核因素。

（三）强化督导考核。各地要把网格化服务管理工作纳入党委政府的绩效目标考核，纳入对党政领导班子和领导干部的政绩考核。省综治办将对网格管理员配备、网格管理员开展工作情况、网格化服务管理中心作用发挥及部门事件办理情况进行定期通报和考核，对因工作不落实、人民群众反映强烈或发生重大案（事）件，影响社会和谐稳定的，按照综治领导责任制有关规定依法严肃追究有关地方和单位的责任。相关职能部门加强业务指导，市（州）综治委（办）强化分类指导，县（市、区）综治委（办）细化工作措施，加强工作督导，推动网格化服务管理工作取得实效。

四川省成都市新津县以网格化管理为基础 以综治中心建设为载体　全力创新推进基层社会治理

成都市新津县按照中央、省市“实战、实用、实效”和“多网合一、多方联动、多元共治”的要求，坚持“大联动、微治理”理念，以问题为导向，以网格化服务管理为基础，以综治中心建设为载体,创新推进基层社会治理、立体化治安防控、矛盾纠纷多元化解“三大工程”,有效提升了基层社会治理能力和现代化水平。

一、抓三级平台建设,搭建联动融合载体

坚持“改革、统筹、联动”理念,构建完善了覆盖全域的县、镇、村三级综治中心,与同级网格化监管中心实行两块牌子一套人马,形成以综治中心为平台的网格化管理、信息化运用一体化的运行工作机制,实现了优势互补、相得益彰,为社会治理多元共治搭建了载体。

(一)县级综治中心抓总。深度整合县应急办、县综治办、县城管局等相关资源,以及县网格化监管中心、县矛盾纠纷多元化解中心和县民生诉求会办中心等平台资源,积极破解跨平台数据共享瓶颈,将全县 3700 余个天网、广电网、单位网、社会网等视频监控探头数据联网应用,建成全县“大数据”平台,承担社会治理问题受理、研判、处理、督办、反馈职能,协调、指导、推动全县网格化服务管理工作落实,形成指挥大统一、资源大整合、维稳大巡防、矛盾大调解、民生大服务、执法大协同工作格局。

(二)镇级综治中心联动。以各镇乡(街道)规范化综治中心为纽带,深度整合镇街治安、城管、信访、维稳、执法、环保、安全等事项、人员、资源,搭建起数据信息、指挥调度、矛盾调处“三大平台”,实现事件统一办理,人员统一调度,资源统一配置。通过“五个一点”(镇街自筹一点、部门下放一点、市场运作一点、村公民议一点、“以奖代补”一点)统筹建设经费,于 2016 年 5 月全面完成 12 个镇街综治中心规范化建设。镇街综治中心通过信息化手段上串下联县、村综治中心和网格,实现了社会治安联防、公共安全联管、信访稳定联处、城乡环境联创、综合执法联勤、民生诉求联办等六大综合职能。

(三)村级综治中心落地。全面推进村(社区)综治中心建设,搭建起便民服务中心、法治服务中心、“三值守”中心、群众活动中心“四个平台”,为基层群众提供“一站式、清单式”综合服务。拓展深化“雪亮工程”,开发应用有线电视“智慧服务平台”,在实现治安防控、“一键报警”等社会治安基本功能的基础上,实施“雪亮工程 +”行动,将法制宣传、“家庭律师”、“三务公开”、意见征询、便民服务等功能融入平台,延伸至家庭。依托村级综治中心,成立了以“杨三哥工作室”为代表的一批个性化特色调解组织;同时,全面推广应用“和合智解”e 调解平台,实现调解触角进村入户,建立县、镇、村三级调解专家库,把选择调解人员的权利交给群众,变政府“指定调”为群众“自选调”,大幅提高了调解成功率,从源头上形成了一道维护稳定的“拦河坝”,全县 85% 以上的矛盾纠纷在村一级得到有效化解,基本实现“矛盾不上交”。

二、抓信息数据收集,广泛发动群众参与

抓住信息这个核心要素,按照“大数据、大共享”理念,把信息的收集、处理作为社会治理体系运转的动力,充分发挥网格化的基础功能,全面打响社会治理人民战争。

(一)“四条渠道”全覆盖。结合三级综治中心建设,顺势对网格化管理体制进行了优化调整,进一步整合多元力量充实网格服务管理团队,探索构建了四条网格化信息来源主渠道。一是“看”(“视频”网格员“全天候”发现信息)。将遍布城乡的 3700 余个视频监控探头作为 24 小时不眠不休的“网格员”,第一时间发现社会面问题信息。2016 年以来,各镇街通过视频监控发现各类社会面问题信息 1.2 万余个。二是“收”(“干部”网格员“三值守”收集信息)。依托联系群众“三值守”制度,33 名县级领导、2031 名部门镇街机关干部、742 名村(社区)干部定期奔走在负责的“网格”里,全覆盖走访群众,收集群众诉求和意见建议。2016 年以来,收集群众诉求信息 1.9 万余条,办结率达 91.8%。三是“采”(“三级”网格员“全覆盖”采集信息)。全县 328 名一级网格员和 3500 余名门卫、保安、保洁等二、三级网格员发挥点多、线长、面广和情况熟的优势,动态发现上报信息。2016 年以来,全县三级网格员先后收集各类信息 15 万余条。四是“报”(“群众”网格员“全参与”上报信息)。在镇、村两级全面建立推广微信、短信平台和手机 APP,鼓励群众加入上报信息。目前各镇街、村(社区)平台已加入“粉丝”2 万余人。从 2016 年 5 月以来,基层群众主动上报各类信息 3 万余条。

(二)“四个讲清楚”求实效。全县选拔 16 名优秀网格员,组成网格员讲师团,深入社区院落,以生动活泼的形式，向村组干部、三级网格员以及广大人民群众讲清楚报送信息的特征，讲清楚报送信息的路径，讲清楚报送信息的好处，讲清楚报送信息的安全保障，有效提高广大群众对涉恐涉暴、制贩吸毒、社会治安、公共安全、公共生活、邪教活动及其他社会治理信息等7大类信息的识别能力、发现能力、报告能力和防范能力。

（三）"正向激励促常态"。县、镇两级分别出台了社会治安综合治理重要信息奖励办法和一般信息报送积分奖励办法。县上设立100万元信息奖励基金，各镇街相应设立奖励基金，对涉恐涉暴、制毒贩毒、邪教活动、盗采砂石等重要线索信息，给予现金奖励；对一般性社会治理信息，获取相应积分，可在指定商店兑换商品或消费代金券，有效调动了群众报送信息的积极性和主动性。

三、抓事件联动处置，完善信息推送机制

按照"分级负责、分类处理"的原则，根据信息类别和复杂程度分级分类推送处置，实现扁平化管理、网格化服务，真正让信息数据"活起来""动起来""用起来"。

（一）"上、下"推送机制。一般性问题信息，由镇街综治中心分类推送到镇街相关科室、村（社区）综治中心和网格员及时处理；重大事项推送到县级中心处置。

（二）"警、民"推送机制。对警务类信息，由县公安指挥中心处置；对重要非警务类（民生类）信息，由县综治中心处置。2016年以来，县公安指挥中心接警54711件，处理有效警情29233件，推送县综治中心8160件，处置满意率达99.2%。

（三）"诉、调"推送机制。由县矛盾纠纷多元化解中心统揽，对一般性矛盾纠纷，由网格"马上调"、村级"及时调"、镇街"联动调"三级平台由下至上逐级调解；行政类矛盾纠纷由11个专业调解平台或相关行政部门调解；对有诉讼需求的矛盾纠纷，由县诉调对接中心分类推送到专业调解平台或镇街综治中心先行调解，从而实现减少诉讼、减少矛盾的效果。全县99%以上的矛盾纠纷在镇、村、网格三级得到有效化解，县法院民事诉讼受案数量同比下降17%。

四川省成都市高新区畅通机制立根本　多元共治显实效

成都市高新区肖家河街道成立于20世纪90年代初，是以征地拆迁农转非居民和成都市旧城改造集中安置居民为主体构成的区域，辖区流动人口占比45%。按照习总书记关于"创新社会治理，提高预测预警预防各类风险能力"的重要指示精神，肖家河街道在不断巩固和深化辖区社会治理工作基础上，立足于矛盾纠纷"预防在先、化解在早"，探索运用了"互联网+"模式，通过实现线上与群众诉求无缝对接，线下充分发挥政府、基层组织和第三方专业机构、社会组织作用，有效解决了传统联系群众方式渠道单一、覆盖面不够和群众诉求与政府服务的不对称性问题，创新形成了"线上线下多元共治"矛盾纠纷预防与化解机制，使各类诉求转为矛盾纠纷的概率得到了有效控制。2013年至今，辖区矛盾纠纷数量呈逐年下降趋势，无涉法涉诉信访案件和重大群体性事件发生，并在调处矛盾纠纷过程中摸索出了一些破解物业小区纠纷老难题的经验，2017年调处的210件纠纷中，调处成功率达99%以上，有效实现了"小事不出院落、难事不出社区、大事不出街道"的目标。

一、以群众需求为中心，突出服务的有效性，把解决化解矛盾前移为有效预防矛盾

一是强化需求管理，注重因需而为，拓宽群众诉求收集渠道和办理的及时有效性。将传统的干部联系群众、走访入户等诉求收集手段与基于"互联网+"理念搭建的信息化平台相结合，依托于肖家河街道综合信息服务平台，通过整合街道微信公众号、院落（楼宇）智慧一体机、962000、96110热线、上级信访等系统，有效地解决了联系群众的时间和空间障碍，使群众诉求得以多渠道、最快速地传递到街道，再通过任务管理效能考核作保障,有效实现了诉求的收集办理“群众喊得答应,我们办得及时”。这种“我要为您做什么”向“您需要我为您做什么”的政府公共服务模式的转变,不仅提升了公共服务的针对性和实效性,更有效预防了群众诉求向矛盾纠纷的转化。2017 年,街道综合信息服务平台分解办结各类群众诉求共 742 条,为矛盾纠纷的预防和处早处小奠定了坚实的基础。

二是注重法律引导,不断推进矛盾纠纷调处的法治模式。将“普及化法律宣传与细分化法律服务”相结合,与成都律金刚网络科技有限公司和四川君合律师事务所合作,建构了线上线下相结合的法律服务模式。作为街道提供的公共服务产品,“律金刚”法律服务 O2O 平台,为辖区群众提供了近 200 名律师 7×24 小时的在线法律咨询服务。同时,为了能让“线上”服务及时转入“线下”,辖区居民还能搭乘法律服务专车前往“律金刚”所在的律师事务所接受一对一的“疑难杂症”线下咨询。2016 年 7 月启动至 2017 年底,“律金刚”法律服务 O2O 平台已为辖区居民提供了法律咨询 1302 人次:其中线上咨询 653 人次,线下咨询 178 人次,电话咨询 471 人次,涉及类型包括劳动纠纷、婚姻家庭、遗产继承、合同纠纷等。在引入“律金刚”O2O 法律服务平台的同时,还引入四川君合律师事务所等专业机构参与矛盾纠纷调处工作,定期深入街道、社区和院落,现场接受辖区群众法律咨询,结合大数据后台的统计分析,开展有“靶向”的普法课程、法治沙龙、君合讲堂等活动。2017 年,四川君合律师事务所共计开展线下法律服务 260 人次,开展君合讲堂等活动 15 次,参加群众达 1800 余人。通过线上线下相结合的法律服务模式的开展,有效增强了法律普及和服务的针对性,为培育和增强辖区居民的法治意识,引导和运用法治方式化解矛盾纠纷,不断深化辖区依法治理提供了有力支撑。

三是引入四川大学得觉文化发展研究中心,邀请四川大学心理学教授,对辖区调解员日常民间矛盾纠纷调处过程中的心理干预及调解技巧进行培训指导。针对辖区矛盾调解过程中发现的个别具有固执、偏激等不良心理倾向的人员,特别是社区戒毒(康复)、社区矫正、易肇事肇祸的精神病等特殊人群,开展了定期和不定期的心理干预和心理咨询工作,有效防止了因特殊人群引发的矛盾纠纷。2015 年 1 月—2017 年 12 月,共接待社区戒毒(康复)240 余人次、社区矫正 30 余人次、社区工作人员心理咨询 70 余人次、来访居民 160 余人次。

二、以基层治理体系建设为保障,突出服务的长效性,夯实矛盾纠纷多元预防化解的体系和机制

一是完善运行机制,建立了“二三四”工作模式。为保障多元化解体系有效运行,切实解决矛盾纠纷预防化解“怎样做”“谁来做”“做什么”的问题,建立“二三四”工作模式,即着力两个重点(立足在矛盾纠纷的预防产生和调处化解两个方面去着力),构筑三级体系[构建了街道、社区、院落(单位、街区)三级调解组织体系],推进四项服务(将政府公共服务、社区自治组织服务、社会组织社会化服务、专业机构专业化服务有机融合)。

二是深化基层治理体系建设,建构形成以网格为单元、以组织体系建设为细胞的全域覆盖的基层社会治理体系架构。按照“一核多元,多元共治”的理念,在进一步加强了社区党委领导下的调解工作站建设基础上,更将预防与化解的着力点放在了每一个院落、大型用人单位、每一条街区,巩固完善了院落党支部领导下的院落议事会、院委会“三驾马车”自治组织体系建设,探索推进了街区党组织和街面商家自治组织、群众参与组织的街区自治组织体系建设,并以社区网格来统筹院落、单位、街区组织体系,有力推进了多元共治效应的发挥。同时,在院落和大型用人单位设立了信访诉求收集点、院落调解室,使很多矛盾纠纷在院落(单位)就能及时化解。截至 2017 年底,辖区共建立了街道矛盾纠纷调处中心 1 个,社区调解工作站 8 个,院落调解室 155 个,各类调解员 212 人,辖区居民院落调解室设置率达 100%。

三是建立起了资源整合、多元共治、法律引导的线下支撑体系,有效助推了矛盾纠纷化解的法治化,为推进法治社会建设创造了有利条件。通过整合社区自治组织、各类社会组织和专业机构资源,以多位一点、多元共治和购买服务的方式,实现群众诉求的最大化解决。政府公共服务、社区自治组织服务、社会组织社会化服务、专业机构专业化服务的有机融合,更有效推进了矛盾纠纷

"预防在先、化解在早"的效果实现，提升了辖区群众获得感和对党委、政府服务工作的满意度。

三、以信息化建设为支撑，突出工作模式的创新性，不断提升预测预警预防矛盾纠纷产生的能力

将促进辖区社会治理、提升公共服务管理水平与街道综合信息服务平台建设高度融合，通过3年的努力，建构形成了"一平台两中心一机制"（即综合信息服务平台，数据中心、诉求中心，任务管理效能考核机制）的"121"智慧治理工作模式，并初步形成了以"监控指挥系统大整合，信息服务终端大链接，管理服务资源大联动，任务管理效能考核大保障"为特色的肖家河社会治理信息化体系。截至2017年底，数据中心已有各类数据类型172项，数据量已突破55万条，大量数据的汇集，结合街道综合信息服务平台事件管理流转、民生诉求办理、网上政务服务、综合指挥调度、远程视频监控、情报信息收集、行政效能考核、数据信息汇集维护、大数据分析运用等多项功能的综合运用，整合"多网合一，多方联动，多元共治"的工作模式，进一步提升了辖区预测预警预防矛盾纠纷产生的能力。

通过"线上线下多元共治"矛盾纠纷预防与化解机制的运行，不仅提升了政府服务的有效性和群众的满意度，也为培育和增强辖区居民的法治意识，引导他们运用法治方式化解矛盾纠纷，不断深化辖区依法治理提供了有力支撑。

（撰稿人：范明杰
审稿人：杨　勇　肖志威）

贵 州 省

2017 年综治工作概况

2017 年,在省委、省政府的正确领导下,全省政法综治战线深学笃用习近平新时代中国特色社会主义思想,认真贯彻落实党的十九大精神,全面贯彻落实中央和省委关于加强和创新社会治理、深化平安建设的决策部署,以强烈的担当意识和扎实的工作举措,坚持专项治理与系统治理、综合治理、依法治理、源头治理紧密结合,坚持项目化观摩推动综治重点工作的工作方略,坚持体制机制创新和突出问题整治齐抓共管,努力促推社会治安综合治理(平安建设)各项工作稳妥有序开展,实现了更高层次、更广领域、更有质地的平安稳定,有效地为党的十九大成功召开和全省上下决战脱贫攻坚、决胜全面小康创造了安全的政治环境、稳定的社会环境和优质的服务环境。

一、坚持“建”“联”“用”并重,强力推进全省“雪亮工程”建设

牢固树立“雪亮工程”“建”“联”“用”并重思维,牢牢把握黔西南州、毕节市、安顺市成功申报 2017 年、2018 年全国“雪亮工程”重点支持城市为契机,积极推进全省公共安全视频监控建设联网应用。一是着力强化“雪亮工程”基础建设。重点推进公共安全视频监控高清建设改造,提高高清比例;积极推进公共安全视频监控城乡一体建设,印发《关于实施乡村公共安全视频监控建设联网应用“雪亮工程”的指导意见》,全面部署、推进乡村“雪亮工程”建设。二是着力强化“雪亮工程”联网共享。省市县三级采取多种渠道全面推进各单位各部门、各行业各领域公共区域视频图像信息资源的整合接入,积极搭建公共安全视频监控图像信息共享平台。建成一批“雪亮工程”监控平台,视频监控联网共享率进一步提高。三是着力强化“雪亮工程”集成应用。按照边建边用原则,稳妥推动各地探索“雪亮工程 +”集成应用,有效激发“雪亮工程”在维护社会治安、防控安全风险、服务民生等领域的积极作用,形成了一批好经验好做法,其中省综治办和省国土资源厅通过“雪亮工程”和北斗卫星融合,在遵义仁怀市开展地质灾害预警监测试点的做法,以及黔西南州利用“雪亮工程”创新旅游景区风险防范的经验得到中央综治办的肯定,并在中央电视台《平安中国 2017》栏目播出推广。

二、牢固树立底线思维和抓常意识,不断做细做实矛盾纠纷多元化解

深刻认识矛盾纠纷排查化解到位与否对基层平安创建乃至全省和谐稳定的源头性影响,牢固树立底线思维和抓常意识,始终将矛盾纠纷多元化解作为平安建设的基础性工作,驰而不息地做细做实。一是开展矛盾纠纷多元化解重点工作推进试点。省综治办投入资金 90 万元,围绕“民转刑”风险评估及案事件预防、责任查究工作机制建设、婚姻家庭矛盾纠纷基层调解组织建设、婚姻登记场所调解室建设、婚姻家庭纠纷“e 排查 e 调解”平台建设、家事审判制度改革、诉调对接机制建设和基层群众自治组织开展婚姻家庭纠纷排查化解机制建设等,在每个市(州)选择 1 ~ 3 个点开展“矛盾纠纷多元化解重点工作推进试点”工作,着力破解“民转刑”案件预防及婚姻家庭矛盾纠纷排查化解工作难题。二是开展婚恋家庭纠纷专项排查。针对婚恋家庭纠纷易引发恶性命案的情况,深入开展农村等重点地区和春节前后、农民工返乡期等重点时段的婚姻家庭纠纷专项排查化解行动,及时消除纠纷隐患。三是开展“民转刑”风险评估防控。在县、乡、村三级开展矛盾纠纷“民转刑”风险评估防控。一方面,根据矛盾性质、积累时间、冲突烈度、当事人情况及其他苗头迹象,综合分析矛盾激化为刑事案件的可能性。另一方面,依托基层矛盾纠纷排查调处工作协调会议,对“民转刑”风险等级较高的矛盾纠纷进行重点研究、重点监控,并制定切实可行的解决措施,明确责任单位和包案领导限期化解。四是开展重大矛盾纠纷集中攻坚。以“控增量、减存量”为目标,组织开展突出矛盾纠纷专项治理和重大突出矛盾问题集中化解“百日攻坚战”,并组建工作组赴各地督查暗访问题化解情况,成功化解一批矛盾纠纷。

三、持续深化“六项工程”建设,不断提升特殊人群服务管理水平

持续深入推进“六项工程”建设,不断提升特殊人群服务管理水平。一是持续推进“六项工程”基础设施建设。经过连续多年努力,全省建成一批严重不良行为未成年人教育矫治专门学校、农村留守儿童自立自强中心、农村留守儿童之家、精神病专科医院、特殊病关爱医院。二是持续提升“六项工程”法治化规范化水平。“育新工程”进一步健全完善专门学校“四化五无”办学理念,不断增强严重不良行为未成年人教育矫治的法治化规范化;“雨露工程”采取劝父母返家照料一批、劝父母携带外出一批、委托监护照料一批“三个一批”办法,严格督促家庭监护责任的落实履行,切实从源头上减控留守儿童数量;“阳光工程”积极施行“强制隔离戒毒、出所社区康复、定期接受尿检、就业培训安置”的链条式服务管理,有效帮助吸毒解戒和社区戒毒社区康复人员生理脱毒、身心康复、就业安置、融入社会;“回归工程”建立运行省刑释解戒人员信息系统,实现刑释解戒人员出监所接回安置帮教无缝衔接,着力降低重新违法犯罪率;“安宁工程”建立完善“党政主导、属地管理、部门合作、家庭尽责、社会参与”的重性精神障碍患者救治救助和服务管控工作机制,认真落实每人每年不低于2400元的“以奖代补”政策,实现排查救治管控三位一体,严防精神障碍患者肇事肇祸;“红丝带工程”按照“政府主导、共同管理、社会监督”原则,有效解决感染艾滋病毒等特殊病犯难关难管、反复犯事等问题。三是持续增强“六项工程”建设质效。“育新工程”,有效促进未成年人犯罪案件持续下降;“雨露工程”在实现留守儿童合法权益保护、生命安全保障、成长环境改善、伤害事件遏制等方面取得重大进展;“阳光工程”有效地帮助吸毒人员融入社会和降低其重新违法犯罪率;“回归工程”推动全省刑释解戒人员出监所接回率稳定保持在95%以上;“安宁工程”基本实现重性精神障碍患者“应收尽收、应治尽治、应补尽补、应管尽管”;“红丝带工程”进一步提升了艾滋病等特殊病犯收押治疗水平。

四、强化多领域风险防控和治安整治,着力提升平安建设整体效能

切实增强风险意识,牢固树立全局观念,坚持更高标准,按照更严要求,采取更实措施,加强多领域社会面风险防控和治安整治各项工作,着力提升平安建设整体效能。一是严厉打击电信网络诈骗犯罪。切实加大对电信网络诈骗犯罪等新型违法犯罪的源头治理和深挖打击力度,全力维护人民群众财产安全和社会稳定。二是狠抓寄递物流安全管理。以持续推动“3个100%”制度贯彻落实为抓手,不断强化寄递物流安全管理,有效确保了党的十九大期间等重点时段和其他时期寄递物流领域的平安稳定。三是强化校园及周边安全维护。不断健全完善校园及周边治安环境联合治理机制,扎实推进“护校安园”“打非治违”“扫黄打非”“平安交通”等专项行动,着力维护全省校园及周边治安环境。四是提升铁路护路联防实效。以“平安铁路”创建为目标,以做好党的十九大、“春运”等重点时段和汛期等紧要时刻护路联防工作为重点,切实提高认识,加大投入,强化举措,有效地减控了涉路矛盾纠纷,防范了涉路治安问题,杜绝了涉路暴恐案件。

五、牢固树立问题导向和目标导向,切实加强综治中心实战化实效化建设

针对相关地区综治中心普遍存在的运行机制不畅、实战功能不强、作用发挥不够等突出问题,以着力提升其实战化、实效化能力为目标,切实将工作做在点子上,将措施落在管用处。一是提升领导架构,增强综治中心统筹能力。认真贯彻落实中央《关于加强社会治安防控体系建设的意见》等文件精神,全面提升县乡村三级综治中心领导架构,明确县级综治中心主任由同级党委常委、政法委书记担任,副主任由综治办主任担任;乡级综治中心主任由同级党委书记担任,副主任由乡镇街道分管领导担任;村级综治中心主任由同级基层党组织"一把手"担任,有效地确保了基层综治中心更好地发挥统筹协调、指挥调度作用。二是明确功能定位,强化综治中心职能职责。对治安警情、政务服务、矛盾纠纷、民生诉求等基层社会治理事项,明确由综治中心统一受理、统一指挥、统一分流、统一考核,确保综治中心担当好基层社会治理"指挥部"的责任。健全完善综治中心社会治安形势分析研判机制,协调督促各单位各部门共同抓好社会治安综合治理工作落实,突出抓好群防群治、自防自治、联防共治,确保综治中心担当好基层平安"守护神"的责任。建立完善综治中心矛盾纠纷收集、受理、交办、督办、反馈制度,依托基层干部、社区民警、综治专干、警务助理、网格员等,及时有效化解矛盾、解决问题,确保综治中心担当好社会稳定"减压器"的责任。发挥好基层综治中心贴近群众的优势,大力加强综治(平安建设)宣传力度,引导群众更加主动地参与基层平安创建,确保综治中心担当好平安建设"广播台"的责任。三是理顺工作机制,确保综治中心高效运行。健全部门共商机制,定期召集综治成员单位参加调度会或联席会,共同研究商议重大工作事项,着力破解综治中心"都管都不管"等问题;建立事项流转机制,对各类矛盾纠纷、风险隐患以及群众诉求等事项,实行受理登记、首问责任、分流交办、跟踪督办制度,形成综治中心工作事项办理的"闭环流程",实现"事要解决""全程留痕";完善责任落实机制,赋予各级综治中心综治考评职能,通过定期督促检查、进度跟踪、定量考核、网上考评,确保社会治安综合治理(平安建设)各项部署落到实处有实效。四是加快信息化建设,拓展综治中心实战效能。按照"省级统一规划,各级建设使用"原则,组织开发包含地理信息、视频通讯、综治培训、综治考评、办公自动化等"七大子系统"和实有人口(特殊人群)服务管理、重点青少年服务管理、社会治安管理整治等"九大应用模块"的综治信息平台。《贵州省社会治安综合治理信息平台建设方案》已经省大数据发展管理局评审通过,进入招投标程序。同时,各地积极探索综治大数据建设应用新途径新方式,形成了一批可复制、可推广的经验做法。黔南州综治中心依托综治信息系统和移动互联网,精心打造"政务 110"服务热线和微信公众号,可向群众提供多达 287 项的专业咨询、事项办理预约、办理进度查询等公共服务。

六、全面推进综治领导责任制贯彻落实全覆盖,进一步健全完善横到边纵到底的综治责任体系

坚持以明责尽责问责三位一体为导向,采取扎实有效举措,全面推进综治领导责任制在全省各级各相关部门贯彻落实的全覆盖,不断健全完善横到边纵到底的综治责任体系。一是推进知责明责全覆盖。持续开展中央《健全落实社会治安综合治理领导责任制规定》和《贵州省健全落实社会治安综合治理领导责任制实施办法》的学习宣传,真正确保各级党委政府特别是"关键少数"对综治领导责任制入脑入心,对综治(平安建设)工作知责明责。一年来,全省各级党政主要负责同志严格落实综治领导责任制,将社会治安综合治理列入重要议事日程,纳入本地经济社会发展总体规划,认真研究解决相关重点难点问题,进一步形成了"关键少数"主抓力推综治(平安建设)工作的良好格局。二是推进挂牌督办全覆盖。采取"下抓一级"的方式,不断完善"省挂县、市挂乡、县挂村"的挂牌督办体系。2017 年,省、市州、县市区分别对公共安全或治安问题相对突出的县市区、乡(镇、社区)、村(区域)实施挂牌督办,整治改好率为 95%,其余地区正在接受考核验收。三是推进通报约谈全覆盖。2017 年,全省各级综治部门共实施综治通报 318 次;综治约谈 24 次,约谈党政领导干部 134 人,既分析原因、研究对策,又敲响警钟、传导压力,有效推动了被约谈地区平安建设各项部署措施的落实。四是推进暗访督查全覆盖。坚持把明查暗访作为发现问题、解决问题、推动工作的重要方法,适时组织针对性强、不走过场的暗访督查,努力形成工作倒逼效应。2017 年 4 月,省委督查室、省政府督查室、省综治办、省公安厅联合对各地贯彻落实综治领导责任制情况进行专项督查,督查范围覆盖全省 9 个市州和贵安新区及所属的 18 个县市区、56 家单位(部门)、38 个乡(镇、街道);省综治办还组织两次严重精神障碍患者救治救助服务管理工作督导和省级挂牌整治县市区暗访督查,帮助他们梳理问题,研究对策,推动工作有序有效开展。

贵州省妇联　省综治办　省高级人民法院 省公安厅　省民政厅　省司法厅关于贯彻落实《关于做好婚姻家庭纠纷预防化解工作的意见》的通知

（2017年3月17日）

为认真贯彻落实全国妇联、中央综治办、最高人民法院、公安部、民政部、司法部《关于做好婚姻家庭纠纷预防化解工作的意见》精神，依据《中华人民共和国人民调解法》《中华人民共和国妇女权益保障法》《中华人民共和国反家庭暴力法》等有关法律法规，结合贵州省婚姻家庭纠纷预防化解工作实际，现将贵州省贯彻落实《关于做好婚姻家庭纠纷预防化解工作的意见》的相关事宜通知如下。

一、统一思想，充分认识开展婚姻家庭纠纷人民调解工作的重要性和必要性

落实党的十八届三中全会关于创新社会治理体制，最大限度增加和谐因素，确保人民安居乐业、社会安定的具体措施明确要求，家庭是社会的细胞，家庭和谐稳定是社会稳定的基础，做好婚姻家庭纠纷人民调解工作。近年来，随着经济社会的加速发展，人们的思想观念、生活方式发生了新的变化，因婚姻家庭纠纷及由此引发的矛盾纠纷数量增多，形式多样，化解调处难度日益增大，因未及时有效化解，导致矛盾纠纷升级激化，以至家庭破裂，甚至诱发"民转刑"案件命案或家族性群体性事件，成为影响社会稳定的社会突出问题。加强婚姻家庭纠纷预防化解工作，及时妥善化解婚姻家庭纠纷，是保障妇女合法权益、保护未成年人合法权益、构建和谐婚姻家庭关系、创建平安家庭的迫切需要，是推进平安贵州建设，促进贵州省社会稳定、构建和谐社会的必然要求。妇联组织作为平安贵州建设的重要力量，"平安家庭创建"的牵头部门，综治、人民法院、公安、民政、司法行政部门要充分发挥职能作用，做好婚姻家庭纠纷预防化解，促进家庭和睦平安。各级妇联组织、综治、法院、公安、民政、司法行政部门要牢固树立大局意识、平安意识、服务意识，从贯彻落实党的十八大和十八届三中、四中、五中、六中全会精神，维护社会和谐稳定的高度，充分认识做好婚姻家庭纠纷人民调解工作的重要性和必要性，积极建立婚姻家庭纠纷人民调解工作机制，协同助推各类婚姻家庭纠纷的有效化解，努力营造和谐稳定社会环境。

二、协调配合，加强婚姻家庭纠纷人民调解工作的组织建设

要积极争取党委政府支持，建立由党委、政府领导，综治牵头，妇联、法院、公安、民政、司法行政等相关部门参与的预防化解婚姻家庭纠纷工作领导小组，明确相关部门在婚姻家庭纠纷调解方面的职责和任务，指导婚姻家庭纠纷人民调解委员会的工作。

婚姻家庭纠纷人民调解委员会是专业性人民调解组织，市（州）、县（市、区）、乡镇（街道）妇联要会同司法行政部门成立婚姻家庭纠纷人民调解委员会，所辖县（市、区）基层人民法院负责业务指导。婚姻家庭纠纷人民调解委员会的办公场所应按照方便群众的原则选址，悬挂人民调解工作标识、标牌，并将工作制度、工作流程和人民调解委员会组成人员予以公示。

三、同心协力，切实抓好婚姻家庭纠纷人民调解工作队伍建设

婚姻家庭纠纷人民调解委员会设主任1名，副主任和委员若干名。人民调解员由专、兼职人员组成，根据工作需要，可聘任若干名专、兼职调解员，原则上专职调解员不得少于2人。专职人民调解员由当地妇联会同司法行政部门统一向社会公开招聘，兼职人民调解员要注重吸纳具有较强专业知识、有较强专业技能、热心人民调解事业的退休法官、检察官、警官、法律工作者及妇联、民政部门退休干部等担任,有条件的要争取将专职人民调解员纳入社会公益性工作岗位。有条件的县(市、区)妇联可根据需要组建婚姻家庭纠纷人民调解专家库。

要切实加强对婚姻家庭纠纷人民调解员的培训,并纳入司法行政队伍培训计划,坚持统一规划、分级负责、分期分批实施,不断提高婚姻家庭纠纷人民调解员工作水平。

四、政府主导,建立完善婚姻家庭纠纷人民调解工作的经费保障机制

婚姻家庭纠纷人民调解委员会,在调解婚姻家庭纠纷中不收取任何费用,其办公场所、工作经费和专家库专家、法学专家调查论证所需经费以及专职人民调解员报酬,按照财政部、司法部《关于进一步加强人民调解工作经费保障的意见》,贵州省综治委《关于加强人民调解员工作补贴奖励经费保障的意见》的要求,争取党委、政府和财政部门纳入同级财政预算。积极争取在政府主导下,多方协调并鼓励婚姻家庭纠纷人民调解委员会通过吸纳社会捐赠、公益赞助等符合国家法律法规规定的渠道筹措工作经费。通过“经费包干、‘以奖代补’”等方式,定期对专业性、行业性调解组织的人民调解员及各乡镇(街道)、村(居)人民调解委员会的人民调解员按照工作实绩发放调解补贴。推行“以案定补”机制,根据案件难易程度、化解效果,给予相应补贴。对婚姻家庭纠纷人民调解委员会从事人民调解日常事务的固定坐班人员,发放固定补贴,并结合经济社会发展水平,动态调整发放标准,充分调动人民调解组织和人民调解员积极性。

五、建章立制,规范婚姻家庭纠纷人民调解工作的内容与程序

市(州)妇联、综治办、法院、公安、民政、司法行政等部门要对婚姻家庭纠纷人民调解工作的主要内容,受理范围、调处原则、调处方式,调处结果等进行制度规范。婚姻家庭纠纷人民调解工作由妇联组织受理的,纠纷当事人自愿接受人民调解,妇联组织可委托婚姻家庭纠纷人民调解委员会进行调解,并同时将案卷材料移交给人民调解组织。民政部门婚姻登记机关在受理离婚申请时,对于因家庭矛盾纠纷引发离婚的,可告知双方当事人自愿选择婚姻家庭纠纷人民调解委员会先行调解,双方均同意调解的,民政部门可委托人民调解组织进行调解。婚姻登记机关已设立婚姻家庭辅导室的,可以邀请人民调解员参与婚姻家庭辅导,婚姻家庭纠纷人民调解委员会在调解婚姻家庭纠纷时,也可以邀请婚姻家庭辅导员参与调解纠纷。

婚姻家庭纠纷人民调解委员会工作的主要内容:宣传妇女、未成年人和老年人权益保障、预防和制止家庭暴力等法律、法规和国家政策;为婚姻家庭纠纷当事人提供法律咨询服务;积极开展婚姻家庭纠纷的调解,协调处理疑难婚姻家庭纠纷;探索研究新形势下婚姻家庭矛盾纠纷产生的新情况以及预防和调解的新方法、新规律。

婚姻家庭纠纷人民调解委员会工作的受理范围:恋爱、婚姻纠纷;赡养纠纷、扶养纠纷、继承纠纷、财产分配享有权益等涉及婚姻家庭方面的纠纷;其他当事人双方愿意调解的民间纠纷等。

婚姻家庭纠纷人民调解委员会工作的原则:婚姻家庭纠纷人民调解应遵循平等自愿、依法调解、协作联动、便民利民。婚姻家庭纠纷当事人可以向人民调解组织申请调解,人民调解组织也可以主动介入调解,婚姻家庭纠纷当事人一方明确拒绝调解的,不得调解。

婚姻家庭纠纷人民调解委员会工作的调解方式:当事人申请人民调解或人民调解组织主动介入调解的婚姻家庭纠纷,如调解不成,人民调解组织应当告知当事人诉讼的权利,并引导通过诉讼途径解决。由妇联组织委托婚姻家庭纠纷人民调解委员会调解的纠纷,达成调解协议的,人民调解委员会应在调解结束后及时将调解结果报送妇联组织;未达成调解协议或终止调解的,人民调解委员会应当通过疏导、教育双方当事人,将调解不成或终止调解的原因及时报告妇联组织,同时引导通过诉讼等途径解决。

婚姻家庭纠纷人民调解委员会工作的调解结果:婚姻家庭纠纷经人民调解委员会调解达成调解协议后,双方当事人认为有必要的,可以自人民调解协议书生效之日起 20 个工作日内向人民法院申请司法确认。

六、注重实效，切实做好婚姻家庭纠纷人民调解工作的指导管理

各级妇联组织要协调相关单位和部门，成立相应的婚姻家庭纠纷人民调解委员会。定期召开联席会议，分析研究本级婚姻家庭纠纷工作情况，并纳入各级社会治安矛盾纠纷调解工作会议纪要内容。按照县每月、乡镇（街道）每半月和根据需要及时召开矛盾纠纷排查调处工作协调会议的规定，建立滚动排查、分析研判、及时预警机制，逐级将排查主体落实到村居（社区）和具体单位、具体人员，形成全覆盖、无疏漏的大排查网络，把婚姻（恋爱）家庭矛盾纠纷作为排查重点，及时收集分析热点、敏感信息，及时发现和处置可能引发命案和极端事件的苗头性问题，并定期通报综治部门。

各级综治部门要在党委和政府领导下，切实做好调查研究，组织协调，督导检查，考评、推动工作，促进婚姻家庭矛盾纠纷多元化解，深化“平安家庭”建设项目，推进婚姻家庭纠纷排查调处工作，将分析研判婚姻家庭纠纷列入矛盾纠纷排查调处协调会议的重要内容，听取妇联组织对婚姻家庭纠纷总体情况的介绍，对可能引发恶性案件事件的苗头性问题，深入调查研究，并按照属地管理和谁主管谁负责的原则，落实工作责任，推动采取切实可行的措施予以化解。加强督导检查，对婚姻家庭纠纷引发一次死亡3人以上（包括本数）命案，或在较短时间内婚姻家庭纠纷连续引发一次杀死2人以上命案的地方，省综治办、省妇联应当会同相关部门组织工作组进行责任督导和查究，督促当地分析原因，找准症结，研究提出解决问题的具体措施，限期整改。

各级公安机关要全面加强农村地区治安防控力量建设。充分发挥一村一警务助理人熟、地熟、情况熟的优势，及时发现并制止家庭、口角纠纷和争吵、打斗趋势，减少冷面死角，排查化解命案隐患。要协调相关单位和部门重点关注有两地分居、招婿、失独、婚姻关系变化、扶养关系变动、发生遗产继承等情况的家庭，定期了解情况，对家庭关系不和主动上门做工作、给予重点帮扶，做到底数清、情况明、措施实，有效加大婚姻家庭矛盾纠纷加剧人群的管控。要建立婚姻家庭矛盾纠纷排查专项台账，提升警务助理掌握社情民意、协助管理实有人口、及时化解社会矛盾和制止犯罪的能力和水平，从根本上扭转农村“民转刑”命案特别是杀亲案高发势头，构建新型农村社会治安防控格局。要切实加大对涉及婚姻家庭纠纷的命案防控源头性、基础性、机制性、保障性问题研究，有针对性地制定切实可行的防范措施。要发挥警种、部门优势，不断加大婚姻家庭纠纷引发的命案防控和侦破工作力度。

各级人民法院要积极探索婚姻家庭矛盾纠纷家事审判工作。针对婚姻家庭矛盾纠纷的突出案（事）件，有效地将婚姻家庭矛盾纠纷预防、协调处理情况纳入诉讼审判过程，力求在家事审判时达到暖心、温心、归心、回心，为创建和谐家庭和构建和谐社会营造良好环境。同时，要加大对婚姻家庭矛盾纠纷化解调处工作的指导力度，并将相关性的工作情况及时通报同级综治部门和妇联组织。

各级司法行政部门要完善基层法律服务工作。要依托政务服务中心、司法所、人民调解委员会等建立健全县、乡（镇）、村（居）三级法律服务中心（工作站、室），保证婚姻家庭矛盾纠纷预防化解工作中，群众在遇到法律问题或权利受到侵害时获得及时有效的法律帮助服务。要按属地原则，落实谁主管谁负责的法治宣传教育责任制，深入开展“七五”普法宣传，不断深化法律“六进”活动，推动法治宣传融入群众日常生活和婚姻家庭矛盾纠纷调解工作中，润物无声地培育全社会尊法、学法、守法、用法的法治氛围。

各级民政部门要引领社会组织做好婚姻家庭矛盾纠纷人民调解工作。要协调配合妇联等相关部门采取政府购买服务的方式，按照“行业对口、专业对应、因地制宜、按需而设”的原则，建立婚姻家庭矛盾纠纷第三方专业性、行业性人民调解组织，独立开展相关领域人民调解工作，人民调解组织的建设工作需会同各级司法行政机关商定。充分发挥第三方人民调解组织的行业经验和专业水平，避免多元化婚姻家庭矛盾纠纷调解过程中的行政干预和人为影响，保障婚姻家庭矛盾纠纷调解工作质量和公信力。

各级妇联、综治、人民法院、公安、民政、司法行政等部门要及时调查研究婚姻家庭领域出现的新情况、新问题，总结推广婚姻家庭纠纷调解工作的成功经验和有效方法，不断推进贵州省婚姻家庭纠纷人民调解委员会工作向制度化、规范化、科学化迈进；要下大力气发现培育和宣传婚姻家庭纠纷调解工作中的先进典型，不断提升婚姻家庭纠纷人民调解工作的社会影响力，对于成绩显著、贡献突出的人民调解委员会及人民调解员要给予表彰。

贵州省未成年人家庭教育促进条例

（2017 年 8 月 3 日）

第一章　总　则

第一条　为促进未成年人健康成长，推进家庭教育事业发展，增进家庭幸福、社会和谐，根据《中华人民共和国教育法》《中华人民共和国未成年人保护法》和有关法律、法规的规定，结合本省实际，制定本条例。

第二条　本省行政区域内未成年人家庭教育（以下简称家庭教育）的实施、指导、服务和社会参与，适用本条例。

第三条　本条例所称的家庭教育，是指在家庭生活中父母或者其他有监护能力的家庭成员（以下简称其他家庭成员）对未成年人进行的教育、引导和积极影响。

第四条　家庭教育应当培育和践行社会主义核心价值观，遵循立德树人、全面发展的原则。

建立家庭主体、政府主导、学校指导、社会参与的机制，促进家庭教育事业健康发展。

倡导全社会注重家庭、家教、家风。

第五条　父母是家庭教育的直接责任人，应当依法履行家庭教育责任，其他家庭成员应当予以协助。

父母死亡或者无监护能力的，未成年人的祖父母、外祖父母和有监护能力的兄、姐是家庭教育的直接责任人。

第六条　国家机关、企业事业单位、人民团体、社会组织、村（居）民委员会和个人应当为家庭教育提供支持。

第七条　县级以上人民政府应当将家庭教育事业发展纳入国民经济和社会发展规划，将家庭教育工作经费纳入同级财政预算。

第八条　县级以上人民政府妇女儿童工作委员会是本行政区域内家庭教育议事协调机构，负责组织、协调、指导、督促有关部门做好家庭教育相关工作，其办事机构负责日常工作。

第九条　对家庭教育工作作出显著成绩和突出贡献的家庭、单位及个人，按照国家有关规定给予表彰和奖励。

第十条　广播、电视、报刊、互联网等媒体应当设立家庭教育专栏、专题，开展公益宣传。

鼓励利用微博、微信和手机客户端等开展家庭教育信息交流。

第十一条　每年 5 月 15 日为全省家庭教育日。

第二章　家庭责任

第十二条　父母应当与未成年人共同生活。

父母因外出务工或者其他原因不能与未成年人共同生活的，应当委托有监护能力的其他成年人或者组织机构教育未成年人；通过多种方式与未成年人团聚和交流沟通，了解未成年人的学习、生活和身心状况。

第十三条　未成年人父母离异的，双方应当继续共同履行对未成年子女的家庭教育责任。一方履行家庭教育责任时，另一方应当予以配合。

第十四条　父母或者其他家庭成员应当以身作则，尊重未成年人；树立正确的家庭教育观念，学习家庭教育知识，掌握科学的家庭教育方法，提高家庭教育能力。

父母或者其他家庭成员应当根据未成年人

成长规律，对未成年人进行爱国主义、理想信念、社会公德、家庭美德、遵纪守法、生活技能、安全知识等方面的教育和有目的、有意识的行为影响，促进未成年人身心健康，形成优良品德、健康人格和良好行为习惯。

第十五条　父母或者其他家庭成员应当关注未成年人的生理、心理状况和行为习惯，共同培育积极健康的家庭文化，营造文明和睦的家庭教育环境。

第十六条　父母或者其他家庭成员应当积极参加有关国家机关、企业事业单位、人民团体、社会组织、村（居）民委员会开展的家庭教育指导活动。

第十七条　父母或者其他家庭成员应当主动与学校沟通联系，了解未成年人的学习、生活情况，配合学校对未成年人进行教育，自觉接受学校家庭教育指导，参加学校组织的家庭教育指导活动。

第三章　政府主导

第十八条　县级以上人民政府应当建立健全部门联动机制，发挥在家庭教育中的主导作用，督促有关部门按照各自职责，做好家庭教育相关工作。

第十九条　县级以上人民政府应当通过购买公共服务等方式，支持社会力量开展公益性的家庭教育指导服务。

乡镇人民政府、街道办事处（社区）应当将家庭教育纳入教育工作计划，设立家庭教育指导服务站点、家长学校，开展家庭教育指导和实践活动，营造未成年人健康成长的良好环境。

村（居）民委员会协助乡镇人民政府、街道办事处（社区）推进家庭教育工作，处理家庭教育求助申请。

第二十条　各级人民政府应当采取措施，引导和鼓励农村劳动力在当地就业创业，减少因外出务工等原因造成的家庭教育缺失；对外来务工人员开展家庭教育给予支持和帮助。

第二十一条　各级教育行政主管部门负责本行政区域内幼儿园、中小学、中等职业学校家庭教育指导管理工作，将家庭教育指导服务纳入督导评估内容。

第二十二条　父母或者其他家庭成员有下列情形之一的，未成年人可以向学校、父母或者其他家庭成员所在乡镇人民政府、街道办事处（社区）、村（居）民委员会、妇女联合会以及民政、公安等部门反映、求助，有关单位和组织应当及时予以处理：

（一）不履行家庭教育责任的；

（二）因父母死亡、失踪、重病、重度残疾，或者父母双方服刑、强制戒毒等其他不能履行家庭教育责任的；

（三）家庭教育方式不当，危害未成年人身心健康的。

其他单位和个人发现前款规定情形的，可以向有关单位和组织反映。

第四章　学校指导

第二十三条　幼儿园、中小学、中等职业学校应当建立健全家庭教育工作制度，将家庭教育指导工作纳入工作计划。

第二十四条　幼儿园、中小学、中等职业学校应当成立家长学校，定期组织家长开展家庭教育信息交流、指导服务与实践活动。

第二十五条　幼儿园、中小学、中等职业学校应当建立家长委员会，参与学校教育管理，及时沟通、处理学校教育与家庭教育的衔接问题，组织开展形式多样的家庭教育实践活动。

第二十六条　幼儿园、中小学、中等职业学校应当参与乡镇人民政府、街道办事处（社区）、村（居）民委员会、社会组织和家庭教育服务机构开展家庭教育指导工作。

第二十七条　开展幼儿园、中小学、中等职业学校师资培训，应当包含家庭教育的内容。

鼓励高等院校设置家庭教育相关专业或者开设家庭教育课程；鼓励高等院校、科研机构开展家庭教育研究。

第五章　社会参与

第二十八条　城乡社区教育机构、儿童之家、青少年宫、儿童活动中心等，应当建立家长学校或者家庭教育指导服务站点。

鼓励有条件的单位和个人创办家长学校，开展规范化的家庭教育指导服务活动。

父母或者其他家庭成员参加家庭教育指导实践活动,其所在单位应当支持。

第二十九条　设立家庭教育服务机构,应当依法办理登记手续。

鼓励和支持家庭教育服务机构开展公益性的家庭教育服务活动。

第三十条　鼓励和支持社会服务机构和志愿服务组织、志愿者开展家庭教育志愿服务活动。

第三十一条　鼓励医疗机构和其他社会组织建立孕妇学校、新生儿父母学校,开展公益性早期家庭教育指导。

第三十二条　鼓励家庭教育服务机构、心理咨询机构开展与家庭教育相关的心理疏导、危机干预等指导服务。

第六章　特别规定

第三十三条　各级人民政府应当建立特殊困境未成年人关爱救助机制,建立家庭教育指导服务综合信息平台,掌握特殊困境未成年人家庭教育情况,开展常态化、专业化家庭教育支持服务。

第三十四条　县级人民政府应当制定农村留守儿童关爱保护措施,组织开展针对留守儿童的关爱教育、心理辅导等活动。

鼓励家庭教育相关社会工作服务机构、志愿服务组织以及家庭教育志愿者开展农村留守儿童公益性家庭教育指导服务。

第三十五条　家庭教育议事协调机构应当针对特殊困境家庭开展未成年人家庭教育状况的调查研究,为其父母或者其他家庭成员提出家庭教育对策建议。

第三十六条　家庭教育服务机构应当为流动人口家庭提供家庭教育指导服务。

第七章　法律责任

第三十七条　父母或者其他家庭成员不履行或者不适当履行家庭教育责任,侵害未成年人合法权益的,由所在单位、未成年人就读学校、乡镇人民政府、街道办事处(社区)和村(居)民委员会等相关单位或者组织予以劝诫、批评教育;情节严重的,由公安机关依法处理。

第三十八条　幼儿园、中小学、中等职业学校有下列情形之一的,由其主管部门责令改正:

(一)未设立家长学校和家长委员会,或者家长学校和家长委员会未按照要求开展家庭教育指导服务工作的;

(二)违反有关规定收取家庭教育服务费用的;

(三)其他不履行或者不适当履行家庭教育指导服务工作的。

第三十九条　负有家庭教育相关工作职责的部门、机构和组织,违反本条例规定,有下列情形之一的,由其所在单位或者有关行政主管部门责令改正;情节严重的,对直接负责的主管人员和其他直接责任人员依法给予处分:

(一)不履行家庭教育工作职责的;

(二)截留、挤占、挪用或者虚报、冒领家庭教育工作经费的;

(三)违反本条例第二十二条规定造成严重后果的;

(四)其他玩忽职守、滥用职权或者徇私舞弊行为。

第四十条　家庭教育服务机构有下列情形之一的,由有关行政主管部门责令改正:

(一)未依法登记,擅自从事家庭教育活动的;

(二)违反有关规定收取家庭教育服务费用的;

(三)泄露未成年人及家庭隐私的。

第四十一条　违反本条例规定的其他行为,法律、法规有处罚规定的,从其规定。

贵州省综治委关于命名2016年全省平安建设示范县(市、区)的通报

(2017年11月20日)

各市(州、贵安新区)综治委,各县(市、区)综治委:

2016年,在省委、省政府的正确领导下,全省各级各部门认真贯彻落实中央和省委关于加强社会治安综合治理系列决策部署,广泛动员社会力量,不断创新机制方法,深入推进平安建设,为维护社会和谐稳定、保障人民安居乐业、促进经济社会发展作出了重要贡献。

为充分发挥示范带动作用,推动全省平安建设再上新台阶,根据贵州省社会治安综合治理委员会《关于印发〈贵州省平安建设示范区创建实施办法(试行)〉的通知》规定,经各地申报、省综治委严格考核评审、省社会治安综合治理五部门联席会议审议和媒体公示等程序,省综治委决定命名开阳县、修文县、道真自治县、余庆县、水城县、西秀区、黔西县、万山区、石阡县、剑河县、台江县、福泉市、荔波县、册亨县共14个县(市、区)为“2016年全省平安建设示范县(市、区)”。

希望此次命名的全省平安建设示范县(市、区)珍惜荣誉、发扬成绩、再接再厉,再立新功。全省各级综治部门要认真学习贯彻党的十九大精神,坚持以习近平新时代中国特色社会主义思想为指导,以示范县(市、区)为表率,切实履行好促一方发展、保一方平安政治责任,不断提高社会治理社会化、法治化、智能化、专业化水平,奋力谱写新时代全省平安建设工作新篇章。

贵州省借助大数据“引擎”推动贵州政法工作全面提升

大数据,为经济欠发达的贵州提供了许多弯道取直的机会。近年来,全省各级政法机关运用互联网思维和方法分析解决问题,运用大数据提升预测预警预防能力,通过信息化手段推进执法司法规范化建设,促进执法司法公开,提高公信力,不断提升政法工作现代化水平。大数据理念已经成为推动贵州省政法工作创新发展的重要“引擎”。

一、司法改革,大数据提高司法质效

2016年,遵义市两级法院收案数突破10万件,中级人民法院收案数突破1万件,人均办案近300件,位居全省法院之首。

2016年11月,遵义市中级人民法院率先建成了民商事案件自动分案系统、办案辅助系统和裁判文书纠错系统。通过对近20万份民商事案件的数据提取,将案件难易要素可视化、规模化,测算出个案难易系数和办案时间,实现案件自动繁简分流、自动分案。通过对海量数据提取,建立了办案辅助系统、裁判文书纠错系统。系统精准推送法条和案例,帮助法官理清办案思路,在制作裁判文书过程中利用纠错系统,纠正文书错误。

用好大数据,促进司法体制改革,是贵州省政法系统创新之举,特别是全省法院、检察院系统以员额制改革为基础建立司法改革顶层设计和制

度体系,运用大数据推动信息化建设迎头赶上、后发赶超、走在前列,实现办案更精准、司法更公正。

二、风险防控,从被动响应到主动预防

治安动态不断变化,警务信息八方汇集。只有让海量的信息数据真正成为实现预防预警、精确防控的源头活水,才能切实提高防范打击违法犯罪水平和社会治安防控体系的整体效能。

自 2016 年 10 月以来,贵阳市公安局搭建了贵阳市公安局人脸识别系统。首先在贵阳东、西客站共布设了数十路人脸识别摄像机和前端对比环境,该系统自 2016 年 12 月 2 日开始试运行。截至 2017 年底,比中各类人员 140 余次,其中成功抓获全国在逃人员 6 名。

根据社会治安立体防控体系建设要求,贵州省强力开展社会数据资源的汇聚整合。"贵州公安警务多彩云"全面建成了统一、集中的公安综合信息资源库,整合、汇聚公安内外部数据资源 85 大类 950 小类 177 亿条。

省公安厅在全省公安机关启动公安大数据警务实战"一号战役",全省各级公安机关充分运用公安内外部信息资源和互联网数据,开展大数据条件下的禁毒、追逃、体系化打击等五个专项行动,取得了初步成效。通过深度开展大数据分析应用,仅一个月时间就抓获网上逃犯 506 名。

三、制约权力,运用大数据技术实时动态监督

民警每个月的工作、加班时间等信息被存储,通过数据对其工作效能进行监督考评;平台自动判断民警行为,并第一时间推送各类预警信息。

贵阳市公安交通管理局实施的"数据铁笼"行动计划,建立起"用数据说话、用数据决策、用数据管理、用数据创新"的全新机制,确保权力运行和个体行为"事事进流程、人人全留痕"。这是贵州省政法系统用大数据编织制约权力笼子的一个缩影。

贵州省法院智能决策辅助系统夯实司法责任制。系统对所有案件实时监控,再造审判流程,全程留痕,领导可随时调看庭审录音录像,查看庭审是否规范、案件争议焦点是否查清,同时,系统还对案件进行偏离度分析,对偏离度高的案件适时启动复查程序,确保案件裁判正确,实现了监督全覆盖、监督无盲区。

贵州省检察机关以统一业务应用系统为基础,对检察机关所有案件实行全程网上数字化办理和数据采集,建立了覆盖主要业务职能的基础数据库,打造贵州检察"数据铁笼"。通过对案件办理全过程同步审查、同步监督、同步数据分析,实现案件数据全覆盖、流程全监控、办案实时预警。截至 2017 年底,全省检察机关网上受理流转各类案件 370369 件,要求补正 5779 件,纠正办案活动不规范 5360 件。

贵州省公安系统建立警务监督、执法监督等阳光监督平台,对各业务系统中行政刑事执法的基本信息、现场勘验资料、笔录、音视频等数据进行实时抓取分析,实现了执法过程全程监测、关键要素全量抽取、异常问题自动预警、执法状况智能分析。

四、共建共享,推进大数据深度应用

大数据的前提和关键是开放共享,应用是核心。为此,贵州省专门成立了政法机关信息整合共享和大数据运用工作领导小组。

贵州省法院系统依托信息化大数据,通过"互联网+"等信息技术,实现了外出执行全程录音录像,让执行在阳光下运行。

全省检察机关着眼于政法部门之间业务协同需求,整合了原有的法检、检司和检监互联平台,统一建设了贵州检察数据综合交换平台,实现与其他司法机关之间的数据共享、案件网上移送,与法庭、监区的视频互联。

贵州省公安厅出台《贵州省公安机关数据共享实施细则(试行)》,强力推进全省各级公安机关、各业务警种分散数据资源的全面汇聚。同时,对已汇聚的公安内、外部数据资源开展全面清洗、转换和标准化工作,编制完成《贵州公安数据资源目录》《贵州公安数据资源服务指南》《公安数据资源服务目录》等。积极推进和深化与各政府部门间的数据联通共享。目前,已与省卫计委、省工商局、省司法厅、省人社厅、省国安厅、省交通厅、省民宗委等部门实现了数据资源共享。

贵州省司法厅与省公安厅联合开发了"贵州省服刑在戒及刑释解戒(含原解教)人员信息管理系统",实现了公安、司法之间的信息共享,通过信息系统,公安部门能了解服刑在戒人员的信息，司法行政部门能间接访问公安人口数据库，对服刑在教在戒人员的信息进行甄别、核实，做到安置帮教工作无缝对接。

五、便民利民，大数据运用增强群众获得感

前不久，外地农民工杨庆洪的儿子在岗位上被机器切断手指，为维护自身权益，杨庆洪通过手机上网申请黔西南州公共法律援助中心法律援助。中心通过平台审核后，指派专业律师为其代理维权。

杨庆洪在手机上操作的“公共法律援助服务系统”，将9项司法行政社会服务功能进行统一整合，方便群众查询，实现网上申请、受理、办理、监督等功能及管理。

贵州省法院系统智能模拟判决系统有效服务当事人。为打造阳光法院，增加司法透明度，提升司法权威，系统让当事人在裁判之前，根据自己案情输入影响案件法律关系的要素，预测裁判结果，同时，向当事人推送与其案情相同的类似判决。增强了当事人对裁判的认同接受，减少了上诉。

贵州省检察机关主动将检察工作融入“互联网+”行动计划，建成“贵州检察12309网上网下一体化服务平台”，将全省100家检察院的服务职能统一整合成一个窗口，设置四大板块，提供微博、微信、短信、12309电话等七种服务途径。截至2017年底，平台网站访问量突破80万余次，微信关注度39000余人，APP客户端下载量51530次。

贵州省公安系统建立出入境管理互联网网上受理大厅，实现出入境业务网上预受理、签注申请、办证进度查询等功能；建立易制毒化学品管理系统，降低了企业生产经营成本；建立身份证办理微信平台，群众可以实时查询身份证办理邮寄情况，及时到派出所领证。

以互联网、“贵州交警”APP、微信、广电网络为载体，构建互联网综合服务管理体系。将传统的车辆和驾驶人管理、违法处理、车检预约、移车提醒等7大类26项141小项交管服务打包推出，变“面对面”的传统服务为“点对点”的线上服务。四大平台用户总数突破133万人次，各类业务办理总量逾400万次。

贵州省司法行政系统在提升现有专网工作平台和信息系统的基础上，整合全省司法行政系统“两微一站一线”（官方微博、政务微信、门户网站、12348服务热线）平台，完善与社会公众的互动功能，精心打造以“两微一站一线”为载体的公共法律服务管理网络新平台，把管理、服务、传播、互动有机结合起来，广泛实行网上（电话）咨询、申请、受理、审批、服务、监督、评价、反馈，做到处处留痕，全程监督可追溯，进一步提升司法行政执法执业公信力和人民群众满意度。

贵州省毕节市用法治奏响毕节和谐乐章

“法者，治之端也。”2015年底，“法治毕节”创建工作启动后，毕节市大力推动六大工程（即法治政府建设工程、公正司法天平工程、全民守法宣教工程、法治惠民服务工程、生态文明法治工程、法治监督检查工程），至2017年底，“法治毕节”创建“六大工程”333项创建任务已完成256项，其中有118项需要长期坚持、巩固和提升，还有77项正在推进实施。涌现出了特殊人群服务管理“四轮驱动”、百里杜鹃“群众会+”等一批亮点和经验，演奏出一曲和谐动听的“法治交响乐”。

一、法治政府不断完善

认真谋划并做好行政执法公示、执法全过程记录、重大执法决定法制审核“行政执法三项制度”改制试点工作，行政执法水平不断提升；强化行政决策出台合法性审查，制定《毕节市人民政府重大行政决策程序规定（试行）》，重大行政决策事项均经市政府法制办进行合理性审查才提交政府常务会讨论。市政府完成新一轮法律顾问外聘工作，市县乡三级政府聘请或明确法律顾问实现全覆盖；在全省率先出台《行政机关负责人行政应诉办法》，全市行政机关负责人出庭应诉率62.04%，同比上升16个百分点；行政诉讼败诉率4%，同比下降0.9个百分点；各级政府部门认真落实“一表两单”制度，按照“9+X”模式编制权力清单和责任清单，切实做到“法无授权不可为，法定职责必须为”；规范性文件监督工作得到国务院法制办认可。

二、公正司法正义凸显

全力推进司法体制改革，全面落实法院、检察院资产经费市级统管，工资套改和绩效考核奖金全部兑现；市中院加强信息化建设，用技术保障以审判为中心的诉讼制度改革，织金县法院探索远程审判、司法文书自动生成、网上冻结财产等改革工作取得实效。市检察院开展“智慧检务”建设，完善刑事诉讼大数据智能管理系统，提升“12309”线上线下一体化服务平台，促进司法办案信息化水平和科技含量大提升；推行人民调解司法确认制度，认真落实矛盾纠纷多元化解机制，在所有基层法院建立诉调对接平台，开展司法确认工作，共确认各类矛盾纠纷化解协议300多件。七星关区法院探索“家事审判”试点工作，促进家庭邻里纠纷化解，减少“民转刑”案件发生；以大数据为依托，统一贩毒、盗窃等6类案件定罪标准，侦查、起诉、审判全流程从网上推送案件数据，实现冤假错案零发生。

三、守法宣教深入人心

以农村思想政治教育“七个起来”为载体，广泛开展法治宣传、法治信息、法治文艺、法治服务“四进农家”活动。纳雍县发挥农民讲师善讲“群众话”、会念“山字经”的优势，深入田间地头开展法律法规宣传；黔西县以开展“文明山村夜间行”活动为载体，在各村（社区）巡回播放群众喜闻乐见的法治微电影；开展法治故事征文、出版法治论文集、拍摄法治微电影、创作法治毕节宣传歌曲等活动，与《法制生活报》、《毕节日报》、毕节广播电视台等主流媒体联办法治栏目、法治频道，全方位营造法治创建宣传舆论氛围；以法治宣传为导向，大力弘扬社会主义核心价值观。在法治宣传影响下，毕节市刑事案件大幅下降，涌现了王加勇舍身救人、最美出租车司机刘波等先进典型事迹，在全市形成了尊法守法、崇德向善的良好氛围。

四、法治惠民成果显著

坚持以打开路，遏制案件高发势头，各类案件同比大幅下降。开展信访积案化解、重点人群管理、特殊群体服务、命案积案攻坚、公共安全维护等“五项行动”，全市命案、刑事案件、“两抢一盗”、新增吸毒人员同比大幅下降，全市集中交办信访积案办结化解率96.63%。持续开展严打整治专项行动和治安混乱地区重点整治，全市治安形势总体平稳；加大基础建设投入力度，强化特殊人群服务管理。市政府投入11.0349亿元资金用于政法基础设施建设，目前已启动项目278个。七星关等7个县（区）流浪未成年人保护中心建设启动，各县（区）精神病院和关爱医院医疗条件逐步改善，实现了特殊人群管理“六项工程”全覆盖。开展困境留守儿童关爱工作，为5390名困境儿童和4199名农村留守儿童配发了安全定位手表。

五、生态法治顺利推进

推进生态保护立法，《毕节市韭菜坪保护条例》《毕节市百里杜鹃风景名胜区保护条例》已形成草案，《毕节市饮用水水源保护条例》经贵州省十二届人大常委会第二十七次会议批准并已施行；毕节市中级法院和七星关区、黔西县法院设置环境资源审判庭，指定七星关区法院集中管辖威宁、七星关、赫章、纳雍4县（区）的环境资源案件；指定黔西县法院集中管辖黔西、大方、金沙、织金4个县的环境资源案件；市环保局与市检察院、市公安局联合建立生态环境保护工作衔接机制，督促和指导县（区）环保部门，严厉查处环境违法犯罪行为。司法机关利用诉前程序督促相关部门履行环境保护职责，全市共建“补植复绿”基地52个，种植林木35758亩。

六、法治监督取得实效

人大政协依法监督。“法治毕节”创建工作开展以来，市人大常委会共召开常委会会议14次，主任会议39次，听取和审议（审查）专项工作报告20个，组织开展视察2次、执法检查2次、专题调研9次、专题询问1次、工作评议5次，规范性文件备案审查57件，接待来信来访607件（次）。市政协收到提案859件，经审查，立案700件，交办690件，提案办结率为100%；市纪委创新推出“一站三台账”，设立一个民生信访服务站，建立三本监督工作台账，让群众诉求“有门”，反映问题及时“结账”。全市纪检监察部门聚焦“大扶贫”战略，坚持“护民生、促脱贫”，全面开展民生监督“三年亮剑行动”，核查民生项目2262个，对违纪人员给予了党政纪处分；全市检察机关以“冤假错案零发生”为目标，扎实推进“两个立案监督”活动，依法监督刑事立案、侦查活动。“法治毕节”创建以来，共受理立案监督案件34件，对侦查活动违法情形提出纠正意见77件次；纠正审判违法活动11件次，对认为确有错误的刑事裁判提出抗诉7件。向相关职能部门发出检察建议或提出纠正违法通知书22件；市审计局履行监督职能，共开展经济责任审计项目9个。同时结合工作实际，制定了《毕节市经济责任审计工作联席会议制度》《毕节市领导干部任期经济责任审计整改督查制度》2个制度，强化领导干部经济责任审计，促进各级领导干部切实履职尽责，形成多部门促进审计结果整改落实的合力，对领导干部经济责任审计的整改起到促进作用；为贯彻落实好《党政主要负责人履行推进法治建设第一责任人职责规定》，市纪委、市委组织部、市委政法委、市督办督查局联合出台了《毕节市县乡干部法治建设责任管理办法》，进一步强化了法治监督工作。

（撰稿人：韩　俊
审稿人：李宏亚　田　璇）

云 南 省

2017 年综治工作概况

2017 年,云南省综治工作以习近平新时代中国特色社会主义思想为指导,全面贯彻落实中央和省委加强社会治安综合治理工作的会议精神和工作要求,以群众平安需求为目标,加强和创新社会治理体制,努力提高社会治理工作的社会化、法治化、智能化、专业化水平,增强人民群众获得感、幸福感、安全感,为全面建成小康社会营造了安全稳定的社会环境。

一、适应新时代挑战高位谋划综治工作

省委、省政府高度重视综治和社会治理创新工作。年初,省委常委会专门听取综治工作及综治考核工作汇报,省委书记与各州市委书记签订年度综治(平安)目标管理责任书。全省综治部门主动适应新时代的挑战和要求,以党的十九大安保维稳为主线,紧紧围绕人民群众反映强烈和影响社会治安的突出问题,加强整体规划和统筹协调,大力推进综治中心建设、“雪亮工程”建设、网格化服务管理国家标准落实等基础性工程,着力提升综治工作的预测预警预防能力。

二、顺应群众平安需求狠抓社会治安工作

一是始终保持对违法犯罪的高压态势,严厉打击整治严重刑事犯罪,深化刑事案件防范工作,遏制突出犯罪多发高发态势。二是深入开展金融风险专项整治,妥善应对和及时处置金融风险事件,狠抓金融风险防控。三是推进社会治安防控“365”工程,初步形成环省、环州(市)、环县(市、区)“三层”社会治安防控圈;组建武装处突单元 447 个、报警亭 1372 个、视频监控 40 万余个;整合巡防力量,推进网格化巡防,健全联勤联动快速反应机制。四是开展缉枪治爆专项行动,推进扫黄禁赌,加强对社会治安重点地区挂牌整治,全年挂牌整治 3 个,拟挂牌警示 15 个,书面警示 53 个;撤销挂牌整治县 4 个、拟挂牌警示县 10 个、“青少年违法犯罪问题突出”县 2 个,撤销“命案多发”县书面警示 19 个。

三、提升防范处置能力化解矛盾纠纷

一是加强行业性、专业性人民调解组织建设,拓展矛盾纠纷调解领域,建立完善行政接边地区联防联调工作机制,加强与周边省份和边境接边地区的联调协作。全省有人民调解委员会 1.7 万余个,行业性、专业性人民调解组织 1400 余个,调解员 20 余万人,共排查矛盾纠纷近 50 万件。二是突出司法引领矛盾纠纷化解,打造“诉调对接中心”,推进“边立案、边审查、边化解”模式;建立云南法律援助工作总站,鼓励律师参与矛盾纠纷化解,强化调解员队伍建设,形成人民调解、行政调解、行业调解、商事调解等多类型调解体系。三是健全完善信访工作机制,制定出台信访信息分析研判、重要敏感信访信息通报、信访风险评估预警等工作机制,推动信访工作制度改革,做好非正常上访的劝返工作。

四、按照加强和创新社会治理要求夯实综治基础

一是狠抓《城乡社区网格化服务管理规范》国家标准的落实,创新网格化服务管理体制,总结推广德宏州“三帮四式”吸毒人员网格化服务管理亮点经验。全省 2098 个社区推行网格化服务管理,成立网格党组织 5816 个。二是按照国家《社会治安综合治理综治中心建设与管理规范》,制定出台云南省综治中心建设指导意见和建设方案,加强五级综治中心规范化建设,已建成 12 个州级、92 个县级、1200 个乡镇级、10843 个社区(村)级综治中心。三是修订《云南省公共安全视频监控建设联网应用工作领导小组成员单位职责》《云南省公共安全视频监控建设联网应用工作实施方案》,推进“雪亮工程”示范城市、重点支持城市建设和重大项目申报，牵头建设省级视频监控共享平台及省级综治视频监控接入平台，已列入中央综治办8个省级视频监控共享平台重点建设省。四是推进综治信息平台（一期）项目建设，拓展综治信息系统功能，加强综治系统运用培训，完善数据共享机制，社会治安防控体系互联互通平台建设取得新进展。

五、抓实重点行业领域促进公共安全建设

一是推动寄递物流安全三项制度落实，推广邮件快件实名收寄信息系统，强化落实寄递企业安全主体责任和政府部门监管责任。寄递企业配置X光安检机284台（2017年新增85台）。二是坚持以防范遏制重特大事故为总目标，着力推进非煤矿山转型升级，全面推进危险化学品综合治理，继续深化重点行业领域安全生产整顿治理，集中整治突出问题和重大隐患。三是推进护路联防责任制落实，召开省际接边地区路地协作会，加强接边地区护路工作，推进平安站区创建，做好高铁护路联防工作。四是整治旅游市场秩序，推进“平安旅游”创建活动，推出新版《云南省旅游标准合同》等，州（市）均成立旅游综合监管调度指挥部及指挥中心，挂牌设立30支旅游警察队伍、23个旅游工商分局机构、1个旅游执法履职监督办公室。五是制定《云南省“十三五”消防事业发展规划》，夯实火灾防控基础，加快消火基础设施建设，在全省公安派出所组建消防警组，建立健全农村基层消防组织，发动群众举报投诉火灾隐患，全面开展火灾隐患排查整治。六是成立云南省环境污染防治工作领导小组，推进生态环境损害赔偿制度改革试点，严肃查处环境违法典型案件，畅通群众环境举报投诉表达渠道，服务美丽云南建设。

六、整合综治资源推进专项工作发展

一是全面落实中央和省委加强禁毒工作意见，广泛开展禁毒宣传教育，推进境外禁种除源工作，加大吸毒人员清理排查和收戒管控力度，扎实推进基层戒毒工作，深入推进第四轮禁毒防艾人民战争，积极开展艾滋病监测防控救治。二是加强特殊人群服务管理，发动社会力量参与刑释解教人员安置帮教工作；加强社区矫正保障能力建设，成立社区矫正支队9个、社区矫正大队76个、社区矫正中队797个，社区矫正公益性岗位人员1060余人，全面推进县级综合医院精神科设置，强化肇事肇祸等严重精神障碍患者救治管理。三是出台深化预防青少年违法犯罪工作实施意见，全面部署预防青少年违法犯罪工作，调整充实成员单位职能职责，健全完善预防青少年犯罪工作制度，将未成年人司法项目经费纳入财政预算，积极推进“青少年零犯罪零受害社区（村）”创建，推动“为了明天——云南边疆民族地区预防青少年违法犯罪社会服务体系工程”实施。四是出台解决无户口人员登记户口问题实施意见，对11类无户口人员提出了分类解决办法；修订《云南省流动人口服务管理条例》，畅通城镇落户通道，推开居民身份证异地办理工作，开展省级人口信息管理系统项目建设，推进建立新型户籍制度。五是提升防范打击“三非”活动层级，构建党政军警民“五位一体”合力管边控边体系，深化边境地区综合治理。六是贯彻落实国家和省级校园安全工作会议精神，推进校园安全及周边综合治理，净化校园及周边环境，建立健全学校安全风险防控体系建设协调机制，落实人防、技防、物防措施，全面提升学校安全治理能力。七是成立云南省非公经济组织和社会组织党工委，出台改革社会组织管理制度促进社会组织健康有序发展实施意见，积极稳妥推进全省性行业协会商会与行政机关挂钩，建设完善民营经济组织信用监管体系和非公党建信息管理系统，加强“两新组织”服务管理和工作互动。八是进一步贯彻执行好《云南省奖励和保护见义勇为人员条例》，加大见义勇为人员表彰奖励力度，2016年度省人民政府表彰见义勇为先进集体2个、见义勇为英雄1名和见义勇为先进个人5名，颁发奖金149万元，积极开展困难见义勇为英模家庭帮扶，加强基金会自身建设，依法规范开展见义勇为工作。

七、强化综治责任和保障

一是加大综治领导责任制落实，完善五部门联席会议机制程序，按照“属地管理”和“谁主管谁负责”原则，将综治领导责任制转化为具体制度安排和工作举措。二是加强重点领域立法，审议通过违法建筑处置规定、农村扶贫开发条例、信访条例、安全生产条例等5件地方性法规，提升社会治理创新的法治保障水平。三是全面推进“七五”普法，推进落实国家机关“谁执法谁普法”责任制和国家工作人员学法用法，加强新闻媒体和互联网公益普法工作，强化法治宣传教育向村（社区）渗透力，组织第七批“全国民主法治示范村（社区）”先进单位评选申报。四是以总体国家安全观为主要内容，加强综治业务知识培训，加强综治（平安建设）与社会治理创新课题研究和决策咨询。五是开展群众安全感满意度宣传调查活动，提高群众对综治工作和平安建设的知晓度和参与率，开展民族地区法治宣传教育，参与全省政法综治优秀新闻作品评选，做好《长安》及其他法制类报刊杂志征订，不断推进平安法治宣传活动。六是选树综治（平安建设）先进典型。2017 年 9 月，楚雄州、大理州、玉溪市获全国社会治安综合治理优秀州（市）称号；水富县、蒙自市、古城区、德钦县、西山区、福贡县 6 个县（市、区）获全国平安建设先进县（市、区）称号；楚雄州、大理州、玉溪市、水富县、蒙自市、古城区、德钦县 7 个单位被授予“长安杯”；梁河县综治办、马龙县委政法委、麻栗坡维稳工作领导小组 3 个单位获“全国社会治安综合治理先进集体”荣誉；3 名综治维稳干部获“全国社会治安综合治理先进工作者”荣誉。

云南省综治委关于印发《关于推进全省综治中心建设的指导意见》的通知

（2017 年 5 月 25 日）

各州（市）综治委、省综治成员单位：

现将《关于推进全省综治中心建设的指导意见》印发给你们，请结合实际认真贯彻落实。

关于推进全省综治中心建设的指导意见

为进一步夯实综治工作基础，全面整合社会治理资源，不断创新社会治理方式，有效提高云南省社会治安综合治理水平，根据中央办公厅、国务院办公厅《关于加强社会治安防控体系建设的意见》《关于完善矛盾纠纷多元化解机制的意见》以及国家质检总局、国家标准委《社会治安综合治理综治中心建设与管理规范》（以下简称《中心建设与规范》）等文件和 2016 年在江西召开的全国社会治安综合治理创新工作会议精神，结合云南省实际，现就全省综治中心建设提出如下指导意见。

一、指导思想、基本原则和目标任务

（一）指导思想。以党的十八大、十八届三中、四中、五中、六中全会和习近平总书记系列重要讲话精神为指导，深入贯彻落实中央政法工作会议、全国社会治安综合治理创新工作会议精神，以网格化为基础，以信息化为支撑，坚持“边建设、边运行、边完善、边达标”的工作思路，建立完善省、州（市）、县（市、区）、乡（镇、街道）、村（社区）五级综治中心，健全完善综治工作制度机制，有效破解综治工作难题，不断提升云南省综治工作的实体化、信息化、社会化、专业化和法治化水平。

（二）基本原则。

1. 党政主导、综治协调、部门联动、社会参与；

2. 立足实际、因地制宜、整合资源、融合发展；

3. 定位准确、务实管用、运转规范、管理科学；

4. 信息共享、衔接有序、协调一致、指挥高效。

（三）目标任务。

1. 总体目标。按照《中心建设与规范》关于综治中心的功能定位，以网格化为基础、信息化为支撑、组团式服务为载体，将各级综治中心建设成为社会治安分析研判中心、网格化服务管理中心及视频会议中心，实现综治信息互联互通、综治资源整合共享、综治工作协调联动，全面提升云南省社会治理能力。

2. 阶段目标。

第一阶段：2017 年 12 月前为初建阶段，主要任务是：(1)按照“综治办 + 综治信息系统 + N”的模式，整合现有人力、物力、财力等保障条件，纵向联通省、州（市）、县（市、区）、乡镇（街道）、村（社区）五级综治办，横向联通相关职能部门，实现综治信息互联互通、资源共享；(2)联通省、州（市）两级综治视联网系统，实现视频会议开通到州（市）；(3)建立相关工作制度和机制，实现五级综治中心的试运行；(4)规范标牌标志，标牌和名称统一为“×××省、州（市）、县（市、区）、乡镇（街道）、村（社区）综治中心”，原已成立的各级综治中心，标牌和名称与上述要求不一致的，在 7 月 30 日前一律按照上述要求更名和制作标牌。

第二阶段：2018 年为完善阶段，主要任务是：(1)完善综治中心分析研判、分流办理、督查督办、情况反馈、考核评价等服务管理功能，实现综治中心实体化运行；(2)贯通省、州（市）、县（市、区）、乡镇（街道）、村（社区）五级综治视联网系统，实现视频会议开通到村（社区）；(3)各层级开展“雪亮工程”建设，各级综治中心接入社会公共安全视频监控资源，实现本层级的联网运用；(4)各层级开展综治中心示范点建设，并注重经验推广。

第三阶段：2019 年至 2020 年为提升阶段，主要任务是：(1)进一步健全完善工作制度和机制，拓展综治中心服务管理功能，实现中心的实体化、信息化、社会化、专业化；(2)融合接通五级社会公共安全视频监控资源，实现五级视频监控资源的互联共享、高效利用、统一指挥；(3)充分运用大数据手段，提高综治中心数据的“最大价值”，创新推进社会治安综合治理工作，到 2020 年努力使各级综治中心达到《中心建设与规范》规定的要求。

二、构建模式

（一）各地综治中心要结合当地和本级实际情况，既可单独选址进行建设，也可依托现有平台，因地制宜整合资源建设。

（二）中心参与部门由综治办、公安、司法行政、民政、人力资源社会保障、信访、法院、检察院、国土资源、住房和城乡建设、环境保护、工会、共青团、妇联、教育、卫生计生、铁路等单位组成。

（三）可依托综治信息系统、视联网等信息化手段，实现网上联合办公。条件成熟的，安排人员进驻集中办公，其中省、州（市）、县（市、区）综治办全体人员可进驻综治中心，乡镇（街道）及以下综治办、综治工作室全体人员应进驻综治中心。

（四）各州（市）、县（市、区）、乡镇（街道）可以结合实际由综治委或综治办负责同志担任同级综治中心主任，负责组织综治中心的管理工作；设若干名副主任并可由其他相关职能部门负责同志兼任；村（社区）党组织书记担任综治中心主任，常务副主任由村（社区）主任担任并负责日常工作。

（五）各地综治中心要加强人员配备，可按照《中心建设与规范》以招用事业编制人员或者通过政府购买服务等办法聘用社会工作者、支持社会组织或志愿者从事有关工作。

三、运行机制

（一）分析研判机制。依托综治信息系统、公共安全视频图像信息系统、视联网系统等手段，适时收集社会治安信息，及时组织会商研究，定期召开工作例会，加强对辖区内社会治安形势的分析研判，动态监测，协调解决重要事项，有针对性地作出工作部署。

（二）首问责任机制。各级综治中心办公人员、值班人员均为首问责任人，对群众反映的诉求事项，应第一时间登记，按照程序引导解决；对发现的不稳定信息和重要情况应及时报告；对突发事件应积极参与处理。

（三）督办落实机制。对于综治中心排查发现的矛盾纠纷、社会治安隐患，或由上级单位交办的各类案（事）件、治安问题，及时会商研究，按照“属地管理”“谁主管谁负责”原则，明确牵头部门、工作要求、解决时限，把矛盾化解在基层，把隐患解决在基层。同时，加大督查督办力度，强化跟踪问效，确保责任落实。

（四）协作配合机制。各派驻和参与单位应各司其职，加强协作，密切配合，充分发挥职能作用，共同做好社会治安综合治理工作。要健全完善应急联动机制，发生重大突发事件及时处置。如遇重大问题，或本级综治中心解决不了的问题，及时向上级综治组织、当地党委、政府以及综治委报告，请求协调解决。

（五）力量整合机制。各级综治中心要注重整合资源、整合力量，确保综治中心运转正常、发挥作用。县级及以下各级综治中心应建立组团管理服务制度，整合工作力量，深入基层、深入群众，进行点对点、面对面服务。同时，县级及以下各级综治中心还应建立社会治安状况实时监控、基层平安创建、婚姻家庭纠纷调处等制度和机制。

（六）考核奖惩机制。把综治中心建设及工作成效作为年度综治（平安建设）考评的重点工作，加大考核分值权重，形成正面激励导向；对工作不得力、成效不明显的地方限期整改。

（七）工作保障机制。按照“权随责走、费随事转”的原则，加大综治经费投入，充分协调综治成员单位职能，积极争取当地党委、政府的支持，充分调动社会各方面力量，多渠道筹措资金，共同参与建设。通过政府购买服务等方式加强社会治安防控体系建设和矛盾纠纷多元化解工作，将网格化管理纳入社区服务工作或群防群治管理。

四、技术支撑保障

（一）综治信息系统。依托国家电子政务外网，利用全省统一信息处理系统、数据共享平台、“96885”短信平台和手机“综治通”平台，拓展综治信息化应用领域，提升应用成效；整合公安、司法、民政、人社、住建、交通运输、卫计、工商、安监、邮政、教育等相关部门业务数据，实现综治相关数据资源的互通共享和挖掘分析；推进“综治云”和大数据资源中心建设，实现信息的适时收集、报送、分析、交互；利用大数据共享、分析、应用等技术，辅助决策、支撑工作及实施管理。

（二）公共安全视频监控系统。加快“雪亮工程”建设，通过政府视频监控专网、电子政务外网等联网线路，在确保安全的前提下，最大限度地整合各相关部门、系统的视频监控图像信息资源，实现公共区域视频监控图像资源联网共享，确保到2020年基本实现“全域覆盖、全网共享、全时可用、全程可控”。结合大数据处理技术进行有效的信息检索、整合、分析和挖掘，在加强治安防控、创新社会治理等方面为中心建设提供应用服务支持，也向同级不同部门提供相应的视频监控图像资源。

（三）综治视联网系统。围绕社会治安综合治理重点工作，将视频会议、视频通讯、视频培训、视频调解、视频信访、视频调研、信息发布等功能整合汇聚到全省综治视联网平台上，实现省、州（市）、县（市、区）、乡（镇、街道）、村（社区）五级综治中心以及跨地区、跨部门、跨行业视频资源的互联互通，为联席会商议事、领导进驻指挥、应急调配力量、联动参与处置等提供可视化、及时性的支撑服务。

五、工作要求

（一）加强组织领导。要高度重视综治中心建设，把综治中心建设作为政法综治工作的一项重要内容，重点抓好基础设施、物质装备的立项规划，认真研究解决人员配置、经费投入、考核奖惩等重要问题，做到与政法综治工作统筹推进。要严格落实领导责任，把综治中心建设纳入综治工作（平安建设）考核评价指标体系，将考核评价结果作为对领导班子和领导干部考核评价的重要内容，采用评估、督导、考核、激励、奖惩等措施，推进综治中心建设工作落到实处。

（二）注重统筹协调。各级综治组织要在党委和政府领导下，充分发挥牵头作用，采取有力措施，解决工作中遇到的突出问题，统筹推动工作落实。要进一步明确各有关单位在综治中心建设中的职责任务，做到各负其责、各司其职、齐抓共管，增强整体合力；要按照“谁主管谁负责”原则，认真抓好本部门职责任务的落实，激发各方力量参与综治中心建设的积极性、主动性和创造性。

（三）落实工作保障。根据《中心建设与规

范》要求，综治中心建设可根据中央和省相关文件规定，积极争取把综治中心建设运行经费纳入当地财政预算，保障综治中心建设、运行、维护等工作顺利开展，并随着经济发展逐步增加投入。同时，逐步建立适应社会主义市场经济要求的经费保障机制，充分调动社会各方面力量，多渠道筹措资金，从人力、物力、财力上保证综治中心建设顺利推进。

云南省综治委关于进一步做好命案防范工作的意见

（2017年8月23日）

为了有效预防和减少命案发生，推动平安云南向纵深发展，不断提升人民群众的安全感，促进社会和谐。根据中央综治办、公安部《关于进一步加强命案防范工作的意见》，现就进一步做好云南省命案预防和治理工作提出如下意见。

一、排查化解矛盾纠纷，预防减少命案发生

（一）健全矛盾纠纷多元化解工作格局。按照构建平台、健全组织、完善机制、打造队伍、强化保障的要求，着力构建以综治中心（调解中心）为枢纽，纵向分级负责、横向对接联动的矛盾纠纷大调解工作格局，完善人民调解、行政调解、司法调解衔接联动机制，实现各类调解资源优势互补、良性互动，形成各级各部门协作配合、紧密衔接、齐抓共管的大调解整体合力。在县、乡两级，依托综治中心，整合有关部门和行业性、专业性调解组织力量，规范“一站式”受理、分流、督办工作制度，充分发挥综治中心在矛盾纠纷排查、预警、化解工作的中枢作用。在村（社区），推动“一村（社区）一调解室（窗口）”建设，开展本村（社区）矛盾纠纷的排查、信息报送和调处化解工作。在企业、校园、医院等单位和车站（码头）、市场（商场）、工业园区、旅游景点等矛盾多发部位设立综治工作站或调解室，及时处置矛盾纠纷，切实防止“民转刑”案件和矛盾纠纷激化导致的命案发生。

（二）充分发挥人民调解“第一道防线”作用。加强调解队伍建设，推动建立一支职责相对固定、调解技能丰富、具有一定法律、心理学和相关专业知识的专业调解员队伍。优化人民调解员队伍知识、年龄结构，加大调解员培训力度，提高调解队伍综合素质和发现问题、解决问题的能力。完善“以案定补”“以奖代补”机制，建立健全调解工作规程，提升人民调解工作的规范性、权威性和公信力。

（三）加强专业性调解组织建设。在矛盾纠纷多发领域，由相关部门牵头，组建专业性人民调解组织，提高矛盾纠纷化解的针对性和实效性。依托国土资源部门，组建土地纠纷调解委员会；依托人力资源和社会保障部门，组建劳动争议调解委员会；依托卫生计生部门，组建医患纠纷调解委员会；依托住建部门，组建物业纠纷调解委员会；依托环保部门，组建环境资源调解委员会；依托民政、妇联等部门，组建婚姻家庭、邻里关系调解委员会，分别负责组织各自领域矛盾纠纷的调解工作。同时，积极引导仲裁、行业协会等社会组织参与矛盾纠纷调解，引入心理疏导、宣传教育、困难帮扶、定期回访等制度机制，做好调处化解工作，防止矛盾激化引发刑事案件。

（四）完善矛盾纠纷预防化解衔接工作。建立综治、公安、司法等部门间的会商分析制度，完善人民调解、行政调解、司法调解衔接联动的工作机制，研究更为灵活的对接协作、跟踪服务制度，确保矛盾纠纷在不同发展阶段、不同情况下，都有相应的力量介入开展工作。完善公安接处警与人民调解衔接机制，推动在派出所引入人民调解员参与处置治安纠纷等机制。完善诉调对接机制，通过立案前委派调解或立案后委托调解，在充分征求双方当事人意见基础上，引导纠纷通过调解方式解决，落实调解协议司法确认制度。对调解不成功的，及时引导进入诉讼程序，依法予以裁判。建立完善跨地区、跨行业、跨部门间矛盾纠纷预防化解联动工作机制，对涉及“三跨三分离”的矛盾纠纷，加强人员流出地和流入地之间的沟通衔接，共同推动矛盾解决。健全工会、企业代表组织、调解组织及主管部门共同参与的处置突发劳动争议的应急调解机制。

二、打击整治违法犯罪，压缩命案发生空间

（五）完善社会治安防控体系。强力推进以视频监控、网络监控、治安卡口监控为载体的技术防控体系建设，努力实现街面、公共复杂场所、重点部位、主要路口视频探头全覆盖，不断提升城市社区、重点行业、商业店铺、“城中村”、城郊结合部、农村地区视频探头覆盖率，推进技防新装备向农村地区延伸，提高命案的事前防范、事中监控、事后追查能力；加强武装巡逻，统筹整合各种警力，屯警街面，进一步提高“见警率”；加强专职巡防队、保安、平安志愿者等群防群治队伍建设，提升预防打击犯罪能力。

（六）加大对犯罪行为的打击力度。充分发挥法治的引导、规范、调节、保障、惩戒作用，对严重“民转刑”案件特别是命案，依法快侦快破，坚决依法予以严惩，震慑犯罪、教育群众。健全完善经常性严打工作机制，始终保持对犯罪活动的高压态势，围绕暴力恐怖犯罪、严重刑事犯罪案件和人民群众反映最强烈的“两抢一盗”等案件，适时组织开展各类专项打击活动，进一步提高群众安全感。公安机关对群众的报警求助要迅速处置，要加大命案侦破力度，组织开展“命案侦破攻坚专项行动”，切实减少命案“存量”。法院、检察院要结合批捕、起诉和审判工作，从具体案件中发现命案防控工作中存在的问题，及时提出司法建议和检察建议，督促落实工作责任、完善工作机制。

（七）强化对重点地区和突出问题的整治。开展社会治安重点地区、重点部位、重点领域、重点行业以及各类社会治安突出问题的排查整治，将容易引发聚众斗殴、寻衅滋事的餐饮夜市、网吧、洗浴场所、歌舞厅、棋牌室、中小旅店等场所和集贸市场、流动人口聚集区等作为重点场所、部位，紧紧盯住容易引发命案的黄赌毒等社会治安突出问题，深入开展重点整治工作，多管齐下，综合施策，推动影响群众安全感各类治安问题得到切实解决。

三、夯实筑牢基层基础，提升命案防范能力

（八）强化基层组织建设。充分发挥基层党组织的战斗堡垒作用，完善党员干部直接联系群众制度，及时了解社情民意，掌握苗头隐患。充分发挥基层综治组织在平安建设中的组织协调、督导检查作用，组织辖区内有关部门和社会力量，排查化解矛盾纠纷和各类苗头隐患。充分发挥基层工会、共青团、妇联等团体以及社会组织在维护群众利益、反映群众诉求等方面的积极作用，建立有效联络机制，鼓励基层及时报送矛盾纠纷等案（事）件情况。

（九）促进“两化”融合发展。努力促进网格化管理全覆盖，明确和细化工作职责，发挥网格员人缘、地缘优势，主动发现矛盾、化解矛盾、提供服务、解决问题。充分发挥综治信息化有效支撑矛盾纠纷排查化解等工作作用，强化部门间的信息资源共享整合应用，推动矛盾纠纷案事件等排查报送、统计分析、分流交办、结果反馈、考核督查等信息化手段应用。提高网格员等一线人员装备技术水平，通过“语音、短信、视频”等信息化报送手段，提升矛盾纠纷案事件的发现、应对、处置能力。推动信息化和网格化的“两化融合”发展，充分发挥信息资源整体效能，提升基层治理能力。

（十）推进法治教育和精神文明建设。强化法治教育，在全社会牢固树立办事依法、遇事找法、解决问题用法、化解矛盾靠法的观念。深入推进普法工作，以城镇外来务工人员等流动人口、各类特殊人群、农村群众、青少年为重点对象，广泛普及正确处理家庭、婚恋、债务、继承、土地权属、劳动关系等纠纷的法律法规，提高全民法律素质。根据农村特点和农民群众的认知程度，注重用“大白话”和“身边事”释理说法，逐步树立对法律的敬畏感和信任感。针对青壮年农民外出打工的情况，以经济主体为单位，结合生产、生活实际，普及法律常识，增强法律观念，提高依法维权能力。协调推动面向农村的法律援助工作，使农民群众享受到方便、高效的法律服务。推进精神文明建设，加强公民道德教育，践行社会主义核心价值观，努力培育自尊自信、理性平和、积极向上的社会心态推动移风易俗，整治赌博、酗酒、高额彩礼等现象，切实减少不和谐因素，营造良好社会氛围。

（十一）深化基层平安创建。总结推广零命案县（市、区）经验，积极开展“无命案”乡镇（街道）、“无刑事案件”社区（村）创建活动，加强规律性研究，及时发现和处置引发命案和极端事件的苗头性问题。认真贯彻《社会治安综合治理综治中心建设与管理规范》等国家标准，加强各级综治中心规范化建设，建立“民转刑”命案防范工作协作联动机制，增强工作合力，共同维护良好的社会治安秩序。在村（社区）综治中心（工作站）建立群众接待室、矛盾纠纷调处室、视频监控室等，并健全工作制度。加快“雪亮工程”建设，完善公共安全视频监控系统联网运用相关制度机制，有效防范案件发生。

四、强化提升服务管理，切实消除治安隐患

（十二）强化对重点人员的服务管理。创新流动人口管理，统筹推进基本公共服务均等化加强精细化管理，落实“以房管人、以证管人、以业管人”等措施。加强对社区服刑人员、刑满释放人员、吸毒人员、艾滋病人、易肇事肇祸严重精神障碍患者、不良行为青少年等的动态管理，建立健全政府、社会、家庭三位一体的关怀帮扶体系，落实教育、矫治、管理以及综合干预措施。完善农村留守老人、妇女、儿童关爱帮扶体系，加强对两地分居家庭的关心救助，对因婚姻家庭关系不和引发的矛盾纠纷，加大调处化解力度，防止矛盾激化。建立心理疏导服务体系，推进心理咨询、心理疏导人才队伍建设，推动村（社区）逐步建立心理咨询室或经常性的心理服务机制。对矛盾突出、生活失意、心态失衡、行为反常的特殊人群，加强心理疏导、心理危机干预，防止发生个人极端暴力犯罪。

（十三）强化对重点场所的管控。将容易引发聚众斗殴、寻衅滋事的餐饮夜市、网吧、洗浴场所、歌舞厅、棋牌室、中小旅店等场所和集贸市场、流动人口聚集区等作为重点防控部位，加强治安防控力量，提高巡防频率。加强对公共复杂场所安全警示教育，明确管理责任，强化安全管理培训，努力提高防控民转刑案件的能力。完善幼儿园、学校、敬老院、医院、商业场所、金融机构等重点场所安全防范机制，加强公共交通安保工作，落实公共交通安全实名制，严防发生个人极端案（事）件。

（十四）强化对重点物品的管控。持续开展治爆缉枪、收缴管制刀具等专项整治行动，加强对易燃易爆物品、剧毒物品的管理；加强对个人零散购买汽油、大宗购买烟花爆竹等敏感可疑物品的管控；加大邮政寄递、物流运输、汽油销售等行业管理力度，落实寄递物流安全管理“3 个 100%”制度，严防危爆物品非法流散社会。

五、建立健全机制制度，确保责任落实到位

（十五）建立健全矛盾纠纷预警研判机制。建立健全“案前”预警研判机制，进一步拓宽命案方面的信息渠道，广泛搜集掌握各类可能引发命案的矛盾线索，全面加强相关矛盾线索的专业梳理、分析、研判及预警工作。对排查出的矛盾纠纷，根据矛盾性质、积累时间、冲突烈度、当事人情况及其他苗头迹象，综合分析其演变为刑事案件的可能性，按照风险高低实行分级管理。落实基层矛盾纠纷排查调处协调会议制度，县级以上单位每个月、乡镇（街道）每半个月、村（社区）每周召开一次协调会议，分析本地区矛盾纠纷总体情况，制定切实可行的解决措施，明确责任单位和责任人，逐一加以解决。

（十六）建立健全命案快速处置机制。建立健全“案中”快速处置机制，充分发挥好楼栋长、治安中心户长、巡防队员等群防群治队伍的人缘、地缘优势，针对突发矛盾纠纷，第一时间介入，控制事态、缓和情绪、报告情况。公安机关要进一步强化 110 快速出警处置机制，在接到群众报警后，要快速出警、果断处置，及时制止可能激化升级的纠纷和冲突，防止矛盾激化转化为杀人、伤害等恶性案件。卫生计生部门要推动有关医疗机构建立刑事案件受伤人员绿色通道，对刑事案件造成的伤员和危重病人，简化手续，优先急救，避免因抢救不及时造成伤员死亡。

（十七）建立完善命案舆情引导机制。完善落实“三同步”工作机制，加强重大敏感案件舆论引导。各地公安机关要将侦破命案与舆情引导“同步考虑、同步安排、同步推进”。在有关案件突破后，立即查明作案动机，视情向社会公布，及时妥善回应社会关切；在侦破重特大命案时，适时向社会公布案情和侦查工作进展。对发布片面信息炒作、误导舆论的有关人员，要及时通报宣传，网络主管部门尽快处置，构成犯罪的，依法追究刑事责任。

（十八）建立健全保障机制。各级党委、政府要把命案防范工作作为本地区平安建设的重要任务，纳入经济社会发展总体规划和重要议事日程，研究解决工作中的重要问题，一级抓一级、层层抓落实，从人力、物力、财力上保障工作顺利开展，真正担负起维护一方稳定、确保一方平安的重大政治责任。要把命案防范工作纳入各级党委和政府工作督查范围，适时组织开展专项督查，推动工作落实。各级综治组织要充分发挥调查研究、组织协调、督导检查、考评推动等职能，充分运用综合治理制度优势，充分调动各部门、各单位积极性、主动性、创造性，形成齐抓共管的工作合力，共同做好命案防范工作。

（十九）建立健全命案责任查究机制。把命案预防和治理工作作为综治工作（平安建设）考核评价的重要内容，结合本地实际，完善相关考评指标体系，采用评估、督导、考核、激励、惩戒等措施，以目标管理加强命案防范。各级综治组织要牵头各部门对重点案件进行总结剖析，查找漏洞，补齐短板。要认真贯彻执行省综治委、省纪委、省委组织部、省监察厅、省人社厅关于贯彻落实《中共中央办公厅、国务院办公厅关于印发〈健全落实社会治安综合治理领导责任制规定〉的通知》精神，对命案预防和治理工作成绩突出的地区进行表彰、奖励；对社会治安问题突出的地区和单位，通过通报、约谈、挂牌督办等方式，限期进行整改；对因重视不够、矛盾纠纷调处不力、命案防范措施不落实而导致违法犯罪现象严重、治安秩序严重混乱、发生重特大案（事）件特别是重特大命案的，应根据中共中央办公厅、国务院办公厅关于印发《健全落实社会治安综合治理领导责任制规定》进行责任倒查和责任追究。

云南省公共安全视频监控建设联网应用工作领导小组关于印发《云南省公共安全视频监控建设联网应用工作领导小组成员单位职责》的通知

（2017 年 11 月 3 日）

领导小组各成员单位：

《云南省公共安全视频监控建设联网应用工作领导小组成员单位职责》已征求各部门意见并经领导同意，现印发给你们，请按职责积极做好我省公共安全视频监控建设联网应用各项工作。

云南省公共安全视频监控建设联网应用工作领导小组成员单位职责

省委办公厅：统筹协调公共安全视频监控建设联网应用工作领导小组中涉及党委、政府不同部门间工作的一致性；解决工作中遇到的重大问题；督导检查全省工作的开展和进展情况。

省政府办公厅:组织推动全省公共安全视频监控系统建设联网应用工作;推动出台全省公共安全视频监控系统建设联网应用工作的政策;组织规划设计;核准总体建设方案;部署建设任务;督导省政府令第203号的贯彻落实。

省综治办:牵头云南省公共安全视频监控建设联网应用工作领导小组的总体工作;组织综治成员单位的视频监控系统建设联网应用工作;统筹全省各级综治部门的系统应用;协调领导小组成员单位之间相关工作;将系统建设联网应用工作纳入综治考核。

省发展改革委:指导编制云南省公共安全视频监控建设联网应用总体规划;负责公共安全视频监控建设联网应用重大建设项目的立项和资金使用监管;做好领导小组安排的其他工作。

省工信委:负责将公共安全视频监控建设联网应用纳入全省信息化工作发展规划;培育、指导公共安全视频监控建设联网应用工作中新技术的研发、推广;指导公共安全视频监控信息和视频专网的安全保障工作;做好领导小组安排的其他工作。

省财政厅:负责公共安全视频监控建设联网应用经费保障机制的建立;负责将公共安全视频监控专网核心骨干链路的建设、维护经费以及省级监控平台的运维经费纳入财政预算;做好领导小组安排的其他工作。

省教育厅:负责推动全省学校、幼儿园等教育系统单位的系统建设、联网、应用工作;负责本系统重要监控区域的监控资源接入全省公共安全视频监控专网的组织协调工作;做好领导小组安排的其他工作。

省民宗委:负责推动全省宗教场所公共安全视频监控系统建设、联网、应用工作;负责重要、敏感宗教场所监控资源接入全省公共安全视频监控专网的组织协调工作;做好领导小组安排的其他工作。

省科技厅:负责本系统和本单位公共安全视频监控系统建设、联网、应用工作;培育和支持云南省视频监控系统新技术研究、新产品研发等创新工作;推动所属科研院所重要部位监控资源接入全省公共安全视频监控专网工作。

省公安厅:具体承担领导小组办公室的日常工作;制定全省公共安全视频监控建设发展规划;负责全省公共安全视频监控系统建设、联网、应用的监督和指导工作;牵头负责全省公共安全视频监控系统专网建设并负责控制中心的运维管理;做好由政府财政投资的社会公共区域视频监控系统的建设、联网、应用、维护和管理。

省安全厅:负责本系统视频监控系统的建设应用工作;做好领导小组安排的其他工作。

省民政厅:负责在职责范围内积极推动本部门、本行业的系统建设工作;配合相关部门推动全省公共安全视频监控系统建设、联网、应用工作;做好领导小组安排的其他工作。

省司法厅:负责推动监狱、强制隔离戒毒所等所辖单位的系统建设、联网、应用工作;配合相关部门推动全省公共安全视频监控系统建设、联网、应用工作;做好领导小组安排的其他工作。

省人社厅:负责在职责范围内积极推动本部门、本行业的系统建设工作;配合相关部门推动全省公共安全视频监控系统建设、联网、应用工作;做好领导小组安排的其他工作。

省环境保护厅:负责在职责范围内积极推动本部门、本系统的建设工作;负责本部门重要监控区域的监控资源接入全省公共安全视频监控专网的组织协调工作;做好领导小组安排的其他工作。

省住建厅:负责推动住宅小区、公共建筑、城市道路的系统建设、联网、应用工作;负责组织协调本行业内重要监控区域的监控资源接入全省公共安全视频监控专网;做好领导小组安排的其他工作。

省交通厅:负责推动全省机场、港口、车站码头、桥梁隧道等重要交通枢纽和公共交通工具的系统建设、联网、应用工作,负责本系统重要监控区域的监控资源接入全省公共安全视频监控专网的组织协调工作;做好领导小组安排的其他工作。

省林业厅:负责推动全省自然保护区、林场等的系统建设、联网、应用工作;配合相关部门推动全省公共安全视频监控系统建设、联网、应用工作;做好领导小组安排的其他工作。

省水利厅:负责推动全省重要江河堤防、重要水库、主要湖泊的重点区域及其他重要水利工程设施的系统建设、联网、应用工作;负责组织协调本行业内重要监控区域的监控资源接入全省公共安全视频监控专网工作;做好领导小组安排的其他工作。

省文化厅:负责本系统重要监控区域的监控资源接入全省公共安全视频监控专网的组织协调工作;指导全省网吧、博物馆(纪念馆)、重点文物保护单位、文化市场经营场所的系统建设、联网、应用工作;做好领导小组安排的其他工作。

省卫计委:负责推动全省医院、卫生院的系统建设、联网、应用工作;负责本系统重要监控区域的监控资源接入全省公共安全视频监控专网的组织协调工作;做好领导小组安排的其他工作。

省国资委:负责推动全省国有企业的系统建设、联网、应用工作;负责组织协调管辖企业将重要监控区域的监控资源接入全省公共安全视频监控专网。

省质监局:负责在职责范围内积极推动本部门、本行业的系统建设工作;配合行业主管部门做好全省公共安全视频监控系统建设中的标准制修订工作。

省安监局:负责推动全省安全生产单位的系统建设、联网、应用工作;负责组织协调管辖企业将重要监控区域的监控资源接入全省公共安全视频监控专网;做好领导小组安排的其他工作。

省新闻出版广电局:负责推动新闻出版广电等重要新闻单位的系统建设、联网、应用工作;负责组织协调管辖企业将重要监控区域的监控资源接入全省公共安全视频监控专网;做好领导小组交办的其他工作。

省旅发委:负责推动全省景点、公园的系统建设、联网、应用工作;负责组织协调本行业内重要监控区域的监控资源接入全省公共安全视频监控专网。

省政府法制办:负责省政府令第 203 号的立法解释及具体应用问题的解释工作;负责以省政府名义出台的相关配套规范性文件的合法性审核工作。

省食药监局:负责在职责范围内积极推动本部门、本行业的系统建设工作;负责组织协调管辖企业将重要监控区域的监控资源接入全省公共安全视频监控专网;做好领导小组安排的其他工作。

昆明铁路局:负责在职责范围内积极推动本部门、本行业的系统建设工作;负责组织协调管辖企业将涉及公共安全的重要监控区域的监控资源接入全省公共安全视频监控专网。

省通信管理局:负责在职责范围内积极推动本部门、本行业的系统建设工作;协调全省公共安全视频监控系统专网建设工作;做好领导小组安排的其他工作。

中国人民银行昆明支行:负责推动全省金库、货币、有价证券、票据的制造或者存放场所、押运车辆、金融机构的系统建设、联网、应用工作;负责组织协调将本行业内重要监控区域的监控资源接入全省公共安全视频监控专网;做好领导小组安排的其他工作。

云南银监局:负责推动全省金库、货币、有价证券、票据的制造或者存放场所、押运车辆、金融机构的系统建设、联网、应用工作;配合相关部门推动全省公共安全视频监控系统建设、联网、应用工作;做好领导小组安排的其他工作。

中国电信云南省公司:负责在职责范围内积极推动本部门、本行业的系统建设工作;积极参与全省公共安全视频监控系统专网建设工作。

中国联通云南省公司:负责在职责范围内积极推动本部门、本行业的系统建设工作;积极参与全省公共安全视频监控系统专网建设工作。

中国移动云南省公司:负责在职责范围内积极推动本部门、本行业的系统建设工作;积极参与全省公共安全视频监控系统专网建设工作。

省边防总队:负责推动云南边境口岸、边境沿线公共安全视频监控系统建设、联网、应用工作;负责组织协调将本部门重要监控区域的监控资源接入全省公共安全视频监控专网。

云南机场集团:负责推动全省机场公共安全视频监控系统建设、联网、应用工作;负责组织协调将本行业内重要监控区域的监控资源接入全省公共安全视频监控专网。

云南广电网络集团公司:负责推动广播电台、电视台等重要传媒单位的系统建设、联网、应用工作;负责在职责范围内积极推动本部门、本行业的系统建设工作;积极参与全省公共安全视频监控系统专网建设和“雪亮工程”建设工作。

云南省丽江市"智慧＋N"提升丽江社会治理社会化、法治化、智能化、专业化、精细化水平

丽江作为全国知名旅游城市，外来人口众多，加之水能和矿场资源开发、重点工程建设、移民搬迁、征地拆迁等项目建设，形成人、财、物大流动，随着人民群众对安全感的需求不断增长，对社会治理期望越来越高，社会治理压力日渐增大。为适应新变化新要求，着力提升社会治理防控能力和水平，市委、市政府立足丽江实际，深入分析问题和短板，全面总结经验教训，制定下发了《丽江市关于推进社会治理"智慧＋N"全域化的实施意见》，应用大数据推进丽江社会治理体系和治理能力现代化取得良好成效。

一、主要做法和举措

（一）实施"智慧＋N"推进社会治理不断创新。立足丽江实际和现实需要，以大数据、智能化、信息化为核心，以推动社会治理理念思路、体制机制、方法手段创新为抓手，强化对大数据的深度应用，实施社会治理信息资源整合共享一体化工程，加快推进信息互联互通、平台共建共享，把大数据手段充分运用到打防管控、执法司法、服务管理、队伍监督等领域和环节，以互联网、物联网、电信网、广电网等网络组合为基础，以信息技术高度集成、信息资源综合应用为主要特征，以智慧旅游、智慧社区、智慧交通、智慧政务、智慧民生、智慧政法等为重要内容，实施并深入推进智慧＋平安旅游、平安社区、平安校园……N个平安工程建设，推进社会治理体系和治理能力现代化。

（二）强化措施，提升社会治理社会化、法治化、智能化、专业化、精细化水平。一是强化六项保障，推进"智慧＋N"全域化，即强化组织领导、部门责任、数据融合、政策保障、示范带动、宣传引领、考核督查。二是健全四项体制提升丽江社会治理社会化水平，即建立健全社会治理社会化体制、社会协同治理机制、维护群众利益机制、同心培育和谐网络文化机制。三是建设四项治理体系提升丽江社会治理法治化水平，即着力建设社会治理法治化体系、城乡公共法律服务体系、基层社会依法治理体系和推进法规制度体系落实。四是搭建四大应用平台推进丽江社会治理智能化水平，即搭建社会治理丽江智能化平台、基层社会治理信息共享平台、社会治理大数据分析研判应用平台和社会治理基础要素信息化平台。五是打造四项创新模式推进丽江社会治理专业化水平，即打造社会治理丽江专业化模式、矛盾纠纷多元化解模式、多层次多领域社会治理模式和执法司法规范化专业化模式。六是提升四大防控能力推进丽江创新社会治理精细化水平，即提升风险预测防控精细化能力、社会治安立体预警防控能力、维护网络安全预警防控能力和维护国家安全预警防控能力。

（三）整合力量，借力招商引资全力推进智慧＋N工程。以压实综治领导责任制为抓手，激发行业系统和部门积极性、主动性和创造性。一是率先实施"智慧旅游""智慧社区""智慧校园""智慧交通""智慧警务""智慧党建"工程及20个示范乡镇的试点试验重点推进，在市级到县、乡、村级"智慧＋N"网格化管理全覆盖，形成可复制可推广的"智慧＋N"丽江创新社会治理建设成果的基础上，逐步向全市推广，到2020年基本实现"智慧＋N"全域覆盖。二是借力招商引资，推进"智慧＋N"工程。丽江先后引进了阿里巴巴、九次方、斐讯等知名企业，启动实施了"丽江旅游大数据中心""斐讯丽江大数园"和"爱丽江"无线城市等一批项目，市人民政府与云南省投资控股集团有限公司合作推进智慧党建、智慧政务、智慧金融、智慧旅游等"智慧＋N"工程；丽江泸沽湖旅游开发有限公司与中国移动丽江分公司合作建设智慧泸沽湖；古城管理局与中国移动丽江分公司合作，采取以租代建方式，建设古城核心区高清视频监控等。同时，全力争取列入全国"雪亮工程"

重点支持城市，全力提升治安防控水平。

二、取得成效

（一）“智慧＋平安旅游”。借助信息化、智能化、网格化，大力开展“平安旅游”创建活动，努力做到在全市旅游行业中实现“八个不发生”。一是建立主要景区监控系统。古城内建成核心区297个高清视频探头，丽江古城内22家酒吧282个摄像头接入“平安丽江”平台，实现共建共享；玉龙山景区新建和接入企业、经营场所等656个视频点，做到了游客活动集中区域监控无死角的硬性要求；老君山管理局督促景区经营企业在索道、栈道、游步道、景区道路等重要地段，加设高清视频监控，在重要入口和人员密集场所设立全彩电子显示屏、触摸屏等设备；拉市镇综治中心设立“智慧＋平安拉市”综合管理指挥中心，动态掌握、适时跟踪各类隐患线索，快捷分流隐患排解任务，在18个马场共有监控设备27套，高清红外探头206个，试运行马场管理系统，同时不断完善和延伸智慧景区服务功能。三是各景区加快推进“一店一码”诚信经营平台建设，做到所有门店均有台卡可扫码咨询、投诉。四是构建大数据统计分析平台。充分利用移动通信网络全覆盖优势，通过对移动电话用户的精确定位和行为等大数据分析推出了丽江古城游客流量大数据统计分析和应用，实现人流量统计分析、来源地分析、到访交通方式分析、驻留分析、片区分布监控预警等。五是建立信息化智慧化管理系统，形成一个集景区综合事务管理、监控、救援、公众信息服务、远程办公于一体的综合性应用平台；在全省率先启动了丽江智慧旅游建设项目，率先建成“全光网市”。六是建立了统一高效的综合指挥平台。在全省率先探索建立了由多个涉旅单位、部门组成的“1＋5＋N＋1”为核心的旅游市场综合监管机制。

（二）“智慧＋平安社区”。一是着力构建治安防控体系，加强视频监控、电子围栏、门禁系统、一键报警等现代技术应用，始终把治安防控体系建设作为新形势下解决社会治安问题的治本之策。二是加强民主法制宣传教育，采取多种形式宣传法律法规及创建“平安小区”，营造良好氛围。三是开展物业管理专项整治工作，引导业主支持和主动参与物业管理活动，营造有利于行业健康发展的良好舆论氛围。

（三）“智慧＋平安医院”。一是进一步强化医疗机构信息系统安全风险防范工作，通过技术手段不断加强医疗机构安全保卫等级，确保医疗机构信息安全；二是加大医疗机构摄像头安装工作，全市医疗机构合计安装摄像头1549个；三是在市人民医院视频监控平台与公安110指挥平台进行了联网对接；四是部分医疗机构已安装消防自动报警装置；五是实施“全民健康信息平台”，实现医疗机构间的信息共享。

（四）“智慧＋平安校园”。结合“平安校园”建设，在全市教育系统安装二类视频监控探头6885个，有效确保校园及周边安全。

（五）“智慧＋平安寺庙”。在主要寺庙和宗教活动场所及周边安装了视频监控探头，借助信息化手段，加强视频监控联网应用，通过加强寺庙和重点宗教活动场所的视频监控联网应用，进一步加强寺庙管理，维护宗教秩序，促进宗教和睦，切实维护涉藏地区的社会稳定与和谐。

（六）“智慧＋平安机场”。一是增强安防措施，提升服务水平，创新管理方式，保障机场安全运行。二是以空防隐患排查治理、涉恐隐患排查整治等工作为抓手，加强重点要害部位防控、严格执行三级响应措施。三是积极开展矛盾纠纷排查调处，预防和妥善处置群体性事件。四是加强法制宣传教育，提高员工法制思维。五是完善预案，增强机场应急处置能力。

（七）“智慧＋平安交通”。一是全面开展“四个平安”建设活动，投入使用“平安丽江”智能交通系统。二是开展示范路、示范客运站、示范港口码头创建活动。三是利用互联网技术手段，大力推进交通事故快处快赔工作。四是结合行业实际，深入推进和实施有行业特色的“智慧＋平安交通”工作，推进智能化交通运输服务升级。开通互联网服务平台，大力推广“交管12123”平台，运用互联网媒体开展交通安全宣传等。

（八）“智慧＋警务”。全市公安机关以信息化为指引，积极构建社会治安防控新格局。一是拓展视频监控网建设，全面提升城市综合管理水平和社会治安动态防控能力，按照企业出资建设、政府长期租用的模式建设的“平安丽江”综合视频管理系统投入使用，“平安丽江”建设水平实现了质的飞跃。二是全面实行“住行”实名制，管住人。实现外来游客入住“实名、实情、实数、实时”登记，确保流动人口“来有登记，去有注销”。三是延伸管控系统，管住物。在全市民爆物品使用单位积极开展末端管控系统建设试点工作。四是加强问题多发行业信息化监管，管住事。在全市推广安装“行车卫士”车辆防盗系统，完成全市寄递业治安管理信息系统安装工作。

云南省景洪市以机制创新完善为抓手
推动综治领导责任制落实

景洪市立足综治部门组织、指导、督促、推动全市综治及平安建设工作的职能职责，牢牢抓住综治领导责任制落实这一“牛鼻子”，通过健全创新工作机制，有效发挥成员单位参与综治工作的职能作用，推动在全市形成社会治安综合治理齐抓共管的工作格局。

一、建立了综治成员单位述职报告机制

制定了综治委成员单位（含下级党委政府）述职报告制度，每年选取一定比例的成员单位在全市综治工作会议上公开述职，述职情况接受综治委主任、副主任及委员的评议。没有安排在全市综治工作会议上述职的成员单位，要求其在年终考评会议时向考评组进行述职。述职情况作为党政领导干部综治维稳政绩的评分依据之一，与领导干部评先评优、晋职晋级挂钩。通过述职活动，增强成员单位的主体意识，压实“一把手”的“第一责任”。

二、建立了综治维稳月考核通报机制

自2015年7月开始实行综治维稳工作月考核通报机制，将维稳信息报送、矛盾纠纷排查化解、社会治安防控、网格化服务管理、平安建设宣传等二十几项综治维稳重点工作纳入月考核范围，每月进行量化评分，并通报排名。月考核成绩作为年终考评成绩的重要组成部分。通过月考评通报，帮助乡镇及时发现问题、看到差距，为乡镇采取针对性措施提供指导意见。对月考核中连续3个月排名处于后三位的乡镇，下发督办通知书，要求其限期整改，督促乡镇把工作抓在平时、补在平时、成绩出在平时。

三、建立了群众安全感满意度测评机制

为更加精细、准确地掌握影响群众安全感满意度的突出问题，景洪市参照省综治办进行群众安全感满意度调查的模式，依托第三方专业机构，每半年对各乡镇（农场）和各社区群众安全感满意度进行一次测评。对测评结果，综治部门深入分析研究，查找根源问题，对不同地区、不同问题提出针对性工作意见，指导各地各部门强化措施、进行整改。群众安全感满意度测评机制建立以后，景洪市更加全面、准确地掌握了全市社会治安情况，采取了更加精准的办法措施，整治了一批突出问题，化解了一批矛盾纠纷，促进全市群众安全感满意度连续大幅提升。在全省群众安全感满意度排名中，景洪市2015年上半年比2014年进位了12位，2015年下半年比上半年进位了29位，2016年上半年比2015年下半年进位了13位。

四、建立了平安细胞创建考核机制

制定了先进平安村（社区、生产队）、先进平安乡镇（街道）、先进平安农场、先进平安行业系统创建工作的实施方案及对应考评标准，条块结合推动平安细胞创建工作。要求平安创建工作牵头单位定期召开联席会议，定期向综治委报告情况，跟踪掌握各项创建工作进展情况。在对平安创建考核认定方面，改变以前综治部门“一竿子插到底”的做法，由各乡镇、各行业创建领导小组先对基层（村小组、村委会）和行业单位的创建工作进行考评验收和命名，再报市综治委进行复核。在复核过程中，综治委重点查看各地、各牵头部门的组织领导、统筹实施情况，对创建工作确实落到实处、成效明显的，由综治委进行命名，并表彰奖励牵头单位。由此推动全市平安细胞创建工程形成"纵向到底、横向到面、逐渐申报、分级评审"的创建格局。截至2017年底,全市13个行业系统、16个乡镇(街道、农场)、27个村委会(社区、生产队)开展了平安创建工作。经过考评复核,评选出平安创建工作先进乡镇2个、先进农场1个、先进单位2个,平安村委会、村小组各1个,全市平安建设基础进一步夯实。

五、建立了综治(平安建设)工作督查督办机制

针对以前综治工作中存在的督而不办、查而不责等问题,景洪市根据相关考评办法,制定了《综治(平安建设)工作督查督办制度》,对督查督办的主体、程序、方式及相关内容进行了明确,促进了督查督办工作的规范化、制度化、科学化。中央"两办"《健全落实社会治安综合治理领导责任制规定》及省"五部委"贯彻通知下发后,景洪市认真学习贯彻落实,及时完善了原有的督查督办制度,并加强实施力度,运用这一有力手段推动工作落实。2016年共通报、督办落实工作不及时的单位42家,集体约谈2次7家,挂牌整治9家,一票否决3家。对督办督查情况,综治部门定期向五部门联席会议通报,并建立督办督查情况数据库,在组织人事部门征求意见时有据可依。同时,还将督查督办情况与月考评成绩、年终目标责任考评成绩及奖惩、晋职晋级挂钩,充分发挥督办手段的效力。

云南省德宏州瑞丽市"三个一"创涉外调解新模式

德宏州瑞丽市与缅甸山水相连,是国家重点开发开放试验区,有2个国家级口岸,下辖1个边境贸易区、1个经济开发区和3镇3乡。近年来,瑞丽市主动服务"一带一路"国家发展战略,围绕平安边境建设目标和强边固防的要求,积极探索和创新调处涉外矛盾纠纷新路子,即依托综治中心,整合资源,推行"三个一"模式(坚持一个理念、成立一个中心、构建一个体系),把涉外矛盾纠纷化解在基层,调处在萌芽状态,促进了边境的和谐稳定。

一、坚持一个理念

在调解过程中始终坚持"协商一致"的理念,充分尊重纠纷双方当事人的意愿,做到自愿调解、自愿谅解、自愿和解,经调解达成的协议内容、责任划分必须是当事人协商一致、自愿接受的,做到不歧视、不偏袒、不强迫。结合涉外矛盾纠纷调处工作实际,提出了互谅互让互解和公正公平公开的"三互三公"原则,调解过程既遵循两国村规民约,又充分考虑两国群众风俗习惯,做到合情合理,平等对待。

二、成立一个中心

依托每个乡镇(边境贸易区、经济开发区)的综治中心分别成立一个涉外矛盾纠纷联合调处中心,专门负责调处本辖区内的涉外民事、商事纠纷。瑞丽口岸对缅贸易额占我国对缅贸易的25%,占云南省对缅贸易的75%,每天通过该口岸进出的车辆超过1.2万辆,人员超过4.5万人次,在瑞丽经商、务工的缅籍人员超过10万人。随着边境贸易的发展、两国人员交往的增多,涉外矛盾纠纷也随之增多,涉外矛盾纠纷联合调处中心就是在这样的大背景下应运而生的。涉外矛盾联合调处中心是中缅双方调处矛盾可依托的阵地,同时也是维护边境稳定的第一道防线。中心主任由乡镇司法所所长担任,副主任由乡镇分管综治维稳副书记、边防派出所所长、武装部部长兼任,成员由乡综治办、司法所、乡综治成员单位、村委会负责人组成,邀请缅甸边境村寨头人、族长和德高望重的华人华侨作为缅方调解员,参与涉外纠纷调解全过程。调解席位牌、涉外矛盾纠纷调解协议书(翻译件)均为中缅双语文字对照。2011年7月,瑞丽市姐相乡在银井村村民小组成立了中缅边境的第一个涉外矛盾纠纷联合调处中心,负责该乡辖区涉外矛盾纠纷调处。自姐相乡的涉外矛盾纠纷调解中心成立以来,共受理涉外矛盾纠纷98件，成功调处98件，调处率100%。近日，云南省政府拨出500万元分别补助给银井、姐告5个涉外矛盾纠纷联合调处中心，每个中心100万元，着力打造涉外矛盾纠纷联合调处中心示范点和升级版。

三、构建一个体系

构建一个由党委政府统一领导，综治中心引领，多种社会力量参与，涉外矛盾纠纷联合调处中心、司法调解、人民调解、行业组织调解、民间调解等多种调解方式为一体的调解工作体系。2015年，瑞丽市人民法院成立了云南省首家也是中缅边境第一个涉外审判庭，并在姐告国门社区设立了涉外诉讼服务站。成立以来共受理各类案件214件，其中2016年共受理87件（刑事案件51件，民商事案件36件），在涉外民事案件中注重用调解方式解决纠纷，调解率达40%以上。如瑞丽市的珠宝玉石行业，有从业人员6万多人，其中缅甸籍人员2万多，缅甸翡翠毛料的99%以上都是通过瑞丽口岸进入中国市场，涉外矛盾纠纷比较突出。因为珠宝行业的纠纷涉及的专业性很强，他们就采取依托珠宝协会来调处珠宝市场上发生的矛盾纠纷，取得了明显成效。同时，健全完善调处工作机制，使调解工作体系有效运转，发挥作用。一是沟通联系机制。加强与缅方相关部门的沟通联系，充分运用少数民族泼水节、目脑纵歌、胞波等重大的节日，双方之间开展民间走访互动，接边乡镇、村寨对口开展互访联欢活动，凝聚共识，增进友谊，不断深化睦邻友好协作关系。二是矛盾纠纷排查机制。召开涉外矛盾纠纷排查联席会议，全面摸清辖区涉外矛盾纠纷情况和存在隐患。三是联合调解工作机制。发生涉外纠纷时，涉外矛盾纠纷调解委员会主动会同缅方人员组成联合调解工作组，在对纠纷的事实、缘由进行核查后，分清责任，及时进行调处。四是突发涉外矛盾纠纷协调联系机制。对突发涉外矛盾纠纷，第一时间到达现场，控制事态的发展，做到全面、客观、及时和妥善处置，避免事态扩大。涉外矛盾纠纷有可能扩大或发生群体性事件时，立即将情况通报另一方及涉外矛盾纠纷调处中心，及时化解和处置。五是建立健全回访机制。对调解达成协议的纠纷三个月进行一次回访，了解当事人对调解协议履行情况和对调解工作的意见建议

"三个一"涉外矛盾纠纷调处模式得到了各级领导的充分肯定和媒体的关注，中央电视台、《法制日报》、《人民调解》等媒体先后进行采访报道。2013年以来，全市共调处涉外矛盾纠纷548起，调处率达98.4%。瑞丽的实践证明，"三个一"模式是调解涉外矛盾纠纷的有益探索，始终坚持"协商一致"这一理念，是做好涉外矛盾纠纷调解的思想基础；每个乡镇（边境贸易区、经济开发区）分别成立一个涉外矛盾纠纷联合调处中心，是调解涉外矛盾纠纷的有效形式；构建一个多种方式为一体的调解工作体系，是调处涉外矛盾纠纷的重要途径。

云南省临沧市双江县创新开展"五个一百"活动推动平安双江建设出成效

按照省、市关于综治维稳工作的安排部署，为营造平安法治建设的良好氛围，切实提升人民群众的安全感和对政法机关、政法队伍的执法满意度，努力为党的十九大胜利召开营造和谐稳定的社会环境，双江自治县启动了百名政法干部访千家、百名法治副校长进百校、百支法治宣讲队伍进百村、百名指导员进百家企业和治安突出问题百日整治的"五个一百"活动，采取分片包干、定人定责、明确时限、整体推进的工作原则，进一步把综治维稳各项任务落到实处，把工作做到群众心中，取得了阶段性成效，受到当地干部群众一致好评。

一、分片包干，百名政法干部访千家

由县委政法委和政法各部门主要领导牵头分片包干县城及周边地区的入户走访群众工作。共300余名政法干部和村（社区）工作人员、驻村工作队员和大学生村官分别组成若干工作小组，按照市委、市政府关于综治维稳大下访活动“四个主动”的要求开展下访入户工作，做到主动指导村（社区）规范化开展综治维稳和平安建设，主动到群众家中了解社情民意、宣传平安建设工作（含群众安全感满意度调查内容），主动排查化解矛盾纠纷，主动了解并办理（转办、交办）治安突出问题，共入户走访群众3000余户，发放宣传资料3000余份。

二、护校安园，百名法治副校长进百校

由县司法局牵头，组织协调124名法治副校长（法治辅导员）结合“平安校园”创建和护校安园专项检查等工作，深入全县各中小学校和幼儿园，按照“平安校园”“平安家庭”等平安创建情况必讲，教育法、义务教育法、未成年人保护法必讲，交通安全、消防安全、食品安全等校园安全知识必讲，防毒防艾知识必讲，防范邪教知识必讲，群众安全感满意度调查内容必讲“六个必讲”的要求分别为教师和学生上一堂法治课。2017年上半年，全县共开展专题校园法治课讲授活动76场次。

三、弘扬法治，百支法治宣讲队伍进百村

由乡（镇）挂钩联系各村（社区）的领导负责，组织县级挂钩脱贫攻坚工作和重点产业发展的单位、部门，以及村（社区）“两委”工作人员、驻村工作队员、大学生村官等有关人员，组建法治宣讲队伍指导各村（社区）加强治保、调解组织建设，深入村（居）民小组宣传法治建设和平安建设，排查化解矛盾纠纷，调查了解并帮助解决群众反映的热点难点问题，每个村（社区）在人员密集区域和交通要道路口等设置平安法治建设的永久性标语2条以上，进一步促进了全县遵纪守法、争创平安的良好氛围。截至2017年底，全县共召开村组干部和村民小组综治维稳工作会议200多场次，对法治知识和平安建设等工作进行深入细致的宣传。

四、党建带动，百名指导员进百家企业

由县委组织部牵头，组织选配党建指导员，在推动党建工作的同时，指导企业开展平安法治建设和宣传工作，将平安建设与企业党建同部署、同落实、同检查。没有选派党建指导员的企业由联系该企业的处级领导牵头负责具体工作。要求每一名党建指导员都要把推动企业抓好综治维稳工作作为重要内容，与企业负责人、企业职工进行座谈。2017年上半年，共组织开展企业综治维稳专题座谈会50场次。

五、严惩犯罪，社会治安突出问题百日整治

针对严重影响群众安全感和群众反映强烈的吸毒贩毒、打架斗殴、盗窃、赌博等治安突出问题，双江自治县始终坚持严打方针不动摇，由县公安局牵头细化“百日整治”方案，划定治安问题突出区域，按照网格化服务管理模式，明确严打整治责任分工，组织开展治安突出问题专项整治行动，同时将严打整治情况在双江手机报、微双江、双江微视、双江电视台等媒体上进行跟踪播报，主动回应群众对平安的期盼。2017年以来，先后开展了打击零星贩毒专项行动、缉枪制爆专项行动、护校安园专项行动、物流寄递行业落实“3个100%”专项行动、交通违法行为专项整治等“百日整治”专项打击和治理工作，有效维护了辖区社会和谐稳定。

云南省南涧县创新方式全面开展“综治双进”工作

南涧县积极探索综治工作新方式，按照“试点先行、突出重点、分类指导、稳步有序”的思路扎实开展“综治双进”（综治平安建设进非公经济组织和社会组织）工作，把各种不安全、不稳定、不和谐因素切实消除在基层和萌芽状态,实现了企业增效、群众满意和社会稳定,确保了“两新”组织的健康和谐发展,推动了平安建设的深入开展,为综治工作拓展了空间和载体。

一、分类施策广覆盖

南涧县共注册登记非公有制企业351户,其中年产值2000万元以上的15户、500万元以上的32户;登记在册社会组织82个,其中民办非公企业单位17个。针对全县非公有制经济组织和社会组织点多面广、管理粗放、发展参差不齐等实际,南涧县在2015年选取红云核桃加工销售有限责任公司、无量阿四茶叶购销专业合作社等9家非公企业进行试点的基础上,根据产值和从业人员数量分类施策,在全县“两新”组织中全面开展“综治双进”工作:在产值2000万元以上的非公经济组织或从业人员30人以上的社会组织成立社会治安综合治理工作领导小组,下设综治办;在产值500万元以上或从业人员20人以上的非公经济组织以及从业人员10人以上的社会组织,设立综治工作站;在产值500万元以下或从业人员20人以下的非公经济组织和从业人员10人以下的社会组织,配备综治联络员。同时,整合各职能部门资源力量,形成县委政府领导、综治组织牵头、各部门齐抓共管、“两新”组织具体落实的“综治双进”工作格局,并通过健全人防物防技防措施、落实安全管理制度、排查化解矛盾纠纷、深化法治宣传和平安创建等,努力实现“两不(矛盾不激化、问题不上交)三无(无重大安全事故、无“黄赌毒”问题、无群体性事件发生)四好(治安状况好、内部管理好、安全保障好、生产经营好)”的目标。

二、“四访四谈”促和谐

针对全县非公企业季节性用工明显、劳资纠纷突出等实际,南涧县在“综治双进”工作中,着力健全完善具有“两新”组织特点的行业性专业性调解组织,并探索形成了“四访四谈”矛盾纠纷排查化解工作法,经常性组织开展矛盾纠纷及隐患排查,及时掌握“两新”组织内部及其周边涉稳动态,教育引导员工(社员)通过工会、调解组织或司法途径解决矛盾纠纷和消除涉稳隐患,最大限度地预防和减少各类案(事)件发生。具体讲,就是在以理事长(法定代表人)为综治领导小组组长的领导下,综治办(工作站)主任、站长或联络员秉承管人管事管思想、走访与谈心相结合等原则,在员工(社员)婚丧、疾病、有矛盾纠纷、遇突发事件时,组织开展“四必访”走访慰问;在员工(社员)犯错误、遇挫折、思想有疙瘩、有困难或求帮助时,组织开展“四必谈”交心谈心。通过“四必访四必谈”,及时掌握员工(社员)思想动态和苗头性、倾向性问题,做到早发现、早提醒、早纠正。“综治双进”工作开展以来,全县351个非公企业、82个社会组织共访谈员工(社员)1261人次,排查矛盾纠纷866件、调处863件,防止“民转刑”案件5件、群体性事件2起,解决员工(社员)实际问题64个。“四访四谈”作为“综治双进”的切入点和“黏合剂”,使“访谈疏心结、调解搭平台、法理化矛盾”在全县“两新”组织中扎下根来,将大量矛盾纠纷消除在非公企业和社团内部、化解在基层和萌芽状态,有力地凝聚了人心,融洽了内外关系,增强了员工(社员)的认同感归属感,促进了“两新”组织的健康有序发展。2016年,华庆茶业有限公司、无量阿四茶叶购销专业合作社等8家非公经济组织被县委、县政府命名为“平安企业”。

三、制度规范强保障

为扎实开展“综治双进”工作,南涧县在县、乡、村及主管部门普遍成立“综治双进”组织领导机构的同时,着力在健全完善制度规范、强化工作保障上下功夫,建立完善了“综治双进”领导小组、办公室工作职责和矛盾纠纷调解小组工作职责,指导“两新”组织建立健全了矛盾纠纷排查化解“以奖代补”制度和学习、例会、考核、安保巡查、重点人口管控、消防安全管理等制度,帮助非公企业(社团)落实了专兼两用综治办公室并配备了综治工作会议记录簿、信访及矛盾纠纷排查调处登记簿、治安巡逻巡查登记簿等相关台账,同时建立了“两新”组织综治工作与县、乡、村综治中心联动运行的机制,把综治、信访、调解、治安防控、安全生产等原本分属不同部门的职能统一归口到“两新”组织综治部门后再与各级综治中心对接,进一步畅通信息并形成了区域性联动、联防、联调工作局面,做到建议早答复、情况早发现、措施早落实、问题早解决。“两新”组织综治部门则每季度召开一次综治领导小组会议,听取工作汇报、督导落实情况、分析研究形势、积极稳妥解决。综治办(工作站)则具体抓实“打、防、教、管、建、改”等方面的工作,并每月汇总、分析综治维稳工作信息,组织协调化解重大矛盾纠纷。

四、多元共治优服务

按照“有组织管事、有人员干事、有能力处事、有规章理事、有经费办事”的要求,南漳县全面拓展“综治双进”多元服务网络,积极推进基层党建工作、社会治安防控、法治宣传教育、网格化服务管理、平安企业创建等进“两新”组织,进一步丰富和深化“综治双进”的形式和内涵。如,把“两新”组织安全保卫工作纳入乡镇、村(社区)治安联防统一规划,根据“两新”组织的产值、规模等配备专兼职保卫干部,并在 26 个“两新”组织中设置安保岗亭 30 个、配备安保人员 218 人,积极做好区域治安联防、协防工作,实现与地方政府和公安机关的共建共享;依托“两新”组织建立综治宣传阵地,聘请法、检、公、司政法干警担任法制辅导员,采取专门教育与日常教育相结合、法治教育与人文教育相结合等形式,经常化、制度化地开展法治宣传教育,共培训员工 80 余场次,组织员工文艺宣传 20 余场次;持续深化“平安企业”创建活动,督促非公企业(社团)强化易燃、易爆、有毒有害、危险物质安全管理,制定和完善突发事件以及自然灾害、环境污染、职业病、传染病等公共安全事故工作预案,严防严控、防患未然,及时消除各种不安全、不稳定隐患。

“综治双进”工作的开展,强化了企业(社团)的内部管理,优化了当地经济发展环境,助推了群众脱贫攻坚,带动了员工(社员)增收致富,促进了社会和谐稳定。2016 年,全县群众安全感测评综合满意度为 91.96,位列全省第九、全州第一。2013 至 2016 年,连续 4 年被州委州政府表彰为社会治安综合治理维护稳定优秀县。2015 年、2016 年,连续两年被考核评定为云南省“先进平安县(市、区)”。

(撰稿人:王　毅
审稿人:黄为华　田　璇)

西藏自治区

2017 年综治工作概况

2017 年,在自治区党委、政府的坚强领导和中央政法委、中央综治委的有力指导下,全区综治系统深入贯彻落实党的十八大、十八届三中、四中、五中、六中、七中全会和党的十九大精神,贯彻落实中央第六次西藏工作座谈会、中央政法工作会议、全国综治工作表彰大会精神特别是习近平总书记接见全国社会治安综合治理表彰大会代表时的重要讲话精神,贯彻落实习近平总书记治边稳藏重要战略思想和“加强民族团结、建设美丽西藏”的重要指示,贯彻落实自治区第九次党代会和区党委九届三次全会精神,紧紧围绕统筹推进“五位一体”总体布局和协调推进“四个全面”战略布局,始终坚持依法治藏、富民兴藏、长期建藏、凝聚人心、夯实基础的重要原则,牢牢把握推进国家治理体系和治理能力现代化的总要求,以打赢党的十九大维稳安保攻坚战为主线,坚持专项治理与系统治理、综合治理、依法治理、源头治理相结合,坚持一手抓当前、一手谋长远,积极推动理念、制度、机制、方法创新,不断提高预测预警预防能力,全区社会治理水平进一步提升,人民群众安全感和满意度进一步提高,平安西藏、法治西藏建设迈上更高水平,为推进西藏长足发展和长治久安、全面建成小康社会创造了更加和谐稳定的社会环境。

一、始终坚持党的领导这一根本原则,综治工作(平安建设)成效显著

(一)区党委、政府始终高度重视。自治区党委、政府高度重视综治工作,多次召开常委会和专题会议,贯彻落实中央和中央综治委重大决策部署,研究解决综治工作热点难点问题,全面推进社会治安综合治理工作。11 月 6 日,自治区召开区党委九届三次全会,专门对创新社会治理进行强调部署,重点就完善社会治理体制、加强社会治安防控体系建设、完善矛盾纠纷多元化解机制、健全公共安全体系和加强城乡基层治理体系建设等内容提出了总体要求;9 月 24 日,召开九届区党委第 32 次常委会,传达学习习近平总书记接见全国社会治安综合治理表彰大会代表时的重要讲话精神和全国社会治安综合治理表彰大会、全国党委政法委书记座谈会、全国综治办主任会议等会议精神,安排部署相关工作;12 月 11 日,召开全区“先进双联户”创建活动表彰大会,就进一步深化“先进双联户”创建活动进行安排部署;8 月 8 日,召开全区“雪亮工程”建设推进会并作重要讲话;8 月 31 日,召开全区矛盾纠纷排查调处工作专题会议;10 月 31 日,召开区综治委全体会议,传达学习习近平总书记接见全国社会治安综合治理表彰大会代表时的重要讲话精神和全国综治工作表彰大会精神;召开 4 次专题会议,研究部署综治重点工作,为综治工作(平安建设)深入开展提供了有力保障。

(二)始终服从服务党委工作大局。区综治办紧紧围绕中心,服务大局,尽职履责,狠抓落实。一是抓督导落实。对区党委政法工作会议、全区“先进双联户”创建活动表彰大会和全区综治工作表彰大会精神特别是区党委领导同志的重要讲话精神和重要批示精神,以及《关于加强社会治安防控体系建设的实施意见》等重要文件落实情况进行专项督导检查。二是抓专题调研。深入基层调研,对《关于健全完善矛盾纠纷多元化解机制的实施意见》和《西藏自治区社会治安综合治理领导责任制实施办法》等 7 个重要文稿进行再次完善;贯彻落实党的十九大和区党委九届三次全会关于保障人民生命权、财产权和人格权精神,根据中央政法委、中央综治办统一部署,在组织调研的基础上,上报《关于西藏自治区依法打击和惩治黄赌毒黑拐骗等违法犯罪的专题调研报告》和《关于西藏自治区农村地区涉黑问题的专题调研报告》。

(三)全年工作取得显著成效。一是党中央和中央综治委给予充分肯定。在2017年9月19日召开的全国社会治安综合治理表彰大会上,西藏自治区1个优秀市、3个先进县、3个先进集体、3名先进工作者受到表彰,荣获4座"长安杯";区党委有关负责同志、区综治委及有关市县党政主要负责同志受到习近平总书记亲切接见,全区市县两级14名党政主要负责同志及综治委(办)主任受到中央综治委和中央组织部嘉奖。二是全区社会大局更加和谐稳定。2017年,全区没有发生重特大刑事命案、"民转刑"命案、重大安全生产事故、重大群体性事件,确保了党的十九大、全国"两会"、区党委九届三次全会等重要会议安全圆满,实现了持续稳定、长期稳定、全面稳定的工作目标。三是基层创新治理取得更加明显成效。全区划分联户单位92666个,推选联户长92666名,涉及80余万户、300余万人,对全区559名符合公务员考试和72名符合高考加分政策的"先进双联户"家庭直系子女进行了资格审查,兑现了优惠政策;各联户单位累计排查化解矛盾纠纷1.4万余起,参与治安巡逻248万余人次,整治社会治安重点部位1.2万余处,排查消除各类安全事故隐患2.7万余起,协助有关部门联管联教重点人员4.5万余人次,收集社情民意1.6万余条。四是各族群众安全感满意度进一步提升。2017年,全区群众安全感满意度继续上升,群众安全感满意度达到99.82%,比2016年提升了0.32个百分点,对政法工作的总满意度达99.38%,比2016年上升了3.8个百分点。

二、牢牢把握保安全、促发展、善治理目标,深入推进重点工作

(一)以打赢党的十九大安保攻坚战为主线,全力维护国家安全和政权安全。按照区党委"以防患于未然为原则做工作、以严防出大事为基础做准备、以不给中央添乱为底线、以落实责任敢于担当为标准看干部"要求,增强忧患意识,做到居安思危,全面贯彻落实区党委关于党的十九大安保攻坚战工作部署,为党的十九大营造祥和喜庆的氛围。一是全面加强"四反"工作。深入开展反分裂斗争,总结推广爱国守法教育工作经验,落实好寺庙管理长效机制,确保"三无""三不出";深入开展反间谍斗争,加强国家安全人民防线建设;加强反邪教工作,严防邪教组织违法犯罪。二是依法加强寺庙管理。严格落实宗教工作方针和宗教政策,深入推进寺庙规范化管理,切实加强宗教事务管理和对广大僧尼的关爱,引导广大僧尼自觉爱国爱教、遵规守法、弃恶扬善、崇尚和谐,确保宗教和睦、佛事和顺、寺庙和谐。三是广泛开展"四讲四爱"主题教育实践活动。印发《在"双联户"中认真开展"讲党恩爱核心　讲团结爱祖国　讲贡献爱家园　讲文明爱生活"喜迎党的十九大主题教育实践活动方案》,着力在教育引导群众拥戴核心、转变观念、脱贫致富、移风易俗、加强民族团结、推进群防群治上下功夫,进一步强化"五个认同",凝聚起各族群众感党恩、听党话、跟党走的广泛共识,培育了拥戴信赖忠诚捍卫领袖核心的高度自觉。

(二)以营造良好发展环境为责任,建设更高水平的平安西藏。贯彻落实立体化社会治安防控体系建设,不断提高公共安全管理水平。一是整治重点地区。按照中央综治办部署要求,坚持每季度定期开展社会治安重点地区排查整治工作,建立工作台账,确定责任单位,分析工作形势,确保整治有人抓、有人管、不留死角。二是打击重点犯罪。加大食品安全、消防安全、交通安全、校园安全等安全检查力度,保持打击"两抢一盗"、涉黄涉赌等严重危害人民群众生命财产安全犯罪高压态势,不断提高人民群众安全感。三是服务重点人员。加强严重精神障碍患者救治救助,筛查掌握自治区严重精神障碍患者情况,逐一登记建档,实施专人管理;督导落实《西藏自治区严重精神障碍患者监护人申领监护补贴暂行办法》,引导监护人落实监护责任。建立特殊人群关怀救助体系,加强对矛盾突出、生活失意、心态失衡、行为反常人员的情绪监测疏导、心理危机干预和辅导帮助。四是管理重点行业。组织排查易制爆危险化学品从业单位332家(次),整改安全隐患37处;严格落实"3个100%"(100%实名收寄、100%收寄验视、100%通过X光机安检)制度,依法开展寄递物流安全管理和清理整顿专项行动,确保寄递领域安全。五是保护重点目标。强化铁路护路联防工作，组织力量在青藏铁路、拉日铁路沿线，严格按照“定人、定位、定岗、定责”和24小时不间断、无空白、无缝隙守护要求，做实常态化铁路护路联防工作，确保了铁路安全畅通。六是严管重点物品。2017年以来，共收缴各类枪支、子弹、炸药、易制爆化学品、管制刀具；深入开展文化市场清理活动，查缴销毁反宣品、侵权盗版和非法出版物。截至2017年底，全区共立刑事案件5069起，破获2566起，破案数同比上升19.18%；破获3起组织领导传销案件，抓获犯罪嫌疑人14名，挽回经济损失283万余元。

（三）以提升人民满意度为标准，推进社会治理体系和治理能力现代化。一是建立领导责任体系。贯彻落实中办、国办印发《健全落实社会治安综合治理领导责任制规定》精神，不断健全完善综治领导责任制。完善目标责任体系。健全完善社会治安综合治理考核评价体系，增强考评工作的科学性、针对性和可操作性，根据自治区党委、政府与七市（地）签订的综治目标责任书要求，按照《西藏自治区2017年社会治安综合治理（平安建设）考评办法》，对2017年全区综治工作（平安建设）进行考评验收。落实考评责任体系。区综治五部委始终把社会治安综合治理和维护稳定工作实绩作为领导班子和领导干部综合考核评价的重要内容，与业绩评定、职务晋升、奖励惩处挂钩，落实经费保障机制、综治述职评议制度，严格实行“一票否决制”，确保各项措施落到实处。二是加强动态管理。贯彻落实《中共西藏自治区委员会办公厅、西藏自治区人民政府办公厅关于转发〈自治区级“平安县（区）”和基层平安创建工作动态管理办法（试行）〉的通知》要求，建立平安创建动态管理机制，对不达标的以通报批评、挂牌督办和摘牌等方式进行管理，不断激发基层平安创建活力。截至2017年底，共创建国家级平安县3个、自治区级平安县（区）57个、平安单位31家、平安校园7所、平安医院7家、县域平安边界6个、平安家庭30户。三是强化法治思维。贯彻落实依法治藏工作思想，坚持以法治为引领，大力推进立法工作和法治宣传教育。主导出台地方性法规。修订完善《西藏自治区流动人口服务管理条例》，经自治区第十届人民代表大会常务委员会第27次会议审议通过并于2017年2月1日起施行；参与制定《西藏自治区见义勇为人员表彰奖励和权益保障条例》，2017年5月26日经自治区第十届人民代表大会常务委员会第33次会议审议通过，自8月1日起施行；修改完善《西藏自治区出租房屋管理办法》并纳入自治区立法规划。加强法治宣传教育。大力加强《西藏自治区社会治安综合治理条例》等法律法规宣传，组织有关成员单位开展普法近4000场次，受教育群众达5万余人次。各人民团体、社会组织、行业协会开展普法1000场次，受教育群众近万人。四是提升科技含量。贯彻落实中央关于“雪亮工程”建设部署要求，加快推进自治区“雪亮工程”建设。根据“临沂会议”和全区“雪亮工程”建设推进会议精神，成立了自治区“雪亮工程”建设工作领导小组，主要负责统筹协调全区公共安全视频监控系统建设工作，承担与中央部级协调工作组的工作沟通和领导小组日常工作。制定了《西藏“雪亮工程”自治区级平台建设方案》。按照中央九部委联合下发的《关于加强公共安全视频监控建设联网应用工作的若干意见》精神，紧紧围绕“应用和实战”这一目标，制定了《西藏“雪亮工程”自治区级平台建设方案》，完成了《西藏“雪亮工程”建设项目需求分析报告》。初步搭建完成了自治区级综治分平台。根据中央综治办两次全国“雪亮工程”建设视频调度会要求，赶在十九大召开前初步搭建完成了自治区综治分平台，初步与区公安厅监控平台实现对接，并与中央综治办平台实现联通，为中央综治办党的十九大视频巡查工作提供了重要保障。截至2017年底，与区公安厅联通视频监控7522路，联通率为93.15%。加快推进七市（地）“雪亮工程”建设任务。在中央综治办的大力支持下，先后将拉萨、昌都纳入全国“雪亮工程”建设示范城市，将日喀则、那曲和山南、林芝先后纳入第二批、第三批全国“雪亮工程”建设重点支持城市，指导制定工作方案，协调中央补助资金落实。五是培育共建文化。以“平安建设人人参与、平安成果人人共享”为主题，依托三月综治宣传月、六月综治宣传周和“9·16”平安西藏宣传日等宣传平台，坚持集中宣传与经常宣传相结合，创新宣传载体，丰富宣传形式，延伸宣传触角，深入开展“四讲四爱”、反分裂斗争、平安西藏和法治西藏建设宣传教育，充分调动社会各方面参与平安建设的积极性，筑牢反对分裂祖国、加强民族团结、维护社会稳定的群众基础。

（四）以构建共建共治共享格局为方向，筑牢维护稳定基层基础。一是加强综治战线建设。强化职能定位。按照中央关于综治战线实体化建设、实战化运行的方向，切实当好党委、政府参谋助手，履行综合协调、调查研究、督导检查、综治考评等法定职能，着力把综治战线打造成维护稳定的第一道防线。强化实体建设，按照便民利民原则，以便民服务大厅为基础，推进县、乡、村三级综治中心建设，做到有标识牌、有固定办公场所、有工作制度、有工作台账，实行集中办公、集成服务，形成矛盾联调、治安联防、问题联治、平安联创的工作体系。加强基层队伍建设。组织市、县、乡三级综治部门100名同志开展综治专题培训，提升了干部思想政治意识，提高了工作业务能力，加强了纪律作风，打造了一支讲政治、守规矩、爱学习、能干事的综治干部队伍。二是深化“先进双联户”创建成果。在推进“10+1”任务的基础上，在“六个下功夫”方面不断取得新突破。教育引导群众拥戴核心，全区双联户长共参与“四讲四爱”主题教育实践活动宣讲5.4万余场次，受教育群众290万余人次；教育引导群众参与精准脱贫，经报请国务院扶贫开发领导小组同意，城关区、亚东县、乃东区、巴宜区、卡若区五个贫困县（区）率先实现脱贫摘帽；教育引导群众实现增收致富，全区共发放小额信贷30706笔、15.6亿余元，新增经济组织和经济实体1041个，带动致富2.3万余户、10万余人，实现增收2.8亿余元；教育引导群众移风易俗，全区各联户单位共帮助困难群众解决生产生活困难4.48万余次，邻里间义务投工投劳45.9万余人次，捐助扶贫、救灾、助学和安居房建设物资折合8735万余元；教育引导群众加强民族团结，促进了各民族同呼吸、共命运、心连心，推动了各民族和睦相处、和衷共济、和谐发展；教育引导群众开展群防群治，做到了大街小巷有人管、村村户户有人看，织密了城乡维稳防控网络。三是强化网格化管理应用。以698个便民警务站为中心，完善“1+5+X”（格长+流动人口管理员、宗教事务管理员、居民事务联络员、治保员、民警+其他管理人员）城镇网格化管理模式，做到信息掌握到位、矛盾化解到位、治安防控到位、便民服务到位。截至2017年底，全区实行网格化管理的村居（社区）数达3804个，覆盖率达到69.59%。

三、深刻领会社会治理社会化、法治化、智能化、专业化要求，全面梳理工作经验

一是必须始终坚持党的领导，提升工作系统化水平。坚持在区党委的坚强领导下开展工作，构建党委领导、政府主导、综治协调、部门参与、各部门齐抓共管工作格局，不断形成社会治理工作合力。二是必须强化“反分裂”斗争，切实维护国家安全特别是政治安全。贯彻落实党的十九大精神，牢固树立总体国家安全观，全力维护国家安全特别是政治安全。三是必须健全完善工作机制，提升工作科学化水平。不断完善社会治安防控体系、矛盾纠纷多元化解等工作机制，以工作的规范化、制度的长效化提升工作水平。四是必须不断创新方法手段，提升工作智能化水平。把握时代脉搏，紧随发展趋势，牢固树立向科技要警力、要战斗力理念，不断加强社会治安综合治理信息平台、综治“视联网”和“雪亮工程”建设，打破信息壁垒，实现资源共享，提升战斗力。五是必须落实综治领导责任制，提升工作整体水平。抓住责任制这个龙头，紧紧抓住关键少数，确保保一方平安重大政治责任落到实处，确保区党委、政府各项工作部署落到实处。六是必须不断加强队伍建设，提升工作专业化水平。用习近平新时代中国特色社会主义思想武装干部头脑，加强干部队伍培训和法治宣传教育，用科学思想、法治精神、严格纪律打造过硬队伍。

2017年西藏自治区综治工作（平安建设）在全国考评中进入优秀行列。

西藏自治区见义勇为人员表彰奖励和权益保障条例

（2017 年 5 月 26 日）

第一章　总　则

第一条　为了弘扬社会正气，促进社会主义精神文明建设，加强和规范见义勇为人员的奖励和保障，根据有关法律法规，结合自治区实际，制定本条例。

第二条　凡在本自治区行政区域内见义勇为的，适用本条例。

本自治区户籍人员在自治区行政区域外见义勇为的，抚恤优待和社会保障适用本条例。

第三条　本条例所称见义勇为人员，是指在法定职责、特定义务之外，为保护国家利益、社会公共利益或者他人的人身、财产安全，同正在发生的违法犯罪行为作斗争或者实施救人、抢险、救灾等行为的公民。

第四条　见义勇为人员的奖励和保障，坚持政府主导与社会参与相结合，精神鼓励、物质奖励与权益保障相结合，以及公开、公正、及时的原则。

第五条　县级以上人民政府应当加强见义勇为人员奖励和保障工作的领导，并将所需奖励资金和工作经费纳入本级财政预算。

第六条　县级以上社会治安综合治理部门负责见义勇为人员的奖励和保障工作的组织、协调、考核和见义勇为行为的确认、表彰等工作。

第七条　县级以上公安、民政、人力资源和社会保障、住房和城乡建设、卫生和计划生育、教育、财政、司法行政、工商、税务等行政主管部门应当依法履行各自职责，共同做好见义勇为人员的奖励和保障工作。

工会、共青团、妇联、残联等人民团体和企业事业单位、基层组织应当协助做好见义勇为人员的奖励和保障工作。

第八条　各类媒体应当积极宣传报道见义勇为先进事迹，营造助人为乐、见义勇为的社会氛围。

第九条　全社会都应当支持见义勇为行为，尊重和关爱见义勇为人员。任何组织和个人应当对正在实施的见义勇为行为提供帮助和援助。

第十条　鼓励国家机关、企业事业单位及社会组织和个人向见义勇为基金会或者见义勇为人员及其近亲属进行捐赠或者捐助，提供志愿服务。

第二章　专项资金和基金

第十一条　县级以上人民政府应当设立见义勇为人员奖励和保障专项资金，由同级财政按照实际需要予以保障。

第十二条　自治区应当设立见义勇为基金会，地、市和有条件的县（区）可以设立见义勇为基金会分会。

见义勇为基金来源主要包括：

（一）同级财政拨款；

（二）募集收入；

（三）捐赠收入；

（四）其他合法收入。

第十三条　见义勇为专项资金或者基金应当用于：

（一）救治、表彰、奖励见义勇为人员；

（二）抚恤、补助、救助见义勇为人员及其近亲属；

（三）购买因见义勇为牺牲、伤残人员的无记名人身保险；

（四）见义勇为事迹的宣传；

（五）法律法规规定的其他支出。

第十四条　见义勇为专项资金和基金应当

专款专用，并接受同级财政、审计部门、捐赠人和社会的监督，并及时向社会公布使用情况。

第三章　申报和确认

第十五条　各级社会治安综合治理部门应当设立由社会治安综合治理、民政、公安、人力资源和社会保障、财政、教育、卫生和计划生育、住房和城乡建设、司法行政等部门相关人员组成的评审委员会。

见义勇为行为由行为发生地县级以上社会治安综合治理部门负责调查、核实，组织评审委员会评审及确认。确认见义勇为的程序和期限，应当通过政府网站、报刊等媒体向社会公开。

第十六条　有下列情形之一，事迹突出的，应当确认为见义勇为：

（一）同正在危害国家安全、公共安全或者扰乱社会公共秩序的违法犯罪行为作斗争的；

（二）同正在侵害国家、集体财产或者他人人身、财产安全的违法犯罪行为作斗争的；

（三）主动协助公安机关、司法机关追捕、抓获通缉的罪犯或者犯罪嫌疑人的；

（四）抢险、救灾、救人，保护国家、集体财产或者他人人身、财产安全的；

（五）其他应当确认为见义勇为行为情形的。

第十七条　见义勇为人员或者其近亲属、任何组织和个人可以向社会治安综合治理部门申报确认见义勇为或者举荐见义勇为人员。见义勇为行为没有申报人、举荐人的，由行为发生地的县级以上社会治安综合治理部门举荐。

第十八条　申报确认见义勇为或者举荐见义勇为人员应当自行为发生之日起二年内提出。

申报确认见义勇为或者举荐见义勇为人员的，应当提供以下材料：

（一）见义勇为事迹材料；

（二）受益人、证人或者相关组织、个人提供的证明。

第十九条　社会治安综合治理部门接到申报或者举荐后，应当组织调查、核实，组织评审委员会进行评审，在二十个工作日内提出是否确认的意见；情况复杂的，可以延长十个工作日；需要以公安、民政等部门的处理结论作为依据的，所需时间不计入确认期。

调查核实见义勇为行为时，有关组织和个人应当予以配合，如实提供见义勇为证据或者有关情况，并对其真实性负责。

第二十条　社会治安综合治理部门对拟确认为见义勇为的，应当自拟确认之日起十个工作日内向社会公示，公示期为十日。对公示期届满无异议的应当予以确认，并书面通知申报人、举荐人及有关单位；公示期间有异议的，社会治安综合治理部门应当重新核查，必要时可以组织评审委员会再次评审。

因涉及国家秘密、保护见义勇为人员人身安全等特殊情况需要保密的，可以不予公示。

第二十一条　对不予确认为见义勇为的，应当以书面形式告知，并说明理由。

申报人、举荐人对不予确认为见义勇为有异议的，可以在收到不确认意见决定之日起十个工作日内向上一级社会治安综合治理部门申请复核。上一级社会治安综合治理部门应当自收到申请之日起三十个工作日内作出复核决定并书面通知申请人。

第四章　表彰和奖励

第二十二条　见义勇为事迹突出的个人或者集体，经县级以上社会治安综合治理部门报同级人民政府批准，可由同级人民政府予以表彰、奖励、授予荣誉称号，并颁发《见义勇为证书》。

县级以上人民政府应当对见义勇为人员及时奖励，集中表彰；见义勇为事迹特别突出、影响特别重大、对维护社会稳定工作作出重大贡献的应当及时表彰。

见义勇为荣誉称号分为：

（一）见义勇为先进个人或者先进集体；

（二）见义勇为模范或者模范集体；

（三）见义勇为英雄或者英雄集体。

第二十三条　自治区人民政府对见义勇为事迹特别突出、在自治区范围内有重大影响的个人或者集体，授予相应见义勇为荣誉称号，并分别给予个人不低于 4 万元、7 万元、10 万元的奖励，对做出特殊贡献的，可以给予特殊奖励。

上述获得见义勇为英雄、见义勇为模范荣誉称号的人员在参加评选自治区级以上劳动模范时，同等条件下优先考虑。

地、市人民政府对见义勇为事迹突出、在本地、市范围内有较大影响的个人或者集体，授予相应见义勇为荣誉称号，并分别给予个人不低于2万元、4万元、6万元的奖励。

县级人民政府对见义勇为事迹比较突出的个人或者集体授予相应见义勇为荣誉称号，并分别给予个人不低于1万元、2万元、3万元的奖励。

第二十四条　见义勇为人员因见义勇为牺牲的、完全丧失劳动能力的、大部分丧失劳动能力的，可由行为发生地人民政府另行发给一次性奖励。

第二十五条　鼓励国家机关、企业事业单位和社会团体对本单位的见义勇为人员予以奖励。

第二十六条　见义勇为人员所获奖金，依法免予征收个人所得税。

第五章　权益保障

第二十七条　各级人民政府及有关部门应当对困难的见义勇为人员及其家属、子女在基本生活、教育、就业、医疗、住房等方面给予优先照顾。

第二十八条　见义勇为人员因实施见义勇为行为负伤、致残、死亡的，其医疗费、护理费、住院伙食补助费、交通食宿费、误工费、康复费、残疾辅助器具费、劳动能力鉴定费、丧葬费等合理费用由以下各方承担：

（一）有明确加害人或者责任人的，由加害人或者责任人依法承担赔偿责任；

（二）由受益单位、受益人或者受益人的监护人适当补偿；

（三）由所在单位适当补助。

通过上述方式仍不能解决或者支付不足的费用，由行为发生地县级以上社会治安综合治理部门从见义勇为人员奖励和保障专项资金以及见义勇为基金中支付。

因负伤造成长期医疗费用个人负担较重的人员，其医疗费用应当由县级以上社会治安综合治理部门协调相关部门，采取减免、城乡医疗救助等方式解决。

第二十九条　因见义勇为牺牲、伤残导致家庭生活困难，符合城乡低保条件的见义勇为人员及其家庭成员，应当优先纳入低保范围；符合相关条件的还可以申请相应的临时救助。除最低生活保障外，见义勇为行为发生地、户籍所在地有关部门应当给予适当补助；受益单位、受益人或者受益人的监护人应当给予力所能及的扶助。

因见义勇为致孤人员，符合特困人员供养条件的优先纳入特困人员供养范围；符合孤儿保障条件的，优先纳入孤儿保障体系。

第三十条　对生活困难具备就业能力的见义勇为人员及其家庭成员，符合相关条件规定的优先纳入就业援助，优先安排到公益性岗位。

见义勇为人员申请从事个体经营的，工商、税务等有关部门应当优先依法办理证照，有关费用依法给予减免。

见义勇为负伤致残人员，不适合在原岗位工作的，用人单位应当为其调换工作岗位；非因公负伤，在规定的医疗期满后不能从事原工作，也不能从事由用人单位另行安排的工作的，人力资源和社会保障、残联等部门和机构应当安排见义勇为负伤致残人员解决就业问题。

第三十一条　见义勇为牺牲或者致残人员本人及其直系亲属享有下列待遇和保障：

（一）见义勇为人员子女享有就业、入托、入学等优先权；

（二）见义勇为人员家庭生活困难的，可以享受社会救助和见义勇为机构的资助；

（三）见义勇为人员及家庭符合廉租住房、公共租赁住房和经济适用住房保障条件的，优先纳入住房保障体系，优先配租、配售保障性住房或者发放住房租赁补贴；对符合农村危房改造条件的见义勇为人员家庭给予优先安排。

第三十二条　各级有关机关和单位对需要保护的见义勇为人员及其近亲属，应当采取措施予以保护；对打击报复、诬告陷害见义勇为人员及其亲属的违法犯罪行为应当及时依法处理。

第三十三条　见义勇为人员及其近亲属因其见义勇为产生的民事纠纷请求法律援助的，法律援助机构应当及时提供法律援助服务。

第三十四条　见义勇为人员持县级以上人民政府颁发的《见义勇为证书》，可在本自治区内免费乘坐城市公交车、免费进入公园和旅游景区景点。

第三十五条　对见义勇为死亡人员，凡符合

烈士评定条件的,依法评定为烈士,其家属按照《烈士褒扬条例》享受相关待遇。不符合烈士评定条件,属于因公牺牲情形的,按照《军人抚恤优待条例》有关规定予以抚恤。

第三十六条　对见义勇为致残人员,凡符合享受工伤保险待遇条件的,依据《工伤保险条例》落实相应待遇;不符合享受工伤保险待遇条件的,按照《伤残抚恤管理办法》及有关规定,由民政部门评定伤残等级并落实相应待遇。

第三十七条　县级以上社会治安综合治理部门应当建立见义勇为人员档案和回访制度,对见义勇为人员实行分类管理和跟踪服务,监督各项社会保障措施的落实。

第六章　法律责任

第三十八条　社会治安综合治理部门及其工作人员违反本条例规定,有下列行为之一的,由其所在单位或者上级主管部门对直接负责的主管人员和其他直接责任人员依法给予处分;涉嫌犯罪的,移送司法机关处理:

(一)在见义勇为行为申报、调查、确认工作中未按照规定程序办理或者弄虚作假的;

(二)未履行保密职责,致使见义勇为人员及其近亲属人身伤害、财产损失的;

(三)贪污、截留、挪用见义勇为专项资金或者基金的;

(四)有其他玩忽职守、滥用职权、徇私舞弊行为的。

第三十九条　有关部门及其工作人员违反本条例规定,有下列行为之一的,由本级人民政府或者上级人民政府有关主管部门责令改正;拒不改正的,对直接负责的主管人员和其他直接责任人员依法给予处分:

(一)对因实施见义勇为行为负伤的人员拒绝、推诿或者拖延救治的;

(二)对需要保护的见义勇为人员及其近亲属,未依法采取保护措施的;

(三)未按照规定落实见义勇为人员及其近亲属相关待遇及费用的;

(四)未按照规定为遭受人身伤害或者财产损失的见义勇为人员提供法律援助的;

(五)有其他侵害见义勇为人员合法权益行为的。

第四十条　违反本条例规定,用人单位非因法定事由,与见义勇为负伤致残人员解除劳动关系的,由人力资源和社会保障部门责令改正,恢复劳动关系。

第四十一条　打击报复、诬告陷害见义勇为人员及其近亲属的,由所在单位或者主管部门依法给予处分;构成违反治安管理规定行为的,由公安机关依法予以处罚;涉嫌犯罪的,移送司法机关处理。

第四十二条　违反本条例规定,受益人故意隐瞒、歪曲事实,讹诈见义勇为人员的,有关部门可以予以训诫或者责令具结悔过、公开赔礼道歉;构成违反治安管理规定行为的,由公安机关依法予以处罚;涉嫌犯罪的,移送司法机关处理。

第四十三条　违反本条例规定,弄虚作假、骗取见义勇为表彰、奖励和抚恤的,由原确认机关核实后,撤销荣誉称号,取消相关待遇,并追缴所获奖励及其他相关费用;涉嫌犯罪的,移送司法机关处理。

第七章　附　则

第四十四条　自治区社会治安综合治理部门根据本条例制定见义勇为人员评定条件和表彰奖励的具体办法。

第四十五条　本条例自 2017 年 8 月 1 日起施行。

西藏自治区阿里地区多措并举
精准发力　推进共建共治共享

阿里地区始终站在治边稳藏的高度，坚持高起点谋划、高质量推进、高要求落实，多措并举、精准发力，全面加强和创新社会治理，推进共建共治共享，不断增强人民群众获得感、安全感和幸福感，确保社会和谐稳定、人民安居乐业。

一、建机制

结合阿里实际，认真研究制定并落实《阿里地区矛盾纠纷排查调处工作方案》《阿里地区矛盾纠纷排查调处协调会议纪要月报制度》《2017年阿里地区综治工作（平安建设）考评办法》《2017年阿里地区“先进双联户”创建工作考评办法》《阿里地区“双联户”绩效考核办法》等一系列机制制度，统筹推进社会治理规范化、制度化、长效化。

二、重结合

坚持把社会治安综合治理与维护稳定、脱贫攻坚、“四讲四爱”主题教育活动、创建“藏西先锋·红色阿里”党建品牌等重点工作结合起来，不断拓展工作内涵，增强工作实效，有力促进阿里长足发展和长治久安。比如，制定落实《关于在“双联户”中认真开展“讲党恩爱核心　讲团结爱祖国　讲贡献爱家园　讲文明爱生活”喜迎党的十九大主题教育实践活动实施方案》，切实把广大干部、群众、“双联户”组织起来、动员起来，着力在教育引导群众拥戴核心、转变观念、脱贫致富、移风易俗、加强民族团结、推进群防群治上下功夫，不断深化和拓展“先进双联户”创建活动，取得了良好效果；抓牢重要时段和敏感节点，依托“双联户”，充分发挥联户长、红袖标等力量进行街面巡逻，充分发挥马帮巡逻队、摩托车巡逻队等力量开展边境巡逻防控，切实维护边境安全、社会稳定。

三、强措施

坚决贯彻落实中央、自治区、地区关于加强和创新社会治理的决策部署和要求，积极创新理念思路、机制体制、方法手段，不断提升社会治理专业化、法治化、智能化、社会化水平，为推进阿里长足发展和长治久安提供坚强有力的支撑和保障。坚持和完善党委领导、政府负责、社会协同、公众参与、法治保障的社会治理体制，强化组织领导、强化协调联动、强化工作保障、强化责任落实，确保各项任务措施落地落实落细。各级各部门特别是综治部门履职尽责、主动作为，社会治理有成效、见实效。地委政法委在全地区政法系统深入开展“抓学习、强素质、转作风、提效能、树形象”政法队伍素质提升年活动，着力解决政法队伍纪律作风、素质能力等方面存在的突出问题，进一步提高了政法队伍的素质能力，有力促进政法综治等工作；地区公安处在全地区公安机关大力推行“两考两学”（即“春考”找不足、“夏学”补齐短板、“秋学”再提高、“冬考”看成效）重要举措，切实提升广大民警的职业素养和执法办案能力；地区卫计委、地区人民医院积极协调区外专家到阿里开展疑似严重精神障碍患者确诊及风险评定工作，各县和各相关部门严格落实“以奖代补”政策和“四位一体”管控措施，确保了全地区无肇事肇祸案事件的发生；地区邮政管理局采取重谋划抓部署、重实效抓培训、重防范抓检查、重协调抓合力、重落实抓责任的“五重五抓”措施，对寄递行业进行全方位、多层监管，做到无缝隙、无盲区、无空白点，确保寄递安全，有力促进寄递行业安全、规范、健康发展。

四、提素质

坚持加强队伍建设为综治工作的重要抓手、重要保障，采取“请进来、走出去”等方式，全面加强综治干部教育培训，不断提升工作能力和水平。比如，全地区积极选派10名综治干部到自治区培训；地区综治办围绕“学先进、找差距、补短板”这个重点，分两批组织地、县和重点乡（镇）、村（居）38名综治干部到拉萨、山南学习考察，切实开阔视野、增长见识、提升水平。

五、严督导

坚持目标导向和问题导向，加大督导检查力度，及时发现问题，从严从实抓好整改落实，切实补齐短板、破解难题。地、县两级综治部门先后27次深入基层进行督导检查，确保了各项措施任务落地见效。

六、深宣传

坚持把宣传引导贯穿综治工作始终，积极创新宣传方式方法，不断提升宣传工作实效，营造全社会关心、支持、参与综治工作的良好氛围。地区综治办充分发挥统筹协调职能职责，以“宣传+排查”“十个一”（即开展一次集中宣传、组织一系列法治宣传、编发一组公益短信、播放一组宣传信息、组织一次流动宣传；开展一次流动人口排查、开展一次出租房屋排查、开展一次校园安全排查、开展一次矛盾纠纷排查化解、开展一次安全生产排查）为载体，深入开展3月综治宣传月系列宣传活动；以“七访七问”（即走访村居问社情、走访群众问民情、走访商户问需求、走访学校问安全、走访工地问权益、走访重点人员问思想动态、走访维稳一线问维稳大计）为载体，深入开展6月综治宣传周系列宣传活动；以“平安联创”为载体，深入开展“9·16”平安西藏宣传日系列宣传活动，累计发放各种宣传资料26.6万多份，接待咨询6580人次，受教育群众17万多人次，推动形成了共建共治共享的生动局面。

（撰稿人：王文耀
审稿人：陈文强　董建业）

陕　西　省

2017 年综治工作概况

2017 年,陕西省平安建设坚持专项治理与系统治理、综合治理、依法治理、源头治理相结合,着力提升社会治理社会化、法治化、智能化、专业化水平,切实增强人民群众获得感、幸福感、安全感,为推动实施"五新"战略任务、实现追赶超越目标创造安全稳定的社会环境。

一、化解矛盾促和谐

一是坚持矛盾纠纷分析研判制度。定期召开矛盾纠纷月例会,对排查出的各种矛盾纠纷、不稳定因素进行分析、研判和预警,提早发现苗头和隐患,提出解决办法,明确责任单位和责任人,第一时间进行交办,督促将矛盾纠纷化解在当地。创新矛盾纠纷分析研判月例会方式,每月突出一个主题、交流一些经验、研究一类矛盾、解决一批问题,注重实效。

二是坚持集中开展专项排查化解活动。在全省范围内开展了矛盾纠纷和不稳定因素排查化解专项活动,进行了横向到边、纵向到底的梳篦式集中排查,严格落实"日排查日报告、周研判周交办"制度,全部实行登记销号制度和台账化动态管理,逐一分析研判,逐一落实化解责任,逐一明确化解时限,千方百计把矛盾纠纷化解在基层。

二、打击整治保平安

一是开展专项行动。开展全省社会治安突出问题整治等专项行动,依法严厉打击各类违法犯罪活动,加强对社会面和重点区域、重点目标、人员密集场所的安全防范,大力整治群众反映强烈、深受其害的突出治安问题,完善安检、查危工作机制,加强对车站、地铁、市场、校园及周边等重要部位和群众容易聚集的场所安检、查危工作,以重点领域、重点部位、重点重点目标的安全,确保全省大局安全。

二是加强治安防控。按照"党委领导、政府推动、公安包抓、社会参与、多元投入、分步实施"的基本思路,制定了《陕西省公共安全视频监控建设联网应用工作总体方案》。按照"典型引路、示范带动、总结经验、全体推进"的思路,指导全国综治视联网试点县富平县加快视联网建设,圆满完成了一期建设任务。确定咸阳、延安、安康 3 个市为省级"雪亮工程"重点支持城市,各市(除杨凌、韩城市外)分别确定 2 个县(区)作为省级"雪亮工程"试点县(区)。

三、强基固本搭平台

一是推动综治维稳中心建设。制定印发了陕西省推进综治维稳中心建设的实施意见,明确了功能定位、职责任务、建设目标、建设模式、信息系统、运行机制、工作保障等工作内容,推动了综治维稳中心建设。对铜川、商洛、汉中和安康市的综治基层基础工作开展情况进行了抽查,对存在问题推动了整改。

二是推进城乡社区网格化管理。按照"网格划分科学合理、有相对稳定的网格员队伍、工作制度机制比较健全、运行有力有序"的标准,继续推进网格化。在杨凌示范区召开了全省网格化管理服务工作现场推进会,推广了杨凌示范区加快推进网格化服务管理工作的经验做法,对社区网格化管理覆盖率较低的市,提出了具体时限要求和推进措施。

四、发挥职能助脱贫

一是制定"1 + 6"方案,确保责任落实到位。制定了《政法综治工作助力脱贫攻坚的实施意见》及政法综治工作助力脱贫攻坚"六个工作专班"工作方案。成立了"全省政法综治工作助力脱贫攻坚领导小组"及其办公室,负责政法综治助力脱贫攻坚的组织领导、协调督导、考核评价、责任查究等工作。结合职责分工和工作需要,成立了以省信访局为主责的扶贫领域矛盾化解工作专班、以省公安厅为主责的打击涉农违法犯罪工作专班、以省综治办为主责的社会治安综合治理工作专班、以省检察院为主责的依法惩治扶贫领域犯罪工作专班、以省法院为主责的依法审理扶贫领域案件工作专班、以省司法厅为主责的法律服务工作专班共六个工作专班,积极开展工作。

二是健全“六项机制”,确保工作落实到位。为推动工作落实,制定完善了六项工作机制。联席会议制度:定期分析情况、明确重点、部署推进阶段性工作;挂牌整治制度:对问题突出的“乱村”实行挂牌整治,面貌不改观不摘牌;明查暗访制度:坚持明查暗访结合,加大督促检查力度,推动整改解决;考评问责制度:将助力脱贫攻坚工作纳入综治及平安建设考核体系,严格进行奖惩;情况报告制度:各市和各工作专班定期向领导小组办公室报送助力脱贫攻坚工作开展情况,重大情况随时报告;典型引路制度:积极培树典型,抓点带面,推进工作。

五、强化责任聚合力

一是党政牵头夯实主责。坚持把综治和平安建设作为“一把手”工程来抓,每年年初,全省各级党政主要领导都与下级党政主要负责同志签订年度平安建设目标责任书,逐级夯实了党政主要领导第一责任人的责任。各市(区)参照省上做法,逐级签订了责任书,层层明确了责任,为推动综治和平安建设工作提供了坚强的组织保障。

二是目标考评检验履责。把综治和平安建设纳入省委年度目标责任制考核的范围,对各市综治和平安建设的考评工作与省委大考核同步进行,推动综治和平安建设工作真正与全省经济社会发展同部署、同安排、同考核。坚持科学考评,改变过去考评重基层、轻部门的做法,在科学制定市县考评细则、客观评价基层工作的同时,制定印发了对省综治委成员单位、其他省级单位、部门和企业的综治工作考评细则,推动部门和单位落实综治领导责任。注重考评结果运用,对实行重点管理、黄牌警告或一票否决的地方、部门和单位的责任人取消其当年评先资格,对严重失职导致当地治安秩序长期混乱、公众安全感连续排名靠后或发生影响社会稳定重大问题的地方、部门、单位的责任人,按照有关规定进行问责。

陕西省综治委　中共陕西省委政法委关于印发《政法综治工作助力脱贫攻坚的实施意见》的通知

(2017 年 12 月 26 日)

各市综治委、杨凌示范区综治委、韩城市综治委,各市委政法委、杨凌示范区党工委政法委、韩城市委政法委,省综治委各成员单位:

现将全省《政法综治工作助力脱贫攻坚的实施意见》印发给你们,请认真抓好贯彻落实。

从现在开始到2020年脱贫攻坚任务完成,全省各级政法机关和综治组织要把助力脱贫攻坚作为头等大事,精心谋划、周密部署、扎实工作,努力实现政法综治工作创新发展、脱贫攻坚群众满意的双赢局面。近期,要重点抓好以下四个方面工作:

一要全力服务迎接国家考核。2018 年元月 5 日,国务院考核组将对陕西省脱贫攻坚工作进行年度考核。全省各级政法机关和综治组织要充分发挥群众优势,集中力量到脱贫攻坚一线,搞好邻里纠纷调处化解,尤其是要集中做好信访积案的化解处置，确保问题不上交、矛盾不激化，切实提高群众满意度，为国考奠定好的民意基础。

二要配合做好村“两委”换届。春节后，全省村级“两委”换届工作将陆续展开，这是陕西省建强基层组织的一个重要契机。全省各级政法机关和综治组织近期要集中开展矛盾隐患尤其是宗族、村霸等黑恶势力的摸排，掌握可能影响换届工作的苗头性、倾向性问题，提早制定针对性措施，确保村“两委”换届依法公正有序进行，真正选出能带领群众脱贫致富的好班子、带头人，为贫困地区如期脱贫、实现基层长治久安提供坚强组织保证。

三要切实解决好拖欠农民工工资问题。全省各级政法机关和综治组织近期要组织开展一次省内用工单位支付工资情况专项排查，同时为在外务工的欠薪农民工及时提供有效法律援助，努力让每一个农民工都能拿到钱、过好年。

四要积极推动乡村振兴战略的组织实施。实现全面小康进而建设社会主义现代化强国，脱贫攻坚仅是底线任务，乡村振兴才是最终要实现的目标。全省各级政法机关和综治组织要紧密结合职责任务，按照乡村振兴战略“二十字”总要求，深入思考和谋划“治理有效”的实现路径，扎实推进各项工作措施的落实，为全省推进实施乡村振兴战略提供有力支撑。

政法综治工作助力脱贫攻坚的实施意见

为了认真贯彻落实省委关于政法综治工作要更好在助力脱贫攻坚上担当作为的要求，自觉履行好政法机关和综治组织维护社会大局稳定、促进社会公平正义、保障人民安居乐业的职责使命，为全省脱贫攻坚营造安全稳定的社会治安环境，制定实施意见如下。

一、总体要求

（一）指导思想。以习近平新时代中国特色社会主义思想为指导，认真贯彻落实党的十九大精神，全面落实习近平总书记关于扶贫开发的重要思想和省委关于脱贫攻坚的决策部署，坚持“精准扶贫、精准脱贫”基本方略，把脱贫攻坚作为补齐发展短板、推动追赶超越、实现“四化同步”的重要抓手和最大机遇，提高政治站位，强化系统思维，以政法综治工作的新成效为脱贫攻坚、追赶超越助力护航。

（二）目标任务。从现在开始到2020年脱贫攻坚任务完成，全省各级政法机关和综治组织坚持把脱贫攻坚作为全省头等大事和第一民生工程，不断提升政法综治工作助力脱贫攻坚的质量和实效，确保涉贫领域矛盾纠纷得到及时有效化解，涉贫领域违法犯罪活动得到有力打击，司法公正得到充分彰显，贫困地区人民群众获得感、安全感和满意度显著提升，贫困地区社会治理社会化、法治化、智能化、专业化水平明显提高。

二、组织机构

省综治委成立“全省政法综治工作助力脱贫攻坚领导小组”，负责组织领导、协调督导、考核评价、责任查究等工作。领导小组下设办公室，负责组织定期召开专题会议，听取各专班工作进展情况，研究解决工作中存在的困难和问题。

按照目标任务和职责分工，成立6个工作专班：扶贫领域矛盾化解工作专班，以省信访局为主责；打击涉农违法犯罪工作专班，以省公安厅为主责；维护农村地区平安稳定工作专班，以省综治办为主责；依法惩治扶贫领域犯罪工作专班，以省检察院为主责；依法审理扶贫领域案件工作专班，以省法院为主责；法律服务工作专班，以省司法厅为主责。各工作专班分别制定工作方案并组织实施。

三、重点任务

（一）深入排查化解涉贫领域矛盾纠纷。组织开展脱贫攻坚领域的矛盾纠纷化解专项行动，切实把矛盾纠纷和不稳定因素消除在萌芽状态。进一步畅通信访渠道，规范信访事项办理，努力提高群众满意度。突出抓好涉贫领域的信访案件办理,尽量减少重信重访、来省集体访、进京越级访、进京到非接待场所上访。

(二)严厉打击涉农违法犯罪。全面排查、掌握涉农违法犯罪活动情况,严厉打击侵犯农民财产安全、人身安全的违法犯罪活动,严厉打击破坏农业生产的违法犯罪活动,防范和打击“黄赌毒”等社会丑恶现象,严厉打击农村恶势力违法犯罪活动,严厉打击农村邪教及利用宗教名义进行的违法犯罪活动,大力整治农村治安混乱地区和治安突出问题,使农村社会治安状况进一步好转。

(三)全力维护农村地区平安稳定。完善治安立体化防控体系建设,加快“雪亮工程”实施。推进基层综治维稳中心建设和城乡社区(村)网格化管理,强化农村地区治安群防群治。开展重大决策社会稳定风险评估,从源头上遏制不稳定问题的发生,有效防范和妥善处置群体性事件。落实“以奖代补”政策,加强严重精神障碍患者救治救助管控,推动特殊人群收治场所建设,加强病残吸毒人员收治收戒。健全农村“三留守”人员关爱服务体系,预防和减少侵害合法权益的案事件发生。

(四)依法惩治扶贫领域犯罪。充分发挥检察职能作用,聚焦扶贫资金、项目、工程建设中的犯罪案件,加强与相关部门工作衔接,依法快捕快诉扶贫领域的经济犯罪、职务犯罪,加强扶贫领域案件的诉讼监督,有力惩治扶贫领域犯罪行为,有效彰显司法公正。广泛开展警示教育,强化扶贫干部和农村群众的法治观念。

(五)依法审理扶贫领域案件。依法审理侵农、害农等犯罪案件,金融扶贫、产业发展等涉农经济犯罪案件,依法妥善审理家庭矛盾、务工就业、教育医疗、养老保障等民生领域案件,涉及农村低保户、贫困户资格审查认定、扶贫款救济款发放等行政诉讼案件,土地承包纠纷、农村集体土地征用、土地承包经营权流转等案件,切实维护群众合法权益。建立多部门沟通协调机制,加大涉贫领域案件的执行力度,确保涉贫案件执行取得良好效果。开通涉扶贫案件的“立、审、执”绿色通道,加大对贫困群众的司法救助,促进涉贫领域案件司法公开,充分保障弱势群体合法权益。

(六)扎实做好法律服务和保障。完善法律服务体系,为党委、政府制定实施扶贫工作政策措施、有效防范扶贫开发中的法律风险提供法律咨询和服务。深入开展主题法律服务活动,主动对接扶贫重点项目承接单位,为项目顺利推进提供法律帮助。加强农村法治宣传教育,开展基层法治创建活动,大力宣传以宪法为核心的社会主义法律体系及与群众生活密切相关的涉农法律法规,针对农村“三留守”人员和残疾人等特定人群开展法律扶贫,帮扶矫正对象自主创业,回归融入社会。

四、工作制度

(一)建立联席会议制度。领导小组每半年召开一次会议,研究解决政法综治助力脱贫攻坚工作中的重大问题。领导小组办公室结合工作实际,适时召开专题会议,推动解决工作中的现实问题。各工作专班每两月召开一次工作会议,分析情况、明确重点、研究安排阶段性工作。各工作专班牢固树立一盘棋思想,加强与相关部门联络沟通,及时通报情况,做好工作对接,形成工作合力。

(二)实行挂牌整治制度。全面摸排贫困地区矛盾纠纷、信访问题、违法犯罪、治安秩序、工作基础、群众满意度情况,对问题突出的“乱村”,列出清单,一个不漏,根据问题严重程度进行省、市、县三级挂牌整治。

(三)健全考核考评制度。省综治委将此项工作纳入综治及平安建设考核体系,单独进行考核,制定考核指标、明确考核分值、落实奖惩制度,综合运用表彰奖励、通报、约谈、挂牌督办等综治手段推动工作,必要时对有关地区和单位实行“一票否决”。各工作专班要制定相应的考核办法,确保工作要求落到实处。

(四)建立情况报送制度。各市、各工作专班每月向省级领导小组书面报告工作开展情况,每半年报送工作小结,重大情况及时报送。领导小组办公室定期向省委报送政法综治助力脱贫攻坚工作开展情况,定期通报全省,随时以简报形式推广各地各部门好经验好做法。

五、工作要求

(一)提高政治站位。脱贫攻坚是党和国家当前和今后一个时期工作的重中之重,助力脱贫攻坚是政法综治工作的重大政治任务。全省各级各部门要牢固树立“四个意识”和大社会观、大治理观，自觉把思想和行动统一到中央和省委的要求上来，将助力脱贫攻坚工作作为“一把手”工程，主要领导要对工作亲自部署、亲自协调、亲自落实，不断提升政法综治工作成效，为陕西省脱贫攻坚创造良好社会环境。

（二）周密安排部署。全省各级政法机关和综治组织要坚持以脱贫攻坚统揽工作全局，及时召开党委（党组）会议，认真学习省委领导讲话精神，紧扣“助力”主题，精心谋划、周密安排，进一步明确思路、突出重点，动员部署本系统、本单位，安排好当前和今后一个时期的政法综治工作，确保助力脱贫攻坚工作顺利推进。

（三）狠抓工作落实。全省各级政法机关和综治组织要立足陕西省脱贫攻坚实际，带着深厚的感情去做工作，知民情、查民忧、解民困、疏民怨，切实解决好涉贫领域存在的各种矛盾和问题。各级各部门要加大对助力脱贫攻坚工作的督导检查力度，定期听取汇报，组织现场督导、明察暗访，检查各级工作落实情况，既要查突出问题，又要督工作进度，问工作成效，确保助力脱贫攻坚工作任务落到实处，见到实效。

（四）加强舆论宣传。全省各级政法机关和综治组织要加强与宣传部门和新闻媒体的联系，通知多种渠道、采取灵活多样的方式，大力宣传省委关于政法综治工作助力脱贫攻坚的决策部署，充分调动广大干部群众扶贫脱贫的积极性、主动性和创造性。要大力宣传政法机关和综治组织助力脱贫攻坚工作的重要部署、重大举措、成功经验和主要成效，积极选树先进单位、典型人物，树立政法机关和综治组织良好形象，营造助力脱贫攻坚的浓厚舆论氛围。

陕西省综治办充分发挥职能作用
全力助力脱贫攻坚

打好精准脱贫攻坚战是中央明确的三大重点战略任务之一，也是陕西省委赋予全省政法综治工作的重大使命。为了不折不扣落实好省委关于政法综治工作要更好在助力脱贫攻坚上担当作为的决策部署，陕西省综治组织充分发挥职能作用，紧紧围绕中心工作，精心制定工作意见，专题召开会议部署，积极助力脱贫攻坚，实现了综治工作创新发展、脱贫攻坚成效显著的双赢目标。

一、制定“1＋6”方案，确保责任落实到位

省综治委、省委政法委立足全省实际，反复研讨制定了陕西省《政法综治工作助力脱贫攻坚的实施意见》及政法综治工作助力脱贫攻坚“六个工作专班”工作方案（以下合并简称“1＋6”方案），明确了政法综治工作助力脱贫攻坚的指导思想、目标任务、组织机构、重点任务、工作制度和工作要求。成立了“全省政法综治工作助力脱贫攻坚领导小组”及其办公室，负责政法综治助力脱贫攻坚的组织领导、协调督导、考核评价、责任查究等工作。结合职责分工和工作需要，成立六个工作专班：一是以省信访局为主责的扶贫领域矛盾化解工作专班；二是以省公安厅为主责的打击涉农违法犯罪工作专班；三是以省综治办为主责的社会治安综合治理工作专班；四是以省检察院为主责的依法惩治扶贫领域犯罪工作专班；五是以省法院为主责的依法审理扶贫领域案件工作专班；六是以省司法厅为主责的法律服务工作专班。各工作专班相应成立了工作机构。各市、县按照省上模式，层层成立机构，分解任务、细化措施、夯实责任，确保了助力工作有序开展。

二、突出“六大重点”，确保措施落实到位

结合工作实际，确定了六大重点任务。一是化解矛盾纠纷助力脱贫攻坚。在全省开展脱贫攻坚领域矛盾纠纷化解专项行动，畅通信访渠道，突出抓好涉贫领域的信访案件办理，把工作做实做细做扎实，努力做到“小事不出村、大事不出镇、矛盾不上交”。二是打击涉农违法犯罪助力脱贫攻坚。公安机关全面排查涉农违法犯罪活动情况,依法严厉打击“乡霸”“村霸”等农村黑恶势力,严厉打击侵犯农民财产安全、人身安全和破坏农业生产的违法犯罪活动,切实增强人民群众安全感。三是维护农村地区平安稳定助力脱贫攻坚。综治维稳机构加快实施“雪亮工程”,推进城乡社区(村)网格化管理。健全农村“三留守”人员关爱服务体系。四是依法惩治扶贫领域犯罪助力脱贫攻坚。检察机关聚焦扶贫资金、项目、工程建设中的犯罪案件,对扶贫领域的经济犯罪、职务犯罪依法快捕快诉,依法惩治扶贫领域犯罪行为。五是依法审理扶贫领域案件助力脱贫攻坚。各级法院开通涉扶贫案件的“立、审、执”绿色通道,依法审理侵农害农、涉农经济犯罪和民生领域案件,加大涉贫领域案件执行力度,切实维护农民群众合法权益。六是加强法律服务助力脱贫攻坚。司法行政部门深入开展脱贫攻坚主题法律服务活动,加强农村法治宣传教育,推进基层法治创建,引导群众办事依法、遇事找法、解决问题靠法,提高依法维权意识。

三、健全“六项机制”,确保工作落实到位

为推动工作落实,制定完善了六项工作机制。一是联席会议制度。领导小组和各工作专班定期召开会议,研究解决助力脱贫攻坚工作中的重大问题,分析情况、明确重点、部署推进阶段性工作。各工作专班加强与相关部门的联络沟通,做好工作对接,凝心聚力抓落实。二是挂牌整治制度。全面摸排贫困地区的矛盾纠纷、信访问题、违法犯罪、治安秩序、工作基础、群众满意度等情况,分类施策,一村一策。对问题突出的“乱村”,列出清单、一个不漏,根据问题严重程度,实行省、市、县三级挂牌整治,面貌不改观不摘牌。三是明查暗访制度。省委政法委、省综治办把助力脱贫攻坚作为督查工作的重要内容,坚持明查暗访结合,加大督促检查力度,既查突出问题,又督工作进度、问工作成效。对明查暗访中发现的问题,向当地党委、政府通报,督促整改解决,确保任务不落空、工作出成效。四是考评问责制度。将助力脱贫攻坚工作纳入综治及平安建设考核体系,细化考核指标,明确考核分值,严格进行奖惩。对工作成绩突出的,进行表彰奖励;对重视不够、工作落后,甚至发生突出问题的,根据情况进行通报、约谈、挂牌督办,必要时对有关地区和单位实行“一票否决”。五是情况报告制度。各市和各工作专班定期向领导小组办公室报送助力脱贫攻坚工作开展情况,重大情况随时报告。充分运用会议交流、简报等形式,通报推广各地各部门的新做法、新经验、新成效。六是典型引路制度。加强与宣传部门和新闻媒体的联系,采取多种方式加大宣传力度,营造良好舆论氛围。注意总结工作中的好经验、好做法,培育工作亮点,推树先进典型,积极推动助力工作深入开展。

四、强化联络沟通,确保形成工作合力

工作中,省综治办充分发挥组织协调作用,调动省综治委成员单位和各级综治组织,通力合作,合力攻坚。一是加强横向沟通。各级综治组织积极会同相关职能部门,密切结合自身和脱贫攻坚工作实际,研究制定符合本地实际的具体工作方案,细化任务,明确重点,落实责任。二是加强内部整合。各级综治委成员单位在搞好本单位、本部门脱贫攻坚任务的同时,把人力、物力、财力向基层一线倾斜、向贫困地区倾斜、向脱贫攻坚任务繁重的地区倾斜,最大程度助力脱贫攻坚。三是加强纵向联络。省综治办加强省与市、县(区)综治组织的沟通联系,上情下达、下情上晓,做到了信息畅通、沟通高效,在全省形成了助力脱贫攻坚的工作合力,构建了平安建设和脱贫攻坚的良性互动。

(撰稿人:赵　波
审稿人:王　利　江　磊)

甘　肃　省

2017 年综治工作概况

2017 年,全省综治战线坚持以习近平新时代中国特色社会主义思想为指引,不断提高政治站位,牢固树立“四个意识”,坚决贯彻中央、省委的决策部署,紧紧围绕“建设更高水平的平安甘肃”的总目标,以为党的十九大胜利召开营造安全稳定、团结和谐的社会环境为主线,周密部署,强力推进,有力地维护了社会治安大局的持续稳定。年内全省刑事案件总量同比下降 21%,八类刑事案件总量同比下降 13.2%,命案发案在连续多年下降的基础上又下降 16.4%,交通、火灾事故总量分别下降 51.5% 和 3.8%,没有发生严重危害国家安全和公共安全的暴力恐怖事件、重大群体性事件、极端个人案(事)件和安全生产事故。省统计局和省社情民意调查中心的调查显示,2017 年,甘肃省群众安全感 92.86%,较 2016 年上升 2.46 个百分点。

一、加强组织领导和体制机制保障,着力在更高层次上谋划推进综治(平安建设)工作

新一届省委、省政府站在政治高度,进一步强化对政法综治工作的领导,省委常委会、省政府常务会多次听取政法综治工作情况汇报,对事关全省平安建设和社会治理的重大问题及时研究部署,并把重要工作纳入省委改革事项和督查重点予以推动。省委常委会专题传达学习习近平总书记重要讲话精神,研究提出了具体贯彻落实意见。年内,省委、省政府主要领导多次就党的十九大维稳安保工作以及化解社会矛盾维护群众权益、依法惩治“村霸”和宗族恶势力、打黑除恶等工作作出批示指示,并深入基层一线督查指导;省综治委以高度的政治自觉充分履职,省委、省政府分管领导就阶段性重点工作亲自安排部署、牵头督查抓落实,协调解决了一大批工作中的重点难点问题。各地、各相关部门都把加强社会治安综合治理工作作为事关全局的大事,列入重要议事日程,一把手亲自抓,分管领导具体抓,巩固了一级抓一级、层层抓落实的局面。与此同时,更加注重体制机制的创新和支撑。着眼于全面深入贯彻落实习近平总书记“八个着力”重要指示精神,研究制定了综治系统“着力加强社会管理、维护社会稳定”的具体方案,实化细化措施办法,对标抓好落实;着眼于解决突出问题,认真对照省委巡视组反馈的问题清单,逐条逐项对照检查,制定整改方案,压实责任,坚决整改;着眼于更好地推动综治领导责任制抓实见效,在广泛调研、充分论证的基础上,省综治委制定下发了《甘肃省综治组织执行社会治安综合治理领导责任制问责办法》,对综治系统推动责任落实、失职失责问责作出刚性规定和约束;着眼于搭建平台、整合资源、优化机制,提请省委办公厅、省政府办公厅印发了《甘肃省社会治安综合治理综治中心规范化建设指导意见》,对健全完善和规范从省到村(社区)五级综治中心建设,提出阶段性目标和标准化要求,为打牢综治工作基层基础作出了制度性设计;着眼于加快建立甘肃省矛盾纠纷多元化解体系,督促省卫计委、省人社厅等相关部门制定出台《甘肃省完善医患矛盾纠纷多元化解机制实施方案》《关于进一步加强劳动人事仲裁完善多元处理机制的意见》等文件,基本形成了以《甘肃省完善矛盾纠纷多元化解机制实施意见》为基础的“1+22”文件体系;着眼于推动联网共享应用,多方论证形成了《甘肃省推进“雪亮工程”建设指导意见》;着眼于加强公共安全管理,与相关部门协调配合,联合制定印发了《关于在城市规划建设管理中加强社会治安复杂地区综合整治改造工作的意见》《关于加快全国邮件快件实名收寄信息系统推广应用工作的实施方案》《关于进一步加强全省寄递物流渠道安全管理工作的通告》《关于加强心理健康服务的实施意见》等制度性文件,这些都为当前和今后一个时期创新社会治理、深化平安甘肃建设提供了有力政策支持。

二、以决战决胜的姿态,着力为党的十九大召开创造和谐稳定的社会环境

全省综治战线坚持把党的十九大维稳安保工作作为重大政治任务,以最高的标准、最严的要求落实各项工作措施。各级综治组织紧紧围绕社会面、重点部位、重点领域的防范和重点人员管控,集中开展了公共安全风险排查整治、依法惩治“村霸”和宗族恶势力、矛盾纠纷排查化解、重点对象排查管控、综治领导责任制集中督导等“五大专项行动”,特别是在社会面管控、藏区维稳、反恐防暴、公共安全等方面开展全方位、立体化、无缝隙的综合治理,坚决消除各类不安全、不稳定因素。9 月下旬,针对各地各部门在涉军维权问题处理、矛盾纠纷解决等方面存在的问题,省综治委、省信访联席办牵头组织,对天水、武威、酒泉、兰州 4 个市,省国资委、省林业厅、白龙江林业管理局、白银有色集团公司、靖煤公司、窑煤公司 6 个单位的主要负责同志进行集中约谈,督促解决问题,取得了很好的效果。党的十九大期间,全省矛盾纠纷调处成功率达到 99%,涉军、投资和涉众型经济犯罪受损人员等 10 大类重点人员和特殊人员全部稳控到位,公共安全形势保持稳定。

三、持续不断地开展矛盾纠纷排查化解,着力在源头上预防和减少影响社会和谐稳定的问题

认真学习领会党的十九大关于“我国社会主要矛盾已经转化为人民日益增长的美好生活需要和不平衡不充分的发展之间的矛盾”这一重大论断,准确把握排查化解矛盾纠纷在维护社会和谐稳定方面的新定位,有针对性地开展工作,妥善解决好事关人民群众切实利益的现实问题。一是组织开展了矛盾纠纷“大排查、大调处”专项行动。2017 年,分别于 1—4 月和 6—9 月两个时间段,在全省范围内集中组织开展了两轮矛盾纠纷“大排查、大调处”专项行动。特别是针对近两年非法集资案件高发、2017 年以来涉军维权群体性事件增多的问题,有侧重地开展这两方面矛盾纠纷排查化解,督促相关地方和部门落实稳控责任,掌握工作主动权。省综治委(办)四次派出由综治、司法、公安、信访等部门参加的联合督查组开展专项督查,各市州也做到每月一督查,有力地确保了专项行动效果。全省共排查各类矛盾纠纷 48474 件,化解 47322 件,化解率 98%,其中排查重大社会矛盾 1057 件,化解 961 件,化解率为 90.9%。二是认真落实矛盾纠纷排查调处协调会议制度。省综治委(办)坚持利用协调会议分析研究矛盾纠纷总体情况,对可能引发重大治安问题和群体性事件的矛盾纠纷或隐患苗头进行个案研究,对重大社会矛盾和信访问题,逐案明确责任单位、责任领导和责任人员,使一些影响社会稳定的问题得到有效化解。2017 年,省级层面共召开 12 次协调会议,同时督促市州、县区逐级落实协调会议制度,推动重大矛盾纠纷的协调化解。三是坚持突出矛盾纠纷清单化管理制度。将全省 40 个县区的 70 件突出矛盾纠纷纳入清单化管理,实行包案责任制,并限期督办。对按期化解的突出矛盾纠纷,由市州综治办报省综治办备案并进行销号管理;对在期限内没有化解的突出矛盾纠纷,及时对县(市区)包案责任人、市州综治办包案负责人进行通报并跟踪督办,年内 70 件突出矛盾纠纷全部得以圆满化解。

四、有针对性地开展重点整治,着力解决影响人民群众安全感的突出问题

坚持以人民为中心的发展思想,坚持问题导向,下决心开展重点整治。一是持续深化严打整治专项行动。持续组织开展禁吸戒毒、缉枪治爆等不同规模的专项行动,做到了对各种突出刑事犯罪活动“露头就打”。年内缴获各类毒品 575.9 公斤,破获非法吸收公众存款案 87 起、非法集资案 122 起,挽回经济损失 11.8 亿元。二是持续加大电信诈骗犯罪打击力度。协调省公安厅、省通信管理局和电信运营商共同参与,建成并运行电信网省际出入口防范拦截系统,累计拦截诈骗电话 240 余万条。2017 年,全省发生电信网络诈骗案件 10044 起,同比下降 15.05%,破获电信诈骗案件 3031 起,同比上升 64.2%。三是着力深化命案治理工作。始终把治理命案作为检验防范打击工作的重要标准,省综治办先后下发 3 次工作通知,两次组织现场督导和调研,并严格落实责任查究,以此确保治理工作成效。2017 年,全省命案较上年下降16.4%，命案破案率达97.9%，“零命案县（市、区）”达到14个。四是推进治安复杂区域综合整治改造。确定12个方面排查整治重点，组织各地、各部门按照“深度排查、全面见底”和“滚动式排查、常态化整治”的要求，分地域、分领域、分行业组织开展拉网式、地毯式调查摸底工作，确定三级督办重点地区和突出治安问题592个，其中省级督办30个、市级督办116个、县级督办446个，年内整治率达到100%，有效解决了一批治安突出问题。排摸确定老旧楼院、城中村、城边村等17处，纳入省级督办范围，结合棚户区改造进行综合整治，取得了阶段性成果。五是加强重点领域公共安全管理。组织开展严查严惩道路交通违法行为专项行动，全省道路交通事故起数、死亡人数、受伤人数、财产损失同比分别下降51.5%、51%、50.6%、55.7%，道路交通安全管理工作得到国务院安全生产巡查组的充分肯定。深入推进“网格化”“户籍化”“标准化”消防安全管理，持续开展“清剿火患”战役和整治高层建筑火灾隐患专项行动，2017年全省火灾死亡人数同比下降77.8%，连续11年未发生重大以上火灾事故。强化寄递物流行业管理，严格落实收寄验视、实名寄递、X光机安检“3个100%”制度，加强督促检查，严肃处理发生违规问题的企业和员工。以平安铁路创建为目标，积极推进护路联防工作转型发展，将原103个专职护路队撤并成立了33个巡查大队、17个护路队，396名线格员全员上岗，建立起了新的护路模式和体系架构，护路工作覆盖到全省所有铁路线路。在全国率先制定了《高速铁路外部安全环境隐患整治标准》，为路地共同解决治安隐患提供了依据。2017年，全省共发生路外伤亡和涉及行车安全的“五类”案件4起，铁路交通事故6件，案（事）件总起数同比下降66.7%。

五、不断创新思路方式，着力破解社会治理重点难点问题

把不断创新机制作为提升社会治理水平的突破口，针对流动人口、特殊人群、重点青少年等服务管理难度大、容易诱发违法犯罪等问题，通过创新机制、出台政策、强化保障等方式，组织协调各有关部门单位齐抓共管，共同落实服务管理各项措施，在推动解决社会治理重点难点问题上取得了新成效。一是加强严重精神障碍患者救治救助管理。部署开展严重精神障碍患者底数排摸核查专项行动，消除盲点漏洞，严防脱管漏管。建成“国家严重精神障碍信息管理系统省级平台”。严格按照“一人一档、一人一策、一人一监护小组”的要求，对纳入国家严重精神障碍信息管理系统的患者逐人进行建档立卡，采取监护对策，落实监护责任，继续落实“以奖代补”政策，累计奖补资金达5661.72万元。省级精神病强制医疗中心纳入国家“十三五”规划并已启动建设前期工作。二是深入推进刑满释放人员和社区矫正人员过渡性安置帮教工作。积极探索推广白银市“五扶促归”特殊人群管理模式，全面推行吸毒人员网格化服务管理试点经验，落实帮教衔接机制，建立完善政府、社会、家庭三位一体的关怀帮扶体系。2017年，核拨刑满释放人员和社区矫正人员过渡性安置帮教补助经费952.5万元、出狱所人员接送补助经费216万元。顺利筹办全国组织社会力量参与社区矫正工作座谈会，指导制定社区矫正监管中心建设标准和分类验收指标，推动建成规范性运行的社区矫正监管中心85个。全省社区服刑人员再犯罪率0.05%，帮教期内刑满释放人员再犯罪率仅0.04%，均远低于国家相关部门控制指标。三是持续深化预防青少年违法犯罪工作。研究探索了“依靠专业力量对有不良行为或严重不良行为青少年进行教育矫治，组织正面力量对闲散青少年进行联系服务，依靠部门力量对流浪乞讨未成年和刑释青少年进行安置帮扶，动员社会力量对服刑人员未成年子女、农村留守儿童（青少年）进行关爱帮扶”的思路办法，扎实开展服务管理，取得一定成效。开展了全省“专门学校”建设专项督查，指导各地创新和规范“专门学校”建设，为教育矫治探索出了一条切实可行的新路子。依托“1+1+X”帮教模式，充分发挥“青少年维权在线”和12355青少年服务台的作用，大力建设涉罪未成年人观护教育基地，积极建立保护未成年人的法庭，全方位、多途径落实未成年人关爱帮扶教育措施，全省青少年涉命案数同比下降35.4%。四是着力加强校园及周边治安综合治理工作。开展“安全隐患大排查大整改活动”，排查安全隐患1000多个，逐一督促整改到位。将治理校园暴力及欺凌事件作为年度工作重点，协调指导公安、教育厅部门，开展“校园欺凌和暴力”专项整治行动，排查整治各级各类学校校园欺凌及暴力事件苗头。特别是对庆阳市四中和兰州市二十四中发生的校园欺凌事件，组成省级或市级督导检查组进行了认真督导整改和责任查究，严防此类事件再次发生。

六、扎实推进“雪亮工程”和综治中心建设，着力提升实战化水平

站在维护国家安全和推进国家治理现代化的高度，把“雪亮工程”、综治中心等基础建设作为社会治理信息化、智能化、专业化的重要平台，加快推进。一是“雪亮工程”建设快速推进。以“全域覆盖、全网共享、全时可用、全程可控”为目标，深入推进“雪亮工程”建设，全省视频摄像头达 27 万余个，接入公安视频管理平台的视频图像达到 7 万路。加大经费支持，建设示范典型，协调争取将兰州、庆阳、平凉、武威、酒泉、天水 6 个市纳入 2016、2017、2018 年国家“雪亮工程”建设示范、重点支持城市，国家发改委分别支持 2800 万元（庆阳 2700 万元）补助经费，目前总体进展顺利。省级共享平台建设已经省发改委立项、省财政列入预算，并被中央综治办列为全国 9 个示范省份之一予以支持，目前正在抓紧建设。省、市、县公安机关指挥中心全部实现了可视化指挥调度，人脸识别、车牌识别、视频巡逻等应用工程不断拓展。省综治办从公安机关接入 5 万路视频图像，通过视频资源汇聚转发平台向中央综治办实时传输。二是综治中心规范化建设进展顺利。把综治中心规范化建设、实体化运行作为综治（平安建设）工作的基础性、保障性工程予以推进，依托综治办，按照“综治办 + 综治信息系统 + N”的模式，通过整合公安、司法行政、民政、人社、信访、人民法院等力量，健全完善“一个窗口受理”“一站式服务”等工作制度机制，建起了具有实战化功能的工作平台。截至 2017 年底，市、县、乡、村四级分别建成规范化综治中心 6 个、71 个、1326 个、13966 个，覆盖率分别达到 42.9%、82.6%、97.1%、80.7%；县、乡、村三级综治组织及人员进一步充实，专兼职工作人员分别为 916 人、5737 人、35656 人。进一步规范完善城乡社区网格化服务管理工作，将资源、服务、管理下沉到网格，推动基层治理触角向每个角落延伸，实现了大事全网联动、小事一格解决。三是综治信息平台不断完善。提前一年超额完成全省 1390 个乡镇（街道）和社区的平安与便民服务综合信息平台建设任务，节约预算资金近 1000 万元。经过半年多的试运行，基本实现了平台设计的预期功能，大大提高了综治工作的信息化水平和工作效率，也极大地方便了人民群众办事。针对综治信息平台运行管理中的突出问题，制定印发了《甘肃省综治信息平台管理考核办法》《综治信息统计分析月报》等规范性文件，将综治信息平台的信息采集报送和事件处理作为重点强力推进，加大平台数据和事件采集、报送、处理等方面的应用力度，为基层社会治理提供了重要参考。全省配备综治信息员 2.7 万名，录入人口基础数据 2508 万余条，录入事件 138 万余件，办结 137.7 万件，办结率达到 99.32%。

七、认真开展责任制督导检查，着力推进综治（平安建设）工作落实见效

立足落实习近平总书记关于进一步纠正“四风”、加强作风建设的重要指示，严格按照“三纠三促”专项行动的目标要求，省委政法委、省综治委组成五个组，对各市（州）、各成员单位进行了实地检查考核，对照年初签订的责任书，查一把手责任落实、查各地各部门的担当意识、查重点工作推进成效、查整改解决突出问题的效果。通过年终综合考评，达到了发现问题、总结经验、评估成效、推进工作的目的。进一步加大社会治安综合治理领导责任制执行力度，以此推动工作落实到位。严格按照规定程序，对 2016 年社会治安问题突出和发生重特大案事件的地方、单位及时进行了责任查究和督促整改工作。核定 1 个市（州）、4 个县为 2016 年度社会治安问题相对突出地区，省综治委对 4 个县实行了挂牌督办，对其党政领导、综治委主任进行约谈，并组织开展督导检查，深入实地，分析问题，督促整改，年底前进行了检查验收。向发生恶性命案的平凉、兰州、临夏、酒泉、天水等市州发出督办函，责令市、县两级对 12 名干部进行约谈，对 7 个乡镇、街道实行挂牌督办，并督促深化矛盾纠纷排查化解，坚决防止“民转刑”“刑转命”案件发生。对发生的 22 起严重精神障碍患者肇事肇祸案事件，在全省范围进行通报，督促各相关地方和单位吸取教训，落实整改措施，开展责任倒查。向监所安全管理工作中存在问题和隐患的市（州）、县（市区）党委政府下发督办通知 15 份，责令限期整治。2017 年，省级层面通报单位 106 个，约谈 204 人（次），挂牌督办 57 个单位，党政纪处分 28 人；市县两级综治委（办）共对 423 个单位进行了通报，约谈责任单位 327 个（次），挂牌督办 278 个（次），一票否决 12 个单位，追究了 88 个单位、9 名处级以上干部、175 名科级及以下领导干部工作责任，这些都有力有效地督促各地各部门进一步靠实了工作责任，落实了工作措施，推进了平安建设。

总体来看，在各地、各部门的共同努力下，2017 年全省综治（平安建设）工作较好完成了年初确定的各项目标任务，在一些重点工作上实现了新的发展和突破，但是也存在一些不容忽视的问题：一是一些地方和领域的矛盾纠纷仍呈高发态势，由此引起的集体上访和群体性事件依然不少；二是刑事发案总体平稳，但涉众型案件明显增多，特别是非法集资、电信诈骗类经济案件多发频发，直接影响着人民群众安全感和满意度；三是各地工作进展不平衡，一些地方对“雪亮工程”建设和特殊人群服务管理等重点工作推进力度不大、措施落实不到位、经验亮点不多，等等。2018 年，我们将深入贯彻落实党的十九大精神，以习近平新时代中国特色社会主义思想为指引，按照中央和省委的部署要求，坚持问题导向、底线思维、重点突破、全力攻坚，不断提高预测预警预防能力，努力打造共建共治共享的社会治理格局，开创平安甘肃建设工作新局面。

甘肃省综治委关于印发《甘肃省综治组织执行社会治安综合治理领导责任制问责办法》的通知

（2017 年 6 月 9 日）

各市州、甘肃矿区综治委，省综治委各成员单位：

现将《甘肃省综治组织执行社会治安综合治理领导责任制问责办法》印发你们，请认真贯彻执行。贯彻执行情况将作为综治（平安建设）工作考评的重要内容。

甘肃省综治组织执行社会治安综合治理领导责任制问责办法

第一条　为了有效防止和解决各级综治委（办）执行社会治安综合治理领导责任制（以下简称“综治领导责任制”）中的不作为以及失之于宽、失之于软、失之于慢等问题，切实将综治领导责任制落到实处，不断推动平安甘肃建设深入发展，根据《中国共产党问责条例》《健全落实社会治安综合治理领导责任制规定》以及《甘肃省实施〈中国共产党问责条例〉办法（试行）》《甘肃省健全落实社会治安综合治理领导责任制实施办法》等有关规定，制定本办法。

第二条　各级综治委（办）应当严格执行综治领导责任制，凡出现《甘肃省健全落实社会治安综合治理领导责任制实施办法》第二十四条所列情形之一的，应当启动追责程序，坚持失责必究、追责必严，做到不追究不放过、不处理不放过、不教育不放过、不整改不放过，问题突出的班子不调整不放过。

第三条　各级综治委(办)及其工作人员执行综治领导责任制不力，有下列情形之一的，应当问责：

(一)应当追责而未追责的；

(二)追责方式失当的；

(三)追责程序启动明显迟缓的；

(四)追责程序不规范的；

(五)追责对象确定不准确、追责范围明显偏小或偏大的；

(六)因各种原因无力追责又未及时向上一级综治组织报告的；

(七)综治领导责任制执行情况报告制度、通报制度不落实的；

(八)对下一级综治委(办)执行综治领导责任制督导不力的；

(九)其他失职失责需要问责的情形。

第四条　对失职失责综治委(办)的问责方式：

(一)检查。对执行综治领导责任制不力、情节较轻的，应当责令其作出书面检查并切实整改。

(二)通报。对执行综治领导责任制不力、情节较重的，应当责令整改，并在一定范围内通报。

(三)建议调整班子。对不认真执行综治领导责任制、造成严重后果、自身又不能纠正的综治委(办)，应当建议党委调整班子。

第五条　对失职失责综治委(办)工作人员的问责方式：

(一)通报。对履行职责不力的，应当严肃批评，依规责令整改，并在一定范围内通报。

(二)诫勉。对失职失责情节较轻的，应当以谈话或者书面方式进行诫勉。

(三)建议组织调整或组织处理。对失职失责情节较重、不适宜担任现职的，应当根据情况建议有关部门采取停职检查、调整职务、责令辞职、降职、免职等措施。

(四)纪律或行政处分。对严重失职失责，应当给予党纪政纪处分的，依照相关党纪法规追究纪律责任或行政责任。

第六条　对失职失责综治委(办)及其工作人员的问责方式可单独使用，也可合并使用。

第七条　对失职失责综治委(办)及其工作人员的问责程序由上一级综治委(办)启动，问责决定由上一级综治委或有管理权限的机关根据相关规定作出。

第八条　对需组织处理或给予党纪政纪处分的，由综治委会同纪检监察机关和组织、人社部门召开联席会议研究，形成意见后，按有关规定和程序办理。

第九条　问责决定作出后，应当及时向被问责综治委(办)或综治委(办)工作人员所在单位宣布并督促执行。

第十条　采取组织调整或组织处理、纪律处分、行政处分方式问责的，一般应当向社会公开。

第十一条　本办法由甘肃省社会治安综合治理委员会办公室负责解释。

第十二条　本办法自发布之日起施行。

中共甘肃省委办公厅　省人民政府办公厅关于印发《甘肃省社会治安综合治理综治中心规范化建设指导意见》的通知

（2017年11月18日）

各市、州党委和人民政府，兰州新区党工委和管委会，省委各部门，省级国家机关及各部门，省军区、武警甘肃省总队，各人民团体，中央在甘各单位：

《甘肃省社会治安综合治理综治中心规范化建设指导意见》已经省委、省政府同意，现印发给你们，请结合实际认真贯彻落实。

甘肃省社会治安综合治理综治中心规范化建设指导意见

社会治安综合治理综治中心，是新形势下创新社会治理，深化平安建设的重要平台和抓手。加强社会治安综合治理综治中心建设、规范日常管理，是提升服务水平，不断推进国家治理体系和治理能力现代化的必然要求，是提升复杂社会条件下综治组织实战能力的重要支撑性工程。为认真贯彻中央和省委决策部署，根据国家质量监督检验检疫总局、国家标准化管理委员会《社会治安综合治理综治中心建设与管理规范》要求，现就全省社会治安综合治理综治中心（以下简称“综治中心”）规范化建设提出以下意见。

一、指导思想、目标任务和总体原则

（一）指导思想。高举中国特色社会主义伟大旗帜，以马克思列宁主义、毛泽东思想、邓小平理论、“三个代表”重要思想、科学发展观、习近平新时代中国特色社会主义思想为指导，深入贯彻党的十九大精神，认真落实习近平总书记视察甘肃重要讲话和“八个着力”重要指示精神，紧紧围绕建设幸福美好新甘肃的总体目标，牢牢把握创新社会治理、深化平安建设、提高保障和改善民生水平的目标要求，整合优化资源力量，强化科技信息支撑，实现社会治安综合治理工作实战化指挥、一体化运行、高效化服务，努力做到矛盾纠纷联调、社会治安联防、重点工作联动、治安突出问题联治、服务管理联抓、基层平安联创，确保全省社会和谐稳定、人民安居乐业。

（二）目标任务。牢牢把握加强社会治安综合治理、深化平安甘肃建设的实际需求，推动省、市（州）、县（市、区）综治中心和乡镇（街道）、村（社区）综治（维稳反邪教）工作中心建设，到2018年底，50%以上的市（州）、70%以上的县（市区）、90%以上的乡镇（街道）和30%以上的村（社区）规范化建设达标；2019年底，80%以上的市（州）、90%以上的县（市、区）、100%的乡镇（街道）和60%以上的村（社区）规范化建设达标；2020年底，省、市（州）、县（市、区）、乡镇（街道）、村（社区）规范化建设达标率达到100%。

（三）总体原则。坚持党委领导、政府主导、综治协调、各部门齐抓共管、社会力量积极参与，根据各地区经济状况、人口规模和加强社会治安综合治理、深化平安建设的实际需求，因地制宜按需整合现有资源、人员、设施，充分运用信息化技术，建设规模合理、层次清晰、功能定位明确的综治中心，并加强运行维护和管理，夯实综治工作基层基础，在纵向推动省、市（州）、县（市、区）、乡镇（街道）、村（社区）各层级综治中心运转规范、衔接有序、指挥高效，在横向促进综治中心与本地区各相关部门资源整合、信息共享、协调一致，实现一体化运作，实体化运行，坚持预防为主，强化实战功能，突出工作实效，使综治战线成为维护社会治安与社会稳定的一道防线。

二、功能定位

（一）省、市（州）、县（市、区）综治中心和乡镇（街道）综治（维稳反邪教）工作中心基本功能。

1. 认真贯彻社会治安综合治理有关法律法规政策，加强对社会治安综合治理有关问题的调查研究，向上级综治组织和本地区党委、政府及综治委提出政策建议。

2. 组织协调辖区内社会治安防控体系建设，协调、推动实有人口服务管理、特殊人群服务管理、非公有制经济组织和社会组织服务管理、社会治安、预防青少年违法犯罪、校园及周边治安综合治理、护路护线联防等涉及多个部门的社会治安综合治理事项的解决。

3. 组织协调本地区矛盾纠纷多元化解工作，调解辖区内跨地区的矛盾纠纷；指定牵头单位调解涉及多个部门的矛盾纠纷；对相关部门依照首问责任制受理，但不属于本部门调解范围的矛盾纠纷，确定相应的责任单位予以调解。

4. 协调、指导、推动辖区内网格化管理工作的落实。

5. 对辖区内各地各部门社会治安综合治理工作进行督导、检查，开展综治工作（平安建设）考核评价。

6. 掌握辖区内各地各部门社会治安综合治理工作进展情况，组织开展对社会治安形势的整体研判、动态监测，并提出督办建议。

7. 组织开展法治宣传教育，引导人民群众遵守法律，有问题依靠法律来解决，形成守法光荣的良好氛围。

8. 省、市两级综治中心协助驻军部队参与平安创建，协助做好涉军维权、军地互涉案件查办等工作。

9. 上级综治组织和同级党委、政府及综治委交办的其他事项。

（二）县（市、区）综治中心特殊功能要求。

1. 依托综治信息系统等，逐步建立统一的服务管理平台，对辖区内群众有关社会治安和矛盾纠纷方面的求助、投诉联动受理、处理、督办、反馈。

2. 依托综治信息系统、综治视联网、公共安全视频监控系统等，逐步实现对辖区内社会治安状况的实时监控、分析研判等。

（三）乡镇（街道）综治（维稳反邪教）工作中心特殊功能要求。

1. 依托综治信息系统等，建立统一的服务管理平台，对辖区内群众有关社会治安和矛盾纠纷方面的求助、投诉和有关矛盾纠纷联动受理、处理、督办、反馈，明确责任单位和责任人，做到统一受理、集中梳理、归口管理、依法处理、限期办理。

2. 依托综治信息系统、综治视联网、公共安全视频监控系统等，逐步实现对辖区内社会治安状况的实时监控、分析研判等。

3. 组织开展平安村（社区）、平安家庭、平安单位、平安市场等基层平安细胞的创建活动。

4. 组织开展各种反邪教、维护社会和谐稳定的活动。

5. 发展壮大平安志愿者、社区工作者、群防群治队伍等专业化、职业化、社会化力量，促进相关社会组织在社会治安防控体系建设等工作中充分发挥作用。

（四）村（社区）综治（维稳反邪教）工作中心功能。

1. 组织实施网格化管理，加强网格员队伍建设，收集、了解社情民意，采集、录入、上报各类治安基础信息。

2. 组织协调辖区内的社会治安防控体系建设，落实实有人口服务管理、特殊人群服务管理、非公有制经济组织和社会组织服务管理、社会治安、预防青少年违法犯罪、校园及周边治安综合治理、护路护线联防等工作任务。

3. 组织协调辖区内的矛盾纠纷多元化解工作。

4. 对辖区内社会治安综合治理工作进行督

导、检查。

5. 依托综治信息系统等，建立统一的服务管理平台，并与乡镇（街道）综治中心实现衔接，受理、处理辖区内群众的求助、投诉等。

6. 组织开展法治宣传教育，开展平安村（社区）、平安家庭、平安单位、平安市场等基层平安细胞的创建活动。

7. 积极落实各种反邪教、维护社会稳定的措施。

8. 依托综治信息系统、综治视联网、公共安全视频监控系统等，充分发动群众，逐步实现对本地区社会面治安状况的实时监控、分析研判等，排除公共安全隐患。

9. 发展壮大平安志愿者、社区工作者、群防群治队伍等专业化、职业化、社会化力量，促进相关社会组织在社会治安防控体系建设等工作中充分发挥作用。

10. 上级综治组织和村（社区）党组织交办的其他事项。

三、运行模式、人员组成及设施要求

（一）运行模式。

1. 省、市（州）综治中心。按照"综治办 + 综治信息系统 + N"的模式，依托综治信息系统，强化同各有关部门信息资源互联互通、共享共用，在此基础上完善各部门协作联动工作机制。

2. 县（市、区）综治中心。通过建立实体化运行机制，加强对各综治委成员单位及其他相关部门人员力量的整合，有效集聚社会治安综合治理和深化平安建设相关服务管理职能。同时，依托综治信息系统，整合信息资源，提升服务管理效能。

3. 乡镇（街道）综治（维稳反邪教）工作中心。在乡镇（街道）党（工）委领导下，通过组织集中办公等方式整合有关基层力量，依托综治信息系统，建立协作配合、精干高效、便民利民的实体化工作平台，发挥实战功能，实现信息互通、优势互补、工作联动，共同维护良好的社会治安秩序。

4. 村（社区）综治（维稳反邪教）工作中心。在村（社区）党组织领导下，发挥村（社区）党组织、村（居）民委员会等作用，依托综治中心，深化网格化管理，加强社会化服务，有效整合社会治理资源并进一步向网格、家庭延伸，及时反映和协调人民群众利益诉求，提升基层社会治理能力。

（二）人员组成。

1. 领导人员。省、市（州）、县（市、区）、乡镇（街道）可以结合实际由综治委或者综治办负责同志担任同级综治中心主任，负责组织综治中心的管理工作；设置若干副主任，并可由其他相关职能部门负责同志兼任。村（社区）由党组织书记担任综治中心主任，并明确 1 名负责人负责综治中心日常管理工作。

2. 工作人员。省、市（州）、县（市、区）综治办全体工作人员可进驻综治中心，根据实际工作需要，在多元化解矛盾纠纷、推进平安建设等方面可由相关部门安排人员入驻，共同开展工作。公安、司法行政、民政、人力资源社会保障、信访等单位，以及综治委各专项组组长单位，应依托综治信息系统、综治视联网实现信息共享和视频会议、视频通讯等可视化办公，或者派员入驻综治中心办公。按照相关法律政策规定，可以招用事业编制人员，或者通过政府购买服务等办法聘用社会工作者、支持社会组织或志愿者从事有关工作；乡镇（街道）综治维稳反邪教全体工作人员进驻综治（维稳反邪教）工作中心，根据实际需要由相关部门安排人员入驻，共同开展工作。公安、司法行政、民政、人力资源社会保障、信访等单位应派员入驻综治中心办公。承担国土资源、住房和城乡建设、环境保护等部门职能的机构以及工会、妇联等群团组织应依托综治信息系统、综治视联网实现信息共享和视频会议、视频通讯等可视化办公，或者派员入驻综治中心办公。按照相关法律政策规定，可以招用事业编制人员，或者通过政府购买服务等办法聘用社会工作者、支持社会组织从事有关工作；村（社区）结合实际，村（社区）党支部委员会和村（居）委员会干部、驻村（社区）民警、网格管理员、社会工作者、志愿者等积极参与做好综治工作，支持社会组织从事有关工作。

（三）设施要求。

1. 基本要求。综治中心设施应服从规划布局，以现有设施为基础，充分整合资源，有条件的地方也可单独建设，满足综治维稳反邪教及派驻人员办公需求，同时为开展群众接待、矛盾纠纷多元化解、社会治安形势监测研判、综治信息系统建设、公共安全视频监控建设联网应用等工作提供必要场所。各级综治中心标牌名称统一为：××省、市（州）、县（市、区）综治中心、乡镇（街道）、村（社区）综治（维稳反邪教）工作中心；配备必要办公设备；服务窗口设置合理、整洁规范；合理配备服务和安全设施；服务内容、服务流程、工作职责等上墙公开；在醒目位置摆放有关政策法规等宣传资料；设置意见（举报、投诉）箱和咨询电话，等等。

2. 县（市、区）综治中心、乡镇（街道）综治（维稳反邪教）工作中心设施建设特殊要求。

（1）群众接待厅。由综治办和进驻的相关单位派员设置窗口，提供信访接待、人民调解、劳动争议调解、人口管理等“一站式服务”功能，接待、受理群众来信来电来访，现场解答或咨询，协调解决群众反映的困难和问题。

（2）矛盾纠纷调处室。为综治组织协调推动矛盾纠纷多元化解，司法行政、信访部门与综治中心进行工作衔接，政府相关部门开展矛盾纠纷多元化解等工作提供场所。

（3）监控研判室。为社会治安形势分析研判、社会治安状况实时监控等提供场所。监控研判室应接入综治视联网，并逐步将本地区公共安全视频监控图像信息接入。

（4）为社会组织入驻从事有关工作提供专门场所。

3. 村（社区）综治（维稳反邪教）工作中心可分设群众接待室、矛盾纠纷调处室、视频监控室、心理咨询室等，也可一室多用，满足接待群众、调处矛盾纠纷、人口管理、公共安全视频监控及为社会组织入驻从事有关工作等需求。

四、综治信息系统建设

（一）基本要求。综治信息系统建设应当符合《社会治安综合治理基础数据规范》国家标准（GB/T31000—2015），应当与信息安全“同步规划、同步设计、同步实施”，符合国家信息系统安全等级保护基本要求，推广应用国产信息技术与产品，建立健全以自主知识产权为核心的网络安全关键技术保障机制，按要求开展综治信息系统定级备案、等级测评和安全建设整改，禁止将未经安全验收的项目投入使用。

（二）系统配备要求。

1. 省、市（州）综治中心应当配备通信系统、大屏显示系统、考核评价系统、数据分析研判系统和综治视联网信息中心。在条件具备的情况下，省综治中心大屏显示系统硬件设施尺寸不小于500英寸；有条件的市（州）综治中心大屏显示系统硬件设施尺寸不小于300英寸。

2. 县（市、区）综治中心、乡镇（街道）综治（维稳反邪教）工作中心应配备通信系统、显示系统、信息处理系统和综治视联网信息中心。县（市、区）综治中心大屏显示系统硬件设施尺寸不小于150英寸；乡镇（街道）综治（维稳反邪教）工作中心显示系统硬件设施尺寸不小于55英寸。综治视联网视频会议系统至少具备1080P高清传输能力。

3. 村（社区）综治（维稳反邪教）工作中心至少配备一台电脑终端，以及信息采集录入系统、信息处理系统、通信系统。逐步为每名网格管理员配备手持信息采集终端或提供相应的手机APP，实现对有关信息的采集，并与综治中心互联互通。

（三）省级“综治云”和大数据资源中心建设要求。

1. 在省综治中心通过搭建高性能服务器与存储设备，构建虚拟化资源平台、大数据平台等，形成超强计算能力、超大存储容量的计算资源池与存储资源池，为综治信息系统的应用提供基础环境服务。各类系统功能通过数据服务与软件服务建设，为省、市（州）、县（市、区）、乡镇（街道）、村（社区）五级用户提供分级授权访问和信息数据存储服务，构建纵向贯通、横向集成、共享共用的深度合成应用。

2. 在省综治中心根据分布式计算和分布式存储等大数据技术，建设独立的大数据资源中心，实现数据资源的一体化管理。数据存储期限根据重要性分为3个月、6个月、1年和永久。

（四）网络及配套设施建设要求。省、市（州）、县（市、区）、乡镇（街道）和村（社区）平台之间力争全部采用1000M网络对接整合。根据需要，建立满足上述信息系统安全运行的信息网络用房、通信机房等。

五、公共安全视频监控建设联网应用

（一）基本要求。

坚持依规建设、按需联网、整合资源、规范应用、分级保障、安全可控。按照目标导向和问题导向的要求，依托综治中心，建立省、市（州）、县（市、区）、乡镇（街道）、村（社区）的公共安全视频信息共享平台和传输网络，将各有关部门的公共安全视频图像资源全面连通接入，并与中央综治办的交换共享分平台有效对接，最大限度地实现公共区域视频图像资源联网共享。

1. 加强统一规划，符合国家（行业）的有关标准规范和《社会治安综合治理基础数据规范》国家标准（GB/T31000—2015），具有良好的兼容性和可扩展性。

2. 根据互联互通的技术标准和要求，对已建和在建系统应进行必要的调整和统一，充分利用已有基础设施，整合现有视频监控系统资源，避免重复投资和建设，促进联网应用、资源共享，继续发挥现有资源体系的效能。

3. 坚持以用促建，把防控风险、服务民生作为工作的出发点和着力点，并将公共安全视频监控建设联网应用纳入智慧城市建设规划，同步设计、同步推进，深度应用视联网等技术，实现业务应用可视化、扁平化。

4. 根据维护国家安全、公共安全的实际需要，进一步提高重点公共区域与重点行业、领域的重要部位视频监控覆盖率、完好率、联网率，推动各地区结合实际分步实施，并根据不同区域、部位的图像采集要求分类建设，实现全面与重点、区域与行业、内部与外部的结合，做到主责单位与共享利用单位权限分级管理、公共安全与专属资源区别对待。

5. 遵守国家法律、法规、政策和技术标准，严格执行设计方案评审核准、工程检测、竣工验收等建设管理规定，促进规划、设计、建设、应用、管理、维护等各个环节访调有序，确保系统持续良性运行。

（二）公共安全视频图像信息交换共享平台。

1. 整合本级各方面视频图像资源，各部门联网共享根据业务需要选择适当的方式接入。

2. 可以对同一层级（以及部分下一层级）的视频信息集中存储、处理、应用、分发。视频信息存储时限应达到 1 个月，其中重点区域与重要部位的视频信息存储期限应达到 3 个月。

3. 为本级提供可视化图像资源与应用服务支撑，根据各部门公共安全视频监控使用需求，通过公共安全视频图像信息共享平台的权限设置，灵活划分图像资源和应用功能，向不同部门提供相应的视频图像资源以及基础服务。

4. 应扩展物联网、视联网、云计算、大数据等新技术高端应用，在保障安全可控的前提下，逐步丰富接入数据类型，为公安、交通、铁路、综治、城管、消防、环保、林业、安监、金融、食品药品等不同部门提供可视化的政务管理支撑服务。应优先采用云计算架构部署和建设各类应用服务系统，实现大规模虚拟化资源的管理调度，并且为各类计算业务提供广泛的应用和支持。同时采用云存储技术作为数据存储的基础，为视频、图片、数据等各个业务系统提供统一的海量存储空间。针对公共安全视频监控特有的非结构化数据、结构化数据，结合大数据处理技术，与其他信息数据系统关联分析处理，形成对图像信息资源的深度利用。

（三）建设要求。

1. 全域覆盖。重点公共区域的视频监控覆盖率达到 100%，新建、改建高清摄像机比例达到 100%，重点行业和领域的重要部位视频监控覆盖率达到 100%，逐步增加高清摄像机的新建、改建数量。住宅小区公共区域视频监控覆盖率应达到 100%。综治中心指导一般企事业单位、商户根据自身安全防范需求开展视频监控建设。

2. 全网共享。重点公共区域的视频监控联网率达到 100%，重点行业和领域涉及公共区域的视频图像资源联网率达到 100%。

3. 全时可用。重点公共区域安装的视频监控摄像机完好率不低于 98%，重点行业和领域安装的涉及公共区域的视频监控摄像机完好率不低于 95%，实现视频图像信息的全天候应用。

4. 全程可控。按照国家相关规定加强网络传输、系统安全保障、重要信息安全管理等技术手段建设，提升公共安全视频监控系统的安全防护能力。严格执行安全准入机制，所用设备及软件应选择安全可控、先进可靠的国内主流技术与产品，并选用符合要求的专业服务队伍。公共安全视频监控系统联网应用的分层安全体系基本建成，实现重要视频图像信息不失控，敏感视频图像信息不泄露。

六、工作制度及日常管理

（一）工作制度。

1. 首问负责制度。各级综治中心办公人员、值班人员均为首问责任人，对群众反映的诉求事项，应当第一时间登记，按照程序引导解决；对发现的不稳定信息和重要情况应当及时报告；对突发事件应当积极参与处置。

2. 协作配合制度。综治中心各派驻单位和综治委各成员单位应当各司其职、密切协作，充分发挥职能作用，共同做好社会治安综合治理工作。综治办应发挥牵头协调作用。县级及以下各级综治中心应建立组团管理服务制度，整合工作力量，由专业技术人员和职能部门人员组成综合性服务管理团队，深入基层、深入群众，进行点对点、面对面服务。对综治中心难以处理的问题，及时报告本级党委、政府和上级综治中心协调解决。

3. 工作例会制度。各级综治中心应当定期召开各派驻单位参加的调度会，分析研判辖区内社会治安形势，协调解决重要事项。特殊情况下，可随时召开调度会或联席会。会议均应形成书面记录，联席会议应以会议纪要形式明确议定事项。

4. 情况报告制度。综治中心派驻单位、综治委成员单位应当及时向综治中心报告本系统发生的影响社会治安的重特大案（事）件、工作中排查掌握的社会治安隐患、重点工作完成情况等。综治中心应当定期向上一级综治中心和本级党委、政府及综治委报告本地区社会治安综合治理工作情况、需要协调解决的重大问题等，遇到重大案件、突发事件、紧急情况应当随时报告，并及时续报进展情况。

5. 应急联动制度。综治中心应健全重大突发事件应急处置预案，安排人员 24 小时值班备勤，遇有重大突发事件，相关领导迅速进驻指挥，调配辖区相关力量资源，依法妥善处置。

6. 网格化管理制度。根据本地实际，城乡社区原则按照 300 ~ 500 户或 1000 人左右标准，合理划分网格；农村地区，将一个村民小组（自然村）划分为一个网格或多个网格。按照"一格一员"或"一格多员"的要求配备专（兼）职网格管理人员，因地制宜确定网格管理职责，加强社会治安防控体系建设。

7. 考核评价制度。各级综治中心负责组织开展辖区内综治工作（平安建设）考核评价；制定派驻单位人员绩效考核办法，定期考核评定，并将考核结果通报其主管部门；负责督促落实社会治安综合治理领导责任制。

8. 经费保障制度。各级人民政府及财政部门加大对社会治安综合治理和平安建设经费保障力度，将应由政府承担的经费纳入同级财政预算，对基层单位特别是村（社区）的社会治安综合治理工作经费给予适当补助，实行"权随责走、费随事转"，保证综治中心建设、运行、维护等工作顺利开展。同时，逐步建立适应社会主义市场经济要求的经费保障机制，充分调动社会各方面力量，多渠道筹措资金，共同参与建设。将网格化管理纳入社区服务工作或者群防群治管理，通过政府购买服务等方式加强社会治安防控体系建设。可以通过政府购买服务等方式，将矛盾纠纷多元化解工作委托给社会力量承担，并进行绩效评价。

（二）日常管理。

1. 岗位和人员管理。各级综治中心应根据功能设置相应岗位，并明确岗位职责。每个岗位应当配备至少 1 名以上符合岗位要求的工作人员。各级综治中心根据形势任务需要，设立 24 小时值守岗位，确保至少有 1 名工作人员在岗。各派驻单位工作人员原行政隶属关系不变，派驻工作期间应当自觉接受和服从综治中心的领导、指挥、管理、调度和协调。综治中心应严格执行工作人员任职聘用要求、岗位职责制度、日常管理制度、考核评价制度，定期开展党的理论政策、法律知识和各类业务知识、技能培训。

2. 档案管理。根据实际情况，分别建立党的建设、矛盾纠纷排查化解、流动人口服务管理、特殊人群服务管理、群防群治、平安创建、考核奖惩等工作台账，做到档案资料规范完备。

3. 监督与评价。设立意见反馈与投诉渠道，接受群众监督，接受上级综治组织的监督和指导。

附件：社会治安综合治理综治中心规范化建设有关名词解释

附件

社会治安综合治理综治中心规范化建设有关名词解释

1. 社会治安综合治理：各部门各方面协调一致，齐抓共管，运用多种手段，打防并举，标本兼治，整治社会治安，打击和预防犯罪，保障社会治安的稳定。简称综治。

2. 社会治安综合治理信息系统：以综合治理业务需求为导向，充分利用已有基础设施，整合各类平台资源，通过系统文本、图像、音频、视频等各种信息数据进行集成、交换、共享等方式，建设的纵向贯通、横向集成、共享共用、安全可靠的信息系统。简称综治信息系统。

3. 社会治安综合治理视联网：以综治视频综合应用为目的，依托电子政务网络和通信运营商提供的专线网络，采用自主知识产权的视频产品并集成信息安全防护技术，围绕社会治安综合治理重点业务，将视频会议、视频监控、视频通讯、视频培训、视频点播、视频调解、视频信访、视频调研、信息发布等功能整合在同一平台上，实现跨地区、跨部门、跨行业指挥调度、分析研判、应急处置、服务管理等业务应用可视化、智能化、扁平化的综合高清视频网络系统。简称综治视联网。

4. 视频监控联网率：即能够将采集到的视频图像信息通过网络顺利传输到相应公共安全视频共享平台的视频监控摄像机在全部视频监控摄像机中所占的比例。

甘肃省兰州市高度重视　强力保障全面打造“雪亮工程”示范城市

2016 年 9 月，兰州市被中央综治办、国家发改委、公安部确定为全国首批 45 个“雪亮工程”示范城市以来，紧扣“建设、联网、应用、管理”四大主题，着眼于不断提升社会治理社会化、法治化、智能化、专业化水平，以“全域覆盖、全网共享、全时可用、全程可控”为目标，以视频监控系统建设为重点，以联网应用为支撑，以网格化管理为基础，以综治分平台和综治中心为载体，着力打造立体化社会治安防控体系升级版，实现了“雪亮工程”示范城市建设五个“全”的良好局面。

一、领导重视，谋划部署全方位

市委、市政府高度重视“雪亮工程”示范城市建设，积极将其列入重要议事日程，纳入全市“十三五”规划，结合智慧城市建设，与经济社会发展同谋划、同部署、同研究、同推进，先后制定出台了一系列政策支撑和制度保障性文件，成立了由市政府市长任组长、市委市政府分管领导为副组长、市级相关职能部门主要领导为成员的兰州市“雪亮工程”领导小组，并组建了工作推进专班，进一步明确任务，靠实责任。市委、市政府主要领导先后多次专题听取“雪亮工程”建设情况汇报，作出整体安排部署，提出了明确具体的指示要求；市政府常务会议专题研究将全市“雪亮工程”建设 4.29 亿元总体经费列入 2017—2018 年为民办实事项目予以全力保障；市委分管领导同志经常深入市公安局和各区县,调研了解"雪亮工程"建设进展情况,现场协调解决影响项目建设的各类问题,有效推进了全市"雪亮工程"项目建设顺利实施。

二、增点扩面,视频监控全覆盖

坚持重点部位、重点场所、重点路段全覆盖的原则,编制了《兰州市社会治安视频监控前端设置规范》,在 2016 年前全市实施七期视频监控系统建设共建成 15280 个视频监控点的基础上,2017—2018 年,新建了 1 万个高清监控点,改造了剩余的 2800 个标清监控点,实现了全市一类视频监控高清率 100%,重点公共区域视频监控覆盖率 100%,高清摄像机比例 100%;以市委、市政府名义与 25 个市级部门单位签订联网整合责任书,联网整合了全市水电煤气、医院、学校、金融网点等重点行业、领域涉及公共安全区域的 300 余家重点单位 1.8 万多路视频监控资源,并建成了覆盖近郊四区的公共安全无线视频宽带承载网,实现了重点行业、领域的重要部位及移动视频监控覆盖率 100%。

三、上下贯通,工作平台全联通

严格按照中央和省综治办"一总两分"的建设总体要求,完成了市大数据局共享资源交换总平台和市综治办、市公安局应用分平台建设任务。建设了 1 个市级、9 个区(县)级综治视频图像信息交换共享平台和 118 个乡镇(街道)、113 个公安派出所视频共享分平台,实现了综治、公安上下级和同级之间视频图像资源的互联互通、资源共享。公安云服务平台、视频图像信息数据库、实战综合应用、立体化防控、一体化应急指挥处置、人员卡口、边界安全、数字认证等应用平台正在进一步优化系统结构,完善平台功能,开展深度应用等工作,有效提升了视频图像信息综合应用水平。

四、发挥作用,推广应用全范围

按照"雪亮工程"总体架构要求,兰州市综合考虑综治、公安、城管、国土、水利、环保、安监、宗教、交通、建设等部门实际应用需求,确保综治信息平台和各行业应用系统有机融合,全方位推送视频图像信息,突出实战应用效能,实现了视频在线巡控、应急指挥调度、重点人员管控、重点部位监管、合成作战打击、智能交通管理、提供民生服务等七大功能作用,充分发挥了"雪亮工程"在决策指挥、服务民生、城市管理、侦查破案、治安防控、社会治理等方面的强大优势,为社会和群众提供更多更好的服务,使人民群众的获得感、幸福感、安全感更加充实、更有保障、更可持续。

五、规范管理,在线监测全时段

为确保全市公共安全视频监控系统高效运行,兰州市采取委托第三方保障方式,利用运维管理平台对视频监控探头、传输线路、视频存储、平台运行状态进行实时在线监测,实现设备管理、链路检测、视频质量检测、可视化展现、巡检、告警、工单管理及统计等功能,全市社会治安视频监控在线率每天基本保持在 98% 以上,有力保障了视频监控系统的稳定运行和作用发挥。

甘肃省甘南州推行"网格化 + 十户联防"创新藏区社会治理

甘南藏族自治州地处青藏高原东北边缘甘、青、川三省交界处,总面积 4.5 万平方公里,境内大部分地区海拔在 3000 米以上。全州辖七县一市、99 个乡镇(街道办)、664 个行政村,常住总人口 71.02 万,有藏、汉、回、土、蒙、满等 24 个民族,其中藏族 39 万多人。甘南自古以来就是"唐蕃古道"的重要通道,是我国三大藏区之一的安多藏区的传统民族文化核心区,是内地连接藏区的重要通道,在维护整个藏区稳定方面具有十分重要的战略地位。

近年来,在州委、州政府的正确领导下,特别是在省综治办、省维稳办的具体指导下,立足甘南州地广人稀、生产方式多样、人口素质不高、城镇化率低、经济发展落后的实际，积极创新社会治理，大力推行“网格化+十户联防”基层社会治理模式，夯实基层基础工作，为保持全州社会大局持续稳定、长期稳定发挥了积极作用，开拓出了具有鲜明时代特征、独具甘南藏区特色、各族群众满意的基层社会治理路径。

一、推行“网格化+十户联防”的基本情况

“网格化+十户联防”就是对全州社区、行政村以下全部实行网格化管理，在每一网格内又推行“十户联防”管理制度，二者相互融合，重在发挥群众自我管理作用的一种基层社会治理模式。“网格化+十户联防”紧贴甘南实际，体现了系统治理、依法治理、综合治理、源头治理的思想，坚持维稳与发展并重、服务与管理并重、行政管理与群众自我管理并重、常态与应急并重、传统手段与信息化措施并重、农牧村与城镇并重的理念，从2017年3月开始，在全州全面推行此项工作，到2017年底已基本覆盖了全州各个乡镇村社。主要特点：一是划小了治理单元。最小的治理单元确定为十户左右的农牧民群众，并选定有一名联户长具体负责，将群众的自我管理落到了实处。二是融合了网格化服务管理和“十户联防”管理制度。所有联户长全部担任网格员，形成每个网格由一名网格长加多名联户长负责的“一长多员”工作模式，建立了“农牧户(居民)—联户长(网格员)—网格长—行政村(社区)—乡镇(街道)综治维稳中心—乡镇(街道)党委、政府”从下至上和从上至下的服务管理事项环闭运行机制。三是壮大了基层社会治理队伍。全州选建的联户长人数已达1.3万多名，大多由农牧村党员、县乡人大代表和政协委员、退任以及后备的村干部、热心公益事业的积极分子等担任，履行“五员”基本职责(社情民意信息员、矛盾纠纷调解员、环境卫生监督员、法规政策宣传员、便民为民服务员)，成了基层社会治理的“毛细血管”和最小的“神经元”，在基层社会治理中发挥了重要作用。

二、推行“网格化+十户联防”的主要成效

一是切实畅通了基层干部联系服务群众的工作渠道。群众生产生活中的困难问题能够第一时间得知，乡、村、组三级能够及时进行帮扶。县乡的工作安排能在第一时间进村入户，取得群众的理解支持。二是切实提高了一般性矛盾纠纷的调处效率和水平。基层乡、村、组三级细化工作职责、流程，邻里矛盾等一般性纠纷，由联户长现场处理，登记备案；对难以解决的突发性问题、民间纠纷等矛盾，及时报告网格长、村委会调解组织进行调处；对超出职责范围无法解决的重大问题，及时上报乡综治维稳中心进行化解，最大限度地提高了矛盾纠纷的化解时效。三是切实提高了基层社会治安综合治理工作水平。乡村组织不定期听取网格长、联户长对辖区社情民意的反映，进行治安、维稳形势的分析研判，梳理查找治安隐患、公共安全隐患等，重大敏感节点能将维护稳定和治安管控工作迅速安排到户，治安管理工作效率不断提高。四是切实提高了各类重大活动安保工作的水平。在各类民俗、佛事、节庆等重要活动开展期间，由联户长对本区域群众进行活动引导，维护现场秩序，以群众管理群众、僧人管理僧人，安保工作效果十分明显。

“网格化+十户联防”，为基层社会治理实现“自治、法治、德治”的有机结合找准了路子，为基层社会治理实现精准、细致、高效作出了积极探索，既细化了基层社会治理单元，又和乡村原有管理体系做到了很好的融合。甘南将在党的十九大精神的指引下，继续认真贯彻省委、省政府决策部署，紧密结合甘南州实际，及时总结分析推进过程中出现的新情况、新问题，抓好整改促进工作，着力在措施的能用管用实用上下功夫，在机制的实化细化固化上下功夫，在模式的常态化动态化信息化上下功夫，真正形成切合甘南实际、管用实用的基层社会治理新模式。

(撰稿人：王贺丰
审稿人：孙燕飞 江 磊)

青　海　省

2017 年综治工作概况

2017 年,青海省各级综治部门牢牢把握提升社会治理社会化、法治化、智能化和专业化新要求,坚持一手抓保安全、促稳定,一手抓打基础、谋长远,坚持专项治理与系统治理、依法治理、源头治理、综合治理相结合,下气力解决影响安全稳定的突出问题和深层次隐患,为维护社会大局稳定、促进社会公平正义、保障人民安居乐业创造了良好社会环境,全省综治(平安建设)工作取得了新进展,实现了新突破。群众安全感较 2016 年提高了 1.02 个百分点,1 个州蝉联、1 个县获得全国社会治安综合治理最高奖项"长安杯"。

一、坚守工作底线,落实关键举措,全力维护社会大局持续稳定

一是加强重点人员帮扶管控。坚持把重点人员排查帮扶管控作为精准发力、维护稳定的关键一招,制定印发了《青海省涉稳重点人员排查帮扶管控工作办法(试行)》,以底数准、动态清、管得住、服务好为目标,严格落实"一对一""多对一"的帮扶管控责任和列表动态管理、风险等级评定、解决实际困难等措施,做到了不脱管、不漏管,有效防止了个人极端案事件的发生。

二是常态推进重点乡镇综合整治。以打造"班玛经验"升级版为目标,聚焦农牧区社会治安突出问题开展专项整治,采取帮扶脱贫、民生救助、项目建设、教育培训等综合手段,对全省 96 个综治维稳重点村突出问题进行综合整治,已有 87 个村通过综合整治评估验收退出,使农牧区治安状况明显好转。11 月,又下发《关于做好全省综治维稳重点村评估退出工作的通知》,要求严格按照"五个有效、三个下降、两个提升"评估验收标准,由各市州结合工作实际,做好剩余 9 个综治维稳重点村的评估退出工作。

三是认真做好十九大维稳安保工作。把党的十九大维稳安保作为年度综治维稳工作的重中之重,围绕中心研究制定下发了《党的十九大期间青海省维稳安保工作总体方案》,从 10 个方面明确了 54 项重点任务,部署开展了"清源""秋风""布网"三大行动,对易燃易爆危化品储存和运输、寄递物流安全管理、校园周边治安环境整治、道路交通运输等方面的专项督导检查,传导压力、压实责任,推动各项工作措施在基层的有效落实,圆满完成了"过三关、迎大考"的政治任务。

四是深入实施平安与振兴工程。2017 年 2 月,召开省平安与振兴协调小组会议,围绕"七年解决根本问题、全面建成小康社会"总要求,省发改委下拨青甘川交界地区平安与振兴工程专项资金 2 亿元,用于 20 个项目建设(其中,振兴发展项目 9 项,平安建设项目 11 项),坚持"管脑子"与"管肚子"同频共振,积极回应群众关切,解决群众关心的利益诉求,以发展保稳定、以稳定促发展的良好局面在黄南、果洛两州进一步形成。

二、排查矛盾纠纷,实施多元调处,不断提升矛盾纠纷化解实效

一是深入推进社会稳定风险评估。始终把社会稳定风险评估工作作为源头预防的重要举措,作为重要决策、重点项目、重大事项落地实施的前置程序,落实稳评项目报备和季度通报制度,完善工作机制,落实稳评责任,推动实现社会稳定风险评估工作制度化、规范化、常态化。2017 年,全省共开展重大事项社会稳定风险评估 324 项,全部准予实施,从源头上预防和避免了重大矛盾的发生。

二是开展矛盾纠纷化解月活动。结合万名干部下乡宣讲中央 1 号文件的有利时机,在全省范围内部署开展矛盾纠纷专项排查化解月活动。同时,着眼为党的十九大胜利召开营造安全稳定的社会环境，再次进行安排部署，对影响社会稳定的各类矛盾纠纷进行全面排查，确保矛盾纠纷排查化解工作不留死角，对排查出的矛盾纠纷逐一制定化解方案，落实化解责任单位和责任人，限期化解。

三是协调化解重大矛盾纠纷。严格落实省市县乡四级矛盾纠纷协调会议制度，针对婚姻家庭、邻里纠纷、劳动社保、经济合同、交通事故、人身损害、农牧区土地征用、资源权属等方面存在的纠纷，组织开展重大不稳定风险隐患集中排查化解活动，逐条明确责任、落实措施，确保重大风险隐患的成功化解或有效稳控。2017 年，排查影响社会稳定的重大矛盾纠纷 17 件，已化解 14 件，3 件正在化解稳控中，全年全省没有发生影响社会稳定的重大案事件。

三、坚持综合治理，织密防控体系，不断提升社会治安防控水平

一是做好"雪亮工程"建设和项目申报工作。省综治办、发改委、公安厅共同编制了《青海省公共安全视频监控建设联网应用工作实施方案》，制定了《关于推进全省综治信息化建设工作的意见》，从省级层面对全省"雪亮工程"建设进行了总体规划，多次派人对各地"雪亮工程"建设进行现场指导，全力推动"雪亮工程"建设顺利推进。

二是持续开展突出治安问题专项整治。组织开展了"打黑除恶"、打击盗抢骗、电信网络诈骗专项整治、"缉枪治爆"、"黄赌毒"、护校安园、消防安全、生产安全、非法集资、食品药品集中清查、公交客运安全管理和"村霸"整治等一系列专项行动。全年全省治安案件同比下降 6.6%，各类刑事案件同比下降 10.2%，其中八类案件同比下降 7.0%。

三是加强社会公共安全管理。省安委会、省综治办抽调省直相关部门组成 12 个督查组，从 3 月开始，在全省开展"百日攻坚"安全生产专项督查，5 月、7 月分别对各市州安全生产工作开展巡查，不断加强涉危涉爆、寄递物流渠道、安全生产、危爆物品存储等企业监管，推动了各项生产安全措施落实，有效杜绝生产、运输、流通等领域重大安全事故的发生，实现了全省无重大公共安全事故的目标。

四是发展壮大群防群治队伍。在健全完善"村警"工作机制的基础上，全面开展"街长""邻里互助""店店联防""十户联防""中心户长""楼栋单元联防"等治安联防活动，不断发展协勤、保安、联防队、治安志愿者等群防群治组织和群众性义务巡逻队伍，激发和调动群众参与社会治安工作的积极性、主动性，筑牢平安稳定的第一道防线。全省共建立治保会 6584 个、专兼职治安联防组织 6042 支，参与治安联防人员超过 10.8 万人。

五是加强特殊人群服务管理。按照党政主导、综治牵头、部门共管、社会参与的思路，认真做好社区矫正人员帮扶管理、精神障碍患者救治管护、吸毒人员网格化服务管理工作，艾滋病人、闲散青少年、农村留守儿童、妇女儿童权益保护等特殊群体的服务救助工作，落实精神病人监护人"以奖代补"政策 2058 人，兑现"以奖代补"监护人资金 493.92 万元。

六是建立社会治安形势分析研判机制。制定印发了《关于建立完善社会治安形势分析研判制度的通知》，每季度围绕社会稳定、社会治安及公共安全领域面临的形势、主要特点、发展趋势，对全省社会治安总体形势进行分析研判，对存在的社会治安风险隐患进行预测预判，每季度形成全省社会治安形势分析报告，提出对策建议，供各地各部门和有关领导参阅。

四、创新社会治理，深化平安建设，不断夯实综治维稳基层基础

一是深入推进"平安细胞"创建。在实施平安县（市、区）、平安乡镇（街道）、平安村（社区）等地区平安创建的基础上，全面深化平安寺院、平安校园、平安交通、平安医院、平安商（市）场、平安边界、平安工地、平安家庭等行业平安创建，积"小安"为"大安"。同时，不断创新载体和方法，省综治办、省民政厅与甘肃省综治办、省民政厅联合开展市州级"平安边界"创建命名大会，对青海省海北州和甘肃省张掖市进行通报表彰。

二是持续推进平安建设基层典型培育。充分发挥典型示范带动作用，围绕综治中心建设、网格化服务管理、社会治安防控体系、多元化矛盾纠纷调解机制等重点工作，以项目化运作的方式，持续开展基层平安建设典型培育工作。2017 年共计投资 2090 万元，在全省组织实施了 19 个基层典型培育示范项目，形成了一批理念新、方法实、有创新、能推广的典型经验，有效提升了平安青海建设整体创建水平。

三是全力推进综治中心建设。为加强全省五级综治中心建设，省委、省政府两办印发了《关于进一步加强全省综治中心建设深化网格化服务管理的意见》，省综治办配套印发了《加强全省综治中心建设深化网格化服务管理实施细则》，对全省推进综治中心建设进行安排部署。截至2017年底，全省共建立市（州）综治中心8个、县（市、区）46个、乡镇399个、村（社区）4502个，各级综治中心挂牌建立率达100%，组建网格员队伍18529名，乡镇（街道）、村（社区）网格化管理覆盖率达100%。

四是全力保障青藏铁路安全畅通。持续深化“护路九化”工作模式，组织召开全省护路联防、安全形势分析、路地联席等工作会议，开展铁路安全隐患大排查，对发现的问题隐患及时进行整治，确保了青藏铁路和兰新高铁安全运营。同时，在青藏铁路、兰新高铁沿线组织开展形式多样、规模不一、特色鲜明的爱路护路宣传“七进”活动，努力营造知路爱路护路浓厚氛围。

五、强化领导责任，盯住关键少数，推动综治责任制度落到实处

一是狠抓综治责任制的贯彻落实。在年度工作安排、日常工作开展、重点工作推进中，紧盯领导这个关键少数不放松，明确责任部门和责任人，实行综治（平安建设）重点工作年初安排、签订目标责任书、定期督导、按期交卷、年中检查、年底考核等做法，确保了各地和省综治委成员单位党政主要领导抓综治（平安建设）工作责任的有效落实。

二是认真做好先进表彰奖励活动。按照公开、公平、公正的原则，采取自下而上、层层把关、逐级筛选的方式，协调省人社厅做好全国社会治安综合治理先进集体、先进工作者、优秀市（州）和平安建设先进县（市、区）的推荐工作。12月7日，省委、省政府组织召开2013—2017年度全省综治维稳表彰大会，对全省126个综治维稳先进集体和163名综治维稳先进工作者进行表彰奖励，进一步激发和调动全社会参与社会治安综合治理工作的积极性和主动性。

三是注重加强综治干部业务培训。针对县、乡班子换届后，各级综治办主任及工作人员变动调整的实际，组织省州县60名综治干部赴厦门大学开展为期10天的综治业务知识培训，通过培训优化了综治干部的知识结构，开阔了基层干部视野，提高了各级综治干部综合素质能力，并将每位参训学员的学习心得体会编印成册，为今后规范有序开展培训工作奠定了基础。

四是认真做好见义勇为工作。不断加大对见义勇为人员及其家属帮扶力度，为2名见义勇为英模家属解决困难帮扶金21万元，向困难见义勇为英模发放慰问金10万元，组织14名见义勇为人员及其亲属赴云南昆明进行疗养，向中华见义勇为基金会推荐了海东市互助县的孙成福、孙成才先进事迹，被授予“全国见义勇为模范群体”，极大地弘扬了社会正气，凝聚了正能量。

中共青海省委办公厅　省人民政府办公厅关于进一步加强全省综治中心建设深化网格化服务管理的意见

（2017年6月20日）

近年来，青海省将综治维稳中心（站）工作纳入县（市、区）政务服务中心、乡镇（街道）便民服务中心和村（社区）便民服务大厅，积极探索了具有青海特色的“三种类型”“四个层级”的网格化服务管理模式，有效提升了基层社会治理能力和水平。但综治维稳中心（站）建设和网格化服务管理中仍存在标准不统一、机制不完善、制度不健全、工作不规范、责任不落实、保障不到位和力量整合不得力等问题。加强各级综治中心建设、深化网格化服务管理是新形势下不断推进社会治理体系和治理能力现代化的必然要求，是进一步深化平安青海建设，提升基层社会治理能力水平的有力抓手和重要支撑，事关社会大局和谐稳定，事关人民群众安居乐业，对于进一步有效整合基层资源、实现基层有人干事、落实精准服务管理意义重大。根据中央和省委、省政府关于加强和创新社会治理的部署要求，现就进一步加强全省综治中心建设，深化网格化服务管理提出如下意见。

一、把握总体要求

要深入贯彻习近平总书记系列重要讲话精神和治国理政新理念新思想新战略，紧紧围绕加强和创新社会治理、不断提升社会治理能力水平的新要求，着眼全省长治久安，以夯实基层基础为关键，以实现综治中心标准化、规范化、实体化为方向，以网格化服务管理为途径，以有效整合基层力量资源为依托，进一步明确功能定位，统一规范标准，建设工作设施达标、资源有效整合、运行集中统一、制度机制完善、日常管理规范的省、市（州）、县（市、区）、乡镇（街道）、村（社区）五级综治中心（网格化服务管理中心），形成党委政府统一领导、部门单位协作配合、社会力量共同参与的工作格局，推动基层社会治理能力和公共服务管理水平全面提升，为全面落实“四个扎扎实实”重大要求，着力推动“四个转变”，在新的起点上建设更加富裕文明和谐美丽新青海营造安全稳定的社会环境。

根据中央要求，2017 年要完成综治中心（网格化服务管理中心）规范化建设任务，9 月份前完成市（州）、县（市、区）及 80% 的乡镇（街道）、90% 的村（社区）建设任务，其余 20% 的偏远农牧区乡镇（街道）和 10% 的村（社区）年底前完成，确保 2017 年实现全省五级综治中心 100% 覆盖并规范运行。同时抓好典型培育示范工作，市（州）、县（市、区）要分别确定 1 个县（市、区）和 1 个乡镇（街道）作为典型示范点进行培育打造。

二、落实工作措施

（一）进一步推进综治中心规范化实体化建设。

综治中心是以网格化管理为基础、信息化建设为支撑、组团式服务为载体的社会治安综合治理工作平台。要严格按照《社会治安综合治理综治中心建设与管理规范》（GB/T33200—2016）国家标准建设，统一名称标识、建设标准，规范管理，做到有组织、有人员、有场所、有经费、有设施、有制度，确保基层社会治理工作一个体系领导、一个场所服务、一个平台受理、一套机制运行。要区分城区、农区、牧区三种类型，针对不同层级的工作职能，分别制定工作规划和实施方案。要综合考虑各地人口分布、城乡和农牧区经济发展水平、社会治安状况等因素，整合现有资源、人员、设施，完善制度机制，强化信息化支撑和实战功能，努力打造“综治办 + 综治信息化 + 组团式服务”的综治中心。省、市（州）综治中心以信息系统为枢纽，建立完善综合协调工作机制，建立综治指挥调度平台，县（市、区）及以下综治中心主要承担网格化服务管理规划、资源力量统一整合、职能任务确定、常态制度机制建立完善和具体服务管理等工作。

1. 统一名称标识。省、市综治中心依托综治办，县（市、区）、乡镇（街道）、村（社区）综治中心利用政务服务中心（大厅）、综合服务中心（人厅）的现有办公场所，统一建立省、市（州）、县（市、区）、乡镇（街道）、村（社区）综治中心（网格化服务管理中心）平台。

2. 明确功能定位。省、市（州）、县（市、区）、乡镇（街道）要按照国家标准和“区域性综治指挥中心”“区域性枢纽平台”“实战化工作平台”要求，建设区域规模合理、体系层级清晰、功能定位明确、实用便民利民的综治中心，采取综治中心与网格化服务管理一体化模式运作。在国家标准明确的 9 项基本功能外，县（市、区）、乡镇（街道）综治中心可结合本地实际，分别制定和增加特殊功能职责。村（社区）综治中心要充分发挥基础性工作平台作用，认真履行职责。

3. 配强工作人员。省、市（州）、县（市、区）综治中心由综治委主任兼任同级综治中心主任，分管综治工作的党委政法委副书记或综治办主任兼任综治中心副主任，日常管理由综治办牵头负责；乡镇（街道）综治中心主任由党委、政府主要领导兼任，分管领导兼任副主任，日常管理工作由综合服务中心主任兼任；村（社区）综治中心主任由村（社区）党支部书记兼任，并明确一名责任人负责日常管理工作。省、市（州）、县（市、区）综治办全体工作人员可进驻综治中心，乡镇（街道）综治办全体工作人员要进驻综治中心。同时，根据实际需要，由相关部门安排人员进驻，共同开展工作。村（社区）党组织和村（居）民委员会干部、驻村（社区）民警、村警、网格员、社会工作者、志愿者等应一并纳入，参与做好综治维稳工作。各派驻单位工作人员原行政隶属关系不变，派驻工作期间自觉接受和服从综治中心的领导、指挥、管理、调度和协调。综治办应发挥牵头协调作用，推动综治中心规范运转，提高服务管理水平。

4. 满足办公需求。各级综治中心要在现有办公场所、人员、设施基础上，按照"有专门场地、有大显示屏、有专职人员、有运行机制"的标准，满足开展群众接待服务、信息汇总研判、矛盾纠纷排查化解、社会治安形势监测研判、公共安全管理等综治维稳工作需要，进一步整合资源，因地制宜，合理划分功能区域，为日常办公、开展工作创造必要的办公条件。县（市、区）、乡镇（街道）、社区综治中心应设置领导接访、纠纷受理、法律服务、人口服务等窗口。村综治中心应在村委会设立相应的接待群众窗口。

（二）进一步完善网格化服务管理网络。

网格化服务管理是综治中心建设的载体和基础工程。要按照"综治中心 + 网格化管理"一体化运作模式，以基层社会治理精细化、高效化为目标，立足现有力量资源的有效整合，建好网格员队伍，完善网格化服务管理，为综治中心有序有效运行提供支撑。

1. 科学划分网格。根据地理布局和区域属性，按照"地域相连、习俗相通、资源共享、人员相熟、便于管理"原则，科学划分网格。城镇街道、社区要在现有基础上进一步细化、实化网格，实现无缝对接，并探索将辖区内有关企业、学校等单位作为专属网格，开展有针对性的服务管理。农牧区要以乡镇为管理主体，以行政村为基本单位，以牧业合作社或村民小组为基本单元，建立三级网格化服务管理体系，将现有网格划分与草原管护、林业管护责任区（除正规林场管辖区域）划分结合起来，考虑区域分布特点、居住集散程度、群众生产生活习惯等，科学合理确定，实行分级分层管理。

2. 统筹整合资源。根据加强和创新社会治理需要，进一步整合组织、统战、综治、维稳、信访、民政、公安、司法、民宗、农牧、林业、社保、财政等部门力量，明确工作职责，共同参与网格化服务管理。要以农牧区为重点，有效整合乡镇派出所、司法所、村警及草原生态管护员、护林员等资源力量，进一步规范网格员职责，完善日常管理考核奖惩机制和人财物保障机制，形成整体工作合力，有效解决网格化服务管理中存在的多头管理、力量分散、各自为政、责任落实不力等问题，推动农牧区网格化服务精细化、制度化、规范化。

3. 选聘好网格管理员。按照村（社区）"两委"提名，村（居）民代表会议讨论方式，民主推选责任心强、热心村（社区）事务、群众信赖的村（居）民组成网格服务管理小组，设 1 名网格长和若干网格管理员，在村（社区）领导下开展工作。根据各层级网格员担负的职责任务，分别从乡镇干部和村（社区）两委成员、村（居）民小组长、离任村干部、大学生村官、草原生态管护员、护林员等干部群众中推荐聘用网格管理员。网格管理员由乡镇（街道）统一聘用和管理。其选聘解聘要与社区聘用人员、农牧区草原生态管护员和护林员选聘解聘工作相结合，实行动态考核和聘用管理。县级党委政府要统一制定网格员聘用管理具体细则，综治部门和乡镇党委政府负责网格员选拔审查、聘用管理和考核工作。

4. 明确工作职责。网格服务管理小组要在村（社区）"两委"领导下，团结带领网格内农牧民（居民）群众，依法开展自我管理、自我服务，做好职责范围内的服务管理工作。具体承担以下职责：一是掌握基本情况。做到对网格内人、地、事、物、情、案、组织等情况的全掌握，真正做到情况及时掌握、信息及时上报、矛盾问题及时解决、结果及时反馈、服务管理及时跟进。二是维护社会稳定。以"三基"建设、平安建设和民族团结进步创建为重点，积极开展网格内矛盾纠纷排查调处，收集、上报涉及社会稳定和突出治安问题的苗头性信息和倾向性舆情，协助村（社区）做好网格内综治工作。三是做好政策宣传。积极主动向本网格群众宣传党的方针政策、国家法律法规以及各级党委、政府的工作部署,做到上情下达、下情上达。四是了解社情民意。倾听网格内群众意见建议,及时反映群众诉求,协助村(社区)解决好事关群众切身利益问题。五是开展法治宣传。带领本网格群众遵守国家法律、法规和村规民约、居民自治章程等,引导群众依法开展自我管理、自我服务。六是做好民生救助。协助村(社区)做好自然灾害信息统计上报、救灾款物发放、孤寡儿童甄别认定、优抚对象抚恤和服务低保户、贫困户、残疾人等事关民生领域的各项工作。七是服务网格群众。协助有关部门开展劳动就业、社会救助、法律服务、文化体育、医疗卫生、计划生育等公共管理服务,满足群众的基本公共服务需求。引导带领本网格农牧民群众发展经济,学习科技,树文明新风,培养健康文明生活方式。八是保护生态环境。负责网格内生态环境、草场、林场、基础设施等管护工作和草原、林场防火、疫病防治等工作。

(三)完善工作机制。加强综治中心内部运行管理和网格化服务管理机制建设,完善工作流程,实行一体化管理、一条龙办理、一站式服务。省、市(州)要重点建立联席会议、工作例会制度和信息汇集分析研判、督导考评机制;县(市、区)、乡镇(街道)综治中心要建立健全联席会议、信息报告、工作例会、工作台账、交办督办、检查考核等制度。要按照"网中有格、依格定岗、人在格中、事在网中、责任落实"要求,完善网格管理员工作职责、目标管理、人员选聘、考核奖惩、学习培训、工作纪律等制度,推动网格化服务管理和群防群治工作规范高效、常态有序开展。各级综治中心的派驻单位和综治委各成员单位应各司其职、密切协作,充分发挥职能作用,加强业务指导和培训。

(四)推进信息化建设。按照《社会治安综合治理基础数据规范》国家标准(GB/T31000—2015),加快建设以全省综治信息化平台为龙头,市(州)、县(市、区)、乡镇(街道)和村(社区)4级信息平台为骨干的综治信息系统,扎实推进综治信息化。根据政法专网ZF801项目目前已分类建设的重点人群管理、矛盾纠纷排查化解、社会治安突出问题专项整治和基层综治网格信息化管理4个综治业务应用系统,紧紧围绕人、地、事、物、网等要素,全面实时采集基础信息,努力实现综治业务系统纵向贯通、横向集成、共享共用、安全高效的目标,不断提升综治中心建设信息化水平。加快城乡社区公共服务综合信息平台建设,实施"互联网+社区"行动计划,促进互联网与社区治理和服务体系深度融合,运用社区论坛、微博、微信、移动客户端等新媒体,引导社区居民密切日常交往、参与公共事务、开展协商活动、组织邻里互助,探索网格化社区治理和服务新模式。

三、加强组织领导

各级党委政府、相关部门要高度重视,把推进综治中心规范化建设、深化网格化服务管理当作一项基础工程、民生工程,以高度的责任感和使命感,推动综治中心规范化、信息化建设和基层网格化服务管理重点任务落实,切实做到将影响稳定和群众安全的矛盾问题发现在基层、解决在基层、便民服务做实在基层,持续保持社会大局和谐稳定,使各级综治中心成为密切党和政府与人民群众联系的桥梁纽带、维护社会和谐稳定的第一道防线、服务基层群众的便利平台。要坚持从实际出发,统筹条块资源,采取项目化管理方式,分解量化工作任务,列出推进时间表,推动工作落实。要将综治中心建设纳入本地区经济社会发展和城乡规划,网格化服务管理运行所需的必要经费纳入同级财政预算,保证综治中心正常工作的开展。按照"权随责走、费随事转"原则,结合城镇社区和农牧区不同实际,采取政府购买、"以奖代补"等方式和统筹运用草原生态管护、林业管护等奖补政策,认真落实网格员工作报酬,确保网格化服务管理工作顺利开展。

各级综治部门要在党委、政府的统一领导下,发挥牵头作用,从总体上统筹谋划,加强组织协调,进一步明确有关部门职责任务,形成齐抓共管的整体合力。要采取通报讲评、抄告督办、综治考评等措施,并会同有关单位不定期开展督导检查,确保综治中心建设和深化网格化服务管理工作落到实处。

青海省海西州立足特殊州情使命　牢牢把握“五个坚持”　倾力打造青藏新甘交汇地区社会治理新模式

青海省海西蒙古族藏族自治州地处青藏新甘四省区交汇中心地带，是稳藏固疆战略的支撑点，也是西部大开发、统筹西藏和四省藏区发展等国家重要发展战略的叠加区域和“一带一路”向西向南对外开放发展的“桥头堡”。多年来，海西州立足州情实际，牢固树立总体国家安全观，主动担当维护国家安全神圣使命，自觉服从服务于国家稳藏固疆战略部署，持续探索建立以党的领导为核心引领，以综合治理为路径方法，以区域协作为桥梁纽带，以民族团结为基础前提，以依法治理为重要保障的青藏新甘交汇地区社会治理新模式，为确保全州长治久安、拱卫内地发展、维护国家边疆安全发挥了重要作用。海西州连续四届获得“全国社会治安综合治理优秀地市”，两度荣膺“长安杯”，并被授予“全国民族团结进步示范州”称号。

一、坚持党的领导，构建社会治理架构体系

充分发挥党的政治优势和组织优势，全力构建党委领导、政府负责、社会协同、公众参与、法治保障的社会治理格局。责任上，将社会治理、维护稳定一体纳入党委(党组)“4+3”责任体系，作为党政领导班子和干部政绩考核重要指标，强化述职、约谈、考核、督导等工作举措，形成持续发力、久久为功的机制保障和责任约束，实现党对社会治理的“引领带动”。架构上，坚持“横纵”架构和“条块”联动。纵向突出州、县(市、区、行委)、乡镇(街道)、社区(村)、网格五个层级，通过定要点、明责任、常督促、抓考核等方式落实社会治理主体责任和监督责任。横向以各级综治委为中心，充分发挥成员单位和专项工作组作用，在行业、系统、领域、单位内形成联动合力，织密基层治理网格，搭建社会治理的“四梁八柱”。推动上，扭住“治”与“理”两个关键。“治”上突出重点区域、部位、事件、人员、因素，全面开展区域综合整治、人员帮扶管控、矛盾排查调处、风险预防化解，“理”上抓住人、地、物、事、情、组织，完善行业、场所、人口、要素服务管理机制，实现“治稳”“治乱”与“治愚”“治软”的“同频共振”。

二、坚持综合治理，筑牢社会稳定根基

始终坚持问题、需求、效果导向相统一，着力补短板、强弱项，不断夯实平安海西建设基石。构筑立体防控格局，投资4.35亿元组织实施“‘雪亮工程’示范城市”建设项目，建成州县乡村层级联通、成员单位资源共享、综治公安深度应用的技防体系，广泛组建“红袖标巡防队”“牧区摩托巡逻队”等群防组织，全面实行“一村一警”“一企一警”机制，探索推行空中警务模式，形成多元立体防控格局，群众安全感连续保持在全省前列。建立新型调解机制，持续推动“枫桥经验”本地化，打破地域层级建立五个跨区域、高层级矛盾排查调解中心，构建“三层四级”调解体系，全面推行“受理、分流、办理、反馈、结单”为一体的“五步闭环流程”，切实打通服务群众“最后1公里”。推行优质服务体系，在乡镇(街道)、村(社区)搭建综合服务平台，集中开展“一站式”便民服务。在行业领域深入实施“小微治理”工程，有效解决群众身边“小问题”，及时建立“微机制”，形成“三无县”创建、流动人口服务管理等一批典型经验，促进社会治理与服务民生良性循环。

三、坚持区域协作，完善社会治理跨界融合机制

牢固树立总体国家安全观，与毗邻地区跨界共建，推动形成开放包容、安全稳定、抵御风险的“治理共同体”。持续加强五个边界治安检查站综合建设，“智慧图侦”“人车认证查缉”等技术手段广泛应用，构建起多方协同配合、一体合成作战的联动响应体系。近年来，先后侦破2015年“3·01”“12·5”和2016年“1·13”等涉恐重大案件，受到中央、公安部和省委省政府领导高度评价。边界平安联创，深入开展多层级、宽领域"平安边界"创建，健全完善边界突发事件应急预案、管理情况通报等机制，签订民族团结、友好地区、友好公约等协议，厘清公安司法、国土林业、卫生交通等部门责任，通过边界共检共查、部门互走互访、群众联谊联建等措施，切实筑牢预防边界纠纷的稳固防线，多年来持续保持影响边界稳定案事件"零发生"。经济发展联手，随着四省交汇地区"平安高地"建设的持续推进，海西州与毗邻地区经济文化交融不断深化，中国（德令哈）尼泊尔产业园区和中哈石油管道等项目扎实推进，藏青工业园经济协作日趋壮大，跨区域旅游文化产业迅速发展，形成青藏天路文化旅游带、丝绸之路南道旅游带、青甘旅游大环线等品牌。"稳压器""防火墙"功能的不断完善推动海西成为四省交汇地区维护安全稳定的重要枢纽，为带动区域经济社会发展营造出了良好的社会环境。

四、坚持民族团结，营造社会治理良好环境

始终把汇聚民心民力作为加强和创新社会治理的重要驱动，源源不断地以民族团结进步为社会治理注入强大动力。在推动上，把创建民族团结进步先进州纳入"十三五"发展规划，确定"1+8+12"推进模式，制定主体责任清单、联席会议等制度，设立"一办十组"实体机构，形成常态推进落实体系。在载体上，实施"十大示范"工程，开展"创建十进"活动，全州创建覆盖率达到100%，建立少数民族服务中心5个，"社区民族之家"32个，打造了"一基十面""三点一线工作法""6678"等城镇民族工作管理服务新模式。在引导上，把"三个离不开""五个认同"教育纳入国民、党员、法治、家庭教育全过程，打造1个全国民族团结进步教育基地，创建全国示范市2个、全省先进市县6个，民族团结进步宣传覆盖率100%。

五、坚持法治保障，推动社会治理规范有序运行

以法治为社会治理常态推进、规范运行、长效管用的重要保障，以法治海西建设成果服务发展、造福群众。充分发挥民族区域自治制度优势，着力以法治思维和法治方式破解社会治理难题，先后出台自治条例和矿产资源管理、城镇管理条例等17件单行条例。扎实推进司法体制改革工作，全面完成"国字号"跨区域法院检察院改革试点任务，率先在全省成立环境资源检察处、民事检察处和行政检察处，司改工作走在全省前列。持续深化"法律七进"活动，普法宣传教育得到长足发展，2个市县成功创建全国法治宣传教育先进县和全国法治县创建活动先进单位。坚持严格规范公正文明执法，执法司法公信力不断提升，先后涌现出一批全国最美检察官、优秀人民警察等先进集体和人物，群众对政法队伍满意度持续保持在85%以上。

青海省海东市乐都区以"民情沟通日""群众说事点"为平台　构建零距离服务群众新模式

为认真倾听群众心声、及时掌握群众需求，做好化解矛盾纠纷排查化解、民生事务监督、社会治安综合治理、民族团结进步创建、零距离为群众服务等工作，海东市乐都区培育打造了瞿昙镇"民情沟通日"、城台乡"群众说事点"等"枫桥经验"乐都化的典型经验，搭建了民情沟通的"连心桥"，成为知民声、听民情的好平台，建立了及时解决问题的新机制，实现了干部与群众"面对面"沟通交流，做到了让群众"有地方说话、说话有人听、听了有反馈、问题能解决"，探索实践了村级民主管理的有效途径，得到了广大干部的积极响应，深受广大群众的热烈欢迎。

一、瞿昙镇"民情沟通日"主要做法

瞿昙镇党委立足镇情实际积极探索创新和丰富发展以"听民声、晓民情、解民忧、帮民富、促民和"为主题的农村"民情沟通日"活动，每月定期在村里相对固定的场所开展镇村干部与村民群众之间面对面交流，形成了直接听取意见、共同协商对策、当场作出承诺、及时给予办理、事后予以反馈的工作机制，进一步拓宽村干部与农民群众交流沟通的渠道，夯实基层社会治理基础。

（一）了解民情。在“民情沟通日”前，村干部、驻村干部要深入走访群众，了解村民所想、所盼、所怨，研究确定活动内容。主要有：一是政策性内容，即有关政策法规和上级党委政府的决策部署的落实情况等；二是促进发展方面的内容，即社会主义新农村建设规划及新农村建设项目实施情况、影响农村改革发展稳定的重大问题等；三是服务村民方面的内容，即村民群众迫切需要解决的重点难点问题，既可以是全村性的事项，也可以是只涉及少数村民利益的具体事项。

（二）沟通民情。“民情沟通日”由村党支部主持，时间定在每月 10 日，活动地点一般设在村级组织活动场所。既可以组织全体村民参加，也可以根据议题分片分组召集相关村民参加。参加沟通的对象为驻村干部、村两委干部，也可根据需要邀请村级配套组织负责人、村民代表参加。采取村干部与村民面对面、“拉家常”的方式，当面听取意见、组织村民群众开展讨论、共同协商对策、当场给予解答、现场做出承诺、及时给予办理、事后予以反馈。

（三）办理民情。“民情沟通日”后，镇村干部要对村民提出的意见建议和承诺的事项，认真分析研究对策。对重大村务问题，要及时召开村民代表会议（村民会议）进行民主决策，并组织实施。对需要上级党委政府帮助解决的，要及时向上级汇报，争取支持。建立反馈制度，镇村党员干部要将承诺事项的落实情况向村民群众进行反馈；对一些解决不到位的，要进一步采取措施加以落实，对一时难以解决的，要在下一次“民情沟通日”活动中进行说明和解释。

二、城台乡“群众说事点”主要做法

城台乡结合实际，积极探索，以深入了解群众心声、零距离服务群众为抓手，在各村设立“群众说事点”，通过“群众说事、分类理事、集中议事、及时办事、定期评事、结果公示”，逐步探索出了一条服务群众的有效途径。

（一）规范组织设置。在各村小卖部、助农代办点等群众聚集地悬挂“群众说事点”牌子，设置意见箱，公开监督电话，建立“说事室”。成立由乡党委书记任组长、乡长任副组长的“群众说事点”工作领导小组，选定村里威信好、觉悟高、为人正派、有文化的村民担任信息员，随时掌握村里的各类不稳定因素和涉及群众切身利益的突出问题，及时向乡村两级提供信息；由驻村干部、包片领导、村“两委”主要负责人一起组成“群众说事点”工作小组，每周三到“群众说事点”与群众聊天拉家常，倾听群众心声，了解群众需求，掌握群众所盼，并详细、真实地记录群众反映的问题和提出的合理化意见建议，进行整理登记。

（二）明确工作流程。一是干部问事。包片领导和驻村干部、村干部要经常走访农户上门“问事”，主动收集民意，多层面、多角度掌握村情民意，及时研究处理苗头性和群众反映强烈的问题。二是群众说事。每周三为“群众说事日”，由驻村干部和村支部书记、村主任在“群众说事点”听取有想法、有困难、有矛盾的群众说事。三是集中议事。充分尊重群众的主体地位，通过民主商议、集体决策，把解决问题的办法议明白，措施议清楚。对群众在“说事点”反映的问题进行归纳分类，制定出切实可行的解决方案。通过集中议事，把政策交给群众，把短处亮给群众，把家底交给群众，最大限度地维护好群众的知情权、参与权、决策权和监督权，调动群众参政、议事的积极性。四是及时办事。对群众反映的问题，经过集中议事环节，确定分类处理：马上能办的问题，明确责任人，即刻办理；一时不能办理的，做好解释，限期解决；需要上级部门解决的，则由村委会以“问题提交单”书面形式向乡党委、政府反映，采取上下结合、整体联动、综合治理的办法加以解决。五是定期评事。实行定期回访制，把每月末的“说事日”统一定为“评事日”，参加评事的人员有驻村干部、村干部、党员和村民代表。先由村干部向党员和村民代表通报一段时间以来的问事、说事、议事、办事情况，听取群众意见，然后对村“两委”办理群众“说事”的情况进行民主评议，半年一考评，年终一总评。六是结果公示。利用党员干部会、村民代表会和党务政务公开栏，将办理责任人、办理措施、办理结果向群众公示。

（三）制定反馈机制。对群众反映的问题在

登记归纳分类的基础上，按“先急后缓、先易后难、限时办理、注重实效”的原则，乡党委、政府及时召开领导办公会进行分析研究，制定处理方案，指定责任人限时办理，并将处理方案向当事人反馈。同时注重办理实效，把群众满意不满意作为检验问题办理效果的标尺。对于群众的合理需求已办理但群众仍不满意或有意见的，要求工作组继续办理直至群众满意；对不合理的需求，耐心细致地做好解释工作。

（四）建立考核制度。将“说事点”工作情况作为年终考核干部的一个重要指标，群众满意率低于80%的不能评为“五个好”村党支部，低于60%的扣村党支部书记10%的绩效工资，并将考核结果作为乡、村党建工作、评先评优和绩效考核的重要依据。

三、取得的成果成效

一是畅通了民意渠道，构建了交流沟通的新平台。“民情沟通日”活动中，村干部和群众平等沟通，大家面对面拉家常，交真心，讲真话，实现了党群干群沟通从“被动应付”向“主动接待”转变，从“群众上访”向“干部下访”的转变，有效地改变了群众对干部的顾虑，干部与群众的心也贴得更近了。“群众说事点”活动的开展，让群众在“说事点”把心里的“郁闷”说出来，把“肚里”的怨气撒出来，把邻里间的“疙瘩”解开来，把发展各项事业的“点子”讲出来，架起了乡村两级组织和群众沟通的“连心桥”，开辟了新的民意渠道，形成了及时发现问题、有效化解矛盾的快速反应机制，最大限度减少了不和谐因素。

二是转变了工作作风，构建了为民办事的新平台。通过民情沟通日活动，村民能够在固定时间、固定场所当面向村干部反映问题，而且要求问必答、交必办、办必果，对于群众在“民情沟通日”上反映的问题，镇、村二级联动，合力解决、切实解决了一批群众反映强烈的突出问题和基层迫切需要解决的棘手问题。通过“说事点”，干部与群众实现了面对面、零距离接触，干部的服务意识明显增强，工作作风进一步转变，尤其学会并掌握了做群众工作的能力和方法，提高了为民办事谋福祉的本领。通过认真解决群众的实际困难，更进一步密切了党群、干群关系，使群众能够相信党和政府，相信干部，减少了群众的消极对立情绪，维护了社会稳定。

三是转变了干部作风，构建了化解矛盾的新平台。通过听群众说事和干部主动问事，乡村干部及时了解群众的心声，密切关注社情动态，面对面听群众“倒苦水、吐怨言、说实话”，把干部经常联系群众，解决实际困难问题以制度形式固定下来，增强了干部服务群众的思想认识和责任感，工作作风得到明显转变，拉近了与群众的距离，密切了与群众的关系。同时，“民情沟通日”和“群众说事点”活动开辟了调解矛盾纠纷的便捷式高速“绿色通道”，实现了党群干群沟通从“被动应付”向“主动接待”转变，从“群众上访”向“干部下访”转变，使镇、村党组织及时准确地掌握了倾向性、苗头性问题，促进了农村社会和谐稳定。

四是增强了群众自治能力，构建了民主管理的新平台。在民情沟通中，村民可以直接发表意见，表达自己的合理诉求，也可以理直气壮地监督干部，对村里各项事务的管理、重大事项的决策“说二道四”。“民情沟通日”活动为群众参与村务管理提供了可靠的保障，有效地落实了群众的群情权、参与权、选择权和监督权，增强了村民自治组织的“民主管理、自我服务”功能。通过“群众说事点”问政于民、问需于民、问计于民，与群众讨论乡、村发展思路、新农村建设规划等，让群众充分发挥了民主权利，有了当家作主的意识，调动了群众参政议事的积极性，群众守法意识增强，能依法办事、依法行使民主权利，自我管理意识进一步增强。

（撰稿人：聂　森
审稿人：蔡浩亮　马　彬）

宁夏回族自治区

2017 年综治工作概况

2017 年,宁夏各地各部门牢固树立“发展是第一要务、稳定是第一责任”的理念,主动适应新形势、新变化,坚持以解决影响社会稳定大局的突出问题为突破口,结合平安宁夏 7 项重点和 9 项深化工作,出台平安创建考核奖惩办法,强化平安建设工作责任考核,抓重点、攻难点,促进重点领域突出问题得到有效整治,全区保持了政治稳定、民族团结、宗教和顺、社会治安大局总体平稳,保障和促进了全区经济社会快速健康发展。

一、加强顶层设计,推进社会治安综合治理工作科学化、法治化

坚持把总揽全局、统筹协调、督促指导等领导作用体现落实到加强社会治理各项工作顶层设计上,针对社会治安综合治理工作出现的新情况、新问题,每年确定一批重点问题进行专项治理,增强工作的针对性和实效性。自治区党委办公厅、人民政府办公厅制定印发了《全区平安创建考核奖惩方案》,进一步健全完善了党政领导、综治牵头、部门负责、社会参与的社会治安综合治理工作格局,充分调动各地各部门开展平安创建活动的积极性,确保了平安建设重点任务的有效落实。深入开展“大排查、大调处”和“大走访”活动,调解工作向交通、医疗、劳动争议、征地拆迁、物业纠纷、国有大中型企业等重点行业延伸。全区已有 96% 的非公企业建立了劳动工资集体协商制度,有效防范劳动纠纷发生。推动建立多方参与、调赔结合的医疗纠纷处置机制,推行“法官村官双助理”工作机制。加强涉法涉诉信访工作规范化建设,自治区党委政法委、高级法院、检察院、公安厅、司法厅、财政厅联合印发《关于〈律师参与化解和代理涉法涉诉信访案件工作暂行办法〉的通知》,建立律师参与化解信访工作机制,开展信访积案化解专项整治行动,不断完善矛盾纠纷多元化解机制。自治区党委办公厅、人民政府办公厅印发了《关于整合乡镇(街道)综治信访维稳工作资源的指导意见》,进一步理顺和规范了基层综治工作运行机制,建成集前台统一接待受理、后台统一分流处置的一站式、一体化服务、协调有序开展工作的实战化运行平台,加大基层综治信访维稳工作资源整合力度,充分发挥基层综治工作联防联管联治的实战功能。持续开展基层平安单位创建、治安重点地区和突出问题整治、公众安全感调查、企事业单位履行社会责任评价等日常活动,在全区上下形成了争先进位、比学赶超的浓厚氛围。

二、坚持问题导向,加强重点领域突出问题专项整治

坚持专项治理与系统治理、综合治理、依法治理、源头治理相结合,突出问题导向,每年确定一批重点问题进行专项整治,并建立完善持续深化的长效机制,有力推动了社会治安形势持续好转。自治区社会治安综合治理委员会办公室印发了《全区开展农村地区安全隐患排查治理专项行动方案》的通知,通过开展农村地区安全隐患排查治理专项行动,切实把农村地区各类安全隐患排查在基层,消除在萌芽状态,确保不发生影响农村地区生产、生活安全的道路交通、火灾、地质灾害、燃气和供暖、用电、溺水、食物中毒等安全事故。聚焦严重影响群众安全感的突出违法犯罪,聚力攻坚,持续推动“大收戒、攻命案、破小案、除黑恶、严打涉众型案事件、反诈骗”六大战役和“三打击一整治”专项行动,有力保障了群众安居乐业。以“大收戒”为抓手,推动出台《宁夏回族自治区禁毒条例》,不断完善党政主导主责、社会共治共享的工作格局,有效破解了“推不动、收戒难、复吸率高”的难题,创出了推广全国的禁毒工作“宁夏经验”，被国家禁毒委确定为全国唯一的禁毒工作示范省区试点地区。集中攻坚大要案件，全面推进区市县三级合成作战中心建设，坚持挂牌督办、蹲点督战，持续推动打击犯罪由单打独斗向合力攻坚转变，全面构建情报、刑侦、技侦、网安、刑技等部门纵横联动、同步上案的合成作战格局。2017 年，命案破案率继续保持 100%，侦破前期命案积案 12 起，抓获命案逃犯 25 人，“八类主要刑事案件”破案率持续上升，治安形势持续向好。全力侦破民生小案，把更多力量和资源向群众反映强烈的民生小案聚焦延伸，形成重拳打击的强大攻势。同时针对量大面广、高发难破的电信网络诈骗案件以及群众反映强烈的“两抢一盗”等违法犯罪，建成区市两级反电信诈骗犯罪中心。2017 年，电信诈骗案件破案数同比上升 112%，传统“盗抢骗”百名民警破案数、抓获犯罪嫌疑人数分列全国第 2 位、第 6 位。

三、注重机制创新，夯实社会治理基层基础工作

坚持以夯实基础为根本，以补齐短板为抓手，不断推动社会治安防控体系建设提档升级。推广建立服务党员“三建四关心”机制，星级服务型党组织创建活动顺利开展。不断完善村民自治功能，健全村级治理结构，不断完善社区服务事项责任清单、社区“大党委”建设、网格员管理制度。大力推广“以房管人”“一村（社区）一警”、社区戒毒康复人员“四色”管理、农村土地流转纠纷化解、“互联网 + 微警务”、农村“电话平安联防”等典型经验，强化寄递和物流业风险管控，加大安全生产和食品安全、流动人口和特殊人群服务管理、集体土地征收和房屋拆迁等问题专项整治，群众安全感和满意度明显提升。加快资源整合共享，大力推进智能化、立体化社会治安防控体系建设，宁夏政法网和“雪亮工程”等项目建设稳步推进，建成运行了“9 + X”矛盾纠纷排查化解信息系统，重点公共区域、案件高发区域和治安复杂场所视频监控系统覆盖密度和建设质量大幅提升。以银川、吴忠两市列入 2016 年全国“雪亮工程”示范城市为契机，加快建设自治区级应用平台，积极申报将石嘴山、固原、中卫三市纳入 2017 年全国重点支持城市，为 5 个市争取到中央专项补助资金共 1.4 亿元，在全区范围内部署开展“雪亮工程”建设。建立完善视频图像传输网络，分级整合各类视频图像资源，完善道路监控、电子警察等公路基础设施，建设道路交通安全综合监管平台、长途客车“认证票”合一实名登记信息管理系统等，通过联合多部门共享共治，促进不同行业之间视频资源点位互补、网络互联、平台互通，最大限度实现图像资源联网共享，提高预防打击犯罪和精准服务群众的科技化水平。截至 2017 年底，全区累计投资 6.35 亿元，建成 5 个市级视频监控中心，26 个县（区）级视频监控中心，96 个派出所视频监控室，重点部位完成 1.42 万个视频监控探头，1266 处电子卡口，引导社会单位、行业场所建设 2.2 万个视频监控探头，基本实现重点部位和公共场所“天眼”全覆盖。

四、立足源头治理，全力做好各类矛盾风险防范化解管控工作

坚持把化解疑难复杂纠纷作为自治区民生工程来抓，推动乡镇（街道）综治信访维稳工作资源整合，引导律师参与化解涉法涉诉信访案件，压实矛盾纠纷排查化解“两个”责任，有力推进了矛盾纠纷排查化解工作的制度化、常态化、规范化。创新体制机制，整合信息资源，建立了综治信访维稳信息“日搜集、日研判、日报告、日通报”战时运行机制和战时应急值班机制，各地各部门均实行 24 小时领导带班值班制度，做到了工作不断线、责任不脱节、人员不脱岗。积极探索多方联动全新运行模式，成立了综治信访维稳联动服务中心，按照“边建设、边运作、边提高”的原则，实现了自治区层面集中接访、分流、研判、联动、处置，取得了上访人员重点场所“零滞留、不过夜”的预期效果。建立重大案件处置工作专班机制，按照“专业化处置、社会化管理、法治化约束”的要求，由一套人马统一接待、受理、答复、处置，有效控制了事态发展和矛盾激化，避免了问题的反复和反弹。针对建筑工程领域讨薪要账扬言采取个人极端行为警情明显增多、涉众型经济犯罪极易引发大规模群体性事件的态势，切实加大矛盾纠纷排查化解等源头治理措施，全区群体性事件同比下降至近 5 年来最低值。创新解决执行难工作方法，采取现场交办、重点督办、媒体曝光等形式，加大涉党政机关、“两代表一委员”、公务员、共产党员及国有企业案件执行力度，带动全社会营造良好的法治环境。继续推广“法官村官双助理”矛盾纠纷化解机制，完善信访制度机制，加强诉调对接平台和专业性矛盾纠纷化解平台建设，全面铺开人民调解“四张网”建设（即乡镇村居、城市社区、企事业单位、行业性专业性四类人民调解组织网络），推动建立了多元化解决机制，提高了矛盾纠纷化解实效。加大影响当前社会稳定突出问题化解力度，扎实做好贺兰山自然保护区环境综合整治社会稳定工作，有力保障了环境整治顺利推进。持续开展基层平安创建、挂牌督办整治治安重点地区和突出治安问题、公众安全感调查、企事业单位履行社会责任评价等日常监督评价活动。

五、严格考核问责，推动综合治理领导责任制落实

自治区党委、政府将综治工作和平安宁夏建设写进党委、政府工作报告，纳入全年工作规划，进行具体安排部署。2017 年，自治区对各市、县（市、区）效能目标管理考核中，将公众安全感调查结果单独作为一项考核指标，赋予 3 分的分值，由自治区综治办负责考核。各级党委、政府认真贯彻落实中央《健全落实社会治安综合治理领导责任制规定》，将综治工作纳入各级领导干部政绩考核的重要内容，加大对各级党政领导履行综治工作和平安建设职责的考核力度。建立党政领导干部抓综合治理和平安建设工作实绩档案，不断完善和落实目标管理责任制，形成一级抓一级、层层抓落实的局面。2017 年初，自治区综治办、纪检委、组织部等 6 个部门印发《关于对因组织和人员失职行为造成发生 50 人以上群体性上访和 50 人以上群体性事件的相关组织和人员进行问责的规定的通知》，进一步夯实基层组织和人员履行综治工作的责任。2017 年 3 月，自治区领导同志对 2016 年度综治工作后进，被实行重点管理的 6 个县（市、区）党政主要领导同志进行约谈，帮助分析原因，制定整改措施，推动整改落实。

宁夏回族自治区综治委关于印发《2017 年全区综治（平安宁夏建设）工作要点》的通知

（2017 年 1 月 23 日）

各市、县（市、区）社会治安综合治理委员会，自治区各有关部门：

《2017 年全区综治（平安宁夏建设）工作要点》已经自治区社会治安综合治理委员会全体会议审定，并经自治区党委同意，现予以印发，请认真抓好贯彻落实。

2017 年全区综治（平安宁夏建设）工作要点

2017 年全区综治（平安宁夏建设）工作的总体思路是：以党的十八届三中、四中、五中、六中全会精神为指导，以提高人民群众安全感和满意度为目标，以突出问题治理为重点，以体制机制创新为动力，以基层基础建设为支撑，以综治信息化为引领，坚持系统治理、依法治理、综合治理、源头治理，积极推动理念、制度、机制、方法创新。对影响平安建设和社会稳定的突出问题，作为今年重点工作全力推进落实；对需要进一步深化的工作，坚持继承与创新相结合，着力加强长效机制建设；对需要推广的典型经验，由牵头部门制定具体推广办法部署落实，全面提升社会治理能力和水平，努力为党的十九大和自治区第十二次党代会胜利召开营造安全稳定的社会环境。

一、重点工作(7项)

（一）深入推进矛盾纠纷排查化解专项治理（自治区综治办负责）。深入贯彻落实《宁夏回族自治区矛盾纠纷排查化解办法（试行）》，各市、县（市、区）和司法、公安、法院、人社、住建、国土、交通、环保、安监、卫生计生、信访、金融监管、工青妇组织等行业主管部门要按照“属地管理”和“谁主管谁负责”原则，进一步压实矛盾纠纷排查和化解两个责任，推进矛盾纠纷排查化解工作的制度化、常态化和规范化。自治区综治办要大力推广应用矛盾纠纷排查化解信息系统，在纵向贯通覆盖区、市、县、乡、村（社区）五级信息系统的基础上，横向联通各级综治成员单位矛盾纠纷排查化解信息系统，法院诉前调解、公安治安调解、司法行政人民调解和职能部门行政调解都要全部在矛盾纠纷排查化解信息系统上登记录入，实现数据统计、报表上报、责任落实、督查督办、信息反馈、追溯跟踪、责任追究网上同步开展，确保矛盾纠纷排查化解各项工作程序可查询、可追溯、可跟踪、可评价。各市、县（市、区）及自治区综治委要对未履行矛盾纠纷排查、化解、报告职责，引发刑事案件、群体性事件、公共安全事件的，实行一案（事）双查，严肃追究领导责任。

（二）深入开展命案防控和预防打击“两抢一盗”犯罪专项治理（自治区公安厅负责）。公安机关要分析命案和“两抢一盗”案件发生的原因和背景，针对案件高发地区、高发领域、高发人群要制定切实有效的措施，在严厉打击的同时，更加注重前端预防工作。充分运用公共安全视频监控等现代科技手段，加大对命案和“两抢一盗”案件的侦破力度，形成震慑犯罪的高压态势。各县（市、区）要着力推进巡防机制改革，完善“网格化”巡逻防控勤务机制，实现城市巡防工作全覆盖。乡镇（街道）要认真排查化解因婚姻家庭、邻里纠纷、民间个人借贷等引发命案的突出矛盾纠纷，有效防控“民转刑”命案发生。自治区综治办要会同公安厅，总结推广“零命案”县（市、区）、“零刑事案件”村（社区）创建活动等经验，预防命案等重特大案件的发生。

（三）着力开展预防、打击电信网络诈骗和非法集资违法犯罪专项治理。公安机关要与通信、银行、政法相关部门建立协作联动机制，构建电信网络诈骗防范、打击、治理一体化实战化运作平台，努力实现查处违法犯罪嫌疑人、破案数、发案数、群众财产损失“两升两降”目标。自治区经信委要加快立项审批。通信管理部门要建成电信网络诈骗电话源头阻断系统，落实电信业务实名制，电话用户实名率达到100%。宁夏银监局和人民银行要加强公民账户安全管理和个人信息保护，建成异常资金交易风险防控系统，从源头上有效预防电信网络诈骗。金融工作局要认真落实预防和打击非法集资部门联动工作机制，严格监控大宗交易，提高非法集资发现、防范、处置水平。金融部门和公安机关要以防控金融风险为重点，把打击犯罪与化解风险、维护稳定统筹起来，完善非法集资等涉众型经济犯罪案件防范处置机制，既严厉打击非法集资违法犯罪行为、加大涉嫌资金追赃力度，又要推动消除一批风险点、从源头上预防非法集资等涉众型经济犯罪。住建、商务、经信部门要加强房地产及物流行业监管，建立预警信息传递、核查、处置快速反应机制，减少或杜绝物流企业间现金交易，严防“卷钱跑路”问题发生。

（四）扎实开展道路交通安全和煤矿安全生产隐患专项治理。自治区交通运输厅和公安厅要加强对道路交通运输安全监管，加强大型客运、货运车辆日常检修，加大路面秩序管控和违法查处力度，严禁超载超限、超速行驶、酒后驾驶等严重违法违规行为，确保交通运输和旅客出行安全。自治区煤矿安全监察局和安监局要在全区煤矿矿山集中开展安全生产隐患排查整治专项行动，加大联合检查督查力度，坚决消除影响煤矿安全生产的各类隐患漏洞，有效预防各类重特大安全生产事故的发生。

（五）进一步加强工程建设领域突出问题专项治理（自治区住房和城乡建设厅负责）。要严格落实建设项目履行基本建设程序、交付使用项目竣工验收备案率和按时结算率、政府投资项目工程款按合同约定支付率、农民工工资保证金收缴率和工资支付率“6 个 100%”制度。加大基本建设程序不规范、施工企业垫资承包政府投资项目、拖欠工程款和农民工工资、工程转包挂靠、违法分包、违反政策补办工程建设手续等违法违规问题的查处力度，不断规范建筑市场秩序（配合单位：自治区人社厅、发改委、国土资源厅、审计厅、公共资源交易中心）。

（六）进一步抓好拖欠职工（农民工）工资突出问题专项治理（自治区人力资源和社会保障厅负责）。要继续紧盯企业不依法与职工（农民工）签订劳动合同、不进行劳动用工备案、不按规定实行实名制管理、不按规定缴纳农民工工资保证金、不履行工资支付主体责任等突出问题的治理。严格落实工资（劳务费）按照不少于 22% 工程款进度比例拨付至专用账户规定。健全劳动关系协调机制和劳动争议调解机制，推动落实劳动争议调解组织队伍建设，加强劳动纠纷调处和劳动保障监察执法，保障城乡劳动者合法权益。依法打击拒不支付劳动报酬、采取非法手段恶意讨薪、扰乱社会治安秩序等违法行为（配合单位：自治区公安厅、住建厅、司法厅、经信委、国资委、审计厅、总工会）。

（七）深化预防青少年违法犯罪专项治理（自治区团委负责）。上半年研究出台《关于预防青少年违法犯罪工作的实施方案》，落实团委牵头、部门配合、社会参与工作机制，形成预防青少年违法犯罪的整体合力，从源头上预防和控制青少年违法犯罪。按照系统治理、综合施策要求，落实政府、学校、家庭等责任，依法采取必要惩戒措施，防止校园暴力、欺凌等事件的发生。深入整治网络暴力文化和校园周边环境，减少其不良影响。全面落实禁毒知识课堂教育，提升青少年学生识毒防毒拒毒意识。推广建设“阳光学校”等经验，有条件的地级市要新建或改建满足当地需要的专门学校。全面推开“青春护航”特需关爱青少年结对帮扶行动，加强重点青少年群体特别是失学失业失管闲散青少年困难帮扶、法治教育、法律援助、心理疏导、行为矫治等专业服务，切实维护青少年合法权益（配合单位：自治区教育厅、公安厅、司法厅、民政厅、文化厅）。

二、深化工作（9 项）

（一）加强集体土地征收和房屋拆迁突出问题整治（自治区国土资源厅负责）。要严肃查处未批先征、批少征多、“两公告一登记”不落实、拖欠群众征地补偿费等违法违规行为。严格落实被征地农民养老保险专项资金管理制度，从土地出让收益中按照不低于 15% 的比例安排被征地农民养老保险专项资金。建立健全征地拆迁风险研判预警机制。依法保障被拆迁人员合法权益，预防和减少群体性事件发生（配合单位：自治区住建厅、人社厅、审计厅、司法厅）。

（二）夯实基层组织建设，提升基层社会治理水平（自治区党委组织部和民政厅分别负责）。把基层开展矛盾纠纷排查调处、“两抢一盗”等案件发案、命案发生数等平安创建成效继续作为星级基层服务型党组织和星级和谐社区创建内容进行考评。积极探索将基层党支部建在网格上，把党小组设在楼栋中，组建网格服务团队，在服务中增强党组织的凝聚力战斗力。推动乡镇（街道）、村（社区）与驻地单位结对共建、交叉任职、活动共联，增强基层社会治理合力。推动城乡社区群众自治组织建设，健全以群众自治组织为主体、社会各方广泛参与的新型社区治理体系，提高群众自我管理、自我服务、自我教育、自我监督的能力。

（三）加强流动人口服务管理（自治区公安厅负责）。全面落实“以房管人”模式，集中开展城市社区、城中村、城乡结合部流动实有人口、实有房屋管理攻坚行动，组织村组干部、社区网格员等基层力量，通过入户调查、上门办证等方式，彻底摸清人、房底数，消除管理死角。要按照“综合采集、集中管理、信息共享”的原则，建立流动人口信息综合数据库，实现流动人口服务管理信息化。切实做好流动人口的权益保障与服务工作，探索以出租房屋为重点的流动人口服务管理新模式。（配合单位：自治区人社厅、住房和城乡建设厅、民政厅、卫生计生委、文化厅、教育厅、司法厅）。

（四）加强特殊人群服务管理。自治区司法厅要着力加强刑满释放、社区服刑人员帮扶教育，有效预防重新违法犯罪。自治区卫生计生委、公安厅、人社厅、财政厅、残联要加强严重精神障碍患者救助管理，落实“以奖代补”政策，依法做好强制医疗工作，加强日常监管预防，防止肇事肇祸案（事）件发生。自治区民政厅、团委、妇联要认真落实服刑人员未成年子女、流浪乞讨未成年人等人员帮教衔接机制,探索建立社会救助和临时托管代管工作机制。

（五）加强禁毒戒毒工作（自治区禁毒办负责）。自治区公安厅要不断巩固全区吸毒人员管控大收戒专项行动成果,深入推进打击制毒、堵源截流、预防教育、强制戒毒、社区康复等工作,将吸毒人员纳入网格化管理。自治区司法厅要加快自治区病残吸毒人员收治场所建设,实现病残吸毒人员应收尽收。自治区禁毒办要建立社会面吸毒人员分级分类管控机制,通过风险评估,采取相应管控措施,预防和减少吸毒人员复吸、脱管、漏管及失控现象发生,切实减少现实社会危害。

（六）加强食品药品安全管理（自治区食品药品监督管理局负责）。加强餐饮行业、旅游景区、中小学校周边、小药店、小诊所、村卫生室等重点领域和生产、采购、流通、验收、销售等重点环节食品药品安全监管,全面落实食品药品经营企业日常监管,严肃查处食品药品生产经营违法违规案件,确保不发生重大食品药品安全事故（事件）（配合单位:自治区卫生计生委、质监局、工商局）。

（七）加强寄递和物流业风险管控（自治区邮政管理局和商务厅分别负责）。自治区邮政管理局要建立健全寄递物流行业督促检查、责任追究等制度,认真落实寄运物品100%先验视后封箱、寄递物流活动100%实名制、邮件快件100%通过X光机安检等制度,对未落实“3个100%”制度的寄递物流企业建立黑名单制度,禁止其托运相关物品,并依法追究其法律责任。自治区商务厅要全面推行物流行业实名制和验视制度,加强部门联合执法,促进物流行业依法安全经营（配合单位:自治区公安厅、安全厅、银川海关、交通运输厅、工商局）。

（八）推动乡镇（街道）综治信访维稳工作力量整合（自治区综治办负责）。制定出台《关于整合乡镇（街道）综治信访维稳工作资源的指导意见》,建成集前台统一接待受理、后台统一分流处置的一站式服务综治中心。综治中心应将综治、信访、司法行政等工作人员和社区民警、人民调解员、禁毒专干等相关人员纳入综治中心统一管理,在横向联动上按照综治中心专职人员统一调度使用,其他驻地相关部门和律师（法律顾问）等第三方身份人员按照“综治中心+N”的模式,通过协作联动工作机制,参与综治中心工作。建立完善预警研判、受理分流、工作联动、管理考核等协作联动机制,有效发挥基层综治信访维稳等工作资源联动联防联治的实战功能。各县（市、区）要成立工作专班,确保乡镇（街道）综治信访维稳等工作力量整合到位。

（九）加快推进综治信息化智能化建设（自治区综治办负责）。自治区综治办要在试点运行综治信息系统的基础上,全面部署应用覆盖区、市、县、乡镇（街道）、村（社区）五级和各综治成员单位的“9+X模式”综治信息系统。通过联通政法各部门和信访、民政、人社、住建、市场监管等信息系统,实现综治基础信息和相关数据资源各部门互联互通、共享共用。自治区公安厅要加快推进社会治安防控体系建设,按计划完成银川、吴忠两个“雪亮工程”示范城市建设,积极申报将石嘴山、固原、中卫列入2017年国家重点扶持城市,提高全区视频监控智能化水平和综合应用能力。

三、推广经验(5个方面17条)

通过梳理近年来宁夏回族自治区综治工作的典型经验,以下五个方面十七条经验由各牵头部门组织实施,自治区综治办编印成册,自治区各责任单位制定具体推广办法,以点带面在全区范围内进行推广,全面提升我区社会治理水平。

（一）基层基础建设方面。

1. 兴庆区创新社区（村组）网格化服务管理。结合社区实际,对社区管辖范围进行合理的网格划分,建立“1+2+3”网格管理体系,健全“3+X”网格员管理工作机制,对网格内居民开展动态管理和服务,主动排查调处矛盾纠纷,整治各类安全问题隐患,畅通群众反映问题的渠道（自治区民政厅负责）。

2. 红寺堡区做实村民代表会议制度。推行“55124”工作模式,即以“5步工作法”为统揽夯实制度基础,以“5联记录表”规范会议程序和记录,以“1份议定事项指导目录”规范决议内容,以“乡、村2级监督”确保工作合法合规,以“4级联办督查”推动落实,不断健全完善村级治理结构（自治区民政厅负责）。

（二）社会治安防控方面。

3. 金凤区建立社区“互联网 + 微警务”工作模式。通过社区民警分类建立微信群和 QQ 群，加强与社区网格员信息联络，建立与辖区群众沟通互动机制，收集网上社情民意和情报信息，提供求助咨询、案情通报、防范宣传等服务，提高社区警务工作水平（自治区公安厅负责）。

4. 灵武市强化“一村（社区）一警”社区警务建设。建立社区综治专干、社区民警、社区网格员、司法专干、禁毒专干、协警等力量联动融合、信息共享、平安联创工作机制，推动社区综治平台、警务平台、社区矫正和戒毒康复平台等信息系统互联互通（自治区公安厅负责）。

5. 固原市推行农村“电话平安联防”机制。把传统的“十户联防、邻里守望”与现代通信技术有机结合，将居住相邻的家庭通过电话组成治安群防组，任何一户遇到紧急情况时拨打求助电话，群组内所有用户都会同时接到报警声讯，发挥“一家求救、八方救援、邻里守望、联防到户”的优势作用（五市综治办负责）。

（三）矛盾纠纷排查化解方面。

6. 石嘴山市、银川市兴庆区建立健全医患纠纷“调赔结合”机制。完善“三调解一保险”工作机制，扩大医疗责任保险、医疗意外保险覆盖面；整合相关部门资源力量，建立联调联动工作机制，加大医疗纠纷现场处置力度，有效缓解医患矛盾冲突升级，维护医院正常医疗秩序；建立特困患者救助机制，对因病返贫、残疾患者、特殊贫困患者加大救助帮扶力度（自治区司法厅、卫生计生委、公安厅、民政厅负责）。

7. 平罗县健全完善农村土地流转纠纷化解机制。建立农村土地纠纷人民调解委员会，成立人民法院农村产权流转交易案件合议庭，在各乡镇设立农村产权流转交易服务站，重点解决农村土地承包经营、产权流转、确权登记方面的涉农土地纠纷，实现矛盾纠纷化解关口前移和人民调解、行政调解、司法调解有效衔接，为土地改革工作提供法治保障（自治区司法厅、国土资源厅、高级法院负责）。

8. 盐池县建立法官村官“双助理”联动机制。发挥村官熟悉民风民情、法官懂法律懂政策的优势，实现司法资源和行政资源有效衔接，推动法律政策宣传落实和矛盾纠纷调解（自治区高级法院、检察院、公安厅、司法厅负责）。

9. 隆德县建立“125”矛盾纠纷排查化解机制。“1”是落实乡镇党委主体责任，书记作为第一责任人，副书记专门负责抓落实；“2”是组织辖区派出所、司法所两支队伍，建立快速处置、稳控化解机制；“5”是整合包村干部、第一书记、村两委班子、村监会、调解员五支力量，排查各类矛盾问题，强化各项化解措施（自治区司法厅负责）。

10. 沙坡头区创新“大调解”工作机制。整合乡镇综治办、法庭、派出所、司法所、驻镇各单位、村级及社会组织等资源力量，强化联动工作机制，把矛盾纠纷化解在基层、解决在萌芽状态（自治区司法厅负责）。

11. 创新设立个人调解室。吴忠市利通区“王兰花调解工作室”、石嘴山市大武口区“马清华调解工作室”、红寺堡区“康福海调解工作室”、青铜峡市“薛伟萍调解工作室”，发挥人民调解员熟悉民情和经验丰富的优势，把调解工作和心理疏导相结合，为辖区居民群众化解矛盾纠纷（自治区司法厅负责）。

（四）重点人群管理方面。

12. 西夏区推行“以房管人”服务模式。建立完善“一档三清”管理制度，实行出租房屋一房一档，做到房屋出租户信息清、流入人口租住人员信息清、流入人口服务需求信息清。通过统一配备手机终端，及时将流动人口信息同步上传到综治信息平台，实现相关部门信息共享、联动联治。成立房屋出租服务站，为流动人口提供房屋租赁信息、起草租赁合同、见证房屋设施、双方矛盾调处、出租房屋代管、子女入托入学、生殖健康体检、就业技能培训、介绍就业岗位、协助办理事务等“十项服务”（自治区住建厅、公安厅负责）。

13. 利通区建立社区戒毒康复人员“四色”管理制度。根据社区网格内戒毒康复人数多少，将网格分别列为红色、黄色、蓝色、绿色四种管理区域，落实人员配备、监管力度、帮教措施等。建立社区戒毒康复人员分级分类管控机制，根据社区戒毒康复人员的现实表现，将戒毒康复人员分别列为红、黄、蓝、绿四色动态管理，预防和减少社区戒毒康复人员复吸、脱管、漏管及失控现象发生（自治区禁毒办负责）。

14. 大武口区推行"1231"社区矫正保证人制度。即一名社区服刑人员，由司法所长和社区矫正工作人员两人组成监管组，由村主任、村居组长(网格员)和其家属三人组成帮教小组，由社区服刑人员亲属担任保证人，并与司法所签订《社区矫正保证人承诺书》，保证社区服刑人员不发生违反有关法律法规和监管规定的行为(自治区司法厅负责)。

(五)信息化建设方面。

15. 银川市建立人脸识别智能门禁系统。依托网格化、信息化平台整合人口数据资源，把人脸识别智能门禁作为第一道安全门，与重点人员库、在逃人员库实时关联、自动比对，对重点人员活动范围和轨迹进行精确查询，提高打防管控智能化水平(自治区公安厅负责)。

16. 西夏区建立"互联网 + 法律服务"网络视频系统。依托腾讯 QQ 视频聊天功能，为辖区司法所、村居(社区)统一配备摄像头、耳麦等设备，直接联通西夏区公共法律服务中心，由专业律师在线法律答疑、24 小时热线服务，为辖区群众提供专业法律咨询服务(自治区司法厅负责)。

17. 盐池县、贺兰县推进社会治安综合治理信息系统建设。依托"9 + X"模块综治信息系统，按照划分的网格标注完成 GIS 信息地图，在各网格内开展矛盾问题、安全隐患排查化解，利用手持终端及时采集录入社情民情信息，健全落实网格事项逐级上报、分流、办理、反馈机制(自治区综治办负责)。

四、工作要求

(一)加强组织领导，推动各级党委、政府主体责任的落实。各市、县(市、区)党委、政府对平安建设工作负有主体责任，要按照"属地管理、分级负责"的要求，全面贯彻落实《关于进一步深化平安宁夏建设的实施意见》(宁党办〔2013〕61 号)、《关于健全完善社会治安防控体系进一步深化平安宁夏建设的意见》(宁党办〔2015〕36 号)和 2017 年确定的社会治安综合治理工作任务，明确工作责任，采取有效措施，确保各项工作顺利推进，形成一级抓一级、层层抓落实的长效机制。党政主要领导、分管领导要切实负起责任，定期听取工作汇报，研究解决存在的问题。

(二)强化部门联动，落实自治区各牵头部门的牵头负责和业务指导责任。今年确定的 7 项重点工作、9 项深化工作和 5 个方面推广经验，自治区各牵头部门要按照"谁牵头谁负责"的要求，会同有关配合部门制定工作方案，坚持以上率下，每一项牵头工作都要有本年度的工作内容、目标、措施和要求，加大对基层工作的具体指导、督查督办和考核力度，推动工作任务落实，年内至少督查一次。每个牵头部门都要在基层建立联系点，指导基层开展工作，培育典型，把"点"上的经验做法创新拓展为"面"上的工作。年底前，各牵头部门对推动落实牵头工作和联系点工作情况要向自治区综治委书面述职。

(三)注重统筹协调，加强各级综治组织和干部队伍建设。各级综治组织对全面落实平安建设工作负有牵头抓总、组织协调、督查指导责任，要认真了解和掌握工作情况，主动向当地党委、政府汇报，积极争取支持并反映解决难题。要充分发挥组织协调作用，把平安建设工作任务分解到各牵头部门和基层组织。要按照政治上强、懂法律、善治理的要求，进一步加强综治组织自身建设，不断提高履职能力和水平。广大综治干部要始终保持学习新知识、探索新事务的激情，加强对社会治理规律的研究，善于发挥社会治安综合治理体制机制优势，提高统筹解决实际问题的能力和水平。

(四)严格考评体系，健全落实综治领导责任制。落实奖励激励和问责追究相结合的综治领导责任制，是推进社会治安综合治理工作的根本抓手。各地都要严格落实中央《健全落实社会治安综合治理领导责任制规定》，建立完善社会治安综合治理目标管理责任制，自上而下与综治各成员单位签订社会治安综合治理责任书，为实施奖励激励和问责追究提供依据。进一步加大问责追究力度，对于突破命案发生数、万人进京非正常上访人次、较大及以上群体性事件发生数、重大安全事故发生数四项约束性指标的县(市、区)以及发生重大影响案(事)件的部门，实行"重点管理"。同时，要落实自治区《关于对因组织和人员失职行为造成发生 50 人以上群体性上访和 50 人以上群体性事件的相关组织和人员进行问责的规定》和《宁夏回族自治区矛盾纠纷排查化解办法(试行)》责任追究相关规定，倒查失职责任，直至追究党纪、政纪或刑事责任。

宁夏回族自治区综治办关于印发《全区开展农村地区安全隐患排查治理专项行动方案》的通知

（2017 年 5 月 23 日）

各市、县（市、区）社会治安综合治理委员会办公室：

为认真落实自治区党委农村工作领导小组办公室《关于落实中央农办 2017 年“三重”工作的分工方案》精神，推动农村地区安全隐患排查治理工作，自治区综治办决定，在全区开展农村地区安全隐患排查治理专项行动，现将《全区开展农村地区安全隐患排查治理专项行动方案》印发给你们，请结合实际，抓好贯彻落实。

全区开展农村地区安全隐患排查治理专项行动方案

为认真落实自治区党委农村工作领导小组办公室《关于落实中央农办 2017 年“三重”工作的分工方案》精神，从源头上预防农村地区各类安全事故发生，切实维护农村地区社会和谐稳定，自治区综治办决定，在全区开展农村地区安全隐患排查治理专项行动，现制定如下方案。

一、目标任务

通过开展农村地区安全隐患排查治理专项行动，切实把农村地区各类安全隐患排查在基层，消除在萌芽状态，确保不发生影响农村地区生产、生活安全的道路交通、火灾、地质灾害、燃气和供暖、用电、溺水、食物中毒等安全事故，以及不发生易肇事肇祸精神病人故意伤害案（事）件。

二、排查治理时间

5 月下旬至 7 月下旬。

三、排查治理重点

重点排查治理以下五个方面的突出问题：

（一）农村工矿企业、乡镇（村）办企业及重点行业领域在安全管理监督、安全设施配备等问题。

（二）农村道路交通、消防、燃气和供暖、用电、烟花爆竹、建筑施工、危房危窑、地质灾害、油气输送管线等问题。

（三）农村医疗卫生、食品安全、溺水等方面的问题。

（四）农村集贸市场、物流运输等人员密集性场所的安全监管问题。

（五）农村地区易肇事肇祸精神病人管控问题。

四、工作措施

（一）全面排查，切实把安全隐患排查出来。各地要迅速组织对乡镇、村居，对辖区内所有安全隐患开展一次拉网式排查，不留盲区和死角。各部门特别是安监部门要结合工作职责和业务范围，对涉及农村地区生产生活的安全隐患在行业系统内开展排查治理，对排查出的安全隐患，要梳理分类，做到底数清、情况明，为及时有效做好防范、整治工作奠定基础。

（二）落实责任，推动排查整治行动深入开展。各地各部门要按照“属地管理”“谁主管谁负责”的原则，自下而上、逐级建立安全隐患排查治理台账，认真落实“任务、问题、责任”三个清单。对排查出的安全隐患要逐一制定整治措施，明确牵头单位、责任人，明确整治时限，推动整治工作深入开展。

（三）加强督导，确保排查治理行动取得实效。各级综治办要认真履行牵头抓总的职责，组织协调有关部门组成联合督导组定期对排查整治行动进行督导检查，面对面指导，提出工作意见建议，帮助协调解决整治过程中的困难，确保排查整治行动取得实效。

五、工作要求

（一）统一思想，提高认识。农村地区安全隐患排查整治是推动农村经济社会发展、确保农村生产、生活安全的重要举措，各地各部门要从维护社会稳定的高度出发，充分认识农村地区安全隐患排查整治工作的重要性、必要性和紧迫性，增强工作主动性和自觉性，加强组织领导，精心组织，周密部署，明确工作目标，细化工作措施，切实把工作做深、做细，扎实推进农村地区安全隐患排查整治工作。

（二）落实责任，制定措施。各地各部门要将排查整治专项行动作为“一把手”工程，提上重要议事日程，主要负责人要切实履行安全隐患排查整治的主体责任，亲自研究部署，亲自协调解决问题。要结合本地本部门实际，制定排查整治方案，进一步明确职责任务，以责任的落实推动排查整治任务的落实。

（三）密切配合，形成合力。农村地区安全隐患排查整治行动涉及范围广、工作任务重、标准要求高，各地各部门要加强协作，密切配合，工作联动，形成合力，对涉及多个部门的安全隐患问题要共同研究，提出整改意见，确保各类安全隐患及时消除。

（四）加强考核，责任查究。各级综治办要把专项行动开展情况纳入平安建设考评内容。对安全隐患应发现未发现、发现后不及时报告、处置不及时，引发较大安全事故的有关组织和个人，实行“一案双查”；对履行领导责任、主体责任、监管责任不到位，引发安全事故及严重危害公共安全案（事）件，严肃追究相关领导和责任人的责任，要按照社会治安综合治理领导责任制相关规定，构成违法犯罪的，移交司法机关依法处理。

（五）完善制度，巩固成果。各地各部门要通过开展农村地区安全隐患排查整治专项行动，探索建立农村地区安全隐患排查整治的长效机制。要坚持回头看，反复抓，抓反复，使安全隐患排查治理工作制度化、经常化，巩固治理成果。

全区农村地区安全隐患排查治理专项行动结束后，五市要对排查出的安全隐患进行梳理归类，对整治的成效进行总结，形成专题报告，于8月上旬报自治区综治办。

宁夏回族自治区公安厅深入推进城乡社区警务建设　推动新时代“枫桥经验”向城乡社区治理体系建设延伸

社区警务看似小警务，实则是关系着广大群众和千家万户的大平安、大民生。2016年以来，宁夏公安厅党委立足特殊区情和民族地区长治久安长远发展，着眼宁夏公安工作提档升级转型发展，作出了推行“一村（社区）一警”社区警务改革的重要部署。经过两年多的积极探索、扎实推进，全区社区警务工作由点到面、遍地开花，迸发出欣欣向荣的生命力。

一、建立社区警务“1 + X + N”模式，促进完善社区综合治理格局

宁夏公安厅在担好主责、当好主力军的同时，积极争取党委政府支持，把社区警务置于社会治理的大局中谋划推动,加大人、财、物保障力度,实现警务工作与网格化治理深度融合,推动完善“党委领导、政府负责、社会协同、公众参与”的社区治理格局。一是积极融入综治大平台,形成可持续发展的社区警务格局。明确“1 + X + N”的社区警务运行机制(“1”指城乡社区民警,“X”指若干辅警,“N”指警务专干、社区网格员、禁毒专干、人民调解员、警务联络员、人民团体负责人、治保人员、城管队员、公益性岗位等社会综治力量),努力走出一条专群结合、协同共治的社区警务新路子。二是紧紧抓住有利契机,出台加强社区警务工作意见。抓住贯彻落实十九大精神的有利契机,以自治区名义出台《关于全面深化城乡社区警务改革的指导意见》,从保障制度、机制建设、力量加强等方面进一步明确了社区警务的目标方向,全区社区警务工作进入了组织更加有序、运行更加规范、支撑更加有力、保障更加全面的新阶段,得到了中央及公安部领导同志的批示肯定。

二、建成规范化社区警务室,促进社区警务实体化运行

坚持总体规划与基层实践创新分层推进。一是自上而下做好“规定动作”。宁夏各地公安机关结合辖区面积、人口、治安状况等要素划分警务区 642 个,配备社区民警 787 人,社区辅警 1192 人,其中专职社区民警 681 人,建成规范化社区警务室 495 个,建立警务联系点(站)911 个,社区民警、辅警和警务室(站、点)已全面覆盖所有社区和村庄。二是自下而上创新“自选动作”。各地针对重点地区、复杂场所和突出治安问题,在规模较大的社区、治安复杂的城中村、移民安置新村等地区,因情制宜,打造出金凤区阅海万家警务室等 173 个标准化警务室。一大批标准化警务室因情制宜、各具特色、“一室一品”,提供精准化“供给侧”服务,取得了良好效果。

三、建强专职化社区警务力量,促进社区治理重心下移

坚持警力向基层倾斜下沉,促进社区治理重心下移。一是明确社区民警的工作职责。制定出台《宁夏城乡社区警务工作规范》,明确了社区民警的六项工作职责,引导社区民警聚焦主业,踏实种好“责任田”。二是着力解决警力不足的最大难题。确保 1 个警务区至少配备 1 名专职社区民警,从 2017 年开始,宁夏计划分两年增加 2000 名事业编警察,并将主要投向社区。三是进一步增加社区辅警额度。2017 年 4 月,宁夏制定出台《关于规范全区公安机关警务辅助人员管理使用工作的实施意见》,按照每名城乡社区民警配备 1 ~ 2 名辅警的标准,全区可增加近 4000 名辅警使用额度。四是全面建立农村警务专干制度。各地公安机关在每个行政村选聘 1 名治安积极分子担任警务专干,协助开展信息采集、人口管理、安全防范、治安管理、服务群众等工作。

四、建设智慧社区工作平台,促进城乡社区治理智能化

社区警务必须紧跟时代,扎根群众。宁夏公安厅党委准确把握“互联网 + ”的时代特征,以数据强警工程建设为契机,加快智慧社区警务建设,提升社区警务“软实力”。一是信息平台沉社区。宁夏社区警务信息平台上线运行,全方位开展“一标三实”信息采集。推行“互联网 + 社区警务”,推动各地加快建成全流程运行、全口径支撑的社区信息平台,推动“1”和“N”在同一平台各司其职。二是科技装备沉社区。积极推动智慧社区建设,增加社区内监控覆盖率,增设人脸识别系统等技防设施,推广“智慧门牌”“家用警铃”等科技设备,促进防范工作转型升级。三是指尖警务沉社区。全区社区警务人员建立微信工作群 7098 个,派出所微信公众号 384 个,发布警务资讯 50 万余条,收集违法犯罪线索 1056 条,提供便民服务 219600 件。全区研发电动车管理、重点人员管理等警用 APP27 个,加强阵地管控,成为伸向重点人员、重点领域、重点物品管控三个薄弱环节的“神经末梢”。

五、建立社区警务保障机制,促进社区警务持续发展

加大财政对城乡社区警务建设的投入力度,适应城乡社区警务建设工作实际需要。一是建立长效的经费保障。积极争取将社区警务各项经费保障纳入地方财政预算并建立动态调整机制,重视解决好警务专干补贴问题。二是高标准建设警务室。把警务室建设纳入城乡社区建设和乡村振兴战略总体规划,由政府主导,公安、民政、财政、国土资源、住房城乡建设、规划等部门协调配合,通过新建、改造、租赁、整合等方式，着力解决警务室办公用房。

六、建立考核评价机制，促进社区治安队伍担当尽责

宁夏公安厅积极探索建立专业考评、群众评价、社会评议相统一的社区民警考核评价机制，破解社区警务工作考核难题。一是建立民警专业考评。以源头信息采集、实有人口管理、群众见警率、情况熟悉率、辖区可防性案件发案率、群众满意率等作为考评主要内容，将考评结果与评先评优、立功受奖、经济待遇直接挂钩。二是建立倒查追责机制。建立健全社区信息采集、报送、处置、反馈考核机制，对疏于源头防范管理，对社会稳定造成不良后果的，倒查追责。三是注重群众评议。组织动员广大群众及社会各界积极参与社区警务监督，组建以老党员、退休职工、社会各界代表为主体的义务督察队，参与社区警务监督。

两年多来，宁夏各级公安机关持续深入推进城乡社区警务建设，主要有五个方面的显著成效：一是思想理念深入警心。各级公安机关对"一村（社区）一警"社区警务改革在夯实基础、创新治理中的重要作用认识更加深刻，做强基层、做实基础成为全警的思想共识和行动自觉。二是机制改革实现突破。"1 + X + N"社区警务机制在全区推广并激活社区警务工作，宁夏成为全国首家在自治区党委政府层面出台全面深化城乡社区警务改革指导意见的省区。三是基础保障逐步到位。495 个警务室和 911 个警务联系点（站）警务室遍布全区 530 个城镇社区和 2260 个行政村，787 名社区民警、1192 名辅警扎根基层、沉入社区，与政法综治司法力量联动，发动 3.1 万名社会力量参与社区治安工作，实现警务工作的全覆盖。四是工作充满创新活力。各地围绕"1 + X + N"社区警务机制因地制宜、探索创新，创出了灵武、大武口、青铜峡等各具特色的模式，"互联网 + 土办法"社区工作法广泛推广应用，"章鱼工作法""老梁工作法"等实用管用的工作法层出不穷，侯金知、马晓明、顾明、梁俊霞等一批群众信赖、群众认可的社区民警广受赞誉，基层创新活力不断迸发。五是实战效果初步显现。广大社区民警及警务辅助人员认真履行"六大员"职责，夯实了社会稳定的基础，全区社会大局持续稳定，治安形势持续向好，2017 年度实现了刑事案件发案、入室盗窃、矛盾纠纷警情、电信诈骗案件大幅下降，为一系列重大活动安保维稳圆满顺利和群众安全感满意度持续攀升，提供了坚实的支撑。

（撰稿人：杜向东
审稿人：李刚军　王瑞拉）

新疆维吾尔自治区

2017 年综治工作概况

2017 年,在以习近平同志为核心的党中央坚强领导下,新疆维吾尔自治区各级党政和政法综治部门坚持以习近平新时代中国特色社会主义思想为指导,认真学习贯彻党的十九大精神,坚决贯彻落实习近平总书记关于新疆工作的重要讲话和重要指示精神,贯彻落实以习近平同志为核心的党中央治疆方略,特别是社会稳定和长治久安总目标,贯彻落实中央政法工作会议和全国社会治安综合治理表彰大会精神,紧紧围绕社会稳定和长治久安总目标,坚定不移打好反恐维稳组合拳,把社会治理体系和治理能力现代化作为实现长治久安的重大举措,大力加强和创新社会治理,扎实推进平安新疆、法治新疆建设,社会治理系统化、科学化、法治化、智能化水平显著提升,有效遏制了暴恐多发频发势头,确保了社会大局和谐稳定,各族群众安全感、满意度明显增强。

一、反恐维稳斗争取得重大阶段性成果

新疆是反恐怖斗争的前沿阵地和主战场。面对严峻复杂的反恐维稳形势,全区各级党政和政法综治部门时刻绷紧稳定工作这根弦,把反恐维稳作为压倒一切的政治任务、重于泰山的政治责任,坚决贯彻中央决策部署,落实反恐维稳组合拳,严密防范和严厉打击暴力恐怖活动和宗教极端主义犯罪。持续开展严打暴恐专项斗争,依法加强互联网管理;坚持一手抓打击暴恐分子,一手抓团结凝聚人心,深入细致做好群众工作,深入开展"访民情、惠民生、聚民心"驻村工作,推动各族干部下沉基层,实现包村驻村、包户入户全覆盖,贫困户、重点人员家庭思想工作、关心关爱、帮扶救助全覆盖,把各族群众紧密团结在党的周围。坚持党政军警兵民"六位一体",完善立体化、智能化边境管理设施,发挥边民守边护边作用,构筑强边固防的铜墙铁壁。设立新疆平安专项奖励资金,健全反恐维稳举报奖励等制度,鼓励基层群众检举揭发涉暴恐线索,让"三股势力"陷入了人民战争的汪洋大海。通过艰苦奋战,新疆扭转了暴恐活动多发频发势头,宗教极端主义渗透得到有效遏制,2017 年未发生一起暴恐案件、未发生一起地下非法讲经活动,反恐维稳斗争取得重大阶段性成果,为全国社会稳定和反恐怖斗争作出了重要贡献。

二、立体化社会治安防控体系初步形成

着眼于严密防范危安暴恐犯罪活动,坚持党政军警兵民"六位一体",人防物防技防相结合,着力构建全方位、立体化、全时段社会治安防控体系,努力做到社会面防控"无盲区、无缝隙、无空白点"。织密社会防控网络。以覆盖城乡的便民警务站为依托,以网格化服务管理为抓手,织密城乡维稳防控网络,实现卡点查控、群众服务全覆盖。健全群防群治体系。发挥基层党员干部、村(社区)民警、维稳"双联户"和社区群众的作用,落实相关措施,构建防控网络,提升了专群结合、群防群治能力。提高快速处置能力。依托现代信息技术,推广 110 快速报警、一键式报警等接处警模式,加强常态化实战演练,在全区构筑起 1 ~ 3 分钟应急处置圈,做到一旦遇有突发情况,努力将风险隐患消灭于萌芽状态。加强重点要素和重点人群管控。加强危爆物品源头控制、实名登记、定点经销、流向管控等全过程管理制度,严格执行物流及寄递行业"3 个 100%"。同时,做好涉危安刑满释放人员安置帮教、社区服刑人员矫正管理,加强严重精神障碍患者、吸毒人员、艾滋病患者救治救助工作,对扬言报复社会人员等特殊人群,切实加强服务管理,有效防范个人极端案事件和恶性刑事案件发生。切实加强网络服务管理。坚持正能量是总要求、管得住是硬道理,加大网上正面宣传力度，积极培育健康向上的网络舆论生态。落实电话和互联网用户实名制登记管理，切断网络传播暴恐和宗教极端思想的渠道，对利用网络从事分裂渗透、损害民族团结、煽动制造暴恐活动的，依法惩处，切实维护了网络清朗空间。

三、五级综治中心和网格服务管理中心全面建成

以信息化为牵引，整合各类资源，加强基础建设，推进区、地、县、乡、村五级综治中心和网格化服务管理中心建设。一是以综治中心建设为核心，搭建基层服务管理新平台。在建成自治区综治中心和网格化服务管理中心的基础上，统一功能定位和技术标准，加快地、县、乡、村四级综治中心实体化、实战化运作。2017 年底，全区五级综治中心（网格中心）全部建成运行。各级综治中心开通“智慧·综治”APP、“新疆平安 e 家”微信公众号，将服务管理延伸到基层末梢，实现群众身边诉求隐患第一时间“网上受理、网上流转、网上办结”。推进“互联网＋政务服务”建设，深化“放管服”改革和政务公开力度，推动各级政法部门单位把所有可上线的窗口服务延伸到网上。二是以创建“维稳双联户”为抓手，强化基层服务管理措施。以“联户平安稳定、联户团结和谐”为重点，细化双联户责任，健全奖惩激励机制，推动双联户开展“矛盾问题联排联调、民族团结联创联建、群众活动联促联享”。同时，充实加强基层公安派出所、司法所、人民法庭、派驻检察室和民政、信访等基层资源力量，健全协调联动机制，共同做好基层维稳和社会治理工作。三是以科技手段建设应用为载体，提升基层服务管理实效。提高公共安全风险防控智能化水平，建成自治区联网共享平台和综治平台，基本实现城乡全覆盖，有效提高了社会面管控能力和风险预警预防能力水平。

四、基层社会治理体系进一步健全完善

牢固树立“共建共治共享”理念，以人民为中心、以善治为目标、以党建为引领，大力推广新时代“枫桥经验”，着力构建基层社会治理新体系。开展重大问题攻坚。集中开展各类专项打击整治行动，重点依法打击整治黄赌毒黑拐骗、非法集资、环境污染、食品药品犯罪等群众反映强烈的危害民生的违法犯罪活动。针对经济、金融、政府债务等重要领域和涉军人员等特定群体的利益诉求，坚持政策落实到位、困难帮扶到位、思想引导到位、违法处理到位，扎实做好重点人员稳控工作，把不稳定矛盾问题化解在萌芽状态。强化信访源头治理。运用大数据技术对社会矛盾进行研判预警，发挥基层“访惠聚”和包户住户干部作用，及时收集掌握群众利益诉求、困难问题线索，对苗头性、倾向性问题做到早发现、早预防，对行动性、极端性问题早预警早处置，确保各类矛盾纠纷“事要解决”，实现矛盾问题化解工作由被动应付、事后处理向提前预警、源头治理转变。健全多元化解机制。在强化信访源头预防和积案化解的同时，健全常态化排查预警机制，加大重点领域、重点群体矛盾纠纷和不稳定因素排查力度，健全责任明晰机制、诉调对接机制、第三方参与机制，探索预防多元化化解的方法路径，落实职能部门“动态清零”和“通报即办”要求，做到各类矛盾纠纷发现在早、防范在先、处置在小。健全风险评估机制。对重大决策部署、重点工程建设、重大政策调整等进行合法性、可行性、安全性评估，将防范工作摆在前头、做在源头。2017 年，全区未发生影响社会稳定的重大群体性事件，信访总量同比下降 56%，信访案件化解率达 95% 以上，基本实现“小事不出村、大事不出乡、矛盾不上交、就地能化解”，形成了具有新疆特色的“枫桥经验”。

五、平安和法治新疆建设取得积极进展

适应各族群众对平安的新需求、对公平正义的新期待，推进基层依法治理、平安创建活动，建设高水平的平安新疆、法治新疆。推进平安细胞建设工程。制定下发加强平安新疆建设的相关意见，对 2017 年至 2020 年全区社会治安综合治理和平安建设进行总体规划部署，创新社会组织和基层群众参与平安建设的途径形式。按照条块结合、系统推进的思路，推进平安县（市、区）、平安乡镇（街道）、平安村（社区）等地区平安建设和平安校园、平安交通、平安医院、平安商（市）场等行业平安建设及平安家庭创建，推动平安细胞创建向广度覆盖、深度延伸。发挥典型引领作用。广泛选树和宣传各层面各行业先进典型，形成平安创建比学赶超良好氛围。截至 2017 年底，全疆已创建 8 个平安地（州、市）、61 个优秀平安县（市、区）、92 个平安县（市、区）、189 个优秀平安乡镇

（街道）。在全国社会治安综合治理表彰大会上，4个先进集体、3名先进工作者受到全国表彰，12名领导干部受到嘉奖，2个地州获得全国平安地州，4个县市获得全国先进集体。推进全民学法守法用法。加强“七五”普法依法治理工作，落实“谁执法谁普法、谁服务谁普法”原则，广泛开展“宪法宣传教育月”“国家安全教育日”“基层法治建设年”“法治文化基层行”“百名法学家百场报告会”等活动，突出普法宣传教育的渗透力和有效性，将法律传播到每一个基层群众身边，切实增强各族干部群众法治意识。提高各领域依法治理水平。加快推进司法责任制改革，严格规范公正文明执法司法，提高司法质量效率和公信力，坚决纠正执法司法中不文明行为，让群众在每一个执法司法活动中感受到公平正义。加强公共法律服务平台建设，加大法律援助力度，建设覆盖城乡居民的公共法律服务体系，深化基层组织和部门、行业依法治理，强化法治保障作用和德治引领作用，基层依法治理能力不断提升。

六、综治维稳工作责任制得到有效落实

坚持维护社会稳定和加强社会治理没有无关的地方、无关的单位、无关的人的思想，把社会治安综合治理作为“一把手”工程来抓，推动各级党组织和领导干部履行好保一方平安、促一方发展的重大政治责任。健全领导体制和责任体系。健全党委政府领导、政法综治维稳部门主导、各部门协同、各族群众参与、党政军警兵民协调联动的综治维稳工作格局，制定和实施《健全落实社会治安综合治理领导责任制实施办法》，完善综治维稳和平安建设考核评价机制，对南、北疆实行差别化考核，增强了考核激励导向作用。对反恐维稳和社会治安综合治理实行党政同责、一岗双责、一案双查，强化领导干部知责明责、履职尽责、失职追责，对2014年以来年年发生暴恐案件的县，给予社会治安综合治理“一票否决”；对发生煤矿安全事故的县以及公众安全感总满意度排倒数第1位的县，分别由其地（州、市）政法委书记对其党政主要领导和分管领导进行约谈。特别是坚持利剑高悬，持续开展明察暗访，严肃处理不负责、不落实和作风漂浮、问题突出的领导干部，树立了鲜明的工作导向。加强成员单位管理。制定自治区综治成员单位考核方案、考核标准，合理调整考核权重，规范考核程序，量化考核指标，强化综治成员单位分领域、分行业抓好防风险、化矛盾、保安全工作。同时，督促综治成员单位制定考核细则，细化考核标准，指导各相关成员单位认真履行职能，强化责任落实。推进全民共建共治共享。推动企业和社会组织强化社会责任，在加强自我管理、服务、约束的同时，认真履行志愿服务、救助困难群众、预防违法犯罪等公益职能。加强宣传思想教育，树立全社会见义勇为、道德文明模范，引导各族群众不断提高思想觉悟、道德水准和文明素养，真正成为社会和谐稳定的促进者。

加强和创新社会治理，关系各族人民群众幸福安康，关系社会稳定和长治久安。自治区将在以习近平同志为核心的党中央坚强领导下，坚持以习近平新时代中国特色社会主义思想为指导，深入学习贯彻党的十九大和十九届二中、三中全会精神，贯彻落实习近平总书记关于新疆工作的重要讲话和重要指示精神，贯彻落实以习近平同志为核心的党中央治疆方略特别是社会稳定和长治久安总目标，乘势而上、开拓创新，不断把全疆社会治安综合治理工作提高到新的水平，努力实现新疆持续稳定、长期稳定、全面稳定，努力建设团结和谐、繁荣富裕、文明进步、安居乐业的中国特色社会主义新疆。

新疆维吾尔自治区综治委　中共新疆维吾尔自治区党委组织部关于创建表彰先进“维稳双联户”的通知

（2017年12月9日）

伊犁哈萨克自治州党委、政府，各地、州、市党委、政府（行署），自治区社会治安综合治理委员会各成员单位：

为进一步做好“维稳双联户”工作，推进先进“维稳双联户”创建活动制度化、规范化、常态化，现就创建表彰有关事项通知如下。

一、总体要求

认真学习贯彻党的十九大精神，学习贯彻习近平新时代中国特色社会主义思想，深入贯彻落实习近平总书记关于新疆工作的重要讲话和重要指示精神，贯彻落实以习近平同志为核心的党中央治疆方略，特别是社会稳定和长治久安总目标，聚焦总目标、打好“组合拳”，推动社会治理重心向基层下移，把“维稳双联户”工作覆盖到城乡基层、千家万户，形成社会治理人人参与、人人尽责的局面，打造共建共治共享的社会治理格局。

二、活动内容

坚持以10户左右群众为一个联户单位，以“联户平安稳定、联户团结和谐”为重点，促进“维稳双联户”单位各家各户之间利益共享、责任共担，相互关心、相互帮助，相互支持、相互监督。

三、评选标准

（一）先进“维稳双联户”评选标准。

1. 爱党爱国。热爱中国共产党、热爱祖国、热爱中国特色社会主义，坚决拥护中国共产党的领导，感党恩、听党话、跟党走；坚决维护祖国统一、反对分裂，坚决与“三股势力”作斗争，自觉抵制民族分裂主义和宗教极端思想渗透。

2. 遵规守法。遵守国家法律法规，遵守地方法规、社区规章制度、村规民约等，联户单位无危安案件、刑事案件、治安案件，及时报告涉暴恐犯罪线索、外来人员和重要情况，“维稳双联户”单位无违法违纪行为和人员。

3. 团结和谐。自觉维护民族团结，积极参与“民族团结一家亲”和民族团结联谊活动，牢固树立“三个离不开”思想，坚持“五个认同”，积极主动促进各民族干部群众交往交流交融；邻里关系和睦，无重大矛盾纠纷。

4. 共同富裕。以促进相互发展、共同富裕为目标，艰苦创业、诚实劳动，扶贫济困、助孤助残，互帮互助、共同增收、共建小康。

5. 文明向上。自觉践行社会主义核心价值观，爱岗敬业、诚实守信，关心集体、爱护公物，助人为乐、见义勇为，举止文明、待人礼貌，勤俭节约、生活健康。

（二）“先进联户长”评选标准。

1. 政治坚定。爱党爱国爱社会主义，在反分裂斗争中态度鲜明，敢于发声亮剑，带头维护祖国统一、民族团结、社会稳定，自觉抵制宗教极端思想渗透。

2. 作用明显。积极支持配合村（社区）“两委”班子工作，认真落实“联户长”职责，组织带动联户单位在“联户保平安、联户保增收”中发挥重要作用。

3. 遵规守法。带头遵守国家法律法规，带头遵守村规民约，个人无违法犯罪行为，联户单位无违法犯罪行为。

4. 群众满意。受到联户单位群众一致好评、满意度高。

四、表彰办法

坚持自治区、地（州、市）、县（市、区）、乡（镇、街道）、村（社区）五级联创，每年对先进“维稳双联户”“先进联户长”进行分级表彰；坚持一视同仁，对重点人员家庭不歧视，保障平等参与；坚持精神激励为主、物质奖励为辅，创建表彰经费由各级自行解决。乡村两级每年10月表彰，县（市、区）每年11月表彰，地（州、市）每年12月表彰，自治区次年1月表彰。

（一）村（社区）表彰。从“维稳双联户”单位中按10%的比例评选表彰，授予先进“维稳双联户”荣誉称号、颁发证书，联户长授予“先进联户长”荣誉称号、颁发证书。

（二）乡（镇、街道）表彰。从村级先进“维稳双联户”中按20%的比例评选表彰，授予先进“维稳双联户”荣誉称号、颁发证书，联户长授予“先进联户长”荣誉称号、颁发证书。

（三）县（市、区）表彰。从乡级先进“维稳双联户”中按30%比例评选表彰，授予先进“维稳双联户”荣誉称号、颁发奖牌，给予获奖双联户单位每个家庭奖励1000元，联户长授予“先进联户长”荣誉称号、颁发证书。

（四）地（州、市）表彰。从县级先进“维稳双联户”中按30%比例评选表彰，授予先进“维稳双联户”荣誉称号、颁发奖牌，给予获奖双联户单位每个家庭奖励1500元，联户长授予“先进联户长”荣誉称号、颁发证书。

（五）自治区级表彰。从地级先进“维稳双联户”中评选420个联户单位进行表彰，授予先进“维稳双联户”荣誉称号、颁发奖牌，给予获奖双联户单位每个家庭奖励2000元，联户长授予“先进联户长”荣誉称号、颁发证书。

同时，对先进“维稳双联户”创建工作开展效果好的地（州、市）、县（市、区）、乡（镇、街道）、村（社区）进行表彰，授予开展先进“维稳双联户”创建评选工作先进集体荣誉称号。

对各级先进“维稳双联户”创建评选工作实行动态管理，凡出现重大违法违规行为的，收回奖牌并取消其荣誉称号，不再享受相关优惠政策。

五、组织领导

全区创建表彰先进“维稳双联户”活动，在自治区党委统一领导下，由自治区综治委牵头负责，自治区综治办统筹协调，自治区党委组织部等有关部门积极参与、支持配合。

各地（州、市）、县（市、区）、乡（镇、街道）、村（社区）参照自治区做法，组织开展本地先进“维稳双联户”创建表彰各项工作，根据自治区党委要求，地、县、乡级以党委、政府名义表彰，村（社区）以“两委”名义表彰。

新疆维吾尔自治区乌鲁木齐推进“党建＋治安”网格一体化建设全力推进首府社会稳定和长治久安

2017年，乌鲁木齐市坚持以习近平新时代中国特色社会主义思想为指导，坚定不移贯彻落实以习近平同志为核心的党中央治疆方略特别是社会稳定和长治久安总目标，以“党建＋治安”网格一体化建设为核心，通过把党组织建在网格上，把维稳力量聚到网格内，实现力量联勤、治安联防、处置联动，有效推动自治区党委反恐维稳“组合拳”落地生根，全面夯实反恐维稳的基层基础，铸牢反恐维稳的铜墙铁壁。

一、建强“党建＋治安”网格一体化阵地，打牢反恐维稳根基

一是合理划分网格。坚持以实现打击有力、防范到位、管控有效为目标，统筹兼顾社区（村）警务室、便民警务站的点位布局和治安巡逻防控范围，科学划分全市社区（村）网格，做到全面覆盖、界限清晰，工作有效开展。二是科学建立网格党组织。坚持以党组织为核心推动维稳常态化，在党员3人以上的网格单独成立党支部；党员3人以下的网格，依托网格内党政机关、企事业单位等资源或与邻近网格建立联合党支部；对党员6人以上的网格党支部，在所辖巷道、楼栋成立党小组，做到网格覆盖到哪里，党的组织就延伸到哪里，各项维稳工作就落实到哪里。三是有效构建五级组织体系。坚持以统一维稳工作步调、行动为重点，在各管委会（街道）建立“大工委”、社区建立“大党委”，在管委会（街道、乡镇）、社区（村）设置由同级党组织领导的综治中心，并依托网格党支部（联合党支部）、党小组，构建了“管委会（街道）‘大工委’、乡镇党委［管委会（街道、乡镇）综治中心］—社区‘大党委’、村党组织［社区（村）综治中心］—网格党支部—楼栋（巷道）党小组—维稳双联户”“党建＋治安”网格五级组织体系，做到指挥高效、规范有序。

二、统筹“党建＋治安”网格一体化力量，形成反恐维稳合力

一是实行交叉任职。坚持把党建工作贯穿维稳工作全过程，明确管委会（街道、乡镇）、社区（村）党组织与两级综治中心领导交叉任职，实现党建和治安“两套班子”深度融合。二是整合维稳力量。将辖区党政机关、企事业单位、新兴组织等，全部纳入网格管理，并充分发挥管委会（街道）“大工委”、社区“大党委”统筹领导作用，定期召开联席会议，研究部署辖区范围内维护稳定、服务群众等工作，真正形成了全区域统筹、多方面联动、各领域融合的社会面防控合力。三是配强网格工作力量。坚持重心下移、力量下沉，原则上网格长由社区（村）“两委”班子成员兼任或社区（村）党组织选派工作骨干兼任，人员密集、治安秩序混乱、安全隐患较多的重点关注型网格和自建房集中、流动人口多、警情比较突出的综合治理型网格需由专职干部担任网格长。网格党组织根据工作实际，发展一定数量的楼栋（巷道）长、维稳双联户（联户）长，全力落实好各项管理服务工作。

三、发挥“党建＋治安”网格一体化作用，落实反恐维稳措施

一是实行信息报送、分析研判制度，全面提升精准打击能力。坚持以科技手段为支撑，以群众工作为基础，充分发挥综治视联网、社区（村）信息化服务管理平台等作用，切实提升基层信息搜集、发现能力。定期组织网格内各支维稳力量召开信息研判会，对征兆性、苗头性、预警性信息进行分析研判，及时处置上报。二是实行联勤联动同步严防严控。定期开展拉网式清查、实战演练、应急处置等工作，有效挤压各类违法犯罪分子活动空间；居民小区借助信息化手段提高预警作用，同时加大出租房屋管理力度，全面规范流动人口管理服务工作，切实提升安全防范能力。

四、压实“党建＋治安”网格一体化责任，确保反恐维稳成效

一是建立责任清单。坚持以“明责追责”为抓手推动“打防管控建”各项工作落到实处，明确基层党组织（综治中心）打牢执政基础、促进辖区和谐、管理网格事务、凝聚人心民力、宣传教育群众“五大职责”，做到责任清晰、责任到人。二是加大考核力度。将推进“党建＋治安”网格一体化建设纳入考核，由包联社区（村）领导、社区（村）党组织书记等组成考核小组，每月对网格作用发挥情况进行考评。三是加大问责力度。坚持跟踪问效，采取随机抽查、明察暗访等方式，及时发现问题，督促整改，对认识不到位、责任不到位的，严肃追责问责。

新疆维吾尔自治区阿克苏地区
邻里守望相助　联动千家万户
着力打造基层共建共治共享社会治理新格局

2017年，阿克苏地区坚持以习近平新时代中国特色社会主义思想为指导，深入贯彻落实党的十九大和十九届二中、三中全会精神，坚决贯彻落实以习近平同志为核心的党中央治疆方略特别是社会稳定和长治久安总目标，坚定不移打好反恐维稳“组合拳”，坚持把激活基层细胞单元、加强“维稳双联户”建设作为实施乡村基层社会治理的重要抓手，探索推进以邻里守望、互助合作、共享稳定、共促富裕为主要目标的社会治理方式，构建起“专群结合、联管联建、群防群治”的社会治理体系。

一、着力在“建”上下功夫，以“五条标准”选优“双联户”轮值长

针对基层社会治理点多、线长、面广的状况，根据自治区党委安排部署，阿克苏地区积极适应人民“从单纯的个体受益向同步追求参与社会事务转变”的大趋势，坚持把深化“维稳双联户”作为基层社会治理的重要抓手，形成责任共担、权益共享、维稳共力、平安共建工作格局。坚持邻里守望、户户联动，建立“维稳双联户”。按照“村民自愿、住户相邻，无盲点、全覆盖”原则，综合考虑村组户数、民汉嵌入、农牧区差异、边远散户、党团员比例等因素，因地制宜组成“双联户”。坚持联户轮值、责任共担，选优轮值长制度。以政治立场坚定、管理能力强、群众公认、热心村组事务、身体健康“五条标准”，按照相关工作流程，在“维稳双联户”每户家庭中推选出一名成员作为联户轮值长，一月一轮换，遇到重大、疑难、复杂问题，全体轮值长共同商量、共同解决。坚持有责就有权，帮助树立威信。根据基层实际，赋予联户轮值长五项“微权力”，即惠民补助资金发放初核权、平安家庭创建申报审核权、评先选优推荐权、流动人口登记管理权、遵纪守法情况监督权，实现权责利相对等，充分调动了积极性。

二、着力在“管”上下功夫，以“四项机制”规范“维稳双联户”运作

把健全制度作为基础，把落实制度作为关键，着重强化了“四项机制”建设，助推“维稳双联户”规范运作。一是建立联户轮值长“二三四”工作制度。联户轮值长每天完成治安巡逻巡查、环境卫生检查“两件事”，每周完成组织参加升国旗活动、政策法规宣传、矛盾纠纷排查调处“三件事”，每月完成困难群众帮扶、重点群体教育、文化活动联欢、安全隐患排查“四件事”。二是建立联户轮值长“日报告、周培训、月考核”工作制度。联户轮值长每日向乡村包联干部报告工作开展情况、收集的信息、发现的问题、遇到的困难；村委会、各级下派“访民情、惠民生、聚民心”工作队利用每周一升国旗时间，对轮值长工作情况进行讲评，教方法、提要求；村党支部第一书记牵头，每月对轮值长工作情况进行一次考核，张贴“红黑榜”公示。三是建立联户轮值长“一补一奖一罚”机制。根据联户轮值长履职情况，每月给予生活补贴。村每季度开展一次“先进联户单元”评选活动，给予优秀轮值户物质奖励；地、县、乡每年开展一次评选活动，对优秀轮值户分别给予物质奖励，形成了创先争优、比学赶超的良好氛围。

三、着力在“用”上下功夫，以“七个一起”激发“维稳双联户”作用发挥

牢固树立“联动”“共治”理念，把“七个一起”贯穿“维稳双联户”工作始终。安全隐患一起查。联户单元内人人都是治安员和信息员，搜集社情民意，掌握可疑情况，实现微线索实时推送、核查；对联户单元内发生的违法犯罪行为，及时发现、制止、上报；定期组织联户家庭排查安全隐患，发现问题互相提醒、及时整改、消除隐患。平安和谐一起创。各联户单元自行组建治安巡逻队，有事没事转一转、挨家挨户走一走，从源头上消除各类治安隐患，做到大街小巷有人管、村村户户有人看，织密群防群治防控网络。群众困难一起帮。坚持“邻里和睦、守望相助”，对鳏寡孤独、老弱病残、留守儿童等弱势群体，相互关心、帮助、照顾；对生产生活困难家庭，结对帮扶，构建起“互帮、互助、互信、互爱”和谐和睦的邻里关系。矛盾纠纷一起调。各联户轮值长充分发挥人熟、地熟、情况熟的优势，通过日常走访、邻里往来，及时了解调处邻里之间矛盾纠纷，有效弥补了基层组织触角延伸不够、覆盖面不全的缺陷。环境卫生一起管。明确各联户单元每户的环境卫生责任区，联户轮值长定期组织开展绿化美化环境，清理整治卫生，开展卫生评比，切实做到“环境卫生人人有责、美丽家园共建共享”。致富渠道一起拓。积极鼓励联户内的致富能人，牵头各类致富项目，带领群众创业就业，形成致富增收共同体；发挥集群优势，拓宽致富门路，发展特色种养殖业、旅游业等，千方百计增加群众收入，加快实现共同富裕。文明风尚一起传。坚持轮值长负责，用身边人、身边事教育引导农牧民群众，主动破除陈规陋习，倡导健康文明新生活；组织群众学习各项惠民政策，引导村民感党恩、听党话、跟党走；带头遵守村规民约，积极引导群众珍视团结，营造了崇尚科学、乐于助人、共同致富的良好氛围。

四、着力在“效”上下功夫，各族群众的获得感、幸福感、安全感明显提升

把各族群众获得感、幸福感、安全感作为检验“维稳双联户”工作成效的根本标准，制定完善考核考评标准，指导基层社会治理。邻里守望成为自觉。各联户轮值长充分发挥“千里眼”“顺风耳”作用，各族群众群防群治活力有效迸发，实现对各类社会治理问题的早发现、早报告、早处置。互帮互助蔚然成风。联户单元牢固树立集体观念，贫困家庭、困难群体得到及时帮助，脱贫致富汇聚起强大合力，各族群众普遍得到实惠，形成互帮互助、荣辱与共、邻里互助的良好氛围。民族团结更加和睦。实行联户单元“共建共治共享”，加深各族群众的交流交往交融，亲情更加深厚、相互更加团结、关系更加融洽。平安根基更加坚实。通过联户教育，各族群众明法理、知敬畏、守底线，对“维护稳定就是维护自身利益”的认识深刻，人人看家护院、户户共保平安，社会治安群防群治、联防联控机制充分发挥作用。在基层组织和“联户轮值”的引领下，各族群众参与社会治理、维护稳定的责任感、使命感进一步增强，勤劳致富、齐奔小康的思想自觉和行动自觉空前高涨。2017 年以来，阿克苏地区保持社会大局持续和谐稳定，连续 3 年实现“大事不出、中事不出、小事也不出”目标。

（撰稿人：刘克斌
审稿人：杨志明　王瑞拉）

新疆生产建设兵团

2017 年综治工作概况

2017 年，新疆生产建设兵团在党的十九大精神和习近平新时代中国特色社会主义思想的引领下，紧紧围绕新疆工作总目标，聚焦兵团职责使命，全面落实中央政法工作会议及自治区、兵团相关工作会议精神，深入推进综治及平安建设各项工作，平安兵团、法治兵团建设不断取得新进展。全年刑事案件同比下降 27.47%，治安案件同比下降 18.2%，破案率同比上升 9.35%，命案全部告破，为兵团经济社会发展营造了安全稳定的社会环境、公平正义的法治环境、优质高效的服务环境。

一、深入贯彻落实综治领导责任制

(一)加强制度设计。制定出台了《新疆生产建设兵团健全落实社会治安综合治理领导责任制实施办法》，明确兵团各级党委及综治委各成员单位履行综治及平安建设的主体责任，细化条块分工，厘清属地和部门之间职责边界，增强推进综治和平安建设工作的系统性、整体性、协同性，着力构建齐抓共管的社会治理格局。《实施办法》还对督促检查形式、表彰奖励与责任追究等内容进行了明确，将部分严重影响社会稳定和群众安全感、幸福感、获得感的案事件作为扣分项，加大考核权重，层层传导压力，压实责任。

(二)突出督查考核。充分发挥好考核指挥棒作用，制定了《2017 年对各师市综治维稳及平安建设考核详细实施细则》《2017 年度对兵团综治委成员单位综治维稳和平安建设考核实施细则》，健全完善定期考评制度，对各师市和兵团综治委各成员单位综治维稳重点工作落实情况进行考核通报，及时发现并解决风险隐患。对工作责任落实不力，在 2016 年度考核中排名末位，安全生产、进京非访等问题突出的第七师进行了挂牌督办，督促指导第七师综治委制定了整改措施，扎实开展整改工作，限期改善工作被动局面。

(三)强化典型选树。经过层层推荐审核，第一师阿拉尔市被评为 2013—2016 年度全国社会治安综合治理优秀市，第三师五十三团、第十二师头屯河农场被评为全国社会治安综合治理优秀县，第一师阿拉尔市荣获“长安杯”，第四师可克达拉市六十四团、第一师阿拉尔市十四团、第三师四十八团被评为全国社会治安综合治理先进集体，李宏成、谢勇兵 2 人被评为全国社会治安综合治理先进工作者，蒋欣、周琼等 16 人被评为全国社会治安综合治理先进集体、优秀市和全国平安建设先进县领导干部。与兵团人力资源和社会保障局共同制定和下发《关于评选推荐 2013—2016 兵团社会治安综合治理先进集体和先进工作者通知》，在兵团政法工作会议上表彰兵团级先进集体 50 个、先进工作者 60 名。持续推动“维稳双联户”创建工作，对兵团 20 个先进“维稳双联户”和 13 个先进集体进行了表彰。

二、紧抓人员管控，全力防范社会稳定风险

(一)加强流动人口服务管理。成立了兵团人口精准登记核实和依法规范身份证管理工作领导小组，协调公安、民政、财政等部门落实工作经费 2793.2 万元，以十师、十二师为试点全面深入推动人口精准登记核实和依法规范身份证管理“两项工作”。组织开展流动人口、出租房屋大清查大排查等专项行动，落实“以房管人、以业管人、以证管人、以信息化管人”综合管理措施、“369”限时工作法和“两头抓、双向管”工作要求，推动基层组织对流动人口做到“四知四清四掌握”。共登记核查流动人口 54.7 万人，检查出租房屋 3065 家，餐饮娱乐场所 6981 家，核查流进流出人员 103 万次。

(二)加强特殊人群服务和管理。加强精神

障碍患者服务和管理，认真贯彻《关于对严重精神障碍患者监护人落实"以奖代补"政策的实施方案》，落实精神障碍患者日常监护、救助治疗和管理责任落实，有效防止肇事肇祸事件发生。共计1559名严重精神障碍患者监护人纳入"以奖代补"范围，发放奖补资金243.6万元，推动精神障碍患者监护人监督、管理职责落实。强化吸毒人员服务管理，制定出台了《兵团吸毒人员网格化服务管理工作实施方案》，发挥基层网格员预警监测作用，落实对吸毒人员的社会救助、就业帮扶和关系修复政策，强化吸毒人员教育管理，强化职工群众识毒、知毒、拒毒、防毒意识。

三、紧抓重点要素，全力推动平安兵团建设

（一）深化社会治安重点地区排查整治活动。在师团连各级积极推进网格化管理，健全网格长、楼栋长、单元长等网格化管理队伍，将网格内的人、地、物、事、组织等各类要素纳入网格化管理，提升精细化管理水平。以网格化为依托，常态化开展社会治安重点地区排查整治活动，部署各级单位对偏远区域、兵地结合部、集中交易市场和外来人口集中地区、中小旅馆、娱乐场所、各类案件高发的区域、部位、场所作为排查整治的重点，建立滚动排查和常态整治机制。全年累计开展排查工作1643次，共排查治安重点地区189个，完成整治112个，其余重点地区也都督促安排了系统整治行动，限期改变状况。

（二）强化重点部位风险防范和安全查控。制定出台《关于加强重点部位安全防范规范化建设的指导意见》，组织开展重点部位安全防范规范化建设达标专项活动，督促各级部门全面梳理排查了辖区治安重点地区、安全防范重点部位，确保重点部位人防、物防、技防建设达标。建立"十户联保"联动机制，提高重点部位防袭击、防破坏能力，共摸排重点部位8264个，验收达标7181个。在兵团、各师市、团场、街道重要进出入口均建立检查站，加强可疑车辆、人员查验工作。制定《关于进一步加强兵团辖区边境防控工作的实施意见》，推进边境师（市）团场边防哨所、铁丝网、视频监控和道路等基础设施建设，落实"两增五有"工作要求，完善党政军兵警民"六位一体"边境防控机制，确保在兵团辖区边境"一个出不去，一个进不来"。

（三）加强重点行业和重点领域管控。加强涉恐涉爆物品监管，落实烟花爆竹流向、购销管控"八统一"和"四个百分百"工作要求，部署开展了临售点烟花爆竹退库清理、石油勘探遗留爆炸物品清理等专项工作。兵团公安局制定出台《散装汽油管理规定》，全面应用辖区215家加油站汽油销售信息系统，查缴非法储存柴油10.5吨。严格落实寄递物品"3个100%"工作要求，制定出台了《兵团寄递渠道治安检查工作规范》，严厉打击利用寄递物流渠道实施违法犯罪活动。及时查缴了一批枪支、子弹、易燃易爆物品、管制刀具等危险物品，消除了安全隐患。

四、紧抓矛盾调处，全力构建矛盾纠纷多元化解体系

（一）健全社会矛盾常态化排查化解机制。坚持落实矛盾纠纷排查调处工作协调会议制度，健全社会矛盾常态化排查发现机制，落实兵团《关于完善矛盾纠纷多元化解机制的实施意见》，明确排查重点，列出重点排查内容，组织各团场基层连队社区每月开展一次对婚姻家庭、邻里、合同纠纷等多发性矛盾纠纷全面排查。共排查化解矛盾纠纷14788件，化解14423件，化解率97.53%；排查相对复杂矛盾纠纷44件，落实工作措施，推动问题解决。集中开展影响社会稳定矛盾问题摸排调研，梳理出影响社会稳定的矛盾问题518件，全部落实稳控化解措施。

（二）加强行业性、专业性人民调解组织建设。健全司法调解、行政调解、人民调解"三调联动"机制，着力在婚姻家庭、征地拆迁、劳动争议、医疗纠纷、交通事故、环境保护等矛盾纠纷多发易发领域推动专业性、行业性调解组织建设，引导熟悉法律知识、在当地具有较高威望的退休法官、检察官、教师、连队社区两委成员等群体主动参加矛盾纠纷调解工作，拓宽社会组织和热心群众参与渠道。全年共调解案件16020件，调成15906件，调解成功率达99.29%。

（三）全力化解疑难复杂信访问题。按照"化解存量、减少增量"的工作目标，坚持每月召开联席会商会议，研究推动信访突出问题的解决。制定下发相关通知规定，督促有关涉访单位全面深入排查、强化教育稳控、严格落实责任，切实解决问题。

五、紧抓基础建设,全力夯实综治及平安建设根基

(一)加强基层维稳重点连队建设。兵团党委制定下发《中共新疆生产建设兵团委员会关于加强维稳重点连队(社区)基层基础建设切实提升维稳戍边能力的实施意见》,从2017年11月开始,利用一年半时间,全面加强126个维稳重点连队(社区)基层基础建设,着力解决基层连队(社区)维稳作用不强、职工群众国家意识和“兵”的意识淡化和超生严重、基层文化活动阵地建设滞后、群众性健康向上文化活动不经常等问题,彻底铲除极端思想土壤,筑牢基层和谐稳定根基。

(二)加快推进综治中心和便民警务站建设。严格按照综治中心建设国家标准,加快推动兵师团连四级综治中心规划建设,着力把综治中心打造成为基层加强和创新社会治理,维护社会和谐稳定的中枢。根据形势和实际需求,以南疆为重点,分批加密、加强便民警务站建设,落实警务站(室)民警、辅警、民兵、群防群治力量联合巡控要求,加大巡控密度和频次,提高街面见警率,提升街面违法犯罪预警发现和快速处置能力,全年未发生暴恐性案件。

(三)大力推动“雪亮工程”建设。建立“雪亮工程”定期调度机制,推进兵团本级“雪亮工程”联网共享平台建设和师市“雪亮工程”建设。第三师图木舒克市、第一师阿拉尔市分别被列为全国“雪亮工程”示范城市和重点支持城市,第一、六、十师积极争取国家项目和资金支持,加快推进公共安全视频监控系统的升级改造、联网整合和深度应用。2017年,兵团共争取落实中央项目补助资金1.8442亿元,建成各级监控联网平台162个,安装监控摄像机27487台,联网监控图像21096路,扩大了监控覆盖面,提升了社会治安防控信息化水平。大力推进边境师团公共安全视频监控建设,完成边境地区视频监控建设联网任务。

新疆生产建设兵团综治委关于对2016年度兵团社会治安综合治理(平安建设)工作兑现奖惩的决定

(2017年5月3日)

各师(市)、院(校)社会治安综合治理委员会,兵团社会治安综合治理委员会各成员单位:

2016年,兵团政法系统全面贯彻落实党的十八大和十八届三中、四中、五中、六中全会精神,深入贯彻习近平总书记系列重要讲话精神,认真贯彻党中央、自治区党委、兵团党委反恐维稳系列决策部署,坚持围绕总目标、聚焦总目标、落实总目标,打好反恐维稳“组合拳”,着力深化严打专项斗争,着力治理治安重点难题,着力预防化解社会矛盾,着力完善治安防控体系,着力强化综治维稳基层基础,确保了兵团辖区大局持续稳定,较好实现了“三个坚决”“三个确保”工作目标。

为表彰先进,进一步推动兵团社会治安综合治理工作再上新台阶,2017年5月3日,兵团社会治安综合治理委员会召开2017年第一次全体会议,对2016年度兵团社会治安综合治理(平安建设)考核结果及奖罚兑换意见进行了审议,决定:

一、授予以下4个师(市)“2016年度兵团社会治安综合治理(平安建设)先进单位”荣誉称号,给予综合奖,对师(市)及其负责人给予奖励

1. 授予第四师可克达拉市“2016年度兵团社会治安综合治理先进单位”荣誉称号,获综合一等奖。奖励人民币6万元。奖励第一责任人各4000元、第二责任人3500元。

2. 授予第十三师“2016年度兵团社会治安综合治理先进单位”荣誉称号,获综合二等奖。奖励人民币 5 万元。奖励第一责任人各 3500 元、第二责任人 3000 元。

3. 分别授予第一师阿拉尔市、第十师北屯市“2016 年度兵团社会治安综合治理先进单位”荣誉称号，获综合三等奖。奖励人民币 4 万元。奖励第一责任人各 3000 元、第二责任人 2500 元。

二、授予以下七个师（市）“2016 年度兵团社会治安综合治理（平安建设）专项工作先进单位”荣誉称号，给予单位奖励

1. 授予第八师石河子市“预防青少年违法犯罪专项工作先进单位”荣誉称号，奖励人民币 1 万元。

2. 授予第九师“特殊人群服务管理专项工作先进单位”荣誉称号，奖励人民币 1 万元。

3. 授予第六师五家渠市“校园及周边治安综合治理专项工作先进单位”荣誉称号，奖励人民币 1 万元。

4. 授予第二师铁门关市“群防群治队伍建设先进单位”荣誉称号，奖励人民币 1 万元。

5. 授予第十二师“社会治安视频监控系统建设先进单位”荣誉称号，奖励人民币 1 万元。

6. 授予第五师双河市“铁路护路联防工作先进单位”荣誉称号，奖励人民币 1 万元。

7. 授予第三师图木舒克市“‘揭盖子、挖幕后’专项行动先进单位”荣誉称号，奖励人民币 1 万元。

三、对考核末位的师予以通报批评并挂牌整治

2016 年度，全兵团无“一票否决”和考核得分低于各师平均分 10 分的单位，不进行处罚，但对考核末位的第七师给予通报批评并挂牌整治。

希望受到表彰的师（市）珍惜荣誉，戒骄戒躁，继续努力，再创佳绩。各师（市）、各部门要向受表彰师（市）学习，认真贯彻自治区党委九届二次全委（扩大）会议和兵团党委第七次党代会精神，认真落实自治区和兵团党委关于打赢三场硬仗和一场人民战争的决策部署，突出工作重点，突破工作难点，强化工作措施，补齐漏洞短板，为发挥兵团“压舱石”的战略稳定作用、嵌入式战略支撑作用、非常时期“安全岛”战略储备作用、辐射周边战略影响作用作出积极努力，为党的十九大胜利召开作出应有的贡献。

新疆生产建设兵团综治委　兵团人力资源和社会保障局关于评选推荐 2013—2016 年兵团社会治安综合治理先进集体和先进工作者的通知

（2017 年 5 月 15 日）

各师（市）社会治安综合治理委员会、人力资源和社会保障局：

中央综治委、人力资源和社会保障部将于今年下半年对 2013—2016 年全国社会治安综合治理先进集体和先进个人进行表彰和奖励，自治区党委、自治区人民政府已于 2017 年 2 月 8 日对全疆社会治安综合治理先进集体和先进个人进行了表彰奖励。为了进一步深化兵团平安建设、推动社会治安综合治理各项措施的落实，调动兵团广大干部职工参与平安建设的积极性，维护兵团社会稳定和长治久安，同时也为了与全国及自治区的表彰奖励保持同步，拟对 2013—2016 年期间兵团涌现出的社会治安综合治理先进集体和先进工作者进行表彰奖励。现就有关事宜通知如下：

一、评选推荐的范围

评选推荐的对象主要是 2013—2016 年期间兵团社会治安综合治理及平安建设工作成效显

著的团场(单位)及连队(社区)和在综治工作中做出突出贡献的人员。

按照属地管理原则,兵团社会治安综合治理先进单位推荐范围包括兵团有治安管辖权的团场(单位)及连队(社区),兵团驻各师(市)单位双先的评选与所在师(市)的评选一并进行(名额分配见附件2)。兵团社会治安综合治理先进工作者推荐范围包括社会治安综合治理、平安建设工作中的组织者、领导者、群防群治工作积极分子和政法委、综治办的优秀干部。评选推荐的团(处)级领导干部的数量从严掌握,原则上不超过总数的20%。

兵团政法各部门已经表彰过的先进集体和已获得省部级以上劳动模范、先进工作者荣誉称号的人员,如作出新的贡献,可以参加评选。

二、评选推荐名额

本次拟表彰先进集体50个(团场单位20个、连队社区30个),先进工作者60名。

三、评选推荐条件

(一)综治工作先进集体评选条件。

1. 先进团场(单位)、连队(社区)评选条件。

(1)党政主要领导高度重视社会治安综合治理工作,认真贯彻落实党中央、国务院、自治区党委和兵团党委关于加强社会治安综合治理、深化平安建设的决策部署,有安排、有检查,及时解决工作中出现的突出问题,严格落实领导责任制。班子团结,模范执行法律法规,在反对"三股势力"等大是大非面前立场坚定、旗帜鲜明。辖区内单位和广大职工群众积极参与社会治安综合治理工作,在维护社会和谐稳定中发挥积极作用。

(2)综治委各成员单位和有关部门将社会治安综合治理相关工作要求纳入本系统、本单位议事日程,积极参与,职责明确,平安创建活动效果明显;社会治安综合治理工作机构健全、制度完善,形成齐抓共管的工作格局;综治考核各项指标位居前列。

(3)贯彻落实《新疆生产建设兵团委员会、新疆生产建设兵团关于继续深入推进平安兵团建设的意见》和兵团党委办公厅、兵团办公厅《关于加强社会治安防控体系建设的实施意见》的通知和《兵团党委办公厅、兵团办公厅转发〈兵团社会治安综合治理委员会关于进一步加强社会治安综合治理基层基础建设的若干意见〉的通知》等文件要求,效果明显。团场、连队政法综治组织健全,作用发挥充分,单位内保组织人员到位、管理严格。

(4)社会治安综合治理基础工作扎实,平安建设得到全面深化。努力健全党政领导、行政推动、社会协同、职工群众参与的社会治安综合治理格局,注重社会治安综合治理制度建设,创新流动人口和特殊人群服务管理,强化公共安全体系和企业安全生产基础建设,建立完善考评机制,工作成效显著。

(5)认真贯彻落实中央关于加强社会治安防控体系建设、关于完善矛盾纠纷多元化解机制等文件要求,建立健全有机衔接、协调联动、高效便捷的矛盾纠纷多元化解机制,有效防范、化解、管控各类风险,提高社会治理社会化、法治化、智能化、专业化水平成效明显。全面推进综治中心建设,深化网格化服务管理,整合基层服务管理资源作用发挥充分;连队、社区政法综治基层组织健全,社会治安综合治理信息系统、综治视联网、"雪亮工程"等建设富有成效。

(6)辖区和单位群众安全感和满意度高,社会治安状况良好。没有发生造成重大影响的敌对势力分裂破坏活动和暴力恐怖事件;没有发生影响国家安全的事件;没有发生严重危害社会稳定的重大刑事案件、重特大公共安全事故和重特大群体性事件。

(7)从实际出发创造性地开展工作,成绩突出,其经验得到兵团或师(市)肯定,在兵团或师(市)得到推广。

(8)2013—2016年期间曾受到过师(市)或所在地州、市表彰。

2. 驻师(市)先进单位、部门评选条件。

(1)单位、部门领导高度重视社会治安综合治理和平安建设工作,内保、综合治理组织机构健全,人员、经费、制度、责任落实,对本系统、本单位综治工作领导、协调有力。

(2)服从当地综合治理机构的领导,积极支持、参与当地社会治安综合治理工作,出色完成当地综合治理机构和上级主管部门布置的综合治理工作任务。

(3)认真落实社会治安综合治理各项措施,

单位内部治安防范工作扎实，措施落实，法制教育经常化，工作、生产、生活秩序良好；在协助有关部门打击、预防、制止犯罪、解决矛盾纠纷等方面事迹突出。

(4)2013 年以来单位内部刑事案件、治安案件和职工群众违法犯罪明显低于辖区平均数，未发生影响社会稳定的群体性事件。

(5)2013—2016 年期间曾受到过师（市）或所在地州、市表彰。

（二）综治工作先进工作者评选条件。

高举中国特色社会主义伟大旗帜，以邓小平理论、“三个代表”重要思想、科学发展观为指导，深入贯彻习近平总书记系列重要讲话精神，牢固树立“四个意识”，坚决维护以习近平同志为核心的党中央权威，自觉在思想上政治上行动上同以习近平同志为核心的党中央保持高度一致，模范执行党的路线、方针、政策和国家法律、法规，严格执行中央“八项规定”精神，坚决反对“四风”，在社会治安综合治理工作中做出突出成绩，并具备下列条件：

1. 在维护民族团结、反对“三股势力”等大是大非面前立场坚定、旗帜鲜明。

2. 努力学习中央、自治区党委、兵团党委关于加强社会治安综合治理一系列重大决策部署要求，熟悉有关业务，积极投身社会治安综合治理工作实践，在干部和群众中起模范带头作用。

3. 工作思路清晰，积极落实社会治安综合治理各项措施，维护辖区社会和谐稳定。

4. 遵纪守法，作风正派，工作扎实，恪尽职守，敢于同各种违法犯罪活动进行坚决斗争。

5. 在 2013—2016 年期间曾受到过师（市）、团（单位）或所在地州、市综治委表彰。

四、评选推荐程序

评选工作分为初评、审核、审定三个阶段。师（市）严格按照评选条件和标准，自下而上进行推荐，通过公示后，按照干部管理权限，由人力资源社会保障部门和综治委审核签署意见后，报兵团评选表彰领导小组办公室。兵团评选表彰领导小组进行审核后，由兵团综治委审定。

五、评选推荐要求

各师（市）应高度重视、精心组织，认真做好评选推荐工作，将相关材料按要求签署意见并盖章后报兵团评选表彰领导小组办公室。相关材料包括：

1. 师（市）开展评选推荐工作情况报告；

2.《兵团社会治安综合治理先进集体推荐审批表》、《兵团社会治安综合治理先进工作者推荐审批表》，主要先进事迹材料（2000 字以内），用 A4 纸打印一式 3 份并附电子版光盘，先进工作者需附 2 寸免冠彩色近照 3 张。

以上材料于 2017 年 5 月 25 日前报至兵团评选表彰领导小组办公室。

六、奖励办法、时间

拟于 2017 年适当时候召开兵团 2013—2016 年社会治安综合治理先进集体和先进工作者表彰大会，对受表彰的先进集体和先进工作者进行表彰。对评选出的先进集体授予“兵团社会治安综合治理先进集体”荣誉称号，颁发奖牌；对评选出的先进工作者授予“兵团社会治安综合治理先进工作者”荣誉称号，颁发证书，同时，对先进工作者给予每人 1500 元奖励。

七、评选推荐的组织领导

兵团成立评选表彰领导小组，负责本次评选表彰工作，领导小组办公室设在兵团综治办。各师（市）成立评选推荐机构，负责本师（市）的评选推荐工作。

附件：1. 兵团评选推荐社会治安综合治理先进集体和先进工作者领导小组及办公室成员名单（略）

2. 兵团评选推荐社会治安综合治理先进集体和先进工作者推荐名额分配表（略）

3. 兵团社会治安综合治理先进集体推荐审批表（略）

4. 兵团社会治安综合治理先进工作者推荐审批表（略）

新疆生产建设兵团第一师阿拉尔市 科学谋划 整体推进 着力构建 立体化社会治安视频监控网络

社会治安视频监控是夯实社会稳定和长治久安基础，完善社会治理体系，满足当前维稳和治安管理形势需求，打造平安师市的一项重要技术防范手段。一师阿拉尔市党委高度重视社会治安视频监控建设，按照“技防以师为单位，以公安局为平台，同团场相连接”的建设要求，建立健全应用机制，科学谋划、整体推进，形成了规模化防控网络，为维护辖区稳定，打击震慑犯罪发挥了积极作用。

一、党委重视，为师市社会治安视频监控系统建设提供有力支撑

师市党委按照“党政负责、政法牵头、公安主抓、部门联动”的原则，多次召集综治办、发改委、财务（政）局、公安局等部门，召开专题会议，研究确定“国债资金自建、租用电信传输线路、公安机关管理使用”的建设方案，制定视频监控技防工程建设目标和原则，分步骤组织实施，提出做实三道防线的工作思路，做到对主要路段、重点区域“车过留图，人过留影”。积极申请发改部门立项，一期工程争取国家资金 2100 万元，二期工程争取 4210 万元。成立专门组织领导机构，实时跟踪督促，确保各项建设任务顺利进行。截至 2017 年底，师市一期工程已经建成投入使用，二期工程已完成前期的勘察设计工作和初设科研及立项工作。

二、整体规划，高标准建设社会治安视频监控系统

社会治安视频监控系统建设是一项投资大、用途广、受益时间长的高科技工程，师市多方取经，邀请了多位专家亲临指导，保证了建设和应用成效达到最优效果。一是交通视频监控建设逐步完善。升级改造交通违法抓拍设备，在重要路段增设测速系统，对市区主次干道和主要出入口进行了全覆盖。二是加强重点治安场所视频监控建设。科学划定重点部位和重点场所，加快推动阿拉尔市城区、各团场社区视频监控系统建设，重点部位覆盖率达到 100%。阿拉尔城区、团场社区按照“建设一座小区，完善一套视频监控系统”的要求，监控点位建设配套率 90%。三是平台联网建设按计划推进。师市视频监控建设全部采用租用电信光纤网络传输，集中存储和管理，机房设在阿拉尔市城区公安局。按照规划方案和兵团公安局的统一部署，与兵团公安局的视频监控联网正在建设，带宽为 155M，后台视频系统、交通卡口系统、运维系统、图侦系统全部建设到位。将社会资源全部接入公安派出所，与垦区公安局、师市公安局联网对接，提升了社会防控能力。四是用足用好资金，确定科学付款方式。师市第一期视频监控系统争取国债项目资金 2100 万元，师团以自建方式筹备资金 3006.9288 万元。实行 3421 合同付款方式，合同签完后第一次支付全部工程款 30%，设备全部到场后付款 40%，验收合格后付款 20%，预留 10% 作为质保金，质保时间为 5 年，保证了建设进度和建设质量。

三、综合运用，提升社会治安视频监控效能

师市社会治安视频监控系统在打击、威慑、预防犯罪和维护稳定方面起到了积极作用。一是有力地打击了各类违法犯罪。通过视频监控系统的应用，特别是社区、超市、大型娱乐场所、集贸市场等重点部位监控系统映像，为侦查破案提供线索和证据，直接或间接破获了一批案件，尤其是在侦破“两抢一盗”案件中发挥了重要作用。据统计，近年来，师市公安机关利用视频监控系统直接或间接破获案件 56 起，预防违法犯罪 178 起，抓获违法犯罪人员 72 人。二是有效地预防犯罪。通过正面引导，宣传视频监控系统的作用，特别是加强对已破获案件的宣传，有效地震慑力犯罪，案件发案数明显减少。三是增强了群众的安全感。据调查，师市已建视频监控系统的地方案件明显减少，群众的安全感大大增强，受到社会各界的好评。

新疆生产建设兵团第二师二十五团
深化网格化服务管理　努力打造平安和谐团场

为进一步提升社区治理的科学化水平，从源头上发现、预防、化解社会矛盾，推动社会治安综合治理和社区治理工作有效结合，着力打造民族团结、和谐有序、绿色文明、创新包容、共建共享的示范区，第二师二十五团不断深化社区网格化管理，做实综治基础网格，打通居民服务“最后1公里”。

一、夯实基础，为网格化管理顺利进行实施提供坚实的保障

一是建章立制。二十五团以连队（社区）为单位，建立健全了连队（社区）党支部书记、治安员例会制度、网格化责任包片制度、入户走访制度、汇报制度、综合服务管理考核制度等，以完善的规章制度，为网格化管理顺利的施行提供了强有力的支撑。

二是摸清家底。从2015年开始，二十五团全面开展辖区内人口信息摸底工作，建网格，建立人口信息册、人口定位图，最终实现基本群体、特殊群体、流动群体三项详细信息入库工作，以翔实的基础信息，为网格化管理提供了赖以生存的条件。

三是组建队伍。创新连队（社区）网格化管理，畅通社情民意渠道，连队（社区）治安员是关键因素，通过群众推荐、连队（社区）考察、岗前培训等方式成立了一支能胜任日常协管工作的高素质治安员队伍。

二、注重实效，用“小网格”服务“大民生”

一是网格化的运转方式。形成连队（社区）整体一张网，网中有格，按格定岗，人在格上，事在网中，力求做到：集中管理，条块结合，延伸服务，一岗多责，一员多能，最终形成连队（社区）、网格片区负责人、综合服务管理组成的三级联动管理机制。三级，即综合服务管理站（社区服务中心）、综合服务管理网格（分片管理）、居民自治小组（具体到户）。

二是实行三定一包责任制。定人即确定综合服务管理员（连队、社区党支部书记及单位治安员），定责即明确、细化连队（社区）工作人员的职责，定岗即明确综合服务管理员所在的人民调解员、法制宣传员、信访接待员等多个岗位和应负的职责。一包即包片，由综合服务管理员负责所在责任区的所有民情事务，能处则处，不能办理则逐级上报。

三是创新连队（社区）调解机制，及时化解矛盾纠纷。一是上下调解。在人民调解网格构建上，形成“站”“片”“户”三级联动，有利于矛盾纠纷早发现、早化解，将矛盾解决在院落中。二是“分流”调解。调解员入户调解，建立连队（社区）调解中心。三是联动调解。综治办、司法所、派出所民警明确专人，积极参与调解，形成连队（社区）矛盾化解的多方支持、联动调解新格局。

三、加强团场辖区社会面巡控力度

团派出所负责对辖区社会面巡控工作进行统一部署、统一指挥、统一调度，维稳、综治办密切配合，达到统一协调、处置迅速、高效联动的巡控效能。

一是巡控区域和路线。巡控区域划分应根据重点目标、重点部位、人员密集场所、敌社情复杂情况等要素进行，以就近、快速、便捷为原则确定巡逻路线并做到全覆盖，形成“条块结合、点面成网、打防一体”的巡控工作格局。

二是巡控力量和方式。根据本辖区巡控任务组建巡逻队，巡逻队由派出所、联防队员、民兵等维稳力量混编组成，巡逻分队5~7人，巡逻由派出所民警带队。根据巡逻区域和巡逻路线内道路交通情况、治安状况确定巡逻方式。常态情况下,根据实际需要,实行定期或不定期的巡逻。重要节庆日、敏感期和应急响应期间,实行分组轮班、24 小时不间断巡逻,提高街面见警率、盘查率、管事率,提高及时发现和处置的能力。

三是发挥治安卡点作用。加强治安卡点建设,完善基础设施。坚持常态情况"逢疑必查"和敏感时段"逢车必查"的原则,围绕"人、车、物、行"四大要素强化查控。加强对违禁物品、非法宣传品、毒品发现查缴力度,切实发挥治安检查站的查控作用。

四是发挥连队、社区警务室作用。各基层单位要按照团场党委要求,加强流入流出人口的服务管理,加强对重点人员的管控和辖区实有人口管理,做好社情民意、安全防范、维护治安秩序、开展服务群众、治安信息采集录入等工作。

四、打造品牌,五个百分百诠释网格化管理

连队(社区)以"条块结合,以块为主"的工作模式,形成"横向到边、纵向到底"的"网格化管理"体系,落实五个百分百,打造团场、连队(社区)"一口清"的服务民生新格局。

一是对片区每户居民基本情况,做到 100% 了解。主要包括户主姓名、家庭成员和工作单位等情况。

二是对片区主要依靠对象情况,做到 100% 掌握。责任区的在籍党员、楼栋长、单元长、十户长、看家护院人员、三老人员、社区志愿者和机关企事业单位领导的情况,适时进行联系,为连队(社区)工作保障优势资源。

三是对片区重点弱势群体情况,做到 100% 关注。重点关注事业下岗、孤寡老人、残疾人、低保人员、大病重病人员等,在有条件的情况下,尽力为这部分人提供便利和关怀。

四是对片区重点稳控和帮教对象动态,做到 100% 掌控。主要涵盖重点信访户、刑满释放人员、社区矫正人员、吸毒人员、务工人员和流动人口等,为连队(社区)的稳定和谐发展掌握第一手资料,并将问题解决在连队(社区)。

五是对出台的最新社会保障救助等多项惠民政策,做到 100% 解读。掌握与居民利益密切相关的有力政策,为居民提供再就业扶助、医疗、养老、低保、助学助困等方面的信息。

五、取得的成效

通过网格化服务模式,2015 年第二师二十五团被师市表彰为综合治理先进单位,2014 年至 2017 年,辖区未发生过一起刑事案件。虽然取得了一些成绩,但连队(社区)"网格化管理"机制是一项长期工程,需要连队(社区)在工作中不断加强和深化,通过社区网格化管理机制在连队(社区)推行,使连队(社区)充分发挥了在各项中的组织协调作用,提高了连队(社区)的凝聚力。在以后的工作中,团场将在上级党委、政法委的正确领导下,不断完善和提升网格化的功能,更好地树立连队(社区)形象,更好地为全团职工群众服务。

(撰稿人:罗　鼎
审稿人:丁筱玲　王瑞拉)